Charles Maurras

Œuvres & Écrits
Volume III

Poésies & Vérités

1882-1952

Charles Maurras
(1868-1952)

Œuvres & écrits
Volume III

Poésies & Vérités
1882-1952

Publié par
Omnia Veritas Ltd

www.omnia-veritas.com

DISSERTATION SUR HORACE ET BOILEAU	9
DISSERTATION SUR TACITE	14
COPIE SUR *LA JEUNE CAPTIVE* D'ANDRÉ CHÉNIER	27
COPIE DU BACCALAURÉAT	34
NOTE DE LECTURE : *COURS DE PHILOSOPHIE*, PAR M. L'ABBÉ BOUAT	38
NOTE DE LECTURE : *LEÇONS DE PHILOSOPHIE*, PAR M. ÉLIE RABIER	47
LES TRENTE BEAUTÉS DE MARTIGUES *LI TRENTO BÈUTA DOU MARTEGUE*	59
Li Trento Bèuta dou Martegue	64
UN SAGE VOYAGEUR	67
Un sage voyageur	68
THÉODORE AUBANEL	71
Théodore Aubanel	72
Description	*72*
I	*73*
II	*80*
III	*94*
Note sur la bibliographie d'Aubanel	*102*
LA VISION DU *MOI* DE MAURICE BARRÈS	104
LES FÉLIBRES BARBARES ET ROMANS	112
Introduction	114
Joseph Roumanille 1818–1891	115
Frédéric Mistral 1830	116
L'Aqueduc	*124*
Aubanel 1829–1886	125
Fragment du Livre de l'amour	*125*
Paul Arène	126
Félix Gras	128
La Romance de dame Guiraude	*128*
Autres félibres	130
I – Les Provençaux	*130*
II – Les Languedociens	*133*
III – Les félibres Gascons, Béarnais, Auvergnats et Limousins	*138*
Les Félibres de Paris	140
Les jeunes félibres	146
Les félibresses	149
Alégourio pastouralo	*151*
Conclusion	152
Barbares et Romans	*152*
PASTICHE DU *JOURNAL* DES GONCOURT	157
Variétés	158
Le Journal des Goncourt	*158*
POUR PSYCHÉ	163
Pour Psyché	164
RÉPONSE DE LAZARE LE RESSUSCITÉ À SÉNÈQUE LE PHILOSOPHE	167
Consolation de Sénèque le Philosophe à Lazare le Ressuscité	168
Une réponse de Lazare le Ressuscité à Sénèque le Philosophe	173

LE REPENTIR DE PYTHÉAS	178
Le Repentir de Pythéas	179
LES BARBARES DU PARNASSE	186
La Perfection sur le Parnasse d'après *Les Trophées*	187
Les Trophées à l'Académie ou le « moi » dans la littérature	195
Catulle Mendès : Les Braises du cendrier	201
Edmond Haraucourt	205
Raoul Gineste	207
Question sur les Parnassiens	210
La mort de José-Maria de Heredia	213
M. Henri de Régnier : Les Jeux rustiques et divins	216
M. Henri de Régnier : *La Canne de Jaspe*	221
M. Henri de Régnier : Les Médailles d'argile	222
M. Henri de Régnier : *La Double Maîtresse*	228
M. Henri de Régnier : *Inutiles beautés*	232
AU FLANC D'UNE COLLINE	235
DÉFENSE DU SYSTÈME DES POÈTES ROMANS	239
Défense du système des poètes Romans	240
PAUL VERLAINE LES ÉPOQUES DE SA POÉSIE	247
Première époque 1864-1867	248
Deuxième époque 1867-1871	252
Troisième époque 1870-1874	256
Quatrième époque 1874-1890	261
SUR VERLAINE	268
Charles Maurras	269
MAURICE DU PLESSYS	272
Maurice du Plessys	273
LA POÉSIE DE MALLARMÉ	277
IRONIE ET POÉSIE	285
LA STATUE DE RIMBAUD	300
LA BATAILLE DE LA MARNE	309
La Bataille de la Marne Ode historique	310
I	*310*
II	*311*
III	*314*
IV	*315*
V	*317*
VI	*320*
VII	*324*
LE CONSEIL DE DANTE	327
I – L'homme	331
II – Béatrice	335
III – La Poésie et la Pensée	340
IV – La vertu de Dante	345
V – Traduction et commentaire	347
VI – L'intelligence de l'*Enfer*	353
HOMMAGE À JEAN-MARC BERNARD	357

Hommage à Jean-Marc Bernard	358
Le poète savant	*358*
LES FORCES LATINES	**364**
I	365
II	370
III	372
LES NOUVELLES GÉNÉRATIONS DE POÈTES	**377**
Les nouvelles générations de poètes	378
LES NUITS D'ÉPREUVE ET LA MÉMOIRE DE L'ÉTAT	**388**
Préface	389
Le zeppelin	395
« Paris ville du front »	397
Caractère éternel des images de la guerre	*397*
La grosse Bertha	402
Offensive sur la Somme et assaut de Paris	404
— *Mais la riposte ?*	*404*
Les figues de Caton ou l'Allemagne du Sud	408
Rêverie allemande	410
Qu'est-ce que la paix ?	411
Pour venger le Bonnet rouge	413
Les mœurs nouvelles	414
Le progrès de la défense	416
Bref chant du cygne des Berthas	417
Réflexions complémentaires	419
I – Le grief français : son avenir	*419*
II – Le conservatoire des griefs	*422*
Post-scriptum	425
ALTERNATIVE	**426**
Alternative	427
ANATOLE FRANCE ET RACINE ESSAI SUR LE POÈTE SAVANT	**428**
L'ESPRIT DE MAURICE DE GUÉRIN	**436**
L'Esprit de Maurice de Guérin	437
À LA TRADUCTRICE DE L'ALTISSIME POÈTE	**444**
À la traductrice de l'altissime poète, Madame Espinasse-Mongenet	446
À MARTIGUES	**448**
JOSEPH D'ARBAUD POÈTE DE CAMARGUE	**459**
LORSQUE HUGO EUT LES CENT ANS	**470**
I. Avant la fête	472
II. Pendant la fête	480
III. Après la fête	485
Épilogue	493
ANDRÉ CHÉNIER	**497**
I. Race et naissance	498
II. L'heure	500
III. L'imitation et l'invention	502
IV. Le siècle et l'homme	512
V. La vie posthume	520

Conclusion	537
DANTE ET MISTRAL	**539**
ENTRE BAINVILLE ET BAUDELAIRE	**557**
Entre Bainville et Baudelaire	558
AVANT-PROPOS À POÉSIE ET VÉRITÉ	**568**
ANTIGONE, VIERGE-MÈRE DE L'ORDRE	**572**
I	573
II	575
LE SQUELETTE DE RONSARD	**581**
À Madame la marquise de Maillé par qui fut rejeté le faux squelette de Ronsard	582
À Madame la marquise de Maillé par qui se retrouvèrent les vrais os de Ronsard	583
PRÉFACE À *LA BALANCE INTÉRIEURE*	**585**
Frontispice	586

Dissertation sur Horace et Boileau

1882

Dissertation française
Charles Maurras

Étude sur Horace et Boileau sous le rapport :
1. *des genres et des sujets qu'ils ont traités ;*
2. *de la différence de leur génie.*

L'originalité est un don bien rare chez les poètes ; cette faculté d'invention et de création ne réside qu'en un petit nombre d'esprits, troupeau d'élite, que la nature répand çà et là de loin en loin comme des feux pour guider les pas chancelants de l'humanité. Mais quoique dépourvu de cette étincelle divine, il n'est pas cependant impossible de se faire une place honorable dans les lettres ou dans les arts. Une imitation judicieuse, un goût pur, un vers élégant peuvent compenser les avantages que seul possède le génie. On voit alors ces hommes remarquables à tant de titres se choisir parmi les étoiles qui brillent dans leur firmament, un guide, un ami pour appuyer leurs pas incertains par leurs propres forces. C'est ainsi du moins qu'agit Boileau, l'un des plus sages écrivains du XVIIe siècle. Ce fut Horace qu'il prit pour soutien dans sa carrière ; c'est sur lui qu'il fixa ses regards et modela ses actions. Toute son ambition fut d'approcher de ce grand maître.

La chose n'était pas facile : approcher Horace, même de loin, c'est une entreprise hardie — j'allais dire téméraire. Quel Protée aux mille formes que ce poète tour à tour badin et sublime, rieur et mélancolique, sceptique et croyant ! Quelle prodigieuse mobilité dans cet esprit qui unit la finesse et la pureté des formes à la profondeur et à l'étendue des idées ! Il sourit au printemps près d'éclore, et l'acclame de ses joyeux refrains ; il raille l'inquiétude des mortels, et soupire un moment après sur l'inconstance de leur fortune. Il se joue aujourd'hui sur le mode anacréontique des grands noms du peuple-roi ; vous le verrez demain saisir la lyre de Pindare et faire vibrer de ses plus fins accents la corde patriotique. Il a jeté son bouclier à Philippes, il encense Auguste avec la naïveté et l'étourderie d'un vrai poète ; cela ne l'empêchera pas de pleurer sur Brutus, et, le verre en main, de célébrer la vertu de Caton. La nature s'anime sous son léger pinceau. Il revêt des plus brillantes couleurs les sujets les plus arides et ses vers semblent tourbillonner devant nous comme un chœur de Bacchantes enivrées dans le silence de la nuit. Délire orphique, boutades de moraliste, orgies épicuriennes, rien ne lui est étranger : il transforme en or tous les métaux qu'il touche, et il les touche tous. C'est une manière de La Fontaine, grand enfant simple et crédule le matin, moqueur et libertin le soir, également susceptible d'enthousiasme et de découragement, passant d'une émotion à l'autre sans transition avec une incroyable célérité, vivant et mourant en poète, c'est à dire en rêveur, sur la tombe duquel on pourrait graver les vers de Régnier :

> Je vécus sans nul pensement
> Me laissant aller doucement
> À la bonne loi naturelle.[1]

Assurément Horace n'aurait pu supporter le poids d'une épopée — comme le fit son ami Virgile ; la tournure mobile de son esprit l'eût dégoûté d'un travail soutenu. Non pas cependant que le fond lui fasse défaut ; les idées neuves, fécondes, originales naissent en foule chez lui ; il a pour le rire un talent inimitable ; quand il aborde un sujet il en prend la fleur, il l'épuise, mais il en laisse assez toutefois après lui pour qu'on puisse venir glaner avec fruit sur ses terres. Moraliste fin et observateur, il frappe toujours juste : et c'est cette connaissance du cœur humain et de la société qui ont fait vivre ses satires ; les travers qu'il attaque sont des travers humains ; la manière dont il le fait est nationale ; il les peint d'après les mœurs particulières à son siècle. C'est cela surtout qui a inspiré à Boileau le désir de l'imiter.

Habiller à la mode française les piquantes inventions du satirique latin était une bonne fortune pour Boileau ; et chacun le comprendra pourvu qu'on veuille étudier le caractère de son talent. Ce qui lui fait défaut avant tout, c'est la verve créatrice ; ce qui le distingue entre tous c'est la verve de détail. M. Nisard[2], qui n'est pas suspect de partialité, l'a fort bien remarqué. Qui n'admirerait la *Satire de mon esprit ?*[3] Les détails sont neufs, ingénieux, piquants ; mais le fond, l'idée mère, l'idée féconde de l'ouvrage, c'est à dire l'examen de conscience du satirique si je puis m'exprimer ainsi — qui le refusera à Horace ? Le *Dîner ridicule*[4] est charmant par les détails ; Boileau ne peut toutefois en revendiquer le sujet. Il en est ainsi de ses meilleurs morceaux.

Si nous considérons Boileau émule d'Horace dans les épîtres, nous le trouverons encore bien éloigné de son modèle et cela se conçoit. Le charme d'une épître c'est le naturel, l'abandon, l'impromptu en quelque sorte : l'art ne doit pas y paraître. Et Horace le cache avec soin. C'est qu'avant d'être artiste, il est poète : Boileau ne l'est

---

[1] Mathurin Régnier 1573-1613, qui composa ainsi son épitaphe :
> J'ai vescu sans nul pensement,
> Me laissant aller doulcement
> À la bonne loi naturelle :
> Et si m'étonne fort pourquoi
> La mort osa songer à moy
> Qui ne songeai jamais à elle.

La citation est d'autant plus à sa place que Régnier écrivit des *Satires* inspirées d'Horace ou de Juvénal, et qui inspirèrent Boileau. (n.d.é.)

[2] Il ne s'agit pas de Charles Nisard, spécialiste de littérature des XVIe et XVIIe siècles, surtout connu aujourd'hui par ses études sur l'argot parisien, mais de son frère Désiré Nisard (1806-1888), contempteur des romantiques, d'Hugo et de Dumas en particulier, et qui prônait l'imitation des anciens à l'exemple de Boileau. (n.d.é.)

[3] Boileau, *Satire IX*, où Boileau s'adresse à son esprit, qui lui répond. (n.d.é.)

[4] Boileau, *Satire III*, inspirée par Horace, *Sat.* II, 8 et par Mathurin Régnier, *Satire X*. (n.d.é.)

pas. Avec un vif sentiment du beau, avec sa haine d'un sot livre, avec toutes ses qualités il ne peut être regardé que comme un artiste merveilleux, un excellent acrobate qui se joue avec aisance des difficultés de la versification. C'est de l'art et un grand art — mais

> *Quid leges sine moribus*
> *Vanae proficiunt ?*[5]

a dit Horace. Que sert l'art sans le génie ? pourrais-je dire à mon tour en traduisant librement. Aussi les épîtres de Boileau ont-elles une allure lourde et gênée qui traduit les angoisses du versificateur. C'est là que le bât blesse. Il l'a senti lui-même lorsqu'il écrivait à Racine que les transitions étaient à son sens ce qu'il y avait de plus difficile en poésie.[6] En effet, comme M. Nisard[7] le fait judicieusement remarquer, il est plein de *dira-t-on, diras-tu, on me dira peut-être, direz-vous, dis-je, dis-tu*, etc. ; il est mal à l'aise, il se tourmente pour passer d'une idée à l'autre, et, à bon droit ce coup-ci les Athéniens auraient reproché à ses épîtres de sentir l'huile.[8]

Que dire maintenant sur les régents du Parnasse ? de régent, il n'y en a qu'un d'abord : c'est Boileau. Horace rirait bien de nous voir prendre son *Épître aux Pirons* pour un *Art poétique* et des conseils tout personnels pour un code de bon goût ! Il avait trop de bon sens pour se mettre en tête une pareille fantaisie. *Mon ami*, se serait-il dit si elle lui était advenue, *tu as besoin d'ellébore !* Et tous les auteurs de poétiques en auraient besoin aussi. Sans doute, l'*Art poétique* de Boileau renferme des avis judicieux, surtout quand ils sont traduits d'Horace. Je ne chercherai pas si les bévues n'équilibrent pas les bons conseils ; je ne ferai pas remarquer tout ce qu'il y a de plaisant à voir Boileau nous donner la recette d'une épopée aussi gravement que celle d'un madrigal.

Une toute petite remarque. Qu'est-ce que ces règles immuables que nous dicte Boileau ? D'où viennent-elles ? Qui les lui a révélées ? Quelle en est la provenance ? Sont-elles arbitraires ? Je les rejette. Sont-elles dans la nature ? De quoi se mêle-t-on ? Le génie ne saura-t-il pas les trouver lui-même ? Sophocle a observé les trois unités avant qu'Aristote les ait proclamées ; Racine n'aurait-il pas été pur sans que Boileau ait défini la pureté ? À qui donc serviront toutes ces règles entassées dans cet *Art poétique* ? À la médiocrité — et de la médiocrité, on s'en passe.

---

[5] Horace, *Carm.*, III, XXIV, 35–36. « À quoi servent les lois ? vaines sans les mœurs (...) » (n.d.é.)
[6] Lettres à Racine.
[7] Études sur la décadence latine.
[8] Écho au reproche fait à Démosthène, rapporté par Plutarque (*Préceptes politiques*, ch. 6), de *sentir l'huile*, c'est-à-dire l'huile de la lampe qui éclairait les longues veillées durant lesquelles il polissait ses discours. (n.d.é.)

Il me resterait à comparer Boileau poète lyrique à Horace poète lyrique, Boileau fabuliste à Horace fabuliste ; mais je crois que les plus fanatiques sectateurs de Boileau reconnaîtront sans discussion l'infériorité de *l Huître et les Plaideurs* et surtout de la pindarique et légendaire *Ode sur la prise de Namur* ; s'ils en doutent, qu'ils la lisent sans dormir.

Dissertation sur Tacite

1882

Nous disposons de deux versions de ce texte : d'une part une copie d'écolier, qu'une note griffonnée par l'abbé Penon au verso situe en 1882, d'autre part un extrait du « cahier d'honneur du collège d'Aix » publié en 1965 dans le quinzième numéro des Cahiers Charles Maurras, où la dissertation est datée de septembre 1883. La copie elle-même est raturée en maints endroits et difficile à déchiffrer. Quant à l'original du « cahier d'honneur », nous ignorons s'il a été conservé et nous ne pouvons que faire confiance à la transcription qui en a été faite ; toutefois, divers indices donnent à penser qu'en dehors des erreurs typographiques qui s'y sont glissées, certains passages ont été interprétés au mieux ; en particulier, la ponctuation a été manifestement revue selon les règles de l'usage actuel.

Les écarts entre les deux versions du texte correspondent pour l'essentiel aux passages que l'abbé Penon a critiqués dans les marges de la copie d'origine. Le jeune Maurras, chargé quelques mois plus tard de recopier son texte dans le « cahier d'honneur » destiné à réunir les meilleures dissertations du collège, a reformulé ces paragraphes en suivant les remarques de son précepteur. Nous avons choisi de rester au plus près possible du premier texte, et de reprendre en note la version du « cahier d'honneur » lorsqu'elle s'en écarte notablement.

L'abbé Penon conserva ce cahier par devers lui. Devenu évêque de Moulins, il dût se retirer en 1926 pour raisons de santé à l'abbaye de Frigolet, où il mourut en 1929. Lors de son départ, il confia le cahier au chanoine Léon Côte, un professeur de lettres au collège du Sacré-Cœur de Moulins dont il appréciait la pédagogie. Après la mort de Maurras, le chanoine montra le cahier au duc de Lévis-Mirepoix, qui le cita dans son discours de réception à l'Académie Française le 18 mars 1954 — rappelons que le duc de Lévis-Mirepoix succéda au fauteuil n° 16 à Charles Maurras, et que son successeur à ce même siège fut Léopold Sédar Senghor.

C'est le même Léon Côte, devenu archiprêtre de Vichy, qui mit en forme et publia quelques extraits de ce « cahier d'honneur » dans les Cahiers Charles Maurras : une présentation générale dans le n° 8, page 39, puis divers textes dans les livraisons suivantes. La dissertation sur Tacite est le dernier ; elle paraît deux ans plus tard (n° 15, pages 20 et suivantes).

Des différentes datations qui sont proposées, on peut juste conclure que le texte a été vraisemblablement composé puis revu par Maurras entre son quatorzième et son quinzième anniversaire.

Dissertation sur Tacite
Charles Maurras

Avec Brutus mourant la liberté s'était pour jamais envolée de Rome ; avec Octave le simulacre en disparut aussi. Des monstres ou des imbéciles s'assirent tour à tour sur le trône des Césars, et la foule qui s'était ruée à la servitude aux pieds d'un Tibère venait avec le même zèle encenser les autels d'un Claude ou d'un Néron. *Panem et circenses*, du pain et des jeux, telle était la seule clameur qui troublait à Rome le silence à travers lequel s'acheminaient les générations. Jeunes et vieux, tous se pressaient vers l'idole régnante ; seuls, à l'écart, quelques hommes conservaient une attitude calme et digne.

Ce n'étaient pas des républicains ; ils ne le savaient que trop, les beaux temps étaient passés pour leur pays ; cette même plèbe qui mendiait les dons de l'empereur n'eut été que plus avide, plus rapace et plus vile, maîtresse de son sort. La vénalité des élections, l'achat des votes eût remplacé les turpitudes présentes dont on n'eût fait que changer la forme.

Ce n'étaient pas des opposants ; ils se comptaient et voyaient leur petit nombre ; les hommes étaient rares autour d'eux. Qu'eussent-ils fait dans l'abrutissement universel ? Ils souffraient, se taisaient et attendaient... peut-être la mort.

Rome avait tout perdu avec l'exercice de ses droits politiques ; l'ombre de son grand nom, voilà le lambeau de gloire qui parait encore les épaules déguenillées de la maîtresse du monde ; triste spectacle pour ses derniers enfants. La décadence graduelle mais sensible d'un peuple est à la fois un objet de mépris, d'horreur et de pitié. Et pourtant, vivre au milieu d'un immense cataclysme, en connaître les causes et l'origine, et se voir contraint de croiser les bras et de rester témoin inactif d'une perdition qu'on voudrait entraver au prix de tout son sang, n'est-ce pas une douleur poignante, surtout quand s'y joint la persuasion intime de la vanité de tous les efforts et de tous les vœux ? Hé bien ! cet atroce supplice, ils l'ont souffert, les Sénèque et les Juvénal, les Burrhus et les Tacite.

Ce dernier surtout, comme il sent la profondeur de l'abîme ! Comme il la mesure ! et de quel œil ! Ah ! dans ces heures de crise sociale, dans ces époques de désespoir, on reconnaît les âmes fortes et énergiques. Le caractère acquiert dans ces épreuves une trempe inflexible, et gagne en consistance et en dureté où les autres ont vu sombrer toute leur énergie.

Tacite n'espère plus ; Rome est sur la pente, elle a commencé à glisser ; impossible de remonter au bord du précipice : un siècle, deux siècles encore, plus ou moins selon la profondeur du gouffre, et elle viendra heurter la roche fatale où ses restes voleront en éclats.[9]

---

[9] Paragraphe fortement raturé. Sous « la roche fatale où », on distingue une première esquisse : « le roc contre lequel ».

Tacite ne croit plus ; il doute. Les Dieux sont trop hauts ; s'ils nous entendaient, laisseraient-ils ainsi les crimes ravager le monde et le souiller ? Y a-t-il une seconde vie ? Y a-t-il une récompense, un jugement au terme de celle-ci ?
Qui sait ? Qui sait ?
Mais Tacite, en raison de ce scepticisme produit par la vertu, se cramponne de toute ses forces à la réalité, l'étreint, la serre, et s'y attache dans une convulsion désespérée. C'est qu'il veut lui infliger un stigmate aussi long que les siècles, puisqu'il n'y a que les siècles, et rien au-delà. Il a vécu dans une époque inouïe par ses crimes et par sa dégradation, hé bien, on s'en souviendra ! C'est un bourbier sanglant qui afflige son regard, hé bien ! cette boue ira à la postérité. L'humanité pourra se mirer là-dedans et se dire :

> Voilà ce que tu as été ; songe à ce que tu es !

Inspiration sublime qui seule a pu donner à son style et à ses idées cette couleur d'une misanthropie sombre mais pleine de passion et de tristesse.[10]
Avez-vous jamais lu cette admirable préface de la *Vie a Agricola* ? C'est la première explosion de l'amertume concentrée dans son âme. Chose singulière ! ce livre paraît contenir au premier abord quelques germes[11] d'espérance ; quelques mots adressés à la louange de Trajan font penser au *Panégyrique* de Pline ; on reconnaît bientôt son erreur. *Jam demum redit animus*[12], dit-il, mais il y a là-dessous je ne sais quel geste d'incrédulité qui traduit son angoisse pour l'avenir.

Tout le bonheur de Rome dépend en effet d'un homme dont la mort peut être le signal d'une crise nouvelle ; d'ailleurs, les remèdes sont plus lents que les maux : que reste-t-il parmi les gens de bien ? quelques vétérans survivant aux autres et à eux-mêmes. Le reste se complaît dans son inertie et se plonge avec délices dans cette eau dormante qui d'abord faisait à tous une même horreur. N'était-ce le sentiment profond qui l'anime, Tacite aurait cent fois jeté la plume de dégoût : mais il ne veut pas seulement donner aux hommes un échantillon de la dégradation dont ils sont capables, il se propose aussi de venger la conscience du genre humain outragée par la domination de monstres et de répondre par un cri vainqueur à cette fumée, à ces bûchers où se consumaient les livres des sages, et où la tyrannie s'était flattée d'étouffer la voix du peuple romain et la liberté de ses paroles et de ses discours :

---

[10] Ce dernier mot, repris dans la publication de 1965, est difficilement identifiable sur la copie, tant les ratures sont fortes. Il semble qu'en première inspiration le jeune Maurras ait écrit « de passion et d'énergie ».

[11] Dans la publication de 1965, « germes » devient « restes ». Plus loin, « quelques mots » devient « une phrase ou deux ».

[12] « Maintenant seulement l'âme revit. » *Vie d'Agricola*, III. Le vrai texte de Tacite est : *Nunc demum redit animus*. Maurras a bien écrit *jam* sur sa copie ; la rectification est faite dans le cahier d'honneur.

memoriam quoque... cum voce perdidissemus, nous dit-il, *si tam in nostra potestate esset oblivisci quam tacere*.[13]

Les *Annales* et les *Histoires* sont le grand ouvrage de Tacite : c'est là surtout qu'il a montré à nu la force de son âme et le scepticisme de son esprit qui semble douter comme Brutus de la vertu elle-même. Ainsi lorsqu'il a raconté le magnanime dévouement de Paullina voulant mourir avec Sénèque son époux, mais rappelée à la vie par force, l'historien ajoute : *Incertum an ignarae*.[14]

O Horrible ! O most horrible ! pourrait-on dire avec Hamlet, quand on vient de lire Tacite.

Mais si l'on écarte ce scepticisme bien excusable d'ailleurs, vu l'époque où il a écrit, quelle connaissance de cœur humain ne trouve-t-on pas en lui ! Son livre est avec raison le bréviaire des hommes d'État. Comme d'un seul mot il caractérise toutes les bassesses des cours ! Lisez plutôt le récit de la mort de Britannicus tout palpitant de passion, sans rien perdre toutefois de la gravité historique : *Trepidatur a circumsedentibus ; diffugiunt imprudentes ; et quibus altior intellectus resistunt defixi et Neronem intuentes... Ita post breve silentium repetita est convivii laetitia*.[15]

---

[13] « Nous aurions perdu la mémoire, s'il était en notre pouvoir d'oublier ; comme nous aurions perdu la parole, s'il était en notre pouvoir de nous taire. » *Vie d'Agricola*, III. Le mot *ipsam* qui disparaît à l'extrémité de la ligne, dans le pli de la copie, est curieusement remplacé par des points de suspension dans le texte imprimé en 1965.

[14] « Comment savoir si elle en eut conscience ? » *Annales*, XV, 64. Texte complet : *Hortantibus militibus servi libertique obligant brachia, premunt sanguinem, incertum an ignarae* : « Exhortés par les soldats, ses esclaves et ses affranchis lui garrottent les bras et arrêtent les flots de sang ; on ignore si elle en eut conscience. »

[15] Britannicus empoisonné se tord de douleur devant la cour attablée autour de Néron :
« Le trouble s'empare de ses voisins de table ; les moins prudents s'enfuient ; mais ceux dont l'intelligence est plus profonde demeurent à leur place, immobiles, fixant Néron... si bien qu'après quelques instants de silence, les convives retrouvent leur gaîté. *Annales*, XIII, 16. Voici le texte que le jeune Maurras remplace par des pointillés : *Ille, ut erat reclinis et nescio similis, solitum ita ait per comitialem morbum, quo prima ab infantia adflictaretur Britannicus, et redituros paulatim visus sensusque. At Aggripinae is pavor, ea consternatio mentis, quamvis vultu premeretur, emicuit, ut perinde ignarem fuisse atque Octaviam, sororem Britannici, constiterit ; quippe sibi supremum auxilium ereptum et parricidii exemplum intellegebat. Octavia quoque, quamvis rudibus annis, dolorem, caritatem, omnes affectus abscondere didicerat*, c'est-à-dire : « Néron quant à lui restait allongé, feignant l'indifférence, puis expliquant que Britannicus traverse une de ces crises d'épilepsie dont il est coutumier depuis son plus jeune âge, et qu'il recouvrera sous peu la vue et les sens. Mais le visage d'Agrippine montrait une telle peur et une telle consternation que, malgré ses efforts pour en dissimuler l'effet, il apparaissait évident à tous qu'elle n'était pas plus dans le complot qu'Octavie, la sœur de Britannicus. Elle avait compris qu'on lui arrachait son denier soutien et que le chemin des parricides était désormais ouvert. Octavie aussi ; mais malgré son jeune âge, elle avait appris à cacher sa douleur, son affliction, tous ses sentiments. »

La mort fauche-t-elle un de ses pâles sujets ? un court silence, étonnement ou douleur, et la gaieté du festin recommence... « on jette enfin de la terre sur la tête et en voilà pour jamais. »[16] Je ne puis penser au trait de Tacite sans me rappeler celui de Pascal : tous deux font frissonner.

L'histoire intime, l'histoire d'une cour, d'un palais, d'un homme, voilà ce que Tacite excelle à peindre et à raconter. Comme il nous prépare par exemple à la mort d'Agrippine ! D'abord s'agitent dans l'ombre les intrigues de Poppée, ses perfides suggestions, les propos des esclaves et des affranchis ; peu à peu, à mesure que les faits s'éclaircissent, les physionomies apparaissent plus distinctes. Racine a consacré toute une tragédie à peindre les incertitudes de Néron débutant dans la voie du crime. Il ne faut qu'une phrase à Tacite. Néron a ordonné de noyer sa mère, mais avant de s'en séparer : *prosequitur abeuntem, arctius oculis et pectori haerens ; sive explenda simulatione, seu periturae matris supremus aspectus, quamvis ferum animum retinebat.*[17] C'est effrayant !

Les Dieux et Agrippine sont ligués contre Néron ; celle-ci en effet s'échappe à la nage et, bien que commençant à se douter de la perfidie, elle envoie son affranchi pour annoncer son salut à l'empereur. Mais Néron est déjà instruit ; comme un écolier pris en faute, il tremble, *pavore exanimis*[18], va de Burrhus à Sénèque, de Sénèque à Burrhus, qui se le renvoient l'un à l'autre pour éviter de se prononcer. Néron se jette enfin dans les bras d'Anicet[19], il recourt à cet affranchi et, joyeux de son acceptation, montre à nu[20] les bassesses de son âme dans ce mot fameux : *illo die sibi dari imperium auctoremque tanti muneris libertum.*[21] Voilà l'esclave ; l'histrion a son tour dans la scène où, recevant Agerrimus, il lance une épée entre les jambes de ce dernier, crie au meurtre, fait jeter en prison l'envoyé d'Agrippine *ut exitium principis molitam matrem et, pudore deprehensi sceleris, sponte mortem sumpsisse confingeret.*[22] C'est du Machiavel assaisonné de Tabarin. Mais tout cela n'est rien auprès du chapitre qui raconte la mort d'Agrippine.

---

[16] Pascal, *Pensées*, 210.

[17] « Il reconduit (sa mère) à son départ, l'étreint très fort en lui baisant les yeux et la poitrine ; soit qu'il eût besoin de cet excès de dissimulation, soit que la vue d'une mère promise à la mort ait alors profondément ému son âme, aussi dénaturée qu'elle fût. » *Annales*, XIV, 4.

[18] « Anéanti par l'épouvante », Annales, XIV, 7 : *Pavore examinis et jam jamque adfore obtestans vindictae properam*, c'est-à-dire : « Tétanisé de terreur, il est convaincu qu'elle va bientôt accourir, ivre de vengeance. »

[19] Affranchi haï d'Agrippine, qui s'était auparavant proposé à Néron pour le débarrasser de sa mère.

[20] Ce texte devient dans la transcription du cahier d'honneur : « recourt à cet affranchi et propose de le voir assumer la responsabilité du meurtre, découvre à nu... »

[21] « C'est en ce jour que je reçois l'Empire, et je tiens ce si grand bienfait de mon affranchi. » *Annales*, XIV, 7.

[22] Ibidem. Phrase complète : *Ipse audito venisse missu Agrippinae nuntium Agermum, scaenam ultro criminis parat, gladiumque, dum mandata perfert, abicit inter pedes ejus, tum quasi*

Le politique et l'homme d'État s'effacent et laissent la place au peintre et au poète. Les premières lignes ont quelque chose de vague et de terrible ; à la nouvelle du danger couru par Agrippine un peuple considérable s'est porté sur la plage ; à la lueur des torches on se demande avec une anxiété croissante les nouvelles de l'impératrice ; la troupe d'Anicet, armée, menaçante, refoule loin de la villa ces groupes nocturnes ; le silence succède au tumulte, la solitude se fait tout autour. Les portes sont enfoncées, les serviteurs massacrés ; Anicet pénètre dans la chambre impériale ; il n'y a qu'une faible lumière et qu'une seule femme auprès d'Agrippine qui se demande avec angoisse pourquoi ce subit changement dans l'aspect du rivage. Serait-ce l'annonce de ses derniers moments ? Le tumulte des soldats confirme ses craintes. Et comme la servante effrayée s'enfuit à ce fracas : — Et toi aussi tu m'abandonnes, murmure-telle, et pressée de tous côtés par les soldats d'Anicet, elle leur présente son sein en s'écriant : *ventrum feri !*[23] et tombe percée de coups.

Telle est la catastrophe de ce drame où s'agitent toutes les dépravations et les misères d'une nation et d'une cour corrompue.

Cette corruption intérieure n'était pas le seul nuage qui planât sur le ciel de Rome. L'orage s'amoncelait vers le nord, où les tribus germaines pressées d'un côté par les mers et les solitudes, de l'autre par les aigles impériales devaient tôt ou tard avoir une revanche éclatante et terrible. Si les provinces fermentaient et se montraient impatientes du joug romain, si Rome descendait de jour en jour les échelons de sa gloire et de sa grandeur passée, il y avait sur le Danube et sur le Rhin, des peuples jeunes, hardis, indomptés, sauvages et belliqueux qui n'avaient besoin que d'un prétexte ou d'un chef pour se précipiter sur l'empire et l'écraser de leur masse. Tacite fut le premier à sonner le tocsin.[24] Car sa Germanie qu'on a voulu réduire aux mesquines proportions d'une satire[25] est sans doute le résultat de ses observations durant ses voyages à la suite d'Agricola.[26]

---

deprehenso vincla inici jubet, ut exitium principis molitam matrem et pudore deprehensi sceleris sponte mortem sumpsisse configeret, c'est à dire : « (Néron) ayant appris qu'Agerrinus était venu lui demander une audience, il prend les devants et prépare une mise en scène propre à le mettre en accusation. Pendant que le messager s'explique, il lui jette un glaive dans les jambes, puis le fait enchaîner comme un assassin pris en flagrant délit, afin de pouvoir feindre que sa mère avait voulu le faire tuer, et que, honteuse de voir son crime découvert, elle avait choisi elle-même de se donner la mort. »

[23] « Frappe au ventre ! » *Annales*, XIV, 8. Texte complet : *Jam in mortem centurioni ferrum destringenti protendens uterum "ventrem feri" exclamavit multisque vulneribus confecta est*, c'est-à-dire : « Au centurion ayant déjà dégainé le fer pour lui donner la mort, elle désigne son sein en s'exclamant "Frappe au ventre !" et s'effondre transpercée de part en part. »

[24] Annotation en marge de l'abbé Penon : « Confusion entachée d'anachronisme. » Dans la version du cahier d'honneur, le texte devient : « Tacite reconnut ce danger, il fut le premier à le faire. »

[25] Annotation en marge de l'abbé Penon : « D'après P. Albert. »

[26] Agricola était le beau-père de Tacite.

Ailleurs, n'a-t-il pas exprimé les sentiments des barbares, en même temps que ses prévisions, dans la fière harangue de Galgacus : *et nullae ultra terrae ac ne quidem mare securum, imminente classe romana. Ita praelium atque arma quae fortibus honesta, eadem etiam ignavis tutissima sunt... Nos terrarum ac libertatis extremos... Sed nulla jam ultra gens, nihil nisi flectus et saxa ; et infestiores Romani quorum superbiam frustra per obsequium et modestiam affugeris. Raptores orbis, postquam cuncta vastantibus defuere terrae, et mare scrutantur ; si locuples hostis est, avari, si pauper, ambitiosi... auferre, trucidare, rapere, falsis nominibus imperium, atque ubi solitudinem faciunt, pacem appellant...*[27] Sans doute le chef breton n'exprima pas ses sentiments avec cette énergie et cette profondeur ; mais on ne peut nier que ces idées ne flottassent dans les esprits, chez les voisins de Rome aussi bien que dans ses provinces, vers les IIIe et IVe siècles. Tacite les a devancées : il a vu par où s'écroulerait le colosse aux pieds d'argile, l'alliance des provinces avec les barbares débordant de toutes parts. Quelle ressource possèdent encore les Romains ? Leurs armées ? écoutez Tacite parlant par la bouche de Galgacus : *Omnia victoriae incitamenta pro nobis sunt ; nullae Romanes conjuges accendunt, nulli parentes fugam exprobraturi sunt ; aut nulla plerisque patria aut alia est ; paucos numero...*[28]

Les mercenaires n'ont pu défendre Carthage, pourront-ils défendre Rome ? Ils ne le voudront pas — et l'historien constate une fois encore le plus douloureux symptôme d'abaissement chez un peuple : la perte de l'esprit public.

C'est ainsi que Tacite jetait autour de lui ses regards scrutateurs et qu'il s'écriait avec le paysan de Jérusalem : Voix du côté de l'Orient, voix du côté de l'Occident, voix du côté des quatre vents, voix contre Jérusalem et contre le temple, voix contre tout le peuple ! Malheur ! Malheur sur Jérusalem ![29] Et il ajouterait volontiers, lui

---

[27] « Il n'y a plus de terre en sécurité au-delà de la nôtre, ni même de mer, car la flotte romaine nous y menace. Ainsi le combat et les armes, qui font l'honneur des braves, sont-ils aussi la voie la plus sûre pour les pleutres... Nous sommes placés aux confins du monde et de la liberté... Mais au-delà, il n'y a aucun autre peuple, rien d'autre que des flots et des rochers ; et plus dangereux encore, ces Romains dont il est vain de penser apaiser l'arrogance, que ce soit par la soumission ou par la complaisance. Brigands du monde, depuis qu'ayant tout dévasté ils n'ont plus aucune terre à ravager, ils écument les mers ; avides de rapines quand l'ennemi est riche, de domination quand il est démuni ; voler, massacrer, réduire en captivité, voilà ce que dans leur expression mensongère ils appellent l'autorité ; exterminer en tous lieux, voilà ce qu'ils appellent la pacification... » *Vie d'Agricola*, XXX.

[28] « Tous les éléments favorables à la victoire sont pour nous. Ici, les Romains n'ont ni épouses pour enflammer leur courage, ni famille pour flétrir leur lâcheté s'ils se dérobent ; ils sont de nulle part, ou d'une autre patrie que Rome ; les véritables Romains sont bien peu nombreux... » *Vie d'Agricola*, XXXII.

[29] Citation de Flavius Josèphe. L'ensemble de ce paragraphe a été assez profondément modifié dans la version du cahier d'honneur, mais avec les mêmes structures de phrases et les mêmes mots. La citation est ainsi amenée : « Lorsqu'on voit Tacite jeter ainsi le cri d'alarme et prédire en quelque sorte la destruction de Rome, on se rappelle involontairement ce paysan de la

aussi : Malheur à moi ! Car au milieu des ruines, voyant s'écrouler les murailles et s'effondrer les tours, témoin dans un siècle d'oubli et de festins qui dansait sur les cadavres et les débris amoncelés, que lui reste-t-il que de pousser cette dernière clameur, novissima verba[30], et après avoir rempli le sacerdoce historique qu'il s'était imposé d'exhaler le consommatus est de la langue, de la vertu et de la grandeur de Rome ?[31]

Il n'est pas donné à tous de sentir et de comprendre des hommes de cette trempe ; les génies sublimes et puissants ne sont pas accessibles à tous les esprits ; il est une médiocrité qui s'effraie, qui s'indigne, qui se scandalise des plus vigoureux élans, des touches les plus profondes ; malheureusement le vent fait souvent tourner les têtes de ce côté-là[32], et c'est cette médiocrité d'intelligence et de goût qui domine dans la foule et fait l'opinion.

Si[33] l'on jette un coup d'œil sur l'histoire littéraire, on en sera bientôt convaincu. Homère et Eschyle tant admirés dans l'Antiquité furent plutôt subis qu'acceptés par

---

Judée dont parle Josèphe, et qui, parcourant les rues de la ville sainte, faisait partout retentir cette clameur sinistre... »

[30] Titre du livre quatrième des *Harmonies poétiques et religieuses* de Lamartine : *Novissima verba* ou *Mon âme est triste jusqu'à la mort*.

[31] Dans le cahier d'honneur, « imposé » devient « proposé » : « qu'il s'était proposé, d'exhaler le deuil de la langue, de la vertu et de la grandeur romaines. »

[32] Cette dernière proposition, que l'abbé Penon qualifie en marge de « phrase peu claire », disparaît du cahier d'honneur.

[33] Ce paragraphe ainsi que ceux qui suivent (jusqu'à la citation de Paul Albert incluse) ont été entièrement refondus dans la version du cahier d'honneur. L'abbé Penon avait en effet longuement reproché au jeune Maurras le caractère trop tranché de son propos. Voici ce qu'il écrivit en marge de la copie : « Il ne faudrait pas trop médire de Fénelon et le mettre au nombre des *bonnes gens*. Cherchez un peu de vrai dans son appréciation, quoiqu'elle soit excessive. » Et Maurras recomposa ainsi son texte :

> On en sera bien vite convaincu si l'on jette un coup d'œil sur l'histoire littéraire. Homère et Eschyle tant admirés par les Anciens furent plutôt subis qu'acceptés par les modernes jusqu'au XIXe siècle. Aristophane effarouche Fénelon et Boileau ; Lucrèce est oublié, méconnu ; Plaute et Juvénal sont sacrifiés à Térence ; Dante est parodié par Voltaire, Shakespeare est traité de sauvage ivre par le même personnage : à cette liste de glorieux martyrs de la routine et du purisme il ne manquait plus que Tacite, et Tacite a subi le sort commun. Qu'il ait été attaqué par les pédants et par les beaux esprits, on n'en est nullement surpris ; mais voir Fénelon mêler, à une juste appréciation, des réserves pleines de minutie et même d'injustice, c'est ce qui étonne quiconque sait le mérite et l'autorité littéraire d'un tel juge.
> Le fait est que le génie de Tacite lui convenait moins qu'à Bossuet. L'idée qu'il se formait d'un sublime le démontre clairement : « Je veux, dit-il, un sublime si familier, si doux, si simple, que chacun serait tenté de croire qu'il l'aurait trouvé, quoique peu d'hommes soient capables de le trouver. » Évidemment, tel n'est pas le caractère du sublime de Tacite ; on ne peut, non plus, le comparer à un éclair subit et passager ;

les modernes jusqu'au XIXe siècle. Aristophane effarouche Fénelon et Boileau ; Lucrèce est oublié pendant des siècles ; Plaute et Juvénal sont sacrifiés à Horace et à Térence ; Dante est parodié par Voltaire, Shakespeare est traité de sauvage ivre par le même personnage : à cette liste de glorieux martyrs de la routine et du purisme il ne manquait plus que Tacite, et Tacite a subi le sort commun. Il a eu ses détracteurs, et ses Aristarques, bonnes gens qui ont regardé au microscope des hardiesses qui étonnent déjà à l'œil nu. Fénelon entre autres lui fait son procès (et sans rire) sur l'énergique brièveté de son style, sur la profondeur de sa politique et l'audace de ses peintures et de ses idées. Longues phrases que résume sa bienheureuse devise *Ne quid nimis* — en vertu de quoi, défense d'être trop beau. Vive Horace ! vive Térence ! mesure parfaite, goût exquis, art délicat, tout se trouve à son juste degré chez ces heureux écrivains. Mais Tacite ! mais Juvénal ! Allons donc ! ils ne laissent pas de repos à nos imaginations, on est toujours hors d'haleine à les suivre, ce qui est très malsain.

Tels étaient la plupart des critiques au XVIIe siècle ; mais notons vite une illustre exception : Bossuet qui appelait Tacite le plus grave des historiens, et celui qui burina le portrait de Cromwell devait s'y entendre.

À l'âge suivant, Tacite ne fut pas plus heureux. Arouet, triste roi d'une triste époque, menait à l'assaut du grand historien la tourbe du XVIIIe siècle, le traitait de hâbleur, et réhabilitait Agrippine et Néron, Tibère et Domitien. Tel patron, tels clients. Toutes ces réclamations ne valent pas grand-chose partant d'une telle

---

c'est plutôt le froid d'un glaive qui traverse la poitrine et va jusqu'à l'âme. Et Bossuet le sentait profondément, lui qui nommait Tacite « le plus grave des historiens », lui empruntant même plusieurs de ses traits. Celui qui burina le portrait de Cromwell devait s'y entendre.

À l'âge suivant, Tacite ne fut pas plus heureux. Arouet, triste roi d'une triste époque, menait à l'assaut du grand historien la tourbe du XVIIIe siècle, le traitait de hâbleur, et réhabilitait Agrippine et Néron, Tibère et Domitien. Tel patron, tels clients. Toutes ces réclamations ne valent pas grand-chose partant d'une telle bouche : mais quand bien même on voudrait prendre Voltaire au sérieux (qui s'en met d'ailleurs peu en peine), il ne serait pas difficile de renverser tout son échafaudage ; car tout ce que dit l'historien sur l'état de Rome sous Domitien est confirmé par Juvénal. Et si l'on m'objecte les « hyperboles » que lui reproche Boileau, que dire de Suétone qui sur le même ton et avec la même placidité, retrace la vie d'Horace et celle de Néron ? Non, l'on ne peut nier la bonne foi et la véracité de Tacite ; elle est aussi indiscutable que son mérite littéraire.

Lui-même nous l'a dit. Il est réellement, selon ses propres paroles, *sine ira et studio quorum causas procul habeo*. Quoique pessimiste d'inclination, il ne charge pas la vérité ; il raconte les faits tels quels, dans leur nudité ; on peut différer sur l'appréciation qu'il en porte, mais jamais lui en contester l'existence ou la réalité.

La citation latine ci-dessus est la fin du premier paragraphe des *Annales* : « sans colère ni parti-pris, sentiments dont les raisons me sont étrangères. »

bouche : mais quand bien même on voudrait prendre Voltaire au sérieux (qui s'en met d'ailleurs peu en peine), il ne serait pas difficile de renverser tout son échafaudage ; car tout ce que dit Tacite sur l'état de Rome au temps des empereurs est confirmé par Juvénal !

— Juvénal ! mais je le récuse ! oubliez-vous que, selon le vers de l'immortel Boileau, ce poète poussa jusqu'à l'excès sa mordante hyperbole ?

— Au diable votre immortel Boileau, devant lequel Juvénal s'incline au moins autant que Racine devant Chapelain ! Passons donc condamnation là-dessus ; item sur les auteurs chrétiens excommuniés d'Arouet, mais Suétone ? Suétone qui sur le même ton et avec la même placidité retrace la vie de Néron et celle d'Horace ! Qu'en dites-vous… ?

— Suétone ? ah ! saperlotte ! je n'y avais pourtant pas pensé ! au fait : *Testis unus, testis nullus*, vous le savez bien !

— Quelle belle chose que d'avoir si bien étudié le droit ! dit Paul Albert : il a bien raison.

Ces vains reproches, notre siècle en a fait table rase ; et ce n'est pas sa plus petite gloire que d'avoir ainsi relevé les statues des génies calomniés. De beaux hommages ont été rendus à Tacite. Tout le monde connaît le dithyrambe qu'entonne M. J. Chénier ; un autre poète, Lamartine, a célébré avec non moins de magnificence et plus de justesse, ce me semble, la passion, l'énergie, la profondeur de l'historien romain :

> Tacite, dit-il, n'est pas l'historien, mais le résumé du genre humain. Son récit est le contre-coup du fait dans un cœur d'homme libre, vertueux, sensible. Le frisson qu'il imprime au front quand on le lit, c'est le frisson de l'âme. Sa sensibilité est plus que de l'émotion, c'est de la piété ; ses jugements sont plus que de la vengeance, c'est de la justice ; son indignation, c'est plus que de la colère, c'est de la vertu. On confond son âme avec celle de Tacite, on se sent fier de sa parenté avec lui. Voulez-vous rendre le crime impossible à vos fils ? Voulez-vous passionner la vertu dans leur imagination ? Nourrissez-les de Tacite. S'ils ne deviennent pas des héros à cette école, c'est que la nature en a fait des lâches ou des scélérats. Un peuple qui aurait Tacite pour Évangile politique grandirait au-dessus de la stature commune des peuples. Quant à moi je dois à cet écrivain non pas toutes les fibres de chair, mais toutes les fibres métalliques de mon être. C'est lui qui les a trempées. Si jamais nos temps vulgaires prenaient le tour grandiose et tragique de son temps, et que je devinsse une digne victime d'une digne cause, je dirais en mourant : « Rendez honneur de ma vie et de ma mort au maître et non pas

au disciple, car c'est Tacite qui a vécu et qui est mort en moi.[34] » (*Raphaël*, XCII).[35]

Au reste les objections s'évanouissent bien vite quand un peuple a passé par les mêmes crises et les mêmes souffrances. Lorsqu'une société agonise, lorsqu'elle se sent souffrir de la même plaie que lui étale un grand historien dans les siècles passés, elle éprouve bientôt pour lui une véritable sympathie. Elle se penche dans la glace qu'il lui présente, elle s'y voit, s'y reconnaît et souvent recule effrayée de sa propre laideur.

---

[34] Il n'est pas interdit de faire le rapprochement entre ce paragraphe et le futur destin de Maurras lui-même !

[35] Cette citation est extraite du quatre-vingt douzième paragraphe (XCII) du *Raphaël* de Lamartine, et non du dix-septième (XVII) comme il est indiqué par erreur dans l'extrait du cahier d'honneur publié en 1965. Sur la copie d'origine, le *C* est indiscutable et ne saurait se confondre avec un *V*. Maurras reprend presque l'intégralité du texte de Lamartine, mais en modifie la texture, faisant des phrases plus longues, moins saccadées.

L'éloge de Tacite prend place, dans ce volume de souvenirs qu'est *Raphaël*, entre une évocation de Cicéron (XCI) et une réflexion sur l'art oratoire (XCIII). Lamartine décrit en détail le féroce appétit de lecture, surtout des auteurs de l'Antiquité, qui fut le sien autour de sa vingtième année ; ce qui rapproche les deux écrivains...

Voici le texte complet du paragraphe :

> Quant à Tacite, je ne tentais même pas de disputer ma passion pour lui. Je le préférais même à Thucydide, cet Homère de l'histoire. Thucydide expose plus qu'il ne fait vivre et palpiter. Tacite n'est pas l'historien, mais le résumé du genre humain. Son récit est le contre-coup du fait dans un cœur d'homme libre, vertueux et sensible. Le frisson qu'il imprime au front, quand on le lit, n'est pas seulement l'horripilation de la peau, c'est le frisson de l'âme. Sa sensibilité est plus que de l'émotion, c'est de la pitié. Ses jugements sont plus que de la vengeance, c'est de la justice. Son indignation, c'est plus que de la colère, c'est de la vertu. On confond son âme avec celle de Tacite, et on se sent fier de la parenté avec lui. Voulez-vous rendre le crime impossible à vos fils ? voulez-vous passionner la vertu dans leur imagination ? Nourrissez-les de Tacite. S'ils ne deviennent pas des héros à cette école, c'est que la nature en a fait des lâches ou des scélérats. Un peuple qui aurait Tacite pour évangile politique grandirait au-dessus de la stature commune des peuples. Ce peuple jouerait enfin devant Dieu le drame politique du genre humain dans toute sa grandeur et dans toute sa majesté. Quant à moi, je dois à cet écrivain non pas toutes les fibres de ma chair, mais toutes les fibres métalliques de mon être. C'est lui qui les a trempées. Si jamais nos temps vulgaires prenaient le tour grandiose et tragique de son temps et que je devinsse une digne victime d'une digne cause, je dirais en mourant : « Rendez honneur de ma vie et de ma mort au maître, et non pas au disciple, car c'est Tacite qui a vécu et qui est mort en moi ! »

Alors on ne chicane plus sur les mots et les syllabes, on n'élève plus une voix vertueuse pour revendiquer les droits du genre humain outragé[36], en dépit d'Arouet on convient de tout et l'on se plonge même avec une certaine volupté dans la misanthropie amère de Tacite, jusqu'au point de s'écrier avec lui : *corrumpere et corrumpi saeculum vocatur.*[37]

---

[36] Membre de phrase qui devient dans le cahier d'honneur : « on ne crie plus à la calomnie et à l'hyperbole. » Mais sous la signature on lit une annotation qui change « revendiquer » en « réclamer » et « outragé » en « calomnié ».

[37] « Corrompre et être corrompu, tel est l'esprit du siècle. » *La Germanie*, XIX. Tacite fait l'éloge des Germains, qui justement sont indemnes de cette corruption : *Nemo enim illic vitia ridet, nec corrumpere et corrumpi saeculum vocatur* c'est à dire : « Car dans ce pays nul ne se rit des vices ; ce n'est pas l'esprit du siècle que d'y corrompre ou de s'y laisser corrompre. »

Copie sur *La Jeune Captive* d'André Chénier

1883

Analyse littéraire de La Jeune Captive[38]
Charles Maurras

— « Je n'ai rien fait pour la postérité » — disait André Chénier sur les degrés de l'échafaud révolutionnaire — « et pourtant j'avais quelque chose là » ajouta-t-il en se frappant le front. Ce poids qui retardait sa marche vers la mort, qui seul lui inspirait quelque regret de cette vie, ce poids, c'était son génie. Un pied dans la tombe, il ne donnait point ses larmes aux jouissances vulgaires de ce monde : il pleurait seulement la gloire dont il aurait couvert son nom dans une plus longue carrière.

Console-toi, Chénier, ce que tu nous as laissé suffit pour que ton nom parvienne à vaincre l'oubli des âges ! C'en est assez de quelques échos échappés de ta lyre pour te donner l'Immortalité !

En effet, placé entre deux siècles dont l'un incrédule, sceptique, expirait dans le sang et dont l'autre, brillant, allait inaugurer, dès son aurore, la rénovation de l'art, Chénier s'est élevé au-dessus de son époque, et d'un vol hardi, a pris son essor du côté de l'Avenir. Aussi la postérité a-t-elle conservé religieusement ce monument de ses aspirations : ses œuvres consacrées par l'admiration de nos pères sont encore parmi nous l'objet du même culte. Il personnifie l'Alliance de l'Antiquité et des Temps Modernes, alliance d'où ne peuvent sortir que l'harmonie et la grâce — en un mot la beauté.

Au nombre des pièces les plus connues d'André Chénier, il en est une où le caractère du jeune poète ressort admirablement. C'est un tableau charmant empreint d'une aimable naïveté, où se révèle un sentiment profond de la vraie poésie. Je veux parler de *La Jeune Captive*, cette élégie si touchante dont les accents émus nous arrachent des larmes. On sent que ce n'est pas une fiction que cette plainte de la belle prisonnière[39] ; c'est la réalité dans toute son horreur, la réalité effrayante des cachots de 93[40] qui, tous les jours, engloutissaient sous leurs sombres voûtes des milliers de victimes.

Avant d'examiner en détail les beautés que renferme ce poème, jetons un coup d'œil sur l'ensemble pour nous en faire une idée générale.

L'unité dans la variété, tel en est le caractère principal. Le désordre de la douleur, les retours, les élans d'indignation que l'on y trouve, tout cela tend à développer

---

[38] Onzième et dernière des *Odes* d'André Chénier (la neuvième étant dédiée à Charlotte Corday). Elle fut composée à la prison Saint-Lazare, la nuit précédant sa mort sur l'échafaud — deux jours avant Thermidor qui l'eût sauvé. (*Comme celle-ci les notes suivantes sont des notes des éditeurs.*)
[39] Aimée de Franquetot de Coigny, duchesse de Fleury, née en 1769, voisine de cellule d'André Chénier. Elle avait donc 25 ans au moment de l'écriture du poème. Elle échappa à la guillotine et vécut jusqu'en 1820.
[40] En l'occurrence, nous sommes en juillet 1794.

l'idée dominante du morceau, à atteindre le but que s'est proposé le poète : reproduire dans un langage harmonieux les plaintes d'une jeune captive, les terreurs qu'elle éprouve à la vue de la mort qui la menace. Et, disons-le bien haut — André Chénier a complètement réussi. Avec quel art n'a-t-il pas groupé autour du sujet les images les plus propres à nous inspirer une tendre compassion envers celle qui exprime tous ses vœux et toutes ses craintes dans ces seuls mots :

> Je ne veux pas mourir encore !

Malheureusement, trop attaché aux formes antiques, A. Chénier mêle quelquefois aux élans les plus vrais, aux soupirs les plus touchants, des souvenirs mythologiques qui refroidissent notre émotion. Mais à quel degré sublime ne possède-t-il pas le sentiment de la nature ! Imitateur des descriptions de Virgile, il concentre notre regard sur un espace borné pour mieux faire éclater la souplesse et la variété de son talent. Son style est imagé, fleuri, étincelant de figures ; mais rien n'est comparable à la mollesse, à la suavité de ses expressions.

Nous ne reproduirons pas toutes ces images, tour à tour mélancoliques et riantes, qui viennent à chaque instant charmer ou attendrir. Dans ces vers, dignes du pinceau de Théocrite[41] — le modèle de notre poète — qu'il suffise d'en citer les plus saillants :

> L'épi naissant mûrit, de la faux respecté ;
> Sans crainte du pressoir, le pampre, tout l'été
> Boit les doux présents de l'Aurore ;
> Et moi, comme lui belle, et jeune comme lui,
> Quoique l'heure présente ait de trouble et d'ennui,
> Je ne veux point mourir encore.

Quel touchant défi jeté à l'adversité ! Mieux vaut souffrir que mourir — voilà l'éternelle devise de l'homme, et surtout de l'homme jeune, enthousiaste de cette vie si féconde en malheurs :

> Je ne veux pas mourir encore !

C'est bien là le cri d'une âme novice qui ignore encore les ténèbres de l'existence, du jeune oiseau qui, posé sur la branche salue son premier début dans la vie ! Elle n'a pas encore bu à cette coupe empoisonnée ; elle n'a pas encore goûté l'amertume

---

[41] Poète grec, auteur du *Syrinx*, fondateur de la poésie bucolique.

de ses plaisirs[42] ; elle les connaît déjà, ces angoisses sans cesse renaissantes ; mais, nouvelle Ève, elle veut approfondir entièrement ce mystère douloureux :

> Je ne veux pas mourir encore !

Si elle est sensible à la souffrance, elle ne l'est pas moins à la joie ; elle ne veut pas renoncer aux roses malgré les épines qui les entourent :

> Qu'un stoïque aux yeux secs vole embrasser la mort,
> Moi je pleure et j'espère...

Ces seuls mots résument les armes les plus puissantes de la jeunesse et de la beauté, leur dernier refuge, les seuls qui leur soient assurés : les pleurs et l'espérance.

> ...au noir souffle du Nord
> Je plie et relève ma tête.

Ah ! voilà bien l'enfance ; voilà bien la légèreté et la brièveté de ses impressions ! comme Chénier l'a bien rendue dans cette métaphore où il la compare au faible roseau auquel le fabuliste avait fait dire jadis « je plie et ne rompt pas ».

Puis la jeune fille reprend sa confiance ordinaire ; elle rapproche les fruits de la vie « du miel » dont la saveur laisse après lui des « dégoûts », des mers, dont les plus paisibles ont aussi leurs « tempêtes ». Elle entonne ensuite un cantique de victoire, défi superbe au malheur :

> L'Illusion féconde habite dans mon sein ;
> D'une prison, sur moi, les murs pèsent en vain ;
> J'ai les ailes de l'Espérance.

Après s'être dépeinte le ravissement qu'elle éprouvera en recouvrant la liberté en se comparant à Philomèle[43] :

> Échappée aux réseaux de l'oiseleur cruel,

---

[42] Aimée de Coigny collectionnait les amants ! Mais les bons pères devaient sans doute cacher ce détail aux jeunes collégiens dont ils avaient en charge l'édification morale...

[43] D'après la légende, Philomèle fut changée en hirondelle pour échapper à la poursuite de son beau-frère Térée qui lui avait auparavant coupé la langue.

elle se considère ; elle ne trouve en elle que la jeunesse dans sa fleur — la vie dans sa plénitude — elle s'indigne à la pensée de la mort :

> Est-ce à moi de mourir ! Tranquille je m'endors,
> Et tranquille je veille ; et ma veille aux remords
> Ni mon sommeil ne sont en proie.

Elle se représente naïvement le rayon de joie qui illumine tous les visages à sa vue :

> Ma bienvenue au jour me rit dans tous les yeux ;
> Sur des fronts abattus mon aspect dans ces lieux
> Ranime presque de la joie.

A. Chénier n'est pas le seul qui ait rendu avec bonheur les accents de l'Innocence ; V. Hugo a reproduit cette idée avec autant de charme, sous un aspect plus gracieux peut-être, mais moins touchant :

> Et les plus tristes fronts, les plus souillés peut-être
> Se dérident soudain à voir l'enfant paraître
> Innocent et joyeux[44]...

Quelle douce mélancolie, quel charme indicible dans cette série d'images pittoresques où la jeune fille décrit la brièveté des instants qu'elle a passés en ce monde :

> Mon beau voyage encor est si loin de sa fin !
> Je pars, et des ormeaux qui bordent le chemin
> J'ai passé les premiers à peine.
> Au banquet de la vie, à peine commencé,
> Un instant seulement mes lèvres ont pressé
> La coupe en mes mains encor pleine.

Voyant s'élargir devant elle les horizons de la vie, elle exprime d'une manière tout à fait poétique l'impétuosité de ses aspirations :

> Je ne suis qu'au printemps, je veux voir la moisson ;
> Et comme le Soleil, de saison en saison,

---

[44] Dans les Feuilles d'Automne.

> Je veux achever mon année !
> Brillante sur ma tige, et l'honneur du jardin,
> Je n'ai vu luire encor que les feux du matin,
> Je veux achever ma journée.

Et quand la réalité se présente de nouveau à ses yeux, elle la repousse de toutes les forces de son âme ; elle éloigne cette idée funeste qui, malgré elle, revient l'obséder jusqu'à la fin :

> Ô mort ! tu peux attendre ; éloigne, éloigne-toi ;
> Va consoler les cœurs que la honte, l'effroi
> Le pâle désespoir dévore ;
> Pour moi Palès encore a des asiles verts ;
> Les vallons des échos[45], les Muses des concerts...

Enfin, pour la dernière fois, avant d'imposer silence à son cœur gonflé, elle résume dans ce seul vers l'unique objet de ses vœux, de ses prières, de ses larmes :

> Je ne veux pas mourir encore !

C'est ici que se terminent les plaintes de la jeune captive ; mais André Chénier, avant de dire à la poésie un adieu, qu'il croyait peut-être le dernier, demande quelques larmes pour sa sombre destinée :

> Ainsi, triste et captif, ma lyre toutefois
> S'éveillait, écoutant ces plaintes, cette voix,
> Ces vœux d'une jeune Captive ;
> Et secouant le faix[46] de mes jours languissans,
> Aux douces lois des vers je pliais les accens
> De sa bouche aimable et naïve.

Il paie, enfin, un gracieux tribut aux attraits de sa compagne de captivité :

> Et, comme elle, craindront de voir finir leurs jours

---

[45] Le poème dit :
   Les Amours des baisers, les Muses des concerts
Peut-être s'agit-il simplement d'une banale censure des bons Pères, préférant éviter de faire rêver leurs collégiens aux amours ou aux baisers...
[46] Variante : *le joug*.

Ceux qui les passeront près d'elle.[47]

Le poète conserve donc, lui aussi, un dernier espoir éveillé sans doute par la confiance de la jeune fille ; pour cette dernière ils se sont réalisés, ces désirs d'une âme avide de bonheur... mais hélas ! Chénier a vu ses jours tranchés par la hache des « bourreaux barbouilleurs de lois » qu'il avait flétris dans ses iambes vengeurs ! Du moins la gloire lui reste — une gloire pure et sans tache ; du moins il n'a pu prostituer son talent au service du mal ; et s'il n'a pas goûté les voluptés de la vie mortelle, son nom demeurera gravé en traits indélébiles dans le souvenir des âges qui verront resplendir autour de lui la double auréole du Génie et du Malheur.

---

[47] Que dire de ce que fut la vie d'Aimée de Coigny après sa libération ? Femme fatale, intrigante, ses innombrables aventures ne l'empêchèrent pas de haïr Bonaparte et de préparer le retour des Bourbons. Mais combien d'amants a-t-elle dû faire souffrir !

Copie du Baccalauréat

1884

*Copie de Charles Maurras, élève de première
à l'école secondaire libre du Sacré-Cœur*

Le 16 septembre 1884 Baccalauréat, 1re partie
Épreuve de français — Dissertation française

Turgot retiré au château de la Roche-Guyon chez la duchesse d'Enville écrit à Voltaire pour le remercier de l'appui qu'il lui a prêté pendant son ministère, pour lui expliquer les causes de sa disgrâce et lui exprimer son inquiétude pour l'avenir du roi, de la monarchie et de la France.

Monsieur,

Depuis longtemps vous avez appris ma retraite, et, je n'en doute pas, la chute d'un ami qui vous est si dévoué a dû éveiller en votre cœur un écho sympathique. Retiré dans une belle solitude et un peu distrait de mes noires pensées par les soins d'une attentive amitié, je commence à sortir de mon abattement ; aussi ne veux-je pas dire adieu pour toujours à la politique sans vous remercier de l'appui que m'ont donné votre nom et votre réputation universelle. Lorsqu'on est pressé de tous côtés d'intrigues et de difficultés, il est bien doux d'entendre une voix amie vous approuver, vous exciter, s'il en est besoin, à la poursuite du bien que l'on s'est proposé d'atteindre ; mais combien plus douce encore est cette voix quand elle part d'un homme élevé comme vous l'êtes dans l'admiration et le respect de tous ! C'était en effet votre œuvre que vous souteniez en moi, ces réformes que j'ai rêvées toute ma vie et que j'ai essayé d'accomplir pendant les deux années de mon ministère, abolition de la corvée, impôt territorial, abolition des jurandes et des maîtrises, tout cela part de vous. Le siècle est votre élève, c'est vous qui l'avez initié aux conquêtes de la raison, et je n'ai fait que continuer en politique votre œuvre en philosophie.

Aujourd'hui l'on m'a arrêté sur la voie pour revenir aux anciennes routines ; pour combien de temps ? je ne sais, et c'est ce qui cause mon inquiétude.

Ma chute est la conséquence d'une agitation que vous avez dû observer aussi bien que moi pendant le cours de mon ministère. Deux opinions extrêmes se partageaient et se partagent encore la nation. Les uns, théoriciens élevés à l'école de Sparte et de Rome, ne voyant de salut que dans les mesures radicales, ne comprenant rien aux difficultés du gouvernement et aux exigences de la politique, n'ont cessé de me compromettre en me reprochant ma lenteur et ma sagesse : ce sont ceux qui veulent démolir l'antique édifice sans s'assurer s'ils ont de quoi bâtir le nouveau ; les autres au contraire, et de ce côté tout l'entourage du roi, la reine, toute la cour, jetaient les hauts cris sitôt que je touchais à l'une de ces pierres usées du monument gothique. J'avais beau démontrer la justice et la droiture de mes idées, ces seigneurs qui avaient déployé tant de verve et d'entrain pour railler les erreurs et les abus du passé, reculaient quand il fallait y porter remède. D'autre part le parlement, qui sous le règne précédent s'était montré d'une si noble indépendance devant les désordres et les dilapidations du feu roi, devenait ennemi des réformes qu'il avait provoquées. Sous prétexte d'arrêter la monarchie et de conserver ses bases primitives, il a tout fait pour la perdre, la perdra et se perdra avec elle.

Dans ce vaste conflit, j'étais donc seul avec le roi à qui je dois rendre témoignage de ses bonnes intentions. Je me souviendrai toujours de son assiduité aux affaires, de ses efforts continuels pour le bien d'un peuple qu'il aime d'un véritable amour. Mais quelle déplorable faiblesse chez ce monarque, quelle ignorance chez ce peuple. Toujours méfiant, criant toujours à la trahison, celui-ci se cabre devant les réformes les plus nécessaires et les plus légitimes, parce qu'il ne voit que les difficultés momentanées qui résultent toujours d'un changement politique ou administratif. Et le roi, en raison de sa bonté, ne sait pas résister aux cris d'une populace qui ignore son véritable avantage. Il confond la voix de l'émeute et celle de la nation. Sitôt qu'il l'entend, il lui cède, et sacrifie le bonheur de vingt-cinq millions d'hommes à quelques centaines d'insurgés.

Je sais bien qu'entre la classe populaire et la classe aristocratique entre lesquelles j'étais isolé, il y avait dans le Tiers-État beaucoup de gens à la fois novateurs et modérés, des écrivains célèbres qui m'honoraient, Monsieur, de leur estime et de leur confiance. Mais ceux-là justement ont-ils l'oreille du roi ? Quand même ils parleraient on ne les entendrait pas, c'est ce qui est arrivé. Pris entre toutes les parties je ne pouvais manquer de tomber ; mon crédit s'est épuisé avec la suppression des maîtrises et des jurandes, et le roi, fatigué d'intrigues domestiques, de discussions perpétuelles, de lits de justice, s'est lassé de me maintenir ; il m'a demandé ma démission, et m'a congédié en me laissant ces paroles que je conserve dans mon cœur : « Monsieur Turgot, il n'y a que vous et moi qui aimions le peuple. » Ce témoignage a suffi pour me consoler ; et au-delà, sans me rassurer néanmoins, car mes inquiétudes sont bien graves et l'horizon bien noir. Que deviendra-t-il ce peuple confié deux ans à mes soins ? Je suis comme le pilote qui s'attache au vaisseau qu'il gouverne ; je me suis attaché à l'État et je souffre de toutes ses douleurs. Nous vivons dans un siècle où une main ferme est nécessaire à la direction du gouvernement, le roi ne l'a pas ; il faut beaucoup de sagesse, et le peuple n'en eut jamais ; il faut beaucoup de prudence, et le pouvoir est ballotté entre des mains insouciantes de son avenir. Maintenant le parti de la réaction triomphe.

Mais comme on a égaré le peuple au nom de ses intérêts, on va l'égorger au nom de ses droits. Il surgit une nouvelle école d'écrivains qui méprise le passé et rêve un idéal plein de chimères et de périls. Que va-t-elle dire quand les progrès accomplis sous mon gouvernement seront effacés, et que mon œuvre sera toute à recommencer ? De plus, la voie où l'on marche n'est pas celle du siècle, elle est un retour à un passé dangereux, à un passé que vous avez détruit et qu'il n'est plus permis, en plein XVIIIe siècle, de vouloir rétablir. Et que dira la cour quand elle verra se poser devant elle les volontés et les besoins évidents d'un peuple à demi éclairé, c'est vrai, mais toujours exagéré dans le sens de la soumission ou de la révolte ? Que dira le roi ? Et aussi que fera la France ? Ah ! Monsieur, je tremble à cette perspective, je ne veux pas la regarder de face ; elle est trop horrible, elle m'ôte tout espoir. Profondément découragé de ma chute, j'estime perdue toute possibilité d'alliance entre la raison et la forme sociale consacrée par le temps.

Je crois qu'à la vue de ce qui se passe vous partagerez mes appréhensions ; vous êtes le seul homme de ce temps qui comprenne que la logique a besoin de bon sens, et que l'une sans l'autre ne peut qu'une chose : mener à sa perte le peuple insensé qui s'y fie.

Note de lecture :
Cours de Philosophie,
par M. l'abbé Bouat

1886

Note de lecture[48] : Cours de Philosophie,
*complètement adapté au programme de 1885,
par M. l'abbé Bouat, Paris, Delagrave.*

Bien que l'arrêté ministériel du 22 janvier 1885 n'ait pas introduit beaucoup de changements dans les études philosophiques, ce nouveau programme a donné le signal d'une véritable floraison de traités, de manuels et de précis de toute sorte ; les uns entièrement nouveaux, les autres revus, corrigés, augmentés, adaptés aux programmes. Nous voudrions en étudier ici quelques-uns, et revenir à cette occasion sur les plus connus de ceux qui avaient précédé, en nous bornant pour le moment à ceux qui ont été écrits en langue française et en commençant par le dernier paru.

Deux traités de philosophie sont adoptés généralement dans les classes. Le plus volumineux, celui de M. Janet, s'il ne laisse point trop à désirer sous le rapport des doctrines, est loin de nous satisfaire quant à la méthode suivie. Le défaut de cohésion éclate à chaque page ; un commençant se perd en de longs chapitres jetés comme entre parenthèses, hachés en paragraphes, sans aucun lien apparent. Ce lien existe, je le sais, mais il faut tout lire pour le démêler à travers d'interminables discussions dont le sévère algébrisme n'est pas à la portée de tous les esprits.

Moins heureux encore est le procédé discursif de M. Joly. On voit qu'il a recueilli la méthode oratoire des anciens maîtres ; aussi la précision des faits scientifiques est-elle maintes fois sacrifiée au développement et à l'éloquence. Si l'on ajoute à cette diffusion le peu d'étendue relative du livre, on trouvera qu'un pareil traité, profond et sérieux par instants, se nommerait plus justement dans son ensemble un abrégé élémentaire de philosophie.

Il y avait donc quelque chose à tenter entre ces deux extrêmes et, parmi les nouveaux manuels, celui de M. Bouat était peut-être destiné à réunir dans ce but les vues éparses de ses confrères, à les confondre en un tout plus complet, plus lucide et plus régulier. Il nous en prévient lui-même dès la Préface, avec une parfaite modestie. « Notre livre, dit-il, n'a rien d'original ; c'est un éclectisme des doctrines que les éminents professeurs de faculté ont souvent exposées avec la supériorité du talent et du savoir. »

Mais la plupart du temps, avec les doctrines, des pages, des chapitres entiers ont passé textuellement de tel ou tel ouvrage contemporain dans l'ouvrage de M. Bouat. MM. Janet, Fouillée, Saisset ont fait les frais de ces emprunts, très avouables du reste. Il y a place auprès du talent qui invente pour le travail qui ordonne ; mais à une condition c'est que ce travail ait une valeur personnelle. Nous allons voir si l'on peut en juger ainsi de l'ouvrage de M. Bouat.

---

[48] Texte paru dans les *Annales de philosophie chrétienne*, février 1886. (n.d.é.)

Je me hâte de donner à la pure forme tout l'éloge qu'elle mérite. Le style a bien cette simplicité dont l'auteur se pique à bon droit. Tout au plus lui reprocherais-je une certaine abondance de détails qui frise la prolixité. Valait-il la peine d'écrire toute une page pour démontrer que la sensibilité était subjective et l'intelligence objective ? ou de noter au plus fin les rapports de la logique et de la psychologie ? C'est un genre de découvertes dont on peut laisser aux élèves le soin et le plaisir.

Quant à la méthode de M. Bouat, ses avantages sont frappants pour s'en rendre compte, il suffit de la comparer à celle de ses prédécesseurs. Chez lui tout s'enchaîne ; chaque morceau est expliqué dans ce qui précède et se continue dans ce qui suit. La disposition typographique concourt à cette impression de clarté qu'on emporte du livre au premier coup d'œil qu'on y jette. Que ce coup d'œil toutefois ne soit ni trop long ni trop curieux ! car s'il a fait mieux que les autres, je n'ose pas assurer que M. Bouat ait fait tout à fait bien. Il faut aussi lui tenir compte de ce qu'il a dû s'approprier une foule de détails épars en vingt volumes différents ; ces coupures opérées un peu partout nuisent à l'unité de son œuvre. Elles l'ont amené par endroits à de flagrantes contradictions. De plus, trop fidèle à l'ordre du programme, il lui sacrifie volontiers l'ordre logique des questions. De là des quiproquos étranges, notamment, nous allons le voir, dans la partie essentielle de la psychologie, dans l'étude de l'intelligence.

Distingue-t-il bien nettement la sensibilité cognitive de la sensibilité affective, deux choses qui n'ont de commun que le nom ? J'ai presque honte d'en douter, mais que dire cependant à voir M. Bouat réfuter les sensualistes pour mieux distinguer une perception d'avec une émotion ? Comme si Condillac avait jamais prétendu faire sortir une connaissance quelconque de la sensibilité affective !

Il divise ensuite la perception en interne et externe. La première se fait au moyen de la conscience, à laquelle il conserve le titre de faculté ; il admet donc en nous des phénomènes inconscients, d'accord en cela avec Hartmann et la philosophie pessimiste. Où je le goûte moins, c'est lorsqu'il en arrive à la perception extérieure. Grâce au scrupule qu'il se fait de toucher au programme, toute cette partie est un chef-d'œuvre de décousu.

Qu'est-ce d'abord que la perception ? On ne nous dit ni quand, ni comment elle succède à l'impression mécanique, encore moins quand elle se change en idée. L'auteur nous avertit seulement qu'elle saisit les corps et leurs propriétés ; c'est beaucoup dire. Il ne réserve à la raison que l'appréhension des vérités nécessaires, de l'infini, oubliant que la moindre idée générale, celle du corps le plus vil et le plus infime, exige un recours au principe de substance, est issue d'une induction, et renferme une aussi absolue nécessité que les notions les plus transcendantales du vrai, du beau et du bien. M. Bouat, j'en suis sûr, partage pleinement ces doctrines ; on le devine à chaque page, mais pourquoi faut-il le deviner ? Pourquoi tant d'hésitations quand il s'agit de limiter franchement les frontières de nos facultés ?

Remettons un instant les choses à leur place. La perception extérieure saisit *les qualités* des corps, couleur, saveur, etc. ; M. Bouat n'a pu vouloir lui attribuer davantage. D'autre part, d'après sa définition, la raison demeure la faculté de l'absolu, elle est exclusivement enfermée dans le domaine transcendantal. Restent les *vérités contingentes*. À quelle faculté reconnaît-il le droit de les percevoir ? quel est le mécanisme de leur genèse intellectuelle ? C'est ce qui demeure incertain. M. Bouat nous apporte une théorie de la connaissance où n'est pas déterminé ce point essentiel, ce moment psychologique de l'éclosion de l'idée. Sans doute il s'est bien aperçu que les vérités contingentes occupaient un certain espace dans le champ de notre activité ; il analyse bien cette classe de facultés qui sont les intermédiaires entre la région phénoménale et la pure spiritualité, les facultés de combinaison et d'élaboration, mais toujours avec le même défaut d'exactitude, toujours sans définir leur véritable portée. Suivons-le plutôt dans ses analyses.

La perception se transforme peu à peu en traversant la mémoire et l'imagination ; elle est travaillée successivement par l'abstraction, la généralisation, le jugement et le raisonnement, et je trouve au bout de la série un chapitre sur les *idées contingentes*. Enfin ! Mais ces idées d'où viennent-elles ? Seraient-elles un résultat du commun travail de ces facultés ? L'ordre logique du livre semble l'impliquer. On vient de démonter les rouages, d'énumérer les ouvriers, on nous découvre maintenant le résidu, qui est *l'idée contingente*. Vraiment ? Un naïf pourrait fort bien s'imaginer là-dessus que le jugement et le raisonnement (une des machines que vous nous avez démontées) sont les facteurs et les conditions de l'idée générale, c'est-à-dire que nous jugeons, que nous raisonnons avant d'avoir obtenu des termes ou idées, matière de nos jugements et de nos raisonnements !

Si, au contraire, nous admettons que l'idée soit antérieure au jugement, nous pouvons la supposer aussi antérieure à la généralisation et à l'abstraction elles-mêmes, M. Bouat ne nous ayant jamais dit que des mots vagues sur l'action de ces facultés. Nous pouvons nous les figurer comme une série de moules, où l'idée entre toute faite déjà, où elle subit des modifications purement accidentelles. Mais notre difficulté subsiste encore ; il y a toujours eu un moment où la sensation a fait place à l'idée, je cherche ce moment et je me demande en quel endroit s'opère cette merveilleuse transmutation. Nulle part, que je sache, M. Bouat ne dissipe ces doutes d'une façon catégorique ; on devine qu'il répondrait au besoin avec la philosophie traditionnelle, on peut même s'en assurer en confrontant divers textes. Toujours est-il qu'un enseignement résolu sur ce point capital fait entièrement défaut dans son livre. Car je n'ai pas voulu supposer un seul instant qu'il ait pris à la lettre sa première assertion, que la perception extérieure saisit *les corps et leurs propriétés ;* elle l'aurait conduit immédiatement à celle-ci, qui lui ferait horreur et qu'il a partout combattue : la sensation est égale à l'idée, l'idée est une opération de la sensibilité.

Quelques définitions précises eussent peut-être évité à M. Bouat ces écueils et bien d'autres. Dire strictement ce que c'est que la sensation, ce qu'elle donne, ce que donne par conséquent la perception externe ; faire sortir la raison de la solitude métaphysique où elle est exilée ; déterminer la valeur de l'idée et son mode d'acquisition avant de la mettre en œuvre dans le jugement ; en un mot, apporter un peu d'ordre parmi tant de bonnes intentions, aurait suffi pour établir dans la théorie de la connaissance cette liaison des parties dont l'absence est malheureusement trop visible.

D'autres lacunes m'ont frappé çà et là dans le même chapitre. Mais j'en veux surtout à M. Bouat pour sa classification des systèmes philosophiques sur l'origine des idées. Il ne marque pas de nuances entre le spiritualisme et l'idéalisme. Voit-on dans l'idée autre chose que la sensation transformée ? on est spiritualiste, et deux questions de détail restent seules pendantes. Les idées sont-elles innées dans l'esprit de l'homme ou siègent-elles en Dieu ? Ces deux opinions partagent les philosophes en deux groupes ; dans le premier sont rangés Descartes, Leibniz, Aristote (Aristote, les idées innées !), dans le second Platon (c'est douteux), saint Augustin..., saint Thomas, Malebranche et Fénelon, saint Thomas à côté de Malebranche ! et contre Aristote !

Il serait difficile d'expliquer une telle erreur, si M. Bouat n'avait établi la discussion du problème des idées sur un terrain de pure ontologie. Il existe, à ce point de vue, entre Aristote et saint Thomas un dissentiment métaphysique dont nous n'avons que faire en psychologie, dans la théorie de la connaissance.

Que cherchons-nous au fond dans ce problème ? Deux choses : la valeur des idées et leur mode d'acquisition par la nature humaine. L'accord est parfait sur ces deux points entre Aristote et saint Thomas. Pour l'un comme pour l'autre, l'idée a une valeur absolue ; ils la définissent un rapport immuable entre le sujet et l'objet, la chose et l'intellect. Cette définition leur assure à tous les deux la certitude de leur connaissance, ils en concluent que la sensation et la raison doivent avoir une part à peu près égale à la confection de nos idées ; c'est la théorie de *l'intellect actif*. Albert le Grand et saint Thomas l'ont ressuscitée au Moyen Âge, en donnant à la querelle des universaux cette belle et grande solution du *conceptualisme objectif* dont M. Bouat ne parle pas ; pourtant il l'ébauche, à son insu peut-être, dans une citation aussi vague qu'oratoire de M. Cousin.

Cependant la conception péripatéticienne de Dieu et du monde s'arrêtait encore à mi-chemin. Elle laissait co-exister d'une part la vérité contingente et la science humaine, de l'autre, la vérité nécessaire de l'infini ; pas d'autre lien entre elles que les aspirations de l'homme et son effort isolé, si souvent stérile. Il fallait donc, pour couronner l'ouvrage, que les vérités par nous aperçues soient plus qu'une relation de deux êtres, mais une participation de l'être absolu. C'est ce qu'a voulu faire saint Thomas, s'inspirant de saint Augustin, en établissant dans la raison divine la résidence des idées archétypes de la création, qui sont tour à tour réalisées dans le monde et saisies par notre intelligence.

Mais ce détail métaphysique ne divise en rien le maître et le disciple, tant que nous en restons au point de vue de la connaissance ; et quand il s'agit de l'origine des idées, il est peu exact de mêler à la vision en Dieu et aux autres chimères de Malebranche la théorie de saint Thomas, théorie si largement empirique, et qui s'appuie dès son premier pas sur ce texte bien compris d'Aristote que l'âme est une table rase, *quod est sicut tabula in qua nihil est scriptum*.[49]

De simples considérations sur la méthode du livre m'ont poussé bien avant dans le chapitre de l'intelligence ; je n'irai pas plus loin sans formuler quelques réserves à propos de la sensibilité.

Je ne veux ni ne puis demander à M. Bouat l'unité qui fait défaut depuis si longtemps à cette portion de la psychologie. Tous les auteurs[50] se donnent le mot pour en oublier ou en nommer à peine le ressort essentiel, je veux dire cette manifestation primitive et toute dynamique de l'être, successivement appelée par les philosophes *désir, appétition du bien,* volontarium simpliciter *et amour-propre*. L'amour-propre, scientifiquement parlant, n'est pas seulement le motif ironiquement approfondi par La Rochefoucauld ; ce n'est même pas ce mouvement de l'âme auquel Bossuet a ramené tous les autres par un dernier effort d'abstraction. Ses racines plongent plus avant dans l'intimité de notre nature. Il est le symptôme, l'indice, le caractère et la condition de la vie à tous les degrés de son échelle, la faculté même de sentir. Du moment que je m'aime, j'ai besoin de me voir heureux, c'est-à-dire de savoir toute comble la capacité de mon être. Vu la nature de l'humanité, cette capacité peut être remplie de trois manières, par la science, l'amour et le pouvoir, *libido sciendi, sentiendi, dominandi,* disent les théologiens ; encore ce terme de *libido* a-t-il peu de justesse. Il exprime en effet, quelque chose d'immodéré, de déréglé, c'est-à-dire d'accidentel.

Ces trois penchants sont-ils satisfaits, nous avons le plaisir, sentiment ou sensation selon qu'il se produit à l'occasion d'une idée ou d'une impression physiologique. L'une de ces causes vient-elle froisser dans mes penchants l'immense avidité de bonheur qui me gouverne, je souffre, et cet état s'appelle la douleur. Mais comme cette appétition du bien est essentiellement active et portée à se traduire, elle enfante, sous l'impression qui l'a modifiée, un ressaut, un rebondissement, une réaction à l'extérieur ; c'est la passion dont les formes diverses sont déterminées par les obstacles qu'on lui oppose ou les lits qui lui sont creusés.

Chacune de ces explications se retrouve en substance dans la plupart des manuels, mais toujours exprimée d'une manière incomplète. Les meilleurs ont eu la rage de tout morceler ; il suffisait pourtant de ramasser en faisceau les belles analyses de Jouffroy, les données traditionnelles de la scolastique, et d'en faire sortir enfin ce

---

[49] *Summa theologica*, I, q. LXXIV, a. 3. — *Idem*, I, q. LXXXIV, a. 3.
[50] J'en excepte volontiers M. Joly.

qui nous manque, une science de la sensibilité[51]. Or, M. Bouat, je reviens à lui, augmente à plaisir toutes ces lacunes. Il trouve, par exemple, insoutenable (?) la théorie de Kant, que le plaisir est la suppression d'une douleur. Rien de plus vrai pourtant, si nous changeons les termes. Le plaisir est la satisfaction d'un penchant ou d'un besoin primordial ; or un besoin suppose un vide, et quand ce vide existe chez un être conscient, il s'exprime par une douleur plus ou moins aiguë ou plus ou moins sourde. Le plaisir qui comble ce vide en supprime évidemment la douleur. Est-ce à dire pour cela que le plaisir, cessation d'une douleur, soit un état purement négatif ? Non, car la douleur, conscience d'un vide, d'une privation, est l'état négatif par excellence. La négation d'une négation vaut une affirmation, d'où il s'ensuit que le terme plaisir, qui niera le terme négatif douleur, sera nécessairement positif. Il suffit d'y réfléchir pour concilier ainsi les deux théories de Kant et d'Aristote et pour conserver simultanément leurs deux excellentes définitions du plaisir : cessation d'une douleur et conscience d'une perfection.

Bien des pages prêteraient encore le flanc à la critique dans le chapitre de la sensibilité, entre autres cette théorie des passions, renversement des travaux de Bossuet et de Jouffroy, confusion successive du sentiment et de la passion, de la passion et de l'inclination ; mais je ne puis qu'indiquer en passant ces regrettables équivoques, roulant toutes sur des mots pour la plupart du temps.

Dans le chapitre sur la volonté, M. Bouat s'est borné à reproduire, en les abrégeant d'une manière très heureuse, les opinions les mieux fondées et les plus respectables. Il considère toujours, cela va sans dire, le pouvoir de la liberté comme infini ; il ne songe pas à le limiter à la poursuite du bien ; cependant nous y sommes condamnés par ce *volontarium simpliciter*, ce désir de l'excellence dont je parlais tantôt. Toute l'action du libre arbitre se réduit absolument à choisir entre les routes qui s'ouvrent pour satisfaire cet inévitable penchant.

La deuxième partie du livre : logique, esthétique, morale et métaphysique, répond beaucoup mieux que la psychologie aux intentions de l'auteur. J'ai vu avec plaisir en morale de sages restrictions apportées au stoïcisme de Kant ; en métaphysique les problèmes fondamentaux de Dieu, de l'âme et du monde sont développées avec grand soin et d'une façon très complète.

Une simple chicane. Citons M. Janet, page 137, M. Bouat incline avec lui à voir dans l'espace et le temps, d'après la psychologie kantienne, des *modes de la sensibilité*, et voici que plus loin, page 626, à propos de l'existence du monde extérieur, il s'écrie avec Émile Saisset : « Comment comprendre que le *moi*, parfaitement un, renferme en soi l'espace, l'espace multiple et divisible ? » J'aimerais à savoir l'opinion de M. Bouat entre ces deux contraires. Mais l'objection d'Émile Saisset m'a semblé presque un non-sens. Kant ne veut pas dire que le moi soit étendu, ni qu'il porte

---

[51] On peut considérer cette science comme à peu près fondée depuis l'apparition du manuel de M. Rabier, auquel je me propose de consacrer une prochaine étude.

matériellement en lui une substance étendue, mais que son mode *d'intuition* du monde extérieur (par exemple la successivité des sensations visuelles au lieu de leur simultanéité) engendre chez lui l'illusion de la substance étendue.

La théodicée de M. Bouat n'est ni meilleure ni pire que toutes les autres. Personne encore qui ait classé les preuves de l'existence de Dieu dans l'ordre historique de leur acquisition intellectuelle. Il les présente toutes dans le pêle-mêle des vieilles divisions, physiques, morales et métaphysiques. Il admet l'argument ontologique de saint Anselme, et il essaie de répondre à l'aide de Descartes et de Fénelon aux critiques de Kant. Cent pages plus bas, il semble avouer que c'est peine perdue, puisqu'il appelle au secours de cette preuve celle qu'on nomme vulgairement la première de Descartes : j'ai cette idée, donc quelqu'un l'a mise en moi ; ce quelqu'un ne peut être que Dieu. Il n'a pas l'air de s'objecter : et si je ne l'avais pas, cette idée de l'infini ? si je m'en étais fabriqué l'apparence, l'idée de l'indéfini, au moyen d'une subite induction ? C'est dire que M. Bouat ne parle nullement de la triple négation opposée par saint Thomas, dès les premières pages de la Somme[52] à toutes les rêveries de l'ontologisme.

Le cours est suivi d'une histoire de la philosophie, l'une des meilleures, en vérité, que nous ayons vue jusqu'à ce jour. Trois études excellentes en dominent l'ensemble, la première sur Aristote, où le Dieu du Stagyrite est enfin reconnu pour la cause finale et non la cause efficiente du monde. Dieu n'est plus que *l'organisateur par attraction*[53] de tous les êtres, on comprend, grâce à ce détail retrouvé, que Dieu éternellement seul reste étranger à ceux qu'il vivifie et qu'il ignore absolument tout ce qui passe hors de lui.

Un peu rapide sur l'École d'Alexandrie (Plotin est à peine nommé), M. Bouat salue en Copernic, Kepler et Galilée les vrais philosophes du XVIe siècle et arrive enfin au *Discours de la méthode*, qu'il analyse en l'éclairant des autres écrits de Descartes. Les travaux de M. Fouillée y sont fréquemment mis à contribution. Ce philosophe voudrait rajeunir la psychologie cartésienne en lui attribuant l'initiative des théories mises à l'ordre du siècle par Maine de Biran ; par malheur cette intention trop visible donne à la masse du chapitre un faux air de système, ce qui est toujours à regretter.

En revanche, la troisième étude sur Kant ne laisse pas la moindre place à la critique. La clarté avec laquelle M. Bouat nous expose la résolution de la troisième antinomie est bien, avec sa notice sur Hegel, ce que j'ai lu de plus clair sur la philosophie allemande. Que de fois, à son exclamation favorite, lorsqu'il se heurte à quelque obscurité germanique, à son ironique *Fiat lux*, que de fois ai-je répondu de grand cœur : *Et lux facta est !*

---

[52] *Summa theologica*, I, q. II, a. 1.
[53] M. Vacherot, *Le Nouveau Spiritualisme*.

Une large et bonne part est faite aux penseurs du XIXe siècle. Je n'aurais voulu qu'un peu plus d'indulgence pour Schopenhauer, dont M. Bouat a senti toute la valeur philosophique, puisqu'il lui a consacré quatre pages entières. Pourquoi nommer en ce cas *élucubration a un cerveau en délire* un système qui vaut le spinozisme pour la logique et qui le dépasse infiniment au point de vue de l'expérience. Parti du kantisme sans en admettre les honorables contradictions, Schopenhauer ne pouvait s'élever au transcendant. S'il tomba dans le pessimisme, ce fut par l'exactitude d'une psychologie qui ne laisse pas subsister les lacunes chères au sensationisme anglais. Après Maine de Biran, mieux que lui peut-être, il restitue à l'activité cette prépondérance de rôle longtemps usurpée dans l'être par l'intelligence. Il a vu que dans l'unité du tout humain, chacune de ses parties n'existe qu'en puissance, *in potentia tantum*, disait saint Thomas, et tend par conséquent à se réaliser dans l'acte. Mais la critique de Kant rend cet acte impossible ; la synthèse d'Aristote est décapitée ; l'être aura beau s'élever et se perfectionner, éternellement séparé de son idéal par une distance infinie, jamais il n'atteindra le seul objet qui puisse l'assouvir. Plus il grandira, plus il comprendra la vanité de ses efforts, et plus il devra souffrir. Dès lors, n'est-il pas logique de faire machine en arrière, et de prêcher au genre humain la coquille de l'huître, où du moins il n'aura de son mal que le minimum possible de conscience et partant de douleur ? Un tel enchaînement méritait, ce me semble, le même respect que l'idéalisme de Berkeley ou le panthéisme de Spinoza.

En résumé, le Manuel de M. Bouat ne pourra manquer d'être utile aux étudiants en philosophie. Irréprochable pour son esprit et d'une clarté remarquable, il rachète par les dernières parties, qui sont excellentes, les quelques faiblesses du commencement, d'ailleurs si faciles à retoucher dans une prochaine édition.

Note de lecture :
Leçons de Philosophie, par M. Élie Rabier

1886

Note de lecture : Leçons de Philosophie, *première partie :* Psychologie, *par M. Élie Rabier, professeur au lycée Charlemagne, Hachette, 1884.*
— *Ouvrage couronné par l Académie française.*

Les Annales de philosophie chrétienne[54] n'ont pu examiner jusqu'ici, et c'est grand dommage, les *Leçons de philosophie.* L'œuvre, il est vrai, n'est pas complète ; le premier volume a seul paru, et le second ne se presse point d'arriver. Je ne pense pas qu'il faille l'attendre de si tôt.[55] Une psychologie étudiée à part des conclusions métaphysiques a, de ce chef, une certaine allure paradoxale bien faite pour piquer la curiosité du public et l'intriguer un peu. C'est un charme qu'assurément M. Rabier ne se hâtera pas de dissiper. Arrêtons-nous donc, puisqu'il nous en donne le temps, sur ce premier volume. L'intérêt qui s'y rattache ne sera certes pas épuisé de si tôt, et cela seul justifierait cette étude un peu tardive sur un livre publié depuis quelque temps.

Les *Leçons de philosophie* ont, en effet, un caractère très marqué d'actualité, et, si l'on veut, de modernisme. M. Rabier a suivi point par point toutes les luttes de la pensée contemporaine ; son livre en est comme l'introduction critique et raisonnée. Il apporte aux élèves de philosophie un écho du dehors ; mais le profit sera moins pour eux que pour les amateurs, pour ces esprits curieux des problèmes de l'âme qui en ont été rebutés par l'embarras des questions et la phraséologie de plus en plus technique et barbare. La philosophie devient une science fermée, et, comme telle, tend à parler une langue spéciale. Bien plus, chaque doctrine a son vocabulaire dont elle augmente la difficulté à mesure qu'elle se précise et se raffine davantage. Les profanes ont besoin d'un guide, et les pages de M. Rabier, écrites dans le meilleur style universitaire, sont naturellement désignées pour ce rôle d'initiateur. Une autre condition est encore indispensable pour bien philosopher : il faut s'asseoir sur les bancs de l'école, s'assujettir à une méthode, à un enseignement. M. Rabier n'a pas eu peur de nous imposer cette contrainte. Il a publié ses leçons telles quelles, sans rien déguiser de l'appareil didactique, se rapprochant en cela des vieux docteurs du Moyen Âge, bien qu'il ne paraisse pas, qu'il affecte peut-être de ne pas paraître les tenir en trop grande vénération.

Il compte, en les numérotant, tous les aspects du problème à résoudre, divise et subdivise chacun de ces aspects, et les réduit, selon toutes les règles, à leurs termes les plus simples, qu'il a grand soin de préciser et dont il extrait la solution à force d'éliminer les réponses fausses ou incomplètes. La cause adverse a-t-elle un argument en réserve, M. Rabier le rappelle loyalement, et il s'efforce de le réfuter autant de

---

[54] Texte paru dans les *Annales de philosophie chrétienne*, avril 1886. (n.d.é.)
[55] En fait le second volume, consacré à la Logique, paraîtra avant la fin de l'année. Maurras annonce sa sortie dans une lettre à l'abbé Penon le 28 octobre 1886. Il comporte 384 pages, contre 686 pour le premier. (n.d.é.)

fois qu'il se produira. Les tours d'escamotage que plus d'un philosophe doit avoir sur la conscience sont rendus impossibles avec cette manière de discuter. Elle est peut-être monotone, recommençant à chacun des quarante-huit chapitres qui forment le premier volume, et vraisemblablement il en sera de même pour le second. D'excellents juges, M. Francisque Bouillier[56], M. Camille Doucet[57] l'ont trouvée fatigante ; « mais il n'y a pas de voie royale dans les mathématiques », écrivait Euler à une princesse d'Allemagne, « ni dans la métaphysique », ajoutait Mme de Staël, « ni dans la psychologie », me permettrai-je de répondre aux doctes critiques. Le premier devoir d'une méthode scientifique est de mener sûrement à la vérité ; « le temps ne fait rien à l'affaire » et la fatigue non plus. L'ordre le plus clair et le plus rigoureux était exigé de M. Rabier par le but qu'il se proposait, d'initier de tout jeunes gens aux questions les plus complexes ; mais il n'est pas prouvé que la même méthode appliquée à toutes les discussions ne doive un jour éclaircir bien des malentendus.

Que M. Rabier l'ait voulu ou non, son livre est donc une espèce de compromis entre la tradition et la science nouvelle. Il ne s'est pas borné à ce travail de critique qui sent toujours un peu son compilateur ; l'œuvre est originale autant que laborieuse, elle se soutient toute seule, et constitue, par son ensemble, un système, une doctrine. Pour tous ces motifs, j'aimerais mieux la raconter que la discuter. Tout débat est d'ailleurs stérile, tant que le cours n'est pas achevé. Qui sait si M. Rabier ne nous réserve pas quelque grosse surprise à la dernière heure ? Le plus sage est de s'en tenir au premier volume, et de dire ce qu'il contient.

Toute la psychologie repose sur la théorie de la conscience ; c'est donc par elle qu'il faut commencer. La conscience n'est pas une faculté, mais le mode général des puissances de l'âme ; admettre des phénomènes psychologiques inconscients est dès lors contradictoire. Il y a identité absolue entre ces phénomènes et la conscience. Mais avoir conscience de quelque chose, c'est, au dire de certains philosophes, avoir le sentiment d'une relation de sujet à objet, de représentatif à représenter ; c'est avoir confusément l'idée d'une opposition entre le moi et le non-moi, par conséquent avoir de ces deux termes quelque aperception. M. Rabier combat énergiquement cette théorie. Le premier terme qu'il pose est indépendant de toute relation, un, absolu de quelque manière : le fait de conscience ou la sensation. Le sujet ne trouvera que plus tard l'idée d'une existence personnelle et d'une réalité extérieure. Tout d'abord le moi ne se distingue pas de sa perception. La statue de Condillac est de même « tout entière la sensation qu'elle sent ; elle est pour elle toute odeur, toute saveur ; cette sensation n'enferme pour la conscience aucune qualité ; elle est d'une simplicité absolue » (Condillac). Et, d'emblée, la sensation prend siège parmi les

---

[56] *Journal des savants*, 1885.
[57] Rapport à l'Académie française sur le concours de 1885 (séance du 26 novembre 1885).

réalités ; elle n'est plus le signe, l'apparence d'une chose, mais une chose en soi. Le plus effréné pyrrhonisme ne doute pas de la sensation en tant que sentie.

Disciple de Condillac aux premières pages, M. Rabier considère avec Kant l'étendue et la durée comme les formes innées de la conscience, formes dans lesquelles les sensations se distribuent en vertu de certaines lois. C'est la première et la dernière fois que M. Rabier laisse échapper ce mot d'*innéité* ; il en a grand' peur ; il l'estime avec raison comme une ressource *in extremis* ; on y recourt quand toute autre hypothèse est inacceptable.

Les sensations ainsi revêtues de leurs formes propres constituent les états primaires de la science ; ces états sont capables de revivre, sous le nom de souvenirs, comme états secondaires. Ces deux sortes d'états diffèrent par leur degré et non, comme le pensaient Reid et Garnier, par leur nature. Le souvenir n'est en somme qu'une sensation affaiblie. Un premier ébranlement du cerveau, dont les causes déterminantes sont extérieures, correspond à la formation d'une image dans la conscience. Cet ébranlement laisse après soi une aptitude à renaître sous de moindres excitations ; cette excitation produite, la vibration cérébrale recommence dans la même direction, et la même image reparaît dans la conscience. Aussi dans certains cas (hallucination, rêve, folie), le souvenir n'est pas reconnu comme tel, il est pris pour une sensation ; mais le plus souvent, il y a distinction des états secondaires d'avec les états primaires. Ce phénomène vient du *contraste* perçu entre la précision des sensations concomitantes, la nécessité avec laquelle elles s'imposent à nous, d'une part, et, de l'autre, la faiblesse comparative des souvenirs qu'on peut éloigner ou rappeler à volonté. C'est un contraste analogue mais double, nous démêlons les fantaisies de l'imagination dans le souvenir et la sensation. La reviviscence est sujette au rythme de l'association des idées. On connaît les deux lois de ressemblance et de contiguïté admises par les psychologues anglais, entre autres Hume, Stuart Mill et Bain ; M. Rabier tente après James Mill de ramener la première à la seconde, et n'y réussit pas davantage. Une analyse plus exacte de M. Pillon, dans la *Critique philosophique*[58], nous permet de les considérer aujourd'hui comme irréductibles.

M. Rabier ne veut plus entendre parler de l'imagination représentative, qui encombre depuis si longtemps tous nos manuels de philosophie ; elle se réduit, en effet, à la mémoire. Peut-être eût-il été plus juste d'accomplir la réforme au rebours, de supprimer la mémoire, en rangeant sous le terme commun d'imagination tous les états secondaires de la conscience caractérisés par la reviviscence des images. Il limite l'imagination au pouvoir inventif et créateur, mais ce pouvoir créateur semble d'abord impossible, eu égard aux lois de l'association des idées : « Toute association entre deux idées suppose la rencontre antérieure de ces deux idées dans la conscience. De là semble résulter une conséquence fâcheuse. Nous ne pouvons

---

[58] *Critique philosophique*, mars 1885.

penser que des choses que nous avons pensées et dans l'ordre où nous les avons pensées. » M. Rabier se tire de ce mauvais pas en remarquant qu'un objet a été donné en contiguïté de conscience avec des objets différents ; les circonstances varient autour de chaque rencontre d'un même objet : « Partant de A, nous pouvons passer à B, ou C, ou D, parce que B, ou C, ou D ont coexisté avec A. De plus, si B a été donné en contiguïté avec X, Y ou Z, nous pouvons, après avoir passé de A à B, passer de B à Z. Or, il se peut que A et Z n'aient jamais fait partie d'une même série. » Si on ajoute à ces associations celles qui se font par parties de concept ou par ressemblance (la ressemblance est une identité partielle), le pouvoir inventif s'étend à perte de vue et l'imagination est débridée.

M. Rabier, on le voit, n'appartient pas à ce qu'il nomme quelque part la philosophie paresseuse ; il pécherait plutôt par l'excès contraire, s'il pouvait y avoir un excès de travail en philosophie.

Plus d'un orthodoxe a dû néanmoins froncer le sourcil à certaines audaces, craignant sans doute de le voir glisser sur la pente de l'*associationisme ;* qu'on se rassure, son empirisme est, comme il dit, intelligent. Il sait où se bornent les opérations sensitives, il sait que leur effort s'épuise à combiner les données des sens ; l'association peut rapprocher des images qui se ressemblent, elle n'arrive pas à connaître cette ressemblance. C'est à la raison qu'est réservée la *faculté à apercevoir les rapports*. M. Rabier l'établit nettement contre Mill et Bain. Il va plus loin ; non seulement les opérations intellectuelles n'ont rien de sensible (les rapports sont pensés sans images[59]), mais « elles ne semblent pas liées aux organes... on pourrait, semble-t-il, admettre que, dès cette vie terrestre, où notre pensée est associée à un organisme, nous vivons cependant par une partie de nous-mêmes en dehors de cet organisme, que nous sommes en partie esprits purs. »

Si l'intelligence est la faculté d'apercevoir des rapports, toute l'intelligence est en raccourci dans le jugement, opération fondamentale que les autres ne font que prolonger et répéter à des degrés et sur des termes différents. Il suit de là que le jugement précède la formation des idées générales ; ces idées impliquent, en effet, un rapport de ressemblance perçu entre deux individus. Les termes de ce jugement primitif sont les données des sens et de l'imagination ; lui-même se décompose en comparaison et en abstraction. La généralisation proprement dite classe sous un nom commun les individus entre lesquels a été remarquée une ressemblance. Mais à quel objet correspond ce nom commun ? Ceci revient à soulever le problème des universaux. Aucune des solutions proposées ne contente M. Rabier. Le réalisme lui paraît absurde à bon droit, le conceptualisme inintelligible. Qu'est-ce, dit-il, que dépouiller un objet de ses déterminations particulières, pour en dégager la manière d'être générale ? La détermination est la forme même de notre pensée ; comment penser l'indéterminé ? C'est un rapport sans terme, c'est un inconcevable.

---

[59] Non pas les termes des rapports, M. Rabier fait là une distinction très juste.

L'abstraction conceptualiste lui semble donc chimérique. Il est plus doux au nominalisme ; il accorde que les mots suppléent parfois nos idées, mais il ajoute aussi que les mots supposent les idées. De guerre lasse, il s'arrête à une nouvelle interprétation du conceptualisme. Il distingue, dans l'idée générale, la matière et la forme. La généralité n'est pas dans la première, mais dans la seconde ; elle résulte de la perception de l'identité dans un certain nombre d'objets : « Penser purement et simplement un de ces objets, c'est avoir dans l'esprit une idée[60] particulière. Mais penser un de ces objets particuliers, et reconnaître en même temps que cet objet est identique à lui-même dans les cas différents où il peut être réalisé, c'est avoir une idée générale. La forme d'où résulte la généralité consiste donc à envisager comme identique à lui-même, en des cas divers, l'objet déterminé présent à l'esprit. » Il est plus difficile de nombrer les objets capables d'être ainsi reconnus identiques en différents cas, objets qui sont la matière de l'idée générale : d'abord, certaines données de la conscience et des sens qui ne se présentent qu'avec des variations imperceptibles ; en second lieu, les rapports qui conviennent également à une foule de termes, comme les nombres et les figures géométriques. Les types organiques, par exemple, sont conçus comme des rapports de lignes et de nombres ; enfin l'idée de rapports peut s'associer à une impression singulière pour former une idée plus complexe. « Tout le monde reconnaît la violette à son odeur, à sa couleur (impressions simples à peu près invariables), à sa forme (rapports) », etc.

La question de *l'origine des idées* ainsi tranchée au point de vue logique, on devine comment elle le sera au point de vue historique. M. Rabier ne plaisante pas avec les idées innées : nous n'en avons pas, nous ne pouvons pas en avoir. Les rapports les plus élevés ont leurs premiers termes dans la sensation, « *toutes nos idées sont extraites par l'intelligence des données de l'expérience* ». Il ne se contente pas de donner cette formule renouvelée de Leibniz, et par Leibniz de la Scolastique (se doute-t-il de la filiation ?) ; il cherche le *quomodo* de cette extraction pour les trois idées qui dominent toute la logique : cause, substance, fin.

Suivons-le dans son histoire de l'idée de *cause* ; elle enveloppe, outre l'idée de connexion nécessaire, l'idée de pouvoir d'énergie, d'efficacité causale. Est-elle tirée de la sensation ? M. Rabier n'admettant pas que nous ayons la sensation du mouvement, aucun objet sensible ne saurait lui apparaître comme actif, aucun phénomène n'implique, par une connexion nécessaire, l'idée d'un phénomène voisin qui le produise et l'explique. Naît-elle en nous à la vue de l'opération de la cause et de sa relation avec son effet ? Mais comment savoir cette opération ? Il faudrait pour cela que nous percevions le mouvement, et M. Rabier ne voit dans le choc de deux billes qu'une relation de contiguïté dans le temps et le lieu. D'accord jusqu'ici avec D. Hume pour rejeter toutes ces solutions, il rejette celle d'Hume lui-

---

[60] M. Rabier emploie assez souvent le terme *idée* sans trop de rigueur, dans le sens étymologique de *notion* et d'*image*.

même et s'allie à Maine de Biran pour remonter à l'idée d'effort, non pas simplement, comme lui, à l'idée d'effort moteur, mais à celle de l'effort nu, en d'autres termes, de la volonté et du désir. C'est là, paraît-il, que l'idée de *cause* se manifeste pour la première fois.

« Il n'y a pas, en effet, de vouloir, de désir, en un mot, d'effort dans lequel n'entre nécessairement quelque idée de l'objet de cet effort, et dans lequel aussi cet objet ne soit représenté comme devant être réalisé par la vertu de cet effort, c'est-à-dire comme un effet possible d'une cause possible. » La conscience de l'activité éveille donc en nous l'idée de cause, associant, à la succession constante des phénomènes intérieurs, l'idée de pouvoir et de nécessité. Mais il est, hors de nous, d'autres successions constantes et nous les avons remarquées ; il ne reste plus qu'à leur appliquer, par un jugement d'analogie facile à comprendre, cette idée de cause détachée de nous-mêmes, pour obtenir l'idée des lois particulières.

Mais de ces lois particulières il faut passer maintenant à l'affirmation d'un rapport général et universel de causalité entre tous les faits de l'expérience. Comment arrivons-nous à poser ce principe : tout commencement a sa cause ? (ou, d'une manière plus profonde : tout a sa raison ?) Les lois particulières ont ceci de commun qu'elles affirment toutes la régularité d'une succession. L'intelligence saisit ce rapport. « Dès lors, elle peut se demander si ces lois ne seraient pas comme les indices partiels, comme les fragments incomplets, mais concordants, de la preuve d'une uniformité générale de la nature. » Voilà l'idée de la causalité universelle, timide d'abord, à l'état de suggestion ; il est douteux qu'on lui ait attribué de suite la certitude que nous lui donnons aujourd'hui. Notre certitude vient de l'incessante vérification que nous avons exercée sur elle depuis que nous l'avons conçue. Toutes les lois partielles déposent en sa faveur, et quand une série de phénomènes ne rentre pas dans une loi commune, nous pouvons accuser notre ignorance, et non la loi de causalité. Du désordre apparent, nous concluons, jusqu'à preuve du contraire, à un ordre réel et caché : cette preuve ne s'étant jamais faite, notre croyance prend tous les jours de nouvelles forces.

Voilà peut-être l'origine de notre foi subjective au principe de raison ; mais l'étendue de notre croyance ne mesure pas la valeur scientifique d'une idée.

M. Rabier reprend donc l'examen du principe au point de vue critique ; il se demande jusqu'à quel point nous pouvons nous en servir pour le légitime progrès de nos connaissances. Il prononce à ce sujet d'étranges paroles, et ne fait toutefois qu'être conséquent avec lui-même. « Certainement, dit-il, notre croyance est fondée sur une base solide, sur le témoignage de toute l'expérience humaine, qui ne s'est jamais démentie. Elle vaut donc tout ce que vaut l'expérience, mais elle ne vaut pas davantage. Nous ne sommes pas absolument sûrs que la nature, qui, jusqu'ici, a obéi à la loi de causalité, n'ira pas tout à coup, rompant avec son passé et saisie comme de vertige, se livrer en proie au hasard le plus absolu. » Hélas ! non, nous n'en sommes pas sûrs avec cette théorie. M. Rabier appelle agréablement cela « un doute possible mais négligeable » ! Négligeable, tant que nous n'employons le principe qu'à déterminer les lois contingentes du monde, mais effrayant, si nous voulons, par son intermédiaire, appréhender l'absolu. Qui me garantit que par-delà les bornes de l'expérience possible, après la dernière étoile de la voie lactée, dans une autre nébuleuse, hors des prises du télescope et de l'analyse spectrale, qui me garantit que ces commencements absolus, que je ne puis concevoir parce que je n'en ai jamais vus, ne surgissent pas au moment même où j'écris ces lignes, au moment où M. Rabier se base sur le principe de raison pour remonter de cause en cause jusqu'à la cause première, et pour lui attribuer des perfections infinies ? Cette induction qui est, à son témoignage, « la meilleure preuve de l'existence de l'absolu », sur quoi va-t-il la fonder, si le principe de raison laisse la moindre place au doute, et s'il n'a pas de lui-même une certitude infinie ? Il ne peut même pas prouver, comme il l'avance à tort, qu'une idée de l'absolu ainsi construite « vaut ce que vaut la raison ».

Elle vaut ce que vaut le principe qui lui a servi de base, et ce principe, nous l'avons vu, vaut ce que vaut l'expérience. Si demain matin, je constate une série de phénomènes analogues à ceux qui, peut-être, s'accomplissent à cette heure en un point de l'espace, moins que cela, un seul phénomène qui soit manifestement sans cause réelle, ma raison retirera au principe de cause l'universalité qu'elle lui croyait ; elle n'en sera point anéantie, puisque, d'après M. Rabier, la seule condition de la conscience et de la représentation, c'est la non-contradiction des termes représentés, c'est-à-dire le principe d'identité. Je penserai donc toujours ; mais les lois universelles entraîneront dans leur chute toute induction fondée sur leur universalité, et, en première ligne, l'induction qui mène à l'absolu.

M. Rabier a-t-il vu les conséquences de sa théorie sur l'idée de cause ? Elle aboutit à considérer l'idée de Dieu comme toute subjective, et à traiter son contenu comme un idéal vide de réalité, comme un simple « résultat de l'activité intellectuelle ». Je ne crois pas que la métaphysique fournisse une échappatoire. On n'a tenté de prouver Dieu que de deux manières : *a priori* et *a posteriori*. Il n'y a pas de place pour une tierce méthode. La première est aujourd'hui condamnée ; on a démoli un par un tous les arguments *a priori*, « on ne peut démontrer absolument *a priori* l'existence d'aucun être », dit lui-même M. Rabier, page 16, et nous venons de voir que toute démonstration a posteriori échoue quand les principes rationnels qui légitiment l'induction ne sont pas absolument certains. M. Rabier, qui a presque ruiné, dans son examen des catégories, la thèse de Kant sur l'information des données sensibles par l'entendement, est repoussé malgré lui dans le cercle du subjectivisme, ou, ce qui n'est guère plus satisfaisant, du *relativisme*.

Un refuge lui est ouvert s'il craint ces extrémités. Veut-il que l'idée de l'absolu vaille réellement « ce que vaut notre raison » ? Il lui faut décerner coûte que coûte, au principe de raison, la même valeur qu'au principe d'identité, en faire, je le répète, la condition *sine qua non* de la conscience humaine. Il n'aura jamais cette portée aussi longtemps qu'il sera rangé parmi les jugements synthétiques, dans lesquels le concept de l'attribut n'est pas compris dans le concept du sujet. Peu nous importe son origine ; que l'esprit se trouve tout formé en lui, ou plus vraisemblablement, comme l'a soutenu ici même M. Domet de Vorges[61] et comme le pense M. Rabier, que l'esprit le dégage de l'expérience, le principe de cause, à moins d'être analytique, ne sera jamais universel. Quelque extension que lui donne notre croyance personnelle, il signifie toujours pour le critique : « tous les commencements observés sont déterminés par une cause » ; il n'exprimera jamais l'universelle nécessité, comme la proposition que voici : « s'il y a un commencement, il y a une cause qui le détermine. »

Je dois des excuses à M. Rabier pour avoir si vite oublié mon programme, je ne voulais, en commençant, qu'être le fidèle rapporteur des *Leçons de philosophie*, et me voilà en pleine discussion avec elles. Je crois cependant avoir assez montré, par l'exposition des premiers chapitres, avec quelle vigueur opère M. Rabier dans ses investigations de psychologue. Puisque c'est le premier pas qui coûte, et que je l'ai fait, je continuerai ce vagabondage jusqu'à la fin du livre, feuilletant çà et là pour noter les meilleurs pages et pour insister sur quelques points capitaux.

Je nomme donc, avec le remords de seulement les nommer, les deux plus beaux chapitres sur *l'imagination* dans les sciences et dans les arts où ce difficile problème du *génie* est serré de si près qu'il semble résolu ; les recherches sur la *croyance*, à laquelle il donne pour fondement toute représentation non contredite, œuvre immédiate de l'intelligence et que la volonté ne peut directement influencer ; celle-ci, pourtant, agit sur nos idées par le moyen de l'attention, dont elle est maîtresse, de l'imagination, que le désir, le sentiment et les passions ont le pouvoir d'ébranler ; la réhabilitation de la méthode déductive (l'ombre des Scolastiques en a dû tressaillir) ; M. Rabier prouve contre Descartes et Mill que le syllogisme ne sert pas seulement à démontrer la vérité, mais aussi à la découvrir ; les réfutations du criticisme et de l'*associationisme ;* enfin, les études sur l'idée du *moi* et du *monde*. Celle-ci mérite qu'on s'y arrête.

Ajournant à la métaphysique la question de la réalité objective du monde, M. Rabier professe que l'idée que nous en avons ne peut être due en aucune manière à une perception. C'est une de ses maximes favorites que percevoir quelque chose d'extérieur implique contradiction. « En effet, qui dit perception immédiate dit conscience ; car si une perception n'est pas un fait de conscience, elle est ignorée de nous, elle est comme si elle n'était pas ; elle n'est pas. Donc, la perception et la conscience s'identifient. Or, qui dit conscience dit connaissance de ce qui est en nous. Donc, il est contradictoire de prétendre saisir dans sa perception quelque chose d'extérieur. » Les objets entrent dans la conscience « par procuration », en se faisant images, idées, faits de conscience. « Le cheval qui est dans ma conscience est donc un fait ou un groupe de faits de conscience. » Il n'y a donc pas perception du

---

[61] *Annales*, février 1886, page 470.

monde extérieur, mais bien conception. Le perceptionisme est naïf comme le sens commun : ce qui est perçu, c'est le sensible, la couleur, la saveur ; mais ces qualités sensibles que je crois percevoir sont elles-mêmes des sensations, « des phénomènes psychologiques, des modifications de notre propre conscience ». S'ils sont perçus comme extérieurs, c'est que nous les rattachons tous à certains d'entre eux qui sont objectivés, c'est-à-dire projetés dans l'espace. Cet espace n'est lui-même qu'une idée, un fait de conscience. Nous ne détachons pas les objets de nous-mêmes, car si nous le faisions, ils n'existeraient plus pour nous ; nous associons une représentation à une autre représentation. L'objectivation n'est qu'un cas de l'association des idées, l'extériorisation qu'une apparence. Cette conception du monde n'est pas innée, n'est pas le résultat d'une inférence ; elle est une illusion, une représentation, une hallucination, comme dit M. Taine. Nous ne suivrons pas M. Rabier dans les quatre stades de la construction de cette image ; l'auteur s'isole dans le subjectif de la conscience et met au jour une à une les pièces qui nous ont servi à forger l'illusion. Pas un mot des conditions externes de la sensation ! Les notes nous apprennent seulement que ces conditions existent et que l'auteur se réserve de nous le prouver en métaphysique, quelque malaisée que la chose lui paraisse. Quant à l'essence même de ces conditions, il est plus explicite (en note toujours). Nous pouvons nous attendre à ce qu'il nous développe, dans son prochain volume, la théorie leibnizienne du monde conçu comme un ensemble de forces, un agrégat de monades actives, vivantes, et, qui plus est, conscientes.

Je voudrais transcrire mot à mot toute l'étude sur la *sensibilité*. Elle débute, comme de raison, par l'analyse du plaisir et de la douleur. Ces affections présupposent l'activité ; elles sont incapables de la créer, quoiqu'elles la déterminent ; l'inclination précède l'émotion, comme vague tendance vers un bien indéfini. La rencontre fortuite d'un plaisir au contact de tel ou tel objet lui révèle, dans cet objet, la cause possible d'un bien. L'activité se porte donc de ce côté par une préférence habituelle qui donne une direction au penchant.

Sur la nature même de nos affections, M. Rabier corrige avec bon sens une erreur de Hamilton, adoptée et généralisée un peu à l'étourdie par maints physiologistes de notre temps. Nos douleurs résultent, disent-ils, tantôt de l'inaction de notre activité, tantôt de son développement excessif, d'une hyperesthésie. Le fait est très vrai des douleurs corporelles, mais en est-il de même des douleurs spirituelles et morales ? Peut-on dire que l'inclination au vrai est trop satisfaite par l'afflux de la lumière et de l'évidence ? N'est-ce pas plutôt quand cet afflux lui semble plus mesquin, plus insuffisant que d'ordinaire, qu'elle souffre par le désir ? Des affections spirituelles sont douloureuses par le sentiment d'une disproportion entre notre désir de science et le peu de science effective recueillie dans les objets ; mais le cas inverse ne s'est jamais présenté. On n'a jamais vu la clarté d'une démonstration scientifique paraître insupportable à cause de son éclat, et déterminer par là un sentiment de douleur. « Ce qui est à craindre en tout ceci, dit avec justesse M. Rabier, ce sont les égarements et non pas les excès. »

Je croyais avoir à le contredire longuement à propos des *passions* ; je trouve, en y bien regardant, que toutes nos divergences roulent sur des mots. Il appelle « passions » les inclinations perverties, et « formes des inclinations » ce que les scolastiques, Descartes, Bossuet, Spinoza et Jouffroy nommaient, eux, des passions : ces réactions diverses des penchants mis en présence d'un objet agréable ou désagréable, la joie et la tristesse, le désir et l'aversion, etc.

Je signale, sans pouvoir m'y arrêter, dans les chapitres sur la *volonté*, les distinctions du vouloir et du désir, où M. Rabier brûle la limite du vrai. Peu s'en faut qu'il ne reconnaisse, il reconnaît même implicitement, la fin nécessaire et fatale de notre activité, la recherche du bien. La réfutation du déterminisme est remarquable aussi par la réponse au fameux argument de Leibniz tiré des motifs inhérents à tout acte délibéré.

Un mot encore pour l'*Esthétique*. M. Rabier n'admet pas l'existence d'un idéal, d'un type unique de la beauté ; il y a trop de beautés particulières pour qu'elles puissent toutes dériver du même modèle. Mais il y a un idéal pour chaque cas, en ce sens que l'artiste peut concevoir dans une réalité quelconque « un effet esthétique plus grand si la forme était modifiée dans tel ou tel sens ». Le jugement esthétique n'est plus une comparaison entre une beauté concrète donnée et la beauté idéale conçue, « juger qu'un objet est chaud, c'est exprimer et objectiver la sensation de chaleur ; juger qu'un objet est beau, c'est exprimer et objectiver son sentiment esthétique. » Mais qu'est-ce ce sentiment du beau ? « L'agréable est un genre dont le beau est une espèce », répond M. Rabier. Il y a deux sortes d'activité, l'activité de travail et l'activité de jeu, deux sortes de plaisir, « le positif et l'esthétique », deux sortes de caractères dans les objets, la bonté et la beauté, l'un correspondant à leur forme, l'autre à leur matière. Quand nous parlons d'un objet beau, nous le vidons de sa matière pour ne regarder qu'à la forme ; cette forme devient ainsi la fin de notre activité, puisque c'est sur elle que se portent l'attention et le jugement. Le beau demeure donc, selon le parler de Kant, une fin en soi, une fin désintéressée. M. Rabier essaie une vérification de ce système en énumérant les diverses formes du sentiment esthétique. Détail curieux, et qui plairait fort à nos jeunes poètes, il trouve quelque caractère esthétique aux sensations d'odeur. Mais rien de tout cela ne nous dit la place que M. Rabier réserve au beau dans la métaphysique ; impossible dès lors de porter un jugement sur l'ensemble de sa thèse, quelque énorme qu'elle puisse paraître. Avouons pourtant qu'elle rend très bien compte, si nous nous en tenons au point de vue exclusivement littéraire, d'un des problèmes les plus anciens et les plus ardus, celui du laid dans les arts. Je ne pense pas qu'on ait jamais pris au sérieux l'antique théorie du repoussoir. Tartuffe, apparemment, n'est pas beau parce qu'il fait ressortir la vertu de Cléante. « Cet effet de l'art s'explique aisément si l'on cherche le beau, moins dans telle ou telle qualité des objets que dans leur pouvoir de provoquer en nous, par leur pure forme, une activité de jeu. En effet, dans la réalité, ces choses ne peuvent pas provoquer une activité de jeu, parce que ce qu'il y a de réel, de tangible, de sérieux en elle, nous répugne, nous blesse, nous inquiète, nous effraie. Nous n'avons pas le loisir de les contempler dans leur pure forme. En présence d'un Tartuffe ou d'un Néron réels, le jeu n'est pas permis ; mais dès que l'art dégage la forme de la matière, le sentiment du réel disparaît, le jeu peut avoir lieu, et le beau se montre. »

Il ne serait pas difficile de tirer les conclusions de ce long examen, s'il ne fallait qu'apprécier le beau talent de M. Rabier ; mais il s'agit d'autre chose encore, de le ranger dans un groupe doctrinal, de coller une étiquette à son nom. L'empirisme anglais a sans doute déteint sur ses idées ; mais comment s'affranchir de cette influence lorsqu'on s'arrête à la psychologie ? Il se pourrait que la métaphysique allemande ait sur le second volume une influence à peu près égale. C'est donc ce second volume que j'appellerai de tous mes vœux, en terminant ce compte rendu. M. Rabier nous le cèle, et ses manœuvres sont, j'en conviens, d'une grande coquetterie. Mais elles durent depuis près de deux ans, et le public, impatienté, trépigne et réclame à tout prix : la *Métaphysique*, la *Métaphysique* !

LES TRENTE BEAUTÉS DE MARTIGUES
LI TRENTO BÈUTA DOU MARTEGUE

1888

Volume III – Poésies & Vérités

Ce texte est paru en septembre 1888 dans la Revue félibréenne, *puis dans l'*Armana Prouvençau *pour l'année 1890, il a enfin été repris en 1915 dans* L'Étang de Berre *et ses différentes rééditions, dont celle des* Œuvres capitales.

Aux félibres de Paris.

Savez-vous ce que me rappellent vos causeries, savez-vous ce qu'elles me disent et me retracent ? Puisque nous sommes ici pour parler de nos pays d'origine, je puis bien vous le dire : c'est Martigues que je vois dans ces moments-là, quelques disques de terre entourés par la mer, trois petites îles qui font la chaîne au couchant de l'étang de Berre, avec un ruban de maisons qui flotte sur les deux rives ; on dirait qu'elles sont là pour amarrer au continent les trois perles que l'eau emporterait, ou qu'elle engloutirait.

J'aime mon village mieux que ton village, nous chante Félix Gras. Je le crois bien, que je l'aime ! Et tous mes compatriotes sont comme moi. Nos hommes de mer en savent quelque chose. Autrefois, qu'un vaisseau sortît de Marseille et qu'un des nôtres y commandât, avec le meilleur vent, la mer juste assez émue pour le charrier tout doucement à Cette[62], à Barcelone ou à Majorque, croyez-vous que notre capitaine pût s'éloigner ainsi ? Ah ! mais non ! Là-bas, miroitaient les trois clochers de la patrie ; vite un coup de barre sur Bouc[63], vite, le canot à la mer pour le mener jusqu'à Martigues, et embrasser une dernière fois les places vives de son cœur !

De là viennent, peut-être, les sornettes que l'on a racontées sur nous. Les Marseillais chansonnèrent nos capitaines, qui n'en furent que plus fiers. Sur cet article-là, vous serez avec nous, Félibres, puisque le Félibrige consiste à maintenir l'amour du pays.

Et si je vous disais notre histoire, si ancienne, qu'elle a commencé près de deux mille ans avant que naquît notre vieux croisé Gérard Tenque[64], le fondateur des Moines hospitaliers de Saint-Jean de Jérusalem. Si je vous déployais notre bannière qui, du temps du roi de France Henri III, en quinze cent quatre-vingt-trois, arborait les trois couleurs de nos quartiers, qui sont le bleu, le blanc et l'écarlate, alors que le drapeau français n'avait pas encore usé ses grands plis liliaux, où seraient-ils, les insensés pour me soutenir que Martigues n'est pas dans le train du progrès !

Ah ! toutes ses beautés, si j'en faisais le dénombrement et le compte, vous seriez ici jusqu'à demain. Pour vous faire plaisir, mettons que Martigues soit seulement

---

[62] La graphie actuelle « Sète » ne sera adoptée qu'en 1927. (n.d.é.)
[63] Le port de Bouc, embouchure de l'étang de Caronte canalisé, qui sert de station sur la Méditerranée aux bâtiments de Martigues, situé à cinq kilomètres, sur la mer intérieure de Berre.
[64] « L'an du Saint-Christ 1040 », dit l'inscription provençale de l'hôtel de ville, en l'honneur de Gérard Tenque.

doté de trente beautés. Le plus joli morceau de la création, qui est la femme, n'en a pas davantage.

Je prouve tout ce que je dis.

La première beauté de mon Martigues, c'est l'Étang de Berre, qui, le matin, blanchit et qui le soir s'azure, quand je regarde de ma maison ; l'Étang qui, de ses mille langues vertes, lèche amoureusement le sable des calanques et ronge les rochers où l'on pêche le rouget.

La seconde, c'est l'étang de Caronte, qui le rejoint à la grand' mer. Les tartanes et les autres barques y font gonfler leurs larges voiles aux angelots joufflus.

La troisième, ce sont nos collines nues, qui se gonflent comme mamelles et qu'embaume l'arôme chaud des thyms, des fenouils, des romarins et des sarriettes.

La quatrième, ses champs de pierres plantés d'oliviers, où vient l'odeur du sel, dans la brise.

La cinquième, cette petite chapelle de la Bonne Mère, si haut perchée, sur laquelle un boulet anglais est venu s'aplatir, qui sait quand ?, et que les ex-voto des pauvres gens étoilent comme des fleurs d'amour.

La sixième, nous avons le mistral pour balayeur municipal. La septième, nous avons pour fosse d'égout la grande mer.

La huitième, le Saint-Christ, qui est à l'entrée d'un canal et dont, le soir, une lanterne rouge ensanglante les jambes rompues.

La neuvième, les grandes arrivées de caïques, en hiver, à coups de rame, pleins de grands diables aux cabans qui ruissellent de pluie et d'eau de mer.

La dixième, les vastes corbeilles où remue le poisson comme du vif-argent ; qui peut dire combien il y a de bouillabaisses, là-dedans !

La onzième, les monceaux de sel, aux salines, qui attendent le chaland, et les douaniers, qui font un peu moins que d'attendre, les fainéants !

La douzième, le coup d'aile des goélands qui raye le ciel.

La treizième, la cabriole des mulets hors de l'eau, dès qu'ils sentent le grain.

La quatorzième beauté, c'est le galbe parisien des vagons[65] de notre chemin de fer[66], ce qui fait voir une fois de plus que personne ne nous a jamais fait notre part.

La quinzième, c'est, pour Noël, l'anguille qui se mange entre deux chandelles.

La seizième, les pénitents qui, sous le grand soleil, vont à la Sainte-Terre (il y a deux lieues de mauvais chemin), les blancs devant, les bleus derrière, pour chanter messe à Sainte-Croix.

La dix-septième, c'est, le jour de Pâques, la tartane de la Vierge, celle qui a le plus pêché de tout l'an, qui se fleurit comme une mariée.

La dix-huitième, nos pêches de nuit, quand l'étang, couvert de flambeaux, est un ciel qui répond aux splendeurs de là-haut, limpide, doux et clair.

---

[65] Graphie en usage à l'époque. (n.d.é.)
[66] Ils avaient alors deux étages, comme dans les trains de la banlieue parisienne.

La dix-neuvième, nos joutes colorées, le port comblé de bâtiments, de pavillons, et les beaux jeunes gens, au chant des tambourins et des flûtes, qui partent deminus, debout à l'arrière, et donnent et reçoivent des coups de lance comme des héros de Toloza.[67]

La vingtième beauté de Martigues, c'est bien sûr notre poutargue. Pour manger sa pareille, il faut aller jusque là-haut, chez les Russes pâles.[68]

La vingt et unième, nos prud'hommes si honorés, qu'on a fait ce proverbe : « Que toute barbe d'homme s'incline, le prudhomme va parler. » C'est le reste dernier de ces consuls puissants qui, par toutes les pêcheries du Midi, furent renommés, à preuve Calendal à Estérelle, vantant son aïeul :

— *Qui a été consul de Martigues.*

La vingt-deuxième beauté de Martigues, c'est la marmaille qui nage entre les quais, dans le costume d'Adam, montrant de petits culs bronzés au commissaire qui jure et qui sacre.

La vingt-troisième, les quatre ponts jetés d'île en île, d'où les badauds regardent la tour de Bouc en aspirant leurs calumets.

La vingt-quatrième, c'est le sang cramoisi de ces pêcheurs et de leurs brunes filles.

La vingt-cinquième, c'est la fontaine de Ferrière, où les filles vont, le soir, puiser l'eau fraîche avec des brocs et bavardent tant qu'elles peuvent, et se font chatouiller par leurs amoureux.

La vingt-sixième, c'est la grand' rue qui passe sur les ponts chargés d'hommes et qui charrie, au soir, comme un ruisseau d'amour, les centaines de couples enivrés.

La vingt-septième, c'est cette folle de lune, qui jette dans nos lagunes tant de bijoux diamantins et fait courir sur l'eau ses blancs frémissements.

La vingt-huitième, c'est la douzaine de moulins qui attendent Alphonse Daudet et où les lapins se rassemblent dans la solitude.

Élégante et monstrueuse, la vingt-neuvième beauté, c'est la haute fleur qui éclate et s'ouvre au milieu des poignards[69], une fois, dit-on, tous les cent ans ; il ne lui faut pas cinq semaines pour élever son candélabre au ciel émerveillé.

---

[67] Poème épique de Félix Gras, composé en 1882. (n.d.é.)

[68] Ils fabriquent leur caviar de manière très différente, mais comme nous avec des œufs de poisson.

[69] Nos paysans donnent ce nom aux belles plantes hérissées de piquants et recourbées en forme de glaives barbares que l'on appelle vulgairement aloès. En réalité c'est l'agave d'Amérique, qui depuis le XVIe siècle s'est répandue sur tous les rivages de la Méditerranée ; on la retrouve également sur les pentes du vieux Monaco et sur la montée de l'Acropole d'Athènes.

La trentième... Sainte bonne Mère, nous y sommes ! Et je ne vous ai rien dit de ses trois églises, non plus que de ses trois curés et de ses trois congrégations de filles !

Il faut savoir qu'à Martigues nous allons volontiers par trois ; mais que nul ne s'en raille, parce que le nombre trois est sacré dans toutes les religions et les philosophies. Je n'ai rien dit, pauvre de moi, ni de nos salles vertes, ni des feux que l'on fait pour sainte Madeleine ! Mais si j'ai voulu abréger ce mauvais portrait des beautés de mon pays, messieurs les Félibres, c'est pour vous dire :

— Allez le voir, car vous ne pourrez pas finir le compte que j'ai commencé.

MDCCCLXXXVIII

LI TRENTO BÈUTA DOU MARTEGUE

I felibre de Paris.

Sabès ço que me rememoron vòsti parladuro, sabès ço que me dison e me retrason ? D'abord que sian eici pèr charra de nòstis endré, pode bèn vous lou dire. Es lou Martegue que vese en aquéli moumen, quàuqui roudelet de terro encenturado pèr la lono, tres iscleto que se tènon e s'enfielon au tremount de l'Estang de Berro, em'un un ribanet d'oustau que floto sus li dos ribo. Dirias que soun aqui pèr amarra au countinènt tres perleto que l'aigo empourtarié vo manjarié.

Ame moun vilage mai que toun vilage ! nous canto Fèlis Gras. Va crese que l'ame ! E tóuti li Martegau coume iéu. Nòstis ome de mar n'en sabon quaucarèn. Autre-tèms, s'un veissèu sourtié de Marsiho, qu'un Martegau ié coumandèsse, emé lou meiour vènt, la mar tout-bèu-just proun esmougudo pèr carreja plan-plan à Ceto, à Barcilouno vo à Maiorco, cresès-ti que lou Martegau s'aliuen-chavo coume acò ? Pas mai ! Eilalin miraiavon li tres clouchié de soun endré, e zóu ! un cop de barro en Bou, e zóu ! lou barquet à la mar pèr l'adurre enjusqu'au Martegue ounte beisavo un darrié cop li plaço vivo de soun cor !

D'aqui vènon, bessai, li martegalado que se conton sus nautre. Li Marsihés cansounejèron nòsti capitàni, que n'en fuguéron que mai fièr. E pèr acó-d'aqui sarés emé nautre, Felibre, d'abord que voste Felibrige es lou mantenamen de l'amour dóu païs.

Ah ! se vous disiéu nosto istóri, tant enciano qu'a belèu acoumença peraqui dous milo an avans que nasquèsse noste vièi crousa Gerard Tenco, lou foundatour di Mounge Espitalié de Sant Jan de Jerusalèn ! Se vouliéu desplega nosto bandiero que, dóu tèms dóu rèi de Franço Enri lou tresen, en quinge cènt vue-tanto-tres, enauravo li tres coulour de nósti quartié, que soun lou blu, lou blanc e l'escarlato, basto que lou drapèu francés noun avié encaro gausi si grand ple blanquinèu, mounte sarien li darnagas pèr ausa m'afourti que lou Martegue n'es pas dins lou trin dóu prougrès ?

Ah ! tóuti si bèuta, se n'en fasiéu dedu e conte, sarias eici fin-qu'à deman. Pèr vous faire plesi, meten que lou Martegue siegue soulamen prouvesi de trento bèuta. Lou plus poulit moussèu de la creacioun, qu'es la femo, n'en a pas mai.

Prove tout ço que dise.

La bèuta proumiero de moun Martegue, es l'Estang de Berro que, de matin, blanquejo e de vèspre bluiejo se regarde de moun oustau ; l'estang qu'émé si verdo lengo amourousido lipo la sablo di calanco e rouigo li roucas ounte se pesco lou rouget.

La segoundo, es l'Estang de Carounto que lou religo à la grand mar. Aqui tartano e beto fan regounfla si làrguis velo is ange boufarèu.

La tresenco, es si colo nuso que reboumbellon coume mamèu e qu'embaimon li càudi sentour di ferigoulo, di fenoui, di roumanin, di pebre-d'ai.

La quatrenco, es li clapeirolo e si plant d'óulivié ounte vèn l'óudour de la sau, dins l'aureto.

La cinquenco, aquelo capeleto de la Bono-Maire qu'es quihado tant aut, ounte un boulet anglés es vengu s'esquicha, qu saup quand ?, e qu'estellon, coume di floureto d'amour, lis es-voto di pauri gènt.

La sieisenco, avèn loti mistrau pèr escoubaire municipau. La setenco, avèn per pouciéu la grando mar.

La vuechenco, lou Sant-Crist qu'es à l'intrado d'un canau e que, lou sèr, un lume rouginèu ensaunousis si cambo routo.

La nòuvenco, lis gràndis arribado de caïque, d'ivér, a cop de remo, plen d'ome endemounia, que si sauto-en-barco regoulon de pluejo e d'aigo de mar.

La desenco, li vàsti gorbo ounte boulego loti bèu pèis coume d'argènt vièu ; qu pòu dire quant n'i'a de bouï-abaisso, aqui dedins !

La voungenco, li moulounas de sau, i salino, qu'espèron lou chaland, émé li douanié, fasènt un pau mens que d'espera, li feniantas !

La dougenco, lou cop d'alo di gabian que rego lou cèu.

La tregenco, li cabriola di muge en foro de la mar, tre que sènton lou gràu. La quatourgenco bèuta, es lou flame parisen di vagoun de noste camin de fèrri, ço que fai vèire uno fes de mai qu'au nostre degun fai sa part.

La quingenco, es, pèr Nouvè, l'anguielo que se manjo entre dos candèlo.

La segenco, li penitènt au souleias que van en Santo-Terro (i'a dos lègo de marrit camin), li blanc davans, li blu darrié, pèr canta messo à Santo-Crous.

La des-e-setenco, es, loti jour de Pasco, la tartano de la Vierge, aquelo qu'a lou mai pesca de l'an, qu'es flourido coume uno nóvio.

La des-e-vuechenco, nòsti pesco de niue, que l'estang cubert de fasquié es un cèu respoundènt i trelus d'amoundaut, siau e clarinèu.

La des-e-nouvenco, nòsti targo acoulourido, lou port clafi de bastimèn, de pavaioun, e li bèu drole, au cant di tambourin e di flahut, que parton mitanus, e, dre sus la tintèuno, dounon, e reçaupon li cop de lanço, coume d'eros de Tolosa.

La vintenco bèuta dóu Martegue, es de segur, nosto poutargo, que pèr n'en tasta la parièro, se fau ana enjusqu'amount, encò di Rùssi palinèu.

La vint-unenco, nòsti prudome tant ounoura qu'an fa aquéu prouvèrbi : « Que touto barbo d'ome cale, lou prudome vai parla. » Es lou rèsto darrié d'aquéli conse pouderous que, pèr tòuti li pescarié dóu Miejour, fugueron renouma ; à provo Calendau disènt à-n-Esterello, de soun grand :

— *Que fugué conse dòu Martegue.*

La vint-e-dousenco bèuta martegalo, es aquelo marmaio que nado entre li quèi, dins lou vièsti d'Adam, moustran si pichot quiéu brounza au coumessàri foutrejant.

La vint-e-tresenco, li quatro pont jita d'isclo en isclo, d'ounte li badaire arregardon la tourre d'Embou e fan tuba si cachimbau.

La vint-e-quatrenco, es lou sang cremesin d'aquéli pescaire e de si brùni fiho.

La vint-e-cinquenco, es la font de Ferriero, que pèr soun aigo fresco, lou fihan iè vai, de vèspre, emé de bro, e barjo tant que pòu, e se fa coutiga per si calignaire.

La vint-e-sieisenco, es la grand cariero que passo sus li pont carga d'ome e qu'es, au sèr, un riéu d'amour, carrejant pèr centeno li parèu enchuscla.

La vint-e-setenco, es aquelo desaviado de luno que jito dins nòsti clar tant de beloio diamantino, e fai courre sus l'aigo si blànqui fernisoun.

La vint-e-vuechenco, es la dougeno de moulin qu'espèron Anfos Daudet e mounte soulet se recampon li lapin.

Espetaclouso e mistoulino, la vint-e-nouvenco bèuta es l'auto flour qu'au mitan di pougnard un cop, dison, cade cènt ans cracino e flouris ; mai iè fau basto cinq semano pèr vira lou candelabre au prefouns de l'aire espanta.

La trentenco... Santa bono Maire, li sian ! E vous ai rèn dit de si tres glèiso, nimai de si tres curat, nimai de si tres coungregacioun de fiho !

Fau saupre qu'au Martegue s'amo d'ana pèr tres. E que degun s'en trufe, perqué lou noumbre tres es sacra dins tóuti li religioun e li filousoufio. Ai rèn di, paure de iéu, de nósti salo verdo, nimai di fió que fasen pèr Santo Madaleno ! S'ai pas vougu tira de long pèr lou marrit retra di bèuta martegalo, esque, messiés li Felibre, vous vole dire de i'ana vèire, que noun poudrès feni lou comte pèr iéu acoumença.

Un sage voyageur

1888

Texte paru dans l'Observateur français *le 7 mai 1888.*

Un sage voyageur

Q uand une cité antique voulait changer ses lois, elle députait un ou plusieurs de ses sages vers les nations circonvoisines ; ceux-ci passaient un ou deux bras de mer, allaient en Crète ou poussaient jusqu'en Égypte ; puis, au retour, ils adaptaient la meilleure constitution aux mœurs et aux tempéraments de leur pays.

Hélas ce n'est pas la nation française qui a donné à M. Pierre de Coubertin la mission d'étudier sur les lieux l'éducation de l'Angleterre. Mais pourquoi m'en plaindrais-je ? Toujours recourir à l'État et tout y rapporter, c'est une de ces verrues que l'Antiquité eût bien fait de ne pas nous léguer.

M. de Coubertin est allé là-bas de son propre gré. Le livre qu'il apporte n'est pas le fruit d'une commande officielle. Aussi est-il très personnel, empreint d'une indépendance de pensée qui devient extrêmement rare.

Ici, le régime actuel de l'éducation a fait ses preuves. On le défend dans les prospectus universitaires mais qui donc se fait illusion sur le peu qu'il vaut ? Les discussions de l'Académie de médecine ont inquiété les mères, tout ambitieuses qu'elles sont. Les pères commencent à se rappeler que l'instruction et l'éducation sont deux : la formation de la volonté est autrement importante que celle de l'intelligence. Enfin, quelques maîtres de l'Université sont venus à l'aide.

Mais le grand acte d'accusation, c'est nous qui le portons, nous la récente génération, les derniers produits de l'éducation française, nous qui, au sortir du collège ou du lycée — du lycée le moins corrompu comme du collège catholique le mieux conservé — constatons les immenses lacunes de notre structure morale : nous qui retrouvons en frémissant, dans les pages de Paul Bourget, la trace des souillures dont nous avons été les témoins, dont plusieurs, sous nos yeux, ont été les victimes ; nous qui lisons dans un célèbre chapitre de Jules Vallès l'histoire des déclassés, des ratés, des fruits secs, vieux camarades que nous coudoyons aujourd'hui, hargneux et décharnés, prêts à tout et à pis. Il ne serait pas difficile de déduire des cruautés et des immoralités de cette éducation les trois quarts des maux qui affligent la jeunesse contemporaine. C'est à elle autant qu'aux familles, aux maîtres et aux savants que M. de Coubertin a destiné cet album de croquis qu'il a pris sur le vif de l'autre côté de la Manche.

Je ne veux pas résumer cet album. Je le recommanderais de toutes mes forces, si cela était nécessaire. Peut-être une paire de niais s'accordera-t-elle à traiter l'auteur d'anglomane. Dans tous les cas, son style est très français, son observation également — profonde sous un air léger. Rien du pédant. Il y a des divisions, des séparations de chapitres pour le plaisir des yeux.

M. de Coubertin a nettement marqué les deux points par lesquels l'âme anglaise s'affirme dans la méthode d'éducation — esprit d'individualisme et tendance à s'associer : ces deux traits sont loin de s'exclure.

Qu'est-ce qui fait la personne humaine ? Est-ce un peu plus ou moins d'idées dans le cerveau ? Mais ceci est à tout le monde, monnaie courante qu'on acquiert, qu'on perd, qu'on peut rattraper. L'homme vrai (non le pantin logique de Cousin et consorts), c'est une volonté recouverte de muscles élastiques et durs. Il faut qu'il soit capable de se poser devant les autres, de leur résister ou d'agir sur eux. Et quel est le but de la vie ? Les Anglais pensent que c'est l'action. Savoir en vue de pouvoir : la devise est née en France, mais eux s'y conformaient avant qu'on la formulât chez nous.

Former des corps et des caractères avant d'y loger des esprits, et ces esprits les appliquer à un objet immédiat, voilà leur programme d'éducation. « Jeunes gens, craignez Dieu et faites des marches forcées ! » Les sports peuplent les écoles publiques d'une jeunesse drue, sanguine et bien vivante. Elle croît en plein air et, sans l'intervention du maître, elle pourvoit à l'entretien et au fonctionnement de tous ses jeux : elle commence donc à acquérir par là un certain esprit d'initiative. Et la façon dont le travail fonctionne le développe encore : dans la plupart des écoles l'élève loge avec le maître (*tutor*), chez qui il a sa chambre qu'il meuble à son goût : c'est là qu'il travaille, s'il le veut bien ; mais il peut élire pour pupitre une branche d'arbre ou un lit de sable au bord de l'eau. Son temps lui appartient, il le distribue à sa guise : on lui demande peu entre seize et dix-huit ans.

Si son travail scolaire est petit, son activité générale est considérable. Elle se déploie surtout dans les sociétés de tout genre qui pullulent dans les écoles et dans les universités. Ces jeunes gens, singeant du reste leurs auteurs, forment des ligues à propos du moindre intérêt commun. Sans doute, on y bavarde beaucoup — M. de Coubertin ne le cache pas — mais on y fait un petit apprentissage de la vie, et ces Anglais ne cherchent, fieffés originaux, rien autre que cela dans les années d'études.

La vue du lycée Louis-le-Grand à moitié rebâti, avec ses hauts murs blancs, sous son casque d'ardoise neuve, debout comme un mangeur d'enfants, dans ce populeux quartier Saint-Jacques, m'a rendu tout à l'heure assez mélancolique au penser des générations qui vont encore ramper, maigrir et s'allonger là-dessous, cherchant un peu d'air pur, tandis que, sur les coteaux d'Harrow-on-hill ou sous le parc d'Eton, au bord de la Tamise, les futurs pionniers de l'Angleterre s'exerceront à la liberté dangereuse, à la lutte, à l'existence...

Je sais qu'avec de l'optimisme il serait possible de prétexter les « âmes des races » qui exigent des régimes de dressage parfois opposés. Mais si diverses que soient les races, leur premier soin doit être de subsister. Eh bien ! notre éducation mène droit à l'anémie nationale. Ce n'est point tant le surmenage (car ayant trop à faire, les potaches ne font plus rien) que ce manque d'air, cet absurde système de discipline, cette suppression de l'initiative chez l'enfant, cette rareté des jeux, qui ont transformé nos établissements en de véritables lieux d'infection ou de ramollissement moral. La répartition de la richesse en France ne permet pas d'imiter en tout point l'Angleterre et du reste, le pourrions-nous, il faudrait nous en garder : mais les réformes à exécuter doivent certainement être dirigées dans le sens que nous indique Coubertin, sage voyageur.

THÉODORE AUBANEL

1889

Texte paru dans la Revue indépendante[70] *en 1889.*

THÉODORE AUBANEL

DESCRIPTION

> Las, Seigneur, tu es sûrement grand et beau,
> Mais vois le merveilleux entrelacs de sa chevelure.
> <div align="right">Swinburne, <i>Laus Veneris.</i></div>
>
> Je passe les journées à l'atelier. Le dimanche je vais à l'Annonciade ou à Sainte-Marie Les moines trouvent que j'ai de la voix : ils me mettent une robe blanche et une calotte rouge, et je fais ma partie dans les chœurs... Le soir, je vais chez ma maîtresse et, si la nuit est belle, je la passe sur son balcon.
> <div align="right"><i>Lorenzaccio</i>, II, 2.</div>

En Théodore Aubanel les félibres vénèrent une personne de la Trinité créatrice qui les a engendrés ; les amoureux l'adorent d'avoir été si pénétrant conseiller de leurs peines. Mais les analystes doivent surtout considérer en lui ce cas surprenant d'un poète mort jeune à cinquante-sept ans[71].

Presque tous les artistes (Hugo, Corneille, Lamartine) commencent par mener une jeunesse de fantaisie et de volageries vagabondes ; ils caressent la croupe de toutes les Chimères qui bondissent vers eux de l'océan du rêve. Mais l'âge leur inspire tôt ou tard un choix entre les idées chères ; ils en agrippent une, se l'approprient, s'unissent à elle par une espèce de mariage qui ne rompt plus. Aubanel put échapper à cette monogamie littéraire. À vingt ans il n'aimait pas l'amour plus passionnément qu'à cinquante et il ne s'est pas montré plus fervent catholique à cinquante ans qu'à vingt. Dans ses deux recueils publiés à un quart de siècle d'intervalle, il ne varie point de complexion : même horreur de la laideur, de la nuit, du mal, du diable, du bourgeois, de l'antifélibre ; même adoration de la Provence, de l'art éternel, du bon Dieu, de la femme. Son œuvre n'exprime pas de préférence exclusive pour une sorte d'amour ni pour un genre de vie. Elle hésite entre terre et ciel, comme l'île de Gulliver.

L'histoire de cette instabilité serait admirable à écrire, mais il faudrait connaître instants par instants la vie d'Aubanel. J'essaierai plutôt de retrouver le rythme et la loi de ses oscillations. Je ne sais pas combien de fois il se lassa des amitiés passagères

---

[70] *Revue indépendante*, tome XII, no 33, 34, 35, juillet-septembre 1889, p. 80–104, 259–280.

[71] Aubanel, né en 1829, avait un an de plus que Mistral, onze de moins que Roumanille. Il présida en 1874 les Jeux floraux célébrés à Avignon en l'honneur du centenaire de Pétrarque et fut fait chevalier de la Légion d'honneur en 1886. Il est mort en novembre 1886.

et cria vers Dieu de fatigue et d'espoir déçu ; mais je puis indiquer par quelle gradation mentale il s'élevait de son paganisme naturel à l'idéalisme catholique et platonicien ; comment de l'amour d'une femme et des tristesses y contenues, Aubanel se reposait en d'autres affections et, n'y trouvant que l'uniforme dégoût, se rejetait enfin dans les passions intellectuelles : religion, art, rêve esthétique... Et tels sont, en effet, les refuges tout indiqués au sortir des mésaventures de cœur.

Seulement, Aubanel ne s'y fixait pas. C'est ce qui le distingue de tous ses pairs. Un courant d'air extérieur le chassait comme une bulle c'est pourquoi au lieu de se cristalliser, son art est demeuré tempétueux et multiple. Mais ses haltes dans la lumière et la pure beauté ne lui étaient pas vaines. Il emportait de là un souvenir pacifiant dont l'influence à la longue s'étendit sur ses vers, en arracha les guenilles sombres, modifia la teinte de ses imaginations. Qui relit après la *Grenade entr'ouverte*, les *Filles d'Avignon*, peut croire qu'il traverse une galerie de Rembrandt allant, s'éclaircissant jusqu'au plus carminé Rubens.

Aubanel a parcouru tant de fois, et si complaisamment, ce chemin — ces trois moments d'évolution morale — que le meilleur de sa personne a dû s'y imprimer. Il ne sera pas difficile de reconstituer, d'après de telles empreintes, son vrai tempérament, comme les bons Peaux-Rouges imaginent la taille, la démarche et la physionomie des inconnus qui ont laissé une trace sur les herbes fléchies...

I

En 1852, dès la publication des premières poésies provençales, les noms de Roumanille, d'Aubanel et de Mistral s'étaient détachés en pleine clarté. C'étaient trois jeunes âmes très différentes : Mistral, imagination méditerranéenne, sereine, vaste, bleue, qui épanchait les vers comme des nappes d'eau en cataractes régulières, dans la monorythmie des strophes également belles, — Roumanille étonnant de simplicité, de candeur matoise et de bonhomie, rieur comme un bois d'oliviers, plaintif comme un baiser du vent aux oseraies, représentant la Provence d'aujourd'hui, d'autant que Mistral représente plutôt la Provence d'il y a des siècles et qu'Aubanel ne représente rien d'autre que lui-même, — une sensibilité très personnelle et très moderne.

Coloré autant que Mistral, mais plus vif, et d'un faire plus sobre et aussi plus sec, ayant la rusticité de Roumanille avec la brutalité en plus et la *galéjade* en moins, Aubanel à vingt-trois ans attaquait des thèmes effarants pour ses deux amis qui n'étaient pourtant pas des timides ; mais c'était lui le vrai mistral, le vent terral qui fond sur les troupeaux de bœufs. On n'a pas assez dit que son principal maître avait été Victor Gelu[72], un noir et rugueux sonneur de *Chansons marseillaises* qui sont d'impurs chefs-d'œuvre.

Dans un groupe de faucheurs où Mistral eût surtout déchiffré ce qui rapproche le paysan provençal de l'idéal virgilien, Aubanel percevait le grincement douloureux, la fatigue au soleil, la sueur qui salit les joues, le labeur éreintant et fatal que seul ennoblit un grain d'amour-propre artiste :

> Je n'ai qu'une paire de braies
> qui sont trouées au... dos,
> mais nul n'est comme moi
> pour marteler les faux.

Aubanel n'estimait pas qu'un sentiment eût besoin d'être noble pour être beau. Dans les *Treize*, dans le *Neuf thermidor*, qui a le luisant d'un couteau qui saigne, il glissait un frémissement de peur — la peur de la mort — qui revenait à la fin de *Pour la Toussaint* :

> Le temps est noir ; au sud quelle averse !
> Il tonne, il pleut, le Rhône croît
> la mort chemine, elle est en gaieté ;
> de sa faux
> elle tranche les jeunes et les vieux...

Il avait le goût des trivialités fortes avec un instinct merveilleux de les arranger en tableaux, de les opposer aux touches gracieuses. Son habileté dans le maniement du rythme était extrême. Tous ses premiers vers annonçaient le grand poète de nature et de passion qu'il fut depuis ; et tout à coup une rencontre décida de sa vie et de sa vocation, lui fit pleurer le *Livre de l'amour* qui, le premier de la *Grenade entr'ouverte*, est aussi le premier recueil d'élégies que nous ayons en provençal — je ne dirai pas avec Alphonse Daudet : le seul ; car ni Mistral, ni Roumanille, ni Anselme Mathieu[73], ni Félix Gras[74] n'ont été des impassibles : mais, incontestablement, Aubanel est le grand *maestro d'amore* du midi contemporain...

Je résumerai le *Livre de l'Amour*, qui est assez peu connu : les grains de corail de cette grenade ne sont pas devenus, malgré le vœu de Mistral, le chapelet des

---

[72] André Jean Victor Gélu — on met généralement l'accent de nos jours —, plus connu sous le nom de Victor Gélu, poète marseillais, 1806–1885. (n.d.é.)
[73] Anselme Mathieu, poète provençal, 1830–1885. (n.d.é.)
[74] Félix Gras, autre poète provençal, 1844–1901. (n.d.é.)

amoureux de notre pays. Il faut avouer qu'en Provence, Musset — édition diamant[75] — occupe encore seul les poches des éphèbes et fournit tous les textes aux lectures à deux...

Avant ce grand éclat du premier amour, Aubanel semble avoir eu l'âme tranquille et sombre, un peu farouche, de Musset à seize ans, l'âme qu'aura toujours en ses primes années quiconque doit aimer beaucoup. Il avait été gauche auprès des jeunes filles, intimidé, jusqu'au jour où il vit Zani. Ce fut, selon Mistral, à Fontségugne[76]. Elle était, dit Aubanel, agenouillée devant un oratoire, sous un vieux saule, et épelait à haute voix sur du papier blanc. La prière finie, une prière de l'ancien temps — « du temps où l'on avait la foi » — il la lui demanda, enhardi tout à coup par grâce d'amour, eût supposé un contemporain de Pétrarque ou de Ronsard. Zani, très simplement, lui tendit le feuillet où s'allongeaient les lignes incertaines qu'elle avait tracées, pâles reliques dont il ne se séparait plus ; il les gardait dans le tiroir secret, tout près des lettres de Reboul[77], ce qu'il avait de plus précieux... C'est ainsi qu'ils commencèrent à s'aimer, sans se le dire, en liberté, suivant la vieille mode de Provence :

> Dans les sentiers pierreux
> avec ta face d'Espagnole
> quand tu courais comme une folle,
> quand nous courions comme des fous
> au plus noir des taillis et que nous avions peur
> Et par ta taille frêle
> je t'attrapais, et que c'était doux !
> Au chanter des petites bêtes de bois
> nous dansions alors tous les deux.

---

[75] On appelle *édition diamant* une édition d'un petit format, généralement faite sur papier très fin et très soignée. (n.d.é.)

[76] La tradition — magnifiée par poèmes et gravures — veut que le Félibrige ait été fondé le 21 mai 1854 au château de Font-Ségugne (on orthographiait aussi *Fonségugne* ou *Fontségugne*, Châteauneuf-de-Gadagne, Vaucluse), sous le patronage de Sainte Estelle, par six poètes provençaux regroupés autour de Frédéric Mistral. Ils sont appelés *li primadié* : Joseph Roumanille, Théodore Aubanel, Paul Giéra, Jean Brunet, Anselme Mathieu et Alphonse Tavan. La réalité est plus complexe et difficile à débrouiller : étaient présents effectivement Mistral, Giéra, Aubanel et Tavan. Brunel n'était pas présent ce jour-là et Roumanille, malade, n'avait pu quitter Saint-Rémy. En revanche Jules Giéra, frère de Paul, était présent à Font-Ségugne, ainsi qu'au moins une autre personne qui n'est pas identifiée malgré les efforts des historiens. Voir en particulier R. Jouveau, *Histoire du Félibrige* (4 vol.), auto-édité, imp. Bene, Cavaillon, 1970 à 1987. (n.d.é.)

[77] Jean Reboul, 1796-1824, boulanger et poète, nîmois et royaliste, surtout connu pour *L'Ange et l'Enfant*, poème de 1828. (n.d.é.)

Et dans ces jeux d'enfants un souffle fort, par moments, leur coupait la voix, frisson des jeunes désirs :

> Ah ! ta petite main chaude et brune
> donne-la-moi ! donne-la-moi !
> Viens avec moi, il fait claire lune.
> Viens, le ciel est étoilé.
> Ah ! ta petite main brune et chaude,
> mets-la dedans ma main,
> asseyons-nous, et sur ta robe
> berce-moi comme ton enfant !
> Sans bonheur je suis las de courir,
> las de courir comme un chien fou !
> Console-moi, je souffre et pleure...

On ne sait trop ce qui les sépara. Les paroles de Mistral[78] sont flexibles en plusieurs sens :

> Par un sentiment de pudeur et de crainte, de crainte palpitante, comme en éprouvent parfois au moment de grimper au temple de l'Amour les amoureux de cet âge, ni lui, ni elle, tout en jouant, tout en riant, n'osèrent jamais se dire tout clair et net ce qu'ils se voulaient. Tellement que soudain Zani, la pauvre fillette, effrayée peut-être par ce trouble qui la gagnait toujours davantage et n'ayant pas, pauvrette ! l'assurance ou l'espoir de voir cette aventure venir à bonne fin, ou plutôt, appelée par une voix supérieure, un jour, à l'improviste, partit pour le couvent. Elle fut, de là, dirigée sur l'hôpital français de Constantinople et soigna les blessés de la guerre de Crimée.

« Ô mon cœur, pourquoi n'es-tu pas mort ? » s'écriait Aubanel en la pleurant et l'appelant par son nom « au bord de la mer et de ses grandes ondades ». Mais une poésie se mêlait à son désespoir et « *qui chante son mal l'enchante* » avait-il dit un jour : le grand sortilège opérait. Il lui dut des heures de relâche, les *Entrelueurs*. — Ah ! cruelles d'abord ! ces ondées de soleil, de lumière, d'amour dans le tissu de crêpe qui emprisonne sa vie ! Toutes les joies légères qu'il eût peut-être dédaignées ou dont il eût souffert lui paraissent plus alliciantes et plus désirables parce qu'insaisissables. Comme il répondrait volontiers aux avances que le printemps et les jeunes filles multiplient autour de ses vingt ans ! Il en sait une au pays d'Arles, presque aussi belle que Zani ; il n'en est pas amoureux, mais il sent qu'il le

---

[78] Discours de réception à l'Académie de Marseille.

deviendrait si l'autre n'était là, sur son front, dans son cœur, sur ses yeux qui se gonflent au seul rêve d'aimer. Ce souvenir le maigrissait. Sa sœur disait : Qu'as-tu ? Il répondait :

> Nul ne peut savoir ce que je souffre :
> ô mon Dieu, donnez-moi la paix !
> Un peu de paix qui me restaure,
> la paix, la paix qui m'a quitté...
> comme un verre d'eau à un pauvre,
> oh ! faites-m'en la charité !

Mais son cœur, mécaniquement, revient sur le passé. Il en évoque les minutes plus amères, et revit heure à heure la journée du départ, ce lundi ; sa joue luisait de larmes, et cependant elle ne s'est pas retournée en s'éloignant. La treille se meurt, qui ombrait le seuil. Au-dessus de la porte branle cet écriteau : « Maison à louer ». *Escritéu m as estoumaga !* Écriteau tu m'as crevé le cœur ! — Voici la chambre où elle faisait sa toilette en chantant et récitait ses heures. Le livre est encore sur la cheminée. Va-t-elle survenir ? Le vent automnal froisse les sarments dépamprés. Elle ne reviendra plus dans le miroir, si longuement qu'il répète :

> Miroir, miroir, fais-la-moi voir, toi qui l'as vue si souvent !

Encore le souvenir a-t-il son charme, amer et doux ; mais voici le désir impossible, absurde, l'innommable élancée qui brûle et exténue :

> Que veux-tu, mon cœur, de quoi as-tu faim ?
> oh ! qu'as-tu, que toujours tu cries comme un enfant ?...
> Tu voudrais douce et longue étreinte, baiser, baiser jusqu'à demain son joli front, ses jeunes mains, ses mains de tes pleurs arrosées...

Hyperexcité par le désir, le souvenir se fait hallucinant. L'âme pleine de sa brunette, Aubanel en rencontre une autre « aux yeux plus noirs que sa robe noire » et cet éclair de jais le bouleverse. Il confond : Parle-moi ! Que vas-tu me dire, ô brune Zani ? Mais non, dis-moi, comment t'appelles-tu, fillette ? — Clara.

> Non, tu es Zani, Zani la brune,
> tu es la jeune fille que j'ai tant pleurée !

Plus tard renouvelées, ces méprises lui parurent exquises. Un peu assoupie, la bien-aimée se ranimait alors dans son souvenir, et c'était une chère occasion de se mirer dans ses lointains yeux noirs. Le *Renouveau* qu'il a publié en 1880 est la plus magnifique de ces résurrections :

> Comme un soleil d'hiver qui, en un soir d'orage,
> s'éteint en se couchant dans les nuages déchirés,
> l'amour pur que mon âme avait tant caressé
> s'évanouit soudain, hélas ! et sans relâche
> je pleure le bonheur que j'ai entrevu passer.
> Depuis qu'au monastère l'enfant s'était enfermée
> je n'avais point trouvé de sœur à l'adorée...

Le poète oublie ici Clara et bien d'autres que nous retrouverons ; c'est que voici une nouvelle Zani à qui sont répétés les brûlants propos de jadis :

> Ta main, ta jeune main fraîche, donne-la-moi !
> La main d'une fillette autrefois m'a brûlé ;
> de la tienne descend une douceur céleste...
> Ah ! le premier amour qui vous germe au cœur,
> heureux ou malheureux, est toujours le plus fort !

Ce qu'il se hâte de prouver en déclarant qu'à défaut de la vraie Zani il va s'accommoder de l'autre :

> De la brune Zani, va, tu es plus que la sœur ;
> tu ressuscites ma jeunesse et mes rêves finis ;
> voici de Camp-cabel les rouvres ; tu es Zani !
> aimons-nous, aimons-nous, mignonne, avant que je meure !

Comment Aubanel se haussa de son désespoir à cette résignation digne d'Horace et de Salomon, il ne faut pas le chercher longtemps. Sans doute, il prit le grand chemin. Ses agitations aboutirent à quelque abattement dans lequel ses idées s'engourdirent ; sa douleur, à la vérité, semblait se renforcer, car elle s'épanchait en malédictions sur toute vie et en aspirations à la mort délivrante ; elle lui soufflait des vers comme ceux-ci, nuance feuille-morte :

> *Plainte sur plainte ; douleur sur douleur.*
> (Martyrologe de l'église d'Aix.)

> Il y a longtemps que mon cœur accumule, —
> tant de feuilles sont tombées qu'elles couvrent les chemins ;

> il y a longtemps que mon cœur accumule,
> il y a longtemps que mon cœur accumule un grand mal-être ;
> il y a longtemps que mon cœur accumule...
> Il ne reste plus dans les bois que les branchages morts.
> Il y a longtemps que mon cœur accumule
> le mal-être d'amour et qu'il attend la Mort :
> la Mort devant moi toujours file !

Mais du moment que son chagrin philosophait, prenait cet air impersonnel et vague, le portrait de Zani cessait de l'obséder. Eh ! oui ! l'image pâlissait, et plus l'ancienne aimée s'éloignait sur le vaisseau, là-bas, plus toutes les jeunes filles qui souriaient aux yeux rougis d'Aubanel lui paraissaient semblables à Zani. L'une avait ses yeux noirs, une autre ses grands cheveux fous, toutes ce trait au moins de pouvoir l'enivrer de leur grâce. Il s'y rendit lentement, soutenu par la religion dont il implorait l'aide à la fin du *Livre de l'amour* et par cette poésie félibréenne qu'il devait proclamer « exaltante et consolatrice » ; la crise se dénoua comme la *Nuit a août*[79] par le serment d'aimer encore et toujours :

> Dépouille devant tous l'orgueil qui te dévore,
> Cœur gonflé d'amertume et qui t'es cru fermé !
> Aime et tu renaîtras, fais-toi fleur pour éclore :
> Après avoir souffert il faut souffrir encore,
> Il faut aimer sans cesse après avoir aimé ![80]

---

[79] Il s'agit de la dernière strophe du poème célèbre d'Alfred de Musset (1836). (n.d.é.)
[80] Et Zani ? demandera-t-on. L'oubli du poète ne fut jamais absolu. Sœur Clémentine (de son nom de famille Jenny Manivet) a reçu ponctuellement, jusqu'aux derniers jours d'Aubanel un exemplaire de tous les vers qu'il publiait. Il y joignait, dit la *Revue félibréenne*, un stock de pieuses brochures qui faisaient la joie de la religieuse et de son couvent.
La Vénus d'Arles et les *Paillettes d'Or* dans le même ballot, voilà du pur Aubanel. Mais n'y a-t-il pas quelque chose de touchant dans cette fidélité, de l'hommage ?
Zani est morte le 2 novembre 1887, un an, jour pour jour, après son Félibre.

II

Ce n'est pas à Alfred de Musset qu'il faut penser pour se faire une idée de la complexion morale d'Aubanel, mais à Charles Baudelaire. Comme l'auteur du *Chant d automne* où la Dame est considérée comme un asile de suppliants, une consolation d'affligés, une distraction de spleenétiques,

> Ah laissez-moi, mon front posé sur vos genoux,
> Goûter, en regrettant l'été blanc et torride,
> De l'arrière-saison le rayon jaune et doux ![81]

comme ce grand poète, Aubanel se serrait dans l'amour ainsi qu'en un asile, et tout l'obligeait à s'y renfermer souvent. Le bonheur est un état d'équilibre ; or, son âme violente et la menue réalité ne pouvaient s'accorder beaucoup. Ses amis l'ont connu très gai et bon vivant ; mais cela ne prouve rien. Les endroits réjouis de ses premières œuvres ont un tragique latent qu'un peu de réflexion dénude. Son conte en vers *La Mauvaise Planète* fait tout d'abord l'effet d'un agréable badinage ; pour qui va au fond, ce comique est macabre comme du Poe.

Il paraît dans sa poésie inquiet, souffrant, sur mille points, atteint des diverses malarias que la poésie de ce siècle a collectionnées. Aubanel en fréquentait volontiers les génies sombres. Il était de plus familier avec Shakespeare et Dante. Sa profonde mélancolie va jusqu'à détonner en ce provençal, heureux et clair fracas de cymbales. Elle vous déconcerte autant qu'au bout de certains vers les noms d'*Oùfélio* et de *Desdemouno*[82]. Ce ne sont pas des notes fausses, mais des notes très rares dans le Félibrige. Nos poètes sont presque tous de parfaits modèles de santé : leurs tristesses n'aboutissent à aucune dépression ; la saignante blessure de leur patriotisme n'eût jamais suppuré l'ironie féroce du refrain de *La Guerre* : « Femmes, vous pouvez faire des enfants ! »[83] Ils ne songeraient pas, en entendant la messe d'un vieux prêtre, que

---

[81] Ce sont les trois derniers vers du *Chant d'automne* des *Fleurs du Mal*. (n.d.é.)

[82] Il s'agit des personnages de Shakespeare, aux noms traduits ici en provençal. (n.d.é.) 14 M. Félix Hémon, dans son étude sur Aubanel (*Nouvelle Revue*, 1886) s'est bien curieusement trompé sur le sens de ce, cri ; il l'a pris pour un encouragement à la reproduction !

[83] Cette coupe, emblème du Félibrige, était présentée au du congrès du Félibrige, lors de la Sainte Estelle, assemblée qui se déroulait chaque année dans une ville d'Occitanie différente. L'honneur de la présenter revenait au Capoulié. Cette présentation était suivie par le chant de l'hymne félibréen, intitulé précisément *Coupo Santo*, œuvre de Frédéric Mistral sur la musique d'un Noël provençal du XVIe siècle de Saboly, et la Coupo Santo passait de mains en mains, représentant la communion des félibres. Elle fut offerte aux félibres provençaux par les félibres catalans le 30 juillet 1867 pour remercier Mistral d'une collecte organisée par celui-ci au profit du poète catalan Victor Balaguer, 1824– 1901, alors exilé, ainsi que pour marquer l'amitié qui régnait entre les deux provinces. Son pied représente deux statuettes,

peut-être cet homme psalmodie le service funèbre pour son propre convoi. Avec leur coupe catalane où chacun s'abreuve à son tour 15, ils montrent une confiance, un abandon qui ne permettraient pas de rêver ni d'écrire ce lamento d'une forme si moderne :

> Mon cœur porte le deuil des amis que j'ai perdus ;
> où est-ce qu'ils sont allés ? La vie m'est amère
> Oh s'ils étaient tous morts !
> Où est-ce qu'ils sont allés ? La vie m'est amère.

Comparez ce que Roumanille entend dans le cri des fauvettes : D'abord que Dieu m'a fait

> Soyons fauvette et *rèu, pieu, pièu*[84]

et ce qu'y entend Aubanel :

> Le *pièu-pièu* d'un oiseau se plaignant dans les branches...

On l'imagine un peu triste, défiant, morose. Plié dans la robe de Zani, blotti dans son bonheur, il avouait encore son infirmité ; il demandait qu'elle le consolât de ce monde, se comparait à un chien fou que la vie pourchassait. À cette autre Zani qu'il faisait tantôt confidente de ses solitudes :

> Je me tourne en pleurant vers votre doux visage,
> comme le naufragé vers l'étoile du port !...

Et ces blancs rayonnements féminins lui versaient comme une énergie. Ailleurs, encore moulu d'un voyage en chemin de fer, les yeux noirs de charbon et la tête cassée :

> Un baiser d'elle et tôt s'oublient,
> dix lieues de mauvais chemin !

---

l'une pour la Catalogne et l'autre pour la Provence. Trois inscriptions y sont gravées : « Présent offert par les patriotes catalans aux félibres provençaux pour l'hospitalité donnée au poète catalan Victor Balaguer en 1867 » ; « On la dit morte, mais moi je la crois vivante — *V. Balaguer* » ; « Ah ! Si on savait me comprendre ! Ah ! Si on voulait me suivre ! — *F. Mistral* ». (n.d.é.)

[84] Prononcez *rèou* comme une diphtongue et *pièou-pièou* comme des triphtongues.

D'Elle, Aubanel aime toutes les poses et tous les vêtements, et toutes les incarnations : « le féminin superbe si putride qu'il soit »[85] et les pures Cardelines qui n'ont jamais embrassé que leurs petites sœurs ; celles qui se dégagent, yeux hardis et candides, et les rieuses ignorantes qui s'en vont balancées sur l'ânesse du rêve, comme la claire apparition de *L Entrelueur*[86].

> Ce n'était pas une reine, une reine et son train,
> galopant noblement sur sa cavale blanche
> et qui, dans les grands bois, soulève jusqu'aux branches
> toute la poudre du chemin ;
> noblement galopant sur sa cavale blanche,
> ce n'était pas une reine avec dames et valets,
> qui d'un mot de sa bouche et d'un seul coup d'œil
> vous fait la joue rouge ou pâle ;
> ce n'était qu'un enfant sur un âne gris
> qui le long d'un sentier s'en allait *plan-planette*[87]
> et pour le premier coup je voyais la fillette
> qui, bien sûr, ne m'avait jamais vu...
> De fichu, elle n'en avait pas ; c'était au temps de la chaleur,
> avec un brin de mûrier la fille s'éventait :
> au doux *balin-balant*[88] de l'âne qui trottait
> pendaient ses beaux pieds déchaussés...

Cette rencontre avait lieu au temps de ses premiers regrets. Mais il en oubliait Zani fugitive, et c'était avec une joie délayée de mélancolie qu'il se tournait pour voir le groupe agreste s'enfoncer sous les jeunes pins :

> Ô Beauté ! comme il faut que tu sois puissante
> pour avoir, de mon cœur, de ma vie amoureuse,
> un court moment ôté le fiel !

Tout autre ennui s'envolait pareillement de sa vie, pour peu qu'il frôlât dans la rue quelque beau brin de fille : Vénus d'Avignon aux prunelles profondes et verdoyantes « comme des yeux d'enfant ou Vénitienne aux regards perdus très loin, par là-bas... Leur plastique à toutes flambe en des vers de connaisseur et d'amoureux

---

[85] *Lou femelan superbo emai fugue pourri.* L'honnête Barbier va plus loin : *Nos femmes belles d'impudeur...*
[86] Deuxième livre de la *Grenade*.
[87] Très lentement et très doucement. Intraduisible.
[88] Se peut traduire, à la grosse, par balancement, mais sans équivalent sérieux.

qui s'avouait gourmand du nu comme un pinson de cerises, — teints hâlés, pâlots ou blondissants, cheveux châtains, cheveux noirs, cheveux roux, étalés en éventail sur les poitrines mates,

> Ô mantille d'éblouissements où les seins font deux reliefs !

« Elles sont toutes belles ! » Il pousse quelque part ce cri d'un cœur capable de les comprendre toutes et d'honorer chacune d'un amour distinct : l'histoire de Zani prouve qu'il aima comme Pétrarque ; peut-être verra-t-on que l'amour à la Boccace ne lui fut pas étranger. Pimenté de remords, assombri par le profil de Satan ricaneur dans les coins de la salle du bal ou glorieux, au grand soleil des justes noces, précédé du contrat des familles[89], dans les embrassements du lit conjugal, l'amour chez Aubanel est toujours salué des épithètes divines, et parce que l'amour et la beauté résident en elle qu'il trouve aux genoux de l'Ève immortelle d'adorables raffinements d'inflexion, vraies caresses du verbe à la faire frémir de ses pieds radieux à la pointe de son éblouissante chevelure :

> Ne passe plus, tu me fais mourir
> ou laisse-moi te dévorer de baisers

Et dans toute l'œuvre d'Aubanel, je ne découvre pas une méchante femme. Il n'aime pas donner le fouet à l'enfant malade ; comme Vigny et Michelet, devant ses défaillances, il éprouve une pitié compliquée de dévotion. On verra comme il fut compatissant pour cette Fanette qu'on l'accuse d'avoir brutalisée. Zani l'a quitté ; pas d'autre plainte que ces vers inquiétants :

> Bonne comme le pain et douce comme un ange,
> une enfant m'a fait ce mal étrange...

Et tous ses madrigaux (le *Vieux Château*, la *Main*, la *Perle*) sont des chefs-d'œuvre ; ses strophes à l'*Aure* sont de vrais baisers dans le rythme très doux qu'ont les remous du vent sur les petites branches ; et dans ses jours d'exaltation il composait tout l'univers de ces baisers-là.

Sept baisers remplissent la terre, y sont sans cesse implorés, donnés ou refusés, le baiser cuisant de la rafale, l'incandescent baiser du soleil, le frais baiser des sources, et le baiser d'amour qui est le plus chaud, et le baiser des mères qui est le meilleur :

> Et la terre farandole
> De baisers jamais saoule...

---

[89] *Alor, fier et sage, le païre — Au pacheja coume de rei !*

Vous avez, n'est-ce pas ? reconnu un pendant à l'amoureuse cosmologie de Musset :

> Oh vous le murmurez dans vos sphères sacrées,
> Étoiles du matin, ce mot triste et charmant...[90]

Seulement Aubanel, tourne à l'horrible la fin de la pièce, car le dernier de ces baisers terrestres, c'est la Mort qui le donne à la Terre. Le poète l'ajourne à cent ans et déclare qu'il l'attend la bouche pleine de chansons. Il n'a pas voulu troubler l'ébriété du morceau par une finale triste, mais ce dernier et fatal baiser jette un froid ; cette *mort peleto*[91] lancée au galop de son cheval pâle, ces os qui claquent et cet invincible baiser que la Terre en reçoit sans en dessoûler, attestent que les idées d'Aubanel sur l'amour avaient leurs rembrunissements.

Oui, l'amour est le grand remède. Mais sa puissance ne va pas jusqu'à guérir les blessures dont il se troue. La femme ferait tout oublier, en fait de tristesses, si elle n'en recélait inépuisablement. Elle est d'abord si différente de l'homme ! Lui, ne peut savoir jusqu'à quel point son entier amour est partagé ; s'il croit aisément l'échange absolu, sa confiance est à la merci du plus vague soupçon. Puis, cet amour est rarement pur. Quand il l'est, le corps souffre un martyre, et dans l'autre cas, certaines âmes sont froissées en leur intimité. Enfin, si cet amour est assez vigoureux pour étouffer ou consumer toute résistance intérieure, il rencontre au dehors la société, presque toujours ennemie. La loi civile ne reconnaît l'amour que sous une forme exceptionnelle, la morale est plus dure que la loi, la religion plus dure que la morale, l'opinion plus dure que tout. Proscrit de tant de parts, il doit contenir ses démonstrations jusqu'aux extrémités de l'effort humain. Voilà pourquoi, s'il se révèle, ses rapides lueurs se colorent de sang.

C'est vraiment le reflet d'une bouche d'enfer que projette sur l'œuvre d'Aubanel Celui qu'il avait invoqué comme un charme élyséen : infernale, la sirène « amère comme la mort », dont le chant et l'œil tentateurs noient le matelot ; infernale, l'angoisse de la chair sous les nuits d'été :

> Quand le corps ardent brame, que l'âme est lasse
> de lutter, quand la chair étrangle l'esprit
> rêvant, enivré, aux nudités splendides...

---

[90] Alfred de Musset, *Rolla*, V. (n.d.é.)
[91] Squelette. XII.

et infernale aussi comme une peine du *dam*, au fort de ces tourments qui épuisent les plus robustes, la nostalgie des enfantines puretés qui soudain vous prosterne :

> Rentre au logis et tombe à genoux misérable !
> Devant Dieu, devant tous, pleure et dégonfle-toi !

Les lacunes, les méprises, les vilenies de l'amour humain, Aubanel a-t-il voulu réunir toutes ces tristesses dans son drame, le *Pain du péché ?* Il y a, en tout cas, résumé son expérience et ses dégoûts.

Assise à la porte du *mas*, Fanette rêve et rêve, et regarde jouer ses enfants. Son mari l'a emmenée d'Arles, l'a enfouie dans ce coin perdu de la Crau. Certes, Malandran est le meilleur des hommes, Malandran l'aime, mais ni comme elle voudrait, ni comme il faudrait qu'on l'aimât, la coquette et la câline, avec les longues embrassades et les cajoleries des premières matinées d'amour. Elle voudrait, au moins, être la seule aimée ; or elle a cette rivale auguste, la terre :

> La terre, sa maîtresse est dure, mais il l'aime ;
> il lutte avec elle, l'empoigne et la tient dans ses bras
> tant, de l'aube à maintenant, que, puis, le soir, il est las.
> À la nuit, qu'il revient, il baisse la tête dans un coin,
> il mange sans parler sa soupe, *bourre-bourre*[92],
> pensif et sérieux, il n'a jamais loisir
> de vous dire un seul mot pour vous faire plaisir.
> Le repas achevé, si, puis, il ouvre la bouche
> il ne parle que de son blé, de ses foins, de ses souches,
> ou cause avec ses valets de l'œuvre de demain,
> et du temps qu'il fera. Sa lanterne à la main,
> il fait le tour des étables et monte ensuite se coucher.
> Émue, à son lit, je le suis, pauvrette !
> Mais la nuit il vous oublie autant que le jour !
> Et je suis jeune pourtant ! mon cœur crève d'amour
> mon corps est plein de braise, j'ai du feu dans les veines ;
> et tout le sang me bout et mon pauvre cœur geint.
> Mais à qui dire ça ?...
> À Malandran je ne veux ni ne puis le dire,
> il me hocherait la tête et me regarderait
> tout étonné. Il n'y entend rien. Il sait bien si je l'aime seulement !

---

[92] Intraduisible.

En ce beau monologue où le décor surgit tout seul sans un vers descriptif, et surtout dans le rejet qui le termine en accompagnement au soupir de Fanette dans ce simple soupir, tout le drame se pose analytique et palpitant ; il sort de l'horrible mur de silences qui s'est élevé entre Malandran et sa femme.

C'est par goût qu'il l'a choisie et qu'elle l'a accepté. Mais tout de suite il s'est cru son maître éternel ; pour toute preuve d'amour, il l'a associée à la vie de son « mesnage » comme dirait le vieux Olivier de Serres. Il l'a sacrée reine du mas et traitée dès lors en égale, sans plus lui condescendre, cessant la mièvre cour des fiançailles et se croyant dispensé de la conquérir chaque soir. Pour ce trop de confiance, il la perd.

Car voici Veranet, le vainqueur, monté sur sa cavale, aux claquements allègres du fouet. Sa chemise s'entr'ouvre sur sa poitrine où frise le duvet noir. Dès le premier coup d'œil Fanette tressaille. Il vient d'Arles, il apporte les nouvelles de la lice où elle se promenait après vêpres, quand un cœur de seize ans battait sous son fichu clair. Et comme Desdémone entendant Othello et Mireille Vincent[93], Fanette voudrait l'écouter « l'écouter encore et passer sa veillée et sa vie à l'ouïr ». Mais ce chérubin de la Crau n'a pas encore coupé ses ailes :

> — Lesquelles te plaisent mieux, les blondines ?
> Les brunes ? Les châtaines ?
> — Oh ! je n'ai pas réfléchi,
> toutes me font plaisir quand je les vois passer.

Elle, à qui on résiste, s'enhardit. Lui, par sauvagerie de bel éphèbe, circonspection paysanne, et aussi par rugosité indégrossie de terrien, persiste en des fuyances :

> — Dis, tu n'aimerais pas qui t'aimerait ?
> — Je n'aime personne !
> — Tu veux que je t'aime, moi, tu veux ?...

Ce qu'il y a d'animal, d'irraisonné, de furieux, dans ces provocations au baiser, les innocente presque. Comme Fanette oublie sa dignité de reine de mas, nous oublions aussi quel plexus de devoirs et de peines confond les destinées de Fanette et de Malandran. Devant nous se dresse et se tord la femme en mal d'amour dont le bram affolé éveille des échos dans toute chair. Mais Véranet entendra-t-il ? Cédera-t-il ? Pour une fois que deux amoureux sont en présence, s'étreindront-ils ?

---

[93] Les deux héros de Mistral, Mireille fille d'un riche fermier de la Crau et Vincent un pauvre vannier. (n.d.é.)

Et l'amour va triompher, afin que sa victoire développe au maximum l'antipathie de Fanette et de son mari, et que soit achevée leur infortune à tous les trois.

Les amants se joindront, grâce au chœur, le chœur dialogué, vivant, à la Shakespeare, d'une poésie vulgaire, un peu canaille : il est composé des *ràfi*, les ouvriers loués pour la moisson. Ils ont entrevu le manège de Fanette, lorsqu'un instant ses doigts insinuaient leur flamme aux doigts de Véranet. Rangés autour du puits et tirant l'eau du souper, ils criblent le jeune homme de plaisanteries au gros sel :

          TROISIÈME VALET
Elle te brûlait la main, pas vrai ?
          VÉRANET
Que veut-il, cet animal ? Et tais-toi !
          PREMIER VALET
Le soleil à l'envers lui a tourné la cervelle !
          TROISIÈME VALET
Peut-être son astre n'est-il pas si loin d'ici.
          CINQUIÈME VALET
Elle était altérée !... Et sa soif, mes amis, on ne l'a pas encore étanchée.
          QUATRIÈME VALET
Jamais pareil bonheur ne m'arrivera à moi, pauvre valet ?
          CINQUIÈME VALET
Pas vrai, elle doit avoir la main douce ?
          VÉRANET
Elle s'occupe de moi autant que le vent qui souffle.
          PREMIER VALET
Et ses doigts sur la corde aux tiens s'entrelaçant ?
          QUATRIÈME VALET
Et le feu de ses rougeurs ?
          TROISIÈME VALET
Et ses coups d'yeux brûlants ?
          CINQUIÈME VALET
Oh ! ils te dévoraient, ses yeux, ils te carbonisaient !
          DEUXIÈME VALET
Ses yeux, ses mains, ses attitudes, sa bouche, te priaient d'amour...
          PREMIER VALET
Il faut qu'elle t'aime !
          VÉRANET
Oh ! Fanette, allons donc !
          QUATRIÈME VALET

Regarde-la, tiens, regarde-la !
Tous
Chut !
(Fanette dans le mas passe devant la porte et s'arrête un moment à regarder Véranet et la valetaille qui se lave les mains.)
Oh ! si c'était vrai, murmure Véranet.[94]

Le lendemain, dans un grand cadre de lumière, les cavales trottant autour de l'aire sur les gerbes foulées, le refrain des *ràfi* tintant dans l'air en feu, l'heure de midi sonne ; les travailleurs se dispersent pour le repas. Plus pâle que Phèdre, entre Fanette qui s'est lâchée à la poursuite de Véranet ; et le voici, lui-même. D'un élan, elle lui fait boire tous les aveux. Son amour inouï, elle cherche à se l'expliquer, trouve des raisons folles et naïvement elle les dit pêle-mêle avec les vraies. Et les rauques syllabes de la passion montent à la gorge du jeune homme, sous ce contact brûlant :

Autant que j'aime ta vie et que je méprise ma mort,
je t'aime, ô Fanette ! autant que ton péché est noir !
Fanette
Il est noir, mon péché, je le sais...
Mais jamais vous n'en avez assez une fois que vous avez becqueté tellement il est savoureux !

La conscience du mal lui demeure bien, en effet, mais non la résistance. Plus loin son monologue nous la montre bien trop tentée pour sentir vraiment cette noirceur du péché — trop tentée de désirs dont voici l'intensité :

Je le veux, il me le faut, je l'aime, je l'adore. Hier,
Véranet m'a prise toute ! Mon cœur bat
pour lui, à se briser ; pour Véranet s'allume
un mal fiévreux que rien ne guérira !
C'est un amour terrible
c'est un amour terrible et fou, cet amour
...
Oh ! Malandran bien sûr, bien sûr, me tuera...
Que Malandran me tue, mais qu'une nuitée
j'aie de Véranet les chaudes étreintes !

---

[94] J'emprunte cette traduction à l'étude d'Albert Savine sur Th. Aubanel et le théâtre provençal. *Étapes d'un naturaliste*. Paris, 1885.

Retour de Véranet. Elle avait eu soif. Il lui apporte de l'eau. Mais c'était de la soif d'un baiser que cuisaient les lèvres de Fanette : elle le prend, d'autorité, ce baiser fou, et clame :

> Oh ! comme j'ai faim de toi ! Oh ! comme de toi j'ai soif !
> À tes lèvres depuis que je me suis abreuvée tes baisers m'ont davantage altérée !
> Nul ne nous voit, Véranet, nul ne nous voit, nul ne nous voit !

On entend Malandran appeler ses travailleurs. L'éphèbe veut répondre. Mais Fanette à genoux gémit, et le retient, le supplie, et il cède et l'emporte en courant vers les jeunes pins...

Voilà donc Fanette assouvie. Revenue au mas, un malaise l'a pénétrée. Les meubles se défient d'elle, le regard de la servante Mian l'incommode. En parlant à Véranet, ses mains tremblent et si elle songe à Malandran, quelle honte !

> Plus blême que la mort, je regarde ce lit
> où il va s'endormir croyant à la moitié
> qu'il tient entre ses bras, qui dort sur sa poitrine
> et où, maintenant, il ne fait plus entrer qu'une — catin.

Et ce n'est pas un trope, ce lit où Fanette aux côtés de Malandran n'a pas dormi, et il n'a rien de commun avec les vagues couchettes apostrophées par les reines de tragédie.

Tout juste, Malandran se fait plus aimable que d'ordinaire. Fanette lui découvre des coins de tendresse auxquels elle avait jusque-là dédaigné de prendre garde. Il l'appelle « mignonne ». Elle le remarque : « Il m'a dit, mignonne ! Ô Dieu, pitié ! » Comme la récolte est très belle, il demande à sa femme de choisir entre un fichu de dentelle et une croix en or avec quatre tours de chaîne. Des cadeaux maintenant !... Ah elle n'y tient plus ! Elle laisse tout, mari, maison, enfants (elle en a trois), et Véranet l'enlève au grand galop de sa cavale.

Au quatrième acte, les amoureux arrivent à une auberge. Ils sont fourbus. — Est-ce simple fatigue ? Est-ce prompte satiété d'amour ? Véranet jette des mots brutaux ; les caresses viennent, mais par passades ; il boit comme un trou. Une chanson égrillarde, une chanson de matelot en goguette :

> La petite de quinze ans...

fuse à ses lèvres ointes de vin et de baisers. C'est là le jeune Dieu qui chantait en plein air, dans le trot étouffé des chevaux de Camargue, qui chantait ennimbé de la poussière d'or ? lui, ce garçon épais qui suce la bouteille ? Ah ! Fanette, Fanette !

Des coups de poing ébranlent la porte, Malandran a suivi la piste, le voilà qui brise tout pour arriver à sa femme. Véranet se dresse pour la défendre : ne l'a-t-il pas conquise ? « Assieds-toi, petit ! » jette le rude homme, et il attend que Fanette le suive. Elle ne bouge pas. C'était donc de plein gré qu'elle était partie ? Il n'avait pas voulu le croire. À présent, il l'a vu et s'en va. Mais auparavant, par inspiration, il se dirige vers la table où mangeaient les amoureux, plie tout dans la nappe pain, vin, rôti, et part dans la nuit comme un tonnerre de Dieu :

Gueuse, ils s'en souviendront, de ce jour, tes enfants !

Ses enfants ! — Fanette se précipite à la suite de son mari. Mais l'amoureux ? Ah ! qu'il est loin de sa pensée.

Fanette a songé à ses fils : son amant ne lui est plus rien ; ceci n'a pas besoin d'être expliqué, je pense. Mais comment se fait-il que, la faute commise, Fanette ne puisse plus compter sur la miséricorde de Malandran ? En bonne psychologie, la jalousie aurait dû poivrer, exaspérer la passion de ce dernier. Mais en Malandran l'amoureux se complique d'un vrai chef de famille, et de tous les réactifs qui dissolvent les sentiments individuels, tels que la jalousie et l'amour, l'honneur familial est le plus puissant. Il faut comprendre tout ce que vaut l'honneur, la bonne renommée, dans ce Midi essentiellement sociable : c'est un philosophe méridional qui a défini l'homme *animal politicum*, et nos compatriotes vivent en autrui autant et plus qu'en eux-mêmes. Le souci des actes et des jugements du prochain fait le tout de l'existence, là-bas ; c'est ce souci si vif qui protège les mœurs contre la suggestion ardente du soleil et du sang. Si Audiberte[95], cette aigre sœur des Mireille, se vante avec tant de hauteur d'être honnête « au sens féminin », comme dit Daudet, sachez qu'il n'y a presque pas de quoi. Sa vertu tient beaucoup à sa peur des chuchoteries de voisines sur le pas des portes.

La même horreur d'être mésestimé, qui rend les femmes chastes, contribue, le cas échéant, à rendre féroce la tribu des maris déshonorés. C'est parce qu'on l'aura blessé dans le vif des instincts les plus innés à sa race, parce qu'on lui aura supprimé le droit de porter la tête fière et l'œil haut, que le Provençal trompé deviendra implacable.

La conduite de Malandran a paru énigmatique ou sauvage aux boulevardiers et aux boulevardières qui ont entendu, au Théâtre libre, la belle adaptation de Paul

---

[95] Personnage provençal d'Alphonse Daudet. (n.d.é.)

Arène[96]... Mais Malandran, lui, ne se croit que souverainement juste. C'est que sa vengeance, qui est bien celle d'un homme irrité et brutal, s'énonce et se donne cours au nom de tous les siens flétris par son propre malheur ; il la juge impersonnelle, désintéressée. Les ascendants et alliés atteints par l'opprobre de Fanette souffrent et crient dans sa poitrine ; et il s'y joint tous les sentiments de justice et d'honnêteté absolue qui, s'éveillant du fond de cette conscience calme, renforcent de leurs énergies accumulées sa fureur d'amant trahi et de mari humilié. On ne voit pas comment Malandran aurait pu éviter de s'estimer le justicier de la famille et l'homme d'un devoir abstrait. Aussi va-t-il dans le châtiment jusqu'où le vengeur eût peut-être reculé. Sans pitié pour elle ni pour soi, il fait l'ablation de son amour, sacrifie — héroïquement — cette chair, la sienne après tout, à l'ordre impérieux, écrasant, surhumain, qui lui rugit dans les entrailles.

Rentré au mas, « ici les bâtards ! » Il examine les trois enfants l'un après l'autre. Mais la fureur brouille ses yeux et des ressemblances folles sautent à sa pensée. Gabriélon lui rappelle un valet chassé du mas autrefois. Noélet a tout l'air d'un bohémien qui roula sur la grande route voisine, car ses cheveux sont noirs.

— Mais, dit le vieux Belmont, ton père avait comme lui les cheveux noirs.
— Il avait comme lui les cheveux noirs, mais lisses, et l'enfant est frisé.
— Ton père ; je l'ai vu, jeune, il frisait ainsi.
— Ô mensonge du diable !
tu as bien mieux connu ma femme, misérable, car Nénet est blondin comme elle et comme toi !

À table, les bâtards ! Malandran déplie la nappe, la nappe de l'auberge, et il coupe le Pain du péché, le partage entre les enfants. « Mangez ! mangez ! Nénet, un échaudé ! toi Noélet de la viande ! Encore un coup de vin, Gabriélon ; *le morceau était le sien*, achève-le ! » Et il les bourre. « C'est votre gueuse de mère qui vous l'envoie. » Mais un grand cri à la porte :

— Mangez pas ! Mangez pas ! Que ce pain empoisonne !

C'est Fanette exténuée qui interrompt le repas symbolique, qui trouve la force d'implorer son pardon, de crier que ses enfants sont bien de Malandran, d'expliquer, oui, d'expliquer sa faute. Oh ! elle n'a cédé que cette fois ! Elle se met à genoux, disant ses rêves de jeune fille, ses fringales d'affection que le mariage n'a point

---

[96] Paul Arène, 1843-1896, adapta en vers français *Lou Pan dòu Pecat* ; cette adaptation fut représentée pour la première fois au Théâtre libre, à Paris, le 27 avril 1888 et publiée la même année chez Alphonse Lemerre. (n.d.é.)

satisfaites, puis cette rencontre tardive, la triomphale survenue de « *l'amour despouderant* », l'amour qui dépossède les volontés :

> Pourquoi n'as-tu pas été, toi, ce que m'est l'autre !
> tu es mon mari, c'est vrai, mais l'autre est mon roi.

Lui, dans ce récit, n'entend que des ordures. « Assez ! Assez ! » Mais elle :

> Ah ! si tu savais ce que c'est qu'une pauvre femme,
> quand l'amour l'a ensorcelée, quand l'amour la brûle,
> tu aurais pitié de moi...

Et Malandran sera d'autant moins pitoyable pour elle qu'il ne pourra jamais SAVOIR. Sous son cuir calleux de travailleur, il a vécu longtemps sans méfiance. Rien n'a pu l'avertir des infinis espaces idéaux qui le séparaient de sa femme, ces gouffres que l'adultère éclatant a creusés, élargis et illuminés. Du plus profond, du plus lointain de son ignorance, il la juge et il décrète avec simplicité la mort morale de Fanette :

> Je confie quant à moi ma vengeance au remords,
> et qu'il vienne ou non, pour moi tu es déjà morte.
> — Tu as raison, morte pour toujours !

Elle a pris un couteau sur la table et se l'est planté au cœur. Il repousse du pied le cadavre. On dit aux enfants :

> — En mourant, de son sang elle vous a mouillés, pecaïre !
> — Et tachés pour la vie ! Peuh ! les taches de sang !
> Les taches de l'honneur ne s'en vont pas, enfants !
> Sa tombe n'aura point de croix qui la protège ;
> valets, creusez son trou à la pluie, à la grêle.

Fors le vers affamé, que nul ne sache l'endroit ! Emportez le cadavre !

> — Ai ! il n'est pas encore froid
> — Morte comme un damné, comme un chien enterrée,
> ah ! le Pain du péché est amer, camarades !

Notez, je vous prie, que de ce dénouement inspiré par l'idée de justice, la justice réelle, la justice absolue est absente totalement : c'est l'eschyléenne fatalité qui écrase ici l'honneur et là l'amour, parmi le chœur splendide et sanglotant des poitrines broyées. Il m'importe peu que ceci aille contre l'interprétation reçue. Je ne puis croire qu'Aubanel ait voulu réviser la parole du Christ sur la femme adultère, écrire un gros chapitre de morale en action. Il n'y a pas plus de thèse dans le *Pain du péché* que dans *Madame Bovary*. On y constate seulement, entre autres faits d'expérience, que le Pain du péché est amer pour ceux qui y ont mordu, et pour d'autres aussi. Mais on y sent vibrer avant tout le gémissement de la passion misérable qui, à chacune des scènes du drame, comme à tous les moments de la vie, se trouve contrariée, et subit, et produit, après des gestes de triomphe, des catastrophes dans la mort.

Ceci revient à déclarer la vanité du vrai amour sur la terre. Aubanel invitait volontiers ses amoureuses à s'embarquer pour l'Idéal :

> Puisqu'en terre il ne se peut
> être amoureux sans avoir peur,
> allons-nous-en dans les étoiles !
> Tu auras la clarté pour dentelles,
> tu auras les nuées pour rideau
> et je jouerai comme un petit chien
> à tes petits pieds, ma fillette !

Et comme elles ne quittaient guère le sol, il se disait que, même allégé de matière et lorsque tout l'embellirait, l'amour terrestre tisserait une cage encore exiguë au désir élancé :

> Car boirais-tu pour vin les rais purs des étoiles,
> l'enivrement n'est pas dans les flancs du broc !
> Tu aspirerais à la femme encore plus aimante,
> une fée aux baisers plus que fous, plus qu'ardents :
> tu ne l'auras jamais l'amour bleu, éternel !
> Et l'éternel désir, ô mon cœur, te bourrelle !

III

Ce pèlerinage indéfini du désir, de femme en femme et d'amour en amour, Aubanel l'avait noté à la fin du livre de Zani, avec un désespoir mitigé par la foi :

> Il n'y a qu'une joie véritable
> dans ce monde si mauvais,
> mais celle-là est sans pareille
> la joie de t'aimer, mon Dieu !

Et quand Aubanel se mettait à aimer son Dieu, c'était toujours la même passion démonstrative et profonde. Il revêtait les âpres insignes du Christ comme, trouvère, il eût porté les couleurs de sa Dame ; il vivait son Credo, se signant devant les églises et les statuettes de la Vierge, marchand pieds nus dans les processions avignonnaises, chargé du crucifix, sous la cagoule des pénitents blancs, frictionnant les cholériques et se faisant appeler « son second bon Dieu » par une pauvresse qu'il avait tirée d'affaire. Tous ces actes religieux ou charitables étaient accomplis avec la simplicité brave de ceux qui croient. Pourquoi diable Alphonse Daudet est-il allé le blaguer de son titre d'Imprimeur de S. S. Léon XIII[97] ?

Eh ! oui, imprimeur du pape : c'est un vieux titre comtadin qu'Aubanel avait hérité du temps du schisme d'Avignon. D'ailleurs, rien n'est si conforme à l'esprit félibréen que ce catholicisme au plein jour. La religion romaine fait partie du legs de « provençalismes » que Mistral et ses amis défendent contre le « cosmopolitisme ». Ah ! si l'on n'était pas en république, je sais bien qui irait supplier le pape ennuyé de Rome de bien vouloir réintégrer son vieux château des Doms[98] ! Le directeur de l'*Armana*[99] est même persuadé que le bon Dieu doit être quelque peu mainteneur de la cause. *Nerto*[100] est surtout un poème catholique ; la moitié de l'œuvre de Roumanille a été écrite pour les sociétés de propagande et de bienfaisance religieuses. Et quand il avait protesté à la porte des Récollets contre l'expulsion des Pères[101], quand il s'était fait appréhender au corps et condamner à

---

[97] *Le Temps*, 4 novembre 1886. — Ces détails sur le catholicisme d'Aubanel sont empruntés à une étude de Me Ricard, qui les a lui-même traduits d'une plaquette de Dom Luis Bussi, ecclésiastique italien fort épris d'art félibresque.
[98] La terrasse que forme le rocher des Doms, faisant face sur le Rhône à Villeneuve-lez-Avignon, est un des haut-lieux avignonais. Il est aujourd'hui aménagé en promenade. (n.d.é.)
[99] L'*Almanach provençal* alors édité chaque année par le Félibrige. (n.d.é.)
[100] Œuvre de Frédéric Mistral. (n.d.é.)
[101] Il s'agit de l'interdiction d'enseigner aux membres des congrégations non autorisées, et leur expulsion des établissements d'enseignement du fait des décrets de Jules Ferry du 29 mars 1880. (n.d.é.)

l'amende par le juge de paix, Aubanel savait écrire aussi des vers d'un merveilleux catholicisme.

Il est vrai que ces vers ne sont pas les seuls. Tous les niais à logique carrée s'en indigneront. Alléguer qu'Aubanel descendait du capitaine grec tueur de Sarrasins[102], violeur de Sarrasines, de qui viennent et la sanglante rougeur de ses strophes et sa passion des femmes et du soleil, alléguer cela ne satisferait pas ces séraphins. Il est certain cependant que ce petit homme trapu, aux noueuses épaules, aurait eu besoin d'un entraînement spécial pour arriver à l'ascétisme. L'admirable est plutôt, à mon sens, que sa ferveur religieuse ait toujours fini par avoir le dessus sur les autres ferveurs, en des conflits que les sonnets suivants vous peindront.

Le premier est une épigramme contre un ami frigide :

> Toujours il parle des jeunes filles et toujours en palpite.
> Il voudrait toutes les embrasser pour peu qu'une vienne à passer,
> brune ou blonde, aussitôt il la suit et la désire ;
> et il se consume sans cesse aux feux de leurs paupières ;
> il parle de les caresser
> on dirait qu'il va tout mettre en lambeaux,
> le fichu, le corset, le tablier, la jupe...
> Mais par hasard si une jeune fille, un jour, lui saute au cou,
> effrayé, il se défait de son embrassade... il a peur
> des baisers de son joli museau.
> Cours, mignonne, ris et cours !
> Où allais-tu butter, pauvre belle ? Que veux-tu ?
> Il est de pierre, il est de marbre, il est de fer, il est de bois.

En réponse à ces vers, sans doute écrits une nuit où les gouttes de sang roulaient plus vite que des soleils dans les orbites enchevêtrées de sa chair, Aubanel, en un baiser rafraîchissant posé sur les pieds de son Christ, exhala ce calme et grand panégyrique de la pureté. Je n'y vois d'égalable que la tirade du Juste dans Aristophane[103] :

> Non, le jeune homme n'est pas de marbre ni de fer.
> En face de la jeunesse et devant la beauté
> tout son sang bondit et bout dans sa chair de misère :

---

[102] Ce capitaine grec Seysialdi, son ancêtre maternel, émigra dans le comtat Venaissin après la prise de Byzance. — Du côté des Aubanel, qui datent aussi du XVe siècle, influence contraire : c'étaient, d'après le docteur Pamard, des « catholiques rigides, tranquilles et rangés ».

[103] Dans les *Nuées*. (n.d.é.)

un étrange aiguillon et le fouette, et le poinct.
Mais il lutte : il ne lui sied point d'être un taureau, ni un mulet.
De l'empoisonnement public il n'a rien goûté,
et s'il adore l'amour, il abhorre le mystère
et le charme mortel de l'horrible iniquité.
Quand passent brunes, blondes, et rousses, et châtaines,
les hardies drôlesses et les tendres pucelles,
il fuit... et d'être chaste il a l'âpre et doux bonheur.
Et le bon Dieu lui parle, et il va le front tranquille
dans un corps sain portant son âme de lys.
Toujours, ô beau jeune homme, reste grand, reste pur !

Aubanel, comme Paul Verlaine, concevait et écrivait *parallèlement* « des ouvrages d'une absolue différence d'idée », des morceaux « où le catholicisme déploie sa logique et ses illécébrances[104], ses blandices[105] et ses terreurs, et d'autres purement mondains sensuels avec une affligeante bonne humeur et pleins de l'orgueil de la vie ». L'auteur des *Filles à Avignon* aurait pu signer cet acte de mauvais chrétien : « Je crois, et je pèche par pensée comme par action ; je crois, et je me repens par pensée, en attendant mieux... »[106] Une nuance toutefois : Aubanel, moins conscient que Verlaine, établissait moins nettement le naturel illogisme de son art, — et la clairvoyance en pareille affaire ressemble affreusement à l'insincérité. Mais ce n'est qu'une ressemblance.

Assez peu nombreux, les vers catholiques d'Aubanel sont tous extraordinairement beaux. Au temps de Zani, il en composait qui vous transissent par le seul accent dont ils disent : *moun Dièu !* Ce *moun Dièu* provençal, frêle, léger, aigu, comme une ogive, profond comme un soupir, est d'une autre expression que notre sourd « mon Dieu ». Mais à ces oraisons de chemins de croix, je préfère encore les ravissements aux paradis dantesques, les triomphaux cantiques, épanouis en roses d'or :

Rose d'Afrique, notre Dame,
pitié, pitié pour nos âmes.
Notre terre est brûlée, ô rose, envoie-nous
comme une douce pluie
la rosée de tes feuilles, le parfum de ta fleur !

---

[104] Néologisme inspiré du latin et attribué à Verlaine ; il signifie *charmes*. (n.d.é.)
[105] Mot précieux tiré lui aussi du latin et signifiant *charmes, attraits*. On le trouve également chez Verlaine. (n.d.é.)
[106] Paul Verlaine, *Les Poètes maudits*. — Pauvre Lélian.

On peut objecter qu'il y a là plus d'imagination que de piété. Mais lisez *La Croix* : « J'ai versé telles gouttes de sang pour toi, » disait Jésus à Pascal. Pascal voyait et touchait ces précieuses gouttes divines. Aubanel, voit fleurissant, peuplé d'oiseaux, sur un mont de Judée, l'arbre qui doit servir au crucifiement ; il entend les coups de hache du juif qui l'abat et l'équarrit ; il sent les chauds baisers des saintes femmes qui errent sur les fibres dures, les larmes de Jean qui coulent tièdes, et les rouges filets de sang que l'eau et les pleurs teignent de pâle et qui muettement s'égouttent des cinq plaies... Pure fresque espagnole. Aubanel savait après cela s'adoucir et zézayer dans la langue de Roumanille ces délicieuses strophes à Mme C*** L***, *en lui envoyant une statuette de la Vierge*. C'est là, je crois, qu'il compare la chambre qui abritera de ses rideaux blancs la dévote image à une calanque agitée seulement d'un petit vent frais : n'étaient-ce pas de telles fraîcheurs qu'Aubanel allait respirer sous les églises d'Avignon ?

Mais il s'était creusé d'autres abris, d'autres calanques. Il fréquentait surtout ce petit temple assez païen que les sages du XIXe siècle ont restauré suivant leur goût composite et bibelotier. Construire sous son crâne un *retiro*, le tapisser de jolis rêves et varier de fois à autre ces décors, de peur de s'attacher trop étroitement à l'un d'eux, s'enfermer là-dessous, y abolir les lois et les limitations murales de la vie, — ce vous a un air de fou ? C'est le commencement de la sagesse. Tous les artistes dits pondérés, tous ceux qui causent des impressions d'allégresse ou seulement de sérénité, habitèrent une de ces illusoires retraites, soit qu'ils la tinssent de nature, soit qu'ils l'eûssent construite par quelque inspiration. Ils lui doivent le bonheur de leur œuvre et de leur vie. D'autres même, qui ont exprimé la beauté tortue, infirme, laide, pratiquèrent assidûment cet idéalisme. Je ne citerai que Balzac.

Aubanel fit plusieurs stations dans ce beau lieu reposant. C'est là qu'il découvrit le fortuné pays où l'on se marie dès qu'on s'aime, où l'on doit divorcer dès qu'on ne s'aime plus : le curé ne fait pas de difficultés, ni le bedeau, ni les parents, au pays de *Vieille Chanson*. De là sortent également les *Forgerons* qui martèlent le soleil couchant sur l'enclume incandescente du Rhône et, dans les treillis dorés de l'aube, ces brillantes *Noces de Feu*, accordées à la chanson des violes, en des ruisseaux de pourpre sur les escaliers, parmi les susurrées des sources d'argent qui veinent la blondeur matutinale des nuées, sous les pas des beaux chevaliers de brocart et des dames gemmées de très pâle émeraude et de rubis vivant. Ces deux pièces — deux hauts reliefs incrustés en vis-à-vis aux deux pentes du ciel, — sont les chefs-d'œuvre d'Aubanel, à mon goût et je crois bien que ce furent ses deux visions les plus continûment agréables : c'est que les *Forgerons* et les *Noces de Feu* n'ont d'autres personnages que de beaux et brillants objets matériels qu'il est aisé de conserver intacts, joyaux du souvenir, dans ce paradis cérébral. Certes, l'amour sait bien cristalliser toutes les perfections autour du nom d'une femme, — mais elle, a bec et langue pour nous rappeler au réel. Au lieu que les nuées du soir et du matin se prêtent souplement aux volontés du rêve sans lui donner jamais le moindre démenti...

Quand Aubanel rentrait dans la réalité, les pantins de *Vieille Chanson* s'évanouissaient, mais non l'éclat du « saint soleil ». Le soir, à l'heure où les rochers, les arbres et le Rhône s'enveloppent de housses rouges, il retrouvait la fournaise où travaillaient ses superbes ouvriers et quand elle mourait en cendre violâtre, d'autres splendeurs visibles émergeaient de l'ombre et lui coulaient dans l'œil leur subtile caresse. Le félibre s'arrangea peu à peu de façon à ne plus apercevoir qu'elles, à se laisser masquer le mystérieux abîme ambiant par ces légers points d'or aux acuités d'abeilles. La nuit s'incendia, et les sombres choses du cœur perdirent là leur plus parfait emblème ; et comme une idée sans l'image corrélative n'existe pas pour le poète, les idées sombres s'envolèrent. Le noir domine dans la *Grenade entr'ouverte*. Dans les *Filles d'Avignon*, c'est le rouge vermeil. Jadis il frissonnait sous les ténèbres. Maintenant, il les nie au nom de l'Idéal, ne leur reconnaît plus le droit d'exister. Ainsi que cela paraît clairement dans son *Soleil couchant*, il refoule dans le même trou négatif de l'inexistable toute noirceur, physique ou psychique. Il s'écrie ailleurs :

>   Luise tout ce qui est beau ! que ce qui est laid se cache !

bien décidé à s'oublier dans la savourance exquise de ce qui luit.

Et à mesure que la nature prenait dans son œil des lignes plus pures, Aubanel entrait plus profondément en elle ce qui lui permettait de s'oublier un peu et d'atteindre à l'art « objectif ». Le poète du *Livre de l'amour* avait vu dans les arbres, le vent et la mer une immense famille de cœurs compatissants ou ironiques, — ce qui est, à vrai dire, la seule méthode capable de traduire des sentiments et qui fait de la terre et du ciel des compagnons pleureurs ou réjouis des affections humaines. Mais Aubanel, grâce à cet assérénement final, s'appropria à la longue l'autre procédé, la reproduction impersonnelle et toute plastique des horizons ou des brins d'herbe ; il laissa ses sensations s'exprimer avant d'avoir passé par le cœur. L'enlevé de ses fantaisies avait déjà rapproché de Banville ce Baudelaire provençal ; il devenait à présent un Théophile Gautier pour la justesse du regard, le précis enclos des formes, la sûreté de la main. Que dites-vous de ses hirondelles « volant comme des fleurs noires que l'aure[107] emporte » des taches d'or qui jouent comme des papillons dans le clair-obscur des sous-bois, de ce Ventoux crépusculeux : « toute la lumière du jour échelle à ses flancs roses ! », de ce battement de narines, sur le passage

>   des filles qui vont le matin
>   mener les chèvres à la montagne :

---

[107] *L'aure :* « le vent » en occitan. (n.d.é.)

leurs pieds noirauds, déchaussés,
ont le parfum du thym...

Sa strophe se change, aux heures gaies, en symphonie de bouquets excitants qu'aspire le soleil ; je cite en provençal pour les gens d'outre-Loire.

Eme lou murmur dou vènt dins li broundo
Eme lou refrin dou gai rossignou,
Moun cor que desboundo,
Dins soun estrambord cantara la blounddo.
Bono e bello tant que a elo sian fou,
Eme lou councert
Au vènt dins li broundo
E li trignoulet dòu gai rosignòu !
Avec le murmure du vent dans les frondaisons,
avec le refrain du gai rossignol,
mon cœur qui déborde,
dans son enthousiasme, chantera la blonde,
bonne et belle, tant que d'elle nous sommes fous,
avec le concert du vent dans les frondaisons
et les trilles du gai rossignol !

Ces vers, qui sont des derniers écrits, témoignent aussi du travail constant d'Aubanel et des perfectionnements qu'il a sans relâche apportés à sa poésie. Se parfaire en son art, telle dut être en réalité, sa vraie *calanque*, ou la plus chère. Il avait défini le rythme une incantation, un charme, une magie enveloppante, et vraiment il demeura captif de l'exquise féerie qu'il s'était évoquée. Chaque jour elle le serrait mieux de lumineux réseaux. Un latin a dit assez bourgeoisement des belles lettres qu'elles font diversion aux tracas, adoucissent les séparations et les deuils, vous suivent à la ville, aux champs, à l'armée. Mieux que la société d'un bouquin, la poésie consola Aubanel de ses ennuis quotidiens et elle décuplait ses joies accidentelles, en les faisant passer dans ses glorieux prismes.

Les circonstances, à cet égard, favorisaient Aubanel. Il venait au premier moment de la Renaissance provençale ; il trouvait une langue si longtemps délaissée des plumitifs que le peuple avait eu le loisir de lui refaire une jeunesse, — et en outre de sa beauté du diable, cette langue avait la solide et durable harmonie d'un dialecte gréco-latin. En s'amourachant d'elle et en doublant sa poésie d'un apostolat, Aubanel se préservait à l'avance du découragement qui envahit l'ouvrier des lettres, s'il se propose un but de satisfaction solitaire. « Objectivez vos affections ! » nous sonne le vieux Kant. Aubanel s'objectiva, se confondit, s'oublia dans la propagande de l'idée commune, grâce à laquelle il évita cette atroce maladie de Flaubert qui a frappé tous les lettrés contemporains. Lui-même, sentait ce que son génie devait d'excitation et de réconfort au génie du verbe national qu'il acclamait dans ses discours.

> Nous la maintiendrons, s'écriait-il, la seule langue qui dise comme nous le voulons, comme il nous poinct au cœur nos amours et nos haines, nos tendresses et nos colères, la beauté de nos filles et la fierté de nos garçons.[108]

Et c'est d'ailleurs la cause félibréenne qui sut tirer d'Aubanel, si grand poète, un orateur de flamme et d'argent vif. Les discours de Mistral, plus régulièrement beaux, traînent une toge vaste comme la pourpre d'un triomphe ; ceux d'Aubanel ont le justaucorps, le haut de chausses qui bouffe et les braies collantes du XVIe siècle, sans oublier, à la ceinture, la fine lame italienne qui poussera des pointes dans le plastron des « francihots ». Il y a de ces deux genres d'éloquence un exemple qui sera aussi célèbre dans trois cents ans que la joute oratoire de Cicéron et de César.

Des notaires équilibrés avaient traité longtemps les félibres de fous. Mistral, agacé, répondit en se drapant dans son manteau que la folle illusion est la mère du travail et que l'action humaine ne s'exécute pas sans l'appel des mirages :

> Ah ! bien sûr nous sommes des fous ! s'écria à son tour Aubanel au centenaire de Pétrarque qu'il présida, bien sûr nous sommes fous de notre ciel, fous de notre terre, fous de notre chaud soleil, du rire de nos filles, de la grâce de notre langue ! Et nous voulons chanter, pleurer, aimer dans le doux parler de notre berceau et de nos mères, dans ce langage divin qui a été la résurrection de toutes les littératures du Midi, — tant pis pour ceux qui l'ont oublié !

Mais son plus grand acte d'amour à la Provence, ce poète ne pouvait l'écrire qu'en vers. Sa poésie tout entière y est ramassée et aussi sa foi de catholique, ses convoitises d'homme, ses nostalgies de néo-grec, ses piétés d'artiste, les mêmes qui lui arrachaient devant l'ombre de Pétrarque un alleluia : « Ah ! la beauté est tout ! » Cette *Vénus d'Arles*, il faut l'accepter telle quelle, sans l'écorner de commentaires timorés ; car elle est la synthèse de Théodore Aubanel. On a voulu excuser sa rayonnante nudité en assurant qu'elle est chaste : ce n'est pas vrai. Cette Vénus symbolise les hautes amours, mais aussi les désirs de la chair. On a regretté la profession de foi chrétienne qui la termine : comment n'a-t-on pas vu que le christianisme a seul rendu possible un tel élan d'âme et de corps ? C'est le jeûne obligé, qui rend troublant ce chaud embrasement du marbre. Un païen n'eût jamais aspiré avec cette fièvre aux baisers nus d'Aphrodite. Il était nécessaire de constater

---

[108] Discours de Forcalquier, 1876.

ces choses afin de pouvoir admirer sans hypocrisie. Je citerai la *Vénus a Arles* tout entière :

> Tu es belle, ô Vénus d'Arles, à faire venir fou !
> Ta tête est fière et douce, et tendrement ton cou
> s'incline ; respirant les baisers et le rire,
> ta fraîche bouche en fleur que va-t-elle nous dire ?
> Les amours d'un ruban avec grâce ont noué
> tes longs cheveux sur ton front par petites ondes frisés.
> Ô blanche Vénus d'Arles, ô reine provençale !
> point de manteau ne cache tes superbes épaules :
> on voit que tu es déesse et fille du ciel bleu
> ta belle poitrine nous fascine et l'œil plein d'éclairs
> se pâme de plaisir devant la jeune hauteur
> des pommes de ton sein si rondes et si pures.
> Que tu es belle !... Venez, peuples, venez téter
> à ses beaux seins jumeaux l'amour et la beauté.
> Oh ! sans la beauté, que serait-ce, le monde ?
> Luise tout ce qui est beau, que tout ce qui est laid se cache !
> Fais voir tes bras nus, ton sein nu, tes flancs nus,
> montre-toi toute nue, ô divine Vénus !
> La beauté te vêt mieux que ta robe blanche ;
> laisse à tes pieds tomber la robe qui à tes hanches s'entortille,
> cachant tout ce que tu as de plus beau !
> Abandonne ton ventre aux baisers du soleil !
> Comme le lierre s'attrape à l'écorce d'un arbre
> laisse dans mes brassades étreindre en plein ton marbre,
> laisse ma bouche ardente et mes doigts tremblants
> courir amoureux partout sur ton corps blanc !
> Ô douce Vénus d'Arles, ô fée de jeunesse !
> Ta beauté qui clairoie dans toute la Provence
> fait belles nos filles et sains nos garçons ;
> sous cette chair brune, ô Vénus,
> il y a ton sang toujours vif, toujours chaud.
> Et nos filles alertes, voilà pourquoi elles s'en vont
> la poitrine découverte et nos gais jeunes gens,
> voilà pourquoi ils sont forts aux luttes de l'amour,
> des bœufs et de la mort !
> Et voilà pourquoi je t'aime et ta beauté m'ensorcelle,
> et pourquoi, moi chrétien, je te chante, ô grande païenne !

J'aimerais qu'on la gravât en frontispice, au-devant de l'œuvre d'Aubanel, cette Vénus au voile qui retombe, en son geste attirant de *genitrix et victrix*, mère des peuples et reine de beautés, ses pieds harmonieux effleurant un calvaire illuminé comme une Alpille, — et près d'elle Aubanel, en cagoule de flagellant, se prostrant aux genoux rompus de son Christ, mais s'efforçant en vain contre le fol attrait de son autre idéal, la Beauté dans la Grâce et dans l'Amour. Et telle apparaît bien cette œuvre, quand on peut oublier les vers qui la commencent et leur fraîcheur sauvage, et leur charme de fleurs brisées, ce *Livre de l'Amour* qui n'admet d'autre figuration qu'un cœur ouvert, saignant, avec cette devise :

> Entrez dans mon cœur, la porte est ouverte.
> Entrez dans mon cœur, et regardez-y !
> Pas vrai, que mon mal n'a pas son pareil ?

NOTE SUR LA BIBLIOGRAPHIE D'AUBANEL

M. Ludovic Legré, exécuteur testamentaire d'Aubanel, et Jean Aubanel, le fils du poète, nous doivent et sans doute nous préparent une édition vraiment complète de son œuvre.

Aujourd'hui, *La Miougrano entreduberto* est presque épuisée.

Li Fiho a Avignoun n'ont jamais été mises en vente. Aubanel en distribuait quelques exemplaires à des amis ; encore, sur un ordre de son archevêque, cessa-t-il cette distribution ; on avait insinué à ce prélat homme du nord, étranger à notre langue et à nos usages, que les *Filles a Avignon* étaient un livre obscène. Le Dr Pamard dans un bel éloge d'Aubanel prononcé à l'Académie de Vaucluse a fait bonne justice des calomniateurs (Avignon, Séguin, 1887). Paul Mariéton avait également fait allusion à ce sujet délicat dans une étude publiée du vivant d'Aubanel.

Lou Pan dòu Pecat n'a jamais été vendu. Impossible de le trouver ailleurs que chez quelques félibres et à la Bibliothèque nationale.

Divers poèmes sont encore inédits, notamment deux drames, dont on fait grand mystère, et dont l'un passe pour perdu.

En premier lieu, *Lou Pastre* appelé quelquefois *Cabral*, et précédé d'un sonnet provençal qui débute ainsi :

> Mon drame est simplement une œuvre de nature.
> Je l'ai écrit pour les mâles et non pour les châtrés.

L'action du Pâtre « se passe là-haut, dans les combes du Ventoux. C'est un gardien de troupeau, sauvage et brutal, comme l'antique Polyphème, et lui, vivant dans le désert tout seul avec ses bêtes, un jour voit apparaître une imprudente

Galathée, qui vient à la montagne, seulette, ramasser de l'herbe. L'emportement, le rut de cet effréné, plus féroce que son bétail, et l'horrible tragédie qui s'ensuit font le sujet du spectacle... »

C'est Mistral, qui dans son discours de réception à l'Académie de Marseille, résume ainsi le premier des drames inédits. Le second a pour titre *Lou Raubatòri* (le *Rapt*).

Il y est question d'une fiancée belle comme le jour que, la veille de ses noces, à la foire de Beaucaire, des Bohémiens ont enlevée ; ils l'amènent en Espagne et veulent la forcer de se marier avec un d'eux. La belle ne veut pas et se défend de toutes ses forces, tant et tant que ses bourreaux lui font jurer de guerre lasse qu'en ne pas se mariant avec son ravisseur elle n'épousera jamais un autre. Mais voici que son fiancé, un beau matin, l'a délivrée et quand, tout triomphant, il lui dit *Viens avec moi*, elle, sublime et désespérée, répond qu'elle a juré sur le Christ de ne pas se marier et se fait religieuse.

M. Jean Aubanel a, de plus, entre les mains d'intéressantes lettres qu'il se propose de publier.

La vision du *moi*
de Maurice Barrès

1891

Texte paru dans la Revue indépendante[109] *en avril 1891.*

> Car c'est vraiment, Seigneur, le meilleur témoignage
> Que nous puissions donner de notre dignité
> Que cet ardent sanglot qui roule d'âge en âge
> Et vient mourir au bord de votre éternité !
>
> Charles Baudelaire[110]

C'est tant pis pour vous si vous n'avez point lu le *Jardin de Bérénice*[111] et je n'estime pas qu'il soit de mon devoir de vous narrer le train de vie de Maurice Barrès, encore qu'il ait une « installation » tout à fait agréable et que l'on y rencontre un chien horrible et noir qui s'appelle Simon.

Je veux vous dire ce qui, dès le printemps de 1888, quand apparurent ses subtils et délicats *Barbares*, me frappa et tout de suite m'inquiéta chez ce pâle César aux tempes de femme. Un accident de bibliographie m'ayant signalé sa littérature, j'y découvris avec stupéfaction un homme qui semblait s'aimer.

I — En ce temps-là (il dure encore, je pense) nous ne nous aimions point :

« Ah ! disions-nous, que cette terre est mal construite ! Il n'y a point de joie qui ne lasse et point de tristesse si véritablement voluptueuse que l'on puisse s'en faire un régime de vie. Les lois des choses, qui sont féroces et font nos alentours si méchants, nous condamnent nous-même à la médiocrité dans l'ennui.

« Car il est impossible que nous nous apparaissions autrement que désagréables. Baudelaire prêcha d'être un grand homme et un saint pour soi-même. Baudelaire en parlait à son aise. Serions-nous effectivement égaux aux saints et aux génies et deviendrions-nous, ainsi que des Rois Mages, les pôles amoureux de dix millions de sujettes, ce rêve synthétique ne profiterait à aucun de nous : se réalisant en nous, il serait nous-même, c'est-à-dire un objet de haine et de mépris toutes les fois que nous y penserions. Hélas ! par ces temps de psychopathie, comment ne point penser à nous ?

« Comment ne point nous détester ? nous ne quittons jamais notre personne. Elle se mêle à tout ce qui pénètre en nous, et elle le dénature. Il n'est rien en ce monde qui est nôtre, qu'elle n'ait corrompu : l'inconnu même, par ce fait qu'il est connaissable, est passible de sa souillure, et cela nous ôte le goût de bien aspirer vers

---

[109] *La Revue indépendante : politique, littéraire et artistique*, t. 19, n°54–56, avril–juin 1891.
[110] *Les Fleurs du Mal*, *Les Phares*. (Comme celle-ci, les notes suivantes sont des notes des éditeurs.)
[111] Troisième partie du *Culte du Moi* de Maurice Barrès, publiée en février 1891. Ce n'est qu'en 1892 que Barrès utilisera le titre *Le Culte du Moi* pour désigner l'ensemble : *Sous l'œil des Barbares*, *Un homme libre* et *Le Jardin de Bérénice*.

ailleurs. Ce que les autres hommes nomment avec étonnement notre " originalité ", c'est souvent cette partie de nous qui a le plus d'étendue, de force, et par suite, nous est banale. Ce qui surprend et ce qui charme nos voisins, nous est précisément une cause de lassitude. Ah ! le gémissement de Fantasio[112] : "Si je pouvais être le monsieur qui passe" ! Toute notre jeunesse est pleine de ce cri.

« Encore le bouffon du roi de Bavière était-il capable de s'extasier sur les avantages de ce passant " Ce monsieur qui passe est charmant ! Quelle belle culotte de soie ! Quelles belles fleurs rouges sur son gilet ! Ses breloques de montre battent sur sa panse en opposition avec les basques de son habit qui voltigent sur les mollets... " Pour nous, si nous sentons ce charme, nous savons bien que nous en sommes les inventeurs. Ces breloques, ces basques d'habit, ces mollets, cette panse, n'ont guère de sens que par nous. C'est notre œil qui les courbe et les teint. Notre imagination les rehausse d'une bouffonnerie que le public peut bien déclarer admirable, si nos phrases sont réussies. Mais phrase ou sentiment, qu'y a-t-il de neuf qui puisse s'exhaler de nous ?

« Nous sommes les vieux hommes. L'habitude a séché toutes les pousses de nos joies. Nos pères avaient des ouvertures par où fuir les lois et les jours. Toutes ont clos sur nous leurs lourdes portes, taillées dans le cristal. Nos gestes sont captifs dans une enceinte de miroirs, et nos pensées miroitent, elles aussi, étant toutes des réflexions. Comment ne point avoir horreur de l'indiscrète image qui nous obsède ainsi ? Ah ! — disions-nous soir et matin, — qui nous enseignera le vice d'amour-propre ? »

Tous n'allaient point jusqu'à raisonner de la sorte leur mélancolie. Mais c'était la pensée diffuse dont ils se soulageaient de la manière qu'ils pouvaient. J'aimerais vous conter ici l'aventure d'un de ces ennuyés qui, ayant rencontré une jeune fille dans un sous-sol bruyant, la conduisit dans sa maison parce qu'il l'avait vue qui se donnait un furieux baiser dans une glace. Mais jamais elle ne voulut révéler le motif de cette caresse bizarre ; elle répondait seulement :

— Je me suis baisée là parce que j'étais très jolie à cette heure.

Et, bien que la réponse ne le satisfît point, il l'aima trois mois follement. Il l'aima jusqu'au jour où il reconnut que sa coquetterie s'était transvasée d'elle en lui.

II — « C'est un baiser sur un miroir » ou cela y ressemble bien, le premier livre de Barrès. Au détour d'un chapitre, on trouve ce propos : « Ce n'est donc pas que je m'admire tout d'une pièce, mais je me plais infiniment. » La jolie pose de résignation à soi-même et dont le charme commença tout de suite d'agir ! Un très grand nombre de jeunes gens qui, sur la foi de M. Édouard Rod, se reprochaient amèrement d'être venus au monde, imitèrent ce sourire d'une mélancolie désappointée de l'idéal que semblait apporter, dans *Sous l'œil des Barbares*, M. Maurice Barrès. Sous sa conduite — et sans voir qu'il les bafouait — ils

---

[112] Alfred de Musset, *Fantasio*, acte I, scène 2.

s'épanouirent dans ce demi-optimisme qui passe pour la philosophie de M. Renan. Que d'adolescences fiévreuses se terminèrent de la sorte dans la culture d'un jardin ! Comme Candide et ses amis, ces écoliers lâchèrent les chimères, les lunes et les eldorados et ils cessèrent de penser que les meilleurs des mondes fussent dans les soupirs de leur rêverie.

Par là M. Barrès apparut mériter la reconnaissance des esprits positifs en même temps que l'attention défiante des autres. Son *Homme libre* redouble le malentendu ; voilà que nous demandâmes comment le plus élégant d'entre nous pouvait si pleinement abonder dans son moi, et proclamer sa liberté, sa certitude et son infinitude, à la manière des Barbares qu'il nous avait décrits si méprisables et si heureux :

> Nous sommes les Barbares, chantent-ils en se tenant le bras, nous sommes les convaincus, nous avons donné à chaque chose son nom, nous savons quand il convient de rire et d'être sérieux. Nous sommes lourds et bien nourris, et nous plaisons, — car de cela encore nous sommes juges, étant bruyants. Nous avons au fond de nos poches la considération, la patrie et toutes les places. Nous avons créé la notion du ridicule (contre ceux qui sont différents), et le type du bon garçon (tant la profondeur de notre âme est admirable !).[113]

À leur exemple, il consacrait et adorait son moi. Il déployait des liturgies empruntées à l'Église. Au cours d'un examen de conscience, il s'accusait d'avoir estimé son prochain et d'avoir conspiré contre son propre bien, en refusant un jour un siège confortable. Il entourait son corps des mêmes rites d'autolâtrie. Un médecin qui l'auscultait ayant prononcé « délicat, mais sain », Barrès triomphait de cette anémie à la mode : « Avoir la pituite ou une gibbosité, mais j'aimerais autant qu'on me trouvât le tour d'esprit de Victor Hugo. »

Infiniment orgueilleux dans les mots, cet optimisme apparaissait au fond une formule de la résignation universelle, un cas de la loi qui fait chanter, chaque printemps, et chanter sans trop de raison ni d'espoir tous les oiseaux du monde. « Se conformant à la nature » Barrès se montrait un épicurien dans ce stoïcisme. Comme saint Thomas d'Aquin devant le crucifix, bégayant : « Ai-je bien parlé de vous, mon Seigneur ? » Barrès se demandait : — Me suis-je cultivé selon qu'il convenait ? Et quelques jeunes gens comprenaient aussitôt : « Fus-je suffisamment pratique et borné ? » Ils oubliaient les définitions du moi, éparses en des versets palpitants des *Barbares*.

---

[113] Maurice Barrès, *Sous l'œil des Barbares*, ch. VI.

— Qu'importe mon corps ! Démence que d'interroger ce jouet ! Il n'est rien de commun entre ce produit médiocre de mes fournisseurs et mon âme où j'ai mis ma tendresse. Et quelque bévue où ce corps me compromette, c'est à lui d'en rougir devant moi...

— Mes pensées, mon âme, que m'importe ! Je sais en quelle estime tenir ces représentations imparfaites de mon moi, ces images fragmentaires et furtives où vous prétendez me juger. Moi qui sais la loi des choses et par qui elles existent dans leurs différences et dans leur unité, pouvez-vous croire que je me confonde avec mon corps, avec mes pensées, avec mes actes, toutes vapeurs grossières qui s'élèvent de vos sens quand vous me regardez !...

... Misères que tout cela ! Fragments éparpillés du bon et du beau ! Je sais que je vous apparais intelligent, trop jeune, obscur et pas vigoureux ; en vérité, je ne suis pas cela, mais simplement j'y habite.[114]

Définition du moi mystérieuse encore, ouverte aux confusions. Vainement Barrès élargissait-il sa personne jusqu'au point où elle se confondait avec celle de sa race. On ne le comprenait point davantage si, à Venise[115], devant les fresques de Tiepolo, fourmillantes de vie extérieure, encombrées d'étranges pastiches, et qu'unifient les caresses de la lumière, il vénérait encore, en cet emblème de clairvoyance et d'agitation, l'impersonnel héros chez qui les folles fleurs de vie éclosent au plein jour de la conscience. Les uns pensèrent que Narcisse penché sur la lagune avait simplement changé de miroir ; et les sots ajoutèrent qu'il s'y était noyé.

III — Barrès (qu'il faut désormais appeler Philippe[116]) dut s'expliquer en termes plus précis dans le dernier volume de sa trilogie. Bérénice, en mourant, lui en fournit l'occasion.

Ce « monstre délicat » représentait pour l'homme libre mille divinités confuses et mystérieuses : la femme, le peuple, la nature, la force et la souffrance des choses. Près d'elle, qui résonnait de tous les chants de la mer, de la plaine morte et de l'amour, il aspirait le sens de la solitude et développait sa conception de l'univers. Devant ses yeux de fièvre, pareils aux étangs d'Aigues-Mortes, il pénétrait l'essence de l'adversaire et des barbares jusqu'à sympathiser avec ces médiocrités. Petite secousse, avertisseuse et messagère des dieux obscurs, médiatrice inconsolable des deuils de l'univers, elle avait nourri son ami du sentiment de cette douleur, agrandissant par là l'amplitude des souhaits de Philippe et de son effort.

---

[114] Ibid.
[115] Cadre d'*Un homme libre*.
[116] Prénom du héros du *Culte du Moi*.

Morte elle ne l'abandonna point. Dans une sorte d'apparition, elle alla jusqu'à se livrer tout entière et dévoila sa métaphysique.

> Je suis demeurée identique à moi-même, sous une forme nouvelle ; je ne cessai pas d'être celle qui n'est pas satisfaite...
> *C'est moi que tu aimais en toi*, avant même que tu me connusses, quand tu refusais de te façonner aux conditions de l'existence parmi les barbares ; c'est pour atteindre le but où je t'invitais que tu voulus être un homme libre.[117]

On ne s'étonnera point qu'à ces paroles, M. Maurice Barrès ait fléchi le genou pour adorer « celle qui n'est point satisfaite ». Et c'était bien le même objet qu'il avait adoré toujours, son moi, cette partie la plus noble de lui-même qui se renie pour s'agrandir, la Psyché amoureuse des au-delà. Les théologiens de l'École aristotélique l'avaient appelée le Désir et, d'après eux, endormie au secret des choses, cette réalité, grosse de l'idéal, organisait les changements et, d'évolution en évolution, brisait chaque borne du monde. Sa trépidation même, son incapacité de goûter un état présent, nous est le témoignage qu'elle est supérieure à tous les cercles d'horizon où le hasard la sème.

Je ne puis me retenir d'avouer que cette conception m'apparaît d'une extrême et très douloureuse beauté. Les interprètes vulgaires n'ont plus le droit de suivre M. Maurice Barrès dans cette crypte où est exposée, parmi des lumières en deuil, le pâle amour de Bérénice. L'élément égoïste est éliminé de cet « égotisme ». Et l'on ne peut pas non plus l'assimiler à cette religion, trop purement morale, de la souffrance humaine que les Russes ont inspirée à Paul Bourget. Il dépasse aussi cette religion de l'humanité chère aux contemporains d'Auguste Comte. Barrès s'est montré — à la suite de Schopenhauer, Hartman[118] et quelques hindous — un métaphysicien de la maladie de la vie, de l'impuissance des cœurs à s'évader d'eux-mêmes et de l'aspiration des âmes à se modifier. Il faut, conclut-il, aiguiser et renforcer en nous, par l'action et par la méditation, ces troubles précieux. Plus nous en serons agités, plus la vigueur de ces mélancolies nous exaltera. Soyons dupes de l'Illusion jusqu'à ce point de nous mêler à la besogne universelle, à cette condition que nous en souffrions. Mais si, suspendant cet effort, nous venons à nous plaire vraiment en nous et, touché de notre œuvre, à dire qu'il est bon, nous serons à peu près perdus parmi les formes les plus basses de la félicité.

IV — Arrivés à ce point, ne vous semble-t-il pas que la religion du moi de Maurice Barrès ressemble singulièrement à cette horreur de soi qui possède plusieurs de ses amis d'esprit ? Par excès de culture, ils refusent de s'accepter et seraient désolés

---

[117] Maurice Barrès, *Le Jardin de Bérénice*, ch. XIII.
[118] Eduard von Hartmann, philosophe allemand (1842-1906)

et humiliés de sentir autrement. C'est aussi le cas de Barrès. Mais, tandis qu'à la recherche d'une psychologie plus parfaite, il s'élance à travers l'aventure infinie, ils demeurent à se lamenter. Il n'y a peut-être en cette différence qu'un trait de tempérament.

Il se précipite à l'action avec les propos d'optimisme inséparables de toute marche en avant. Les autres aiment autant rêver. Mais rêver, n'est-ce point agir encore ? Et nos rêveurs n'ont-ils point prolongé leur rêverie sur le papier ? Amiel, Jules Tellier, Jules Laforgue ont coopéré, en traçant leurs tristesses, au chœur lamentable du monde. Ils ont donc affirmé, de la même façon que Barrès, des certitudes provisoires et ils ont cru, au moins quelques moments, que certains buts valaient certains efforts. Ils ont disposé les flots tumultueux du verbe et dominé le peuple de leurs pensées. Ils se sont honorés (sinon, certes, aimés) et nous possédons des *Reliques*[119] qui témoignent bien de ce culte. Et il n'y a point de différence essentielle entre leur attitude et celle de Barrès.

V — La conclusion (s'il en faut une à cette note pour l'histoire intellectuelle de notre temps), elle est un peu partout. Les plus grossiers et les plus profonds, les plus neufs et les plus classiques de nos écrivains l'ont marquée : « Il faut travailler ». C'est l'opinion que M. Zola manifeste à la fin de *l'Œuvre* et M. Jean Moréas la fleurit de mille symboles dans son *Pèlerin passionné*. Mais ce mystérieux et lucide Pascal, qui vécut de notre âme deux siècles avant nous, a le mieux vu les raisons profondes de cette loi. Nous devons travailler, parce qu'il est besoin de nous *divertir* du spectacle des choses, de leur absurdité misérable et de leur néant. Les légers voiles de Maya se fripent et s'envolent dans la vie intellectuelle, et la vie passionnelle les use trop rapidement. Il n'y a de vrai *divertissement* que dans l'activité cohérente, parce qu'elle est, dirait un platonicien, « comme une musique ».

Un moraliste de l'école de Mill et de Bourget ajouterait :

— Le type d'activité de Maurice Barrès consiste essentiellement à unir la clairvoyance à l'ardeur. Il ne faut pas se tromper sur cette formule qui, si l'on traduit clairvoyance par scepticisme, est inexacte. Personne ne saurait être à la fois détaché et passionné. M. Maurice Barrès et son héros Philippe ont été jusqu'ici, par mouvements alternatifs, sceptiques et fanatiques, actifs et stérilisés. On conçoit aisément un idéal supérieur...

Et selon moi, le moraliste aurait entièrement raison quant au passé. Mais aura-t-il toujours raison ? Et M. Barrès ne voudra-t-il jamais d'un système consolateur ? L'ambition divine, dont vit et meurt l'inconscient, est-elle pure vanité ? Le désir infini d'être n'a-t-il point d'objet attingible ? Pourquoi les travaux humains ne trouveraient-ils un aboutissement d'outre-tombe ? Le catholicisme affirme ces croyances. Et leur plus grand mérite est encore d'être invérifiables et de pouvoir s'accélérer joyeusement, confiamment, de minute en minute, jusqu'à cette minute

---

[119] Œuvre de Jules Tellier (1863-1889), cité plus haut, parue en 1890.

céleste de mourir. Sans doute, la clairvoyance de M. Barrès peut être un obstacle à la foi. Mais comme, à sa place, nous sacrifierions avec joie ces pauvres clairvoyances pour des croyances non moins riches en belles désolations et qui sont toutes pleines d'une mâle espérance ! Elles résoudraient la trop visible antinomie où se divise son art et, dans l'action, lui donneraient cette puissance incalculable de l'unité.

Les Félibres Barbares et Romans

1891

La mort de Joseph Roumanille a été l occasion pour La Plume de publier en 1891 un numéro spécial consacré au Félibrige, numéro qui en donnait un tableau aussi complet que possible, avec notices et extraits d œuvres.

Sont signés de Charles Maurras la notice consacrée aux jeunes félibres et l article de conclusion. Si l on se réfère à la table du recueil de La Plume pour l année correspondante, seraient en outre de Maurras les notices sur Joseph Roumanille, Frédéric Mistral, Théodore Aubanel, Paul Arène et Félix Gras. Nous n avons pas cru devoir mutiler le texte pour ne laisser que ces passages.

Afin d éviter toute confusion, les passages qui sont signés Maurras ou qui lui sont attribués par la table seront ci-après dans la police habituelle, tandis que les autres textes seront donnés dans une police différente.

L introduction pourrait être de Maurras, mais aucune indication ne permet de la lui attribuer avec certitude.

Il va de soi que les poèmes provençaux cités sont de leurs auteurs respectifs ; les traductions ne sont pas autrement identifiées et nous ne pouvons préciser à qui les attribuer. Poèmes comme traductions ont été laissés dans la typographie qui signale les textes de Maurras quand on pouvait croire que Maurras les avait choisis, c est-à-dire pour les auteurs dont il a fait les notices. Enfin, de nombreuses coquilles émaillant les textes provençaux dans l original, ils ont été repris quand c était possible du Trésor de la Langue d Oc disponible sur le site internet de l Université de Provence (Aix-Marseille 1).

Texte paru dans la revue la Plume[120] *en 1891.*

Le dimanche 24 mai 1891, neuf heures du matin, Joseph Roumanille s'est éteint dans sa maison de la rue Saint-Agricol, à Avignon. Tout le Félibrige est en deuil.

Les jeunes félibres parisiens, qui ont composé ce numéro spécial de *la Plume* à la gloire de la patrie, prient Madame Roumanille, la veuve du poète, Mademoiselle Thérèse Roumanille, sa fille, et leur cher maître Frédéric Mistral, qui fut l'élève et l'ami indéfectible du grand Capoulier, d'agréer l'assurance de leur profonde affliction.

La rédaction.

---

[120] *La Plume*, n°53 du 1er juillet 1891, p. 213–237. Numéro consacré au Félibrige à l'occasion de la mort de Joseph Roumanille.

INTRODUCTION

Depuis les journées héroïques où *Jean des Figues*[121], tout frais venu de Sisteron, faisait trembler les hôtes du vieil hôtel du Dragon bleu, les félibres ont assez négligé de se montrer aux jeunes gens que travaille, à Paris et ailleurs, l'inquiétude de la Beauté. Mais les félibres ont mieux fait que se manifester. Ils ont continué leurs œuvres, et vous allez en voir quelques morceaux.

De longues explications seraient probablement inutiles. Tout le monde sait que les félibres sont les poètes du midi de la France qui écrivent dans leur langue, et que cette langue est très belle, et qu'elle est la plus vieille de l'Europe moderne.

Après la renaissance du XVIe siècle ou Belaud[122] lui rendit un grand lustre, cette langue eut un long sommeil. Non qu'on eût cessé de la parler, de l'écrire ou de l'imprimer. Mais les écrivains étaient rares, peu cultivés, et peu considérés. Le peuple seul, anonyme et puissant, persévérait à inventer d'admirables chansons qu'il chantait pour sa seule joie, sous le clair soleil des garrigues.

La première Renaissance de la langue d'oc eut lieu en Gascogne : Jasmin[123] en fut l'inspirateur ; il est suffisamment connu. Vers 1840, à Marseille, se dessinait une renaissance semblable. Méry[124] a mille fois parlé aux Parisiens de Bénédit[125] et de Bellot[126]. Mais au-dessus de ces conteurs gracieux, se détache Victor Gelu[127], un réaliste vigoureux trop oublié ces temps derniers, mais auquel Mistral a rendu une éclatante justice. Pourtant le plus complet, le plus durable des réveils provençaux, fut l'ouvrage de Roumanille et de Mistral. La réunion du 21 mai 1854 au château de de Fontségugne[128], la publication du premier *Almanach* (1855), l'apparition de *Mireio*[129] (1859) sont des événements littéraires d'une extrême importance pour tout

---

[121] Œuvre de Paul Arène, 1868. (n.d.é.)

[122] On orthographie plus volontiers *Bellaud* aujourd'hui. Louis Bellaud, dit Bellaud de la Bellaudière, poète provençal né à Grasse en 1543 et mort en 1588. (n.d.é.)

[123] Le poète Jacques Boé, dit Jasmin (Agen, 1798–*id.*, 1864). (n.d.é.)

[124] Joseph Méry (Marseille, 1798–Paris, 1866), chroniqueur et auteur anti-monarchiste, il collabora à plusieurs journaux politiques marseillais avant de s'installer à Paris. On lui doit entre autres le pamphlet en vers *Napoléon en Égypte* (1828) en collaboration avec A.-M. Barthélémy. Il a en outre laissé une abondante œuvre romanesque souvent autobiographique et quelques livrets d'opéra composés avec Gérard de Nerval vers 1850. (n.d.é.)

[125] Georges Bénédit, poète et satiriste marseillais (1802–1870) (n.d.é.)

[126] Pierre Bellot, (Marseille 1783 –*id.* 1855). Il dirigea avec Joseph Méry *Le Tambourinaire*, *Le Ménestrel* et *Lou Descalaire* et participa en poète au Congrès des troubadours d'Aix en 1853. (n.d.é.)

[127] Victor Gelu poète marseillais (1806–1885). En 1886, Frédéric Mistral publia ses œuvres complètes accompagnées d'une traduction. (n.d.é.)

[128] Où a été fondé formellement le Félibrige. Voir note 18 page 28. (n.d.é.)

[129] *Mireille*, poème en douze chants de Frédéric Mistral. (n.d.é.)

le midi et pour l'Europe. Si notre jugement paraît enthousiaste, les extraits que voici le feront trouver pâle et froid.

JOSEPH ROUMANILLE
1818–1891

Roumanille était né en 1818, à Saint-Rémy-de-Provence, au pied de ces deux purs chefs-d'œuvre de l'art grec que le peuple et les savants appellent *les Antiques*.

Mais Roumanille ne fut pas un Antique. C'était un vivant, et presque un réaliste. Un réaliste catholique et un légitimiste militant. Il correspondait avec Henri V et, dans un journal avignonnais, *la Commune*, il combattit avec acharnement le socialisme et le fouriérisme qui étaient en vogue vers 1848. L'ironie socratique de ses petits dialogues provençaux ne sera point égalée. Elle eut une grande influence sur les populations du Comtat et des Bouches-du-Rhône.

Roumanille était un homme d'action. Ayant combattu les partageux, il fonda le Félibrige. C'est lui qui, avec Mistral, rallia les poètes, renouvela la langue et publia l'*Armana prouvençau*[130], dont le succès annuel ne n'épuise point.

Poète, Roumanille laisse des merveilles, *Li Margarideto* (*Les Pâquerettes*) et *Li Sounjarello* (*Les Songeuses*), qui ravissent les pauvres gens. Pour ses proses, dont Arène et Daudet ont traduit les plus curieuses, elles sont l'expression absolue et parfaite de l'âme de sa race.

Et ses compatriotes ne l'ont point méconnu. Roumanille s'est éteint environné d'honneurs. Il était, depuis 1888, le *capoulier*, c'est-à-dire le pape du Félibrige.

---

[130] L'Almanach provençal. (n.d.é.)

Mounte vole mouri	*Où je veux mourir*
Dins un mas que s'escound au mitan di poumié, Un beu matin, au tèms dis iero, Siéu na d'un jardinié 'mé d'uno je jardiniero, Dins li jardin de Sant-Roumié.	Dans un mas qui se cache au milieu des pommiers un beau matin au temps des aires, je suis né d'un jardinier et d'une jardinière, dans les jardins de Saint-Remy.
De sèt pàuris enfant venguère lou Proumié... Aqui ma maire, à la testiero De ma brèsso, souvènt vihavo de niue 'ntiero Soun pichot malaut que dourmié.	De sept pauvres enfants je suis venu le premier... là, ma mère, au chevet de mon berceau, souvent veillait des nuits entières son petit malade qui dormait.
Aro, autour de moun mas, tout ris, tout reverdejo ; Luien de soun nis de flour, souspiro e voulastrejo L'auceloun que s'es enana !...	Maintenant autour de mon mas, tout rit, tout reverdit : loin de son nid de fleurs soupire et volète l'oisillon qui s'en est allé.
Vous n'en prègue, o moun Diéu ! que vosto man benido, Quand aurai proun begu l'amarun de la vido, Sarre mis iue mounte siéu na.	Je vous en prie, ô mon Dieu ! que votre main bénie, quand j'aurai assez bu l'amertume de vivre, ferme mes yeux où je suis né.

FRÉDÉRIC MISTRAL
1830

Frédéric Mistral est né à Maillane. C'est là qu'il séjourne. Dans sa petite maison claire, à volets gris, d'où se découvrent les Alpilles violettes, il a écrit tous ses chefs-d'œuvre, sauf *Mireille* qu'il composa dans le mas paternel. C'est de là qu'il gouverne le Félibrige, sorte d'église nationale, dont les pontifes, étant poètes, sont souvent peu traitables. Mais à l'intelligence sereine et puissante du noble Goethe, Mistral joint un flair politique très aiguisé. C'est donc sa volonté qui, bien heureusement, s'impose au Félibrige, en même temps que son Art souverain.

Nous n'affaiblissons pas d'un commentaire les purs fragments que nous publions. Ils sont tirés de *Calendau*, *Lis Isclo d'or*, *Nerto*, et *La Reino Jano*. Auteur d'un magnifique *Dictionnaire provençal*, historien, philologue, Mistral est aussi un grand prosateur. À notre grand regret, nous n'avons pu donner un échantillon de son discours de la *Santo Estello*[131] ; et nous avons jugé bien superflu de rien détacher de *Mirieo*, qui est traduite dans toutes les langues du monde.

Calendau

...

Sus Calendau mut, impassible,
Elo, espressivo à l'impoussible,
Escampè tout d'abord, à long rai, la langour
De si grand iue negre ; à la lèsto,
Pièi de pertout viro la tèsto
Em un ressaut, e manifèsto
Uno terrour panico, e lóugiero
s'encour...

En aio, pèr fugi l'abiho
Que vounvounejo à soun auriho,
Revèn ; e soun capèu, bourda d'un galoun d'or,
Sa catalano blanquinello
Arranco e jito ; li trenello
De sa courolo, pèr anello,
Vouguejon, enterin que fai sis estrambord...

Mai à bèu courre : sènt la bèsti
Que s'enfourniho dins soun vièsti...
D'esfrai censado folo,
arranco soun droulet :
E lis espalo de la bello,
Coume de pruno mirabello,
Fan tentacioun à l'iue que bèlo
De soun deforo ambren, armounious e glet.

Au valènt drole aro arrouganto
Fai la bèbo, aro suplicanto
Lou bèu ; aro, en courrous, ié
planto si vistoun
Semblable en dous coutèu ; o, palo,
Dins li souspir aro se chalo...
Mai lou vounvoun de la mouissalo
Au dansun tourno-mai encagno si petoun.

Oh ! i a qu'un crid e qu'un eslùci,
Quand, bruscamen, coume un destrùssi,

Calendal

...

Sur Calendal muet, impassible,
elle, expressive comme il ne se peut,
épancha tout d'abord, à longs rayons, la langueur
de ses grands-yeux noirs ; rapidement,
alors de toutes parts elle tourne la tête
avec un soubresaut, et manifeste
une terreur panique et légère s'enfuit...

En émoi, pour fuir l'abeille
qui bourdonne à son oreille,
elle revient ; de son chapeau, bordé d'un galon d'or,
sa coiffe catalane toute blanche,
elle arrache et jette ; les tresses
de ses cheveux enroulés en boucles
flottent, pendant qu'elle fait ses folies...

Elle a beau courir ; elle sent l'insecte qui
s'insinue dans son vêtement...
de frayeur censée folle,
elle arrache sa basquine
et les épaules de la belle
comme des prunes mirabelles,
font tentation à l'œil qui bée
de leur dehors ambré, harmonieux et mat.

Au vaillant gars tantôt arrogante
elle fait la moue, tantôt suppliante
elle le boit : tantôt en courroux, elle lui
plante ses prunelles
pareilles à deux couteaux ; ou, pâle
dans les soupirs elle se pâme,
mais le murmure de l'insecte
à la danse, de nouveau, émoustille ses pieds.

---

[131] Voir note 17 p. 27. (n.d.é.)

Elo, mandant li man à soun boumbet
ounden,
Se descourdello, tempestouso,
E laisso reboumbi, la touso,
Uno espelido vouluptouso
Que fai parpeleja lou jouine Cassiden...

Noun ! s'agis plus de pantoumino !
La desbadarnado trelimo
De faire crida sebo à l'insensibleta
Dóu juvenome : fernissènto,
L'iue flamejant, li dènt crussènto,
Estrasso tout, e trelusènto
Se lanço, dins lou nus de touto sa bèuta !

À la raço latino

...

Aubouro-te, raço latino, Souto la capo dóu
soulèu !
Lou rasin brun boui dins la tino,
Lou vin de Diéu gisclara lèu.

Emé toun péu que se desnouso
À l'auro santo dóu Tabor,
Tu siés la raço lumenouso
Que viéu de joio e d'estrambord,
Tu siés la raço apoustoulico
Que sono li campano à brand :
Tu siés la troumpo que publico
E siés la man que trais lou gran.

Aubouro-te, raço latino, etc.

Ta lengo maire, aquéu grand flume
Que pèr sèt branco s'espandis,
Largant l'amour, largant lou lume
Coume un resson de Paradis,
Ta lengo d'or, fiho roumano
Dóu Pople-Rèi, es la cansoun
Que rediran li bouco umano,
Tant que lou Verbe aura resoun.

Aubouro-te, raço latino, etc.

Di formo puro de ti femo

Oh ! il n'y a qu'un cri et qu'un éclair quand,
brusquement, comme une enragée
elle, envoyant les mains à son corsage ondé,
se délace, tempétueuse,
et laisse rebondir, la gueuse
une éclosion voluptueuse
qui fait cligner les cils au jeune Cassidien.

Non ! il ne s'agit plus de pantomime !
L'impudique pétille
de faire crier merci à l'insensibilité
du jeune homme : frémissante,
l'œil flamboyant, les dents qui grincent,
elle déchire tout, et radieuse
s'élance dans le nu de toute sa beauté...

À la race latine

...

Relève-toi, race latine, sous la chape du
soleil !
Le raisin brun dans la cuve,
le vin de Dieu jaillira vite.

Avec ta chevelure qui se dénoue à l'aura
sainte du Thabor,
tu es la race lumineuse
qui vit de joie et d'enthousiasme
tu es la race apostolique
qui met les cloches en branle.
Tu es la trompe qui publie
et tu es la main qui jette le grain,

Relève-toi, race latine, etc.

Ta langue mère, ce grand fleuve,
qui par sept branches se répand,
versant l'amour, versant la lumière
comme un écho du paradis,
ta langue d'or, fille romane
du Peuple-roi est la chanson
que rediront les bouches humaines,
tant que le verbe aura raison...

Relève-toi, race latine, etc.

Des formes pures de tes femmes

Li panteon se soun poupla ;	les panthéons se sont peuplés ;
A ti triounfle, à ti lagremo	à tes triomphes, à tes larmes
Tóuti li cor an barbela ;	tous les cœurs ont palpité.
Flouris la terro, quand fas flòri ;	Fleurit la terre quand tu es en fleur ;
De ti foulié cadun vèn fòu ;	de tes folies chacun devient fou,
E dins l'esclùssi de ta glòri	et dans l'éclipse de ta gloire,
Sèmpre lou mounde a pourta dòu.	toujours le monde a porté deuil.
Aubouro-te, raço latino, etc.	Relève-toi, race latine, etc.
Ta lindo mar, la mar sereno	Ta limpide mer, la mer sereine
Ounte blanquejon li veissèu,	où blanchissent les vaisseaux,
Friso à ti pèd sa molo areno	crêpe à tes pieds sa molle arène
En miraiant l'azur dóu cèu.	en reflétant l'azur du ciel.
Aquelo mar toujour risènto,	Cette mer toujours souriante
Diéu l'escampè de soun clarun	Dieu l'épancha de sa splendeur,
Coume la cencho trelusènto	comme la ceinture splendide
Que dèu liga ti pople brun.	qui doit lier tes peuples bruns.
Aubouro-te, raço latino,	Relève-toi, race latine,
Souto la capo dóu soulèu !	sous la chape du soleil !
Lou rasin brun boui dins la tino,	Le raisin brun dans la cuve,
Lou vin de Diéu gisclara lèu.	le vin de Dieu jaillira vite.

Roumanin   Romanin

...   ...

E nòbli calignaire e rèino dóu païs, Bertrand de Lamanoun menavo Azalaïs ;	Et nobles amoureux et reines du pays, Bertrand de Lamanon menait Azalaïs ;
Pèire de Castèu-nòu, la bouco risouleto, Adousié pèr la man Juno la Pourceleto ;	Pierre de Châteauneuf, la bouche souriante, conduisait par la main Jeanne des Porcellets,
E Gnu de Cavaouin, à despart se tirant, Avié souto lou bras Ugouno de Sabran.	et Gui de Cavaillon, se tenant à l'écart, avait sous son bras Hugone de Sabran.
Ausigère à Guihèn di Baus, prince d'Aurenjo, Rimbaud de Vaqueiras murmura ti lausenjo, O tèndro Beatris de Mount-ferrat !	J'entendis à Guilhem des Baux, prince d'Orange, Raimbaud de Vacqueiras murmurer tes louanges, ô tendre Béatrix de Montferrat !
E tu Que s'èron tan de rèi à la voues combattu, Bertrand de Born ! e vous, damo de Pourqueirargue, Vots, Douço de Moustié, vous, Alis de Meirargue,	Et toi à la voix duquel tant de rois ont combattu Bertrand de Born et vous, Alix de Porcairargues, vous, Douce de Moustiers, vous, Alix de Meirargues,
Emé lou grand Blacas, emé Pèire Vidau, Vous vesiéu, Oumbro fièro, esquiha lou lindau !	avec le grand Blacas, avec Pierre Vidal, je vous vis, ombres fières, glisser sur le seuil !
Un vòu adoulenti d'armeto palinello	

Diguéron en passant : « Bloundino vo brunello
Sian morto ! Mai Laureto, aquelo d'Avignoun,
Es encaro vivènto: amour sauvo soun noum. »
« D'amour, diguè N'Alis la Coumtesso de Dìo
Enjusquo dins la mort lou pantai m'escandiho. »
Blanco-flour de Flassan diguè : « Souto lou cèu
Èro brave d'ausi lou canta dis aucèu,
Quand vèn lou mes de Mai » Dis Isclo d'or lou Moungé Diguè :
« Remembras-vous que la vido èro un sounge ! »
Pèire Vidau diguè : « Que i ague quaucarèn
De plus dous que Prouvènço e qu amour fugue rèn,
O fraire dóu Miejour, leissas lou dire en d'autre. »
E tóuti pièi venien : « Souvèngue-vous de nautre ! »

Pièi tous s'esvaniguè pau à pau dins l'oumbrun ;
E plan, ièu davalère, emé lou calabrun.

Un vol mélancolique de fines âmes pâles,
dit en passant « Blondines ou brunettes
nous sommes mortes ! Mais Laure, celle d'Avignon,
est encore vivante ; amour sauve son nom. »
« De l'amour, dit Alix la comtesse de Die,
jusque dans le tombeau le rêve m'incendie. »
Blanchefleur de Flassan dit : « Sous le ciel
il était doux d'ouïr le chant des oiseaux,
quand vient le mois de mai. » Des îles d'or
le Moine dit : « Remémorez-vous que la vie est un songe ! »
Pierre Vidal dit : « Qu'il y ait quelque chose
de plus doux que Provence et qu'amour ne soit rien,
ô frères du Midi, laissez-le dire
à d'autres. »
Et tous disaient ensuite : « Souvenez-vous de nous ! »

Puis tout s'évanouit peu à peu dans la brune,
et moi, lentement, je descendis, avec le crépuscule.

Nerto

Alor, cresès, fai Don Roudrigo,
Qu'un mounastèri vous abrigo
Contro lou Diable ? Mai Cifèr
Saup escala coume un cat-fèr !
Eh ! que i enchau uno muraio,
Éu que, pèr un trau de sarraio,
Pòu s'enfusa poulidamen
E vous ana teni d'à ment !
Éu que, se vòu, pauro piéucello,
Vai s'esquiha dins vosto cello
E, souto formo de mouissau,
Zounzouneja sus lou missau !
Eh ! que i enchau li barraduro
E lou prega que toujour duro,
Éu que, belèu, emé l'oulour
D'uno vióuleto qu'es en flour,
Emé lou son d'uno mandorro
O' m' un raioun, vai, de deforo,
Jusqu'à la glèiso e dins lou cor,
Veni vous treboula lou cor !
Poudès jita d'aigo-signado :
Éu, coume uno rato-penado,
Vendra s'escoundre entre li quès ;
E pièi, en sounge, quand seguès
La courdurado que vous fielo,
De la campagno o de la vielo
Vous adurra l'oumbro d'aquéu,
Ai ! que belèu regretas qu'éu !
E, souspirouso, on se reviho
En remenant la meraviho ;
E l'on estiro si bras blanc
Pèr reteni lou bèu semblant...
Mai l'amourouso farfantello
S'envolo amount dins lis estello.

Nerte[132]

Alors vous croyez, fait Don Rodrigue,
qu'un monastère vous abrite
contre le Diable ? Mais Satan
sait grimper comme un chat sauvage !
Eh ! que lui fait une muraille,
lui qui par le trou d'une serrure,
peut se couler adroitement,
et venir vous guetter à l'aise !
Lui qui, s'il veut, pauvre pucelle
va se glisser dans votre cellule,
Et, sous la forme d'un moustique
bourdonner sur le missel !
Eh ! que lui font les fermetures,
et la prière qui toujours dure,
lui qui, peut-être, avec l'arôme,
d'une violette qui fleurit,
avec le son d'une mandore
ou avec un rayon, va, de dehors,
jusque dans le chœur de l'église
venir vous troubler le cœur !
Vous pouvez jeter de l'eau bénite :
lui comme une chauve-souris,
il viendra se cacher entre les solives.
Et puis en songe quand vous suivez
le fil du rêve qu'il vous tisse,
de la campagne ou de la ville
il vous apportera l'ombre de celui-là
aie ! que vous regrettez peut-être !
Et avec des soupirs, on se réveille !
en rappelant le merveilleux songe ;
et l'on étire ses bras blancs
pour retenir le beau semblant...
Mais l'amoureux éblouissement
s'envole en haut dans les étoiles.

---

[132] Nerte vient de déclarer à Rodrigue qu'elle se fera religieuse pour éviter les pièges de Satan à qui elle fut vendue par son père, le baron Pons.

La Reino Jano
(Ate IV, sc. VI.)

MÈSTE ANSÈUME
L'ome brau, lou rèi despietadous
Que faguè, su 'n chafaut, raja coume un adous
Lou sang de l'innoucènt, o Jano, èro toun rèire !
O, Carle l'Anjouvin, que souto soun courrèire
Escrachavo la flour e lou dre di nacioun
E que lou crid dóu sang dins sa generacioun
Perseguis...
JANO
Taiso-te, devinaire d'auvàri !
Veses pas que n'i' aurié pèr se douna au desvàri,
Se falié traire mau ansin pèr lis aujòu !
MÈSTE ANSÈUME
Ah ! lou sang tiro mai que li cordo... Pèr Jòu !
Aquéli dre reiau qu'un jour te courounèron,
La lus, la majesta que fai que te venèron,
Ta belour, toun gentun, emai toun noble cor,
Soun-ti pas, digo-me, la favour, lou record,
Lou legat de ti rèire ? E se, pèr eiretage
Aguères tant de lustre e tànti d'avantage,
O Jano, perqué dounc, tu, noun eiretariés
Di dèute que ti grand countratèron ?...
JANO
Tant-miés !
Avèn de que paga... Perdre o gagna li joio,
Qu'enchau acò ? Lou bèu es de courre... Eh bèn ! soio
E pico ounte voudras, escarpina de sort !
Rèino siéu : coumbatrai, se fau, jusqu'à la mort,
Pèr manteni ma causo e moun ourguei de femo !

La Reine Jeanne
(Acte IV, sc. VI.)[133]

MAÎTRE ANSELME
L'homme dur, le roi impitoyable
qui fit sur l'échafaud jaillir comme une source
le sang de l'innocent, ô Jeanne, c'était ton aïeul.
Oui, Charles l'Angevin, qui, sous son coursier,
écrasait la fleur et le droit des nations
et que le cri du sang dans sa descendance
poursuit...
JEANNE
Tais-toi, devin de malheur !
Ne vois-tu pas qu'il y aurait de quoi se livrer au désespoir
s'il fallait expier ainsi pour les aïeux !
MAÎTRE ANSELME
Ah le sang tire mieux que les cordes !... Par Jupiter !
Ces droits royaux qui, un beau jour, te couronneront,
l'éclat, la majesté qui font qu'on te vénère,
ta beauté, ton charme, et aussi ton noble cœur,
ne sont-ils pas, dis-moi, la faveur, le souvenir,
le legs de tes aïeux ? Et si, pour héritage,
tu as eu tant de lustres et tant d'avantages,
ô Jeanne, pourquoi donc n'hériterais-tu pas
des dettes que tes aïeux contractèrent ?...
JEANNE
Tant mieux !
Nous avons de quoi payer ?... Perdre ou gagner le prix
qu'importe ? le beau c'est de courir !... Eh ! bien, soit !
frappe où tu le voudras, échevelé de sort !
Reine je suis : je combattrai, s'il le faut,

---

[133] Tragédie provençale en cinq actes. — Consulté par la reine Jeanne, l'astrologue Maître Anselme lui a dévoilé un avenir sanglant. Elle demande d'où lui vient cette inimitié des étoiles. Et Anselme rappelle le meurtre de Conradin par Charles d'Anjou qui fut le grand-père de Jeanne. — La scène se passe sur la galère royale, au milieu de la mer Méditerranée.

Dins un lagas enfin de sang e de lagremo
Se ma planeto fèro un jour dèu cabussa,
Au tracan de belu qu'en terro vau leissa,
Au-mens recouneiran qu'ère proun generouso
Pèr èstre ta grand rèino, o Prouvènço courouso !

jusqu'à la mort
pour maintenir ma cause et mon orgueil de femme !
Enfin, dans un grand lac de sang et de larmes,
si ma planète fauve, un jour, doit s'abîmer,
au sillon de splendeurs qu'en terre je veux laisser
au moins on reconnaîtra que j'étais assez généreuse,
pour être ta grande Reine, ô Provence splendide !

L'Aqueduc

Imité du provençal de Frédéric Mistral.

Dans Arles fleurit (quand parlait la Fade)
Comme un rosier, la reine Ponsirade.
— Ô blanche étoile d'Arles, m'écoutez,
Bien humblement je prie vos beautés.
Il n'est prouesse ou travaux que ne fasse
Pour rai bénin de votre claire face.
— Empereur des Romains, (lui dit la reine)
Je jure ma vertu et malepeine :
D'être à vous si de Vaucluse la font
Coule à travers la Crau dessus un pont.

Cent mille terrassiers et fontainiers
Ahanent besoignant labeurs pleiniers.
Le val est tôt comblé, la butte drue
Volette comme champ sous la charrue ;
Et jà déjà l'aqueduc sans égal
Va chevauchant l'étang de Barbegal.
Dans Arle, enfin, et Dame et pastourelle,
Et pâtre et page et guette de tourelle,
Diacre chapé, bailli vêtu d'hermine,
À plein creux de leurs mains boivent l'eau fine.
— J'ai soumis mont et plaine, et l'eau rebelle,
À vos commandements, amie belle ;
(Dit l'Empereur) et je courrai la terre,
S'il vous faut l'Éridan, pour vous le querre.
— Feintise (Elle fait) n'est à vos guidons,
Sire, mais n'attendez de moi guerdons :
Un jouvencel qui sait mon cœur déver,
M'apporte l'eau de puits à mon lever.

Du mal d'amour, plus dur que mal caduc,
Se mourut l'Empereur ; chut l'aqueduc.
Francs amoureux, mots que femme a sonnés :
Autant le vent emporte ! Or, l'apprenez.

Jean Moréas

AUBANEL
1829–1886

Théodore Aubanel est de tous les félibres le plus intelligible aux lecteurs d'Outre-Loire. La poésie française le préoccupa. Il se tenait au courant des écoles parisiennes ; à première vue, on trouvera unis en lui les dons lumineux de Gautier et de Banville, avec la passion de Musset et quelque chose de la mélancolie désemparée de Verlaine. Pourtant, il faut aller au-delà de ces apparences et voir que les maîtres d'Aubanel furent les troubadours.

La Miougrano entredubiero (*La Grenade entr'ouverte*) est le premier recueil d'Aubanel. Il comprend trois parties. La première (*Lou Libre de l'amour*) dit l'histoire de cette Zani que le poète aima et qui, par crainte de l'amour, se sauva dans un monastère. La seconde (*L'Entrelusido*) et la troisième (*Lou Libre de la mort*) sont formés de paysages et de visions d'histoire provençale (1860).

Li Fiho d'Avignoun, imprimées beaucoup plus tard et distribuées sous le manteau, — car Aubanel était chrétien — sont formées d'odes merveilleuses à l'honneur de la femme. « Ne parle plus », dit-il à la Vénus d'Avignon, « tu me fais mourir — ou laisse-moi te dévorer de baisers ! » Et il ajoute avec une tristesse idéaliste : « Puisque sur terre il ne se peut — être amoureux sans avoir peur — allons-nous-en dans les étoiles ; — tu auras la lumière pour dentelles — tu auras les nuées pour rideaux — et je jouerai comme un petit chien — à tes petits pieds, jeune fille ! »

Aubanel laisse en outre un drame admirable, *Lou Pan dou Pecat*, que Paul Arène a traduit pour le Théâtre-Libre. On parle de deux autres pièces, ensevelies dans ses papiers. M. Ludovic Legré, exécuteur testamentaire d'Aubanel, ne tardera pas à les publier. Il va prochainement rééditer chez Savine *Li Fiho d'Avignoun* et *La Miougrano*.

Fragment du Livre de l'Amour

Ah ! ta maneto caudo e bruno Baio me la !
Baio me la !
Vène eme iéu : fai claro luno ;
Vène lou cèu es estella.

Ah ! ta petite main chaude et brune donne-la moi ! donne-la moi !
Viens avec moi, il fait claire lune
Viens, le ciel est étoilé.

Ah ! ta maneto bruno e caudo Mete l'aqui
dedins ma man !
Asseten-nous e su ta faudo
Bresso-me coume toun enfant !

Ah ! ta petite main brune et chaude mets-là-dedans ma main
Asseyons-nous : et sur ta robe
Berce-moi comme ton enfant !

Senso bonur, siéu las de courre,

Sans bonheur je suis las de courir,

Las de courre coume un chin fou ! *Assolo me, soufrisse e ploure... Per que canta,* *gai rossignou ?*	las de courir comme un chien fou Apaise-moi, je souffre et pleure... Pourquoi chantez-vous, gais rossignols ?
La luon s'escound, tout soumbrejo ; La bello niue ! — Ta man ferni, *O jouvènt, e ta man es frejo !* *— La tiéuno me brulo, o Zani !*	La lune se cache et tout devient sombre : la belle nuit ! — Ta main frémit, ô jeune homme, et ta main est froide ! — La tienne me brûle, ô Zani !
Ma man es frejo coume un marbre *Ma man jalo coume la mort* *Car tout lou sang de moun cadabre* *Boui e reboui dedins moun cor.*	Ma main est froide comme un marbre ma main gèle comme la mort car le sang de tous mes membres bout et rebout dans mon cœur.

Paul Arène

Paul Arène[134] est un grand coupable. Il a écrit de merveilleux vers provençaux. On ne les trouve nulle part. Ils dorment enfouis dans les vieux numéros de l'*Armana* et des différentes revues félibréennes parues et disparues depuis vingt années. Il n'a jamais voulu les recueillir. Nous vous le dénonçons.

La poésie de Paul Arène ressemble à ces coupes de hêtre, rugueuses, parfumées, où les pâtres d'anthologie buvaient à la santé des dieux ; elle est pleine d'une liqueur pure et brillante comme celle qu'offrait le paysan de Font-Frédière à la Reine Jeanne : « Entre ses doigts couleur de l'aube — elle prit mon eau et la but — un page lui tenait sa robe... — Mon eau eut un tressaillement. » Ainsi la bonne Muse reçoit les vœux de Paul Arène et boit ses divines chansons.

Brinde à la lune I	Brinde[135] à la lune I
Un jour qu'aviéu d'argent de rèsto *D'aquéu jour n'en sara parla !* *Croumpère pèr me faire festo,* *Un got de vèire escrincela.* *Oh ! capouchin ! lou flame vèire !* *Es tout flouri ! fai gau de vèire !* *Lou soulèu jougavo dedins*	Un jour que j'avais de l'argent de reste — De ce jour on en parlera ! j'achetai, pour me mettre en joie un gobelet de verre ciselé. Oh ! capouchin ! le superbe verre ! Il est tout fleuri, il fait joie à voir ! Le soleil se jouait dedans

---

[134] Nous ne nous occupons ici que de Paul Arène poète provençal. Nous publierons prochainement le portrait de ce merveilleux écrivain français avec une étude de Charles Maurras. [Paul Arène : 1843–1896. (n.d.é.)]

[135] Entre le mot anglais *toast* et le mot provençal *brinde*, nous n'avons pas hésité à choisir le mot provençal.

Coume un limbert dins un jardin. | comme un lézard dans un jardin.

II

Fau que lou touca pèr que dinde | Si peu qu'on le heurte, il résonne,
Tant es resclantissènt e lis ; | tant il est retentissant et pur :
Sus la maniho en cristau linde Un satire | sur l'anse de cristal limpide
s'agroumoulis ; | un satyre s'accroupit.
E grava clar, vesès dessouto | Et vous voyez dessous, bien gravés,
Un pichot bos, uno grand routo... | un petit bois et une grande route...
Lou soulèu jougavo dedins | Le soleil se jouait dedans
Coume un limbert dins un jardin. | comme un lézard dans un jardin.

III

Long de la panso en fino taio, | Le long des flancs finement taillés,
Dins lou cristau pur comme argènt, | dans le cristal aussi pur que l'argent
I a 'no ninfo que se miraio | est une nymphe qui se mire
I fres cacalas d'un sourgènt. | dans les rires frais d'une source.
Pieta ! l'image, misto e neto, | Pitié ! L'image gracieuse et claire
Retrais un pau ma chatouneto... | Rappelle, un peu, mon amoureuse...
Lou soulèu jougavo dedins | Le soleil se jouait dedans
Coume un limbert dins un jardin. | comme un lézard dans un jardin.

IV

Lou bon vin fai l'amo revoio | Le bon vin réconforte l'âme ;
Un sero qu'ère tout soulet | un soir où je me trouvais seul
Vouguère béure un pau de joio | je voulus boire un peu de joie
Au meravihous goubelet | dans le gobelet merveilleux.
Ges de vin !... E de moun martire | Pas de vin ! Et de mon martyre
Lou poulit got semblavo rire... | le joli gobelet semblait rire...
La luno dansavo dedins | La lune dansait dedans
Coume un limbert dins un jardin. | comme un lézard dans un jardin.

V

Tron-de-bon-goi ! Ah ! caspitello ! | Tron de bon goi ! Ah ! caspitello !
Aniue vole béure e béurai : | Je veux boire ce soir et je boirai :
Basto de béure un rai d'estello | quand je devrais boire un rayon d'étoile
Vole m'embriaga d'un rai ! | je veux m'enivrer d'un rayon.
D'un rai d'estello o bèn de luno | D'un rayon d'étoile ou de lune
Vole pourta 'n brinde à ma bruno... | pour porter un brinde à ma brune...
La luno dansavo dedins | La lune dansait dedans
Coume un limbert dins un jardin. | comme un lézard dans un jardin.

VI

Quau a 'gu vist giscla 'no tino ? | Avez-vous vu jaillir le vin d'une cuve ?
La luno, es de crèire pamen ! | La lune — c'est pourtant véridique
Pèr lou trau d'un téule, argentino, | par une fissure du toit, argentée

Gisclavo ansin, poulidamen Agante lou vèire, lou leve, Apare un moumenet, pièi beve... La luno dansavo dedins Coume un limbert dins un jardin.	ainsi jaillissait, gentiment. Je prends mon verre, je l'élève, Je le tiens un instant puis je bois... La lune dansait dedans comme un lézard dans un jardin.
VII	VII
Ah ! mis ami ! queto clareto ! S'es jamai begu rèn de tau Qu'un fiéu de luno belugueto Que perlejo dins lou cristau. Lou cresès pas ? Venès lou vèire : Iéu me vaqui, vaqui lou vèire. Lou soulèu jougavo dedins Coume un limbert dins un jardin.	Oh ! mes amis, quel vin clairet ! Jamais on n'a rien bu de tel qu'une flamme scintillante de lune en gouttes de perle dans le cristal. Vous ne le croyez pas ? venez donc voir : me voici, et voici le verre. Et le soleil se joue dedans comme un lézard dans un jardin.

FÉLIX GRAS

Le successeur désigné du capoulier Roumanille.

Majoral de Provence, après son poème de début les *Carbounié*[136], sorte de *Calendau* des montagnes de Lure, Félix Gras[137] a, dans *Toloza*[138] et le *Romancero provençal*, commencé la revanche littéraire des Albigeois vaincus par les « mauvaises gens de la Croisade » : mais il n'a pas été seulement le cymbalier des troubadours-martyrs et le chansonnier rieur des papes gaulois d'Avignon ; Félix Gras fut aussi un maître-conteur en sa prose.

Cependant il faut préférer à tout son *Romancero*. Il n'y a rien de plus viril, en provençal, que ces chansons de fer tachées de sang. Tous les héros qui traversent ces courts poèmes sont simples et terribles comme l'Ajax d'Homère.

« À mort ils se battront pour charmer leurs haines », mais croirez-sous que le rêveur de ces cruelles chevauchées est le juge de paix d'un canton d'Avignon ?

LA ROMANCE DE DAME GUIRAUDE

Au vespre, picon à la porte — Dame Guiraudo ; durbès-nous ! Fasen escorto À-n-un baroun qu'es amourous	Au soir[139], ils frappent à la porte. — Dame Guiraude, ouvrez-nous ! Nous faisons escorte à un baron qui est amoureux

---

[136] *Les Charbonniers*, 1876. (n.d.é.)
[137] Malemort, Vaucluse, 1844–Avignon, 1901. (n.d.é.)
[138] *Toulouse*, 1882. (n.d.é.)
[139] Les croisés de Montfort se sont mis en marche contre le château de dame Guiraude de Montréal, qui commande à tout le pays.

Ren que de vous !

— *Moun amant es de raço bruno,*
Ev'autre, aves pelage rous !...
Fai clar de luno :
D'ounte venès, entournas-vous
Traite amourous !

— *Vous donara cavalo blanco,*
Vous donara bel aneu d'or...
L'espaso à l'anco
Aparara fins qu'à la mort
Voste beu cors !

— *Me dounarié negro cavalo !*
Me boutarié carcan au cou !
Piei sout la dalo
Me clavarié dins un lançou
Sens prendre dou ! —

— *Aco disènt, barro l'arquiero*
Fai bouta li tanco pertout ;
Porto e paissero
Soun pestelado eme d'ecrou
E de ferrou...
...
Li marrit gènt de la Crousade
Lis ome qu'an pelage rous
L'an tirassado
E piei l'an tracho eme courrous
Au founs d'un pous !

Au founs d'un pous enca souspiro.
Alors li clerc et li ribaud
Eme grand iro avec grande ire
L'an accabado à cop de pau
E de caiau !...

I'a siéis cents an qu'es aclapado !
Mai, s'au pous anas escouta
Sout li calado
Ausirès une voues canta
La liberta.

de vous seule !

— Mon amant est de race brune,
et vous autres, avez le poil roux !...
Il fait clair de lune :
d'où vous venez, retournez-y
traître amoureux !

— Il vous donnera cavale blanche,
il vous donnera bel anneau d'or.
L'épée à la hanche
il défendra jusqu'à la mort
votre beau corps !

— Il me donnerait noire cavale,
il me mettrait carcan au col !
Puis, sous la dalle,
il m'ensevelirait d'un linceul
sans prendre deuil. —

Cela disant, elle clôt le guichet,
fait mettre les barres partout ;
portes et poternes
sont bien fermées avec des écrous
et des verrous...
…
Les gens mauvais de la croisade
les hommes qui ont pelage roux
l'ont traînée
et puis l'ont précipitée avec rage
au fond d'un puits.

Au fonds du puits, elle soupire encore !
Alors les clercs et les ribauds
l'ont achevée à coups d'épieux
et de cailloux.

Il y a six cents ans qu'elle est ensevelie.
Mais si, au puits, vous allez écouter
sous l'amas de pierres,
vous entendrez une voix chanter
la liberté.

Autres Félibres

I – Les Provençaux

Est-il bien abusif d'appeler la Provence tous les pays qui s'étendent, depuis l'Isère, sur la rire gauche du Rhône ? On y parle un dialecte qui est sensiblement le même, de Die à Sisteron et de Vaucluse à Nice.

C'est de là qu'est parti le premier signal de la Renaissance que nous racontons. Roumanille, Gelu, Mistral, Aubanel, Paul Arène, Félix Gras y sont nés ; et près d'eux se sont groupés une foule de poètes et de prosateurs, qui suffiraient à illustrer une littérature.

Nous allons indiquer rapidement, hélas ! les plus anciens d'entre ceux-ci.

Anselme Mathieu a toujours habité Avignon ; on peut donc oublier qu'il est né à Châteauneuf-du-Pape (Gard) et qu'il est maintenant fixé à Lyon et le classer en tête des « Provençaux ». Ce félibre adore la pluie et le ciel nuancé de l'aurore. De tous les compagnons de la Santo Estello[140], aucun, dit Mistral, « pour le tour de phrase et le nuage de la pensée, pour la variété et la souplesse de la strophe, ne ressemble plus que lui aux troubadours ».

Il faut ajouter que la poésie de Mathieu est pleine du bruit des baisers qui s'échangent aux demi-ombres du crépuscule.

Alphonse Tavan, vauclusien, le type le plus pur du poète paysan. Il aima et souffrit : ce qui est bien la devise de tous les hommes ; mais son livre *Amour et Plour* est exquis On y discerne une âme dans sa pureté. La poésie d'Alphonse Tavan offre, en effet, la limpidité du cristal. Elle est débarrassée de tous les apports livresques qui apparaissent si malheureusement à travers l'œuvre des plus vastes poètes.

Parmi les Sept qui fondèrent le Félibrige à Font-Ségugne[141] étaient encore Jean Brunet et Paul Giéra. Ce dernier mourut peu de temps après la réunion du 21 mai

---

[140] Le Félibrige a été fondé le 21 mai 1854, jour de la sainte Estelle, santo Estello en provençal. La Santo Estello désignait donc une réunion annuelle du Félibrige chaque 21 mai dans une ville différente des pays d'oc. Voir note suivante. (n.d.é.)

[141] La tradition — magnifiée par poèmes et gravures — veut que le Félibrige ait été fondé le 21 mai 1854 au château de Font-Ségugne (on orthographiait aussi *Fonségugne* ou *Fontségugne*, Châteauneuf-de-Gadagne, Vaucluse), sous le patronage de Sainte Estelle, par six poètes provençaux regroupés autour de Frédéric Mistral. Ils sont appelés *li primadié* : outre Joseph Roumanille et Théodore Aubanel qui font ici l'objet d'une notice ce sont Paul Giéra (1816–1861), Jean Brunet (1822–1894), Anselme Mathieu (1828–1895) et Alphonse Tavan (1833–1905). La réalité est plus complexe et difficile à débrouiller : étaient présents effectivement Mistral, Paul Giéra, Aubanel et Tavan. Brunel n'était pas présent ce jour-là et Roumanille, malade, n'avait pu quitter Saint-Rémy. En revanche Jules Giéra, frère de Paul, était présent à Font-Ségugne, ainsi qu'au moins une autre personne qui n'est pas identifiée

1851. Ses quelques vers d'une puissance sobre et nerveuse ont été imprimés sous la signature *Glaup* dans un recueil *Lon Liame de rasin* avec les œuvres de quelques autres. Jean Brunet a dispersé de-ci et de-là ses poèmes mélancoliques ; il est aussi l'auteur de quelques brochures de folklore provençal.

Depuis que ceux-ci sont parus, la floraison des écrivains provençaux n'a plus cessé. Sur les bords du Rhône entre Avignon et Arles, Benezet, Bruno, Elzeard, Jouveau, Clovis Hugues, Henri Bonnet ; le Frère Théophile, à Avignon, l'Abbé Grimaud, à Sorgues, l'Abbé Imbert, à Valréas, Marius Gérard, l'auteur des *Aupilo* ; à Arles, Meste Eisseto, Firmin Maritan, Louis Bon et surtout le Frère Savinien, l'ardent propagandiste du provençal dans les écoles primaires, grammairien érudit, bon poète, une des fleurs les plus originales du Félibrige. Et tant d'autres que l'on pourrait citer.

Je veux pourtant m'arrêter un instant sur Charloun Rieu, du Paradou, un chansonnier populaire et rustique, un fils de la terre, dont l'œuvre garde la profonde saveur du sol de Provence : *L Amouroso dou bouscatié* est une perle.

Le père Xavier de Fourvières, de l'ordre des Prémontrés est un poète mystique d'un charme très doux. Mais il est surtout un puissant orateur. Son importance dans la Renaissance provençale est déjà telle et me paraît devoir s'accentuer à un tel point qu'il me suffit ici d'avoir marqué son nom.

À Salon, vivant comme un vieillard des églogues antiques ; moulant des cierges et se nourrissant du miel des Alpilles, Antoine-Blaise Crousillat a publié *La Bresco* que l'on pourrait croire traduite d'une anthologie grecque perdue. Ses *Noëls*, au contraire, sont remplis du sentiment chrétien en rappelant ceux de Saboly[142], le grand noëlliste du XVIIe siècle.

Aix, capitale du comté de Provence, a sa couronne de poètes jeunes et vieux. Parmi les manuscrits précieux et les livres rares de la Bibliothèque Méjanes, J.-B. Gaut est un fécond producteur de drames, de comédies, de chansons ou de sonnets et M. Vidal rime parfois pour se distraire de ses travaux pleins d'érudition sur l'histoire du tambourin et de la musique provençale, ou de ses traductions en langue d'oc de la *Loi des douze tables*.

Avec eux, on peut citer Guillibert et les chanoines Abbeau et Chave ; mais le nom qui domine le Félibrige aixois appartient à l'un des hommes les plus remarquables du Midi, je veux dire M. de Berluc Pérussis : érudit comme pas un, il est de ceux qui ont le mieux conscience de ce que veut le Félibrige et son influence est grande à cet égard ; j'ajoute que ses sonnets sont parmi les plus beaux que nous ayons en notre langue d'oc. À Marseille, la troupe des poètes est nombreuse comme

---

malgré les efforts des historiens. Voir en particulier R. Jouveau, *Histoire du Félibrige* (4 vol.), autoédité, imp. Bene, Cavaillon, 1970 à 1987. (n.d.é.)

[142] Nicolas Saboly (Monteux, Vaucluse 1614–Avignon, 1675), prêtre, successivement maître de chapelle à Carpentras, Arles, Nîmes et Avignon. On doit la redécouverte de Saboly à François Séguin en 1877. (n.d.é.)

en une de ces villes grecques d'où sont venus les ancêtres, les Massaliotes : et Huot, le président des félibres de Provence, et Moné, leur secrétaire, Artruc avec *Li Caçio*, *Li Retra*, *La Marsilieso*, Foucard, l'excellent conteur du *Soleil du Midi*, Cheslan, Antide Boyer, Mazière et la foule des jeunes gens. À Toulon, un réaliste d'une extrême puissance, Sénès, dit *la Sinso*, dans ses scènes de la vie provençale, a retracé avec une sévérité puissante les mœurs et les types du peuple toulonnais. À Pourcieux, Bourrelly, à Bargesson, Chauvier, à Fayence, Richier, sont de très curieux chansonniers populaires.

Le littoral fleuri des Alpes-Maritimes est une pépinière de jeunes écrivains que l'on retrouvera plus loin. C'est au cap d'Antibes — le cap incomparable — que vient parfois se reposer William-Charles-Bonaparte Wyse qui, né en la terre d'Irlande, s'est naturalisé provençal et nous a donné deux livres d'une langue et d'une inspiration curieuses et rares *Li Parpaïon blu* et *Li Piado de la princesso*. En remontant vers les Alpes on trouve M. Planchud, de Forcalquier l'auteur de *Où cagnara*, M. Devosse, à Gap, l'Abbé Pascal, traducteur de l'Iliade, en son dur et énergique langage des Alpes. Puis sont les écrivains dauphinois, parmi lesquels encore un prêtre, l'Abbé Moustier est assurément un poète d'une haute inspiration.

Ainsi, de la Provence, s'élèvent mille voix qui veulent conserver l'antique parler de leur terre : on en trouve autant en Languedoc et en Gascogne.

Ces parlers, dans leur variété dialectale, sont uns : ceux qui en usent se reconnaissent comme frères, ceux qui les chantent, qu'ils soient sur les bords du Rhône, dans les vallées des Alpes, ou sur ceux de la Garonne, ou parmi les causses des Cévennes, sont sûrs d'être compris par tout le peuple du pays d'Oc. J'espère que dès lors l'on ne voudra plus contester l'unité multiforme du Midi Français.

Frédéric Amouretti.

II – Les Languedociens

Les parisiens semblent ne voir parmi le Midi que des provençaux et des gascons ; de la région intermédiaire, des languedociens, il n'en est jamais question. Ils existent cependant et ils ne sont pas moins de trois millions ceux qui parlent la langue qui porte le nom même de leur pays. Dans la Renaissance félibréenne, éclose en Provence, dont on a étendu un peu abusivement le nom à tout le Midi, le Languedoc a affirmé d'une façon nette et persistante sa personnalité nationale. Des œuvres remarquables ont été écrites, un public nombreux s'est formé qui les a étudiées, et l'on peut affirmer à cette heure qu'à côté du provençal, cet autre dialecte gréco-latin de la terre d'Oc a prouvé littérairement ses droit d'existence.

Albert Anavieille, un des premiers qui adhérèrent à la Renaissance des parlers méridionaux, fut l'apôtre du Félibrige en Languedoc, au nom duquel il a parlé aux obsèques de l'aïeul *capoulier* Roumanille ; ses noirs cheveux crépus, son visage basané où luisent des yeux embrasés lui valurent le surnom d'*Aràbi* (l'Arabe). Il dirige en ce moment à Montpellier avec pour secrétaire Paul Redonnel, l'ancien de *La Plume*, une excellente revue languedocienne, *La Cigale d or*. Débuta à Alès par *Lous Cants de l Aubo* (*Les Chants de l Aube*) ; Savine donnera prochainement de lui un nouveau recueil de vers qui aura pour titre *Tubo*, cri de guerre cévenol ! Le poète Anavieille a toutes dignités du Félibrige : il est *majoral*, maître en gai-savoir et vice-président de la maintenance languedocienne.

Alexandre Langlade, le paysan-poète de Lausargues (Hérault) a donné de beaux poèmes champêtres dans la *Revue des langues romanes*, *La Cigale d or*, l'*Almanach Cévenol* et la *Revue Félibréenne*. Ses vers rocailleux, broussailleux comme les garrigues montpelliéraines en ont aussi toutes les exquises senteurs agrestes. Majoral du félibrige, cet humble vit retiré dans son *mas*, dédaigneux de la ville dont il aperçoit à l'horizon les hautaines tourelles et où voulut l'entraîner en vain plus d'un faux philologue qui se fait réclame de sa gloire. Il est à souhaiter que ses œuvres soient tôt réunies en volume. *Auguste Fourès* et *Louis-Xavier de Ricard* constituent avec *Félix Gras* et quelques autres le groupe des Albigeois. On désigne ainsi ceux qui n'ont pas voulu à l'instar des félibres de la première heure suivre les traditions de galanterie et de cours d'amour, remonter à la période purement chevaleresque ou courtisane de la poésie romane où « les troubadours passaient leur vie à jouer de la viole et chanter des vers sous les balcons des dames » ils ont voulu au contraire affirmer la « tradition libertaire et républicaine » du Midi, la vraie tradition nationale, selon eux, et étant remontés en plein treizième siècle, ont pris pour point de départ la Croisade Albigeoise.

Auguste Fourès, de Castelnaudary, dans *Les Grillons* d'abord (*Les Grilhs*), puis dans *Les Chants du Soleil* (*Les Cants del Souelh*), a bellement pris en main la cause des martyrs languedociens dont il porte toujours le deuil. Cheveux noirs et bouclés sous un large feutre, yeux vifs, longues moustaches embroussaillées, visage fier et doux, il va toujours d'un pas alerte, à travers Toulouse, admirant les belles filles et rimant des strophes, pareil aux troubadours Pierre Vidal et Guithem Figuiera, ses ancêtres albigeois. Un Clovis Hugues plus ému, et moins rhéteur certainement ; son viril attachement au terroir rappelle aussi Léon Cladel, le père du *Bouscassiè*, son voisin du Quercy. Un futur capoulier. Vanier doit donner un portrait-charge dans *Les Hommes d'aujourd'hui*, avec texte de Ricard, qui publiera aussi une étude sur son ami dans la *Revue Indépendante*.

<table>
<tr><th>*Al Cel*</th><th>Au Ciel</th></tr>
<tr><td>

Cel de saphir raiant, nud coumo la divesso
De Pafos, vas bagnant mous uelhs de ta de caresso
Luminouso e magico. ai ! lèu, quno doulou !
Arieu à 'n Marsias, joui couici d'Apoullou,
Tragic, t'ensannos : puei, toun mantou blanquinejo ;
Cop sigur, on dirio qu'es estamat de nou.
Quand le faucilh le fugh, sul cop i voulastrejo
La rato-peno négro et counmoulo de pou.

T'escursisses, mais ja te semenos d'estelos
Treluzentos autant que d'uehls jouvencelos. Vès tu, la bouc en foc et le cor abrasat,
Soum depeds ; que vouldrio ie prenne à bel brassat
Coumo fasio souvent d'uco belo mainado !
È set d'amour ; mous pots soun fretats de l'agras
Del désir. Domi dreit e moun amo emplenado
De vam, brasses duberts, baisi tes tieus lugras.

</td><td>

Ciel de saphir rayonnant, nu comme la déesse
Paphos, tu vas baignant mes yeux de ta Caresse
lumineuse et magique.
Ah ! bientôt, quelle douleur !
pareil à Marsyas, sous le couteau d'Apollon,
Tragique, t'ensanglantes, puis ton manteau blanchit ;
à coup sûr on le dirait étamé de neuf.
Quand le martinet le fuit, sur-le-champ y volète la chauve-souris noire et pleine de peur.

Tu t'obscurcis mais certes tu te sèmes d'étoiles, de luisantes autant que des yeux de jouvencelles.
Vers toi : la bouche en feu et le cœur embrasé, je suis levé ; je voudrais te saisir à pleins bras comme je faisais souvent d'une belle enfant !
J'ai soif d'amour, mes lèvres sont frottées du verjus du désir.
Je rêve debout et, mon âme emplie
de courage, les bras ouverts, je baise tes astres.

</td></tr>
</table>

Auguste FOURÈS, *La Sego* (*La Moisson*, sous presse).

Louis-Xavier de Ricard, le parnassien de *Ciel, Rue et Foyer*, est aussi un félibre, et majoral encore. Il fonda en 1877, avec Auguste Fourès, sous la forme d'almanach, une publication annuelle *la Lauseta* (*l'Allouette*), où tous deux, fédéralistes, affirmaient leur adhésion au renouveau méridional représenté par la félibrige, les droits du dialecte languedocien à être traité d'égal à égal par le provençal et les tendances démocratiques et anti-monarchiques du Midi ; ils protestaient contre ceux qui avaient crié au séparatisme ou bien qui ne voyaient en eux que des *lettrés* s'amusant à des choses mortes ; ils prêchaient la décentralisation, l'unité des provinces, et demandaient l'entrée du Languedoc dans l'association politique et économique de la France actuelle. L'œuvre de Ricard a été dispersée dans différentes feuilles ; de lui paraîtront prochainement *Félibres et Félibrige*, critique et histoire littéraire, et *la Parada*, son recueil de poésies en dialecte montpelliérain.

Lous Yols

À 'n Sully-Prudhomme, en respounso à soun poèmo.
Blaus e negres, bèuse, belats
Dins lou crei d'una auba preclara,
Dessai lou clot, lous iols clugats
S'aladou'n e vesou'n encara.

Das iols, qu'estelejon la vida,
Quanta auba ne sara cafida
Que soun magic enlusiment,
Dau priound de la mort, escala
E s'avasta enfenitament
Dins une flourida immourtala !

Aï de iéu ! lour iols qu'ai perdus
Lour tournarai toucà pas pus ;
Dins iéu sentisse soun esclaire,
Toujour tant clar, tant amistous,
Paupà moun regard calinhaire :
Soun trop liontes pèr nous poutousr.

Aï lous bèus iols de moun amiga,
Quand lous touonarai toucà, dig ?
En lios, aï ! ai ! ni jamai !

Ount' creses que s'es trascoulada
Aquela douça auba de mai
Que ié lugrejèt tant besiada ?

Sou'n atudats eternament !
Antau, cad'una à soun momment
Paliran au cèl las estelas.
— Couma beluhas dins un fum
Lampejou'n astres et prunelas :
Mès de que resta de soun lum ?

Souta una aurassa desmargada,
Soui, ieéu, une nioch desplegads

Les Yeux

À Sully-Prudhomme, en réponse à son poème.
Bleus ou noirs, tous aimés, tous beaux,
Ouverts à quelque immense aurore,
De l'autre côté des tombeaux,
les yeux qu'on ferme voient encore. (S.-P.)

Des yeux qui étoilent la vie, quelle aube ne serait remplie
dont la magique splendeur,
de l'abîme de la mort, monte,
et s'étend à l'infini
dans une floraison immortelle !

C'est fait de moi ! les yeux que j'ai perdus
je ne dois plus les toucher :
je sens en moi leur lueur
toujours si claire, si amicale,
caresser mon regard amoureux : ils sont
trop loin pour mes baisers.

Hélas ! les beaux yeux de mon amie quand
pourrai-je les toucher encore, dis ?
Nulle part, hélas, ni jamais !

Où crois-tu que se soit couchée
cette aube de mai
qui y brilla si délicate ?

Ils sont éteints éternellement !
Ainsi, chacune à son heure,
les étoiles manqueront au ciel.
Comme des étincelles dans une fumée,
luisent les astres et les prunelles ;
mais que reste-t-il de leur lumière ?

Sous une tempête déchaînée
je suis moi, une nuit déployée

Séns lugar, franc aquales dos.
Me prefoundarà dins lou cros,
ount' lusira ma doble estela ?

Vai ! l estre, lou res, — lou mouri
Lou vieure, — tout aco daqui
Esl a mèma paraula vouida :
Pantai, messorga, trahison !
— Viva es la mort ; morta es la vida :
Vive o soui mort, diga-me-z-hou !

sans étoiles sinon ces deux-là.
Ah ! quand la mort amoussarela
Ah ! quand l'éteigneuse mort
me jettera au fond de son trou,
où brillera ma double étoile ?

Va ! l'être, le rien, la mort,
la vie, tout cela
c'est la même parole vide :
rêve, mensonge et trahison !
La mort est vivante, la vie est morte ; Vis-je ou suis-je mort, dis-le moi !

Louis-Xavier de RICARD, *La Parada*, Montpellier, 1880.

Parmi les languedociens il faut citer encore *Gabriel Azaïs*, de Béziers, et *Achille Mir*, de Carcassonne, — celui-là, mort en 1888, conteur, plein d'esprit gaulois et de saveur biterroise des *Vesprées de Clairac*, et poète du *Reprin* (*Le Regain*), recueil de contes, fables, brindes et sonnets ; celui-ci tendre chanteur de l'alouette (*La Canson de la Lauseto*) et rimeur malicieux du *Lutrin de Lader*, du *Petit Cochon de lait* et de plusieurs originales fantaisies qui lui ont acquis une bonne place au jardin des jeux et des ris à côté du bon Roumanille et du railleur Roumieux ; *Antonin Glaize*, de Montpellier, professeur à l'école de droit de cette ville, ami et disciple du grand Aubanel de qui il tient le secret des sonnets et des chansons ; *Henri Castelanau*, de Cette, un maître de demain, poète délicat de *la Dinèirolla* (*la Tirelire*) ; Junior Sans, de Béziers ; Charles Gros, aimé du peuple montpelliérain. Bruinguier, Moquin-Tandon, Marsal, Paul Chassary, Jean Laurès, Ferdinand Chabrier, César Gourdoux, vice-président du Félibrige parisien, Étienne Galtier, Bougé, Paul Valéry, Gustave Fourment, Jean Fourmel, Paul Gourdon, Auziere, *Henri Fabre*, Joseph Loubet, Gustave Astruc, Louis Vergne, Comballat, Henri Bigot, Antoine Roux, Fernand Mazade, *Octave Pagès, Monéger*, Messine, Rottner, Bastide de Clauzel, Fernand Troubat, Cavaillon, Vernet, Mafire, Soulet et combien d'autres qui, sans compter les précurseurs du mouvement félibréen, ont suffisamment prouvé la vitalité et la fécondité de la langue d'oc.

À cette longue liste des félibres *felibrejon*, parlant et écrivant le dialecte de leur pays, il faut joindre les félibres *romanisants*, ceux qui ont contribué pour part grande par leurs études littéraires et philologiques à l'épanouissement de la renaissance languedocienne. Ce sont le baron *Charles de Tourtouloun*, directeur de la *Revue du monde latin*, historien distingué des gestes d'Aragon ; *Frédéric Donnadieu*, auteur d'un ouvrage signalé sur *les Précurseurs des Félibres ; Louis Constons, Camille Chabaneau*, l'un professeur de langues romanes à l'université de Montpellier, l'autre titulaire de la chaire provençale à Aix ; Camille Laforgue, Anatole Boucherie,

Castels, Espagne, Charles Cavalier, etc., et, pour finir, nommons le plus félibre des félibres, le poète Louis Roumieux, de Nîmes, assesseur (près du capoulier) de la maintenance du Languedoc.

L'œuvre de Roumieux est considérable : des comédies en vers (*Il ne faut pas courir deux lièvres à la fois*, — *le Dépit*) joliment écrites et pleines d'esprit ; de vives et fines satires contre les détracteurs et les faux amis de la langue d'oc ; des chansons comiques populaires qui, a écrit Paul Mariéton, « ont mieux aidé au Félibrige que tous les fades articles d'érudition et servent plus intelligemment le peuple que toutes les grivoiseries parisiennes », chansons où il fut un véritable initiateur et qui lui valurent le titre de poète du rire ; le poème héroï-comique de *La Jarjaillade*, son meilleur titre littéraire ; des contes et des récits fameux comme *L'Anglais de Nîmes, Bassaquin et Bassaquou, La Préface, La Félibrée d Brene, En Catalogne*, etc., et plusieurs recueils de poésies d'une improvisation trop facile souvent, mais où l'on rencontre toujours les qualités primordiales de Roumieux : une acuité d'esprit extraordinaire et une connaissance parfaite de la langue.

« Voyez, voyez la muse de Louiset (Roumieux) ; voyez-la qui passe, sourire sur ses fines lèvres et bouquet à sa taille élancée, folâtre et la jupe retroussée... Elle a le nez au vent, la charmante, et le pied léger ! Elle sourit à tous et tous lui sourient. Ah ! les amoureux ne manquent pas ! Tous l'appellent, tous la veulent ; elle est avenante et elle a si belle tournure !... Sa marraine fut Demoiselle Variété. Ah ! ma belle enfant, en as-tu des trésors ! Tenez, en voulez-vous ? En voilà, à pleins tabliers, de tendres sérénades et de pieux cantiques, des aubades et des noëls nouvelets, et des plaintes douloureuses et des chansons joyeuses, et des servantes et des fables, et des pastourelles... de toutes les herbes de la Saint-Jean, c'est-à-dire pas un brin de mauvaise herbe. Tenez, en voulezvous encore ? En voilà des larmes amères et des longs éclats de rires, des grillades et des caresses, des joyeusetés *cascarelettes* et des *martégalades* à se tordre, des folies de jeunes et des contes de vieux... Voilà tout cela : étoiles du ciel, fleurs de la terre et sel de la mer ! oui, tout cela et le reste, le tout fin comme l'ambre et vif comme la bise... » Ainsi Roumanille présenta jadis le tambourineur de *La Rampelado* (*Le Rappel*). Les œuvres complètes de Louis Roumieux se publient actuellement à Montpellier, réunies sous le titre de *Les Coquilles a un pèlerin*, illustrées par Édouard Marsal, avec une préface de Frédéric Mistral.

Alcide Blavet.

III – Les Félibres Gascons, Béarnais, Auvergnats et Limousins

Moins nombreux qu'en Provence et en Languedoc, les félibres de la Gascogne, du Béarn, de l'Auvergne et du Limousin ont pourtant, ces dernières années, esquissé un mouvement d'un très haut intérêt. Jasmin, qui pourrait passer pour leur maître, n'a, en réalité, fondé aucune école. L'impulsion est venue d'Orient et, pour bien dire, de Mistral.

À Agen même, la cité de Jasmin, nous mentionnerons Rigal, Rattier, le fondateur de l'école agenaise et l'organisateur des fêtes d'août dernier, de qui nous avons admiré une belle ode à Jasmin, Jean Carrière, Jean-François Bladé, le spirituel traditionniste connu de toute l'Europe ; à Villeneuve-sur-Lot, Victor Delbergé, l'auteur de *Mas Faribolos* et le successeur d'Arnaud, Daubasse, André Sourreil, le plus actif peut être et le plus ardent des Aquitains, l'un des collaborateurs assidus de l'*Armana Garounen*. Autour d'Agen et de Villeneuve, qui sont comme les capitales du Félibrige de Gascogne, gravitent Jacques de Bonal, Perbosc, Dardy, etc. ; à Cahors, Jean-Baptiste Rouquet ; dans le Bazadais, l'abbé Ferrand ; à Auch, Paul Bénétrix, plusieurs fois couronné par les Félibres de Paris pour des études remarquables ; à Caussade, Lacombe, l'auteur de *Las Lambrusco de la lengo d'Aquitànio ;* à Albi, Jules Roltand ; à Lavant, Charles de Carbonnières, Paul Frouho dont les commencements nous promettaient un grand poète et qui s'est tu ; à Montauban, Quercy, le bien nommé, le meunier Castela devenu majoral grâce aux trois forts volumes élaborés dans son moulin de Loubéjac ; dans les Landes, Poydenot et Labègue, un tout jeune homme ; à Tarbes, Labronche et Lavigue. Ils sont des milliers. À la différence des Gascons, les Béarnais existent sinon en dehors à tout le moins indépendamment du concert félibréen. C'est le chansonnier Xavier Navarrot qui les réveilla d'un silence séculaire où ils étaient ensevelis depuis la mort de d'Espourrins[143]. La note béarnaise contemporaine est surtout ironique. C'est, comme dit Tailhade, « la faconde navarraise », l'esprit frondeur des montagnards. N'ont-ils point hérité cela de « *lou noste Henrit* », qui, du haut de la place royale, commande encore à sa bonne ville de Pau ainsi qu'aux cités d'alentour ? Que l'on ne croie pas, cependant, à une simple éclosion de chansons villageoises. Un grand nombre de ces poètes béarnais sont des savants très raffinés, comme Victor Lespy, le très érudit lexicographe et grammairien.

Son *Dictionnaire béarnais* est un vrai monument à la gloire de la patrie. Nous nommerons, parmi les poètes qui l'accompagnent, Planté, A. Peyré, Pellisson, Montaut, Palay, Lafore, l'abbé Labaige.

Si, de là, nous passons à l'Ariège, nous nommerons Caussou, un joyeux romancier de langue d'oc, les abbés Duclos et Camibel, Martial de Séné, l'archiviste

---

[143] Cyprien d'Espourrins (1698–1755) auteur de chansons béarnaises. (n.d.é.)

Pasquier, qui groupe autour de lui l'armée des félibres Ariégeois et qui publie un *Armana*, — sans compter notre ami Albert Tournier qui continue si grandement à Paris les belles traditions de Napoléon Peyrat, l'illustre historien des Albigeois.

Les massifs montagneux du Rouergue, du Velay et du Vivarais donnent peu de poètes. On cite pourtant Villié, Aimé Giron, bien connu à Paris, et l'érudit Vaschalde. En Auvergne, à Aurillac, M. Bancharel avait commencé un groupement littéraire.

Son œuvre est poursuivie par M. Vermenouze.

Le pays des grands troubadours, le Périgord, contrée de Bertran de Born, et le Limousin, patrie de Bernard de Ventadour, semblent avoir oublié leur antique gloire. M. Auguste Chastanet, syndic de la maintenance d'Aquitaine, est pourtant un charmant conteur plein de grâce et de malice dans ses *Countès e Vialas* on encore dans *Per tua lou temps*. MM. Thélisnard Bernard, Sarlat, Buisson, conservent le vieux dialecte périgourdin.

Isolé dans la dure terre du Limousin, l'abbé Joseph Roux — dont M. Paul Mariéton nous a révélé les pensées — est aussi et pourtant un poète dont la vraie traduction épique des chansons de gestes *La Chanson lemouzina* est un recueil de petites épopées célébrant chacune quelque héroïque épisode de l'histoire limousine. C'est sur ce nom que je veux terminer cette sèche et incomplète énumération qui ne tend à prouver qu'une seule chose : la fécondité inépuisable de la Terre d'oc dans la culture et la glorification de sa noble langue.

On s'étonnera que dans cette revue des villes d'Aquitaine nous ayons oublié les deux centres si populeux de Toulouse et de Bordeaux. C'est qu'ici ni là, il n'y a rien. À Toulouse, l'Académie des jeux floraux, la fille de Clémence Isaure, ne distribue ses fleurs qu'à des concurrents de langue française. À Bordeaux, le café, le sucre et le vin du cru limitent tous les rêves. Un seul écrivain, auquel il nous plaît de rendre hommage en terminant ceci, M. Gabriel Routurier, rédacteur de *La Gironde*, a résisté à cette indifférence. Les félibres ont en lui un défenseur et un ami, dont ils ont apprécié l'intelligence et le talent à leur dernier pèlerinage dans le Sud-Ouest. À Toulouse, pareillement, le rédacteur en chef du *Messager*, M. Firmin Boissin, à qui nous devons un merveilleux roman cévenol, *Jean de la lune*, nous prête assidûment, de saison en saison, le concours le plus efficace. Qu'il en soit donc remercié.

Léon Barthou.

Les Félibres de Paris

Entrons au Siège social, dans la coquette salle du café Voltaire, place de l'Odéon, gracieusement ornée de tableaux, de portraits et d'emblèmes félibréens.

Les membres de la Société s'y réunissent tous les mercredis sous la présidence de M. Sextius Michel, maire du XVe arrondissement de la ville de Paris.

Toujours un bienveillant sourire aux lèvres, le regard affectueux, les mains tendues, M. Sextius Michel est l'amabilité et la sympathie personnifiées.

M. Sextius Michel est resté l'amoureux fervent de la Provence qui l'a vu naître, et dont il parle admirablement l'harmonieux langage.

En français comme en provençal d'ailleurs c'est un gentil poète. Après les dures besognes administratives les Muses lui sont consolatrices.

Souhaits de fête, vœux de bonne année, lettres, toasts, tout est pour lui un prétexte à chansons, il rythme ses impressions de voyage en de délicieux poèmes ; comme Ovide, tout ce qu'il tente d'écrire il l'écrit en vers, et s'il est obligé de marier les conjoints en prose au son des musiques municipales, du moins leur garde-t-il un épithalame pour le repas des épousailles.

D'un dévouement sans bornes, il prodigue pour le Félibrige ses démarches officielles, ses compliments et ses discours et partage avec M. Henry Fouquier, président de la *Cigale*, ses pénibles fonctions de chef de caravanes dans les grands voyages du Midi.

Comme toute séance des félibres commence par des chansons, arrivons tout de suite à M. Maurice Faure, vivant répertoire du chansonnier provençal et soliste autorisé de nos refrains populaires.

La population de Valence l'a choisi pour être son représentant à la Chambre des Députés.

Au Palais-Bourbon, M. Maurice Faure passe pour un radical convaincu, ne souffrant pas la moindre entaille au bloc de M. Clemenceau. À voir sa figure de tribun (la ressemblance exacte de Gambetta), ses gestes fougueux, à ouïr sa déclamation vibrante, d'aucuns le prennent pour un jacobin farouche, et se plaçant à un point de vue infiniment moins agréable que les admirateurs de « Miss Helyett[144] » le croiraient volontiers « l'Homme de la Montagne ».

Ceux qui le jugent ainsi doivent assurément se tromper.

Félibre, M. Maurice Faure est l'homme le plus aimable et le plus conciliant du monde. S'il apporte dans tout ce qui touche à la Provence une ardeur incomparable, si son éloquence superbe s'envole en de grands gestes qui semblent courroucés, cette furie n'attaque personne : elle n'exalte qu'autant qu'elle est laudative et comme un

---

[144] Opérette d'Edmond Audran (1842–1901), 1890.

de ses amis me le disait spirituellement un jour « jamais il ne se fâche tant que quand il n'est pas en colère. »

Cette fureur tombe devant la contradiction, c'est en souriant qu'il répond à ses adversaires, ses arguments sont faits de logique savante et de douceur persuasive. Il ne se discute rien au Café Voltaire qu'il ne prenne la parole et presque toujours son opinion prévaut, car il joint à une longue expérience du Félibrige une rare érudition en ce qui concerne son pays d'origine.

Le premier à Paris, en 1879, il déploya le drapeau de la Renaissance provençale. Depuis, le Midi n'a pas eu de défenseur plus passionné de propagateur plus remuant ; on ne peut ouvrir un journal ou un almanach provençal sans trouver son nom au bas d'un sonnet ou d'une chronique.

Il parle et il écrit avec une égale facilité tous les sous-dialectes provençaux ; sa pensée comme son éloquence est large de facture et riche d'inspiration, sa fière chanson *Les Félibres de Paris* est notre petit hymne national.

Par-dessus tout. M. Maurice Faure est un apôtre. Aucun plus que lui, n'aura contribué à faire connaître la Provence et à la faire aimer.

Héritiers des anciens troubadours, il est tout naturel que les félibres comptent au sein de leur Société de nombreux poètes, et non des plus obscurs.

Saluons d'abord, le premier, Paul Arène, le ravissant conteur de *La Chèvre d'Or* et de *Jean des Figues*, l'auteur de tant de savoureuses critiques où palpite l'âme radieuse et parfumée de la Provence, de tant de remarquables poésies.

Quel lettré n'a été conquis par ce talent si pur et si harmonieux, d'une ironie si délicate, d'une allure si souple et si personnelle ? Il a sa place au premier rang des maîtres de l'Art Français. Président d'Honneur de la Société, à chaque séance il s'anime d'une gaieté nouvelle nous tenant sous le charme d'une fraîche et pimpante anecdote pour le prochain numéro du *Viro Souleü*, d'une délicieuse romance provençale.

Il est resté jeune de cœur et d'imagination. Le poète si délicieusement inspiré de *Ploù et Souleio* et de *Quatre Pantai*, l'ami du divin Mistral, il est Aufan de Sisteron, le chevalier et le chantre aimé de la Reine Jeanne, reine de poésie et de beauté.

À côté d'Arène qu'il a chanté dans la belle *Balado de Jandifigo*, M. Raoul Gineste, un des membres les plus estimés du Parnasse Français. Il n'ignore rien de tout ce qui touche à la poésie. Au fond, sa formule est toute d'élégance et de pureté. Fuyant les banalités, épris d'idéales fantaisies qu'il se plaît à enchâsser en des rythmes capricieux et difficiles, sa sûreté d'oreille est impeccable et tous ses vers sont d'une merveilleuse harmonie.

Citons encore M. Antonin Valabrègue, le poète du foyer d'une captivante simplicité, M. Joseph Gayda, lyrique et ciselé, M. Isidore Salles qui donna ces délicieux *Débits gascons* qu'il vient nous réciter à des intervalles trop rares, M. Élie Foures qui rencontra souvent de belles envolées. M. Floux aux inspirations voluptueuses et affriolantes comme des peintures de Chéret. MM. Gardet, Relin, l'excellent dessinateur Barracand, Noulens, Marcel, Ensenat et Calvo, Antonin Brun et bien d'autres que je suis forcé d'oublier, car aux félibres, les poètes sont légion.

Signalons pourtant parmi les plus jeunes M. Fernand Mazade, qui prépare *De Sable et a Or*, M. Louis Barthou, qui je crois, n'a rien publié encore et a donné aux félibres, la primeur de *Croquis Parisiens*, de vrais bijoux de concision élégante et de sensibilité.

M. Joseph Mange, peintre et poète, suivant la grande tradition, tout jeune et riche d'espérances réalisées. Frédéric Amouretti qui ressemble au bon Rabelais, érudit comme lui, le plus doctrinaire et le plus radical des félibres de partout, le vivant catalogue des mots, des livres et des trouvères d'Oc ; et encore M. Bonnefoy Debaïs, qui en modérant sa verve et en châtiant sa forme fera de bons vers provençaux. Puis, M. Jules Bonnet qui met volontiers au service d'autrui son talent de déclamateur. Aux soirs de grande fête il faut l'entendre réciter une des fables du poète nîmois Bigot, il les détaille à ravir. Intonation, mimique, tout est parfait, et les assistants secoués de rires énormes lui font de vives ovations.

Est-il nécessaire de vous présenter M. Pierre Laffitte[145], le grand Maître du « fétichisme », le disciple aimé d'Auguste Comte, et l'un des esprits les plus vastes de notre temps ?

Élu vice-Président de la Société au renouvellement du Bureau de 1891, M. Pierre Laffitte s'il n'est pas le puits où la vérité philosophique cache son intangible nudité est du moins un puits de science et un conférencier hors ligne. Vienne une discussion sur un fait historique, il est là, nous initiant aux mœurs et coutumes diverses, aux traditions populaires, multipliant ses anecdotes, dégageant des aperçus politiques du plus grand intérêt dont il dissimule la gravité sous les fleurs d'une rhétorique pittoresque à l'excès. Que de charmantes séances nous avons passées à l'écouter développer d'ingénieuses théories, tandis que, clignant des yeux, il dosait minutieusement son grog en savant convaincu de l'importance de la matière et de ses moindres éléments.

Il a pour adversaire courtois M. Alfred Reybaud, un ultra spiritualiste, qui scrute anxieusement les problèmes compliqués du magnétisme : à l'heure des incantations, les esprits dociles viennent lui susurrer les secrets d'outre-tombe et les volontés hypnotisées obéissent aux fascinations de ses yeux. Toujours préoccupé d'insondables recherches, ainsi s'écoule sa bizarre existence à réveiller les morts et à endormir les vivants.

---

[145] Pierre Laffitte (1823–1903), « converti » en 1845, prit la tête de l'*Église positiviste* après la mort d'Auguste Comte. Le fétichisme est l'un des stades de l'évolution humaine imaginée par Comte. (n.d.é.)

Ce n'est point le cas de M. Lintilhac, prestigieux causeur, une intelligence servie par une étonnante mémoire. Heureux élèves s'il apporte à ses cours universitaires autant d'entrain qu'aux chaudes controverses qu'il entame au cénacle de l'Odéon : il professe, il cause, il chante avec une verve sans égale et l'on ne se lasse point de l'entendre s'il ne se lasse point de parler.

Et faudra-t-il oublier en si délectable compagnie le vaillant Bonnet, poète à ses heures et surtout un des premiers écrivains provençaux ?

Pour lui, nous ne saurions avoir trop de louanges et d'estime ; car aux détracteurs du Félibrige, à ceux qui ne veulent voir dans le provençal qu'un patois vulgaire, Baptiste Bonnet donne un éclatant démenti.

Il n'a point étudié les syntaxes grecques ni latines pour s'enrichir à leurs dépens. Sa langue est la vraie langue du peuple, des bergers et des paysans, auxquels s'adressaient les chefs-d'œuvre de Mistral, dans toute sa souplesse nerveuse et son harmonieuse énergie.

Et cependant quelle richesse et quelle variété d'expressions !

La prose de Bonnet bondit vive comme un poulain camarguais, coquette comme une fille d'Arles, elle a la sonorité du mistral, et la splendeur du soleil irradiant la Crau. Il est du reste aisé de s'en convaincre, Bonnet collaborant à presque tous les journaux du Midi. Et, quand il veut, Bonnet sait répandre des mots d'une admirable tristesse. N'est-ce pas lui qui a dressé une si éloquente nécrologie du Félibrige parisien et fait pleurer tous nos amis en leur parlant du bon Geffroy, le poète attendri et fin de *Mei Veiado*, que, du reste, personne n'avait oublié ?

Et que n'ai-je la place, la place et le temps de tout dire et de tout citer. Que ne puis-je rendre un hommage particulier à tous les hommes de talent dont s'honore la Société, à M. Charles Maurras, l'organisateur de ce numéro, à MM. Brés, Aparicio, Renouard et Paul Mariéton, le jeune et zélé directeur de la *Revue Félibréenne*, chancelier du Félibrige, confident de Mistral, et l'auteur, pour tout dire, de ce livre exquis : *La Terre Provençale*.

Du côté des artistes le Félibrige de Paris est fier de posséder des sculpteurs tels que MM. Amy, Enjalbert, des peintres comme M. Grivolas, et des musiciens comme M. Reyne, sans oublier le maître Paladilhe qui, s'il n'assiste guère à nos séances, est un de nos plus fidèles membres associés.

Et n'ont-ils pas droit à des remerciements sincères M. Rochas, l'administrateur consciencieux, et M. Plantier, le trésorier modèle, qui par leur travail des plus pénibles quoique plus modestes donnent à la Société tant de preuves de dévouement ?

Mais mon but était surtout de vous faire sentir tout l'intérêt que pouvaient présenter nos réunions habituelles du mercredi, de vous faire ressortir tout ce qu'il y avait d'agrément littéraire et d'intelligente distraction dans cette assemblée d'esprits d'élite unis dans un même amour du pays natal, à la douceur insinuante de M. Bayol, l'explorateur du Sénégal, un passé maître en l'art des fines élégies, de la gravité amiable de M. Laffitte à la fantaisie débordante d'Albert Tournier.

Oh ! Albert Tournier, l'entraîneur par excellence des parties félibréennes, à lui les folles chansons et la gaieté tourbillonnante des farandoles et cet enthousiasme méridional débordant comme une mer joyeuse ; jamais avec lui une fête ou un banquet ne s'éteindront sous la tristesse des froideurs officielles. Au champagne, Tournier arrive à la rescousse, et ce ne sont bientôt que visages épanouis et chanteurs en délire reprenant en chœur les versets augustes de *La Coupe* ou le refrain grivois du *Pape Clément V*.

Et, du reste, pourquoi ne viendrez-vous pas vous convaincre vous-mêmes et prendre votre part de toute cette joie et de toutes ces chansons ? Si tous les Félibres sont un peu poètes, ils ne connaissent point l'irritation familière aux fervents des Muses — et le « *genus irritabile vatum*[146] » ne saurait aller à leur adresse.

Ils ne sont jamais si heureux que lorsqu'ils sont à recevoir quelques hôtes illustres. François Coppée et Sully-Prudhomme n'ont point dédaigné ces cordiales invitations puisque je relève leurs noms illustres sur la liste des membres associés. Avec Maurice Faure, Jules Gaillard, le marquis de Villeneuve, plus d'un député vient se remémorer au son des rimes provençales les tournées électorales et les promesses qui allaient rejoindre les neiges d'antan.

Clovis Hugues y descendit souvent des hauteurs de Montmartre, et M. Anatole France, cet hellène du quai Voltaire, a, ces temps derniers, appris le chemin du petit temple ionien de la place de l'Odéon. N'est-ce point là qu'il rencontra et put applaudir un jour M. Jean Moréas qui récitait la deuxième *Allégorie Pastorale* ?

Il me faut d'ailleurs reconnaître que toutes les séances ne présentent pas le même attrait. Il en est qui se passent à discuter des ordres du jour très compliqués ; on y organise les fêtes de Sceaux, les pèlerinages du Midi, on y règle les difficultés pécuniaires. Ce n'est pas toujours amusant. À peine a-t-on pour se consoler un apporisme[147] grammatical ou une dissertation géographique de M. Gourdoux : mais détail caractéristique ces choses ennuyeuses se disent toujours en Français.

Venez plutôt le second mercredi du mois, aux séances, où l'on parle et l'on chante en provençal. Faites-vous plutôt inscrire aux banquets mensuels des félibres, ce jour-là les chansons vibrent comme des cigales au soleil, puis odes et poésies se succèdent sans interruption, et s'il n'y a point du Johannisberg ni du Tokay, ainsi que chez les rois, la brandade (oh ! sans ail) y est délicieuse.

---

[146] « La race susceptible des poètes », Horace, *Épîtres*, II, 2, 102. (n.d.é.)

[147] *Sic*. Ni *aphorisme* ni *aporisme* qui serait forgé sur *aporie* ne présentent un sens satisfaisant. (n.d.é.)

René de Saint-Pons.

P. S. — Je ne dis rien de la belle fête annuelle que nous célébrons chez Florian, à Sceaux. Pour quatre-vingt-dix centimes, c'est le prix du voyage aller et retour, tout parisien peut s'en payer le spectacle. Quant à nos excursions d'été à travers le Midi, Paul Arène et Albert Tournier en ont fait l'histoire dans leur merveilleux livre *Des Alpes aux Pyrénées*[148].

---

[148] *Des Alpes aux Pyrénées*, par Albert Tournier et Paul Arène, préface d'Anatole France, frontispice de Charles Toché. Chez Flammarion.

LES JEUNES FÉLIBRES

La question des jeunes est aussi posée en Provence. Mon ami Baptiste Bonnet, qui est un grand prosateur et un gros batailleur, nous a presque défiés de nous affirmer. Je m'en vais lui répondre par le simple dénombrement de félibres qui n'ont point touché la trentaine.

Le premier à nommer, c'est, nécessairement, Pascal Gros, de Marseille. Pascal Gros, à vingt ans, déchargeait des sacs de blé sur le port. Il a vingt-huit ans, et Mistral, Paul Arène, le tiennent pour un maître. Rien n'est plus concentré que sa poésie, ni mieux en relief. Et ce violent possède le don de l'harmonie. Il est brutal comme Gelu. Il est, de plus, lyrique. Ses poèmes à formes fixes (ballades et sonnets) ont la rigueur, la solidité, la concision.

La Muso, *La Muso a Estiéu* publiés dans les journaux de Marseille ont valu à Pascal Gros la popularité. Mais pourquoi signe-t-il du nom de « Rimosauco » des chefs-d'œuvre qui n'ont rien de macaronique ? — Pascal Gros est depuis quelques semaines le rédacteur d'une feuille hebdomadaire, pleine de suc, de vie et de gaieté, *La Sartan*.

Il ne faut point oublier, à côté de lui, son collaborateur Valère Bernard qui, d'un talent égal, montre peut-être un art supérieur. Bernard est un lettré. Ses *Balado d aram* (les *Ballades a airain*) en témoignent, ainsi que son poème, *Li Cadareau* (*Les Charniers*). Sa *Balada de l Espaso* est sûrement l'une des belles choses qui aient été écrites en provençal. Je voudrais en faire goûter la sonore énergie. Mais l'espace me manque.

Louis Funel est instituteur quelque part dans les Alpes-Maritimes. Amouretti me l'a dénoncé. Des jeunes hommes qui reprennent œuvre de Fontségugne, Louis Funel est l'un des plus puissamment doués. Il a jusqu'ici testé surtout de la prose, une vraie prose provençale, imagée et robuste, et riche à l'infini. Nous avons de lui un roman, *Lei Massajan* (les habitants des mas). Et il tient tout prêt, me dit-on, un recueil de paysages et de critiques, *Au Nostre*, (*Chez nous*) qui révolutionnera l'antique Félibrige.

Après eux, Pierre Bertas a donné dans la facture d'Aubanel, *Li Sèt Saume a amour* (*Les Sept Psaumes a amour*) dont il est difficile de ne point admirer les strophes dures et chantantes comme la pierre de Memphis[149]. L'abbé Sparia, vingt-sept ans, terrible, est le Père Xavier des jeunes gens.

Édouard Aude, d'Aix, a publié, voici deux ans, dans la *Revue félibréenne*, en l'honneur de la jeune reine du Félibrige, Mademoiselle Thérèse Roumanille, un cantique admirable de passion et d'art. Folco de Baroncelli Javons est l'auteur d'une

---

[149] Probablement le colosse de Memnon à Thèbes (et non Memphis), en Égypte, réputé produire un faible bruit au lever du jour ; et non la « pierre de Memphis », anesthésique mal identifié dont on a quelques témoignages antiques. (n.d.é.)

petite nouvelle provençale, *Babali*, que Mistral a comparée à une pervenche et qui est, en effet, un bijou de fleurs ; il dirige aujourd'hui le journal national, *L Aïoli*, et malgré ce souci j'espère bien qu'il voudra sous peu égrener la deuxième dizaine du *Rousàri a amour*. — Charles de Bonnecorse ressemble assez à Folco de Baroncelli. Il sort aussi d'une très vieille famille de Provence. Son œuvre témoigne d'un esprit délicat, persuadé de très bonne heure que le raffinement suprême est d'être simple. Il est donc simple et laisse voir une infinie douceur. Maurice Raimbault est surtout un prosateur d'une extraordinaire pureté de langue. Ses vers sont maçonnés de main d'ouvrier. Son ambition est de fonder le roman provençal et ses beaux contes font prévoir qu'il y réussira.

Jules Boissière fut longtemps secrétaire du Félibrige de Paris. Il composait avec Valère Bernard et Amouretti une sorte d'extrême-gauche implacable aux vains *francihots*. Il habite aujourd'hui le Tonkin ou l'Annam et ses impressions d'Extrême-Orient ont paru dans l'*Almanach provençal*. — Alcide Blavet lui a succédé au bureau du café Voltaire. Blavet dirigeait l'an dernier *La Cigale d or* au moment des fêtes de Montpellier. Son poème *Desféci d amour* a, je le sais de bonne source, émerveillé Mistral. Il prépare aujourd'hui *La Baragno flourido* (*La Haie d épines en fleurs*) et je sais que ses vers seront aussi dignes que les premiers de l'approbation du maître.

Mais voici que les noms se pressent. Amouretti, René de Saint-Pons, qui fut pendant un an le plus spirituel des secrétaires, Joseph Mauge, à qui ce numéro de *La Plume* est redevable d'exister, Jules Bonnet, acteur et poète, continuent à Paris la belle lutte pour le nom provençal. Paul Redonnel leur tend la main de Montpellier, Louis Hugues, de Martigues, Félix Lescure, de Gréasque, et parfois, un beau soir, Marin, Auguste Marin, débarque de Marseille et leur entonne à pleine voix :

> *Soun parti gaiardamen*
> *Li pescadou sant Janen.*

À Aix, une école féconde est organisée. J'ai nommé Bonnecorse et Édouard Aude. Mais Xavier de Magallon « astré par Maguelonne », s'il faut croire Mariéton, est sûrement le plus chaleureux des orateurs provençaux. Et voici Marius André, sur qui j'aimerais insister.

Je n'en ai pas le temps. Mais en verra plus bas un échantillon de ce que sait faire le poète de *Ploù et Souleio*[150]. André est un audacieux. Il a tenté du « symbolisme », du « verlainien » en provençal. Quelques vieillards se sont hâtés de lui répondre qu'il était « bon » partout où il ne s'associait pas au mouvement littéraire français. Je tiens à poser ici que, mes amis et moi, nous pensons le contraire et que les strophes de l'*Angelus* pour n'avoir point de rimes alternées suivant la mode de Ronsard, nous

---

[150] *Il pleut et fait soleil*. — Il existe, sous le même titre, une belle pièce de Paul Arène.

semblent d'excellente poésie provençale. On est allé jusqu'à déplorer par écrit les *audaces* d'André :

« Mistral, Aubanel, Félix Gras, ont toujours respecté les règles de la versification » nous dit-on. Quelles règles ? Mistral a écrit des vers de quatorze syllabes (*L'Amiradou*), Gras en a fait de treize, et personne ne s'en est plaint. Que Marius André multiplie les poèmes comme *Ploù et Souleio*, sans plus s'inquiéter de pareilles misères. D'autres félibres n'ont-ils pas reproché à Gras ce qu'ils nomment ses « réalismes » ?

Nous prions les cadavres de nous laisser tranquilles.

Charles Maurras

LES FÉLIBRESSES

La renaissance méridionale n'a pas eu que ses trouvères ; d'aimables porteuses de lyre ont aussi joué leur note dans l'harmonie félibréenne. Antoinette de Beaucaire (Melle Antoinette Rivière), morte à vingt ans, est l'auteur d'un petit recueil posthume, *Li Belugo* (*Les Étincelles*), publié en 1867, « Vierge, tu as bien fait de mourir jeune, — car tu n'as pas vu la ruine — de tes rêves d'amour ; — tu as bien fait de suivre la noire Suzeraine, — avant que notre monde, ô tendre félibresse, — ne troublât tes chants de sa triste rumeur... » Ainsi disait Mistral dans son adieu à la poétesse Antoinette.

En 1864, la *felibresso don Caloun* (Melle d'Arbaud), une des premières collaboratrices de l'*Armana prouvençau*, avait donné un beau volume de vers, *Lis Amouro de ribas*.

De la félibresse d'Arène (Melle Léontine-Mathieu Goirand, la cousine germaine du député-félibre Maurice Faure), nous avons *Les Sourires de l Alzon* (*Li Risènt de l Olzoun*). Aubanel dans ses strophes d'*Avril* chantait à Léontine : « Tu es notre mignonne et notre gâtée ; des félibres tu es l'orgueil et l'honneur, la reine et la fée : voilà pourquoi depuis longtemps l'on te fête, avec tant de joie, avec tant d'amour, toi, notre mignonne et notre gâtée, l'orgueil des félibres, et l'heur et l'honneur. » Ils sont de la félibresse d'Arène, ces vers mâles jetés un soir aux assauts de la mer changeante :

> *E, rampouso à mi pèd, venguères m espousca*
> *Un rusele de pountoun que me treboulo enca.*

« Et, rampante à mes pieds, tu vins secouer sur moi un grand jet de baisers qui me trouble encore. »

Bremoundo de Tarascoun (Melle Gauthier-Brémond), qui publia en 1887 *Les Voiles Blanches* où se révélait une âme subtile et délicate, à la fois provençale et française, va faire paraître un second recueil qui lui donnera définitivement une place d'honneur parmi les félibresses, et même parmi les félibres. D'elle aussi, *Li Blavet de MountMajour* (*Les bleuets de Montmajor*). Mistral la salua trouveresse : « Donc Raimonde, — régnait au temps jadis ; — mais, toi, Brémonde, — tu es la reine du printemps... — Comme Esclarmonde, — l'astre de Montségur, — muse Brémonde, — tu éclaires la nuit ! — Comme Germonde, — autrefois à Montpellier, — tu t'es, Brémonde, — armée en Chevalier. — Comme Sermonde, — de ton belvédère, — tu as vu, Brémonde, — venir ton troubadour... » Ce troubadour, c'est M. Joseph Gauthier, l'auteur d'une belle chanson, *Au bord du nia*, et le directeur de *La Cornemuse*, journal franco-provençal qui paraît à Marseille.

Madame Lydie de Ricard, connue dans le félibrige sous le pseudonyme de *dona Dulciorella*, fit paraître dans *L Alouette*, *L Alliance Latine*, de Fourès et de Ricard, et dans l'*Almanach du Languedoc* d'Arnavielle de bonnes proses et belles poésies montpelliéraines remplies de tendresse et de virilité robuste. La mort, tôt venue, empêcha la publication de son recueil français et languedocien, *Au bord du Lez*, aujourd'hui sous presse chez Lemerre. Auguste Fourès lui avait écrit, « Blonde Dame, tu t'es levée — sous notre ciel clair et pur, — et le soleil t'admire, béant, — comme un rayon merveilleux. — Ô Dame Dulciorelle — tu dresses ta bravoure — dans la lumière qui éblouit, dans la profonde Liberté. — Comme une courageuse cathare — de More ou de Montségur, — gentille Dame, tu as chanté dans le haut azur — Ô Dame Dulciorelle ! — Laisse-moi en vaillant — Faidit[151], te saluer enchanteresse — du paradis épanoui de nouveau : — Dans notre Renaissance qui est déjà tout en fleurs, — tu seras la Dame Clémence — des nouveaux troubadours. »

Parmi les félibresses provençales il faut citer enfin Mme Rose-Anaïs Roumanille, qui donna jadis de nombreuses pièces à l'*Almanach provençal*, et Mme Delphine Roumieux, qui fut couronnée comme elle aux Jeux floraux de la ville d'Apt dont Mistral était le rapporteur. La *félibresse de la Crau* (Mme Lazarine Daniel) ; Mme Mistral, comme reine du Félibrige ; Melle Thérèse de Baroncelli-Javon, et parmi les languedociennes, Melle Jeanne de Margon, la *félibresse du Castel*, une spirituelle *cascarelette ;* Melle Marguerite Sol, l'auteur d'un joli conte narbonnais, *Le Curé de Minerve ;* Mme Mathilde Soubeyran ; Melles Louise Ouradon, *Finette de Montfrin*, *Aimée Fabrègue* et Jeanne Vayssière, couronnée maintes fois par les félibres de Paris, qui ont toutes donné des œuvrettes dans les périodiques méridionaux.

Alcide Blavet.

---

[151] Gaucelm Faidit (c. 1170–1230), troubadour originaire d'Uzerche. (n.d.é.)

ALÉGOURIO PASTOURALO

M'auriéu pouscu nourri de mèu
nouvèu demes entié, e mau-grat que se digue,
que sa sabour treblo li sens,
noun sariéu, n'en sièu segur, autant devengu bau,
que pèr agué de mi labro, ah ! tant pau !
floureja ta bouco pariero au fio.

Bouco mai suavo que lou mèu
au dintre di bresco acampa,
bouco mai vivo que li naut pavot
dedins la prado,
poutouno, o sa bouco, baiso la mièono d'un poutoun
que n'en devèngue tout feroun !

Ansin, Amour darriero à moun cor nado,
pèr bos panouious e draio estrounchado,
anarai mena pèr mi furour folo
jusqu'à la vau ounte l'aigo es courriolo,
e 'qui d'un saut lèu me sara ravido
esto langour de vous emé la vido.
Alor Bessi un dièu Silvan me cambiara
en rufr aubras que sa verduro torto
Bello, t'assoustara, quouro lou mouisso
Austrau li grelo nous aporto.

Alor, bessai, Cipris fara
greia de moun cor defunta
quauque raude i bleuge gitèu
e quand vendra lou renouvèu
ieù suaprai te coumplaire encaro
goulènço en ta testo claro.

alors dessai sarai tremuda
pèr lou qu'adourno d'uno bano lisco soun front,
en canèu douçamen boulega
pèr au soulèu bressa ta som.

             Marius André (traduit du français de Jean Moréas).

Conclusion

Barbares et Romans

Tel est le Félibrige, et telle est l'œuvre de nos maîtres. Il me reste à dire pourquoi nous avons exposé ici ces merveilles.

Ce n'est pas seulement afin de satisfaire la curiosité des jeunes gens à qui s'en va cette revue ; et ce n'est pas non plus pour contenter nos zèles. Un peu moins vainement, nous avons prétendu, en ce bref fascicule, offrir aux lettrés de notre âge une collection de modèles. Ils ne seront que sages d'en profiter. Qui sait si ce n'est point de là que pourra découler cette « littérature de demain » sur laquelle chacun discute ? Il est bien vraisemblable que, demain ni après demain, la littérature française ne renaîtra par le commerce de « l'âme slave » ni de l'âme allemande, ni de l'âme anglaise. Les barbares peuvent bien infuser du sang neuf à une race ; un rythme neuf aucunement. Il fallut que les Provençaux du IXe siècle retrouvassent le rythme antique pour que la littérature moderne fût. Il fallut que Ronsard lût Homère et Pindare pour que les vrais chants renaquissent du Moyen-Âge en perdition. Venise et Florence — et toutes les beautés qui ruisselèrent d'elles — furent aussi nécessaires à la formation de Shakespeare que le grain du froment à la pâte du pain : autre chose put s'y mêler, mais voilà bien l'essentiel.

Ce mystérieux rythme, qui s'étend du midi en ondulations de lumière, on peut le consacrer de mille vocables. Latin, félibréen, italien, hellène, il est le même. Jean Moréas, ces mois derniers, l'a voulu appeler « Roman » et je n'ai pas ouï ce nom sans émotion, y découvrant un peu, comme aux feuillets du *Pèlerin*[152], le tremblement de la terre natale.

Vouloir une littérature « romane » c'est bien rompre, en effet, avec la seule erreur qu'aient commise les romantiques. Malgré Fauriel, malgré Raynouard, malgré eux-mêmes (Hugo ne fût-il espagnol ? et Gautier, d'Avignon ?) ces nobles poètes ont trop tenté de s'assimiler les procédés, puérils au fond, des Hyperboréens. On vit Hugo nommer « ballades » des rhapsodies sans ordre, imitées de Schiller, sans songer au beau rythme illustré par Dante et Villon. Et de même aujourd'hui, de jeunes Marseillais (tel Gabriel Mourey pour nommer un ami) ne vont-ils pas s'époumoner à traduire Swinburne et — ce qui est plus grave — le copier dans leurs propres poèmes ?

Certes, le Barbare est utile. Il a des sensations fortes, violentes quelquefois jusqu'à inspirer le dégoût. Il est, comme il dit volontiers, « suggestif ». Il se découvre (ou plutôt, il nous découvre, car il n'a conscience de rien) d'intéressants mystères

---

[152] Jean Moréas, *Le Pèlerin passionné*, 1891. (n.d.é.)

d'âme. Mais il les laisse à l'état fruste. Comme son art est court ! Et qu'il est incapable de disposer une harmonie !

Au lieu de régir les Barbares, les maîtres romantiques ont trop souvent subi leur domination. Par là, cette date de 1830 qui est pourtant une heure héroïque de la littérature nationale, apparaît une sorte de cosaquerie, et un second 1815. Le concept de Beauté qui décore nos races ne s'y détache pas très pur. Et, pour le restaurer, il faut bien remonter aux sources romanes.

Mais l'histoire en main, il n'y a pas deux sources romanes. Il n'en existe, qu'une et, de trois côtés, — France, Espagne, Italie — cette source provençale se répandit. Notre littérature — c'est la française que je veux dire — a trouvé plusieurs fois, les jours d'épuisement, des pensers fructueux et des rêves utiles chez les Italiens et les Espagnols. Or, voici que les Provençaux, en cinquante ans, ont amassé autour de quatre ou cinq chefs-d'œuvre un nombre merveilleux de poèmes de tous les ordres. J'avertis les hommes d'esprit qui se plaignent de sécheresse qu'il y a là un beau courant de limpide harmonie.

Une nécessité saura d'ailleurs les y conduire.

Avez-vous remarqué quels destins rigoureux et tout mathématiques gouvernent ce que l'on appelle notre « évolution littéraire » ? Les idées ni les volontés n'ont plus sur elle aucun pouvoir. Il n'y a plus d'écoles. Les intérêts demeurent seuls. Où étaient, pendant les interviews de M. Jules Huret, les naturalistes, les parnassiens, les idéalistes, les normaliens, les décadents ? Abolis, tous ces groupes établis autrefois d'après des accords de pensées ! Et nous n'avons plus vu que des Jeunes Gens d'un côté et des Vieillards de l'autre.

Ces derniers surtout n'ont parlé que suivant la loi de leur âge. Ils ont subi cette fatalité dans toute sa rigueur. Ils n'ont écouté ni bon sens ni générosité. Ils n'ont été que des vieillards, et durs ridicules.

Chez les hommes de quarante ans et chez les jeunes gens, un second principe de classification est intervenu : après l'Âge, la Race. Ils se sont divisés selon le sang et l'éducation qu'ils avaient reçue de leurs pères.

Quatre heures après la mise en vente d'un livre d'Athènes, l'auteur des *Noces Corinthiennes* et de *Leuconoé*, M. Anatole France, stupéfiait les chroniqueurs en révélant Jean Moréas. Il y avait beau temps que nous savions Anatole France un pur Attique. M. Maurice Barrès, de qui le nom dit l'origine, mi-espagnol et mi-vénitien, mais, plus que tout romain, se joignait aussitôt à M. France. M. Raymond de la Tailhède, dont le paganisme enivrant promène les dieux de Phrygie sur les voies triomphales de Rome hellénisée, répondait à dix vers de M. Moréas par une ode aux sons de Pindare. M. Maurice du Plessys, parisien celui-là, tout classique de souvenir, récitait au banquet des symbolistes la *Dédicace à Apollodore*. Et je sais sur les grands chemins d'Aix, près des tourelles d'Avignon qui « font des dentelles dans les étoiles » de nombreux jeunes gens qui vont dans la musique de l'*Églogue à ma Dame :*

> Afin de bien louer les dons
> Où vous avez chevance
> Que mon pouce n'a les fredons
> Des poètes, honneur de la docte Provence !

Mais, cet art d'essence si pure a vite suscité la rumeur des Barbares, ceux des Ardennes comme ceux de la Réunion. N'est-il pas admirable que Madame Marie Krysinska, une Scythe, dont je prise d'ailleurs la bizarre imagination, ait la première demandé la tête d'Orphée ? Puis ce fut M. Ghil, que nourrit la Saintonge, mais qui naquit dans la Belgique. Après M. Ghil, M. Rodenbach, autre belge. Puis, un Helvète, M. Vignier. Une Tartare, Mme Judith Gautier, et, finalement, M. Joris-Karl Huysmans, qui vit le jour aux lieux où n'eût pu naître Homère : en Hollande.

Je n'abomine point M. Huysmans. Un de ses personnages, dans *Là-Bas*[153], rend un hommage à la fidélité des hommes du Midi : il fait, avec raison, de ces pandours « ardents et féroces » les compagnons suprêmes du pauvre Charles VII, et ceci répond bien au reproche de séparatisme que l'on nous jette à tout propos depuis la guerre de Montfort. Le héros préféré de M. Huysmans regrette, à la vérité, que Xantrailles et La Hire aient été secondés par la bonne Lorraine. Ils ont avec elle, empêché l'union de l'Angleterre et des Flandres à la France du nord. Sans Jeanne d'Arc et ces fâcheux, il se serait formé « un unique et puissant royaume du nord, s'étendant jusqu'aux provinces de la langue d'oc, englobant tous les gens dont les goûts, dont les instincts, dont les mœurs étaient pareils. »

« Au contraire, le sacre du Valois à Reims a fait une France sans cohésion, une France absurde... Il nous a dotés, et pour longtemps, hélas ! de ces êtres au brou de noix et aux yeux vernis, de ces broyeurs de chocolat et mâcheurs d'ail qui ne sont pas du tout des Français. »

M. Huysmans ne nous injurie point très directement. Mais je ne crois point l'offenser en supposant que les propos qu'il prête à Des Hermies livrent le fond de sa pensée. Qu'il nous déteste de la sorte, je le conçois facilement. Que « cette sacrée race latine » l'incommode, je le comprends. Mais tous les Français sont des « latins », si l'on entend par ce mot-là des peuples pélasgiques. Et c'est M. Huysmans qui est au milieu de nous un étranger et un barbare.

Et son esthétique est bien telle, exposée au seuil de *Là-Bas*. Le système consiste à aimer la laideur, pourvu qu'elle soit singulière ou dénote un état d'esprit intéressant. Elle ne se préoccupe, en aucune manière, du nombre ni de l'harmonie. Et si elle rencontre, une fois, la Beauté, c'est par hasard, en se contredisant soi-même, en se référant à quelque idéal « latin » ou même en s'inspirant de lui. Ainsi l'art des Flamands n'eût jamais excité que la curiosité des archéologues, n'étaient les apports savoureux qu'y mêla le génie des conquérants venus d'Espagne.

---

[153] Paru en 1891. (n.d.é.)

J'aime M. Huysmans et M. Lemonnier et ceux qui leur ressemblent, d'être des exemples si nets de la barbarie que nous combattons. La violence pour la violence, la grossièreté qui hurle pour le plaisir, les enfantines crudités, les naïvetés, rien ne répugne davantage au pur génie français. L'essentiel, qui est l'Ordre, lui plut toujours. Que les Belges, s'unissant, s'ils le veulent, à M. Caraguel, poursuivent leur carnaval d'art. Cette race si fine qu'ils voudraient conquérir les déteste du fond du cœur. Ils ne tarderont point à être reconnus pour les étrangers qu'ils sont bien et pour les Adversaires. Il y aura un court combat entre les Ombres et la Lumière, après lequel on ne verra que des trouvères d'oïl ou d'Oc, chantant leurs amitiés et leurs similitudes dans les deux langages romans, comme on parlait grec et latin dans la Rome de Marc-Aurèle.

Tout l'effort de l'évolution actuelle porte de ce côté. Ah! que M. Rémy de Gourmont se trompe en affirmant que nous nous détournions de la pensée de la patrie. C'est le contraire qui est vrai. Les choses de l'intelligence nous ont désabusés : l'auteur de *Sixtine*[154] ne contestera point que, en fait de systèmes et de philosophies, la plupart d'entre nous soient des dandies indifférents. C'est pourquoi, désireux de subsister quand même, nous nous sommes penchés avec sollicitude sur l'humble phénomène des nuances de notre sang. Or, en ceci, nous sommes des privilégiés. Par l'hérédité ou la tradition, tous en France sont ainsi faits que l'assemblée des plus beaux dieux qu'ait possédés le monde est ensevelie dans les cœurs. Et qu'il faut peu de soins pour la ressusciter ! Simplement prendre garde à elle.

Connaissons-la dans sa splendide et puissante variété. On n'imagine point de pensée ni de rêve que n'ait point suscité la Méditerranée. En tout, ses riverains ont été les premiers toutes les fois qu'ils l'ont voulu. Je ne connais aucun métaphysicien de l'Allemagne qui soit supérieur à Saint-Thomas, napolitain, et je préfère infiniment Plotin d'Alexandrie à Ruysbroeck l'Admirable. S'il me vient un désir des mélancolies de Wordsworth, je les trouve aussi bien dans Frédéric Mistral :

> *Oh! dins li draio engermenido*
> *Leissas me perdre pensatiéu !...*

Et ne répétons plus que le Mystère habite au bord des mers brumeuses. Le soleil aussi, est plein de mystère. Ses clartés magiciennes et ses vertiges rendent fou, si bien que, aux heures de son règne, « tout s'emplit de formes divines » selon le mot de l'ancien Sage.

N'allons pas davantage, par amour des doctrines qui passent, gonfler notre mémoire de mots cimmériens. On a enlaidi tous nos arts. On ne les a point augmentés. Tout fut dit avec grâce aux tables fleuries de Platon et les convives de *Thaïs* joignent à la plus ferme géométrie de rêves la beauté du discours.

---

[154] Paru en 1890. (n.d.é.)

Ne croyons pas que la terreur, l'horreur ni les émotions pareilles veuillent des termes anglicans. Encore un coup, Shakespeare était un Italien. Eschyle est nôtre. On sent plus d'épouvante vraie dans les simples de Canidie, cueillis sous la livide lune, qu'en toutes les diableries où s'égaye M. Huysmans. Et laissons-lui ce diable cornu et laid comme ses Christs. Gardons le nôtre, tel qu'on nous le légua ; il est beau comme Pan, aux pieds de bouc, aux yeux d'étoiles et fait la guerre à Dieu sous la cuirasse verte de feuilles et de fleurs que lui tisse en chantant le vœu de la vaste nature.

Et ne prions pas que le diable. Revenons chaque jour à la sagesse, à la beauté, qui ceint les murailles d'Athènes. Répétons quelquefois l'oraison magnifique d'Ernest Renan sur l'Acropole, lorsqu'il fut parvenu à comprendre le rythme épuré de Minerve :

« Ô noblesse, ô beauté simple et Vraie ! déesse dont le culte signifie raison et sagesse, toi dont le temple est une leçon éternelle de conscience et de sincérité, j'arrive tard au seuil de tes mystères, j'apporte à ton autel beaucoup de remords. Pour te trouver, il m'a fallu des recherches infinies... »

Puis, s'il faut ajouter un jour avec découragement : « Ô abîme, tu es le dieu unique », n'allons pas renier la Vierge pour si peu : souvenons-nous qu'elle est, par Jupiter son père, petite fille du Chaos et qu'elle sympathise avec tout l'Inconnu, comme la Clarté, son symbole, aime composer avec l'Ombre pour tracer les écharpes vives de la Couleur.

Charles Maurras

Pastiche du *Journal* des Goncourt

1891

Paru dans la Revue bleue[155] *le 31 décembre 1891.*

VARIÉTÉS

Le *Journal* des Goncourt

M. de Goncourt se trouvait au théâtre l'autre mardi et, s'il est permis de se nommer après un si grand homme, le hasard m'avait fait asseoir à ses côtés. Vers la fin du deuxième acte, le maître tira son mouchoir ; mais son geste fut brusque ; un petit agenda relié en cuir russe vint tomber à mes pieds. Je m'en saisis rapidement et le mis dans ma poche. Je ne suis pas bien sûr d'avoir entièrement caché ce procédé à M. de Goncourt. Il me sembla qu'il m'épiait avec ses prunelles de lynx. Mais, soit insouciance, soit générosité, soit quelque autre raison qu'il ne sied point d'approfondir, il n'en témoigna nulle aigreur. Il fut même fort agréable tout le reste de la soirée.

Rentré chez moi, je vis que ma mauvaise action avait porté des fruits exquis. L'agenda contenait le journal autographe de M. de Goncourt pendant le mois de novembre 1891.

Une feuille parisienne vient de donner le même ouvrage avec dix années de retard. Petits propos de table, indiscrétions, portraits, axiomes frappés pour le médaillier de l'histoire, philosophie légère et profonde tour à tour, morale aiguë, syntaxe libre et cascades de génitifs, ce journal n'a rien négligé de ce qui peut instruire ou divertir l'esprit des hommes. Les notes que je recopie ne le cèdent point à leurs aînées. La seule différence, qui tient à la chronologie, tourne même à leur avantage. Elles nous montrent un Goncourt en progrès de sagesse, de style, de curiosité. Elles offrent, de plus, pour parler comme mon auteur, cette odeur de chair fraîche qui plaît aux ogres d'aujourd'hui. Elles sont « actuelles ».

On leur reprochera d'être méchantes çà et là. Mais M. de Goncourt en a été bien excusé. Car, s'il malmène tout le monde, ses amis nous ont fait plusieurs fois remarquer qu'il ne s'épargne point.

2 novembre. — Ce cheveu, gris hier, devenu blanc, qui, tandis que je lis ou que j'écris ou que je songe, neige silencieusement de mon vieux front sur le papier. Oui, toujours, désormais, ce cheveu, ce blanc message de la fin, s'effile, s'interpose entre moi et toutes les choses.

---

[155] *Revue Bleue*, tome 48, 1er juillet au 31 décembre 1891, p. 830 et suiv.

Même jour. — Jaune et noir dans la brume douce, ce fiacre, s'enfuyant, m'enchaînait d'une sympathie. Étrange jeu de teintes ! — Faire un chapitre là-dessus.

3 novembre. — Mon ancien éditeur B... L'avais rencontré l'an passé : furieux, mais furieux gentiment de n'avoir pas reçu un exemplaire de *Chérie*[156]. Je lui mandai *Chérie* avec un mot de souvenir sur la feuille de garde.

Retrouvé l'autre jour le même exemplaire aux mains d'un provincial nouveau débarqué.

B... le lui avait vendu, sans même prendre soin d'en effacer la dédicace.

5 novembre. — Chez N..., le frère du peintre, un peu dessinateur lui-même. Atelier sous les toits. La feuille de papier-joseph[157] placée sur le bord du bureau. Tremble, palpite, bat de l'aile — la feuille de papier-joseph — aux vibrations qui montent du pavé secoué. Et, me bouchant l'oreille, au seul tremblement de la feuille, je distingue quel véhicule cahote dans la rue : tombereau, camion, voiture de bouchers, de postiers, simples fiacres.

À une allure plus discrète, à je ne sais quel balancement des essieux, j'arrive à percevoir les fiacres dont les stores sont baissés amoureusement... Sur cette feuille de papier se réfléchit, s'inscrit, d'un graphique léger et net, l'haleine de Paris, du Paris monstrueux, avec ses spasmes, ses arrêts, ses accélérations.

Même jour. — Photographie, phonographie : L'univers peint par lui-même et conté par lui-même.

Rêvé d'un instrument qui forcerait les choses à confesser toute leur vie, qui ressusciterait les immortelles vibrations anciennes de chacune, comme l'éther réveille les impressions de la lumière sur du papier sensibilisé. Le parapluie du roi de Juillet nous redirait l'histoire de Louis-Philippe mieux que M. Thureau-Dangin[158].

Même jour (examen de minuit). — Et c'est presque cela, nos livres d'histoire, presque cela : du papier sensibilisé. L'éventail de la Dubarry manié et interrogé, nous avons, quant à nous, simplement rédigé des mémoires sous sa dictée...

6 novembre, 5 heures du soir. — C'est bien restreint le nombre de femmes qui ne méritent pas d'être jetées à l'eau avec une pierre au cou.

---

[156] Œuvre d'Edmond de Goncourt, 1884. (Comme celle-ci, les notes suivantes sont des notes des éditeurs.)
[157] Papier mince dont le nom vient du prénom de son inventeur, Joseph Montgolfier, directeur de papeteries à Annonay au début du XVIIIe siècle.
[158] Paul Thureau-Dangin avait écrit *L'Église et l'État sous la monarchie de Juillet* (Plon, 1880), puis une *Histoire de la monarchie de Juillet* (Plon, Nourrit et Cie) en sept volumes, dont la parution, commencée en 1884, s'achèvera en 1892.

8 novembre. — La tragique existence de ce romancier. Père infortuné et fils lamentable. Tous ses enfants morts de phtisie. Les ascendants déshonorés d'une génération à l'autre. Alcoolique lui-même, morphinomane, éthéromane haschichin : ravagé de tous les virus issus de l'exacerbation de la vie de Paris. Qu'a-t-il tiré de tout cela ? Un art sec et froid de rhéteur.

Comme notre menue névrose a mieux fructifié !

9 novembre. — M. Sixte[159], ce philosophe si réputé, ce penseur, cet ascète qui fait le désespoir des prêtres de ma connaissance (car sa vertu athée n'est jamais mise en discussion) ; ce grand, sec, mince vieillard gris, dont Bourget nous a fait un second Spinoza : rencontré hier soir ; et il discutait chez Brébant le chiffre de son addition avec une âpreté commerçante de ménagère et des cris de mégère enrhumée :

— Ce n'est que trois francs !

Il glapissait. — Va, je l'entendrai, mon bonhomme, ton « ce n'est que trois francs », d'ici à ce que je rouvre la *Psychologie de Dieu* ![160]

12 novembre. — Vu Zola. Il maigrit.

Venait de présider la séance de la Société des gens de lettres. Ah ! l'insurgé qui capitule ! le jacobin devenu le plus ferme soutien de l'empire !

13 novembre. — Par le petit J..., je ne suis pas mal informé de ce que l'on dit chez les Renan.

— Le suicide, déclarait Renan hier soir, est la résolution du problème métaphysique par la méthode expérimentale.

15 novembre. — Z... avec son gros derrière — presque aussi gros que celui du pauvre Flaubert — était-il cocasse hier soir !

16 novembre. — Pour une série d'EMPEREURS : rêvé d'un potage de perles où l'on changerait de cuillère à chaque bouchée.

17 novembre. — Une bien singulière pensée de Pascal que m'a citée ce soir, à dîner, Léon Daudet :

« L'homme est un roseau pensant. »

18 novembre. — Daudet se porte mieux. Son plus jeune fils venu avec Georges Hugo, qui se trouve en congé.

---

[159] Adrien Sixte, l'un des personnages du *Disciple* de Paul Bourget.
[160] L'un des ouvrages attribués par Bourget à Adrien Sixte.

Georges Hugo : petit, gras, rose, dans son costume matelot qu'il promène coquettement. Le nez d'oiseau de proie du grand-père, entre des yeux vernis, bombés et lavés tout au fond d'un brouillard d'insignifiance.

20 novembre. — Idiosyncrasies.
Un très bon dîner à quatre, ces jours-ci. De B... a demandé trois fois de la même salade russe.
Le soir du même jour. — Charcot vient d'affirmer que les idiosyncrasies les mieux dessinées concernaient pour la plupart la gustation culinaire.
Voir si de B... n'est pas par hasard slavophile.

21 novembre. — M. Lafargue-y-Dolorès élu par un département du Nord. Curieux pullulement des Latins d'Amérique.
Dit ce soir à Hérédia :
— Bientôt le Tout-Paris, un Tout-Cuba, tout bonnement !

24 novembre. — Ouvert plusieurs romans nouveaux. Le métier oublié, délaissé par les jeunes gens. Plus de sensations de nature. Plus de ce tremblé léger des fins de phrase, de ce flou délicieux qui, il y a cinq ans, passionnaient encore la jeunesse artiste. Plus, comme dans nos œuvres, un seul de ces détails aigus qui font monter à fleur de livre la goutte de sang de la vie :
Après le krach des libraires, c'est le krach des auteurs.
Même jour. — Mon jeune compatriote Barrès : sa culture du moi. Un homme d'esprit me disait :
— La culture du moi ? Eh bien, quoi ? Et c'est vrai ? Eh bien, quoi ?

26 novembre. — Les grands-ducs au Père Lunette[161] ;
Les déclarations de l'archevêque d'Aix : le peuple, les ouvriers, le socialisme chrétien ;
Ainsi les princes au caboulot et le clergé français dans le jardin de Bérénice ?

27 novembre. — Place de la Madeleine, au grand tralala de six heures, aperçu M. T..., le ministre de Mac-Mahon. Tout rasé, blanc et rose, en stricts vêtements noirs, sous la pluie, dans la boue, il barbote, il piétine, tout son menu corps affolé par le roulement des voitures, paralysé par les ténèbres, les bleus brillants, les ors

---

[161] *Au Père Lunette* était un restaurant populaire, une « bibine », de la rue Galande à Paris. Précisément pour son aspect misérable, il était fréquenté par les mondains, et faisait partie de ce que l'on appelait la tournée des grands-ducs (voir É. Goudeau, *Paris qui consomme*, 1893, p. 271).

gluants, Jablokoff[162], Edison, reflets de gaz des magasins... Il va, il vient sur la chaussée, n'atteint ni trottoir ni refuge, d'une allure, d'un pas sentant d'une lieue leur province. De quinze ans plus âgé que lui, je lui offre mon bras, le sauve :

— Non, décidément, — me dit-il, la goutte de mélancolie à l'œil, — je n'ai pas le pied parisien...

Le pied parisien ! Ce qui manque aux gens bien-pensants. Ce qui leur manquera toujours. Car ils cessent de bien penser s'ils viennent à sentir s'allonger entre leurs honnêtes bottines le petit bout d'ongle de vice qui commence ce pied fourchu, ce pied damnément débrouillard des démons de Paris.

Même jour. — L'étrange, l'invincible puissance intelligentuelle des gens qui ne savent ni lire ni écrire !

28 novembre. — Dans un café du boulevard, le petit J... entendait un jeune homme se répandre en critiques sur le compte de *La Faustin*[163].

Informations prises, ce jeune inconvenant se trouve être le fils d'un parent de M. Wilson. J... a fait l'enquête lui-même.

Même jour. — Oui, Homère ne peint que les souffrances physiques. Oui, quand bien même la rue d'Ulm envahirait Auteuil ! Sophocle, aussi, d'ailleurs. Lu, ce soir, *Philoctète*. Un gémissement d'onagre blessé — d'un style bien trop beau pour être jamais expressif.

29 novembre. — Ajalbert terminé son adaptation théâtrale de la *Femme au XVIIIe siècle*.

Lecture intime : les fils Daudet, sa femme, le ménage Zola. Au quatrième acte, qui est le meilleur, la grimace significative de Mme Zola. Insérer quelque part un portrait de la femme d'homme de lettres.

...

J'abrège infiniment. Car il faut convenir que le mois de novembre de M. de Goncourt est un ouvrage copieux. J'ai élagué de préférences ces redites et ces truismes qu'un grand esprit peut se permettre, mais dont il n'a souci de régaler les gens. Je n'ai pris que la fleur. J'ai fait l'anthologie des méditations de M. de Goncourt. Leur force et leur variété n'ont point manqué de vous surprendre ni de vous émouvoir. Art, politique, vie humaine, elles volent à tout sujet, et elles en rapportent de triomphantes vérités. Le miel platonicien n'a point d'arôme comparable. S'il avait pu prévoir M. de Goncourt, Aulu-Gelle n'eût rien écrit.

---

[162] Inventeur russe, précurseur d'Edison, il réalisa l'une des premières lampes électriques expérimentales.
[163] Œuvre d'Edmond de Goncourt, parue en 1882 à Paris, chez Charpentier.

POUR PSYCHÉ

1891

Pour Psyché[164]

I.

Psyché, vous êtes ma pensée,
Vous éleviez votre flambeau,
Les hommes vous ont repoussée ;
Vous souriez comme un tombeau.

Psyché, vous êtes ma souffrance,
Vous vous mourez au vent d'ailleurs[165],
Vos yeux sont las de l'apparence
Et vacillants comme des fleurs.

Et, Psyché, vous êtes mon rêve,
Ensemençant le ciel léger
De vos mépris pour l'heure brève
Qui sait[166] que vivre est de changer.

II.

Psyché, mille chanteurs, à l'ombre des yeuses
Et des pins où fleurit la cour,
Vous vantent, ô promise à ces lèvres d'Amour
Qui tellement mélodieuses
Sont et plaisantes et rieuses
Que, vous ayant baisée en la nuit, tout le jour
D'elles serez, à votre tour,
En peine, au souvenir de ces délicieuses ;

Mille chantres, que le seigneur
Amour à votre cour a voulu que je mande,
Psyché, ma Dame, à votre honneur,
Mille disent aux fleurs légères de la lande

---

[164] Paru dans la revue *La Syrinx*, Aix-en-Provence, directeur Joachim Gasquet, en 1892, p. 4-7. Repris dans *La Musique intérieure* et dans les *Œuvres capitales*, daté de 1891 ; la deuxième partie est absente de ces éditions. En outre, la première partie y porte le nom de *Psyché* et la troisième le nom de *La Vaine Ballade des remontrances à Psyché osées par le vieux Faust*. Nous n'avons pas signalé des variations nombreuses de ponctuation, en particulier avec le texte des *Œuvres capitales*. Toutes les notes sont des notes des éditeurs.
[165] Les éditions ultérieures donnent : « Ailleurs ».
[166] Remplacé par « dit » dans les éditions ultérieures.

Ce baiser qu'Amour moissonneur
Désire, et que vos yeux élèvent en offrande.

III.
La vaine Ballade des remontrances à Psyché osées par le vieux Faust.
FAUST :
— Chère Psyché, vos yeux qui tremblent,
Vos yeux de fleur ont peur du vent,
Peur et délice tout ensemble.
Ivres d'espoir dans le levant,
Ils étincellent au-devant
De clartés vaines qui s'élèvent :
Ah ! sous ce dôme décevant,
Luise la lampe de vos rêves !
PSYCHÉ :
— Hélas ! c'est un rameau de tremble
Qui luit en nous, ami savant.
Des anciens songes il me semble
Compter si peu de survivants !
La nuit les souffle en s'achevant.
J'ai le cœur nu comme une grève
Qu'un dur automne va lavant...
FAUST :
— Luise la lampe de vos rêves !
PSYCHÉ :
— Vous ne savez ! Mon sein ressemble,
Ô Faust, à ces châteaux mouvants
Qu'à l'occident le soir assemble...
Mais j'ai la faim du Dieu[167] vivant :
Je veux sentir en le trouvant
S'épandre l'âme de mes sèves...
FAUST :
— Elle vous monte aux yeux souvent,
Luise ta lampe de vos rêves !
ENVOI[168]
Ô ma Psyché, vivez rêvant...
PSYCHÉ :

---

[167] Les *Œuvres capitales* donnent « dieu ».
[168] Cette mention qui s'intercale avant la poursuite du discours de Faust devient dans les *Œuvres capitales* le titre d'un quatrain composé des vers suivants.

— Les prés résonnent de voix d'Èves
Et de grands faunes poursuivants...
Faust :
— Luise la lampe de vos rêves !

Réponse de Lazare le ressuscité à Sénèque le Philosophe

1891

Dans la Plume *du 1er avril 1891, Maurice Barrès publiait de larges extraits de ce qui ne s'appelait pas encore le Culte du Moi. Parmi eux la revue détachait un extrait du Jardin de Bérénice, la Consolation de Sénèque le Philosophe à Lazare le ressuscité, puis publiait sous la signature de Charles Maurras une Réponse de Lazare le ressuscité à Sénèque le Philosophe. Nous reproduisons ci-après ces deux textes dans l'ordre, accompagnés des brèves notices de la rédaction de la Plume.*

Texte paru dans la revue la Plume[169] *en 1891.*

Dans les extraits des deux précédents volumes nous avons suffisamment insisté sur la vie intérieure de Maurice Barrès ; le fragment qui suit, emprunté au Livre IIIe va nous renseigner plus particulièrement sur les idées qu'il se fait de la vie d'action. D'ailleurs Maurice Barrès définit lui-même ainsi ce *Jardin de Bérénice* : « C'est ici le commentaire des efforts que tenta Philippe[170] pour concilier les pratiques de la vie intérieure avec les nécessités de la vie active. » Voici donc un extrait du chapitre onzième du *Jardin de Bérénice*. On trouve dans cette *Consolation de Sénèque le Philosophe à Lazare le ressuscité*, la pensée la plus forte peut-être qui ait été exprimé sur le problème de l'égotiste et du sectaire, dans sa forme récente.

Pour qu'on comprenne de quelle façon ce morceau s'encadre dans le livre nous y joignons les deux pages qui le précédent.

CONSOLATION DE SÉNÈQUE LE PHILOSOPHE À LAZARE LE RESSUSCITÉ

Un jour, après six heures de voiture, par la route la plus malheureuse de cette région désolée, j'arrivai au plus triste village du monde, aux Saintes Maries. C'est moins une église qu'une brutale forteresse aux murs plats, enfermant un puits profond ; dans le clocher, à la hauteur du toit, est une chambre Louis XV, décorée de boiseries or et blanc, remplie de misérables ex-voto ; c'est la chapelle, peu convenable, des graves saintes Maries.

J'allai sur la plage, coupée de tristes dunes, chercher l'endroit où débarquèrent ceux de Béthanie, qui furent les familiers de Jésus. C'était Lazare le ressuscité, le vieux Trophime, Marthe et Marie, la voluptueuse Madeleine, de qui la brise de la mer ne put dissiper les parfums. Mais celle que je fais la plus belle dans mon imagination, c'est sainte Sara, qui servait les Notre-Dame dans la barque et qui est

---

[169] *La Plume*, no 47 du 1er avril 1891, p. 130–133. Numéro consacré à *l'éthique de Maurice Barrès*.
[170] Personnage central de la trilogie romanesque de Maurice Barrès, dont *le Jardin de Bérénice* est le troisième volet. Le titre général de *Culte du Moi* pour ces trois romans n'apparaîtra qu'en 1892. (n.d.é.)

la patronne des Bohémiens. Plus mystérieuse que toutes dans sa volontaire humiliation, elle reporta ma pensée vers ma Bérénice, vers cette petite bohème à peine digne de délier les souliers des vierges ou des belles repenties, qui semble avoir été désignée pour m'apporter la bonne doctrine.

C'est sur ce rivage, misérable mais sacré pour qui n'a rien dans l'âme qu'il ne doive à ces obscurs passionnés d'où naquit notre christianisme, c'est sur cette plage dont la légende m'étouffait de sa force d'expansion que je plaignis ma Bérénice d'être une vivante et d'obéir à des passions individuelles. Sans doute, elle a fermé les yeux, mais fasse le ciel qu'elle ait perdu tout esprit, qu'elle soit devenue entre ses bras une petite brute sans clairvoyance ni réflexion, en sorte qu'elle ne soit pas à lui, mais à l'instinct, et à la race — et cela, je puis le croire, d'après ce que j'entrevois de son tempérament. Quand je remontai dans ma voiture, fatigué par de telles méditations mêlées à ma propagande de candidat, et légèrement fiévreux, un orage tombait sur la Crau. On leva les vitres, sur le devant de la capote, qui me firent durant six heures une prison étroite, où le vent qui écorche ces plaines jetait et écrasait la pluie. Les chevaux, surexcités par la tempête et leur cocher, filaient avec une extrême rapidité ; de fatigue, de rêverie intense, je m'endormis, d'un sommeil que je dominais pourtant et qui ne m'empêchait guère de suivre mon idée. État qui n'est pas de rêve, mais plutôt l'engourdissement de notre individu, hors une part qui veille et bénéficie de toute la force de l'être.

Sur ce premier campement de l'Église de France, je venais de servir les doctrines sociales qui me séduisent, en même temps que je rêvais de Lazare le ressuscité, et, tous ces soins se mêlant dans mon sommeil lucide, je réfléchis qu'il avait fait, celui-là, la même traversée que j'entreprends maintenant, en sorte que je lui prêtais quelques-unes de mes idées ; et j'en vins à resserrer tout ce brouillard dans la lettre suivante, qui n'est que mon dialogue intérieur mis au point.

« Mon cher Lazare,

« Aux dernières fêtes de Néron, votre air soucieux a été remarqué. Je sais que des personnes de votre famille désirent vous entraîner sur les côtes de la Gaule, où elles comptent prendre une attitude insigne dans le nouveau mouvement d'esprit. La détermination est grave.

« Vous ne m'avez pas caché le culte que vous gardez à la mémoire de votre malheureux ami, et d'après sa biographie que vous m'avez communiquée, je me rends parfaitement compte qu'il dut avoir beaucoup d'autorité : il était complètement désintéressé, puis il aimait les misérables, ce qui est divin. Il m'eût un peu choqué par sa dureté envers les puissants ; en outre, je ne puis guère aimer ceux sur qui je n'ai pas de prise, ces amis frottés d'huile qui me possèdent et que je ne possède pas. Avec ces réserves, je comprends que vous l'aimiez beaucoup, d'autant que c'est pour vous une façon de monopole. Vous avez en effet sur la plupart de ses fidèles cette supériorité d'avoir été mêlé si intimement à sa vie qu'en l'exaltant c'est encore vous que vous haussez.

« Vous le voyez, mon cher Lazare, je me représente d'une façon très précise l'intéressant état de votre âme à l'égard de Jésus : vous l'aimez ; la question est de savoir si vous voulez conformer vos actes à votre sentiment.

« Confesserez-vous que sa vie et sa doctrine sont les meilleures qu'on ait vues ? Lui chercherez-vous des disciples, ou vous contenterez vous de le servir passionnément dans votre sanctuaire intérieur ? Telle est la position exacte de votre débat. Il vous faut peser si ce vous sera un mode de vie plus abondant en voluptés de partir avec Mesdemoiselles vos sœurs pour être fanatique, en Gaule, ou de demeurer à faire de l'ironie et du dilettantisme avec Néron.

« Que vous restiez dans cette cour trop cultivée, ou partiez vers des régions mal civilisées, de vous à moi, dans l'un ou l'autre cas, ça pourra mal finir, car les peuplades de la Gaule seront excitées à vous mettre à mort, à cause de votre obstination à leur procurer le bonheur, et d'autre part Néron est un dilettante si excessif que, vous goûtant personnellement et sachant qu'on vous calomnie, il est fort capable de vous sacrifier, tant il est peu disposé à plier ses actes d'après ses idées, à protéger ceux qu'il honore et à appliquer la justice. Dans la vie, les sentiers les plus divers mènent à des culbutes qui se valent ; en dépit de tous les plans que nous concertons, les harmonies de la nature se font selon un mécanisme et une logique où nous ne pouvons influer. J'écarte donc les dénouements qui sont irréformables, et je m'en tiens aux avantages divers de l'une et l'autre attitude.

« Eh bien, il n'y a pas de doute, un fanatique (c'est-à-dire un homme qui transporte ses passions intellectuelles dans sa vie) est mieux accueilli par l'opinion publique que l'égotiste homme qui réserve ses passions pour les jeux de sa chapelle intime. Les publicistes seront plus sévères à Néron qu'à Marthe, quoique très certainement cette dernière introduise dans le monde plus de maux que le premier et que la part de responsabilité dans les malheurs qui naissent d'une mésentente idéologique soit plus lourde pour les victimes que pour les bourreaux. C'est que l'espèce humaine répugne à l'égotisme, elle veut vivre. Le fanatique représente toujours le premier mot d'un avenir, il met en circulation, plus ou moins déformées, les vertus qu'il a aperçues ; l'égotiste au contraire, garde tout pour lui, il est le dernier mot.

« Néron, mon cher Lazare, excusez-moi d'y insister, est un esprit infiniment plus large que vos deux excellentes sœurs, mais il est dans son genre le bout du monde ; en lui les idées entrent comme dans un cul-de-sac ; Marthe et Marie sont deux portes sur l'avenir. Le sectaire est donc plus assuré, tout pesé, de l'estime de l'humanité, puisqu'il la sert. Il est un rail où elle glisse les provisions qu'elle adresse aux races futures, tandis que l'égotisme est une propriété close.

« Une propriété close, c'est vrai ! mais où nous nous cultivons et jouissons. L'égotiste admet bien plus de formes de vies ; il possède un grand nombre de passions ; il les renouvelle fréquemment ; surtout il les épure de mille vulgarités qui sont les conditions de la vie active. De ces vulgarités inévitables, n'avez-vous pas souffert quelquefois dans l'entourage si généreux pourtant, si loyal, de vos excellentes sœurs ?

« Par moi-même ailleurs, j'avais d'excellentes raisons pour être fanatique : cela eût été plus décent pour un philosophe. Des amis très honnêtes m'y engageaient fort. Mais la vie et trop courte ! Quand j'aurais, selon le système des sectaires, traduit ma passion dans une attitude contagieuse, ce qui d'ailleurs la déforme toujours, quel temps me serait resté pour acquérir de nouvelles passions ? D'ailleurs, il eût fallu conformer mes actes à mes idées. C'est le diable ! comme vous dites vous autres chrétiens. Puisque, en ce monde, mon souci se limite à découvrir l'univers qui est en puissance en moi, et à le cultiver, qu'avais-je à me préoccuper de mes actes ? Moi qui ne fais cas que du parfait désintéressement, j'ai accepté certaines faveurs qui vinrent à moi en dépit de ma pâleur et de ma frêle encolure ; j'ai favorisé diverses fantaisies de Néron, et ces complaisances me nuisirent devant l'opinion. À tout cela, en vérité, je prêtais fort peu d'intérêt ; je n'ai jamais suivi que mon rêve intérieur. Dans mes magnifiques jardins et palais, je vantais le détachement ; j'en étais en effet détaché, j'étais sincère. Le comprendrez-vous, Lazare, ce luxe m'excitant infiniment à aimer la pauvreté ? Avez-vous jamais mieux goûté la pudeur que dans les bras de Marie-Madeleine ?

« J'entre dans ces détails intimes pour vous prouver combien j'ai toujours été éloigné de cette décision où vous penchez. Ah ! ce n'est pas moi qui pensai jamais à suivre la voie sans horizon et si dure des sectaires. Et pourtant vous en dissuaderai-je ? Suis-je arrivé au bonheur en me refusant à aucun des sentiers qui me le promettaient ? Suis-je parvenu à recréer l'harmonie de l'univers ?

« J'ai voulu ne rien nier, être comme la nature qui accepte tous les contrastes pour en faire une noble et féconde unité. J'avais compté sans ma condition d'homme. Impossible d'avoir plusieurs passions à la fois. J'ai senti jusqu'au plus profond découragement le malheur de notre sensibilité qui est d'être successive et fragmentaire. En sorte que, ayant connu infiniment plus de passions que le sectaire, je n'en ai jamais possédé qu'une ou deux tout au plus à la fois. C'est dans cette idée que Néron me demandant, il y a peu, de lui composer un mot philosophique qu'il pût prononcer avant de mourir, je lui ai conseillé : *Qualis artifex pereo*.

« *Quel artiste, quel fabricant d'émotions je tue !* En vérité, voilà-t-il pas une exclamation qu'il pourra jeter avec à-propos à toutes les heures de la vie ? J'ai acquis une vision si nette de la transformation perpétuelle de l'univers que, pour moi, la mort n'est pas la crise unique qu'elle paraît au commun. Elle est étroitement liée à l'idée de vie nouvelle, et comme son image est mêlée à tous les plaisirs de Néron, elle est mêlée à toutes mes analyses. La mort est la prise de possession d'un état nouveau. C'est quitter, mais c'est en même temps un acte d'amour à quelque chose d'inconnu. Oui, à chaque fois que je sens quelque chose naître en moi, je puis m'écrier : *Quelque chose vient de mourir en moi !* Toute nuance nouvelle que prend notre âme implique nécessairement une nuance qui s'efface. La sensation d'aujourd'hui se substitue à la sensation précédente. Un état de conscience ne peut naître en nous que par la mort de l'individu que nous étions hier. À chaque fois que nous renouvelons notre moi, c'est une part de nous que nous sacrifions, et nous pouvons nous écrier : *qualis artifex pereo !*

« Cette mort perpétuelle, ce manque de continuité de nos émotions, voilà ce qui désole l'égotiste et marque l'échec de sa prétention. Notre âme est terrain trop limité pour y faire fleurir dans une même saison tout l'univers. Réduits à la traiter par des cultures successives, nous la verrons toujours fragmentaire.

« J'ai donc senti, mon cher Lazare, et jusqu'à l'angoisse, les entraves décisives de ma méthode ; aussi j'eusse été fanatique, si j'avais su de quoi le devenir. Après quelques années de la plus intense culture intérieure, j'ai rêvé de sortir des volontés particulières pour me confondre dans les volontés générales. Au lieu de m'individuer, j'eusse été ravi de me plonger dans le courant de mon époque. Seulement il n'y en avait pas. J'aurais voulu me plonger dans l'inconscient, mais, dans le monde où je vivais, tout inconscient semblait avoir disparu.

« Voici, au contraire, que vous survenez dans des circonstances où ce rêve devient aisé, et il semble bien que vous soyez sur le point de le réaliser, puisque, ayant ressenti à la cour de Néron des inquiétudes analogues aux miennes, vous méditez de vous mettre de propos délibéré au service de la religion nouvelle. Malheureusement, mon cher Lazare, j'y vois un obstacle, qui, pour se présenter chez vous avec une forme singulière, n'en est pas moins commun à bien des hommes.

« Quand vous me parliez des curieux incidents de votre pays de Judée, vous ne m'avez rien célé du rôle important que vous y avez joué ; le merveilleux agitateur vous a ressuscité. Vous êtes Lazare le Revenu. En conséquence, quoique vous ayez observé toujours la plus grande discrétion sur cette anecdote désormais historique, il est évident que vous êtes renseigné sur le problème de l'au-delà. Si vous balancez comme je vois, c'est que la vérité ne s'en impose pas, d'après ce que vous savez, d'une façon impérative. Dès lors, vous voilà dans un état d'esprit qui, pour naître chez vous de circonstances particulièrement piquantes, n'en est pas moins d'un ordre trop fréquent : vous n'êtes pas le seul revenu. Beaucoup, à cette époque, bien qu'ils ne soient pas allés jusqu'au tombeau, ont comme vous des lumières sur ce qui termine tout. Bien qu'ils n'aient pas eu les pieds et les mains liés avec les bandes funéraires, ils ne peuvent se donner aux passions de leurs contemporains. Leur sympathie est assez forte pour leur faire illusion quelques instants sur des idées généreuses, mais comme vous vîtes pousser les fleurs par les racines, ils constatent que ce sont des songes sans racines sérieuses. Ils ont de tristes lucidités, et après de courts enthousiasmes, analogues à ceux que vous communiquent l'ardeur de Marthe et de Marie, l'humilité de Sara, la beauté de Madeleine et la jeunesse du vieux

Trophime, ils s'écrient, infortunés clairvoyants qui regrettent de ne pouvoir se tromper avec tout le monde :
« Qualis artifex pereo ! »

Maurice Barrès

M. Maurice Barrès pose — dans le fragment du *Jardin de Bérénice* publié par nous — une intéressante question de moderne psychologie. Un de nos amis s'est plu à développer la demi-solution qu'elle paraissait comporter.
Pour cela, il a repris où M. Barrès l'avait laissée la correspondance de deux renanistes contemporains de Néron. Mais il tient à marquer combien, près de ce Sénèque de fantaisie, son Lazare lui apparaît mystique et différent du saint personnage qui administra l'Église marseillaise et fut canonisé. n.d.l.r.

UNE RÉPONSE DE LAZARE LE RESSUSCITÉ À SÉNÈQUE LE PHILOSOPHE

Mon noble ami,
Votre consolation m'a plutôt troublé... Dans les jardins de Béthanie dont j'étais le seigneur avant que mon jeune maître y vint publier son royaume, vous vous êtes assis quelquefois. Les paisibles étoiles, plus sereines qu'au ciel romain, luisaient dans vos cheveux quand vous parliez avec mystère adossé à la columelle qui ombrage notre puits. Des fleurs de câpriers et de vignes brillaient dans la demi-lueur. Et je voulais savoir pourquoi chacun de vos propos s'en allait si directement à mon cœur : mais saura-t-on pourquoi ma sœur Madeleine n'a qu'à montrer ses cheveux roux pour que les jeunes gens la suivent, désireux, en semant l'air de ses louanges ?
Vous laissez ainsi après vous un sillage de cœurs insatisfaits et d'esprits qui demandent la certitude. Vous n'avez point quitté pour moi cette parure. Voici qu'avec la honte d'être blâmé par vous, j'ai encore l'ennui de n'en être sûr qu'à demi.
« Il me faut peser, dites-vous, si ce me sera un mode de vie plus abondant en voluptés de partir avec mes sœurs pour être fanatique en Gaule ou de demeurer à faire de l'ironie et du dilettantisme avec Néron... »
Là-dessus, vous comptez que dans les deux cas je puis être mis à mort, soit du chef des Gaulois qu'importunera mon nouveau plan de vie heureuse, soit par la main de César et par sa nonchalance à prouver qu'il me goûte. Ô Sénèque, pourquoi ce souci et ne savons-nous point qu'il est indifférent de mourir ou de vivre ? — Mais, dites-vous, le genre humain me sera obligé du mal que je vais lui faire ; je manipulerai la destinée des races. Joie orgueilleuse, et que vous envieriez si vous ne possédiez celle-là, qui est infinie aussi, de vous manipuler vous-même. Dans les solitudes de l'analyse, vous vous livrez sur votre personne morale à de tranquilles

voluptés : les vertus et les vices arrivent en vous, y font leurs gestes dramatiques et vous quittent au jour tombant comme une troupe passagère de baladins, que d'autres remplacent. Ma carrière a plus d'unité et de monotonie. Mais la vôtre n'est pas sans ennui, et vous le confessez. Vos incessantes vies nouvelles sont pareilles à celles de la terre-nourrice dont les moindres printemps sont conditionnés par l'hiver. À chacune des métamorphoses de votre cœur, vous avez reconnu, avec la naissance de quelqu'un, la mort aussi de quelque chose et, vous êtes-vous dit, pourquoi ceci qui naît aurait-il plus de prix que cela qui meurt ? L'idéal serait de posséder plusieurs printemps simultanés, et qu'ils durassent ! C'est pourquoi vous en venez presque à vous demander s'il ne vaudrait pas mieux persévérer dans un rôle une fois choisi et le représenter jusqu'au dernier souffle ?

Mais, dites-vous, comment se tenir coi dans un espace si petit ? Vous êtes, et je suis assurément, un Revenu. Nous manquons de la fraîcheur d'esprit qu'il faudrait pour nous prendre au sérieux dans le même personnage. Tôt ou tard il faudra l'abandonner, faire un nouveau cadavre, ressusciter une fois de plus. Tôt ou tard je constaterai que mon départ pour le fanatisme fut la plus puérile de mes erreurs. Dès lors vous indiquez cette conclusion avec la grâce dédaigneuse qui nous est chère — s'il faut laisser un jour l'état que j'embrasse à présent, il n'y a point de raison pour que je m'y engage. Et tout est vain.

Ô Sénèque, tout n'est pas vain de ce qui n'est point justifié par des preuves. C'est précisément parce qu'il n'y a aucune raison de commettre certaines actions où nous nous sentons entraînés qu'elles doivent être accomplies avec piété et zèle, nous venant sans doute de quelque dieu. L'homme divin dont nous sommes les fils, ce Zénon sous son Portique, ne nous incita point à agir d'accord avec la raison : maxime ridicule et digne tout au plus de M. Tullius[171]. « Suivez la nature » nous enseigna-t-il. Vivre n'est pas résoudre un problème géométrique. C'est adapter son âme à des conditions dont elle n'est point la maîtresse. Que la mienne fut misérable pour avoir autrefois suivi la leçon des systèmes !

« N'ayez point de désir ! Ne formez aucun vœu ni aucune résolution. Ne faites point de gestes. Soyez vêtu de lierre et de mousse sauvage et restez immobile ainsi qu'une colonne. De là, soyez le spectateur du monde, absent et lointain. C'est la béatitude. » Des Sages ainsi me prêchèrent et je fus sous leur loi un pur gymnosophiste. Mon rêve s'éperdit dans la variété des choses. Mon âme fut dissoute en ce qui n'était point elle. J'avais la paix, celle de l'huître qui ne sait plus souffrir. Mais cette privation de douleur et de mouvement, à la longue, me fut honteuse. Et je me sentis criminel jusqu'au jour où, de l'ombre où je me renonçais, je rebondis vers la lumière de la connaissance et de l'amour de moi.

C'est alors que vous m'épanouîtes votre pensée : « Le monde n'est rien et les autres hommes sont peu. Mais vénère ton âme comme un temple de Pan. Tu en as

---

[171] Cicéron : Marcus Tullius Cicero.

dénudé scélératement les murailles. Il faut les recouvrir de tentures et des tapis les plus précieux. Tu y inscriras aussi tes louanges afin de pouvoir évoquer, en des heures de lucidité vigoureuse, toutes les formes de la vie, de manière à les vivre, en leur restant supérieur. » J'éprouvai de la sorte le cycle des idées et connus le jeu des passions. Jamais je ne me crus si proche d'être un dieu. Toutefois mon délire n'alla point jusqu'à l'affirmer. Je m'aperçus bientôt comme vous que jamais nous ne réalisons deux êtres à la fois, si agiles que nous soyons à varier notre attitude. Mais cette incessante métamorphose nous consume. Il faut penser presque en même temps le geste de l'amour et celui du détachement. Les nerfs ainsi tendus ne s'apaisent à rien savourer. Cependant, l'existence a des haltes qui ne sont pas dépourvues de tendresse ni d'agrément. Devant quelque vierge plus douce, ayant les yeux plus longs, ou devant une cosmogonie plus soigneusement agencée, ne vous est-il point arrivé de pousser un soupir : — Oh ! que cela n'est-il sérieux ! — Mais, de peur d'être dominé ou dupé, vous abrégiez ce charme. Et j'en faisais autant, et j'étais à la fois saoul et affamé.

Continuez, mon maître, vos personnages. Dussé-je demeurer un obscur ouvrier de l'infinie modification, je veux vivre. Je veux développer l'harmonie de mes volontés. Il se peut que la grande Force invisible où nous nous agitons revête comme vous des psychologies variées. Je ne suis qu'un pauvre élément de cette grandeur. Mon rôle est d'agir comme un oiseau bâtisseur de nids ou comme un castor constructeur de murailles : je pousserai mes rêves jusqu'à ce qu'ils aboutissent dans les choses réelles. Et je ne vous dirai point que le résultat me laissera indifférent. Je compte bien parvenir à aimer mon œuvre. Heureux, mes succès me précipiteront à de nouveaux labeurs. Déçu, je pleurerai comme une femme qui a perdu son fils. Tristesse et orgueil assurément bien convenables à la profession de mortel qu'il me faut exercer avant que d'aller chez Pluton.

Vainement direz-vous que cet exercice est stérile, que le labeur du tout ne mène à rien, que les nations travaillent pour le vide et que les peuples s'exténuent au profit du feu. Encore est-ce qu'il faut travailler. Tout ce que je suis souhaite d'agir. « Hé quoi, me dis-je, tu vois les nouveaux-nés tenter d'utiliser leurs bras et tu pourrais croiser les tiens, toi qui as vaincu les jours jusqu'à devenir un jeune homme et un homme fait ! » Mes années d'inerte mélancolie ont même gonflé dans mon âme et ma chair de tels trésors de volonté, que l'une et l'autre tout d'abord se sont élancées vers les actes empreints de la beauté mélancolique de l'Impossible. Sans contredit, vous pourriez discuter la justesse ou la bonté du plan imaginé par les sectaires auxquels je me mêle : vous en avez loué l'héroïque noblesse, par quoi je fus conquis. Que vaut, près de cela, l'objection dont vous me pressez ?

Ma résurrection ? Oui, je suis demeuré sous la terre jusqu'au troisième jour. J'ai vu que la racine des plus royales fleurs avait l'épaisseur d'un cheveu et je suis revenu d'illusions nombreuses. Mais je n'ai point perdu le talent de m'en former de nouvelles. Ce pouvoir, suspendu pendant ma sépulture, je l'ai recouvré dès le premier moment que j'ai revécu.

Revenu ? Revenu : est-ce à dire que je ne puisse repartir ? Les ruines sont hâtives à se costumer de verdure, à peine mises au sol. Les idées se refont plus promptement encore. Après les mécaniques et les physiques d'Ionie, Épicure, Épicharme, Evhémère et Lucrèce ont nié avec des serments les dieux des ancêtres. Mais ils se sont hâtés de leur substituer d'autres idoles. Au lieu de Vesta, Cybèle, Zeus, les faunes sacrés et les nymphes, ils ont placé l'éther, la matière, la force, les atomes — choses mystérieuses qu'ils n'ont point aperçues dans la fuite des apparences, que personne n'a éprouvées, et qui ne cèdent point aux dieux pour la vanité de l'explication qu'elles tentent du monde. Mais Zeus est mort. L'éther immense est oublié, et les hommes sont désireux de recueillir un avis nouveau sur ces problèmes où tout leur être est engagé. C'est pourquoi nous voici. Nous sommes arrivés à Massilia, nos sœurs Marthe et Marie, et Trophime, et cette Sara, que je vis prophétiser un soir d'extase devant vingt mille juifs de toutes conditions.

Sur mes antécédents et sur de telles compagnies, vous craignez que la foi ne vienne à me faillir. Mais celle qui transporte les montagnes est parfois transportée par elles. Je veux dire qu'il faut me laisser le temps de faire quelques prodiges et j'y croirai comme un chacun. Cette foi obtenue, quelle superbe vision de paradis aura remplacé mes bas souvenirs du sépulcre amer et sans jour ! Et, contemplant mon œuvre de siècle en siècle déroulée, comme j'entrerai glorieux dans la vie éternelle !

Le seul germe de trouble que je pressente désormais, pourra venir de ces mêmes compagnons que j'admire comme des dieux pour la placidité de leurs certitude. Ils sont tous, en effet, de bien jeunes gens. Ils commettent l'action sans avoir doute d'elle. Ils suivent le naturel, eux aussi, et, par moments, ne laissent point que de me sembler épouvantablement ridicules. Ô mon ami, ils ne comprennent rien à votre magnifique usage des voluptés : « Comme ce Sénèque est inconséquent ! » dit parfois Maximin. « Il prêche l'abstention, nageant parmi les plus sales délices de la cour de Néron » et le voilà qui part d'un rire où croît sa barbarie. Il faudra vivre avec ces gens ! Et s'ils réussissent, j'ai le pressentiment qu'ils seront d'un esprit moins étroit encore que sanguinaire.

Il est vrai que Néron, très doux et très sage, a versé plus de sang que n'en répandront mes amis et d'ici mile siècles, nul ne saura lui disputer le prix de son ridicule, lorsqu'il vient réciter ses vers, nu, la lèvre arrondie, sur la chaise d'ivoire, et que vous étouffez vos rires sous votre toge ramenée. Puis, que sert de haïr la stupidité et le sang ? Par-delà ces erreurs, il y a quelque chose qui les identifie à la plus parfaite sagesse, et Propecie l'a invoquée :

> Divine mort, où tout rentre et s'efface
> Accueille tes enfants dans ton sein étoilé
> Affranchis-nous du Temps, du Nombre, de l'Espace

Et rends-nous le repos que la vie a troublé ![172]

À mettre les choses au pis, mon costume de fanatique me couvrira bien jusqu'à mon congé de la vie. Cependant, vous, ne tentez point de me regagner. Cessez de m'écrire. Vos papyrus m'ébranlent mieux qu'une catapulte, je les déroule avec anxiété, dans le crépuscule qui tombe, en longeant cette côte osseuse et dorée où s'élève Massilia. Les oliviers penchés sur la mer me regardent et ils comprennent que Minerve, leur sainte amie, parle par vous et, secouant sur mes chemins leurs feuilles pleines d'ironie, ils m'embrouillent de lents sophismes, assez humiliants pour un ressuscité qui se souvient de son aventure. Ah ! j'ai besoin de regarder, par-dessus ces vergers où les arbrisseaux sont taillés trop attiquement, vers les montagnes lumineuses qui se jettent dans le soleil. Et j'imagine des centaines de montagnes pareilles, qui gravissent ainsi l'azur de la Gaule, couvertes de peuplades faites pour nous combattre et pour nous aimer. Tant de cimes à dominer, ô Sénèque, et tant d'âmes ! Ces hauteurs éclatantes me comblent de foi. Et je souhaite à leur spectacle de vous voir et de vous avoir ; je crie obstinément vers le Latium éloigné : *Qualis artifex resurgo !*[173]

Charles Maurras

---

[172] Ces vers, célèbres en leur temps, sont de Leconte de Lisle, *Poèmes antiques* (1852), *Dies Irae*. *Propecie* semble être un nom inventé à loisir.
[173] « Quel artiste ressuscite avec moi ! »

Le Repentir de Pythéas

1892

*Texte paru dans la revue l'*Ermitage[174] *en 1892.*

LE REPENTIR DE PYTHÉAS

Lettre à l'auteur de Thulé des Brumes[175].

Des nombreux adversaires de l'école romane, vous fûtes à peu près le seul, mon cher Retté, à montrer de la courtoisie. Vos discours furent véhéments et je n'y lus aucune injure. Je n'y vis pas la moindre trace de cette basse envie qui enfla tout l'été les moindres ruisseaux de notre Parnasse. Vous compariez les Niebelungen à l'Iliade. Vous osiez opposer Brunehilde à Hélène, Siefgried au valeureux Achille. Vous répandiez sur nos félibres un singulier dédain et vous réussissiez à dire ces blasphèmes dans la prose d'un honnête homme.

Vous répondre ? J'en eus envie. Mais les événements vous répondaient d'eux-mêmes.

Il y a peu de jours encore, un grand poète anglais passait le détroit. Ne déclarait-il pas, (comme Jacques Daurelle, de *L'Écho de Paris*, l'interrogeait sur les époques de la littérature française), que la plus brillante était, à son goût, le temps des cours d'amour ? Et il ajoutait que Swinburne[176], Morris,
Rossetti et lui-même devaient leur science et leur art aux exemples des grands trouveurs gascons et provençaux.

Tous nos jeunes amis tireront la morale des discours d'Oscar Wilde. S'il leur convient d'aimer l'art préraphaélite, ils iront visiter les églises d'Ombrie plutôt que

---

[174] *L'Ermitage*, secrétaire général Henri Mazel, vol. 4, janvier-juin 1892, p. 1–7.
[175] Œuvre d'Adolphe Retté parue en 1891 à la Bibliothèque artistique et littéraire, Paris. Le même numéro de *l'Ermitage* dont est extrait ce texte de Ch. Maurras publiait sous la plume d'A. Retté des *Dédicaces pour* Thulé des Brumes. (n.d.é.)
[176] « Génie si exclusivement anglais », dit Retté. — L'illusion de Retté, sur Shakespeare est la même. Je m'obstine à tenir le grand Will pour un italien. Non que j'accorde la moindre importance aux emprunts qu'il put faire de Boccace et de Bandello. C'est l'âme de Shakespeare qui me paraît toute gonflée des sèves de la Renaissance. Et, pour mieux dire, c'est en lui que Florence et Venise crevèrent leur plus belle fleur. Il abonda dans la nature. Il connut, il aima la vie, à la manière des païens. Nulle peur de la chair, nulle trace d'anglicanisme chez ce contemporain d'Élisabeth. Il ignore la loi comme l'ignorèrent les faunes. Et que la chasteté naturelle au Germain lui est étrangère ! — Le grec lui était inconnu ; et, dit-on, il savait à peine le latin. Mais qui ne voit que tout le monde savait ces deux langues pour lui ? Il respirait à Londres et même à Strafford-sur-Avon les mêmes souffles qui faisaient vivre Érasme au pays de M. Huysmans. — Et Shelley ! Shelley qui doit tout aux rivages de notre mer, depuis le titre du *Prométhée délivré* jusqu'aux branches de pin dont on fit son bûcher !

la maison Morris. Ils étudieront l'hellénisme ailleurs que dans le *Second Faust*[177] et précisément dans les œuvres où le plus grand génie du Nord est allé, en nécessiteux, recueillir de beaux rythmes et de belles pensées. Si, en effet, l'on néglige ce qu'il tira de l'art roman, je ne sais trop à quoi se réduit tout l'art des Barbares. Ou plutôt je le sais pour l'avoir indiqué déjà[178]. Il reste aux poètes septentrionaux ce qui peut se trouver aussi bien n'importe où : un sang riche, des nerfs sensibles, et du talent. Mais ceci ne se transmet point. C'est la matière des œuvres d'art. Ce n'en est point la forme ; c'est un secret tout personnel ; et l'on ne s'assimile point de pareils caractères ; ils ne s'enseignent point. J'accorderai, mon cher Retté, qu'on peut les singer quelquefois.

Mais vous venez de faire un livre, et ce m'est une occasion chère de dire quelle sympathie nous unit malgré tout.

Ce qui me plaît de vous, c'est la rectitude et la bonne foi. Ces qualités vous suivent aux pays de l'ivresse et de la folie. Baudelaire prit du haschich, Quincey de l'opium, avant que vous fussiez au monde ; Anacréon ceignait de roses les coupes de vin grec. Mais c'étaient tous trois des menteurs. Vous êtes historien fidèle. Leurs poèmes arrangent, dérangent et transforment les souvenirs de leurs visions. Je vous crois au contraire infiniment scrupuleux et consciencieux. Vos pages ont parfois figure de journal. Vous peignez vos erreurs avec un grand respect de leur enchaînement ; et vous m'apparaissez un véridique dans le rêve.

Thulé des Brumes, dites-vous. Ce titre a les allures d'une déclaration de guerre. Votre art est lumineux ; et il n'aime point s'éloigner des îles de la mer divine. Mais vous ne pouvez ignorer que Thulé fut d'abord un pays roman. Trois cents ans avant Jésus-Christ, ce point fut découvert par nos navigateurs. C'étaient des Marseillais. Ainsi que tous ceux de leur ville, ils parlaient le grec le plus pur. Ils étaient commandés par cet illustre Pythéas « le plus ancien écrivain qui ait paru dans toute la vaste étendue de l'Occident », si l'on en croit son biographe. Du temps que Rome ne donnait encore que des soldats, Marseille enfantait Pythéas. Il était philosophe, astronome, mathématicien, géographe et capitaine de navire. Il était surtout grand conteur.

Comme il tarissait peu sur les merveilles de Thulé, ses contes étaient passés à l'état de sornettes. Le plus mensonger des hommes : ainsi le dénommaient Polybe et Strabon, « n'y ayant sortes de fables qu'il ne rapportât des pays septentrionaux qu'il disait avoir visités »

Mais Polybe et Strabon ont trouvé, à leur tour, des contradicteurs. Les auteurs les plus graves ont défendu mon Pythéas. Je ne citerai point Gassendi, qui vous serait, mon cher Retté, suspect de félibrige ; car il est né à Digne. Que direz-vous pourtant du picard Nicolas Sanson et de M. Rudbecks ? M. Rudbecks n'est pas un

---

[177] Goethe, *Faust* de 1832, voir en particulier 2e partie, acte II. (n.d.é.)
[178] *La Plume* du 1er juillet 1891 « Barbares et Romans ».

poète roman encore qu'il ait écrit un volume d'*Atlantica*. Ce Suédois professait à l'université d'Upsal. Et il donne raison, comme Sanson, à Pythéas. Il reconnaît la vérité des descriptions que fit des côtes de Thulé le marin provençal.

Et voici que, sans le vouloir, vous venez à l'appui de Rudbecks, de Sanson et de Gassendi. Et vous confirmez Pythéas. Vous montrez une fois de plus combien le Marseillais hâbleur est un animal fabuleux. Pythéas vit Thulé comme vous l'avez vue plus de vingt siècles après lui. Écoutez la version du fragment conservé de son *Tour de la Terre* :

> On n'y voit ni air, ni eau, ni terre, mais seulement un composé de ces trois éléments, tout semblable au poumon marin ; la mer et la terre sont suspendues sur cette substance ; et elle sert de lien à toutes les parties de l'Univers. Il est tout à fait impossible d'aborder en ce lieu-là ni à pied ni sur des vaisseaux...

Pythéas pouvait-il mieux peindre la nature confuse, inachevée, que l'on rencontre aux limites du monde ? Cette écume de boue qui se dérobe sous le pied et sous la rame, tant les trois éléments y sont encore mélangés ; ces fontaines brûlantes élevées à des hauteurs prodigieuses au milieu des glaciers ; ces eaux lourdes mêlées de vase originelle ; et, tout à l'horizon (suivant la version de Pline, dont je n'ai point les mots présents au souvenir), des nuées inclinées obliquement sur la terre, la voûte du ciel abaissée, en sorte que les hommes ne peuvent s'y aventurer sans se tenir pliés en deux, diminués de leur stature, déchus de leur beauté.

Mais de tout le récit, le trait le plus frappant, c'est ce *poumon marin* auquel Pythéas assimile l'essence de Thulé. Mon illustre compatriote en sentait l'importance. Car il précisait : « Plusieurs de ces prodiges m'ont été rapportés ; mais j'ai vu de mes yeux la substance qui ressemble au *poumon marin*. » Pâles, à demi diaphanes, moitié nageant, moitié traînés par les courants des eaux, les poumons marins sont ces cloches vivantes qui flottent presque à fleur de mer et que nous nommons aussi des méduses. Qu'était-ce à dire ? D'entre toutes les formes connues du temps de Pythéas, il n'en était pas de plus molle, ni de plus indéterminée. De nos jours, il eût comparé le sol de Thulé à ces gelées blanchâtres que nous montre la vitre des microscopes, ébauches d'êtres, protoplasmes, simples brumes vivantes que nos savants n'ont point renoncé à cataloguer. Il eût écrit *bathybius* à la place de poumon marin. Car Thulé lui apparaissait le lieu de l'existence amorphe, le point où l'univers commence, avec angoisse, à se discerner de l'abîme ; et il plaçait ce point « à une journée de trajet de la mer glaciale », afin que nous sachions combien Thulé confine à la région silencieuse et froide de la mort.

De cette masse inconsistante comme la gélatine, Pythéas (et ce n'est pas vous qui le contredirez), faisait le premier élément de tout : *in quo terra et mare atque universa sublimia pendent...*[179] *Vinculum universi*[180], disait-il encore. Car le merveilleux monde n'a pour assises que l'informe et la vie naît incessamment de la mystérieuse confusion du chaos.

Là est, mon cher Retté, l'intérêt, la beauté, la grandeur de votre nouveau livre. Vous êtes pénétré de cette admirable métaphysique. Vous avez vu l'être premier et vous avez palpé que c'était peu de chose. — Mais vous en êtes resté là. Vous n'avez pas vu l'ordre de la terre et des cieux éclore des mélanges de cette boue universelle. Et vous n'avez rien fait pour hâter la naissance des clartés et des harmonies. Après qu'il eut violé, bien avant vous, votre île vierge, Pythéas revint à Marseille. Vous n'avez même plus voulu de Paris ni de l'art français. Vous avez évoqué, en des chapitres où tout se mêle, un monde où tout se contrarie. Vous avez aimé embrouiller vos phrases comme des nuées ; et vous avez voulu leur donner, d'autres fois, l'épaisseur du limon. Votre livre est assurément un des plus étranges protozoaires qu'ait produits notre Décadence.

Déjà[181], dans sa très singulière et parfois très belle *Sixtine*, M. Remy de Gourmont mit bien de la finesse à décrire par le menu nos « états évanescents ». L'auteur des *Cahiers a André Walter*[182], « œuvre posthume », notez-le, s'est attaché à nous donner, avec une ardeur qui me plut, la psychologie du néant ; car, qu'est-ce d'autre, je vous prie, que l'être dénué d'essence, de détermination, de définition, de contour ? Qu'est-ce que l'Être sans la Loi ? Ce voyage à *Thulé des Brumes* nous emmène plus loin encore aux pays de l'inconcevable. Je suis certain qu'il marque une extrémité de la littérature habitable. L'admirable mot de Tacite me vient aux lèvres, et je le dis : *Illuc usque (et fama vera) tantum natura.*[183]

Non, la nature ni la fable ne produisent rien au-delà. C'est bien ici les lieux où le ciel se mêle à la terre. On pénètre dans votre livre plié, tordu en deux, on craint de se briser le front contre une voûte ténébreuse. Et vous-même n'y montrez point votre allure ordinaire. Sous le mirage boréal, vous prenez tout l'aspect de ces nains qui campent encore sous des huttes de peau de rennes, au-delà de Thulé. Regnard les décrivit, voici deux cents ans ; et il y a quatre ans, plusieurs échantillons de cette race primitive nous furent envoyés. Tout Paris les a visités au Jardin d'acclimatation.

---

[179] « À quoi tiennent la terre, la mer et toutes les choses célestes. » Citation que nous n'avons pu identifier, peut-être une traduction latine d'une des sources grecques par lesquelles on connaît la substance de la relation de Pythéas. (n.d.é.)

[180] « Le lien le plus général. » (n.d.é.)

[181] S'il fallait chercher les vrais coupables de ces voyages à Thulé ne faudrait-il pas remonter jusqu'à Verlaine et Baudelaire, et d'eux jusqu'à Hugo peut-être, jusqu'à Rousseau sans doute, jusqu'à Luther certainement ?

[182] Œuvre d'André Gide parue en 1891, présentée comme les écrits posthumes d'André Walter. (n.d.é.)

[183] Tacite, *Germania*, XLV. (n.d.é.)

Tel fut mon sentiment, quand je connus votre *Thulé*. Mais je craignis d'être sévère et courus prendre les avis du navigateur Pythéas. Car il devait aimer son île et, de tous les Romans, nul ne pouvait vous être aussi favorable que lui.

Pythéas — et nul ne l'ignore — a sa statue devant la Bourse de Marseille. Il voit s'agiter à ses pieds une foule de portefaix, de négociants, de matelots. Et il n'est point privé de la vue des poètes. Il en contemple de fort bons, ne vous déplaise. Ceux qu'il chérit le plus sont, je crois, Pascal Cros, Alber Jhouney et Paul Guigou : non qu'ils fassent partie de l'École Romane. Mais ils ont un peu de son âme. Ils vont quelquefois à Thulé ; et le rêve qu'ils en rapportent n'est point désordonné, ou ils le rythment en chemin. Puis, leur mélancolie n'a jamais honte d'être belle.

— Maître, lui dis-je (c'est ainsi que l'on nomme chez nous les patrons des navires), maître, un jeune poète vient de se fixer dans Thulé.

— Vous devez l'en féliciter, répondit Pythéas. Thulé est pleine de merveilles. Les jours de grand soleil, je la vois frissonner à l'extrémité de mon rêve comme une perle pâle, une sœur de la lune où toute peine est adoucie. J'y contemple les premiers dieux d'où furent engendrés le monde ; car Saturne, Rhéa, les Titans se la disputent encore... Pourtant, dites-moi, ce poète, sur ce rivage d'affliction, fait fleurir les Beaux-Arts où il s'est sans doute exercé ? Il est temps, en effet, de répandre nos rythmes ; car le monde n'est point fini. Tout n'est point comme ici simple, lumineux et doré. Jupiter a chargé nos races d'introduire la loi dans la confusion, de proclamer une harmonie au sein du trouble même et de faire surgir la monade, fille du ciel, aux lieux qu'ont désolés mille dyades ténébreuses. Ainsi parlait du moins cet élève du Samien[184], dont je fréquentai les leçons. Je suis bien assuré que votre ami s'est conformé à de pareils enseignements ; et il a dressé dans la brume, tissant l'écume des nuées, taillant la masse des glaciers, quelque palais audacieux dont, cathédrale ou basilique, la divine Pallas aura été fière ?

Je n'osai lui répondre avec trop de clarté ; mais j'exposai rapidement la sorte de poumon marin dont vous êtes, mon cher Retté, si heureusement accouché. Or, Pythéas fronçait le sourcil lentement.

Arrivé à ce point où vous vous écriez devant tant de contradictions qui gouvernent les choses

« La nature est un monstre. » Pythéas s'écria :

— Quelle découverte admirable ! Hé ! nous nous en doutions ! La fille du Chaos ressemble à son père ! Nos plus mauvais maîtres d'école l'inculquaient à nos fils ; mais ils passaient ensuite à quelque sujet plus prochain. Tous nos poètes religieux mentionnaient la difformité qui commença le monde. Mais ils nous exhortaient aussitôt à massacrer les monstres qui subsistaient encore. Hercule, Prométhée, mille

---

[184] Le Samien Colaïos, précurseur de Pythéas puisque porté par une tempête il aurait le premier des Grecs franchi le détroit de Gibraltar vers 600 avant J.C., plus de deux siècles avant le navigateur Marseillais. (n.d.é.)

héros dont nous savons la vie et le labeur, ont visité la mer sauvage, purgé les antres des forêts, allumé les feux éclatants, séparé le doux de l'amer, le ferme de l'instable et ce qui doit périr d'avec les choses immortelles. Nous naissons et mourons pour collaborer à leur œuvre, pour la continuer. Qu'y ajoute M. Retté ?...

— M. Retté, cher maître, (repris-je en résumant de mon mieux cette thèse du meilleur défenseur des barbares), M. Retté estime que les monstres doivent encore être multipliés par l'imagination des hommes. Il va dans les lieux que les Grecs n'ont jamais retouchés. Il les copie, il les redit et il les grave dans ses livres. L'effet n'est point beau aussi vient-il à proclamer que les dieux sont des fumées dans le brouillard.

Pythéas rit amèrement.

— J'opine pour le bannissement de M. Adolphe Retté. Protagoras fut moins coupable. Les Dieux ne sont-ils pas le pur diadème du monde ? Si l'on cesse de les prier, ils se meurent dans l'incertain. Nous le savions ; et nous tendions les plus beaux voiles sur ces grossières vérités... Ces choses sont compréhensibles, pour peu que l'on se porte bien.

— Mais, Pythéas, M. Retté nous a prévenus que son âme avait nom folie. Car il se moque, avec tous les jeunes gens de son âge, d'être en bonne santé. Il trouve la chose vulgaire.

— Une chose vulgaire, répondit gravement Pythéas, c'est de vouloir se distinguer du chœur assemblé de ses frères. Rien n'est plus méprisable qu'une telle pensée. On ne l'avait point de mon temps. Et lorsque je partis ce fut pour revenir, à la gloire de tous. Hélas après six ans d'une dure navigation, quel funeste cadeau rapportai-je dans ma cité !

— Quoi Pythéas, vous regrettez d'avoir donné Thulé au monde ?

— Oui, puisque maintenant l'on va lui demander des Ordres, quand la pure Athènes est en fleur. Votre terre vieillit, et comme les vieillards elle s'incline vers l'enfance ; les bégaiements lui plaisent, et les tâtonnements. Elle n'a plus cette vigueur d'admirer quelque belle forme d'animal ou d'homme pensant. Il lui faut le type sommaire et vague du poumon marin. Mais je ne me console pas d'avoir indiqué les parages où triomphent ces petits monstres. Hélas ami, pourquoi faut-il que j'aie trouvé cette île ? Pourquoi la nommai-je, grands Dieux ?

Ce disant, Pythéas meurtrissait sa poitrine blanche, et de grands pleurs coulaient le long de ses joues de granit. Son repentir était si vif que je l'abandonnai sans tenter de le consoler. À quoi bon ? Il pleurait un monde. Et je partageais sa tristesse. Le dirai-je, mon cher Retté ? je n'étais pas bien éloigné de partager son opinion.

Un beau soir flottait sur la ville. Mais je voyais la terre se rembrunir à chaque instant. Ainsi, pensais-je, l'univers se rembrunit depuis trois siècles. Cependant une escadre de tartanes, de balancelles et d'autres petits bâtiments entraient dans le Vieux Port sous le triangle lumineux de leurs voiles latines. Une tiare de laine brune coiffait les matelots ; et ils chantaient en provençal. Ce chant suffit, mon cher Retté, pour me rappeler nos combats. Et je ne voulus point laisser les rives de Marseille, que je n'eusse remercié les dieux de la terre natale d'avoir si bien aidé les rameurs de la nef romane à laisser les bords de Thulé.

LES BARBARES DU PARNASSE

1894–1905

LA PERFECTION SUR LE PARNASSE
D'APRÈS *LES TROPHÉES*[185]

Monsieur José-Maria de Heredia a obtenu le plus éclatant succès de presse de l'année 1893. L'Académie lui a d'abord décerné un de ses grands prix ; elle vient de l'élire au fauteuil de ce pauvre M. de Mazade[186]. La cour et la ville l'ont lu. Il n'est petit lettré qui ne sache par cœur *Antoine et Cléopâtre* et ne montre quelque exemplaire des *Trophées* triomphalement relié au milieu de sa bibliothèque. Un entrefilet, trop rapide, mais pourtant assez net, donné ici, l'année dernière, au moment où se répandit ce singulier engouement, me valut une foule de protestations ; ces paroles avaient troublé d'honnêtes consciences et je crois que les cercles de deux ou trois petites villes me mirent un peu à l'index. Plusieurs amis que j'ai m'écrivirent leur affliction.

Cette unanimité dans l'admiration des *Trophées* ne sera pas la moindre honte du goût contemporain. Quelle pitié qu'il soit besoin de dire (et même de crier un peu) que les vers que voici sont bons à mettre au cabinet !

> Il pleuvait. Les soldats, devenus frénétiques
> Par le harcèlement venimeux des moustiques
> Qui noircissaient le ciel de bourdonnants essaims,
> Foulaient avec horreur dans ces bas-fonds malsains
> Des reptiles nouveaux et d'étranges insectes...[187]

Et pourquoi faut-il que ces infamies aient plu à Michel Salomon[188] ? Un ami de Barbey trouva, un jour, le grand critique vêtu de rouge et brandissant un poignard japonais en guise de coupe-papier : « Vous me voyez en bourreau pour la femme Sand », criait l'ennemi des bas-bleus. Il faudrait se mettre en bourreau pour parler équitablement de ces rhapsodies.

---

[185] *Gazette de France*, 25 février 1894.
Les chroniques réunies ici sous le titre *Les Barbares du Parnasse* ont été publiées dans la *Gazette de France* ou la *Revue encyclopédique* entre la parution des *Trophées* et la mort de José-Maria de Heredia. Toutes ces chroniques ont été reprises en 1925 dans le chapitre « Le Barbare méconnu » du recueil *Barbarie et Poésie*. (n.d.é.)
[186] Charles de Mazade, né en 1820, publia divers travaux d'histoire, notamment dans la *Revue des deux mondes*, et fut élu à l'Académie en 1882. Peu avant sa mort il rédigea une étude sur l'opposition royaliste (Berryer, Villèle, Falloux) qui fut publiée en 1894. (n.d.é.)
[187] Heredia, Les Trophées, Les Conquérants de l'or, II. (n.d.é.)
[188] Mon collaborateur et ami de la *Gazette de France*, Michel Salomon, correspondant littéraire du *Journal de Genève*, écrivain du plus rare et du plus beau talent, qui été prématurément enlevé aux Lettres. [Note de *Barbarie et Poésie*.]

Et notez, je vous prie, qu'il y en a peu de meilleures par tout le tome des *Trophées* ! Je ne sais pourquoi la critique a fait grise mine à ce poème des *Conquérants de l'or*, d'où sont tirés les cinq vers qu'on vient de lire, quand elle applaudissait amoureusement tout le reste. Je veux bien que le reste soit plus haut en couleur, plus retentissant et même, si l'on veut, d'un relief plus accusé. Les laideurs ne font qu'y gagner plus de saillie. L'art de José-Maria de Heredia offre ce caractère essentiel, de n'être jamais si condamnable ni si distant de la véritable beauté qu'aux endroits que les admirateurs marquent d'un caillou blanc. « Pour les sonnets, note justement Michel Salomon, il n'y a eu qu'un cri. » Et j'en dois convenir ; mais aussi ces sonnets sont les plus mauvais de la langue.

On ne crie plus, on pâme devant certains sonnets. Tenez-les pour les pires. *Antoine et Cléopâtre* nous est donné pour le chef-d'œuvre des chefs-d'œuvre. Ce n'est que le chef-d'œuvre d'une méthode poétique non moins fausse que surannée. Tous les procédés s'y font voir rangés dans un bon ordre. Les résultats sont clairs aussi, puisqu'ils sont nuls ; sous le barbare éclat de la coloration, l'œil ne perçoit rien qu'un pittoresque heurté dont les effets s'entre-détruisent. Que penser notamment des tercets vantés :

> Tournant sa tête pâle entre ses cheveux bruns
> Vers celui qu'enivrait d'invincibles parfums,
> Elle tendit sa bouche et ses prunelles claires

(Je ne souligne ni l'incroyable abus des épithètes, que je m'abstiendrai de nommer du vrai nom de chevilles, ni leur insupportable symétrie ; prenez seulement garde au poids odieux de la phrase, à l'inharmonieuse crudité des peintures et surtout à l'incohérence de tout le mouvement.)

> Et, sur elle courbé (!) l'ardent Imperator (!!)
> Vit dans ses larges yeux étoilés de points d'or
> Toute une mer immense où fuyaient des galères.

C'est Alceste en personne qu'il faudrait convier à lire ce sonnet d'Oronte. La chute assurément lui en eût paru amoureuse[189]. Les voilà, dirait-il, ces yeux de Cléopâtre ! Tant de grands rois et de poètes n'ont donc aimé que ces kaléidoscopes bizarres, peints de points d'or, d'étoiles, de « toute une mer » et de plusieurs galères, romaines, par surcroît ! Il est vrai qu'ils sont « larges ». Subtile précaution ! L'auteur

---

[189] « La chute en est jolie, amoureuse, admirable », applaudit Philinte après qu'Oronte ait fini de lire son sonnet, alors qu'Alceste maugrée : « La peste de ta chute, empoisonneur au diable ! En eusse-tu fait une à te casser le nez ! » (n.d.é.)

les pouvait élargir sans risquer d'y verser une larme, un regard, un trait de vivante lumière !

C'est que la vie est synthétique ; il n'y a ici qu'une succession de trois ou quatre images trop nettes, qui se remplacent sans se superposer ni se fondre, car elles ne sont ni homogènes ni harmoniques. Trait caractéristique de l'art parnassien ! Il vaut bien que l'on s'y arrête. Parce que Chateaubriand et les romantiques abusaient déjà de la permission de décrire, leurs successeurs se sont appliqués à ne fournir que des descriptions. Ils ont essayé d'être paysagistes et portraitistes. Ils ont même lavé l'aquarelle psychologique. Humble ambition, vœu médiocre, qu'ils n'ont même pas accompli ! Les effets qu'ils ont obtenus, on en a vu plus haut le plus parfait échantillon. Leurs descriptions ne font rien voir. Michel Salomon me fera peut-être observer que l'auteur des *Trophées* sait nous montrer « un enlacement de fleurons », une « courbe d'aiguières », et qu'il peint « par les mots et les rythmes » « le poli d'une lame » ou « la torsion d'une poignée ». Mais l'indulgent critique est-il sûr de voir tout cela ? Et puis après ? Fragments qui ne s'unissent point et tendent au contraire à se subdiviser ! De sorte que non seulement le parfait Parnassien apparaît incapable d'embrasser et d'exprimer aucun objet ni aucun être en son entier, mais il est prisonnier des détails, des facettes les plus insignifiantes des choses et encore de l'analyse à laquelle il ne cesse de les soumettre. Tout se résout en taches, en membres de phrases pourprés ou verdoyants, le plus souvent en mots d'une assez sauvage polychromie et animés d'un ronflement régulier et fort.

Mais j'aurais horreur d'être ingrat. Je veux dire à José-Maria de Heredia quelle sorte de gratitude je lui ai. Je le remercie d'être né. Je le félicite d'avoir offert au monde un modèle si pur du tour d'esprit des malheureux poètes de sa génération. Cela lui donnera peut-être une gloire plus sérieuse que celle qu'on lui fait goûter aujourd'hui. Cent cinquante sonnets polis pendant trente ans et qui laissent voir du premier jusqu'au dernier une absurdité identique, le document sera de poids pour le philosophe et l'historien. Les sonnets de Stéphane Mallarmé, qui ont leur prix, ne valent pas ceux-ci pour les horizons psychologiques qu'ils nous découvrent.

Toutes les habiletés du monde (« finesses savantes » ou « perfections techniques » dont s'émerveillait Michel Salomon) ne sauraient déguiser ici les symptômes flagrants du mal parnassien. Or, c'est le même mal qui sévit devant nous en morale et en politique, en philosophie sociale, cette impuissance à réduire les formes, les pensées, les visions, les rêves, à la loi d'aucune Unité.

Comme, dans un organisme dont le ressort est affaibli, ce sont les derniers éléments nerveux qui déterminent le branle des rouages supérieurs de toute la machine, comme, dans une démagogie, ce sont les intérêts des simples citoyens qui l'emportent sur les intérêts de l'État, ici les rimes et les mots, et les mots de l'ordre inférieur (les épithètes) orientent la phrase, déterminent le vers. Et c'est ainsi, d'images fortuites et adventices, que découle le sens général du poème, lorsque le poème offre un sens.

Observez que les Parnassiens ont essayé d'arrêter la déliquescence. Crainte de la licence, ils ont appauvri les ressources naturelles de la langue et de la poésie. Ils ont redoublé de contraintes extérieures. Ils ont établi en prosodie une sorte de mécanisme. Tout a été réglé et réglementé du dehors. Le moins possible d'inversions et peu d'enjambements. Point d'hiatus. Banville a écrit au chapitre des licences poétiques[190] : « Il n'y en a pas ». La rime a dû s'enrichir de plusieurs consonnes d'appui. Il y a eu les sonnets réguliers et irréguliers, suivant que les rimes des quatrains y étaient quadruplées ou non. Mêmes règles pour ce qu'on nomma « l'écriture » ; on n'osa plus parler d'un jardin agréable, d'une pluie fine ou d'un beau temps, ces différentes épithètes manquant de rareté. Peines ingénieuses et laborieuses législations ! Elles furent bien superflues. On ne guérit pas l'épilepsie avec des béquilles. Tant de soutiens, de contreforts, ne firent que donner à la poésie du Parnasse un air plus délabré et aux bons Parnassiens d'inutiles tourments.

Leurs rêveries d'histoire, où je ne sais comment Michel Salomon trouve qu'ils résument des siècles, me paraissent puériles, courtes, un peu charlatanesques. Tellier ne savait si « l'imperator sanglant » de Heredia, dans le *Soir de bataille*, était un général romain ou quelque écuyer de cirque qui faisait son entrée au rugissement des cuivres et au tumulte des tambours.

Qu'est-ce que ces magasins d'accessoires pillés auprès des deux vers de Racine où les lèvres harmonieuses de Bérénice rappellent ce qu'ont vu ses yeux amoureux de la gloire et de la majesté du peuple romain :

> Ces flambeaux, ce bûcher, cette nuit enflammée,
> Ces aigles, ces faisceaux, ce peuple, cette armée... ![191]

En quelques termes généraux, Racine a su peindre l'âme d'un peuple réfléchie dans les yeux et le cœur d'une jeune femme.

J'entends bien : l'on me dit que, du moins, la versification a progressé par la grâce des Parnassiens. Leur prosodie est sûre ; de bonnes âmes jurent même qu'ils ont la palme à ce beau jeu. Cependant leurs alexandrins misérables se traînent lourdement, comme de pauvres barques halées tout le long d'un canal, après l'attelage des rimes, et ces bêtes de trait vêtues d'un harnais si voyant qu'on éprouve pour elles de la honte et de l'embarras :

> Morne ville, autrefois reine des... océans,
> Aujourd'hui le requin poursuit en paix les... scombres
> Et le nuage errant allonge seul des... ombres

---

[190] Dans le *Petit Traité de poésie française* paru en 1872, sorte de missel du bon Parnassien. (n.d.é.)
[191] Racine, *Bérénice*, acte I scène 5. (n.d.é.)

> Sur ta rade où roulaient les galions... géants.
> Depuis Drake et l'assaut des Anglais... mécréants,
> Tes murs désemparés croulent eu noirs... décombres
> Et comme un glorieux collier de perles... sombres
> Des boulets de Pointis montrent les trous... béants.[192]

Ou, si vous désirez, plutôt qu'une invocation à Carthagène des Indes, quelques bouts-rimés japonais :

> Sous le noir fouet de guerre au quadruple... pompon,
> L'étalon belliqueux en hennissant se... cabre
> Et fait bruire avec des cliquetis de... sabre
> La cuirasse de bronze aux lames du... jupon.
> Le Chef vêtu d'airain, de laque et de... crépon,
> Ôtant le masque à poils de son visage... glabre,
> Regarde le volcan sur un ciel de... cinabre
> Dresser la neige où rit l'aurore du... Nippon.[193]

Que cette subordination du sens et du rythme à la rime est caractéristique ! car si la rime est l'élément mécanique du vers, le rythme en est l'âme sensible. Il n'en affecte aucun endroit particulièrement. Nulle part il ne pèse ; il est présent partout. Il est le signe des vibrations de la vie et de l'harmonie, c'est lui l'ordonnateur, presque le créateur. Comme il est affaibli chez les Parnassiens ! ils ont eux-mêmes recensé les différents systèmes de *ronron* qu'ils ont employés et, Michel Salomon peut en être assuré, c'est une leçon vite apprise ; n'avons-nous pas à Paris environ trois cents « parfaits artisans du vers », deux cents « purs ouvriers du rythme » et quatre ou cinq bonnes douzaines d'« impeccables poètes » et de « sonnettistes absolus » ?

Il y a une fable, assez ridicule, à détruire. Les plus déclarés adversaires du Parnasse se croient obligés de lui concéder les beautés de la forme, les mérites de la « facture », ce qu'on nomme enfin le métier. Or, rien n'est moins exact. S'il est vrai que tous ces forgerons, bijoutiers, émailleurs, ébénistes et menuisiers du Parnasse n'ont guère rencontré de haute inspiration, ils n'ont pas eu davantage le tour de main, l'adresse et la *maestria* qui eussent permis de donner d'agréables bibelots d'étagères. Ce qu'ils ont fait (si l'on excepte un ou deux psaumes de Leconte de Lisle et les gracieuses rêveries de Banville) se trouve sans valeur, même relative. Et la raison que j'en ai donnée n'a rien cédé de sa vertu. Il faut, pour réussir une aiguière de

---

[192] Heredia, *Trophées*, *À une ville morte*, sous-titré : « Cartagena de las Indias. 1532– 1583– 1697. » (n.d.é.)
[193] *Idem*, *Le Daïmio*. (n.d.é.)

Benvenuto, les mêmes qualités qui servent (en un degré plus éminent) à un Michel-Ange pour brosser sa plus belle fresque ; il y faut le génie secret et le processus de la Vie.

Que si finalement l'on me ramène à M. de Heredia, je déclarerai pour conclure qu'il y a plus de poésie véritable dans une strophe de Pierre de Nolhac ou dans une épigramme de Frédéric Plessis que dans tous les *Trophées*. Pour ma part, je donnerais bien presque toute l'énorme production du Parnasse pour un quatrain comme celui-ci, de *La Lampe d'argile*, dont on adorera la douce bienveillance et l'antique parfum :

> N'accuse pas la mer de ton sort misérable,
> Naufragé ! mais plutôt les vents injurieux :
> Car ils t'ont fait périr et le flot secourable
> T'a roulé doucement au tombeau des aïeux.[194]

Il est vrai que Michel Salomon prend Nolhac et Plessis pour des Parnassiens et je crois qu'il se trompe fort. Sans doute, ils ont vécu sous la mauvaise étoile, mais leurs vrais maîtres, qu'ils en conviennent ou non, ont été Racine et Chénier. Et je le ferais voir sans peine si j'avais le loisir de déplier ici ces jolis *Paysages de France et d'Italie*, dont je regrette de ne pouvoir même pas détacher les tendres sonnets à cette Hélène de Surgères, en qui Nolhac salue le dernier amour de Ronsard. Ce doux poème chasserait le souvenir des trop déplaisantes chimères romantiques que José-Maria nous croyait déguiser sous la stole ou sous la chlamyde ! Et comme y brillerait la tremblante beauté de cette poésie qui fuit l'oiseux détail de la minutie descriptive, qui ne se prend qu'à l'âme, à la pure essence des choses,

> Qui ne pose jamais que sur de tendres fleurs[195],

selon les propres termes de Platon et de Moréas.

C'est Moréas lui-même qui achèvera de nous rendre cette vraie poésie dans son intégrité. Ne croyez pas que j'aie parlé d'un autre que de lui au courant de ces réflexions sur les Parnassiens ; c'était le souvenir de sa poésie vive, simple (encore que concise et volontiers mystérieuse), de ses rythmes légers, sinueux et prompts, de ses fines nuances de pensée et d'émotion, qui me rendait si véhément contre les barbouilleurs. Il arrivait de temps à autre que le sens et le goût de la claire beauté fussent près de m'abandonner au milieu de leurs enluminures gothiques ; mais il me suffisait de réciter tout bas quelque sylve gracieuse du *Bocage moral et plaisant* ou

---

[194] Frédéric Plessis, *La Lampe d'Argile*, *La Couronne aganippide* II, XII. (n.d.é.)
[195] *Le Pèlerin passionné*. [Note de *Barbarie et Poésie* ; il s'agit du recueil de Jean Moréas.]

l'un des neuf fragments d'*Énone au clair visage* ; cette grâce athénienne me rendait aussitôt la douce lumière oubliée.

> ... Non, non, ne me dis pas : Pourquoi ce fol amour ?
> Jeune tige, pareille à ce noble palmier
> Que dans l'âpre Délos Ulysse vit un jour.
> Laisse, laisse Cypris à l'horizon descendre,
> L'air est tout imprégné du pollen des fleurs tendres ;
> Ferme tes yeux aimés,
> Puisque l'ombre qui croît me les a dérobés...[196]

Si en effet l'on veut connaître Moréas, il faut prendre le contre-pied de tout ce que j'ai dit des auteurs du Parnasse. Et la première différence est qu'il ne veut point distinguer sa poésie d'avec son art, ni son art d'avec son métier. Tout cela est un et vivant. Aussi, ses vers, ses strophes, ses poèmes, les sait-il composer, mesurer et conduire en leur chemin mélodieux. Il a des brusqueries, des heurts, quelquefois des incertitudes. C'est qu'il tente des airs nouveaux. Encore cette nouveauté n'est elle qu'un retour à des sciences trop oubliées. À son avis, les Parnassiens avec les romantiques ont corrompu ensemble l'imagination des poètes, leur style, leur langue même et leur rythmique ; il veut donc que l'on renouvelle tout cela d'un seul mouvement. La Grèce antique, Rome, nos trouvères d'oïl et d'oc, les grands lyriques du XVIe siècle, enfin Malherbe, La Fontaine, Jean Racine et André Chénier lui paraissent les maîtres naturels de cette future « Renaissance romane ». S'il existe une tradition française, il faut avouer qu'elle est là et que, si une discipline fut violée en France depuis près de cent ans, c'est assurément celle-là.

Pourquoi déguiserais-je que j'ai défendu de tout cœur ces idées, comme j'ai travaillé à répandre et à publier le plus loin que j'ai pu les nobles poèmes du *Pèlerin passionné* ? C'était en 1891. Le recueil venait de paraître et, bien que l'auteur eût déjà rompu avec ses anciens compagnons du Parnasse et du symbolisme, plus d'un feuillet de ce volume portait la marque de l'époque de transition où il avait été écrit. Tel fragment, « Madeline aux serpents, Madeline », par exemple, ou telle chanson de grand'route ressemblait à ces amorphes tâtonnements dans lesquels tant de jeunes hommes se dépensent encore en pure vanité. Il ne me fut point difficile de faire abstraction de ces détails secondaires et je goûtai heureusement toutes les parties achevées de ce beau et doux livre.

Il fut promptement épuisé et c'est une édition nouvelle de ce *Pèlerin* que Michel Salomon nous signalait au cours de son dernier article ; je ne sais s'il a dit que c'est avant tout une édition épurée. Les poèmes d'un « romantisme » médiocre ou d'un atticisme douteux ont été rejetés dans une petite plaquette imprimée pour les

---

[196] Moréas, Poèmes et Sylves, Énone au clair visage, I. (n.d.é.)

amateurs et que l'auteur, aussi bon symboliste qu'exact justicier, a voulu appeler *Autant en emporte le vent*. N'est-ce pas d'un joli courage ?

Des poèmes nouveaux sont venus, en revanche, accroître le vieux *Pèlerin*. Les métriciens inquiets des audaces de Moréas feront bien de s'y renseigner et je n'ai pas besoin de recommander le volume aux esprits amoureux de subtiles chansons. Mais ne paraît-il pas qu'un volume est bien la cachette la plus froide, la plus obscure, la plus triste où se puisse tenir prisonnière la Poésie ? Qui la délivrera de la lettre morte ? Qui la ramènera au chant ? Bien des querelles littéraires seraient vite réglées si notre jeunesse s'accoutumait à réciter les vers autrement que les artistes de nos théâtres subventionnés. Il ne faut pas lire les vers, il ne faut pas non plus les dire, mais les chanter. Ils sont faits pour voler sur les lèvres harmonieuses ; et ce serait donc un jongleur ou un rhapsode que j'aimerais d'envoyer au lecteur bienveillant ou à la curieuse lectrice qui me témoigneraient de leur désir d'être introduits aux mystères du *Pèlerin*.

LES TROPHÉES À L'ACADÉMIE OU LE « MOI » DANS LA LITTÉRATURE[197]

Une femme d'esprit a désigné d'un joli nom le va-et-vient des conversations amoureuses que la timidité de l'interlocuteur, le lieu de l'entretien, la vertu de la dame ou tout autre motif doivent priver de leur dénouement naturel ; ce sont, dit-elle, des « exercices de style ». Bons exercices pour lesquels l'Académie française a beaucoup de goût. Dans les séances solennelles qui se tiennent sous la coupole, on aime les discussions condamnées à rester sans issue, les problèmes qui désespèrent de leur solution.

M. José-Maria de Heredia, M. François Coppée ont bien suivi de point en point, l'autre jeudi, la tradition académique, et ils ont donc agité, le plus gravement du monde, s'il convenait à des poètes de montrer au public leur moi ou de le renfermer dans un tabernacle tendu de voiles.

M. de Heredia a pris prétexte d'une phrase qui se rencontre dans la préface dont son prédécesseur, M. de Mazade-Percin, avait fait précéder son unique volume d'*Odes*. L'auteur des *Odes* déclarait qu'il s'efforçait de « s'éloigner de cette voie toute personnelle où on a entraîné la poésie ». C'est de quoi M. de Heredia l'a loué de bon cœur, professant, lui aussi, que « cette façon toute familière de mettre son cœur à nu devant le public ne convient qu'à quelques rares hommes d'élite ». Mais je laisse parler le nouvel académicien :

> M. de Mazade a raison. Ces confessions publiques, menteuses ou sincères, révoltent en nous une pudeur profonde. Seul le génie a le droit de tout dire. Et pourtant, ce n'est qu'en les généralisant par une idéalisation naturelle ou volontaire que les poètes ont pu, sans paraître impertinents, expliquer leurs sentiments intimes. Lamartine en est le plus admirable exemple. C'est que la vraie poésie est dans la nature et dans l'humanité éternelles, et non dans le cœur de l'homme d'un jour, quelque grand qu'il soit. Elle est essentiellement simple, antique, primitive et, pour cela, vénérable. Depuis Homère elle n'a rien inventé, hormis quelques images neuves, pour peindre ce qui a toujours été. *Le poète est d autant plus vraiment et largement humain qu il est plus impersonnel.* D'ailleurs, le moi, ce moi haïssable, est-il plus nécessaire au drame intérieur qu'à la publique tragédie ? Racine est-il moins passionné pour avoir chanté ou crié ses passions par la voix suave ou terrible de Bérénice, d'Achille, d'Hermione, de Mithridate et de Phèdre ? Non certes, car le don le plus magnifique du poète est la

---

[197] *Revue encyclopédique*, 15 juin 1895. (n.d.é.)

puissance assurément divine qu'il a de créer à son image des êtres vivants et d'évoquer des Ombres.

Voilà des paroles très nettes, et assénées sur le mode sentencieux. J'en goûte la fierté, le tour grave et hautain. Je ne sais pas si tout y est aussi précis que net. M. José-Maria de Heredia, qui a défini M. de Mazade poète « un rhétoricien méridional qui a lu les bons auteurs », ressemble fort dans ses sonnets à ce rhétoricien du Midi ; à ceci près qu'étant né à Cuba il nous vient du Midi extrême, qu'il a lu autant de mauvais auteurs que de bons et qu'on s'en aperçoit. Mais c'est des bons auteurs qu'il s'est nourri surtout lorsqu'il a conçu l'ordre de son discours et qu'il l'a rédigé. Ce qu'il dit, en particulier, de la puissance de durée des ouvrages d'Homère fait grand honneur à sa culture et à son goût. Seulement il est bien sorti de la question, qui était de savoir s'il pouvait être permis de dire « je » ou « moi » en poésie.

Quant à M. François Coppée, il s'est donné figure de général d'armée. Parlant des disciples d'Alfred de Musset qui régnaient vers le milieu du second Empire et qui n'admettaient que « la poésie confidentielle », « l'inspiration née de l'amour et de la douleur », M. Coppée s'est défendu en ces termes de rien avancer de désobligeant pour nos élégiaques : « il ne faut jamais tirer sur ses troupes ». Les troupes de Musset ont passé sous le commandement de M. Coppée. M. Coppée s'est donc gardé d'une apologie trop ardente du système des Impassibles et des Impersonnels. Il a loué leur courage, leur délicatesse d'artistes. Il a posé qu'ils n'étaient pas, du moins, impassibles devant les traits de la Beauté. « Ne peut-on pas être poète sans raconter ses peines de cœur ? » Et cependant M. Coppée, en prononçant ces mots, restait fidèle à ses amours ; ou, pour mieux dire, par un long, un timide circuit, il revenait à elles, à la poésie du moi, à la pure et simple élégie. Il comparait le poète au rossignol qui n'élève la voix que « dans la paix et la solitude de la nuit » et « quand tous les nids se sont tus » : « il doit chanter tout seul ». Or, que chanter, lorsqu'on est seul (pardonnez-moi ces métaphores), si ce n'est la chanson secrète de son cœur ?

Il était impossible de manœuvrer plus habilement que M. François Coppée, avec une méthode d'insinuations plus subtiles et plus sûres, enfin de mieux tourner les bataillons de l'adversaire. On a vu que ces bataillons étaient fort bien rangés ; et la tactique de M. de Heredia n'était pas moins astucieuse que la stratégie de M. Coppée.

À bien parler, les deux poètes ont l'un et l'autre dénaturé le problème, si problème il y a. L'Académie a fait la bête. Je veux dire qu'elle s'est donné l'air de les croire. Toutefois, elle savait à quoi s'en tenir. Ce n'est même pas seulement « la poésie personnelle », l'intervention directe du moi, l'emploi du pronom de la première personne, que les Parnassiens ont blâmé : ils furent quelque temps les ennemis de l'émotion et du sentiment, et ils conçurent le poète comme un miroir glacé opposé au cours de la vie. Je ne dis même pas assez ; ils allèrent bien à proscrire toute humanité de leurs vers. Nul ne serait embarrassé de citer à l'appui des textes probants, si le débat était digne d'être repris.

Il a terriblement passé de l'actualité ! Les thèses organiques du Parnasse jonchent le sol. Et personne n'a souci de les relever, Pour la question du moi en littérature, elle se pose d'autre sorte qu'en 1865. Nos lettrés ne demandent point s'il faut ou non « raconter ses peines de cœur ». Car cela va de soi. Nous savons que nos joies et nos peines sont inséparables de nos pensées, et, comme l'a bien montré M. de Heredia, c'est l'âme de Racine ou l'âme de Virgile que l'on finit toujours par découvrir sous les figures des héros et des héroïnes de leurs poèmes. Mais que raconter de notre âme ? Est-ce son journal quotidien ? Ou serait-ce plutôt les grandes lignes de son histoire ? Ou, plus profondément, les traits de sa structure intime et les points par lesquels cette Âme, qui est nôtre, ressemble aux âmes de tous les lieux et de tous les temps.

1. Les classiques se sont attachés à cette humanité générale et abstraite ; s'ils ont préféré quelque siècle ou quelque pays, ç'a été justement parce qu'ils y voyaient se dégager avec plus d'aisance et de lumière cette quintessence de l'homme.

2. On peut dire que, tout au contraire, les romantiques, les naturalistes, les impressionnistes veulent montrer la vie des hommes au jour le jour, à la grâce des accidents, des rencontres et des climats. On applique à leur art l'épigramme connue : *Historiola animae*. Ces messieurs écrivent la petite gazette de la psychologie et ils n'ont avec l'esthétique que de rares points de rencontre. Ils sont abandonnés à la description du particulier. Ils cherchent la singularité du détail. Ils doivent donner dans l'étrange. Leur moi est une fleur dont ils chérissent surtout les déformations. Ce n'est pas une belle fleur.

3. Dans l'entre-deux, il faut placer beaucoup de bons esprits qui, incapables de partager l'erreur romantique, n'ont pas eu la force de la dédaigner complètement. Ils l'ont dépassée de beaucoup. Ils se sont efforcés d'exprimer ou leur siècle ou leur race, sans entrevoir les relations qui unissent cette race ou ce siècle à tout siècle et à toute race. Leur art sera de grand profit et d'excellent enseignement aux historiens et aux géographes. Les peintures qu'ils donneront de leur âme refléteront un grand nombre d'âmes voisines ; elles préparent à la curiosité des hommes futurs l'aliment de leurs témoignages, Il en sera ainsi de bien des poètes du Parnasse. J'ai peu d'illusions sur le cas que la Muse éternelle pourra faire de leurs poèmes. Ces poèmes ne tarderont pas à être rejetés de tout esprit enclin à la vraie poésie. Or, il viendra des érudits. Et ceux-ci seront fort reconnaissants à M. de Heredia, à M. Coppée et aux autres de tant de menus documents sur les mœurs, la pensée, la rêverie et le sentiment des Français au milieu

du XIXe siècle. Peut-être nos contemporains perdront-ils dans l'estime de leurs neveux à être connus avec cette précision ; ils l'auront voulu.

Je signale aux historiographes à venir deux volumes d'égale valeur : ce sont les *Confessions*, de M. Paul Verlaine, et les *Mémoires d'un jeune homme*, de M. Henry Bauër[198]. Je prie nos bibliothécaires de ne point laisser perdre ces exemplaires précieux. Qu'ils se gardent surtout de les séparer. Qu'ils les placent l'un près de l'autre, sur la même planchette, et, s'il est possible, qu'ils les habillent de la même reliure. Ces deux livres ont paru tous les deux en même temps. Lisons-les simultanément. C'est d'un effet de parallélisme admirable ! On pourrait mettre au dos de leur reliure commune que ce sont les confidences du même bourgeois français, bourgeois des lettres, né aux alentours de 1850. Hormis ce détail que M. Bauër naquit Parisien, au lieu que M. Verlaine vit le jour et fit ses premiers pas en province, l'identité est absolue. Même physionomie des maisons natales ; même atmosphère des lycées et mêmes premières amours. Nos deux conteurs quittèrent l'état d'innocence par la même pente choisie ; ils nous content comment ce sacrement de l'initiation leur fut conféré selon le même rite, dans le même milieu, avec les mêmes circonstances et peut-être, qui sait ? par la même Bice[199].

M. Bauër, M. Verlaine nous décrivent ensuite des cénacles littéraires et politiques, les mêmes, puis la guerre, puis la Commune ; on voit ici Jules Andrieu, et là Raoul Rigault[200]. Il est vrai que l'histoire cesse d'être pareille pour les deux narrateurs dès le printemps de 1871. Elle bifurque là. M. Verlaine nous raconte les petits démêlés qu'il eut dès ce moment avec Mme Verlaine ; et M. Bauër nous embarque avec lui sur la *Danaé*, qui le conduit à Nouméa pour crime politique. Je dois dire que, jusqu'ici, les deux livres étaient de seconde beauté. Ils deviennent, au-delà, tout à fait poignants. Les pages où M. Bauër nous dit ses plus rudes moments sont des meilleures qu'ait écrites ce chroniqueur vigoureux. Et j'aime bien le ton moqueur, enjoué et tendre dont le poète saturnien nous détaille ses manèges de fiancé, ses tracas de ménage. Cela fait remonter à la mémoire les petites drôleries que l'on voit rimées sur la dédicace de *Parallèlement :*

> Vous souvient-il, cocodette un peu mûre
> Qui gobergez vos flemmes de bourgeoise,
> Du temps joli quand, gamine un peu sure,
> Tu m'écoutais, blanc-bec fou qui dégoise ?

---

[198] Henry Bauër (1851–1915), journaliste et homme de lettres, fut surtout connu comme critique dramatique. (n.d.é.)
[199] Diminutif de la *Béatrice* de Dante. (n.d.é.)
[200] Deux personnalités de la Commune. Jules Andrieu (1838–1884), un « modéré », se réfugia en Angleterre et finit après l'amnistie consul de France à Jersey. Raoul Rigault, ministre de la police puis sanguinaire procureur de la Commune, fut abattu pendant la Semaine sanglante. (n.d.é.)

> Gardâtes-vous fidèle la mémoire,
> Ô grasse en des jerseys de poult de soie,
> De t'être plu jadis à mon grimoire,
> Cour par écrit, postale petite oye ?
> Avez-vous oublié, Madame Mère,
> Non, n'est-ce pas, même en vos bêtes fêtes,
> Mes fautes de goût, mais non de grammaire,
> Au rebours de tes chères lettres bêtes...
> Et tout le train, tout l'entrain d'un manège
> Qui, par malheur, devint notre ménage...

M. Paul Verlaine n'a pas oublié la poésie à cet endroit de ses *Confessions*. Il nous donne quelques jolies stances, contemporaines, assure-t-il, de *La Bonne Chanson*, où « le plaisir ardent, l'armure impuissante » et enfin « le corps ingénu » de l'innocente fiancée se trouvent célébrés de la plus perverse façon. Je ne prétends pas que ces divertissements soient d'un trait bien classique. Qui ne voit qu'ils sont d'une humanité plus large, d'un intérêt plus général que les petites anecdotes destinées à nous peindre quelque furtif instant ? Il y a un point où le plus secret de la vie privée touche au fond de la vie commune. Dans ces pages confidentielles M. Verlaine s'est bien rapproché de ce point.

Et de même M. Baüer, en plus d'un chapitre de révolte ou de plainte. Ce sont des faits nus, d'ordre un peu singulier, mais qui provoquent des émotions familières à tous. De là leur effet quand elles ont paru dans *L'Écho de Paris*. Elles n'ont rien perdu de leur force brutale, ainsi classées en forme de livre.

Il serait aisé d'appliquer le même principe de classification à quelques ouvrages d'autobiographie qui viennent de paraître. Dans son *Enfant de volupté*, M. d'Annunzio nous expose en premier lieu les états d'un moi fugitif, singulier, excentrique et soigneux de ses plus étranges particularités. Puis, d'un moi d'italien du XIXe siècle mêlé à la vie d'une société dont la peinture est, me dit-on, à la fois très exacte et très embellie ; enfin, d'un moi plus vaste, plus caché, plus complet et qui n'offre qu'un rapport éloigné avec la personne vivante de M. Gabriele d'Annunzio, qui vit en elle cependant, qu'il faudrait appeler plus simplement « l'Amour blessé », plus simplement encore du titre italien de l'ouvrage, *Il Piacere*. C'est la mélancolie amère du plaisir que l'auteur a trouvé dans le dernier fond de lui-même. L'autobiographie touche à la métaphysique morale.

Et les *Souvenirs d'un auteur dramatique*, dans lesquels M. Henry Becque[201] a fait l'histoire de ses pièces, nous serviraient de même à pénétrer, à travers les élégies et les satires du dramaturge qu'ont injustement tourmenté la critique, les directeurs de

---

[201] Henry Becque (1837-1899), dont ces *Souvenirs* sont parus dix ans après son principal succès théâtral, *La Parisienne* (1885). (n.d.é.)

théâtres et le public, l'âme secrète de ses pièces, cette force de dureté, cette puissance d'amertume qui distinguent plusieurs de nos plus attentifs contemplateurs du monde. Molière porta cette plaie. M. Becque nous la fait voir. Elle n'est pas d'un moi vulgaire. Elle n'est pas non plus de qualité si rare qu'aucun de nous ne risque d'en être un jour rongé. Ce sont des « souffrances d'auteur ». Changez très peu de mots dont l'importance est médiocre, modifiez légèrement les circonstances, et vous aurez sans plus des « souffrances de père ». Elles vous prendront aux entrailles, étant toutes contées avec cette vivacité passionnée qui n'exclut nullement le travail patient, prolongé. M. Becque prépare très à loisir ses épigrammes. Mais elles n'en portent que mieux, nous venant du fond de cette âme et projetées au loin par un ingénieux mécanisme intellectuel.

Peut-être qu'il ne faut pas dire : *le moi est haïssable,* car il nous faudrait tout haïr. Notre personne étant partout, elle s'insinue malgré nous ; elle est présente même dans les ennuis que nous avons de la sentir si importune ! Elle est jusque dans la lassitude qu'elle nous donne. C'est encore nous qui souffrons de sa présence. Comment la dépouiller, comment la secouer ? Notre moi a pris l'habitude de ne plus faire qu'un avec nos actes et nos pensées. C'est une habitude fâcheuse, il n'est plus permis de la rompre. Tout le possible est en ce sens de rendre nos « moi » plus généreux, plus vastes, plus puissants, plus compréhensifs. Cela, il est vrai, est facile. Ce n'est qu'une nouvelle habitude d'intelligence à acquérir. Il suffit de chercher l'essentiel dans les choses.

Il suffit de nous détacher de tout ce qui n'est pas le cœur de nos objets d'étude, de rêves et d'amour. Nous embrasserons plus d'objets, les tenant dans leur pureté. Et ainsi nous ne garderons plus nous-mêmes que le degré et le genre d'impureté qui conviennent étroitement à notre condition d'habitants d'un globe imparfait. Nous ne serons point impassibles, ni impersonnels, ni éternels à la façon des dieux. Mais nos ouvrages dureront ce que pourra durer la figure actuelle du genre humain ; les émotions qu'on y verra seront toutes justifiées par leurs sujets, et elles ne cesseront pas d'être intelligibles à l'humanité, étant ses joies et ses peines élémentaires.

Catulle Mendès : Les Braises du cendrier[202]

Le titre du livre de M. Catulle Mendès voulait être expliqué ; il est seulement commenté en tête de chacune des quatre parties du volume. Mais le commentaire vaut la peine d'être transcrit.

Commentaire du livre premier : « Comme il fait clair, on ne les voit pas dans le cendrier. Il n'y a que de la cendre dans le cendrier. Le jour, si on ferme les volets, le soir, si on éteint la lampe, elles luisent encore. Ardeurs de rubis, plainte d'opale, étincellement des facettes d'un diamant noir. Je ne les regarde pas longtemps, de peur de les éteindre avec des larmes. »

Commentaire du livre II : « Mais il semble que les larmes, loin de les éteindre, les avivent. Il en a jailli d'entre les cendres des sursauts de lumière, pareils à des flammes de torchères. »

Commentaire du livre III : « Elles se sont pas alenties sous leurs retombées des cendres, pareilles à celle d'une urne qui se renverse. C'était fini. Non. Une fine chose rose pointa. L'air d'une églantine qui veut sortir du bourgeon ; il y eut çà et là, en des baies de poussière, comme de petites fleurs vives et bariolées. Cela ressemblait à un printemps qui éclorait parmi de la neige grise ; vous auriez pensé aussi à une menue princesse de conte de fées, habillés de pierreries, sous une vilaine robe couleur de vieux chemin. »

Commentaire du livre IV : « On a ouvert la fenêtre ! Et le vent de la vie a soufflé sur elles. Elles s'émeuvent à l'excès, elles flambent presque, elles ont l'air, par petits tas creux, de folles bouches maquillées d'où s'échappent des fusées de rires. Mais le vent s'en retourne en emportant avec les étincelles les braises et les cendres aussi. »

Je conseille aux personnes qui sont peu familières avec le tour d'esprit de M. Catulle Mendès de relire ces lignes et de les méditer. Comme tout cela est ingénieux ! Comme la métaphore des braises du cendrier est suivi jusqu'à son terme avec exactitude ! Comme tout ce qu'on peut tirer d'un pareil thème, allusions, analogies, on est dévidé dans son extrême longueur ! Mais par-dessous ce thème, quelle délicate et subtile broderie d'images de comparaisons subalternes ! Que de raffinement ! Que de don ! Et sur ces galons, que de musc, que d'ambre, que d'encens et de poivre adroitement incorporés ! L'admiration que doit inspirer une si habile page d'écriture est illimitée. Si toutefois l'on me demande quel rapport il y a de cette page au volume de vers qu'elle désigne et qualifie, je répondrai hardiment qu'il n'y en a aucun. Ayant des poèmes écrits à tout propos, en ayant fait quatre paquets plus ou moins homogènes, M. Mendès a cherché un passe-partout, je veux dire une métaphore capable de relier n'importe quoi à n'importe qui ; de là les braises, le cendrier et tout ce qui s'ensuit.

---

[202] *Revue encyclopédique*, 20 janvier 1900. (n.d.é.)

Voilà le malheur de ce titre. Ce serait un petit malheur, s'il ne se retrouvait, sous une autre forme, dans la plupart des poèmes de ce recueil. Une idée ingénieuse y est fréquemment indiquée. Le vocable heureux, la rime sonore, souvent même la curieuse invention du rythme y paraissent. Qu'y manque-t-il ? L'accord, la mesure, une secrète convenance, une naturelle harmonie. Voilà des mots qui devraient chanter ; ils ne chantent point. Voilà un sentiment qui devrait entraîner la suite lyrique des phrases ; phrases et mots restent inertes, comme cloués au sol. À voir tant d'éléments poétiques gisants et ainsi séparés de leur âme chantante, on comprend tout ce que voulaient dire nos pères quand ils parlaient entre eux de poètes cacochymes et languissants. Il en était de bien doués, lettrés exquis, savants prosodistes et raffinant le fin du fin, adroits même à remettre sur pied les vers d'autrui ; d'incroyables faiblesses les prenaient dès leur second vers.

Rendons justice à M. Catulle Mendès. Dans le recueil des *Braises*, il n'est tombé malade qu'après le troisième vers. Les deux premiers ne partent point d'un trop mauvais pas :

> *Elle fut haute et méritoire*
> *La tâche des Parnassiens !*

Et voici une belle et fière coupe :

> *Nous sommes tranquilles. La gloire*

Qu'attendez-vous ? Un vers final qui justifie et qui couronne dignement cette suspension ? Le poète s'en tire par une faible allusion historique :

> *... la gloire*
> *Reconnaîtra les siens.*

La pièce, en son entier, est illisible. C'est dommage. Le sujet prêtait à de beaux effets. S'adressant à M. Léon Dierx, prince de la poésie[203], son ancien compagnon de lutte, M. Mendès évoque successivement Glatigny, Coppée, Mallarmé, Villiers, Silvestre, Verlaine, Anatole France... Les poètes un peu doués ont excellé depuis Homère dans l'énumération ; celle-ci, glacée et pesante, aboutit à de plats éloges dont je ne sais ce qu'a bien pu faire M. Dierx :

> Nul, mon ami, ne te surpasse.
> D'autres, heureux, ont eu leur tour !

---

[203] Il fut élu à cette distinction honorifique en 1898 après la mort de Stéphane Mallarmé. (*n.d.é.*)

> Ton art contient plus d'espace
> Et ton cœur plus d'amour.
> Toute la vie en ton cœur libre
> Se plaint comme le vent des bois.
> Ah ! Que tu souffres ! Ton vers vibre
> D'universels abois.
> Mais, sublime comme la tige
> Des désespérés filaos,
> Il plane sur tout le vertige
> De l'éternel chaos.

Le monument diffère-t-il de ces propylées lamentables ? On le souhaiterait. Il ne faut d'ailleurs pas aller bien loin dans le volume pour apercevoir que M. Catulle Mendès sait écrire quand il lui plaît « dans la manière de plusieurs » (comme disait le malicieux Paul Verlaine) d'excellents sonnets romantiques. Je citerai entre vingt pièces ce sonnet. Ne l'épluchez point. Il amusera votre oreille et, au besoin, vous édifiera :

L'Or du Rhin

> Les fluides enfants du fleuve qui ruisselle
> Chair à peine, déjà femmes, ondes encore,
> Welgunde avec Woglinde et Flosshilde vers l'Or
> Lèvent leurs yeux d'eau verte où le rire étincelle.
>
> Tout le futur du mal gît dans l'Or. Il recèle
> (Noire gestation du flamboyant trésor)
> Les désastres, les deuils, puis, quand s'est tu le
> Cor, L'extinction des Dieux en l'ombre universelle.
>
> Mais, près de l'or ouvrant son radieux halo,
> Welgunde rit, Woglinde fuit, Flosshilde chante,
> Innocence mêlée à la candeur de l'eau.
>
> Et tout l'obscur destin, — l'âme au gouffre penchante,
> Les héros morts, les cieux déchus, la fin, la nuit, —
> Pour les folles enfants est un jouet qui luit !

Il est certain que ces vers-là se suivent et s'enchaînent en vertu d'autres nécessités que la volonté de la rime. Dans *Les Braises du cendrier*, comme il est vrai, dans l'œuvre entière de M. Catulle Mendès, de tels vers ne sont pas communs. Jamais un poète français n'a subi plus douloureusement le tyrannique appel de l'homophonie. La rime lui vient, je n'en veux douter, très facilement. Mais c'est une facilité qu'il a dû acquérir au prix de rudes sacrifices et de l'abandon presque complet de l'essor naturel de l'imagination. Banville avait la rime spirituelle ; c'était à la rime que venait de se poser son trait le plus vif ou le plus acéré. M. Mendès, qui n'a peut-être pas moins d'esprit que Banville, ne l'arbore pas à la rime ; on dirait qu'il est obligé de le retirer à l'intérieur de ses vers. L'indice est à garder. S'il est bien exact, il montre que M. Catulle Mendès a été, dans quelque proportion, la victime de cette poétique du romantisme qu'il a propagée pendant quarante ans.

N'écoutons pas les théories de M. Mendès. Lisons ses vers. Ils sont d'un bon exemple et d'un sérieux enseignement. Relisons ces pages de glace, toutes les fois que nous serons tentés de trop de dureté pour ce pauvre Alfred de Musset. Relisons-les, quand nous hésiterons à entendre dans son vrai sens le vers (d'ailleurs blasphématoire en tout autre sens) du pauvre Verlaine :

Et tout le reste est littérature[204]

Apprenons par cœur le Mendès afin de saturer notre intelligence, notre mémoire et notre cœur de cette vérité que l'essence de la poésie est spirituelle et que les plus adroites combinaisons de sons, les plus caressantes alliances de mots, les plus merveilleuses inflexions du discours ne sont rien sans la chaleur et le mouvement qui les vivifient, les soulèvent et les emportent. Les meilleurs ouvriers sont les pires s'il n'y a dans leurs œuvres que l'ouvrage qu'ils y ont mis. Ils font le démon ; celui-ci, déréglé, peut laisser tomber des erreurs, peut réaliser des laideurs. Mais, celui-ci absent, l'erreur et la laideur deviennent même des impossibilités toutes pures, car rien ne vient.

---

[204] Dernier vers du poème *L'Art poétique*, paru en 1874 dans le recueil *Jadis et Naguère*. Le sens que Verlaine donne à ces mots n'est pas du tout celui que l'on sous-entend quand on utilise cette expression sous sa forme banalisée, c'est-à-dire : « Je vous dis l'essentiel, le reste est sans importance ». Verlaine, quant à lui, après avoir énuméré ce qui ne doit pas selon ses canons figurer dans un poème, et notamment divers traits caractéristiques de l'univers hugolien, renvoie ceux-ci « à la littérature », c'est à dire à la prose. (n.d.é.)

Edmond Haraucourt[205]

Autrefois, il y a seize ans, peut-être dix-sept, M. Haraucourt a fourni à notre jeunesse de beaux vers pleins de sens, de raison, de force et d'âme. Je les ai lus, il y a seize ou dix-sept ans, dans le recueil de *L'Âme nue* et, un peu plus tard, dans ce mauvais petit livret, presque interdit, de *La Légende des sexes*. Je n'ai aucune peine à en retrouver dans ma mémoire le vague écho.

> J'ai crié vers la Terre : Aïeule, ô bonne aïeule,
> Déesse de nos dieux, toi la Rhée et l'Isis,
> Toi qui fais refleurir les bleuets dans l'éteule
> Et susurrer la source au creux de l'oasis ;
>
> Toi qui donnes aux nids le dais mouvant des feuilles,
> Toi qui verses la sève aux arbres jaunissants,
> Qui nourris les oiseaux de graines que tu cueilles
> Et qui berce les mers entre tes seins puissants...

Le bon normalien Maxime Gaucher, qui faisait en ces temps lointains le compte rendu du livre à la *Revue bleue*, signalait le dernier vers à notre admiration comme digne du grand Lucrèce, et, bien que les murailles de l'antique bibliothèque provençale où nous lisions Gaucher nous instruisissent à l'esprit critique, à la réserve et au bon goût, l'enthousiasme du professeur parisien nous gagnait, il me pénétrait. Nos relisions avec ivresse la *Prière à la Terre*, *Les Galoubets*, le grand poème de *Pasiphaé*. Nous nous prenions à espérer que M. Haraucourt serait la Lyre de notre génération.

Quel malheur que M. Haraucourt ait, chemin faisant, rencontré le mauvais sorcier ! Leconte de Lisle avait sans doute besoin de quelque disciple qui, supérieur à ses autres imitateurs, confondit, résorbât, perdît dans l'atmosphère de son talent un talent vrai, personnel et fort. M. Haraucourt se présenta donc à point. Le terrible vieillard transforma M. Haraucourt, mais il le transforma dans le sens le plus déplorable. Il lui imposa la raideur de son style, la sauvagerie de sa langue, l'aridité monotone de sa pensée. Il eut même le grand art de persuader M. Haraucourt de l'excellence de cette triple imposition. Le poète de *L'Âme nue* crut avoir découvert son Homère, son Virgile, son Racine et, comme dit harmonieusement M. Anatole France,

---

[205] *Revue encyclopédique*, 17 mars 1900. (n.d.é.)

le maître souhaité, l'incomparable ami[206],

celui dont le contact et la douce influence savent faire chanter jusqu'à la pierre dure, jusqu'à l'insensible rocher. Desséché, il s'est cru bonnement fécondé. Le recueil de *L Espoir du monde* porte en première page ces mots : « À mon maître très vénéré et très aimé, Leconte de Lisle. Hommage filial. »

Cette dédicace, qui honore le caractère de M. Edmond Haraucourt, donne peut-être une idée un peu moins favorable de sa sagesse. Ce que l'on peut dire de l'ouvrage ainsi consacré est qu'il manque perpétuellement de bonheur.

En voici l'idée directrice résumée dans trois strophes qui portent le titre du livre :

> Blanc de gloire, au milieu des anges à genoux,
> Il est assis, les pieds posés sur le tonnerre ;
> Ému d'une pitié qui l'incline vers nous,
> Il regarde passer les siècles de son ère.

Disons l'ère chrétienne. « Il », c'est Jésus :

> Le siècle souhaité par les siècles d'aïeux,
> L'espoir du monde, l'âge attendu par les âges,
> L'ère d'amour, les temps sublimes et joyeux
> Où nous serons meilleurs, plus justes et plus sages,

> Le paradis des temps ! Pour qu'il en fut ainsi,
> Le Christ donna son sang, son verbe et ses apôtres.
> L'œuvre est faite ! L'espoir des races, le voici !
> Et les siècles s'en vont les uns après les autres.

Le christianisme a fait banqueroute aux espérances qu'il éveilla ; pour le montrer M. Edmond Haraucourt a minutieusement rassemblé et rimé toutes les anecdotes scandaleuses de la Chronique et de l'Histoire depuis le premier siècle jusqu'à la fin du XIXe ; Les âges défilent ainsi, esquissant avec plus ou moins d'adresse et plus ou moins de gaucherie la preuve d'une tautologie éclatante.

Ah ! Je déplore que M. Edmond Haraucourt, n'ayant pu éviter de lire *La Légende des siècles*, ait relu par surcroît les *Poèmes antiques*, les *Poèmes barbares*, les *Poèmes tragiques !* Nous perdîmes ainsi la semence ignée d'un poète.

---

[206] Vers tiré du poème *Leuconoé*. Voir notre note complémentaire : « Anatole France, Maurras et Leuconoé » dans notre édition d'*Aux mânes d'un Maître*. (n.d.é.)

Raoul Gineste[207]

L'Histoire littéraire est un grand naufrage, c'est une vieille vérité que je ne me flatterai pas de rajeunir en vous la transcrivant. Le Temps engloutit, le Temps sauve, à son plaisir, à sa fantaisie, à son goût, l'œuvre que lui confie notre bonne foi de mortels. Ces caprices du Temps ont quelquefois de la sagesse et ses partis-pris ont leur sens.

Si le Temps m'admettait un jour dans ses conseils, je lui proposerais une bonne gageure. Temps, mon seigneur, dirais-je, sire Temps, ayez soin d'oublier tout ce que l'école des Parnassiens a rimé. Perdez, noyez, anéantissez tous ces tomes gros ou petits, bien rythmés ou cacophoniques. Ne gardez que *Le Rameau d or* de M. Raoul Gineste, et ce *Rameau* nous suffira. Vous aurez tout sauvé, à très bon compte, ce *Rameau* ne tenant pas cent cinquante pages et tout l'essentiel des poètes du Parnasse s'y laissant saisir à l'œil nu. On a fait aussi bien, et l'on peut faire mieux ; aucun Parnassien n'a donné d'œuvre aussi caractéristique que celle-là.

Je n'ai pas besoin d'expliquer à nos lecteurs ce qu'ont été les Parnassiens. Nés de 1820 à 1850, leur dernière floraison fut l'année des *Trophées*, 1894. C'étaient des romantiques qui se rangeaient, mais qui tenaient à rester de purs romantiques. Ils gardaient les idées de Victor Hugo et, comme lui, le goût du pittoresque, de l'excessif et du désordonné. Qu'il s'agit de sentir les choses, de les imaginer ou de les composer, ils avaient, beaucoup plus que ce pauvre Émile Augier, le droit d'appeler l'auteur de *Cromwell* « le Père ». La critique universitaire, qui a tant déraisonné sur ce sujet moderne, a fort bien discerné comment Théophile Gautier et après lui Banville, Leconte de Lisle et la troupe des Parnassiens se sont appliqués à rendre le Père présentable en société. Ce que la critique universitaire n'a pas vu, parce qu'elle est aussi dénuée de doctrine littéraire que de doctrine philosophique et politique, c'est la raison de l'échec de ces tentatives : le Parnasse n'a réussi qu'à déterminer une réaction romantique violente, une sorte d'ultra-romantisme sous la forme « décadente », « instrumentiste », « symboliste », parce que le Parnasse s'était contenté de donner au romantisme quelques freins extérieurs, aussi gênants que peu logiques et qu'insignifiants. C'est dans le sentiment, dans la pensée et dans le style que résidait l'erreur hugolienne. Il m'est agréable de dire que, depuis Désiré Nisard[208], dont l'*Histoire* a vieilli mais dont on ne cite pas assez le beau petit pamphlet sur *Les Poètes latins de la Décadence*, les poètes et les écrivains de l'école romane, notre Jean Moréas en tête, ont été les premiers à sentir cette vérité. Dix ans

---

[207] *Gazette de France*, 9 février 1902. (n.d.é.)
[208] Désiré Nisard (1806–1888), adversaire acharné des romantiques. Il publia des *Mélanges d'histoire et de littérature* tout au long de sa vie et une monumentale *Histoire de la littérature française* (1844–1861). Le *Discours sur les poètes latins de la Décadence* est au contraire une œuvre de jeunesse, parue en 1834. (n.d.é.)

ont passé sur nos antiques batailles, et la réforme que nous prétendions exiger s'accomplit peu à peu dans la plupart des bons esprits.

La réforme du Parnasse, étant incomplète, devait incliner les poètes à deux sortes de jeux : les chefs-d'œuvre de correction et les chefs-d'œuvre d'ingéniosité. Les vers carrés, retentissants et coruscants des maîtres de l'école restent dans toutes les mémoires ; on en trouverait à foison dans *Le Rameau d'or*. Mais le *Rameau* est surtout célèbre chez les amateurs pour les curiosités prosodiques.

Que dites-vous de ce problème : étant donné un vers de douze syllabes, faire entendre au lecteur un vers de treize ou un vers de onze, une sorte de vers boiteux ? Sans doute, ce n'est peut-être pas ainsi que M. Raoul Gineste, poète et bon poète, s'est d'abord posé la question. On peut penser, admettre qu'idée et rythme se présentèrent au même instant ; mais ce rythme précieux par son paradoxe une fois découvert, le poète s'y tint et, pendant neuf quatrains, il se plut à le répéter avec une joie d'inventeur. Songez qu'en changeant la césure de place il avait changé toute la vieille physionomie de l'alexandrin !

L'idée (une idée ultra-romantique !) était celle-ci : un homme rangé, un bourgeois, fait de la morale au coquin de neveu. Ce coquin de neveu est poète. Il a donc du génie. Ce qui suppose désordre et bohème ; tous les auteurs de 1840 nous en font foi. Si donc le poète pousse la condescendance jusqu'à transcrire dans la langue des dieux le prosaïque radotage qui lui est asséné, il faut bien que le vers garde un vestige de la tare originelle. Ce doit être un vers prosaïque, et ce doit être encore un vers.

Regardons d'un peu près le procédé de M. Raoul Gineste. Il est admirable de simplicité. Mais il fallait le trouver ! D'autres personnes que Colomb avaient sans doute fait tenir des œufs sur leur extrémité concassée, et d'autres poètes que M. Raoul Gineste avaient utilisé la coupe 5/7, mais jamais d'une manière aussi consciente, directe, claire, convenable au sujet. Lisez ceci :

> Le cuistre m'a dit : Il faut que je vous conseille,
> La franchise est due à ceux que l'on aime bien.
> Vous faites la noce, et votre vie est pareille
> À celle des gens qui n'arriveront à rien.

Personne ne lira ces vers en plaçant la cadence après la sixième syllabe, car quels hémistiches étranges l'on composerait :

> Le cuistre m'a dit : Il...
> La franchise est due à...
> Vous faites la noce, et...
> À celle des gens qui...

Très artificieusement, le poète s'est appliqué à composer le sens et l'ordre grammatical de chacun de ces vers de manière qu'un repos nécessaire, fatal, inéluctable, eût lieu, mais eût lieu mécaniquement, après la cinquième syllabe :

> Le cuistre m'a dit : / Il faut que je vous conseille,
> La franchise est due / à ceux que l'on aime bien...

Mais le vers alexandrin se trouve donc ainsi découpé en deux fragments, dont l'un ne compte que cinq syllabes, tandis que l'autre en a sept. Il boitille, mais ce boitillement est régulier, car il est répété ponctuellement dans les trente-six vers du poème. De plus, dans chacun d'eux, si l'oreille ne manque pas de perdre le sentiment de l'équivalence rythmique, elle en a toutefois un certain souvenir, comme si le type normal se reconstituait dans une sorte de rêve au fur et à mesure que le type anormal se précise mieux ; ce désordre fait une allusion constante à l'ordre primitif. Enfin, l'impression du désordre est précisément celle qui s'allie le mieux à la donnée du morceau, telle qu'elle éclate dans certains vers des Conseils prosaïques :

> ... Au lieu de bûcher bravement sans relâche
> Pour vous pénétrer des grands principes de l'art...
> ... Vous buvez des bocks, et vous fréquentez des filles,
> Cela sans mesure, avec tant d'emportement...
> ... Vous perdez ainsi cette somme d'énergie
> Qui fait qu'on devient un homme illustre en son temps.

Même une oreille experte peut se tromper à cette feinte de l'art. Il ne faut pas beaucoup de distraction pour croire entendre les gracieux boitillements du *Crimen amoris* de Paul Verlaine[209]. Mais quel indice que cette entreprise !
Et que son succès ! et que la juste gloire qui en rejaillit voici vingt ans sur l'ingénieux auteur ! Produire l'impression de l'irrégulier avec du régulier, en donnant une entorse à la règle : l'âme parnassienne s'est définie.

---

[209] *Crimen amoris* est composé de vers de onze pieds : « De beaux démons, des Satans adolescents... » (n.d.é.)

Question sur les Parnassiens[210]

Puisqu'il veut bien faire allusion, dans la *Revue bleue*, aux critiques qu'il m'arriva de diriger contre la poésie parnassienne, M. Emmanuel des Essarts[211] me permettra de lui adresser une courte réponse.

D'après M. Emmanuel des Essarts, les Parnassiens peuvent jurer qu'ils ont sauvé la poésie et la langue française de la corruption qui les menaçait toutes deux aux environs de 1866. Avant eux « les rythmes flottaient au hasard, la rime avait perdu non seulement toute sonorité, mais presque toute valeur ». « La poésie était devenue, pour la plupart, une prose assonancée ».

« Les versificateurs en vogue laissaient prévaloir les débuts de Béranger, de Lamartine, d'Alfred de Musset, d'Hégésippe Moreau ». « L'art d'écrire en vers se perdait absolument ».

Il y a du vrai dans ce tableau de la poésie française au milieu du second Empire ; mais M. Emmanuel des Essarts oublie un trait. Aux dégénérés de Béranger, de Lamartine, de Musset, de Moreau, il néglige d'associer les dégénérés de Victor Hugo. M. Brunetière et M. Faguet l'ont noté pourtant ; si les Parnassiens ont apporté une espèce de règle, une manière d'ordre, ce fut respectueusement, mais très nettement, par un esprit de réaction contre les énormités, les licences et les fantaisies de leur commun père Hugo. Et ce mouvement de réaction ne commença point seulement, comme semble le dire M. des Essarts, avec Leconte de Lisle, Banville et Baudelaire ; déjà leur aîné à tous, Théophile Gautier, avait, en fils pieux, recouvert du manteau de Sem ce qu'il fallait cacher du libre géant endormi. Les Parnassiens sont nés de la retenue de Gautier, de son génie analytique et minutieusement descriptif. Pour M. Sully Prudhomme lui-même, le plus idéaliste de la troupe, il suffit de le lire d'un peu près pour apercevoir que la dure entaille des *Émaux et Camées* a décidé souverainement des procédés et même des matériaux de son art. Les Parnassiens ont surtout été les modérateurs de Victor Hugo, suivant une formule qu'avait imaginée Gautier. Et Gautier le savait ; qu'on relise, si l'on en doute, son rapport sur la poésie et la préface qu'il a mise aux *Fleurs du mal*. D'après M. Emmanuel des Essarts, la doctrine parnassienne tient en une double théorie « commune à tous les maîtres du vers français » et qu'il resserre en ces paroles : « D'une part, il n'existe pas de bonne poésie sans l'accord de la tradition et de la nouveauté, ni, d'autre part, sans l'harmonie de la forme et de la pensée. » Voilà des vérités bien vagues et que tout le monde admettra sans que personne ne se croie engagé par elles. Quel poète ou quel théoricien de la poésie n'a préconisé l'harmonie de la forme et de la pensée ou l'accord de la tradition et de la nouveauté ? Je suis plus à

---

[210] *Gazette de France*, 13 juillet 1902. (n.d.é.)
[211] Emmanuel des Essarts (1839–1909), *alias* Georges Marcy, ami de Stéphane Mallarmé. (n.d.é.)

l'aise pour saisir la pensée de M. Emmanuel des Essarts et pour l'apprécier quand il s'échappe jusqu'à écrire que l'École parnassienne peut être définie « un romantisme classique ». Eh bien, non.

Je n'ai pas contesté les intentions régulatrices des poètes de 1866. Et je ne me sens pas disposé davantage à contester la verve naturelle de quelques-uns d'entre eux. On en citerait qui se distinguent à peine du romantisme originel. Vous est-il arrivé d'ouvrir jamais *Ciel, Rue et Foyer*, le petit recueil des poèmes de M. Louis-Xavier de Ricard ?[212] M. de Ricard fut des fondateurs du jeune cénacle, puisque c'est du salon de la marquise de Ricard sa mère que les Mendès, les Dierx, les Georges Lafenestre, les Glatigny prirent leur premier vol. Cependant M. de Ricard demeura toujours presque aussi anarchiste en littérature qu'il devait le devenir en politique plus tard. J'appellerai ses vers des vers proudhoniens, en ce sens que l'individualisme s'y déchaîne indéfiniment et que les beautés s'y succèdent avec l'étourderie et la magnificence qui sont propres aux compositions du hasard. Ordre nul, vue d'ensemble si lâche ou si vaste que personne ne la perçoit, mais, en revanche, alexandrins éblouissants, bouts de strophes magiques. Par exemple :

> C'était un des matins de la vie éternelle,
> La jeune aube riait sur le jeune univers...[213]
> Okeanos, traînant son manteau dans les brumes...[214]

> La nuit rêveuse et douce a ceint sa tête brune
> D'un bandeau scintillant parsemé d'yeux ouverts
> Les rayons d'argent froid qui tombent de la lune...[215]

Voilà, direz-vous, un poète prodige. Les historiens de la poésie moderne le vieilliront de trente ans et le feront fleurir aux entours de 1836. Car les poètes de

---

[212] Louis-Xavier de Ricard (1843–1911) fut un « rouge du Midi », fédéraliste et violemment anticlérical. Maurras le cite dans *L'Idée de la décentralisation.* (n.d.é.)

[213] Dans *Aphrodité anadyomené*. Emmanuel des Essarts avait introduit les poèmes de Ricard dans une épaisse *Anthologie des poètes français au XIXe siècle* de Lemerre, en 1888 :
> Louis-Xavier de Ricard, fils du général marquis de Ricard, a publié deux volumes de poésies : *Les Chants de l'Aube* et *Ciel, Rue et Foyer*. Ces deux livres, pénétrés d'idées humanitaires, expriment, dans une langue mâle et hardie, souvent pleine d'ampleur, les tendances et les aspirations les plus généreuses de notre siècle. Ce poète se rattache à la fois à Leconte de Lisle et à Lamartine pour la solennité du rythme et l'harmonie continue de la phrase. Il s'est distingué par des élans fréquents d'indignation et de passion virile.

Ses œuvres se trouvent chez A. Lemerre. (n.d.é.)

[214] *Idem.* (n.d.é.)

[215] *Sérénité.* (n.d.é.)

1866 seront en effet reconnaissables à un certain aspect d'économie et de parcimonie. Pourtant, regardez mieux. Le désordre romantique subsiste aussi bien dans la conception et dans le style que dans l'expression de l'École parnassienne. Leurs rimes plus sonores, plus voyantes, plus riches, leurs poèmes serrés de contours plus précis accusent seulement, avec une netteté presque inconnue jusque-là, la misère de l'invention poétique, la prodigieuse monotonie des rythmes, les disparates et le clinquant du langage, enfin la qualité servile du goût général.

Tous les écrivains du Parnasse ont l'air écrasés par les objets qu'ils se sont proposé de nous peindre, par les instruments de leur art et par cet art lui-même. Un vers est tiré par sa rime, un paysage effacé et, pour ainsi dire, mangé par le brutal éclat d'un mot à effet. Au lieu de s'élancer des profondes sources de l'âme, accordée par de justes cadences aux figures de la réalité, la poésie des Parnassiens forme une suite de reflets papillotants, dénués de gradation naturelle, d'harmonie vraie, d'unité. Que de fois les critiques de ma génération ont eu le loisir de montrer, en termes de cliniciens, l'exactitude littérale de ces conclusions un peu dures. Je n'ai pas le loisir de recommencer le travail. Mais je peux y renvoyer M. des Essarts. Il se trompe lui-même en parlant de la « perfection » de ses maîtres et de ses amis. Avant d'être parfaites, il faut que les œuvres soient belles, et la beauté est bien absente de l'œuvre des Parnassiens. C'est dans la proportion où ces messieurs furent de bons, loyaux et verveux romantiques qu'il est permis d'accorder à leur poésie quelque attention ; si les sonnets de M. José-Maria de Heredia n'ont rien de la classique excellence dont ils furent loués le jour de leur apparition, on trouvera facilement dans le nombre de ces *Trophées* plus d'une strophe d'un lyrisme rude et fort qui, sans prétendre le moins du monde soit à faire partie d'un sonnet parfait, soit à être parfaite elle-même, amuse par le pittoresque, plaît par l'emphase ou enchante par un heureux et fluide concours de sons. L'art, le métier, le fini, la perfection, bref, ce qu'on y admire le plus, y est proprement détestable, et je crois qu'avant peu d'années on ne pourra plus le souffrir.

Non, les Parnassiens ne sont pas des écrivains formés à la règle classique ; ce sont des romantiques rangés et tempérés tantôt par la timidité, tantôt faute de verve. Des contraintes matérielles, comme la rime, leur faisaient oublier non seulement la pensée et le sentiment, ces générateurs du poème, mais encore le rythme, cette âme essentielle du vers. La beauté et l'ordre classiques sont des choses vivantes ; les Parnassiens ont conçu cet ordre à la manière de corps morts. Calligraphes laborieux, les Parnassiens ont imposé un étroit corset à leurs muses ; mais les vraies Muses ont quinze ans, et ces adolescentes fleurissent toujours sans soutien.

LA MORT DE JOSÉ-MARIA DE HEREDIA[216]

José-Maria de Heredia ! *Les Trophées* ! 1893 ! La mort du vieux poète (car nous disions le vieux poète, qui n'avait alors qu'une cinquantaine d'années) ranimera quelques souvenirs de batailles. N'est-ce pas, Michel Salomon ? Oui, ici, ici même. Vous teniez ferme pour « le parfait sonnettiste », je faisais de mon mieux pour débrouiller les sentiments d'antipathie violente que m'inspirait son art. Rien ne put nous mettre d'accord, et je m'étonne que la conversation ait même été possible ! C'était des endroits les plus beaux, c'était des sonnets où votre auteur ressemblait le plus à lui-même et réalisait le type même de « sa beauté », que je vous confiais mon éloignement, mon ennui.

Ai-je fait de la peine à un excellent homme, érudit, lettré, passionné pour son art et qui ne connaissait pas de joie comparable à celle de chanter à voix haute les vers de Dante après les siens ? Il est pourtant certain que je ne pensais pas à lui, et l'idée du chagrin qui pût affecter sa personne vivante ne m'était seulement pas venue en l'esprit. Une haine toute abstraite me remplissait. Il me paraissait que personne ne représentait mieux que M. de Heredia l'asservissement de l'esprit aux liens du langage, aux procédés les plus matériels de l'art. Il était mené par la rime, il était mené par le mot et ses plus belles réussites résultaient d'une coïncidence, dont je ne nie pas l'agrément ni l'aventureux charme, entre une série de vocables agglutinés par des affinités de sons et tel sens romanesque ou sentimental quelconque. Il se cabrait à ce reproche, mais je ne crains pas de l'écrire, comme la Vérité, sur le marbre de son tombeau : il était le prédécesseur direct de Mallarmé. Un peu plus de liberté d'esprit, un peu plus d'audace ou de défi au bon sens lui aurait incontestablement suffi pour détacher son cœur (ou plutôt son goût) des tyrannies du « sens » et le livrer complètement, comme l'auteur de *L'Après-midi d'un faune*, aux incantations, funestes et divines, de la rime ou du mot. En définissant cette maladie de l'intelligence, il ne m'était pas possible de méconnaître que c'était là, pourtant, une crise d'un mal sacré. Je vénérais la folie en la détestant. Je l'admirais même. Tout ce bien, tout ce mal, tout ce beau, tout ce laid, tenait à des racines si profondes et si anciennes ! Et nous pouvions y voir les traces évidentes de tant de phases de l'histoire de notre esprit français !

Le Parnasse contemporain du second Empire perd en M. de Heredia son avant-dernière expression. Car la dernière est M. Catulle Mendès. M. François Coppée, qui tient par tant de traits à cette génération et à cet esprit, leur échappe à bien des égards qu'il serait curieux de faire apparaître. M. Sully Prudhomme mérite également d'être classé un peu à part. Celui-ci tient d'une technique plus ancienne : il y a du Musset, il y a même du Voltaire aux premiers essais de son lyrisme philosophique, et l'auteur des *Intimités*, qui de tous ses contemporains a peut-être

---
[216] Gazette de France, 5 octobre 1905. (n.d.é.)

le plus raffiné sur les inventions du Parnasse, est aussi celui qui s'est le mieux avisé de la priorité du sentiment en art. Parnassiens, certes, et même Parnassiens absolus, MM. Coppée et Sully Prudhomme l'ont été d'une façon très particulière, plus captifs en un sens, plus affranchis en l'autre. Ne croyons pas cette sottise qu'Heredia ne sentit rien ou sentit médiocrement. Mais ses sensations les plus vives, elles lui venaient d'un lexique, d'une vitrine de musée. Chartiste, disent les journaux. Oh ! oui. Ce n'est pas un reproche, mais s'il faut ajouter les chartes à la vie, je n'ai jamais pensé qu'il fallût annexer la vie humaine entière à l'École des Chartes.

Cette erreur de conduite n'était aucunement la faiblesse accidentelle d'une intelligence normale. Elle tenait à sa constitution essentielle. Si petite qu'on veuille faire, par respect, par considération, par sympathie et douceur de cœur, la place qu'il faut réserver aux influences de Santiago de Cuba, il faudra bien en tenir compte. Je ne méconnais pas l'élément variable et fuyant, difficilement calculable, qui se mêle à ces actions. La fille aînée de ce poète, elle-même poète et comblée de dons magnifiques, a réagi contre ces influences beaucoup plus qu'elle ne les a subies. Elle eût réagi davantage, si notre situation historique eût été meilleure, si nos lettres et nos arts n'eussent été, à sa naissance, en pleine décomposition ; l'auteur des *Trophées* lui-même eût été incontestablement beaucoup moins Cubain si le Paris de 1869 avait été plus parisien, la France d'alors plus française. Autrefois nous assimilions nos visiteurs et nos métèques par le déploiement naturel des vigueurs d'un noble génie. Le courant du grand fleuve enveloppait, mêlait et s'appropriait sans effort toutes les ondes adventices, torrent ou ruisseau, que les hauteurs prochaines jetaient dans sa carrière immense. Maintenant, ces eaux nous traversent presque pures, presque inviolées, d'une veine distincte que, sans qu'il soit besoin de la moindre analyse, l'œil démêle et saisit, comme le cours du Rhône dans la nappe bleue du Léman. M. de Heredia put-il s'imaginer que je le traitais en coupable ? C'était notre mollesse et la facilité de nos concessions que je déplorais.

Il a fait un beau vers, il a fait deux beaux vers, il a fait cent beaux vers ; a-t-il fait un sonnet ? A-t-il même fait une strophe ? Ce n'est point le moment d'agiter ces questions. Mais il ne sera pas interdit, sur un tombeau, de se plaindre d'une influence. Celle-ci pèse lourdement, non seulement sur la poésie, mais sur toute la mentalité d'aujourd'hui. Il reste, par exemple, une critique parnassienne. Oui, les principes du Parnasse sont encore puissants, chez ceux qui les ont critiqués avec la plus violente amertume. L'un des effets du « parnassisme » aura été d'autoriser et de faire durer une des pires erreurs de l'école pseudo-classique, qui est l'institution d'une différence essentielle entre ce qu'on nomme le fond et ce qu'on appelle la forme. Le parnassisme aura rendu courante, peut-être indestructible, cette idée, cette fausse idée, et bien la plus fausse qui soit. La forme se conçut et se comprit comme une espèce de récipient ou de contenant extérieur, d'enveloppe étrangère, comme une draperie relativement à un corps ou, mieux, comme la solide courbe d'un vase relativement à la liqueur qu'on y a versée. Voici deux ans, dans son *Traité de l'Occident*, un jeune poète, d'avant-garde pourtant, M. Adrien Mithouard[217], en une allégorie qu'il m'avait fait l'honneur de me dédier, osait renouveler et même défendre, fort agréablement ma foi, ce vieux dualisme odieux, que j'eus la stupeur et la tristesse de retrouver chez un poète plus jeune encore et plus audacieux, qui est d'ailleurs de nos amis, M. Tancrède de Visan[218]. Eh quoi ! la lecture des maîtres auxquels la réaction nationaliste qui se poursuit depuis quinze ans nous a reportés, cette lecture, cette méditation, le sentiment de plus en plus éclairci des beautés de Racine, du charme de Versailles ou de l'intelligence de Bossuet ne leur ont pas encore restitué en esthétique des vues générales un peu saines ! Nos plus jeunes amis, les derniers, les plus tard venus, ceux qui pourraient recueillir la moisson première du travail que nous fîmes à l'ingrate saison, ne se sont pas encore aperçus que, pour dire plus vrai que Buffon, au vrai sens de son mot célèbre, le style n'est pas seulement l'homme : c'est l'Âme même, et qu'il n'y a rien de plus foncier, ni, par conséquent, de plus essentiel, de plus spirituel et de plus humain qu'un rythme, qu'une « forme » ; que l'idée n'est pas d'un côté ni la forme de l'autre, comme d'une part une source et d'autre part une amphore où la source s'écoulera, mais que l'idée engendre, par opération spontanée, l'apparence brillante qui la rend manifeste au regard, claire à l'esprit, sensible au cœur !

J'aurais infiniment à dire sur ce sujet. Ce ne sont pas là des propos d'oraison funèbre. Nous y reviendrons quelque jour, un jour où nous devrons, soit à Mistral soit à quelque autre, le bonheur de fêter la naissance d'un beau poème. Il convient de laisser à son juste deuil une famille de lettrés, d'artistes et de poètes qui pleure l'auteur des *Trophées*.

---

[217] Le même qui fut président du Conseil municipal pendant la Grande Guerre. [Note de *Barbarie et Poésie*.]

[218] Adrien Mithouard (1864-1918) publie ses premiers poèmes en 1888, et Tancrède de Visan (1878-1945), de son vrai nom Vincent Bietrix, en 1904. (n.d.é.)

M. Henri de Régnier :
Les Jeux rustiques et divins[219]

Les Jeux Rustiques et divins, de M. Henri de Régnier, ne sont pas tout à fait inédits. La première partie en a paru l'année dernière dans le volume d'*Aréthuse*. Et cela se trouve fort bien, puisque nous avions laissé passer l'occasion de parler d'*Aréthuse*. Nous joindrons ces poèmes aux *Roseaux de la flûte*, aux *Inscriptions pour les treize portes de la ville* et à *La Corbeille des heures*, que nous ne connaissions que par des extraits publiés par les journaux et les revues.

Tel quel, tout cela cause beaucoup d'enthousiasme. Je me ferais scrupule d'en dissimuler le succès. Et j'ai même quelque intérêt à faire remarquer combien nous sommes peu à nous taire ou à protester, attitude qui nous vaudra beaucoup d'honneur chez nos petits-neveux. Mais, enfin, tout le discrédit qui a frappé cet écrivain auprès de quelques bons esprits reste fort au-dessous de la gloire dont il jouit auprès des autres. L'admiration, le culte de M. de Régnier unissent des fidèles de tout âge et de toute robe. C'est peu de dire que beaucoup de jeunes gens le suivent. Et si les rangs de ces derniers tendent, diton, à s'éclaircir, il faut vite ajouter qu'il est honoré des suffrages de M. Henri Chantavoine et de la considération de M. René Doumic. Tranchons le mot, il a pour lui l'Université ; avant peu de temps il aura l'Académie.

Le temps me manque pour tracer, même à grands traits, l'histoire du goût, du talent de M. de Régnier. Mais nul n'ignore que son hippogriffe, s'étant élevé du Parnasse, l'y ramène aujourd'hui, après avoir inscrit non un cercle parfait, mais un espace qui se resserre et se rétrécit à chaque repli de la courbe. Il rentre au Parnasse moins bon versificateur qu'il n'en était sorti ; même moins passable poète. À un instant de sa carrière ses lecteurs purent mettre en lui quelque espérance ; ce fut vers le moment des *Scènes du crépuscule*, quand il semblait courir la forêt de Shakespeare et retrouver le corps d'Adonis aimé de Vénus. Mais déjà il était dominé, conduit, terrassé par la fatalité du Mot. Mouvement, sentiment, composition, idée, il sacrifiait tout an mot. Les mots s'imposaient à son choix non par leur convenance et leur propriété, mais par leur grâce et leur musique strictement individuelles. Ainsi il commençait cet effroyable gaspillage d'allitérations et d'assonances qui bientôt marqua ce poète. Il écrivait : *Quelqu'un songe a aube et a ombre. Quelqu'un songe de soir et a espoir. Quelqu'un songe a ombre et a oubli…* Il se donnait à la culture d'une symétrie verbale merveilleusement enfantine et insignifiante. Il réalisait de la sorte, par ses alexandrins comme par ses vers libres, le modèle assez bon d'une poésie d'opéra.

---

[219] *Revue encyclopédique*, 7 avril 1897. (n.d.é.)

Opéra faiblement teinté d'on ne sait quelle vague aspiration symbolique et métaphysique. En se tenant très loin des choses, en usant d'un langage sans précision, sans nerf, sans force, on se donne aisément des airs de philosophe. Mais le moindre examen détruit vite cette apparence. *O voi ch avete gli intelletti sani*[220], vous qui n'êtes point dupes de la devanture des choses, je vous supplie de faire un petit exercice de collation littéraire : conférez, je vous prie, à ces poèmes descriptifs que composait jadis M. Sully Prudhomme sur la *Mémoire* et la *Liaison des idées* tel poème à figurations emblématiques de M. Henri de Régnier, rudimentaire et ennuyeuse allégorie du *Souvenir*. Je crois prévoir les deux effets d'un parallèle si facile. En premier lieu, vous noterez des artifices, ici dans la minutie de l'étude analytique, là dans les procédés de synthèse verbale, d'où une impression de froideur dans l'un et l'autre ouvrage. Mais, en second lieu, les analyses très modestes de M. Sully Prudhomme vous paraîtront au moins animées d'un sentiment et d'une rêverie ; vous nommerez ce sentiment, vous serez charmé de ce rêve. Chez M. de Régnier, le sentiment est innommable tant il est peu précis, le rêve est trop pénible pour donner le moindre plaisir. Peu à peu vous cesserez de tendre l'esprit. Vous ne tendrez plus que l'oreille ; la suite et les relations des mots s'évanouiront. Vous ne percevrez plus que des mots isolés, dont quelques-uns font, en effet, écoutés de la sorte, tapage ou murmure assez beau : fontaine, flûte, joie, ébène, soir, tristesse.

Une sorte de fatalité semble peser sur les destins de notre poésie, depuis cent ans que l'on cherche à la ranimer. Les romantiques ont voulu la tirer de la mollesse et de l'ennui particulier aux faux classiques, et ils l'ont perdue dans la verbalité. Les Parnassiens veulent lui rendre un ordre plus précis et une tenue digne d'elle, ils n'ajoutent que des rimes et des épithètes. Paul Verlaine veut à son tour la délivrer de ces deux tyrannies du mot ; il affranchit la rime, il touche dans quelques poèmes à la vraie liberté. Par l'allitération et l'assonance, par la désorganisation naturelle de sa pensée, il retombe presque aussitôt sous le joug du mot détesté. Viennent les symbolistes. On attend d'eux une poésie autonome. On espère qu'ils sauront réorganiser la langue, le verbe, le rythme. Ils annoncent cette espérance. Sauf de très rares exceptions, ces messieurs recommencent à se faire les humbles serviteurs de ces sons qui n'auraient dû être que les esclaves et les hérauts de leur pensée. Dans cette servitude, ils mettent en oubli jusqu'à l'humble science, jusqu'au métier rudimentaire que gardaient leurs aînés, qu'eux-mêmes possédaient aussi dans leur enfance et qui provenait d'un suprême respect de la vérité.

L'antithèse du vieil Hugo était déjà grossière en comparaison des délicats procédés de la bonne époque, mais elle est un miracle de finesse près de ce genre de balancements symétriques fondés sur de véritables synonymies où se plaît le lyrisme amplificateur de M. de Régnier. Non, les nègres d'Afrique n'ont rien imaginé qui soit plus dur, plus puéril ni plus proche du point où le chaos élémentaire se

---

[220] « Vous qui avez l'intelligence saine. » Dante, *La Divine Comédie, Enfer*, IX, 62.

débrouille un peu du néant. *Or* y appelle *argent*, *poupe* y appelle *proue* ; *amphore*, *urne* ; *clarté*, *flamme* ; *torche*, *lampe* ; *degré*, *seuil* ; *bruit*, *rumeur* ... Quelquefois apparaît dans ces frustes images une délicatesse : comme M. Willy, las de ses calembours parfaits, s'en permet d'approximatifs, notre poète juxtapose à la « corne » du pâtre le « chant » du rameur. Des poèmes entiers sont formés de telles beautés. Je citerai donc celui-ci, qui n'a pas été le moins admiré :

> Moi, le Barreur de poupe et le Veilleur de proue,
> Qui connus le soufflet des lames sur ma joue,
> Le vent s'échevelant au travers de l'écume,
> L'eau claire de l'amphore et la cendre de l'urne,
> Et, clarté silencieuse ou flamme vermeille,
> La torche qui s'embrase et la lampe qui veille,
> Le degré du palais et le seuil du décombre
> Et l'accueil aux yeux d'aube et l'exil aux yeux d'ombre
> Et l'amour qui sourit et l'amour qui sanglote
> Et le manteau sans trous que l'âpre veut fait loque
> Et le fruit mûr saignant et la tête coupée
> Au geste de la serpe ou au vol de l'épée ;
> Et, vagabond des vents, des routes et des flots,
> De la course marine ou du choc des galops,
> Moi qui garde toujours le bruit et la rumeur
> De la corne du pâtre et du chant du rameur,
> Me voici, revenu des grands pays lointains
> De pierre et d'eau, et toujours seul dans mon destin
> Et nu, debout encore à l'avant de la proue
> Impétueuse qui dans l'écume s'ébroue ;
> Et j'entrerai, brûlé de soleil et de joie,
> Carène qui se cabre et vergue qui s'éploie,
> Avec les grands oiseaux d'or pâle et d'argent clair,
> J'entrerai par la Porte ouverte sur la Mer ![221]

Dante disait que le dialecte génois disparaîtrait si on lui enlevait la lettre Z ; que pensez-vous qu'il resterait de ce « poème » si l'on y ôtait seulement la moitié des conjonctions et que l'on y trouve ?

— Mais, dit-on, cela a son charme.

— Hé, mon ami, tout a son charme. Même l'art du chromo, même la musique des Câfres. Mais juger, c'est classer. Quand je dis que les vers de M. Henri de Régnier sont mauvais, je veux dire qu'ils sont inférieurs ; je veux dire aussi qu'ils

---

[221] *Les Jeux Rustiques et divins*, Pour la porte sur la mer. (n.d.é.)

démentent ce que la critique officieuse nous conte de leur fluidité et de leur liberté. M. de Régnier prend des licences considérables avec la versification ordinaire ; bien éloigné de l'en blâmer, je l'en approuve de tout cœur. Toutefois ce n'est pas la peine de versifier si librement pour être asservi par les mots, et se laisser réduire à entasser un nombre prodigieux de locutions impropres et de tours prosaïques. En poésie comme en histoire, la liberté vaut par l'usage qu'on en fait.

Je lis dans la pièce de *L Exilé* :

> L'étang bleu me regarde au miroir de ses eaux
> Et l'espalier me tend le bras et me regarde
> Aussi de ses fruits mûrs et que l'automne farde.

Passons sur le regard des fruits mûrs, qui n'est que baroque. Vous ne me ferez point admirer un audacieux vers-libriste, capable de laisser toute rime pour l'assonance, capable même de se passer de la rime, et que la volonté du mot qui termine son vers conduit à me parler aussi disgracieusement des « fards » de l'automne.

On me demandera si M. Henri de Régnier n'a jamais de vers agréables. Si fait, il en a. Il en a comme tout le monde, comme en ont tous les versificateurs un peu adroits à ce métier. Mais il les gâte vite par les vers dont il les fait suivre. Preuve assurée qu'il ne les avait eus que par hasard.

> Chante si doucement que j'entende
> À travers ta voix d'autres voix...[222]

---

[222] *Les Jeux Rustiques et divins, Chante si doucement.* Le poème de Régnier se poursuit ainsi :
   Sa tendresse sera plus tendre
   Si tu cueilles en une branche
   Le murmure de tout le bois.
   Écoute, cette vague m'apporte
   L'écho lointain de toute la mer,
   Et sa rumeur profonde et forte
   Déferle toute en ce bruit clair ;
   Ton pas, sur le seuil de ma porte.
   Sandales d'or, talon de fer,
   — Que la corbeille que tu portes
   Soit de jonc noir ou d'osier vert,
   Pleine de fleurs ou de feuilles mortes
   Ton pas sur le seuil de ma porte
   C'est la Vie et toute la Vie
   Qui entre et marche dans ma vie.
   Sandale souple ou talon lourd,
   Douce ou farouche,

Il est impossible de poursuivre la citation. Elle gâterait le plaisir que donnent ces deux jolis vers. Ou encore :

> La nymphe a poursuivi le cerf aux belles cornes...[223]

Quand M. de Régnier a découvert un vers pareil ou qu'il a entrevu la forme d'une idée touchante, il se hâte d'alambiquer et aussi de développer. Par là le poète donne l'idée d'un écrivain commun et précieux tout ensemble, allégorique et insignifiant, plus facile que le dernier des disciples d'Ovide, plus pénible que le plus difficile imitateur de Salluste du Bartas :

> J'honore ici, venue au travers de mes songes
> Par les routes de ma mémoire...[224]

ou :

> Tristesse, j'ai bâti ta maison, et les arbres
> Mélangent leur jaspure aux taches de tes marbres.
> Tristesse, j'ai bâti ton palais...[225]

Il y en a ainsi deux pages et demie. Abondance stérile et symbolisme à bon marché.

> Et le baiser nu de sa bouche
> Éteint l'Amour.
> (n.d.é.)

[223] Les Jeux Rustiques et divins, La Fontaine aux cyprès. (n.d.é.)
[224] Les Jeux Rustiques et divins, Les Visiteuses. (n.d.é.)
[225] Les Jeux Rustiques et divins, Le Faune au Miroir. (n.d.é.)

M. Henri de Régnier :
La Canne de Jaspe[226]

La Canne de Jaspe est le titre commun de trois petits recueils d'histoires philosophiques et morales publiés jusqu'ici par M. de Régnier (*Monsieur d'Amercœur, Le Trèfle noir* et les *Contes à soi-même*) désormais réunis dans un même volume. Les personnes qui n'aiment point la poésie de *L'Alérion* ou de *En allant vers la ville* se montrent plus insensibles encore, s'il est possible, à cette prose compassée, maniérée, médiocrement significative.

Quelqu'un disait : « En vers, c'est un pingouin amputé d'une patte ; quand il écrit en prose, il n'a plus de pattes du tout.

— Mais, réplique un admirateur, il a des ailes.

— Les ailes des pingouins volent assez mal... »

Je pense qu'il y a en tout ceci bien de l'exagération. Rédigés « avec une patience et un soin infinis », ces petits écrits manquent tout à fait d'intérêt ; lors même que le ton y est vif, l'allure du style précipitée, il se trouve que le sens y languit douloureusement. Sous le costume emprunté aux XVIIe et XVIIIe siècles, dans le bel appareil de la langue traditionnelle, on sent bien que le prosateur, comme le poète, ne donne guère d'attention qu'à la forme et à la nuance des mots. Mais cette forme, cette nuance semblent ici d'une incontestable supériorité pour la raison fort simple que M. de Régnier l'a prise et reprise au vestiaire classique ; je l'en loue de tout mon cœur.

À cette louange on mêlerait un défi. Dans l'un des *Contes à soi-même* (notez, je vous prie, cet usage d'un vocabulaire emprunté au jargon de l'idéalisme subjectif : *Maison du Bel-en-soi-dormant*, etc.), dans le premier de ces Contes, celui que M. de Régnier a appelé *Le Sixième Mariage de Barbe-Bleue*, on voit la jeune mariée aller nue à l'autel et, par là, éviter la mort prématurée et sanglante des premières épouses. Il est permis de défier la pensée de

M. Henri de Régnier d'imiter jamais cette simple et heureuse fiancée ; on ne la verra jamais nue. Moins par pudeur que par niaiserie et fadeur de goût, elle se tramera perpétuellement sous des vêtements étrangers, comme ces Madones et ces Christs espagnols dont on peut bien changer la jupe et les atours, mais qu'on n'ose montrer à l'état naturel. Dites-moi si cette pensée a la moindre chance de plaire, je ne dis pas aux barbes-bleues de la critique, mais aux simples personnes qui ont gardé leurs yeux frais et clairs.

---

[226] *Revue encyclopédique*, 4 juin 1898. (n.d.é.)

M. Henri de Régnier :
Les Médailles d'argile[227]

Un prologue avertit que ces *Médailles d'argile* sont de pures fictions, mais au secret desquelles l'auteur s'est efforcé de mettre son âme : « J'ai feint que les dieux m'aient parlé », et cette parole imaginaire des dieux, retenue et vibrante dans la plus souple des matières, c'était pourtant la voix de ce que le poète avait de plus intime, de plus cher, de plus passionné.

Le monde s'y est bien trompé !

> Une à une vous les comptiez en souriant,
> Et vous disiez : Il est habile,
> Et vous passiez en souriant.
> Aucun de vous n'a donc vu
> Que mes mains tremblaient de tendresse,
> Que tout le grand songe terrestre
> Vivait en moi pour vivre en eux...

À la suite de ce prologue, qui pose une manière d'énigme esthétique au lecteur, défilent les médailles votives, les médailles amoureuses, les médailles héroïques, les médailles marines, toutes ou presque toutes arrondies en sonnets. Le milieu du livre est tenu par des compositions d'un champ moins étroit : *Le Bûcher a Hercule, Hélène de Sparte, La Nuit des dieux*. Ensuite recommence le défilé des petites scènes élégiaques, presque toutes disposées en quatorzains, mais groupées sous trois chefs : *L'Arbre de la route, À travers l'an* (ici beaucoup de vers libres) et *Les Passants du passé*, petits croquis d'histoire, dont plusieurs semblent inspirés d'une collection de portraits d'ancêtres.

Il faut, pour ces *Médailles*, comme pour *Les Jeux rustiques et divins* qui les ont précédées, constater la faveur extrême qu'elles ont obtenue. On les entend louer en beaucoup de lieux. On les trouve chez les jeunes gens et chez les jeunes filles, chez les professeurs et chez les journalistes, chez les ecclésiastiques de toutes les confessions. Un sceptique m'assure qu'on y goûte un esprit curieux de mille choses. Un doctrinaire y admire avec complaisance le reflet de sa rêverie magnanime et désenchantée. Enfin la troupe des poètes parle de M. de Régnier sans trop de malice, et, si les jeunes gens du Naturisme le trouvent froid et décharné, si M. Adolphe Retté lui décoche la juste épigramme d'« opportuniste du symbolisme », tous les autres font entendre un concert d'éloges ou gardent près de lui un silence respectueux. Il a pour lui les grandes revues, les grands journaux, les grands

---

[227] *Revue encyclopédique*, 17 mars 1900. (n.d.é.)

critiques ; il a les salons parisiens, l'Université presque entière, et l'Académie, qui l'a déjà couronné, le priera bientôt de s'asseoir.

Ces grandeurs sont intimidantes. Elles créent, en faveur de M. de Régnier, un préjugé considérable et fructueux. Mais, si elles annoncent ou font présumer que ce poète a fait de bons vers, peut-être ne suffisent-elles point à nous en assurer. Ces vers, il faut les voir ; il faut les écouter et les examiner. Je ne prétends point qu'il le faille absolument ; mais il le faut, si l'on m'accorde que l'office d'un critique ou l'avis d'un homme de goût ne sont point de simples échanges de politesses.

Examinons les vers de M. de Régnier. Deux de ses Médailles m'ont paru caractéristiques de sa manière, *Le Buveur* et *L Adieu*.

> Petite la maison et vaste le cellier
> Pour que l'outre ventrue et que l'amphore obèse
> Côte à côte dans l'ombre y reposent à l'aise ;
> Maçon, n'épargne pas la brique du potier.
>
> Qu'un autre m'équarisse en ce beau chêne entier
> Dont les rameaux miraient leur feuillage au Galèse,
> La poutre, et qu'on l'ajuste ensuite à la mortaise ;
> N'épargnez rien, pas plus le bois que le mortier.
>
> Toi qui sais imiter les figures humaines
> Dans la glaise, fais-moi pareil au vieux Silène,
> Ivre et comme lui barbouillé de lie, et prends
>
> La terre la plus rouge et la plus savoureuse
> Pour qu'on voie, au-dessus de la porte, en entrant,
> Mon image avinée en l'argile vineuse.

De tels vers, je l'avoue, ne font que raviver l'ancien désir de rouvrir quelque part cette clinique des poètes, où l'on enseignerait non, ce qui est impossible, à faire de bons vers, mais à éviter d'en produire de mauvais. Je ferais admirer combien l'intention générale de cette pièce (plan de la maison d'un solide buveur), indiquée dès les premiers vers, marquée et précisée sans cesse dans les autres, n'est toutefois sensible ni par conséquent poétique dans aucun. Je soulignerais (pour la centième fois) le procédé amplificateur de M. de Régnier, le monotone jeu de ses conjonctions symétriques, et je travaillerais à faire sentir comment le seul bon vers du sonnet, qui se trouve être le neuvième,

> Toi qui sais imiter les figures humaines

vers harmonieux, d'un son et d'un sens également pleins, mais aussi très fluide, est tout à fait gâté par l'affreux rejet

Dans la glaise...

ce rejet funeste témoignant, en effet, à l'oreille comme à l'esprit que la plénitude rêvée tout à l'heure était fausse, que, bien loin d'avoir été libre, dispos et souverain dans l'expression de sa pensée au neuvième vers, le poète n'avait traduit que la plus petite part de cette pensée ; ce rejet détestable montre qu'il a fallu à M. de Régnier plus d'un alexandrin, un alexandrin et un tiers, en tout seize syllabes, pour invoquer en poésie, sans grâce poétique, le personnage d'un pétrisseur de *Médailles d'argile* :

Toi qui sais imiter les figures humaines Dans la glaise...

En présence de tels malheurs ou de telles faiblesses, le clinicien n'a point le droit d'insister sur les différentes chevilles du morceau. Il y en a de trop voyantes. C'est tout ce qu'on peut affirmer.
Passons à *L'Adieu*.

Si la mer prend un jour mon corps en ses tempêtes
Et ne l'apporte pas aux rives où vous êtes,
Roulé dans son écume et ses algues, c'est bien ;
Oubliez-moi, ou si peut-être on se souvient
De celui qui partit jadis, à son aurore,
Battant le flot docile à sa rame sonore,
Qu'on se dise tout bas mon nom dans les veillées
Où, sur l'escabeau fruste et les ancres rouillées,
Assis à l'âtre, on parle à mi-voix des absents.

Mais si, dans ma maison, morose et chargé d'ans,
Le destin, satisfait de ma tâche remplie,
Veut que terrestrement je termine ma vie,
Construisez, pour brûler, selon l'antique usage,
Avant l'obscure escale et le sombre passage,
Ma dépouille longtemps errante, un clair bûcher
Fait d'épaves, en haut de quelque haut rocher,
Et d'où toute la mer verra la flamme énorme !

Et pour qu'au noir séjour tranquillement je dorme,
Dans mon urne d'argile ou mon urne d'airain
Mêlez ma cendre humaine à du sable marin.

Le poète m'excusera d'avoir introduit trois divisions dans l'ouvrage qui est présenté d'un seul bloc dans le volume. Bien qu'il ait fait de son mieux pour réunir les trois morceaux au moyen de la rime (*absent, chargé d'ans ; énorme, dorme*), la composition trilogique ne laisse pas d'être sensible. Premier point : si je meurs en mer, c'est parfait, vous n'aurez pas à vous occuper de moi, hormis, parfois, dans vos conversations du coin du feu. Second point : si je meurs dans mon lit, il faudra que vous me brûliez. Troisième point : si vous me brûlez, « Mêlez ma cendre humaine à du sable marin. »

J'ai démembré, pour vous obliger à relire et à considérer chaque tableau isolément ; est-ce que, vu de près, il ne parait point assez plat ? Le développement du premier *si* est pénible, lent, dénué de couleur ou de vigueur. *Aux rives où vous êtes* est ridicule. Ce qui suit, rythme et style, conviendrait aussi bien à la ronde d'un garçon de recettes à travers Paris qu'aux tribulations d'un marin sur la vaste mer. *Battant le flot docile à la rame sonore* semble fait à la mécanique. Dans le tableau suivant, j'admire d'abord un de ces latinismes à prix réduit qui fourmillent dans les derniers contes en prose de M. Richepin : ... *Que terrestrement je termine ma vie.* On s'intéresse peu aux dimensions comparées du rocher, du bûcher et de la flamme. Après le mot *énorme*, M. de Régnier croit de son devoir de marquer un point d'admiration. À ce signe, on comprend qu'il a lu son Hugo.

Tout bien pesé, j'ai un regret : si le marin de M. Henri de Régnier eût, dès le premier jour, opté pour l'une des deux urnes qui étaient en sa possession, cet Adieu infini eût pu tenir dans un seul distique :

Quand vous la verserez dans mon urne d'airain,
Mêlez ma cendre humaine à du sable marin.

Ainsi allégé de dix-huit vers qui ne peignent rien, je ne dis pas que cet adieu, dont l'idée est ingénieuse et frappante, eût été éloquent ni même que, en dépit de sa platitude, il fût tout à fait dénué de redondance (l'épithète *humaine* est bien inutile) ; mais le lecteur aurait tout au moins la consolation de se dire tout bas : « Cela doit être charmant, en grec » et, ce qui est toujours agréable, de rêver à l'*Anthologie*. M. Henri de Régnier s'est donné un grand mal pour nous fermer ce double rêve.

Il me vient un scrupule. N'ai-je point choisi mes exemples à dessein ? Je vois, en consultant mes notes, que, si l'on garde un prudent silence sur *Le Buveur*, la pièce de *L'Adieu* est généralement citée parmi les chefs-d'œuvre du poète. Un subtil connaisseur, M. Henri Chantavoine, en a parlé dans les *Débats* avec admiration. Je n'ai pu m'élever à ce sentiment.

On cite de même *Le Vétéran*. Lisons :

Aux Priapes, gardiens du cep et de la fraise

> J'ai consacré jadis le bornage et l'arpent
> Et confié l'étable et le bercail à Pan
> Qui fait croître la corne et préserve la laine...

L'envie de rimer et de mesurer excuse-t-elle ce quatrain ? Sans doute il faut en attendre la fin :

> Mais un regret natal émeut mon cœur troublé
> Si j'entends, du sol grec ou du sillon celtique,
> Une caille qui chante au coin d'un champ de blé.

Et j'avoue que voilà, pardi, un tercet agréable ; sans dissimuler que l'agrément en est un peu commun et rappelle M. Fabié[228] beaucoup plus que Racine ou qu'André Chénier, il faut en somme aimer cela. De tous les finales de M. de Régnier, c'est peut-être le plus louable.

M. de Régnier est de ceux qui s'imaginent avoir mené à bien un poème quand ils l'ont terminé par un alexandrin rehaussé de beaucoup de consonnes liquides :

> Un vol faible et léger de molles feuilles d'or. (*La Danse*.)

Toutes ces *l*, méthodiquement répétées, dansent devant nous comme de petites négresses avec un anneau d'or dans le nez.

Ce n'est pas que M. de Régnier soit réduit à ces enfantillages. Il a des pensées délicates. J'ai noté de jolies indications de sens :

> Bilitis est pieuse à l'amour, qui, comme elle,
> Subtil en sa caresse et souple dans ses jeux,
> Semble être dans une autre à soi-même fidèle[229]

L'intention de M. de Régnier a dû plaire à la grande Sapho. Mais l'illustre Lesbienne en aura blâmé le jargon.

Et ceci, faible et court de style et rythmé vaguement, me semble encore de grand sens :

> Je n'aurais pas mêlé ma vie À ton amour !
> Offre-t-on à qui l'on aime
> La fleur épineuse où les doigts saignent ?
> Mène-t-on boire à la fontaine

---

[228] Sans doute François Fabié (1846–1928), poète rouergat. (n.d.é.)
[229] *Les Médailles d'argile*, Trois sonnets pour Bilitis. (n.d.é.)

> Qu'on sait amère ?
> Donne-t-on à filer aux belles mains
> Faites pour tisser de la joie
> Le chanvre dur et la grasse laine
> Des filandières ?[230]

Voilà, certes, qui est senti avec justesse.

Oui, pour l'amoureux qui connaît la vie, c'est une étrange idée d'associer à sa vie celle qu'il aime. Cette idée serait poétique si elle était venue à un poète. Telle quelle, c'est une idée de moraliste, affaiblie par les comparaisons d'ailleurs pittoresques dont on a cru la rehausser. Ce qu'il y a d'ingénieux, d'intéressant dans le volume est de même diminué par une énergique volonté de nous le mettre en vers.

On dirait que l'auteur a le soupçon confus, mais intime et secret, de la diminution que lui inflige l'habitude des formes poétiques. Dans l'étrange poème où il ose affirmer et prétend vérifier de ses yeux que les dieux sont morts, ce *poète* a fixé, non sans ressemblance, la figure hugolienne de son *Pégase* :

> Et tous, d'un long regard, suivent pensivement,
> En son vertigineux et morne tournoiement,
> Pégase, qui, tué d'une course inutile,
> Les crins au vent, galope en rond autour de l'île,
> Et qui parfois bondit et qui parfois s'abat,
> Et qui semble hennir et que l'on n'entend pas,
> Et qui s'arrête et qui repart et semble attendre,
> D'un quadruple sabot creusant le sol de cendre,
> Et brusquement cabré, prodigieux et noir,
> D'un élan furieux et d'un tragique espoir,
> Écarte d'un seul coup ses deux ailes ouvertes,
> Qui battent l'air trop lourd et retombent inertes
> Et, rebelles encor, referment à son dos
> L'effort désespéré d'un vol jamais éclos.[231]

Les ailes que voilà sont plus que superflues, plus qu'inertes : elles n'existent pas. Qui regarde bien s'aperçoit que le Pégase de M. Henri de Régnier se bat les flancs de l'extrémité de sa queue.

---

[230] *Les Médailles d'argile, À travers l'an, Odelette.* (n.d.é.)
[231] Les Médailles d'argile, La Nuit des dieux. (n.d.é.)

M. Henri de Régnier :
La Double Maîtresse[232]

Je voudrais que M. Henri de Régnier comprit tout le mal qu'il faut penser de ses vers par le bien qu'il m'oblige à dire de sa prose, ou du moins de la prose de *La Double Maîtresse*, telle qu'il vient de la donner. Assurément, ce n'est pas un ouvrage sans défaut. En laissant de côté la composition (elle est d'une absurdité, d'une excentricité, qui défient à la fois l'éloge et le blâme et qui, à leur manière, sont quelque chose d'absolu et de supérieur), en s'en tenant à ce sujet du style et de la langue qui est commun à la prose et à la poésie, on relèverait, dans *La Double Maîtresse*, plus d'une erreur. Pourquoi nous faire (p. 183) du simili-Chateaubriand à propos de la campagne romaine ?

« De longs aqueducs la traversent de leurs enjambées de pierre, et on croit entendre le pas éternel de leur marche gigantesque et immobile. » Il y a des critiques pour admirer cela. Les bons esprits en riront. C'est du clinquant. Et voici du Régnier tout pur, de celui des *Médailles* :

> Mais M. de Portebize savait le peu de réalité dont parfois les comédiennes façonnent le masque apparent de leur illusion, le tout petit peu de chair, de nerfs et d'os dont elles composent leur fantôme charmant et ce qu'y ajoutent les aides matériels de la parure, l'appoint des fards et le secours des étoffes, dont elles se rehaussent, se griment ou se vêtent.

Ô rude et déplaisante recherche de la symétrie et dans un sujet si gracieux ! Mais, chose heureuse et curieuse, la prose de *La Double Maîtresse* se ressent très peu de cette recherche. Je gagerais que M. Henri de Régnier s'est beaucoup amusé à écrire ce livre. L'intérêt du jeu l'a gagné. Il a innocemment délaissé toutes ses manies. Son meilleur naturel a donné. Il y a retrouvé la simplicité dont il est capable.

Qu'est-ce que La Double Maîtresse ?

L'abrégé de beaucoup de Mémoires du XVIIIe siècle, la composition de beaucoup d'anecdotes, la résurrection de quantité de vieux tableaux. Donnons l'idée de tout cela.

Le jeune Portebize, pauvre et bon gentilhomme, apprend qu'il hérite de la fortune de M. de Galandot, Galandot le Romain, son grand-oncle, qui vient de mourir à Rome. Là-dessus M. de Régnier établit, dans un long récit, la généalogie de Portebize et le détail des liens qui l'unissaient au testateur. M. le comte de Galandot, ayant épousé Melle de Mausseuil, qui lui donna un fils unique, Nicolas de Galandot, « mourut assez subitement, pour être resté trop longtemps, un jour

---

[232] *Revue encyclopédique*, 17 mars 1900. (n.d.é.)

d'été, au gros soleil, chapeau bas et debout, auprès du cadran solaire, entre les miroirs d'eau, à y voir venir midi ». Le jeune Nicolas passa son existence, qui fut longue, dans une rêverie analogue à la contemplation qui avait tué monsieur son père. Belle, froide, vigoureuse, économe, ennemie déclarée des ardeurs de l'amour dont elle avait eu à souffrir, Mme de Galandot avait résolu de faire de son fils un homme et un chrétien. Elle y mit trop de soins. Elle en fit un dadais intéressant et doux, un lunatique sympathique et séduisant.

Après de longues solitudes, au cours desquelles Nicolas de Galandot eût certainement récité les plus douces stances de M. Sully Prudhomme si elles eussent été de sa connaissance, le démon entra dans sa vie, sous les apparences de Julie de Mausseuil, sa cousine. Ç'avait été sur la prière d'un homme de Dieu. Il avait fallu l'intervention d'un évêque pour que la diabolique petite orpheline fût recueillie par sa tante de Galandot. Julie passait auprès de Nicolas trois mois de l'année, pas une demi-journée de plus. Dès que ce laps de temps s'était écoulé, la sévère Mme de Galandot renvoyait Julie au Fresnay, chez un couple d'heureux déments qui, à la faveur d'une parenté éloignée, s'étaient improvisés tuteurs et éducateurs de l'enfant.

La tutelle de M. et de Mme du Fresnay ne consistait guère qu'à regarder dormir leur pupille, dont le sommeil était d'ailleurs « éclatant, comique et délicieux ». Quant à l'éducation qu'ils lui donnaient, le principal en consistait dans des airs de musique et de chansons que Julie attrapait au vol. Elle devint charmante. Quand elle eut quinze ans, un vieux coureur, M. de Portebize, vit la fleur et se mit en tête de la cueillir. Sans y réussir tout à fait, il se divertit à lui orner (un peu lestement) l'imagination. Mais Julie, ainsi transformée, resta délicieuse.

Elle avait au Fresnay, son séjour ordinaire, deux vieux amis. Peut-être toutefois, et en dépit de Mme de Galandot, préférait-elle Pont-aux-Belles, à cause de son vieux cousin. Je dis à cause de Nicolas. L'ennui aidant Julie à chercher dans les lieux et les personnes les plus tristes une âme de divertissement et de joie, Nicolas était devenu son ami, son précepteur, son camarade, son confident, mais surtout son souffre-douleur. Il approchait trente ans lorsqu'elle en touchait quinze. Ce vieux cousin, vierge et martyr, n'en partageait pas moins les plaisirs de l'enfant capricieuse. Un jour, ils allèrent tous deux mettre un chapeau de roses au triton de bronze du Petit-Bassin. Je citerai la scène. Elle est belle :

Julie posa sur la tête de la statue la couronne fleurie. La beauté des roses rajeunit le bronze sombre. À poignées, Melle de Mausseuil jetait les pétales de la corbeille ; ils s'éparpillèrent et jonchèrent le fluide miroir, puis les feuilles dociles, prises aux mouvements secrets qui anime les ondes les plus stagnantes, se réunirent et, par leur entrelacs, formèrent une arabesque mouvante. Comme le soir venait, il montait du bassin une odeur d'eau crépusculaire et de roses savoureuses, mais Nicolas de Galandot ne voyait que Julie qui, tenant le Triton par sa main de métal, se penchait sur le reflet de la double image où elle s'apercevait debout sur la croupe écailleuse du monstre, qui semblait l'enlever, rieuse et demi-nue, au bruit muet de sa conque triomphale.

Julie avait des desseins sur Nicolas. Cette Chloé précoce osa même tenter de déniaiser son Daphnis, mais Mme de Galandot mère, étant entrée au bon moment, sépara le couple, gifla et enferma l'amoureux trentenaire, renvoya la belle au Fresnay. Julie de Mausseuil ne tarda point à se marier. Elle épousa le Portebize, de qui elle tenait ses premières clartés sur la vie et l'amour. Elle eut de lui ou de tout autre (car elle passa gaiement sa jeunesse) un fils, François, ce même François de Portebize à qui Nicolas de Galandot laissa plus tard son bien, en souvenir de cette adorable Julie.

Nicolas n'avait eu de sa cousine qu'un baiser, ou plutôt le songe d'un baiser... Il vécut, dès lors, dans la possession de ce songe. Instruit par son précepteur, le bon abbé Hubertet, aux mystères de l'archéologie classique, il partit pour Paris et pour Rome après la mort de Mme de Galandot. Il vécut, même en Italie, dans la plus parfaite innocence, dans la vie la plus purement machinale qu'on puisse vivre, jusqu'au jour où, ayant aperçu une belle fille qui mangeait du raisin dans la même pose où Julie de Mausseuil avait à Pont-aux-Belles mangé du raisin devant lui, il devint le laquais et le serf de la beauté de carrefour. Eut-il du moins la joie du corps d'Olympia ? Nullement, car, à l'heure où Nicolas de Galandot s'apprêtait à montrer quelque vivacité, un petit chien poussa la porte d'Olympia de la même manière que Mme de Galandot l'avait fait à Pont-aux-Belles quand elle surprit Julie et Nicolas ; ce souvenir, qui se représenta par la suite, suffisait à jeter en syncope le vieux garçon. M. de Galandot mena une vie dégradée. Il périt misérablement, sans avoir rien goûté de ses idéales maîtresses.

Pendant ce temps, retirée du monde, Julie de Portebize couronnait avec convenance une inimitable carrière par une nuit passée, en tout bien, dans les bras de MM. d'Oriocourt et de Créange, officiers du roi. Si tout se paye dans ce monde, elle expiait ainsi la sagesse de son cousin, et, si tout se balance, au cousin à double maîtresse répondit la cousine aux deux cavaliers.

Voilà, en gros, le livre. J'en ai ôté, pour l'éclaircir, toute l'histoire des amours du jeune Portebize, tant avec la belle Melle Dambreville, de l'Académie royale de musique et de danse, qu'avec la fraîche Fanchon, premier sujet de cette Académie. J'en ai ôté l'image de ce nouvel abbé Coignard[233], M. l'abbé Hubertet, du cardinal Lamparelli, environné de son sacré collège de singes, de l'Anglais magnanime M. Tobyson de Tottenwood et de maint original des diverses familles de Mausseuil, du Fresnay et de Galandot... Le livre est abondant, plein de vie, de force. Traversé des plus belles réminiscences d'Anatole France et de Gabriel d'Annunzio, il respire une

---

[233] Personnage d'Anatole France. L'abbé Jérôme Coignard apparaît dans *La Rôtisserie de la reine Pédauque*, en 1892, puis devient personnage principal, l'année suivante, des *Opinions de Jérôme Coignard*. Anatole France fait vivre cet abbé à la fin du règne de Louis XIV et le fait s'exprimer sur les questions de société dont l'on débat en 1890. (n.d.é.)

large, charmante, crue et saine senteur d'amour ; une brise venue des farces de Molière, des lettres de la Sévigné, des mémoires de Saint-Simon y ajoute un fumet d'herboristerie, de clystère et de médecine que certains délicats hument avec délices.

Pour ma part, je n'y connais rien et n'en ai ni goût ni dégoût.

M. Henri de Régnier :
INUTILES BEAUTÉS[234]

M. Henri de Régnier a commencé ces jours derniers, de publier, dans *Le Journal*, un nouveau roman : « son premier roman moderne », assure l'affiche. Preuve éclatante que M. Henri de Régnier n'a pas l'intention de s'en tenir à ce *Mariage de minuit*. Il écrira d'autres romans, d'autres romans modernes. Beaucoup de bons esprits s'en féliciteront, en souhaitant que cette série d'œuvres en prose tarisse enfin la veine poétique de M. de Régnier, car celle-ci est détestable. Du train dont vont les choses, avec cette lente, sûre et profonde renaissance du goût français dans les ouvrages de l'esprit, ce sera quelque jour un grand problème littéraire d'expliquer comment des lettrés raffinés ou des critiques haut placés ont pu supporter les poèmes de ce « poète ».

Je sais que le fâcheux auteur des *Poèmes anciens et romanesques*, d'*Aréthuse*, des *Médailles à argile*, etc., a bien eu deux ou trois manières. Mais la meilleure valait la pire et, qu'il donnât aux jeunes gens les plus ridicules modèles de vers libres (de malheureux alexandrins tantôt tronqués, tantôt allongés au moyen d'artifices énormes) ou que, étant devenu le gendre de M. de Heredia, il se fût rallié aux formules de son beau-père, cette lourde et laborieuse cacographie, que des blasphémateurs ont osé comparer aux poèmes d'André Chénier, sera l'opprobre du temps qui vient de passer.

M. Henri de Régnier cache sans doute un habile homme sous ses allures de grand garçon indolent, car il a senti que le vent allait tourner, et tourner contre lui. Il s'est mis au roman, il y a réussi, au point que les ennemis-nés de sa poésie, ceux à qui chaque vers issu de lui causait un redoutable crève-cœur, n'ont eu qu'à applaudir aux rares dons de prosateur et de conteur qui distinguaient l'auteur de *La Double Maîtresse*.

Le Bon Plaisir, qui parut deux ou trois ans après *La Double Maîtresse*, ne sembla point indigne de ce livre curieux, libre et charmant. C'est du moins ce que l'on m'assure. Je ne connais *Le Bon Plaisir* que par extraits. Ces extraits suffisent d'ailleurs pour m'assurer d'un assez curieux phénomène. En exécutant ces deux romans historiques, M. de Régnier à complètement renouvelé sa première façon d'user de la prose. Il était déjà l'auteur de quelques volumes de contes, *Le Trèfle noir*, *Contes à soi-même*, dont le mérite, déjà sensible, était voilé et comme annulé par un certain nombre de défauts agaçants, précisément les mêmes qui forment tout l'essentiel de sa poésie ; je ne sais quoi d'anguleux et de rigoureux, un air enfantin de mystère, l'exploitation d'analogies toutes verbales, un ton de précieux ridicule et, pour finir, un langage et un style de romantique forcené ou de dégénéré complet. En ce temps-

---

[234] *Gazette de France*, 14 décembre 1902. (n.d.é.)

là, dans sa prose à peu près autant que dans ses vers, M. de Régnier fut le prince de l'antithèse insignifiante, de l'opposition vaine et enfin des « fausses fenêtres pour la symétrie » d'un genre qui excita la juste bile de Pascal.

Nous fûmes tout surpris de voir un beau jour (d'un seul coup !) M. de Régnier renoncer à ces fausses beautés et s'exprimer d'un style rapide, ferme, net, dans une prose simple et, sans grand aspect de pastiche, assez pareille à celle des Mémoires du commencement du dix-huitième siècle. Il avait subi fort probablement la force de son sujet. La nécessité de la couleur historique l'avait contraint à renoncer aux plus mauvais exemples des derniers maîtres. Ce n'est pas que Chateaubriand, ni Flaubert, ni Zola fussent complètement absents de sa mémoire ; on en pouvait relever des traces légères, mais elles faisaient tache, et ainsi permettaient de juger exactement de quel progrès immense le reste témoignait. Je ne dis rien de la force de comique ni de la force d'invention accusées par certains caractères du premier plan ; et, si l'on pouvait bien reprendre dans *La Double Maîtresse* des défauts de composition, qui sont flagrants, l'intérêt d'un récit vivant emportait tout, ce qui est l'essentiel. Tout ce qu'on souhaitait d'un écrivain si bien doué, c'est qu'il s'imposât à lui-même un léger effort d'abstinence de manière à nous épargner des plaisirs trop mêlés ou trop laborieux. On l'avait vu d'abord se tenir sur une patte à la mode de 1885. Il s'était décidé à mettre les deux pieds à terre ; tout permettait donc de prévoir qu'il étendrait les ailes et se résignerait à ce pas demi-aérien qui convient à la prose des poètes insuffisamment doués pour la poésie.

Le Mariage de minuit commence bien, et les silhouettes des deux ou trois personnages qui se présentent paraissent indiquées d'un trait convenable et heureux. Mais, si l'on était disposé à me pardonner la critique de détail (il n'est que les critiques de détail qui soient utiles, à condition d'être bien généralisées), je voudrais attirer l'attention de l'auteur, ou celle du public, ou celle de l'un et de l'autre tout à la fois, sur un détail choquant de la première page. Eh ! Quoi ! me suis-je dit, M. de Régnier va-t-il nous ramener à la prose métaphysique de ses débuts ? Je ne le crains pas trop et cependant voici un tableau plein de concordances d'une vivacité, d'une couleur, d'une précision que je voudrais bien ne pas appeler criardes, mais savez-vous un autre mot ?

... Et M. Le Hardois haussa les épaules, tandis que Melle de Cléré sonnait en regardant le pendule. Elle marquait six heures un quart. C'était une petite pendule de voyage, posée, en sa gaine de cuir, sur le marbre nu de la cheminée. Du reste, ce petit salon n'avait guère d'autres meubles que des fauteuils d'osier et une de ces chaises longues, en paille tressée, comme on en voit sur le pont des paquebots. Les rideaux, en grosse toile grise, avaient l'air de voiles carguées. On entendait, aux vitres, le clapotement d'une de ces pluies d'avant printemps, intermittentes et redoublées. D'une maison qu'on construisait de l'autre côté de la rue, venait un bruit de marteaux. On eût dit des calfats radoubant une coque. La trompe d'un tramway imita la sirène marine.

On trouve de ces choses, en abondance, chez M. Émile Zola, qui, toute sa vie, fut mystique. Mais elles n'en sont pas plus belles, étant dénuées de toute utilité, ni supérieure, ni inférieure. J'entends bien l'objection. C'est un : *attendez*. Il se peut, en effet, que je me sois beaucoup pressé et que la suite de l'ouvrage m'explique pourquoi, sur les six heures de ce soir-là, il fallut que non seulement la pendule, les fauteuils, les chaises et les rideaux de Mademoiselle de Cléré, mais encore le son de la pluie sur ses vitres, le bruit des marteaux constructeurs et la trompe-sirène nous missent dans l'esprit l'idée d'une excursion ou d'un voyage en mer. Eh ! si le premier groupe de ces analogies, celui qui est tiré des objets du mobilier, peut bien nous annoncer un trait de caractère propre à Mademoiselle de Cléré, par exemple, de quelle utilité peut être le second ? En quoi tout ce concours fortuit des murmures d'un jour pluvieux, d'un son de trompe dans la rue et d'une rumeur de chantier avec ce groupe d'images fondamentales offre-t-il le moindre intérêt ? C'est, me dira-t-on, le secret de M. de Régnier ! Oui, et du brave Polichinelle Zola, qui dans ces rencontres, avait l'honnêteté de mettre « Justement... », et l'on souriait du scrupule intellectuel que révélait le cher adverbe chargé de nous prédisposer, sans nous faire crier, à des concordances dénuées de justesse comme de naturel. M. de Régnier ne met pas de « justement », parce qu'il a perdu même le scrupule de M. Zola. Telle est la force des habitudes littéraires prises au cours des générations. Un jeu de couleurs et de lignes symétriques lui est venu à la pensée et il a rédigé ce petit morceau qui ravissait l'ingénuité de son mauvais goût en se disant peut-être que c'était bien tapé et que ça ferait bien.

Mais c'est affreux.

« Le beau qui n'est que beau... »[235]

Il est vrai que M. de Régnier garde la ressource de rendre utile ce Beau-là. Il peut en tirer une espèce de refrain et de *leit-motive*. L'escalier de *PotBouille* et la mine de *Germinal* lui fourniraient des modèles très purs.

---

[235] Allusion à une maxime de Fénelon, dans son *Projet sur la poétique* : « Le beau qui n'est que beau, c'est-à-dire brillant, n'est beau qu'à demi. » (n.d.é.)

Au flanc d'une colline

1895

... J'écris au flanc d'une colline couronnée d'un moulin qui a cessé de moudre et qu'on prendrait de loin pour un vieux château ruiné, comme on en voit le long du Rhône. Cinq ou six pins retiennent le sol friable de cette terre inconstante, et l'on y trouve aussi quelques oliviers lumineux. Le soir tombe. Vesper commence de briller aux confins des nuits et des jours, sur cette pâle bande verte de l'occident serein qui reçoit le feu des étangs et de la mer voisine.

Le paysage a des formes calmes, précises, pourtant passionnées. Nulle part la mer et les terres ne furent divisées et tranchées avec plus de soin. L'air transparent, qui prolonge tous les regards, trahit le moindre aspect des lieux et cependant laisse songeur comme les lignes troubles des plus incertaines contrées. Voici une vapeur qui monte, à point nommé, comme le dernier souffle de ce jour qui s'éteint ; ses flocons diaphanes nous rayonnent de la lumière.

Cette lumière, un peu plus opaque que celle qui naît du ciel de midi, diffuse, dispersée, étendue à toutes les choses, n'altère les formes de rien, mais elle habille tout d'un voile décent et très pur. Ce qui se précisait avec une ardeur aveuglante se modère, se compose, s'atténue et prend les allures de vie et d'humanité qui conviennent. Voici, des deux côtés de l'étang allongé qui miroite sous ma colline, les maisons de campagne ombragées d'un grand pin, pareil aux palmiers d'Orient, et des fermes, d'aspect plus humble, que défend la muraille vive de cyprès alignés contre le mistral.

Au fait, ces défenses sont rares, nos bâtiments couleur d'or roux aiment à montrer leur dédain du soleil et du vent ; beaucoup s'opposent seuls et nus, sur une éminence, au ciel dur ; les autres se contentent de l'ombre aérienne, spirituelle, abstraite, de l'unique cyprès planté sur le flanc gauche ou le flanc droit de la maison. C'est un arbre deux fois vénérable, car il est au moins séculaire et je ne saurais dire à quoi il peut bien servir là[236]. Pourtant son ombre tourne avec les heures de chaque jour écoulé, et maintenant elle s'allonge mélancoliquement aux feux du soleil qui décline, dans cette direction de l'orient qui marque la voie des renaissances au bout de la nuit du sommeil. J'ai dit ce qui se passe à la hauteur de ma colline, sur les petits monts d'alentour. Dans le creux est la ville, et ses canaux, et ses étangs couverts de barques noires ou de voiles peintes de rose, ses ports mélancoliques où les tartanes attendent pour se réveiller et partir, ses pêcheurs taciturnes inclinés sur les ponts et interrogeant les eaux glauques. Tout cela dessiné d'une netteté prodigieuse, donne une vive image de la paix, du repos, avec cette impression que c'est une image trompeuse et que ville, étang, ports, pêcheurs, voiles roses ou blanches vivent agités comme nous d'un feu d'inquiétude infinie. La nuit sublime d'Augustin et de Monique, la nuit d'Ostie, me remonte dans la mémoire avec le cri théologique du

---

[236] Il sert, répond le Docteur S..., familier de nos champs, parce que tout sert à la campagne. Le cyprès détourne la foudre, comme l'aiguille de Franklin. Et le cyprès bien orienté dessine sur la terrasse une aiguille du cadran solaire.

noble auteur des *Confessions*[237] sur la douleur des choses possédées de ce sentiment qu'elles ne sont point composées pour elles-mêmes et qu'un autre désir les anime et les transfigure hors de leur petite durée et de leur minime étendue.

Et, puisque j'en suis aux réminiscences involontaires, pourquoi craindre de dire qu'il me revient aussi de vieux vers, autrefois aimés, dont je ne puis mieux faire que de confesser la faiblesse tout en reconnaissant qu'ils sont devenus comme un canton secret de moi-même ? Les très vieux vers de notre mauvais enchanteur Baudelaire se réveillent, il ne faut pas s'en étonner. À la campagne, dans la paix et dans le silence de l'âme, beaucoup de tentations oubliées réussissent à se faire jour ; beaucoup de formes rajeunissent que l'on croyait mortes de vieillesse et d'ennui :

> Vois sur ces canaux
> Dormir ces vaisseaux
> Dont l'humeur est vagabonde...
> Les soleils couchants
> Revêtent les champs,
> Les canaux, la ville entière
> D'hyacinthe et d'or,
> Le monde s'endort
> Dans une chaude lumière.

Ainsi me reviennent les vers de *L Invitation au voyage*[238] ; et c'est à peine si le romantisme de chanteur ambulant m'a choqué finement au milieu de la douce angoisse et de l'agréable langueur qui me surmontent. Et là-dessus, renaît le vent. Il arrive du fond de la Crau, ma voisine, du lit tumultueux du Rhône, de la dentelle des Cévennes invisibles sur l'horizon. Ce puissant fleuve d'air fera régner au ciel une extrême limpidité. De beaux brasiers couleur de pourpre s'élèvent, s'amoncellent, se déplacent au souffle ardent parmi toute la ligne occidentale des nuages ; à l'autre bout du ciel, les cornes de la lune s'affinent aux arêtes tranchantes des collines. Aussitôt tout fléchit et se courbe avec des sanglots, mais la clarté du soir se répand et circule avec égalité dans cette douleur. C'est bien ici qu'il conviendrait de situer quelque vieux drame de haine ou d'amour conscients. Pourquoi Stendhal n'a-t-il pas mieux connu ce pays-ci ? Je doute que son Italie lui ait fourni un emblème plus exact de la perfection de l'intelligence dans le désordre des passions.

---

[237] Il s'agit bien entendu des *Confessions* de saint Augustin, comme l'indique, à la ligne précédente, l'évocation de la mort de sainte Monique, mère de saint Augustin, en 387 à Ostie. (n.d.é.)

[238] Les vers que cite Maurras sont extraits de la troisième et dernière strophe de *L'Invitation au voyage*, quarante-neuvième pièce des *Fleurs du mal* dans l'édition originale de 1857. (n.d.é.)

Cependant, mille choses simples s'agitent là-dessous. Des haines, des amours, des chocs de personnages très ordinaires, c'est, j'en ai peur, tout ce que pourrait fournir la psychologie, même teintée de sociologie, de la vieille ville endormie devant moi. Mais l'extraordinaire n'est peut-être que la splendeur du normal et du familier. Tout à l'heure, par mon étroit, modeste et mélancolique Chemin de Paradis, bordé de joncs, semé de pierrailles luisantes et traversé en son milieu de deux belles ornières, qui, sans doute, sont là pour me figurer le bonheur, je veux redescendre à la ville. De sages oliviers entre lesquels jouera une lune mauvaise m'avertiront que rien ne serait tel que de m'avancer là-dedans, distrait du vain secret des choses, seulement soucieux de savoir combien d'huile donnera la récolte et si les olives seront plus abondantes ou plus profitables que le froment. Mais je n'aurai point dépassé la dernière limite du champ maternel, que sans doute je songerai soit à l'agitation de l'inerte démocratie, soit à la querelle des sages, me disant, selon Taine, que si l'Homme se distingue de l'animal et le Grec du barbare ce sera par l'étude de la philosophie et le soin des affaires publiques.

1895[239]

---

[239] Ce texte est paru dans la *Revue encyclopédique Larousse* du 15 septembre 1895 avant d'être repris pour former la préface à *L'Étang de Berre*.

Défense du système des poètes romans

1895

Texte paru dans la revue la Plume[240] *en 1895.*

DÉFENSE DU SYSTÈME DES POÈTES ROMANS

> *Dulcissimas veritates conspicere.*
> Dante[241]

Un des beaux privilèges de l'intelligence est de vaincre le sentiment quand elle ne peut l'éclairer.

À ne consulter que son goût, M. Charles Morice se sentirait médiocrement incliné aux ouvrages de l'École romane. Il est l'auteur de *Chérubin*, de *la Littérature de Tout-à-l heure*, et de quantité de poèmes, de discours, de fragments critiques dont le style, l'organisation, la pensée ne nous paraissent point très serrés ni très purs. M. Charles Morice est presque né notre adversaire. Ce fut un adversaire sage et, jusqu'ici, courtois. Il a l'esprit curieux, la formule souvent heureuse. Je me souviens qu'il a donné de bonne heure, dès 1891, une juste expression de cette poésie morale, vivante et abstraite, à laquelle, dès le premier *Pèlerin passionné*, excella notre maître M. Jean Moréas[242]. M. Charles Morice en définit l'essence : « des sentiments pensés » et il en remarquait la conformité aux traditions et aux tendances de l'esprit des Français. On n'a rien dit de mieux encore.

Le nouveau jugement qu'il vient de publier sur l'École Romane porte aussi la marque d'un grand désir de justesse et de vérité. M. Charles Morice n'était pas mal placé pour juger de la sorte. Les professeurs ne peuvent se résoudre à la bienveillance en faveur de lettrés qui se passent de leur conduite et de leurs commentaires pour revenir aux belles lettres classiques ; M. Charles Morice n'est pas professeur. Et il n'est donc pas stimulé non plus par cette ambition de paraître, à tout prix, un moderne, à quoi se reconnaît le journalisme d'origine universitaire et qui gâte un si grand nombre de bons esprits.

Et M. Charles Morice n'est pas encore académicien. Il ne fut jamais parnassien. Et il n'a fréquenté ni Médan ni Auteuil[243]. Il ne se croit donc pas obligé de manifester sa grande horreur des écoles, des groupes, des académies. Et il ne fait pas profession de la liberté ni de la pauvreté d'esprit. De misérables écrivains,

---

[240] *La Plume*, no 149, 1er juillet 1895, p. 289–292.
[241] Dante, *Epistula XII*, IV. « Contempler de très douces vérités. » (n.d.é.)
[242] Ioannis Papadiamantopoulos, dit Jean Moréas, est un poète grec d'expression française né à Athènes le 15 avril 1856 et mort à Saint-Mandé le 30 avril 1910. En 1892, se détournant du symbolisme, il fonde l'École romane. (n.d.é.)
[243] Médan — où vivait Émile Zola — pour le naturalisme ; Auteuil sans doute pour le Parnasse. Le salon de Mallarmé rue de Rome, lieu emblématique du symbolisme, n'est pas cité. (n.d.é.)

désespérant sans doute de rien amener à la vie, se sont réfugiés là-dedans. Ils instituent un privilège au profit de l'ignorance, de la fantaisie présomptueuse et aveugle. Mais ils ne réussissent même pas à être de vrais ignorants ni à recueillir l'avantage de leur dérèglement d'imagination. Leur doctrine fut de se tenir à l'écart de toute tradition : mais l'effet de cette doctrine est des plus clairs ; ils suivent pas à pas, sans critique, sans choix, dans toute leur rigueur et leur absurdité, les coutumes, les habitudes, les traditions qu'ils ont rencontrées toutes faites chez leurs aînés immédiats. Ils refusent d'entendre l'éternelle et la commune leçon de style qui sort des poèmes de Ronsard, de Racine, de La Fontaine et de Chénier : c'est pour subir, sans le savoir, la suite des mauvais exemples d'un Verlaine ou d'un Hugo. Voilà nos insurgés : les plus dociles, les plus serfs de tous nos écrivains !

M. Charles Morice se doute de ces vérités. Il a, de plus, des connaissances en histoire littéraire. Et la logique ne lui est pas étrangère.

La logique lui a appris à se garder de la faute de M. Coppée qui, l'autre jeudi, nous niait le sens et la portée de ce terme d'École, cinq minutes à peine après qu'il venait de louer la « discipline intellectuelle » que s'étaient donnés en commun les Parnassiens... Et la même logique empêcherait M. Morice de proclamer (comme on le faisait ici même, il y a peu de temps) que « la Grèce est morte » pour en venir à célébrer « l'essence éternellement vivante de l'antiquité »...

Quant à l'histoire, elle a montré à M. Charles Morice comment des écrivains furent souvent conduits, par une affinité d'instincts et par l'inimitié confuse du vulgaire, à s'unir, à se fortifier par de réciproques avis, à former, de propos délibéré, des écoles. Non assurément qu'ils songeassent à cultiver ces « procédés » ces uniformes « gentillesses » qui furent le souci suprême du Parnasse ; ils voulaient seulement accomplir de concert, et c'est-à-dire avec plus d'énergie et de clairvoyance, une même pensée. M. Charles Morice laisse les sots et les barbares soutenir que la discipline est l'ennemie de la force ou qu'une vue nette des choses en doit détruire le sentiment ou la poésie. Il n'en croit rien. Nous ne pouvons qu'être sensibles au témoignage qu'il rend en notre faveur. Mais, dans cette question, la vérité et le bon renom de M. Charles Morice ont plus d'intérêts que nous-mêmes.

Tout le tort des Romans, dit en substance M. Morice, fut de mettre en commun leurs croyances esthétiques. Mais, ajoute-t-il, ce ne fut aucunement un tort :

> Les disciples de Moréas... ont voulu réagir par la vertu de la discipline et de l'union contre la grossière indifférence de trop de gens à l'égard de l'Art poétique. Ils ont délibérément borné leur horizon pour échapper aux insultes du vulgaire. Ils travaillent ensemble, ils se critiquent mutuellement, sincèrement, sévèrement. De la sorte, ils avertissent le monde qu'ils prétendent puiser dans leur spirituelle entente la force d'attendre, aussi longtemps qu'il lui plaira de le leur refuser, son suffrage...
>
> Quoi de servile dans une telle attitude ?

Là-dessus, M. Charles Morice résume la doctrine de l'École romane. Les lecteurs de la Plume connaissent bien cette doctrine. C'est ici que M. Maurice du Plessys et moi-même l'avons exposée pour la première fois. C'est ici qu'il en fut donné, par les poètes de l'École, de parfaites applications. M. Charles Morice y note tout ce qui lui paraît au-dessus de toute conteste :

> Il faut, dit-il, convenir avec les Romans que nous avons singulièrement trahi le génie de notre race et de notre langue, tout ce siècle durant. Notre littérature est devenue comparable à ce Panthéon romain où tous les dieux étaient reçus et d'où le culte national fut peu à peu banni : à force de compréhension et pour avoir ouvert trop grandes les portes de notre sanctuaire intellectuel aux Idéals d'un autre génie, *nous n'avons plus de pensée propre, plus de langue nationale, plus d'art français.*
>
> *C'est un désastre.* Les Romans s'efforcent de le conjurer en retournant aux sources gréco-latines de notre pensée et de notre idiome. L'effort est rationnel, louable, digne des artistes érudits et ingénus qui l'ont entrepris.

Voilà qui est assez complet. Assurément, je ne retiendrai de ces lignes que ce qui montre bien comment M. Morice a compris le type, le principe, l'idée de l'École Romane. Je ne sais s'il a vu à quel point ce principe est un principe nécessaire. Le louer, le trouver raisonnable ne suffit point. Maintenant tout l'appelle et tout le nécessite. Rien de sérieux, de réel ni de positif ne le contrarie, ni ne peut vivre hors de lui. N'ayant devant elle que des négations pures, notre conception de l'art français contient aussi tous les développements qui sont « possibles », et tout ce qui, aujourd'hui, n'est point mêlé d'un caractère intrinsèque de nullité.

M. Charles Morice ne hait pas le langage métaphysique ; il me pardonnera d'en avoir usé un moment. Le temps me manque pour environner de preuves ces formules vives. Et, d'ailleurs, la preuve est sensible. La poésie romane réussit, en langue française, elle se réalise absolument, complètement, et elle est seule à se réaliser ainsi. L'allemanisme (comme parlerait Fichte) ou le romantisme ne s'y accomplissent que d'une façon incomplète, quelque génie qui en ait entrepris le travail. De nos jours, nous voyons cinq ou six Muses assez belles frappées de la plus mélancolique stérilité, justement parce qu'elles tentent de concevoir selon un principe faux. Dans notre langue, avec notre tour de génie, le principe roman trace la ligne la plus simple, celle du moindre effort et de la plus heureuse réalisation.

C'est au nom de ce principe, posé dans son intégrité, qu'il m'est permis de repousser ce que M. Charles Morice ajoute de réserves à son approbation.

Il nous concède tout ce qui a trait, dit-il, au mode d'expression. Mais il affirme que les poètes romans tombent dans l'arbitraire quand ils « limitent » aux fables antiques le thème de leurs poèmes.

Notons un point. M. Morice est infiniment trop lettré pour nous reprocher de recourir à la mythologie antique. Il ne pense pas que les dieux soient tombés en poussière. Il connaît que ces dieux sont bien les seuls dieux qui subsistent et qui puissent durer à l'abri des contradictions. Si la nature était éternelle, ils seraient les dieux éternels, puisqu'ils la représentent dans son jeu varié et dans son ordre stable. Ainsi que le disait excellemment un des nôtres, M. Raynaud, cette religion grecque « ne repose que sur le nombre et sur l'harmonie ». Selon mon sens, les Grecs n'ont jamais été si parfaits que dans ce système de leurs divinités, dont les unes nous peuvent représenter les forces élémentaires de la vie, les facteurs, intelligents ou non, de la substance universelle et dont les autres nous figurent les fins mystiques de ce monde et, tels que les Muses et les Grâces ou Pallas et Phébus, sollicitent les forces à leurs formes définitives et à leurs plus exactes compositions. Ces derniers dieux sont identiques aux Idées. Il n'y a rien de plus humain ni de plus divin. Mais M. Morice est-il bien assuré que nos amis se soient « limités » à cela.

Peut-être eût-il fallu qu'il se tînt à noter que nos quatre poètes se sont, en pratique, contentés de mythologie grecque comme du meilleur, de l'exquis. Ils n'ont guère songé à se prescrire ni à s'interdire aucun thème pour cette raison décisive que ni Moréas, ni Plessys, ni La Tailhède, ni Raynaud n'attachent d'importance à ce que M. Charles Morice nomme un thème.

Un thème, en poésie, est de peu d'importance.

Ce qui importe seul, c'est le sentiment poétique. Mais c'est justement pour cela que les thèmes classiques sont encore les préférables. Ils sont les plus légers de tous, et les plus transparents ; la matière y est réduite à si peu que rien. Le chant n'y est pas encombré ; l'attention n'est pas retenue. Tout y est simple, aérien. Le génie secret du poème se peut manifester dans ces thèmes connus, usés, subtilisés et sublimés par le chant de tant de générations, de poètes, même antérieurs à Homère. Donc, il se manifeste sans embarras et sans retard. Telle est cette robe classique, à plis simples et purs, dont Fénelon voulait que nos jeunes dames fussent vêtues. Ce lin fluide, ce n'est rien. Il vêt pourtant, et sans couvrir. Il aide les lignes décisives à se marquer ; il simplifie les autres. L'exemple des Tragiques grecs est bien instructif là-dessus. Deux ou trois épisodes des antiquités nationales firent les frais de toutes les trames de leurs actions les plus diverses pendant de longs cycles d'années. Plus un sujet avait attiré de poètes, plus c'était un sujet beau et riche pour eux.

Les vieux thèmes suffisent donc, et c'est une fortune pour nous de les avoir. Que si la fantaisie prend un jour M. Moréas ou M. du Plessys de traiter un sujet celte, scandinave, germain ou juif, ces messieurs auront bien scrupule de faire la moindre opposition à leur fantaisie. Toutefois, je dois convenir qu'ils perdront là un temps qui nous est précieux à ennoblir des rêveries d'une origine médiocre, sans « race » et sans antiquité. Il faudra en outre, qu'ils s'efforcent à nettoyer cette Viviane ou ce Merlin des laideurs commises précédemment à leur sujet ; il faudra qu'ils évitent que ces noms, ces histoires ne déteignent sur leur propre imagination et n'altèrent cette harmonie acquise et soutenue au prix d'efforts et de sacrifices continuels. Leur succès, duquel je ne voudrais point douter, tiendrait un peu du tour de force. Ils auraient vaincu une grosse difficulté. Ainsi fit notre Dante ; ce fut, si l'on veut son « mérite » ; ce fut, à coup sûr, son défaut, né du malheur des temps. Pour user d'une image chère à deux barbares ingénieux (Maeterlinck et Emerson) les Romans modernistes, s'il en naît, se divertiront à équarrir une planche en la disposant sur leurs têtes, au lieu de la placer, humainement, entre leurs pieds. M. Charles Morice conviendra que de vrais poètes ont mieux à faire que de travailler à accumuler ainsi les difficultés pour la joie un peu puérile d'en triompher. Si bon chrétien qu'il fût, le XVIIe siècle avait compris cela.

Mais tout ceci est secondaire. Il reste que le thème, païen ou chrétien, moderne ou antique, est de médiocre valeur. Tout dépend de la conception du poète. Cela est si certain que M. Henri de Régnier se pourrait épuiser mille ans à nous chanter des faunes assis au bord des fontaines de la Sicile et des nymphes parées des noms les plus classiques ; et, quand bien même cet auteur d'*Aréthuse*[244] s'efforcerait de ne donner à l'avenir que des idylles ainsi costumées à l'antique et de ne traiter que de tels sujets grecs et latins : il nous demeurerait un barbare, un germain, un flamand de langue française ou encore un poète franc comme le nommait fort ingénieusement M. Mulhfeld. Et il ne sera jamais plus Franc que dans *Aréthuse*, dût-il n'écrire plus que sur des thèmes empruntés des Nibelungen !

Cette remarque réduit bien la question de savoir où sont les meilleurs mythes, de ceux que la Grèce forma ou de ceux que révèrent l'Europe du nord ou l'Asie sémitique. « Pour le poète qui les voudra chanter » comme parle M. Morice, j'ai confiance que les mythes les meilleurs seront ceux qui se trouveront être les plus favorables à l'expression de la poésie, et c'est-à-dire encore les plus humains, les plus généraux, les plus naturels.

Les mythes grecs sont naturels jusqu'au naturalisme. M. Morice le remarque avec raison. Ils demeurent dans la nature lors même qu'ils témoignent d'un désir de la dépasser. C'est une grande louange que je leur fais. Car le nom de nature ou de naturalisme, si fâcheux qu'en ait été l'usage récent, n'effraie ni M. Moréas ni aucun de ses disciples. Nous acceptons le mot, puisqu'il est impossible de ne point accepter la chose, opposer à la nature soit l'idée, soit le rêve, soit encore ce mélange d'idéalisme et de rêverie qui est la morale moderne c'est proprement écrire en vain : nos idées les plus fines et nos abstractions les plus hautes sont des portions ou pour mieux dire des membres de la nature, comme notre cerveau est une part de notre corps et la pensée un des éléments de notre être. La nature enveloppe jusqu'à ce qui

---

[244] Œuvre d'Henri de Régnier, 1895. (n.d.é.)

prétend s'élever au-dessus d'elle et s'insurger contre elle. Il en est de cette nature comme du plaisir dans la fine analyse que fit du stoïcisme La Fontaine :

> ... Sur son propre désir
> Quelque rigueur que l'on exerce
> Encore y prend-on du plaisir.[245]

Quelque stoïcienne ou mystique idée que l'on ait conçue, encore est-elle enveloppée du vaste sein de la nature. Cette idée en résulte comme la fleur sort du rameau. Pour que l'art des hommes ou leur science parvienne à quelque domination de la nature, il faut d'abord, selon le conseil baconien, qu'on se soit conformé aux lois de cet empire universel. Il est une mystique et une symbolique aux profondeurs desquelles un esprit n'atteindra que pénétré des méthodes de la nature. C'est ce qu'ont fait les Grecs. M. Morice parle des Sphynx de l'Égypte qu'il oppose aux Vénus de Grèce. Il ne distingue pas à quel point la belle Vénus est plus profonde, plus suggestive, plus riche de vues sur la merveille de l'univers que ne purent être les sphynx. Mais, j'accorderai volontiers qu'elle est moins étonnante pour l'œil d'un peuple enfant ou d'un esprit enfant. Qui ne sait que le romantisme a ramenés nos gens de lettres à l'enfance ? Jusque chez les meilleurs, le langage de la pensée n'est plus qu'un bégaiement.

« Les Romans » écrit au même sens M. Charles Morice, « ont beaucoup de dédain pour la métaphysique ». C'est encore une erreur. Nous ne dédaignons que la mauvaise métaphysique, la métaphysique verbale où se complaisent les enfants, contradictoire au fond et, dans l'aspect, logomachique. Nous la nommons parfois entre nous de la métaphysique allemande, encore que tout éloignés de sentir le moindre dédain pour le péripatétisme d'un Leibniz ou le logicisme d'un Kant. Le mal que nous pensons d'un certain genre de verbiage philosophique tient justement à notre désir de conserver, sur ce point dont M. Morice nous croit négligents, la haute tradition humaine ou classique. Nos haines et nos amours dans ce sujet sont liés au caractère même de la patrie de Descartes et d'Auguste Comte[246], au génie de la race d'Aristote et de Thomas d'Aquin. À bien parler, ce n'est peut-être que par la qualité de la Raison qui le conduit que l'art des helléno-latins peut être défini.

S'il m'est permis d'invoquer un fait personnel, je rappellerai que j'ai moi-même soutenu et montré quelque sentiment assez vif de cette tradition — appelons-la, si vous voulez, rationaliste ou, si vous préférez, intellectualiste — contre un parasite insolent qui tentait de prêter à l'esprit des lettres françaises les bassesses de son esprit. C'était peut-être sympathie de la part de ce Polonais. Il nous formait à son image. Remercions le ciel que le misérable n'ait pas eu à tracer la formule de notre courage

---

[245] Jean de La Fontaine, *Les Amours de Psyché, Éloge de la Volupté*. (n.d.é.)
[246] Comte, plus admirable par sa Métaphysique subjective que par toutes ses destructions.

civique : il nous eût peints sous la figure d'un de ces lâches déserteurs à la classe desquels il fut justement ramené.

Je voudrais que ce souvenir convainquît M. Charles Morice que nous n'avons aucun degré « d'injustice » ni de « haine » pour « la science vraie, pour l'abstraction, le rêve, le symbole ». M. Charles Morice a lui-même noté combien, dans le poète des « sentiments pensés », le mode de conception est déjà, quel qu'en soit l'objet, d'un tour général et philosophique. Mais la même vertu se retrouve souvent dans les conceptions, elles-mêmes ; et Moréas est le plus abstrait des poètes quand il arrive à un sujet de métaphysique amoureuse. Que M. Morice relise, dans le nouveau *Pèlerin*, *Œnone au clair visage* et toute *Ériphyle* il trouvera peut-être que notre jeune maître est bien le poète du « Temps », du Temps ontologique : les changements de la durée, les métamorphoses incessantes de la vie générale le pénètrent d'un sentiment d'admiration religieuse C'est plus que la tristesse d'Horace.

Il y a dans Bossuet un beau cri de surprise à l'annonce que « ce mortel soit mort ». Ainsi de Moréas. Le moindre changement du changeant le remplit de crainte. Le poème de la Tailhède *De la Métamorphose des Fontaines* appellerait de même les plus hautes explications. J'y ferais voir tout un système de métaphysique de l'art. Je sens une religion secrète, dans l'*Hermès* de M. du Plessys. Et je ne sais rien de plus éloigné d'un naturalisme immédiat que telle page de M. Hugues Rebell.

« Deux occupations » selon Taine « distinguaient le Grec du barbare, l'étude de la philosophie et le soin des affaires publiques. » Nous ne sommes point oublieux de cette distinction. Mais le sens des mots se corrompt. On nomme quelquefois de la philosophie un ramas de contradictions romanesques où le mot d'infini joue un rôle essentiel. On nomme politiques des intrigues d'où l'idée vraie de la Cité est tout à fait bannie, puisqu'on n'y songe qu'à la pure félicité non pas des citoyens, mais des simples esclaves. Ces équivoques nous ennuient ; et c'est d'un ennui que partagent beaucoup de bons esprits. Je signale à ces bons esprits un fait à remarquer. Il existe à Paris un groupe littéraire, fort de six écrivains[247], dont l'aîné touche à peine au milieu de la vie : on y parle de politique ; et personne ne s'y déclare pour l'anarchisme : on y songe philosophie ; et personne ne fait usage du nom de l'infini.

---

[247] On parle habituellement de Moréas, Maurras, Maurice du Plessys, Raymond de La Tailhède, Ernest Raynaud et Frédéric Mistral. Mais Mistral peut difficilement être qualifié de parisien, même lointain. Peut-être faut-il ici lui substituer Hugues Rebell, cité par Maurras un peu plus haut, et que son royalisme avait rapproché de Maurras dans ces années de l'École romane (1891–1897 environ). (n.d.é.)

Paul Verlaine
Les époques de sa poésie

1895

Cet article est paru pour la première fois dans la
Revue encyclopédique *du 1er janvier 1895.*

Je veux fixer les traits successifs de son art. Il est le dernier Parnassien, et un Parnassien révolté ; peut-être même est-il le dernier Romantique qui doive montrer quelque force ; et, de plus, c'est un Romantique repenti. En lui se sont déroulés et s'achèvent les suprêmes anneaux de la double chaîne qui pend de Lamartine et de Victor Hugo.

Négligent des histoires assez flottantes qui entourent la biographie, même oublieux de cette biographie elle-même, et content de savoir que Verlaine, né à la fin du règne de Louis-Philippe, eut vingt ans lorsque le second Empire venait sur son déclin (1864), nous nous tiendrons à suivre les phases, les époques diverses de sa poésie.

Première époque 1864-1867

En ce temps-là, M. Verlaine était très jeune, très savant, très habile et déjà très conforme à la célèbre définition (vraie ou fausse) que Lamartine a donnée du poète : il était un Écho. Sa voix répondait d'elle-même, et par les seuls réflexes d'une sensibilité merveilleusement affinée, à toutes les voix éloquentes qui s'élevaient auprès de lui. Il avait ce beau don de sentir et de résonner. Il l'avait à l'excès. Impressionnable comme il fallait bien l'être à cet âge et dans cette précoce vocation du poète, peut-être qu'il y ajoutait je ne sais quelle vivacité de nerfs, toute féminine, qui le disposa à subir sa vie, plus qu'à la conduire, et à recevoir son art de ses émotions plus qu'à composer et à ordonner celles-ci de sa propre puissance.

Qualités ou défauts, c'est ce dont pourront disputer les esthéticiens ; le fait, du moins, n'est pas niable d'une sensibilité si aiguë qu'elle fit souvent de ce grand poète l'esclave de l'air, des choses et même des gens d'alentour. On peut le voir dans Les *Poèmes saturniens*. Le livre ne parut qu'en 1867. Aux environs de 1867, les poètes qui se respectaient se faisaient impassibles et marmoréens. Verlaine fut comme eux, marmoréen et impassible.

À ce premier tour de sa vie, la plupart de ses biographes poussent des cris d'étonnement, et ils rapprochent le Verlaine d'alors du Verlaine de 1894, de celui, par exemple, qui a écrit cette note : « Les impeccables sont... tels et tels : *du bois, du bois et encore du bois.* » On a imaginé, en manière d'explication, qu'en ce temps-là Verlaine ne s'était pas encore trouvé. L'explication aurait besoin elle-même qu'on l'expliquât ; car, qu'est-ce, je vous prie, que de « se trouver » ? Et surtout en matière de poésie, et d'une poésie toute d'impression et de sentiment, c'est une espèce de non-sens que cette « trouvaille » de soi. On naît sensible ou non. Verlaine, qui était fait pour écrire des vers par émotion et par humeur, s'est d'abord laissé émouvoir, en effet, par la puissance esthétique de Leconte de Lisle et de Gautier ; c'est plus tard qu'il connut les joies et les peines humaines et les préféra définitivement à la lecture de M. José-Maria de Heredia.

Ce qu'Alfred de Musset, le Musset des *Contes d Espagne*, avait fait en 1829, Paul Verlaine le recommençait trente-huit ans plus tard. Leur sensibilité, à tous les deux, s'était prise à la joie de réfléchir ainsi des maîtres sonores. Mais c'était bien la même faculté qui plus tard devait leur dicter les gémissements des *Nuits* et ceux de *Sagesse*. Et c'est par sensibilité aux influences ambiantes que l'auteur de *Sagesse* nia si vivement la Sensibilité en poésie et qu'il se fit ainsi de l'opposition à lui-même. Telle est, aisément retrouvée, l'unité profonde d'une contradiction apparente qui déconcerta tant de commentateurs.

J'avoue qu'il est permis de sourire un peu des allures bizarres de ce Verlaine pré-verlainien. De quelle mine et de quel ton hiératique il se recueille à l'épilogue des *Poèmes saturniens* !

« Pensons », dit-il, et il invoque tout l'arsenal des matérialités les plus chères à ses compagnons, « le vers qui tinte », la « rime sonore », les « images » (sans nul doute accordées avec suite, suivant les leçons de Gautier), l'Art avec une majuscule et une arrière-pensée de menuiserie... Il termine par la distinction, à la mode en ces temps lointains, entre la Poésie, son seul guide, et l'inspiration, dont il n'oublie pas d'ajouter qu'il se méfie et qu'il se moque respectueusement :

>   Ah ! l'Inspiration superbe et souveraine,
>   L'Égérie aux regards lumineux et profonds,
>   Le *Genium* commode et l'Erato soudaine,
>   L'Ange des vieux tableaux avec des ors au fond ;
>
>   La Muse, dont la voix est puissante sans doute,
>   Puisqu'elle fait d'un coup dans les premiers cerveaux,
>   Comme ces pissenlits dont s'émaille la route,
>   Pousser tout un jardin de poèmes nouveaux ;
>
>   La Colombe, le Saint-Esprit, le saint Délire,
>   Les Troubles opportuns, les Transports complaisants,
>   Gabriel et son luth, Apollon et sa lyre,
>   Ah ! l'Inspiration, on l'invoque à seize ans !
>
>   Ce qu'il nous faut à nous, les Suprêmes Poètes,
>   Qui vénérons les Dieux et qui n'y croyons pas,
>   À nous dont nul rayon n'auréola les têtes,
>   Dont nulle Béatrix n'a dirigé les pas,

> À nous qui ciselons les mots comme des coupes
> Et qui faisons des vers émus très froidement,
> À nous qu'on ne voit point les soirs aller, par groupes
> Harmonieux, au bord des lacs et nous pâmant,
>
> Ce qu'il nous faut à nous, c'est, aux lueurs des lampes,
> La science conquise et le sommeil dompté,
> C'est le front dans les mains du vieux Faust des estampes,
> C'est l'Obstination et c'est la volonté !
>
> ---
>
> Ce qu'il nous faut à nous, c'est l'étude sans trêve,
> C'est l'effort inouï, le combat non pareil,
> C'est la nuit, l'âpre nuit du travail, d'où se lève,
> Lentement, lentement, l'Œuvre, ainsi qu'un soleil !
>
> Libre à nos inspirés, cœurs qu'une œillade enflamme,
> D'abandonner leur être au vent comme un bouleau,
> Pauvres gens ! L'Art n'est pas d'éparpiller son âme ;
> Est-elle en marbre ou non, la Vénus de Milo ?[248]

Tout le morceau est d'une assez haute saveur pour que je n'aie point à donner les raisons de cette citation copieuse. Retenez-en les derniers vers. Nous en retrouverons ailleurs l'exacte (et, d'ailleurs, très volontaire) contre-partie. Et nous retrouverons aussi cette même ardeur de l'éloquence, ce mouvement furieux qui donne aux solennelles et pesantes erreurs des habitués de l'Hôtel du Dragon bleu[249] une force de persuasion presque égale à celle de la vérité elle-même.

Mais, ailleurs, au milieu du volume, Verlaine parnassien tenait mieux sa gageure, je veux dire qu'il se compassait davantage. Il chantait avec la plus belle conscience du monde :

> Les Dieux et les Démons et Bhagavat lui-même.[250]

Il reprenait *La Légende des Siècles*, avec les armures, les capes, les dagues, les stylets du faux moyen âge romantique, et encore les chaudes et sournoises modernités des *Fleurs du mal*, le tout aussi dévotement que les airs et les formes des

---

[248] *Poèmes saturniens, Épilogue.* (n.d.é.)
[249] L'hôtel du Dragon bleu, dans *Jean des Figues*, de Paul Arène, rendez-vous des Parnassiens.
[250] *Poèmes saturniens, Prologue.* (n.d.é.)

Poèmes barbares. C'était le genre de beauté qui parlait alors à ses sens et à son cœur. Un sonnet intitulé *Résignation* et qui débute par ces débordements de sonorités :

> Tout enfant, j'allais rêvant Ko-Hinnor
> Somptuosité persane et papale,
> Héliogabale et Sardanapale,

ce sonnet se termine par une profession de foi aussi intéressante que celle de tantôt, puisqu'elle la complète :

> Soit ! le grandiose échappe à ma dent,
> Mais *fi de l'aimable* et fi de la lie !
> Et je hais toujours la femme jolie,
> La rime assonante et l'ami prudent.

L'aimable (au sens profond), le joli (au sens féminin) et enfin l'assonance, ce seront plus tard les trois grands triomphes de Verlaine ou, du moins, ses trois plus chères délectations. Il est plaisant de voir comme il traite ces divines choses futures pour l'amour de quelques cuistreries de contemporains.

Je trouve, à la page suivante, ce début de sonnet :

> Souvenir, Souvenir, que me veux-tu ? L'automne...[251]

et ce vers ainsi suspendu est une chose pénétrante et délicieuse. Mais les vers suivants sont gâtés par grande affection de la rime. (*Oh ! qui dira les torts de la rime !*) Et cependant la rime, même excessive, même lourde, le servait quelquefois remarquablement. L'on rencontre dans les Poèmes saturniens des pièces d'émotion amoureuse ou voluptueuse comparables aux plus frissonnantes des *Romances sans paroles*, de *Sagesse*, de *Parallèlement*. Citerai-je le vif, très vif sonnet de *Lassitude* :

> De la douceur, de la douceur, de la douceur !
> Calme un peu ces transports fébriles, ma charmante...

ou le *Rêve familier*, dont le finale est bien connu :

> Et, pour sa voix, lointaine, et calme, et grave, elle a
> L'inflexion des voix chères qui se sont tues.

---

[251] *Poèmes saturniens, Nevermore.* (n.d.é.)

Mais on petit dire que ceci a été réussi malgré ou sans la rime. Voici donc qui a été accompli parce que :

> Les sanglots longs
> Des violons
> De l'automne...

Ce qui peut distinguer cette *Chanson a automne*, toute parnassienne (puissance de rime, syntaxe, vocabulaire), de tel fragment postérieur et plus purement « verlainien » (ou décadent), j'aurai tout à l'heure à le dire.

Mais de pareils vers nous conduisent à une période dans laquelle notre poète moins frappé, moins touché de ses contemporains, gardait leurs procédés et les utilisait non point encore pour « éparpiller son âme », mais simplement pour l'exprimer.

DEUXIÈME ÉPOQUE 1867-1871

Cette deuxième époque comprend sans doute *La Bonne Chanson* et *Les Fêtes galantes*. Tellier[252] définissait Verlaine dès lors « Un Baudelaire mieux appris et plus continûment poète ». Mais il faut ajouter un Baudelaire simple, un Baudelaire vrai, et combien plus profond. Ce n'est pas seulement par la perfection des rythmes, que *La Bonne Chanson* et *Les Fêtes galantes* diffèrent des *Fleurs du mal*. La sincérité de l'accent, la vérité du ton, des mots, des sentiments, l'absence de toute affectation de cruauté, de toute grimace cruelle, voilà les grands points distinctifs. Quand Baudelaire nous raconte que, « cuisinier aux appétits funèbres », il fait bouillir et il mange son cœur, cette image nous intimide ou nous dégoûte, selon notre âge et notre goût. Mais qui chicanera Verlaine sur ses plus bizarres images :

> Je vois un groupe sur la mer.
> Quelle mer ? Celle de mes larmes !...[253]

chante le Verlaine d'*Amour*, et nous le trouvons excellent. Dans Baudelaire, c'est la volonté qui fut perverse. La perversité de Verlaine est dans son cœur et dans son corps. Et puis Verlaine a de l'esprit, de cet esprit qui vient du cœur, esprit trempé

---

[252] Écrivain et journaliste français, 1863-1889, il est fréquemment mentionné ou cité par Maurras, voir par exemple notre édition de *Lorsque Hugo eut les cent ans*. (n.d.é.)
[253] *Amour, Un veuf parle.* (n.d.é.)

d'un sentiment de joie ou de peine profonde, et touchant quelquefois à la plus fine, à la plus légère gaieté.

Toutes les Fêtes en font foi. Un jeune verlainien, mort avant de s'être donné et qui ne nous a laissé qu'un grand souvenir, Jules Laforgue, écrivait un jour « J'ai du cœur par-dessus la tête ».[254] Du cœur et, plus que tout, de l'âme, du frisson nerveux dans les cérébralités les plus simples et les plus compliquées, telle est l'essence de Verlaine. Le mérite de ses tableaux est d'être accompagné, comme en sourdine, de musiques émouvantes :

> Un vieux faune de terre cuite
> Rit au centre des boulingrins,
> Présageant sans doute une suite
> Mauvaise à ces instants sereins,
> Qui m'ont conduit et t'ont conduite,
> Mélancoliques pèlerins,
> Jusqu'à cette heure dont la fuite
> Tournoie au son des tambourins.[255]

Toute notre jeunesse frémit quand on lui exhuma ces vers, car ils furent longtemps ignorés ou méconnus, en dehors d'un très petit cercle ; ils ne parurent, en réalité, qu'après 1880.[256]

J'imagine que le vieux Boileau en personne n'eût pas été trop mécontent de ce Parnassien ; car celui-ci du moins traite enfin en esclaves les durs instruments de travail sous lesquels ploient tous ses confrères. Rimes, rythmes et épithètes finissent par servir de jouet à sa fantaisie. Des rigueurs mêmes de sa forme il réussissait à tirer des effets de grande émotion. Le Parnasse depuis vingt ans était assez pareil à un atelier de sculpteur, encombré de plâtres et de marbres ; seulement, dans le coin où se tenait Verlaine, on pouvait entrevoir, au milieu de ces blocs inertes, se former une Galatée belle et vivante. Vie, il est vrai, timide, languissante, d'autant plus chère. Beauté un peu louche et très chargée de la désagréable joaillerie des romantiques, affaiblie par l'affaiblissement de la langue poétique au cours des siècles, un peu molle, sans grand ressort, peut-être d'autant mieux adaptée à la rêverie d'inquiétude, de lassitude et de langueur à laquelle Paul Verlaine la destinait.

Il me plairait de multiplier ici les textes de ce Verlaine parvenu à son point de perfection. Jamais peut-être il ne fut mieux son maître, lui dont c'était la destinée de s'échapper toujours ; un simple principe esthétique dont j'aurai tout à l'heure à

---

[254] Cette citation sera reprise dans *Le Mont de Saturne*. (n.d.é.)
[255] *Les Fêtes galantes, Le Faune*. (n.d.é.)
[256] La « découverte » de M. Paul Verlaine est due, en somme, à ce groupe de jeunes poètes que l'on nomma un instant *les Décadents*, surtout à MM. Tailhade et Jean Moréas.

contester l'excellence, un principe pourtant, avec les excellentes habitudes d'esprit qui n'avaient pas manqué d'en découler pour lui, accomplit ce miracle de donner au génie toute la liberté possible, en lui refusant les moyens de se nuire et de se mutiler.

Une foule de poèmes simples et forts datent de cette période, comme *Le Vent de l'autre nuit a jeté bas l'Amour*, avec telles reprises sourdes et gémissantes :

> Le vent de l'autre nuit l'a jeté bas !
> Le marbre Au souffle du matin tournoie épars...

et surtout ce *Colloque sentimental* que tous les jeunes hommes de notre âge auront redit, le cœur serré, dans quelque jardin solitaire :

> Dans le vieux parc solitaire et glacé
> Deux formes ont tout à l'heure passé,
> Leurs yeux sont morts et leurs lèvres sont molles,
> Et l'on entend à peine leurs paroles.
> Dans le vieux parc solitaire et glacé
> Deux spectres ont évoqué le passé.
> — Te souvient-il de notre extase ancienne ?
> — Pourquoi voulez-vous donc qu'il m'en souvienne ?
> — Ton cœur bat-il toujours à mon seul nom ?
> Toujours vois-tu mon âme en rêve ? — Non.
> — Ah ! les beaux jours de bonheur indicible
> Où nous joignions nos bouches ! — C'est possible.
> — Qu'il était bleu, le ciel, et grand l'espoir !
> — L'espoir a fui, vaincu, vers le ciel noir.
> Tels ils marchaient dans les avoines folles
> Et la nuit seule entendit leurs paroles.

Quelques-uns de ces vers sont pour être dits à voix basse. L'angoisse y est merveilleusement imitée, et ce n'est pas une simulation frivole. Le poète est ému aussi, et cependant le style garde le minimum de tenue qu'avaient laissé les romantiques au vers français, ou que les Parnassiens avaient pu lui restituer. Les psychologues m'accorderont tout à l'heure que Verlaine n'eût pas été Verlaine s'il fût demeuré en ce point. Mais les critiques purs ont le droit de se demander s'il a beaucoup gagné au change. Non, selon moi. Tel doux sujet traité dans *Les Fêtes galantes* se retrouve abordé selon l'autre méthode dans les livres postérieurs ; on y voit que c'est bien tant pis pour ces derniers.

Quelques pièces de *La Bonne Chanson*, lues de très près, confirmeraient cette opinion. Je crois bien que cette Chanson a figuré dans une corbeille de mariage.

C'est un joli épithalame. Verlaine y égale son ami Coppée pour l'affiné, l'intime, le précis, le subtil de ses portraits de Fiancée :

> En robe grise et verte avec des ruches,
> Un jour de juin que j'étais soucieux,
> Elle apparut souriante à mes yeux...
> Elle alla, vint, revint, s'assit, parla,
> Légère et grave, ironique, attendrie...

Le vieil Hugo lui-même est dépassé dans l'expression de ce sentiment profond de l'innocence qui brille dans *Pauca meae* :

> Toute grâce et toute nuance
> Dans l'éclat doux de ses seize ans...

Mais il y a dans *La Bonne Chanson* d'autres choses, plus immédiatement poétiques, et, par exemple, le finale :

> J'ai depuis un an le printemps dans l'âme
> Et le vert retour du doux Floréal,
> Ainsi qu'une flamme entoure une flamme,
> Met de l'idéal sur mon idéal.
> Le ciel bleu prolonge, exhausse et couronne
> L'immuable azur où rit mon amour.
> La saison est belle et ma part est bonne,
> Et tous mes espoirs ont enfin leur tour...

Je ne sais pas si le Parnasse a rien donné de meilleur que ces second et troisième recueils de Paul Verlaine. Toutefois, le vice essentiel de la poésie d'alors paraît sous ces beaux vers à des yeux attentifs.

Le mauvais principe de notre art moderne, le principe d'où vient aussi le réalisme, y est marqué ; je veux dire que le poète y perd tout empire sur soi. Le désordre y est plus d'une fois assez beau ; il n'est plus un effet de l'art. Verlaine, heureusement, n'est plus entraîné ni gouverné par les petits trucs du métier ; mais c'est la suite de ses émotions qui le mène. Elle s'impose à lui, elle se réfléchit tout entière en ses vers. Ceux-ci ne font qu'en imiter les mouvements et les décrire ; ils ne sont retenus, dirigés, maîtrisés que par des règles empiriques de prosodie et de grammaire.

Il avait commencé par s'enthousiasmer pour les règles comme si elles avaient une beauté en soi. Puis, il s'est contenté de les suivre par habitude. L'habitude est un lien solide autant qu'il n'est point aperçu. La passion et la vie eussent assurément suffi à l'user chez Verlaine. L'art romantique et l'art parnassien, dont il résumait les derniers éclats, auraient suivi en lui leurs pentes logiques. Soumis aux émotions, au lieu de s'en servir, s'efforçant de les rendre et d'en copier les objets au lieu de les traduire, le seul poids de cette esthétique eût sans doute conduit Verlaine aux mêmes désastres de constructions impressionnistes et de rythmiques pittoresques où se noyait déjà la prose des Goncourt et où s'est, en effet, noyée sa poésie. Mais un hasard que je vais dire précipita les choses ; c'est le triste hasard qui se doit offrir à point nommé dans la destinée des Saturniens[257],

> Leur plan de vie étant dessiné ligne à ligne
> Par la logique d'une influence maligne.

La planète Saturne mit Paul Verlaine en relation avec Arthur Rimbaud.

TROISIÈME ÉPOQUE 1870-1874

Arthur Rimbaud n'est pas un inconnu pour nos lecteurs, et j'ai dit ici même[258] comment il pénétra dans la vie de Verlaine et devint promptement le mauvais ange du poète. Il lui ouvrit les portes de son enfer. Il le décida à goûter tout ce que lui gardaient de charme les beautés de décadence et d'arrière-saison. En un mot, il l'orienta dans le sens de la plus parfaite perversion esthétique. Rimbaud, comme Verlaine, avait déjà mordu aux fruits amers de Baudelaire. Il avait médité l'enseignement des *Fleurs du mal* et des *Paradis artificiels* avec le commentaire, fort lucide, qu'y avait ajouté Gautier :

> *— Le coucher du soleil est aussi beau que l'aube. La décomposition des mœurs, des langues, des formes de l'art est aussi passionnante que leur période de floraison première ou de fraîche maturité. Le naturel, c'est la laideur ; le simple, c'est le laid encore. Toute beauté supérieure se doit teindre à étrangeté.*

Ces aphorismes, que je résume, Rimbaud en était pénétré. D'esprit plus mâle que Verlaine, de volonté plus forte, il tirait hardiment les conséquences des prémisses acceptées.

À seize ans (1870-1871) l'enfant de génie avait donné une série de blasphèmes tragi-comiques : *Oraisons du soir*, *Les Chercheuses de poux*, et des badinages subtils ou féroces à la manière des *Assis* et du *Sonnet des voyelles*, et un peu plus tard ces

---

[257] Épigraphe des *Poèmes saturniens*.
[258] *Revue encyclopédique* du 1er janvier 1892.

Premières communions avec ce *Bateau ivre*, poèmes que rien ne caractérise ni ne classe, qu'on ne saurait pas plus citer que résumer, qu'il faut lire pour en goûter la vague et lyrique folie. Oui, les semences de folie qui étaient en puissance dès Chateaubriand et Jean-Jacques s'épanouissent là-dedans, mais selon les formes et les cadres convenus, en alexandrins à peu près apprivoisés.

C'est vers ce temps que commença la vie commune de Verlaine et de Rimbaud, et ce que j'ai cru pouvoir appeler leur collaboration ; de là est, en effet, sorti ce que l'on a coutume de nommer proprement le Verlainisme en poésie.

Écoutons Paul Verlaine s'expliquer là-dessus : « Rimbaud, » nous dit-il, « travailla *(lui !)* dans le naïf, le très et l'exprès trop simple, n'usant plus que d'assonances, de mots vagues, de phrases enfantines ou populaires. Il accomplit ainsi des prodiges de ténuité, de flou vrai, de charmant presque inappréciable, à force d'être grêle et fluet :

> Elle est retrouvée !
> Quoi ! L'éternité.
> C'est la mer allée
> Avec les soleils. »

L'on distingue aisément l'étroite parenté de ces pièces avec les poèmes les plus particuliers des *Romances sans paroles*. Verlaine sortit ainsi de la précision ; du moment qu'on avait accordé que l'émotion était la seule fin de la poésie, il s'appliqua à suggérer ces émotions plutôt qu'à tracer des figures de vie ou qu'à nommer des sentiments. Il se délivra de la rime, des rythmes pairs et de toute exacte symétrie. L'audace de Rimbaud lui avait donné du courage.

Mais (et voici la grande différence) ces audaces avaient été chez Arthur Rimbaud de purs jeux, des caprices nés du besoin de donner cours à l'implacable logique de sa pensée. Il n'était, ainsi que Verlaine nous l'indique, ni simple, ni naïf, ni imprécis, ni vague, ni fait le moins du monde pour ressentir les émotions de ses modèles, les pauvres chanteurs populaires, ni pour manier leur langage amorphe et hésitant. Et Paul Verlaine était bien l'âme qu'il fallait à cet art qu'on lui découvrait ; âme sensible et sensuelle, pleine de ruses, de prudences féminines et, pour le trancher net, parfaitement apte à jouer des petits mécanismes qu'exigeait cette poésie.

Or, en tous, qui que nous soyons, une sensibilité est en nous ; une femme, une enfant pleurante, et rusée, et capricieuse, habite donc, cachée, dans un coin obscur de nos âmes. C'est elle que berce M. Verlaine dans ses *Romances sans paroles* et dans tous les poèmes analogues qu'il a écrits. C'est à elle qu'il plaît et c'est elle qui, se confondant volontiers avec la raison et le goût, avec de plus hautes émotions esthétiques, aime le proclamer notre plus grand poète.

Lequel d'entre nous sut toujours résister à ces voix amoureuses et fraternelles qui s'élèvent tout bas dans l'âme et répondent au chœur éploré de Verlaine :

> Cette âme qui se lamente
> En cette plainte dormante,
> C'est la nôtre, n'est-ce pas ?
> La mienne, dis, et la tienne...[259]

Entendons-la se préciser, par le fait même qu'elle devient plus imprécise, cette voix de petits sanglots, de petites douleurs, cette voix de notre sensibilité maladive, de l'*animula vagula*[260], qu'Hadrien habillait de diminutifs caressants pour décrire l'extrême faiblesse, l'extrême vieillesse de sa nature, sa chute dans l'enfance et dans l'inconscience, avec la confusion tremblotante de ses pensées :

> Je devine, à travers un murmure,
> Le contour subtil des voix anciennes,
> Et dans les lueurs musiciennes,
> Amour pâle, une aurore future...
> Ô mourir de cette mort seulette...

Un peu plus loin, entendons cette même voix, devenue encore plus faible et déraisonnable, mais touchante :

> Il pleure dans mon cœur
> Comme il pleut sur la ville...
> Il pleure sans raison

---

[259] *Romances sans paroles, C'est l'extase langoureuse...*
[260] Ce sont les deux premiers mots de l'épitaphe que l'empereur Hadrien s'était composé pour lui-même :
> Animula vagula blandula,
> Hospes comesque corporis,
> Quae nunc abitis in loca,
> Pallidula, rigida, nudula,
> Nec ut soles dabit jocos.

Curieusement, il circule de ce court texte des traductions assez contradictoires. Nous vous proposons la nôtre :
> Ma petite âme, tendre et virevoltante,
> Qui fus la compagne et l'hôte de mon corps,
> Tu vas maintenant descendre dans les ténèbres,
> Dans le vide et dans l'immobilité,
> Et plus jamais tu ne jouiras comme ici-bas.

En 1895, Maurras aurait peut-être proposé une traduction semblable. Mais en 1951, Marguerite Yourcenar a repris ces cinq vers latins en exergue de ses *Mémoires d'Hadrien*, et on ne les situe plus que dans ce contexte, si bien qu'aujourd'hui, *animula vagula blandula* est devenu un sésame pour la recherche de sites homosexuels. (n.d.é.)

> Dans ce cœur qui s'écœure...
>
> C'est bien la pire peine
> De ne savoir pourquoi
> Sans amour et sans haine
> Mon cœur a tant de peine.[261]

Le caractère féminin de cette poésie s'accentue même au point que le poète en vient à nous l'affirmer nettement :

> Il faut, voyez-vous, nous pardonner les choses.
> De cette façon nous serons bien heureuses...
> Soyons deux enfants, soyons deux jeunes filles
> Éprises de rien et de tout étonnées
> Qui s'en vont pâlir sous les chastes charmilles
> Sans même savoir qu'elles sont pardonnées...[262]

Confusions, bégaiements de femme enfant, de « *Child wife* », comme il écrit encore :

> Ô triste, triste était mon âme,
> À cause, à cause d'une femme.[263]

Répétitions de ritournelles puériles, enfantines (et ce mot « puéril » deviendra l'un des plus fréquents de la poésie verlainienne) :

> Tournez, tournez, les bons chevaux de bois...
> Tournez, tournez, chevaux de mon cœur...[264]

Mais ces enfantillages amorphes, que je ne puis me tenir de trouver, contre la commune opinion, d'un art un peu rudimentaire pour être traités de chefs-d'œuvre, sont mélangés encore de poèmes d'un tout autre tour, tels que les *Birds in the night*, tels que *Beams* et que *Green*, pièces chères aux amants, en dépit de la barbarie des titres anglais. Les historiens de la poésie diront qu'il était impossible de mieux faire, en 1874, à un contemporain de Victor Hugo. Et je crois bien qu'ils donneront à ces

---

[261] *Romances sans paroles, Il pleure dans mon cœur.* (n.d.é.)
[262] *Idem, Il faut, voyez-vous, nous pardonner les choses....* (n.d.é.)
[263] *Id.*, VII. (n.d.é.)
[264] *Id., Chevaux de bois.* (n.d.é.)

pièces la préférence sur les petits chantonnements ataxiques d'*Il pleure dans mon cœur* ou des *Chevaux de bois*.

Néanmoins, ils observeront comme, pour être d'un ordre supérieur, ces beautés nous montrent toujours un caractère fragmentaire.

> Sur votre jeune sein laissez rouler ma tête
> Toute sonore encor de vos derniers baisers...[265]

De tels vers, d'un si profond charme de rythme et d'expression, ne sont point rares dans les *Romances sans paroles*, ni dans le reste, chez Verlaine. Mais on y compterait les strophes dignes de ces vers, et l'on serait embarrassé de citer un seul poème qui ne fût composé que de pareilles strophes. Le plus mélodieux des poètes modernes se trouve presque toujours à court d'harmonies.

Cependant l'harmonie, c'est le sang, la chaleur vivante d'un poème qui, faute d'elle, ne vit point et ne subsiste qu'à l'état de tendance, de pouvoir virtuel ; un poème qui n'a d'autre beauté que de fourmiller de beaux vers n'est que le signe du talent qui le put concevoir. Mais le talent de Paul Verlaine est si prodigieux qu'il faut attribuer, une fois encore, ces ordinaires insuccès aux grands torts de son Esthétique. Quoi qu'on ait pu dire, les idées des poètes orientent leur art ; les conseils, les indications d'Arthur Rimbaud, qui avaient induit Verlaine à faire de sa poésie le simple, le libre miroir de sa sensibilité, l'avaient aussi déterminé à tenir la nécessité de l'Émotion pour unique règle de l'art, la vivacité de l'Émotion pour unique bien poétique. Il outrait l'une des plus dangereuses maximes de Lamartine et de Musset touchant le Pathétique (« seul éternel », disaient-ils), le Sentiment et la Passion, seuls dignes des soins du poète.

> Vive le mélodrame où Margot a pleuré ![266]

Ces goûts, ces principes, ainsi que ces formules, ont un air de nous annoncer la fin de toute rhétorique, de toute éloquence apprêtée et de toute « littérature ». En réalité, comme l'avaient vérifié déjà et Lamartine (que d'excellentes habitudes classiques préservèrent longtemps) et Alfred de Musset, de même que Paul Verlaine à son tour le vérifia, c'est le contraire qui arrive ; cette liberté donnée au « sentiment » et à l'inspiration ouvre la porte à la pire littérature, à la pire rhétorique, à je ne sais quelle comédie de sincérité, qui consiste à singer continuellement, à sec, à froid, l'Émotion et la Passion.

---

[265] *Romances sans paroles*, Green. (n.d.é.)
[266] Variante du dernier vers de la cinquième strophe d'*Après une lecture*, dans les *Poésies nouvelles* de Musset. (n.d.é.)

L'Émotion, la Passion divine traversent notre vie d'une promptitude d'éclairs, elles dictent des cris, elles inspirent des mouvements, des frémissements, des frissons ; toutes choses qui durent peu, et dont on ne fait pas de poèmes. Le pathétique continu a été le désir et a marqué la chute des poètes et des orateurs de toutes les décadences. Vouloir, à tout instant, faire le pélican, nous partager la chair de son cœur et la substance de ses nerfs, telle a été l'erreur première d'où ont découlé les autres torts de Verlaine. Cette erreur a commencé par décomposer et, si je puis dire, dégingander ses pensées en tressauts, en sursauts, en grimacements, le tout systématique. Elle a décomposé ensuite ses strophes, au sens rythmique, et ses phrases, au point de vue grammatical. Ses vers, hachés menu par le jeu de causes semblables et de pareils effets, ont enfin perdu à leur tour toute figure métrique et parfois tout sens raisonnable.

QUATRIÈME ÉPOQUE 1874-1890

Sagesse (1880), *Jadis et naguère* (1884), *Parallèlement* (1889) sont, je crois, les trois types de la dernière période de floraison suprême qui précède la décadence.

Sagesse, on le sait, est l'histoire lyrique d'une conversion, amenée par quelques-unes des plus graves leçons de la vie, pesées dans une fort étroite solitude. Plusieurs poèmes en sont devenus populaires, et ce ne sont pas les meilleurs, *Un grand sommeil noir* ou *Le Ciel est par-dessus le toit*.

Pour ma part, j'y préférerais, dans la même note, cette élégie, la seizième du recueil :

> Écoutez la chanson bien douce
> Qui ne pleure que pour vous plaire...

Mais j'aime surtout de *Sagesse* de beaux vers, de beaux mots :

> Beauté des femmes, leur faiblesse, et ces mains pâles,
> Qui font souvent le bien et peuvent tout le mal...
> La tristesse, la langueur du corps humain
> M'attendrissent, me fléchissent, m'apitoient...
> Quand Maintenon jetait sur la France ravie
> L'ombre douce et la paix de ses coiffes de lin...
> ... le Moyen Âge énorme et délicat...
> N'as-tu pas, en fouillant les recoins de ton âme,
> Un beau vice à tirer comme un sabre au soleil ?...

Toutefois, on rencontre encore dans *Sagesse* des poèmes bien mesurés, d'une langue ferme et sonore, fermes aussi de conception, tels que le triptyque des trois Mères douloureuses (Hécube, Niobé et Marie), et tels que les strophes, d'une symétrie trop exacte à la vérité, que le poète fait chanter à Gaspard Hauser :

> Je suis venu, calme orphelin,
> Riche de mes seuls yeux tranquilles,
> Vers les hommes des grandes villes,
> Ils ne m'ont pas trouvé malin.[267]

et tels encore, et par-dessus tout, que la belle chaîne de sonnets, paraphrasés de l'*Imitation de Jésus-Christ*, qui fait rêver, comme on l'a beaucoup dit, d'un Corneille plus souple et plus tendre, et aussi plus malin.

Ces sonnets du divin Amour, l'accent pénétrant s'en retrouve dans une autre pièce dont le style est moins pur, mais le mouvement inoubliable, l'éloquence profonde :

> Ô mon Dieu, vous m'avez blessé d'amour
> Et la blessure est encore vibrante,
> Ô mon Dieu, vous m'avez blessé d'amour...[268]

Je ne cite que les trois premiers grains de ce rosaire spirituel ; mais il faut le lire en entier. Le principal mérite de la pièce est de participer justement des deux manières de Verlaine, de la plus régulière en même temps que de la moins ordonnée. Il s'y délivre des vieilles chaînes classiques par son projet d'écrire ainsi des espèces de litanies, mais c'est afin de s'imposer les chaînes, plus lourdes et plus rigoureuses, des répétitions symétriques, chères aux auteurs des séquences et des proses du moyen âge, aux vieux poètes franciscains. L'instinct l'avait fort bien guidé. Que ne s'est-il toujours encombré de même manière ! Aucun poète n'eut, plus que lui, ce besoin d'un poids à traîner. La liberté lui est funeste. C'est elle qui le gêne, il l'a dit en vers et en prose, et que rien ne lui est plus rude que d'avoir à se diriger. Cela est vrai, littéralement, de son art. « Il faut qu'un cadre symétrique le dispense de composer », a-t-on dit assez justement. Ou sa poésie se dissout.

Et c'est pourtant dans le recueil qui suivit *Sagesse*, dans *Jadis et naguère*, qu'il a publié ce code de la liberté et de la dissolution nécessaire qu'il avait reçu de Rimbaud et de Baudelaire. Il faut le lire avec une extrême attention ; car c'est là qu'aboutissent toutes les déclarations de l'indépendance esthétique, criées depuis 1830. Il donne,

---

[267] *Sagesse, Gaspard Hauser chante.* (n.d.é.)
[268] *Sagesse, Ô mon Dieu, vous m'avez blessé d'amour...* (n.d.é.)

en neuf quatrains, le véritable *Art poétique* du XIXe siècle. Encore qu'il soit ingénieux et charmant, il ne fait pas un très grand honneur à ce pauvre siècle :

> De la musique avant toute chose,
> Et pour cela préfère l'impair
> Plus vague et plus soluble dans l'air
> Sans rien en lui qui pèse ou qui pose.
> Il faut aussi que tu n'ailles point
> Choisir les mots sans quelque méprise ;
> Rien de plus cher que la chanson grise
> Ou l'imprécis au Précis se joint.
> C'est des beaux yeux derrière des voiles...
> Car nous voulons la nuance encor,
> Pas la couleur, rien que la nuance !...
> Prends l'éloquence et tords-lui son cou !...
> De la musique encore et toujours !...
> Que ton vers soit la bonne aventure
> Éparse au vent crispé du matin
> Qui fleurant la menthe et le thym...
> Et tout le reste est littérature.

Je ne reviendrai pas sur la discussion de ces principes d'art, que jugent bien leurs conséquences. Sous prétexte de prendre tout le ciel à larges coups d'ailes, la poésie nouvelle en évolue au néant pur ; l'ensemble de ses procédés et de ses recettes (car elle passe infiniment en recettes et en procédés Rollin, Boileau, La Harpe et Le Batteux), a reçu d'un poète mordant, M. Laurent Tailhade, le sobriquet de « gagaïsme », et d'Adoré Flouquette[269], le nom, tout aussi rude et mérité, de « déliquescence ». Paul Verlaine avait, d'ailleurs, précédé ses critiques dans les observations de cet ordre. Il suffit de relire le symbolique sonnet de *Langueur* :

> Je suis l'Empire à la fin de la décadence
> Qui regarde passer les grands barbares blancs
> En composant des acrostiches indolents,
> D'un style d'or où la langueur du soleil danse.
>
> L'âme seulette a mal au cœur d'un ennui dense,

---

[269] Adoré Flouquette, devenu Floupette dans les éditions ultérieures, personnage inventé de toutes pièces en 1885 par Gabriel Vicaire (1848-1900) et Henri Beauclair (1860-1919), tous deux coutumiers du pastiche. *Déliquescences*, recueil de poèmes décadents, bientôt suivi par *La vie d'Adoré Flouquette*, est une caricature féroce de la poésie décadente. (*n.d.é.*)

> Là-bas on dit qu'il est de longs combats sanglants.
> Ô, n'y pouvoir, étant si faible aux vœux si lents,
> Ô, n'y vouloir fleurir un peu cette existence !
>
> Ô, n'y vouloir, ô n'y pouvoir mourir un peu !
> Ah ! tout est bu ! Bathylle, as-tu fini de rire ?
> Ah ! tout est bu, tout est mangé ! Plus rien à dire !
>
> Seul, un poème un peu niais qu'on jette au feu,
> Seul, un esclave un peu coureur qui vous néglige,
> Seul, un ennui d'on ne sait quoi qui vous afflige !

Exacte convenance d'une âme et d'un art. Mais ces harmonies extérieures ne servent de rien en poésie, c'est au dedans du poème, lorsqu'elle s'établit entre les moyens et les fins, entre les parties et le tout, qu'une pareille convenance prend le nom de beauté. Telle que la voilà dans ce rare sonnet, elle donne l'aveu parfait de la faiblesse, de l'impuissance, du découragement et de la décadence secrète du poète. Syntaxe faible, prosodie désorganisée, pensées tout amollies, j'en tombe d'accord sans difficulté. Or, en art moins qu'ailleurs, les fautes avouées sont des fautes remises. La conscience de la laideur et du mal est d'un efficace médiocre, si elle n'est accompagnée d'un ferme élan vers la beauté.

Cet élan, Verlaine a passé ses dernières années à se l'interdire à lui-même autant qu'à ses jeunes disciples. Il fit école de langueur. Il se donna la joie maligne de mettre en liberté toutes les essences de division, de liquéfaction et de mort accumulées depuis cent ans dans notre littérature. Non seulement il se résignait à cette décadence et à cette fin, mais il s'y ruait et s'en félicitait. Supposait-il que cette résignation ou cette outrance lui rouvrirait le seuil des paradis perdus ? La réflexion lui en enleva l'espérance.

À cet égard, il faut relire le plus verlainien des poèmes de Verlaine, cette pièce déconcertante de *Crimen amoris*. Le poète commence par la description épicée des joies de l'enfer sensuel. Les démons y déploient de beaux chants et de belles danses. Leurs voix remplissent de justes et doux accords la salle du château de l'âme. Cependant, « le plus beau d'entre tous ces mauvais anges ne peut se mêler à l'allégresse commune ; plus triste que n'était Éloa dans le paradis, il monte au sommet de la tour la plus céleste, une torche au poing, résolu à purifier toute cette orgie par la mort. Et, en effet, par lui l'enfer se sacrifie à l'amour universel ». L'incendie allumé, tous les satans comprennent et s'y précipitent. Et ils expirent en chantant dans ce feu d'une rédemption imaginaire. De son côté, leur destructeur murmure fervemment une « espèce de prière » :

> Il dit tout bas une espèce de prière,

Les yeux au ciel, où le feu monte en léchant
Quand retentit un affreux coup de tonnerre,
Et c'est la fin de l'allégresse et du chant.

On n'avait pas agréé le sacrifice,
Quelqu'un de fort et de juste assurément,
Sans peine, avait su démêler la malice
Et l'artifice en un orgueil qui se ment.
Et du palais aux cent tours aucun vestige,
Rien ne resta...

On dit que Charles-Quint assista à ses funérailles. Voilà, dans une allégorie profonde, traversée en éclairs de terribles beautés, encore que fort inégales, voilà les funérailles du verlainisme conduites par Verlaine lui-même. Analysez. Ce qu'il y a de double, de contradictoire, de divisé, de pervers, de « satanique » dans son art nous pouvait-il être mieux peint que par les contrastes boitillants de l'hendécasyllabe employé dans ces vingt-quatre strophes, ou que par cet autre contraste du démon dévoré de tristesse au milieu des satans consumés de joie, et de ce mélange de joie et de tristesse aboutissant à un solennel suicide ? Ainsi l'art de Verlaine se nie en se posant. Ainsi sa poésie se détruit, se ronge elle-même, et « Pauvre Lélian » n'en a jamais disconvenu : on vient de voir comment il a fait de cette confession et de ce suicide le premier de ses articles de foi poétique. Seulement, le refus que font les puissances supérieures (« quelqu'un de fort et de juste assurément ») d'agréer un tel sacrifice, à cause de sa « malice » et de son « artifice » secrets et de l'« orgueil » qui s'y ment, c'est la Beauté, le Goût suprêmes discernant, démêlant ce qu'il y a de complaisance perfide, plus perfide que l'acte même du péché, c'est-à-dire, en définitive, de perversité esthétique dans ces excès de la laideur et du désordre reconnus, répétés en manière d'expiation ; c'est enfin la réprobation qui frappera un jour et à jamais peut-être ces poèmes demi-divins. Rien ne manque à l'allégorie, non pas même le tableau de la Renaissance simple, pure, qui doit suivre de tels excès, tableau d'une nature apaisée et sereine, d'un art calme et harmonieux, digne du pinceau de Poussin :

Et c'est la nuit, la nuit bleue aux mille étoiles,
Une campagne évangélique s'étend,
Sévère et douce...

non pas même l'invocation terminale au Libérateur :

La forme molle au loin monte des collines
Comme un amour encore mal défini,

Et le brouillard qui s'essore des ravines
Semble un effort vers quelque but réuni.

Et tout cela comme un cœur et comme une âme,
Et comme un verbe et d'un amour virginal,
Adore, s'ouvre en une extase et réclame
Le Dieu clément qui nous gardera du mal !

Il est prodigieux de compter à quel point tout ce qui est dit au sens moral, chez Verlaine, s'interprète aisément au sens esthétique. C'est qu'ici la morale et l'esthétique se rencontrent. Le docteur Nordau l'a bien vu.[270]

> Éviter la dispersion, disait-on dans un petit livre[271], bien avant que parût le livre de Nordau, composer avec soin, c'est presque une vertu morale. Cela suppose une invention logique, des images cohérentes, un vouloir proportionné aux idées. M. Verlaine peut se passer sans trop déchoir de ces choses. Il est le poète des frissons sensuels et spirituels. Mais les frissons sont courts, de leur essence. Aussi, dès qu'ils le laissent, ses phrases nagent-elles, dénuées d'énergie, sur un bouillon pâteux d'incidents et de parenthèses en dissolution. Le cadavre du beau vertébré que fut la langue française rend, en fondant aux mains de Verlaine, cette étrange musique qui monte des chairs mortes et que Baudelaire entendit. Seulement, il arrive que des lambeaux se joignent et, parfois, ils refont, au milieu des déliquescences, un éphémère îlot de vie nerveuse qui aspire ou sanglote rnagnifiquement.

De ces magnificences, il y en a beaucoup, il y en a presque trop dans le petit ouvrage auquel Verlaine a donné le titre bizarre de *Parallèlement*. Tout le monde en connaît la signification. Le poète prétend mener à la fois deux existences parallèles, une vie de pensées toutes pures, toutes chrétiennes, et une vie de rêves de la plus ardente sensualité[272], puisque telle est, nous dit-il, la double nature de l'homme :

Que ton vers soit la chose envolée...[273]

---

[270] Max Simon Nordau, de son vrai nom Südfeld, était un médecin d'origine hongroise et de langue allemande, devenu après l'affaire Dreyfus un des principaux dirigeants du mouvement sioniste mondial. Le livre dont il est ici question, *Entartung*, c'est à dire *Dégénérescence*, a été publié en 1892. L'auteur y traite de médecine, mais aussi d'art et de mœurs en général (voir *Ironie et Poésie*). (n.d.é.)

[271] C'est l'opuscule consacré par Charles Maurras à *Jean Moréas*, paru en 1891. (n.d.é.)

[272] Voir dans les *Poètes maudits* le portrait de Verlaine par lui-même, désigné sous l'anagramme déjà cité de « Pauvre Lélian ».

[273] *Jadis et naguère, Art poétique*. (n.d.é.)

Son entente de l'esthétique, il l'a appliquée à la vie. Mais ceci nous importe peu. Ce qui gêne plutôt est la difficulté de parler en public de ces madrigaux charnels, nullement déguisés, nullement adoucis, ni vêtus, ni ombrés. Les *Femmes damnées* de Baudelaire pâlissent en leur genre près du chapitre des *Amies*, de *Ces Passions* ou de *Moesti et errabundi*.

Tout compté, *Parallèlement* fera longtemps la joie des esprits un peu déliés de la vie, qui regardent moins au contenu des Passions qu'à leur forme et à leur démarche. Celles-ci ont la fougue, l'énergie ; il leur manque, pour s'élever à la beauté, d'avoir vieilli de trois mille ans et d'être confiées au nombre de la parole platonicienne.

On associe communément Bonheur, Amour et Liturgies intimes à Sagesse ; Dédicaces et Épigrammes (ce volume vient de paraître) à Jadis et Naguère ; à Parallèlement, Odes en son honneur, Élégies, Dans les limbes, et même ces Chansons pour elle qui rappellent aussi, pour le tour et l'essence, quelques chansons de Béranger. Ce Verlaine mûri, un peu cristallisé, de la dernière époque, ne nous présente guère, en fait de nouveautés imprévues, que son goût, de jour en jour mieux indiqué, pour la simplicité dans l'art, dans l'amour, dans la poésie, dans la vie, goût toujours contredit par le subtil enchevêtrement de ses phrases et de ses pensées. Fidèle à ses destins, son art continue de se développer sous le mauvais œil de Saturne ; son esprit et son cœur reviennent au bercail classique, dont ils savaient d'ailleurs tous les plus fins détours. Avec une logique excellente, Verlaine ne se contente pas, lorsqu'il parle aux jeunes poètes, de se rire « de vos, de nos pauvres malices », comme il leur dit, ni de railler les fioritures inutiles, le pessimisme, le scepticisme, le dandysme baudelairien, ni d'invoquer la Simplicité comme une déesse chrétienne,

Ô la Simplicité, tout-puissant qui l'aura ![274]

avec cette Unité dont il faisait fi autrefois. Verlaine va plus loin ; c'est le temps qu'il accuse, c'est de son siècle qu'il se plaint, de ce « siècle gourmé », dont toute son œuvre n'est peut-être que l'examen de conscience au double point de vue de la vie et de l'art. Et, à certains endroits de ces dernières œuvres, il parle des vieux engouements de sa génération pour Victor Hugo, du même ton que de la frénésie qui jette la jeunesse contemporaine aux pieds d'un Ibsen ; par-delà Ibsen et Hugo, il songe à Chénier, à Racine. Las des désordres, écœuré des licences vaines de ces décadences dont « on n'agrée pas le sacrifice ». Paul Verlaine se convertit.

S'il en était ainsi, le poète qui a ouvert le dernier cycle de la poésie romantique serait aussi le même qui viendrait le fermer.

---

[274] *Bonheur*, XVIII ; morceau d'abord publié dans *La Plume* du 13 mai 1891. (n.d.é.)

Sur Verlaine

1896

Texte paru dans la revue la Plume[275] *en 1896.*

CHARLES MAURRAS

I. Les meilleures pages de Paul Verlaine ne sont peut-être pas celles que l'on cite le plus. Je compte, pour ma part que les honnêtes gens, comme ils cessent déjà d'avoir du goût pour l'ataxie et les autres lésions nerveuses, d'ici peu se détourneront d'Il pleure dans mon cœur et de Le ciel est par-dessus le toit... Une génération d'écrivains languissants a longtemps proposé ces pauvretés à notre estime mais enfin elle meurt, et nous commençons à connaître nos véritables sentiments.

Paul Verlaine laisse un grand nom; mais je ne sais s'il laisse une œuvre. Il est vrai que, sauf les plaquettes publiées à la fin de sa vie, il n'a pas fait, à proprement parler, de mauvais livre. Tous ses livres sont distingués. Il y a du bon jusque dans les Poèmes saturniens et jusque dans Bonheur. Mais, non plus, il ne lui est jamais arrivé de rien soutenir de parfait. Je doute qu'il y ait aucun de ses poèmes, et même aucune de ses strophes, qui se lie jusqu'au bout. Je mets à part sa prose, prose d'humeur, parfois piquante ; elle fait toutes les grimaces, elle a donc tous les caractères, hormis, je pense, les caractères de la beauté.

Il faut garder de Paul Verlaine quelques vers isolés, qui sont admirables. Ce sont des soupirs ou des cris ; ce sont les courtes étincelles émanées d'un foyer divin. Assurément, un tel auteur naquit poète Et, loin que l'habileté lui fît défaut le moins du monde, il ne manquait ni de science ni de goût. Ce goût, s'il fut mauvais, le fut de parti-pris. On peut dire que Paul Verlaine a voulu et qu'il a préparé et raffiné ses pires fautes. Peu d'hommes ont mieux su ce qu'ils faisaient ; mais il était vraiment pervers.

II. J'imagine qu'il fut formé pour avertir et menacer les écrivains de son « Parnasse ». Il leur a révélé une profonde vérité. Par Verlaine, les mieux doués d'entre tous ces mauvais ouvriers purent, du moins, sentir qu'il n'y a pas de véritable talent où il n'y a point de génie. Le plus adroit mécanicien a besoin de la force d'imagination et de la sensibilité ; il en faut, et beaucoup, pour composer seulement des souliers qui aillent bien ; il en faut davantage encore pour réussir quelque sonnet qui soit néanmoins un poème. Les Parnassiens manquaient de ces dons essentiels. Par son succès plus encore que par son œuvre, Verlaine fit entendre à ses malheureux compagnons qu'ils étaient déjà morts, ou qu'ils n'en valaient guère mieux.

Paul Verlaine a rendu à la Renaissance des Lettres un service d'un autre genre ; car il a poussé à l'extrême les conséquences de la poétique mise en cours vers 1830.

---

[275] *La Plume*, no 163 du 1er février 1896, p. 103–105. Numéro consacré à un congrès des poètes. Divers auteurs étaient invités à écrire ce qu'ils pensaient de Verlaine, mort récemment, et à désigner qui mériterait de lui succéder.

Les Romantiques déclaraient la liberté de l'art : il l'a pratiquée, lui, et d'un zèle sauvage et fou. Il a perdu la langue, abîmé le style, et réduit à rien la pensée. D'un si profond degré d'humiliation, tout esprit généreux n'a pu que rebondir vers la lumière, l'ordre, la force, la grâce virile et les autres disciplines de la beauté.

Autre bonheur. L'exemple de Verlaine aura contribué à perdre un grand nombre de sots. Cela est bon, même pour eux. Leur infortune fut si claire et leur perte si assurée que tous les autres spectateurs en prirent avis pour eux-mêmes... Il est des bâtiments qui n'eussent jamais fait une navigation : mais ils ont quelquefois la chance de couler dès la sortie du port, sur des fonds si propices que toute leur quille est en l'air et que l'on peut même y allumer des feux pour la nuit. Grâce à Verlaine, un tas de jeunes gens tinrent ce rôle bienfaisant et profitable et, de mauvais bateaux, devinrent d'utiles épaves. Ils marquent bien la route que nous ne suivrons pas.

III. Mais il me reste à désigner un successeur à Paul Verlaine, qui, dit-on, hérita de Leconte de Lisle le sceptre de la poésie. Voter ainsi me plaît assez : un tel usage tend à rétablir dans la littérature les coutumes et les mœurs d'une monarchie. Que les lettres soient en République, ce plébiscite ne me montre que mieux combien il est vrai que les hommes ont le goût naturel de l'autorité.

Toutefois, il y a ici pour moi un léger embarras : et je tiens à m'en dégager.

L'auteur des *Poèmes barbares*[276] vivait, que je ne me cachais à personne de le tenir pour l'infime subalterne de Paul Verlaine ; et, dès lors, je tenais aussi Jean Moréas pour ce qu'il était, c'est-à-dire le maître et l'aîné véritable de ces deux vieillards d'une inégale stérilité. Il ne me semblait même point qu'il fût tolérable de voir ensemble ces trois noms : comparables entre eux, et pour de communes misères, ni Leconte de Lisle, ni Verlaine ne me paraissaient approcher de l'auteur délicieux des *Allégories Pastorales*, d'*Enone au clair visage*, du *Bocage moral et plaisant* et de tant d'autres poèmes du même charme.

Je dirai donc que le sceptre de la poésie était tombé en une sorte de déshérence depuis la mort d'André Chénier. De très grands hommes, et doués magnifiquement, entre lesquels personne ne pourra oublier le nom de. Lamartine, n'ont fait que le toucher à peine, sans le relever. Soit le malheur des temps, la décadence de la langue, l'affaiblissement des esprits ou le règne odieux de la populace dans les lettres, soit quelque autre raison, ont fait que notre France se trouvait justement le plus pauvre de poésie lyrique au moment même où tout le monde se mêlait de chanter et pensait même défier un Racine ou un La Fontaine.

On vit d'ailleurs des défaillances presque coupables. Quel dommage, n'est-il pas vrai, que le divin auteur de *Leuconoé* des *Noces Corinthiennes*, de la *Prise de Voile*, de l'*Ode à la Lumière* et des charmants poèmes épars dans le *Lys Rouge*, que M. Anatole France ait ainsi délaissé la poésie dès sa jeunesse ou qu'il n'y ait fait que des retours trop rapides ! Notre tradition naturelle brillait d'un doux éclat sous les traits

---

[276] Leconte de Lisle. (n.d.é)

innocents de ses filles antiques. Mais il est vrai qu'il se voyait entouré de tant de barbares ! La solitude eût mieux valu qu'une pareille compagnie. C'est dans la solitude que notre Mistral a grandi. Ce génie sans pareil a refait pour les provinces de langue d'oc un ouvrage analogue à celui de Dante pour l'Italie et de Goethe pour l'Allemagne.

Mais c'est de poésie française qu'il s'agit maintenant. Depuis l'apparition du Pélerin Passionné, et surtout depuis les retouches essentielles qu'il a faites à ce beau livre, Jean Moréas, mon maître et mon ami, m'est le signe vivant de la poésie nationale. Il en porte la destinée et on lui saura gré de l'excellente influence qu'il a prise sur ses disciples dont je tiens à nommer au moins M. Raymond de la Tailhède. Jean Moréas nous fait remonter à nos sources. Cet heureux Athénien, après nous avoir restauré plus d'un genre lyrique, l'ode, la chanson, l'épigramme, l'épître, même la satire et surtout l'élégie, qu'il a rendue si belle, nous promet une tragédie : la première représentation d'une nouvelle *Iphigénie*, imitée d'*Euripide*, dont quelques scènes achevées courent déjà de main en main, verra tous ces instincts classiques, refoulés depuis soixante ans aux veines de la France, prendre enfin leur revanche du désastre de *Hernani*.

Maurice du Plessys

1897

Ce texte est paru le 23 janvier 1897 dans la Revue encyclopédique Larousse.

MAURICE DU PLESSYS

Rappelez-vous le chant du bouc. Il fut sonné en 1553, à Arcueil, après le succès de la Cléopâtre de Jodelle, par l'assemblée de la Pléiade. Un bouc, chargé de lierre et de fleurs, était présenté au poète ; en même temps Baïf entonnait les couplets du chant, dont tous les convives reprenaient le refrain, abominablement raboteux et dur :

Iach, iach, ia ha,
Evohe iach, ia ha !

Les premiers ouvrages de M. Maurice du Plessys m'ont souvent rappelé la féroce chanson du bouc. Ils sont bizarres. Ni la verve ni l'art n'y manquent, ni les dernières délicatesses du goût. Les pires influences contemporaines avaient eu prise sur l'auteur ; mais il les secouait avec une sorte de passion et de fièvre. Personne ne fut plus ardent à revenir aux bons modèles, ni, à la vérité, ne sut découvrir chez les maîtres plus de rêveries biscornues.

Son *Premier livre pastoral*, écrit dans le printemps et l'été de 1891, porte mille marques diverses. Les belles strophes y côtoient les strophes absurdes. À chaque instant la force du poète reste en suspens pour s'égayer dans quelque violente apocope ou se fournir près de Pindare d'un appareil de mythologie superflue. Ce transfuge du Parnasse et du symbolisme, introduit aux lettres classiques, forgeait parfois des vers suivant ses anciens procédés, c'est-à-dire en sacrifiant l'ordre de son propos et la chaleur secrète de sa poésie naturelle au plaisir de choquer des mots, de jongler avec des rythmes et d'ébahir son spectateur.

Cependant M. du Plessys connaissait si bien ses défauts qu'il les dominait tout à coup. Nous lui avons même vu invoquer, en des strophes définitives, la plus pure, la plus sauvage et la plus droite des personnes divines, Diane elle-même, marquant ainsi l'image de ce que pourrait devenir un jour sa propre poésie :

Ô Diane ! fidèle
Honneur olympien,
Modèle
Mon esprit sur le tien !
Qu'à trop haut entreprendre
Mon sein présomptueux
N'engendre
Quelque enfant monstrueux,

> Et que, fortes des armes
> De l'orgueil toujours prêt,
> *Mes larmes*
> *Aient pudeur et secret !*
> Phébé, sœur de l'étoile
> Qui traîne à l'horizon
> La voile
> De mon frère Jason...

Gâté de latinismes, d'archaïsmes de toute sorte, écrit d'un style souvent forcé, sans aisance, sans liberté, dans une langue trop tendue, ce premier livre ne laisse donc pas que de montrer quelques fières beautés. Le fragment de l'*Hymne à Hermès*, *Les Centaures*, la sylve *À Critias, pêcheur de baleines*, si on les lit avec réserve, plairont aux esprits curieux, qui y pourront entendre jaillir, à chaque instant, selon un beau vers du poète,

> *L'onde des simples sources éloquentes.*

Quant aux *Études lyriques*, qui sont nouvelles, c'est tout autre chose. L'étude attentive, la réflexion, l'âge peut-être, ont modéré et réformé l'imagination de M. du Plessys. Tous les défauts ne sont pas vaincus, ni dédaignées toutes les erreurs. Un soin excessif du détail paraît toujours à la brièveté de la verve. L'auteur s'emploie trop visiblement à former avec des heurts de syllabes dures des accords plus nouveaux qu'agréables, si j'en juge selon mon goût. Et je pense qu'il prend une volupté excessive à écrire le nom d'Orphée ou de Rhée sans l'e muet final, qu'il remplace par l'apostrophe. Rien de plus légitime que cette liberté ; rien de si enfantin que d'en user à tout propos. Tours extraordinaires, pointes, jeux de langage, ces passe-temps ne sont vraiment plus dignes d'un poète aussi considérable que M. du. Plessys.

Mais ces misères, ces défauts ne prouvent rien. C'est par ses beautés qu'un poète est caractérisé. C'est par les « beautés » des *Trophées*, j'entends par les sonnets d'*Antoine et Cléopâtre*, et non par le poème des *Conquérants de l'or*, qu'il convient de juger de M. de Heredia. Ainsi jugerons-nous de M. du Plessys par les vers amoureux de son *Alcandre et de son Damon* :

> Captif impatient des beaux yeux qui m'enchaînent,
> Je teins de pleurs les nœuds dont je porte le faix ;
> Trop privé des plaisirs qu'il nous rachète en peines,
> Je ne connais d'amour que le mal qu'il m'a fait !
> *Ô toi dont un regard a fixé ma fortune,*
> C'est par toi qu'à ce titre il n'est maux que je n'aie ;

> *Ainsi j'aime ton front mouvant comme la lune*
> *Et ces beaux yeux qui sont de la fausse monnaie...*

Ici le piquant ou, pour ainsi dire, le pointu du langage ajoute, il me semble, saveur et force au sentiment.

Plus loin, ce quatrain délicieux :

> *Votre peine, colombe, attriste la nature ;*
> *Dites-moi de vos yeux l'inquiète pensée*
> *Viens, consens que nos fronts mêlent leurs chevelures*
> *Et dis-moi que ma voix charme une âme blessée.*

Et, enfin, ces vers à Damon, dont je ne saurais assez admirer le style, l'accent :

> *Silence d'un Damon ! pudeur d'une victime !*
> *Que vous m'êtes plus chers que ces cris forcenés*
> *D'un Alcandre infernal qui, d'abîme en abîme,*
> *Communique aux échos son regret d'être né !*
> *Damon mystérieux, je connais trop ta peine ;*
> *J'en prends ainsi la part que tu ne m'en fais pas.*
> *Plus d'une plai' commune a mêlé nos deux veines,*
> *Empourpré l'un de l'autre en cent et cent combats ;*
> *Mais que ce serait peu d'une fortuite chaîne !*
> *Ta pudeur, ô Damon, n'est-ce l'image humaine*
> *De la muette Isis bien fermée en son front ?*
> *Et si mon sang mortel avait cours dans les chênes*
> *Il ne s'écrirait pas au choc du bûcheron !*

Assurément, plus d'un de ces vers froncerait le nez de Boileau. Il y relèverait des pointes et des incohérences. Encore n'est-il pas donné à tout le monde d'avoir les défauts de M. du Plessys. Dans la jeune poésie contemporaine, je vois bien peu de noms qu'on puisse rapprocher du sien ; je vois peu d'écrivains qui aient fait en cinq ans de tels progrès. Il a déjà dompté une part de son naturel. Avec un peu plus de maîtrise, l'on pourra parler des élégies nouvelles de M. du Plessys comme d'œuvres aussi pures et parfaites que fortes. Il est, je pense, dans sa voie. Les modèles qu'il a choisis au XVIIe siècle, ces curieux lyriques, voisins de Malherbe et de Corneille, lui ont enseigné le secret du vers dense, plein de pensées, riche de signification intellectuelle et morale, en même temps qu'infiniment doux. Il est comme eux spirituel, raisonnable et subtil ; il est tendre comme eux s'il touche aux passions de l'amour. La supplique à Psyché, dans l'opéra de Corneille (« Ne les détournez point, ces yeux qui m'empoisonnent... ») murmure en secret sous les strophes de M. du Plessys.

La Poésie de Mallarmé

1898

Ce texte est paru dans la Revue encyclopédique Larousse *du 5 novembre 1898.*

Celui qui voudra demander à la Bibliothèque nationale le *Vathek* de Beckford[277], réimprimé par les soins de Stéphane Mallarmé avec une préface du même (1876, chez Labitte), lira sur le verso d'une agréable reliure blanc et or les trois lignes suivantes écrites à la main et paraphées :

> *Je remets cet exemplaire à la Bibliothèque nationale en avertissant le lecteur que la préface est une mystification.*
> Adolphe Labitte.

Adolphe Labitte, libraire de la Bibliothèque nationale (c'était son titre officiel), consentait bien à recevoir et à publier Mallarmé ; toutefois, il n'osait envoyer au dépôt légal les œuvres de ce diable d'homme sans dégager sa propre responsabilité. La plupart des critiques qui ont parlé du poète, mort ou vif, ont usé des mêmes réserves que le prudent Adolphe Labitte et gardé leur public de le prendre au sérieux.

Sans doute la préface de Vathek et l'œuvre entière de Stéphane Mallarmé ne ressemblent point mal à une mystification. Elles donnent constamment l'idée d'une intelligence plus ingénieuse et spirituelle que vaste, ou profonde, ou ferme. Partout l'auteur semble ruser et jouer avec le lecteur. Il affiche un amour du rare si sérieux et si vif qu'on admet difficilement qu'il ait eu le loisir d'aimer la beauté et la vérité. Des personnes qui ont approché Mallarmé ou regardé ses meilleurs portraits, quelques-unes ont rapporté un sentiment qui confirme bien nos impressions de lecture. La tête plaisait, mais elle inquiétait aussi par l'excessive finesse de ses courbes, dont les traits semblaient se replier les uns dans les autres. L'œil voilé et presque dissimulé dans la profondeur des orbites, sous le poids des paupières et la longueur des cils, laissait à peine voir, comme une gouttelette indécise, l'obscur regard ; mais, entr'ouvert, cet œil singulier trahissait un monde d'idées fixes et de rêveries maniaques. Une tête pareille semblait faite à souhait pour l'idée d'étonner et de piper le monde.

Le Romantisme marque un moment de décomposition dans l'histoire de notre poésie. La sensibilité et l'imagination sont par lui affranchies de l'arbitre de la raison. Le goût de l'effet partiel succède à celui des vastes ordonnances et des magnifiques ensembles. La phrase est délivrée des convenances qu'imposaient autrefois l'idée directrice du livre. Elle est indépendante. Elle se met au premier plan. Quand Hugo écrit son hymne au Mot, au Mot considéré comme un être vivant, un observateur

---

[277] *Vathek* est un conte oriental rédigé en français vers la fin du XVIIIe siècle par l'anglais Beckford. Au bas du privilège du roi se trouve la signature d'un Mallarmé, grand-parent du poète, qui s'éprit ainsi du Vathek jusqu'à en publier une édition de luxe et peut-être même à le traduire en anglais.

attentif peut d'avance prédire que le Mot, affranchi à son tour du joug syntaxique, ne se contentera point de la liberté, mais établira bientôt sa domination sur la phrase, le vers et le poème entier. C'est ce qui arrive à la génération suivante. Elle fait, il est vrai, un détour. Elle veut d'abord réagir contre certains excès de la révolution romantique. Banville, nouveau Bonaparte, promulgue une espèce de Constitution de l'an VIII ; son petit *Traité de poésie française*[278] abonde en prescriptions sévères destinées à garder à la Muse quelque décence. Toutes ces prescriptions, de l'ordre purement formel et extérieur, ne servent qu'à masquer une désorganisation secrète qui ne s'arrête point.

Notre histoire littéraire ressemble trait pour trait à notre histoire politique ! Sous les beaux dehors de la rime riche et d'une stricte correction grammaticale, nos Parnassiens ajoutent aux désordres du Romantisme un malheur nouveau. Le mot, jusque-là asservi tout au moins à son sens, c'est-à-dire à un certain objet qu'il représentait, est désormais pris en lui-même, uniquement choyé pour sa valeur musicale, son coloris ou sa forme[279]. De là l'indifférence des Parnassiens au fond des sujets évoqués. Ces messieurs se contentaient d'assortir des mots à certains thèmes, et l'essentiel était pour eux d'obtenir un « assortiment réussi. »

Je dis : l'essentiel. En fait, le caractère personnel de chaque poète devait l'emporter fréquemment sur la commune théorie. M. Sully-Prudhomme se passionnait pour la sagesse, M. Coppée pour les aspects du pavé de Paris, M. de Heredia pour certains rêves héroïques de l'histoire espagnole, et, en l'absence d'une raison régulatrice, ces passions diverses pouvaient fournir un objet, un principe d'unité et de poésie. Verlaine trouva même, je vous l'ai dit cent fois, dans les accidents de sa pauvre vie et dans les aventures d'une âme ardente et plaintive, de quoi s'affranchir des plus mauvaises mœurs du Parnasse. L'histoire de Stéphane Mallarmé fut toute contraire ; il était né le pur contraire de Verlaine.

Mallarmé vécut et mourut Parnassien. Mallarmé réalisa à la lettre toutes les idées du Parnasse, parce que nul poète (il mérite vraiment ce nom) ne naquit avec une imagination plus glacée. Lisez ceux-là de ses poèmes qui sont du domaine public et que l'on entend sans difficulté, soit Le Guignon, où les beaux vers abondent, mais d'un mouvement si pénible et si lent, soit la jolie *Apparition*, qui est partout citée :

> La lune s'attristait. Des séraphins en pleurs
> Rêvant, l'archet aux doigts, dans le calme des fleurs
> Vaporeuses, tiraient de mourantes violes
> De blancs sanglots glissant sur l'azur des corolles.

---

[278] Publié en 1872. (n.d.é.)
[279] « Le sens des mots est variable, relatif, transitoire ; il est de plus personnel. » Cette belle remarque faite à propos de M. Stéphane Mallarmé est d'un de ses disciples, parnassien lui aussi par l'origine et par le choix, M. Henri de Régnier (Revue de Paris du 1er octobre 1898).

> — C'était le jour béni de ton premier baiser.
> Ma songerie, aimant à me martyriser,
> S'enivrait savamment du parfum de tristesse
> Que même sans regret et sans déboire laisse
> La cueillaison d'un rêve au cœur qui l'a cueilli.
> J'errais donc, l'œil rivé sur le pavé vieilli,
> Quand, avec du soleil aux cheveux, dans la rue
> Et dans le soir, tu m'es en riant apparue,
> Et j'ai cru voir la fée au chapeau de clarté
> Qui jadis sur mes beaux sommeils d'enfant gâté
> Passait, laissant toujours de ses mains mal fermées,
> Neiger de blancs bouquets d'étoiles parfumées.

Déjà ici, la fluidité prodigieuse des mots, c'est-à-dire des signes, contraste avec la lenteur de l'idée signifiée.

Mais quel lustre, quel poli d'améthyste ou d'agate fine montre à l'œil ce petit poème narratif et lyrique ! Sans doute que l'œil y est seul intéressé. Le cœur n'y a guère de part. Cela est froid. Et l'œuvre de M. Mallarmé se refroidit au fur et à mesure qu'elle devient plus caractéristique et plus personnelle. Il faut beaucoup d'impertinence pour oser écrire, comme l'a fait un commentaire[280], étranger, il est vrai, à notre langue et au sens commun, que la vertu de ce poète réside « dans les émotions qu'il exprime ». Mallarmé, qui prétendait au rang de prophète et de sage, ne songea guère à celui-ci[281].

Rappelez-vous comme il se plaignait, dans son style figuré, de manquer de cette chaleur qui enfante l'œuvre vivante comme une rose de la nuit :

> Je crois bien que deux bouches n'ont
> Bu, ni son amant ni ma mère,
> Jamais à la même chimère,
> Moi, sylphe de ce froid plafond ![282]

---

[280] Il s'agit très vraisemblablement de Teodor de Wyzewa (1863–1917), cofondateur de la *Revue wagnérienne*. (n.d.é.)

[281] Les véritables admirateurs n'y songent point davantage. M. Laurent Tailhade (pourquoi éviterai-je ce témoignage, s'il est confirmatif ?) déclare : « Les trous sont visibles chez Rimbaud, chez Verlaine... La pondération fut l'essence même du génie mallarméen. Je n'en veux d'autres preuves que son robuste esprit d'affaires. Son excentricité fut toute de calcul, sans la moindre erreur de logique dans l'expression de la pensée. »

[282] Sonnet *Surgi de la croupe et du bond...* (n.d.é.)

Il semble définir son imagination dans l'apostrophe d'Hérodiade[283] au miroir fidèle :

Eau froide par l'ennui dans ton cadre gelée !

Le monde lui apparaissait immobile et figé sur champ de cristal. De là peut-être l'éclat de son vers lorsqu'il fixe une image précise, un objet isolé et distinct des autres objets. On ferait une jolie collection des « beaux vers » de Stéphane Mallarmé, et je gage qu'on en trouverait jusque dans ses poèmes les plus abscons :

... La chair est triste, hélas ! et j'ai lu tous les livres.[284]
... Donner un sens trop pur aux mots de la tribu.[285]
... Lys ! et l'un de vous tous pour l'ingénuité.[286]
... Une sonore, vaine et monotone ligne...[287]
... Où rêve, ô calme sœur,
Un automne jonché de taches de rousseur.[288]
... Je t'apporte l'enfant d'une nuit d'Idumée.[289]

Oui, voilà de beaux vers, de ces beaux vers qui « de plusieurs vocables » nous refont, disait-il lui-même, « un mot total neuf, étranger à la langue commune et comme incantatoire », de ces vers qui achèvent « l'isolement de la parole ».
Stéphane Mallarmé excelle, on le voit, dans la définition, la formule[290].
Il marque fortement les objets divers. Il les photographie sur la glace du souvenir. Mais quand il s'agit d'exprimer les rapports de ces objets entre eux et donc de se mouvoir d'un objet à l'objet voisin, la difficulté commence pour lui. Il se sentait paralytique. Nulle chaleur, nulle source de mouvement. Boileau, qui a souffert bien avant Mallarmé de la même paralysie, et se plaignait que les transitions fussent « le plus difficile chef-d'œuvre de la poésie », avait cette ressource de considérer les relations objectives, impersonnelles et rationnelles des objets qui, eux-mêmes,

---

[283] Poème paru en 1869 dans *Le Parnasse contemporain*. Mais le premier recueil complet et stabilisé des poésies de Mallarmé ne paraîtra qu'en 1887. (n.d.é.)
[284] Premier vers de la *Brise marine*. (n.d.é.)
[285] *Le Tombeau d'Edgar Poe*. (n.d.é.)
[286] *L'Après-Midi d'un faune*. (n.d.é.)
[287] *Idem*. (n.d.é.)
[288] *Soupir*. (n.d.é.)
[289] *Don du poème*. (n.d.é.)
[290] Il y réussit en d'autres sujets que l'art poétique. Dans son livre *Les mots anglais*, je trouve cette étonnante définition : « Langue contemporaine peut-être par excellence, celle qui accuse le double caractère de l'époque, rétrospectif et avancé ». N'est-ce pas admirable ? N'est-ce pas tout l'Anglais et toute l'Angleterre, tradition et évolution ?

l'aidaient ainsi à se transporter de l'un jusqu'à l'autre. Ainsi côtoya-t-il, en plus d'un cas, la prose ; mais, en d'autres cas, sa poésie se soutint assez dignement.

Romantique et Parnassien, et privé ainsi de ses points d'appui dans la nature et dans la raison, Stéphane Mallarmé devait chercher les principes de son discours dans les éléments mêmes de ce discours, dans les mots. Ce qui manquait à son talent le prédestinait à réaliser ce qu'il est permis d'appeler, avec un sourire, « le Parnassisme intégral ».

L'objet fut repoussé dans un oubli complet. M. Mallarmé déclara en vers et en prose que le vrai poète n'avait point souci de l'objet. Voici l'alcôve avec de légers rideaux clairs, qui flottent. Il n'y a point de lit. Il n'y aura jamais de lit :

> Une dentelle s'abolit
> Dans le doute du Jeu suprême
> À n'entr'ouvrir comme un blasphème
> Qu'absence éternelle de lit.[291]

Cela flotte indéfiniment ; mais cela ne recouvre rien :

> Cet unanime blanc conflit
> D'une guirlande avec la même
> Enfin contre la vitre blême
> Flotte plus qu'il n'ensevelit.[292]

Si l'on pouvait parler de cette sorte, je dirais qu'ici Rien folâtre avec Rien. Mais c'est de ce Rien-là que peuvent s'élever, par quelque miracle de fécondation solitaire, toute musique, toute harmonie, toute poésie.

> Mais chez qui du rêve se dore
> Tristement dort une mandore
> Au creux néant musicien
> Telle que, vers quelque fenêtre,
> Selon nul rêve que le sien,
> Filial on aurait pu naître...[293]

---

[291] Sonnet *Une dentelle s'abolit...* que l'on désigne parfois simplement : la *Dentelle*, comme Maurras le fera plus bas. (n.d.é.)
[292] Il s'agit du deuxième quatrain du même sonnet. (n.d.é.)
[293] Ce sont enfin les deux tercets d'*Une dentelle s'abolit...* (n.d.é.)

Voilà l'Art poétique. On pourrait y graver en épigraphe le commentaire de l'*Ex nihilo* des alchimistes et figurer au frontispice des nœuds de mots entrelacés et formant des groupes voluptueux, ironiques ou emphatiques sur le néant universel.

Pour la forme de ce sonnet de la *Dentelle*, les mots y choisissent en souverains, selon des convenances de nombre ou de couleur, leur place exacte dans le poème. Ce sont des sons associés. Ni syntaxe, ni style, une mosaïque de vocables, dont une jeunesse naïve s'évertuera longtemps à découvrir le sens profond.

Renseigné sur les goûts du jour, Stéphane Mallarmé aimait à encourager ses jeunes disciples quand ils lui décernaient ainsi le manteau et la barbe des philosophes. Il eût, je crois, béni ces jeunes Provençaux de ma connaissance qui distinguaient toutes les idées de Platon dans les jeux équivoques du faune de *L'Après-Midi*[294].

Ce grand engouement est passé. La jeunesse déserta un peu les dernières saisons de M. Mallarmé. Ces deux hivers surtout furent marqués par des défections éclatantes, celle de M. Adolphe Retté[295], celle des naturistes ; il n'est pas jusqu'à notre collaborateur M. Camille Mauclair, un fidèle pourtant, qui n'ait indiqué avec précision et avec force dans son roman *Le Soleil des morts*[296] les raisons pour lesquelles cet écrivain ingénieux, ce spirituel habilleur de néants ne répond plus aux vœux des nouvelles générations. Elles se contentaient d'admirer ses vertus morales.

Pour mon compte, je tiens que les anthologies recueilleront certains fragments de sa poésie ; d'abord une douzaine de vers isolés et frappants dont j'ai marqué le charme, une ou deux de ses plus curieuses excentricités (il faut bien que la postérité connaisse nos monstres), enfin quelques tirades comme la jolie échappée de *L'Après-Midi*, qui est dans l'œuvre de Mallarmé comme l'*Épître* à Jean Racine dans l'œuvre de Boileau :

> Tâche donc, instrument des fuites, ô maligne
> Syrinx, de refleurir aux lacs où tu m'attends !
> Moi, de ma rumeur fier, je vais parler longtemps
> Des déesses et par d'idolâtres peintures

---

[294] Un autre Provençal, mais plus jeune et moins ingénu, M. Paul Souchon, nous assure que *L'Après-Midi* « relate un fait d'amour très simple ». Quant aux sonnets, ils fourmillent, parait-il, d'allusions lubriques. Nous voilà loin des chastes platoniciennes !
[295] Adolphe Retté (1863–1930) eut un parcours intellectuel des plus heurtés. Aux dernières années de la vie de Mallarmé, il en devint l'un des démolisseurs les plus virulents. Voici ce qu'il écrivait dans *La Plume* du 1er juin 1895 : « M. Mallarmé lui-même représente l'extrême Parnasse, l'obligatoire aboutissement des fakirs de la Forme, du Mot, de l'Art pour l'Art — cette formule qui vous met dans la bouche une saveur de porc rance. » (n.d.é.)
[296] Camille Mauclair (1872–1945) n'est semble-t-il désigné par Maurras comme « collaborateur » que parce qu'il donnait lui aussi des chroniques à la *Revue encyclopédique*. *Le Soleil des morts* date de 1898. (n.d.é.)

À leur ombre enlever encore des ceintures.
Ainsi, quand des raisins j'ai sucé la clarté,
Pour bannir un regret par ma feinte écarté,
Rieur, j'élève au ciel d'été la grappe vide,
Et, soufflant dans les peaux lumineuses, avide
D'ivresse, jusqu'au soir je regarde au travers.

Ce raisin décharné, traversé d'un coup de soleil, m'a de tout temps causé la même joie ingénue et, dirai-je, faunesque. Mais quelle fine imagination encore, que d'aller nommer la flûte de Pan, la libératrice Syrinx, « l'instrument des fuites » humaines. Voilà, certes, de quoi conserver le nom d'un poète.

IRONIE ET POÉSIE

1901

Ce texte est paru dans la Gazette de France *du 12 décembre 1901, repris en volume en décembre 1923.*

Ce n'était pas sous un olivier de Céphise, ni sous le platane de l'Ilissus[297]. Ce n'était pas non plus sous les astres de la Néva, où la barque de Maistre[298] traîne sa cargaison de pensées et de rêveries. Toutes les fois que j'ai songé à tenter les difficultés du dialogue philosophique, la vraie place de mes interlocuteurs me semblait établie de toute éternité sur un de ces brillants rivages de Claude Lorrain, devant le soleil qui se couche, entre les colonnades des palais de marbre poli qui répètent les feux du ciel ou de la mer. Le souci de la vérité me contraint cependant à loger autre part la discussion dont j'ai été le témoin jeudi soir.

Mes deux jeunes amis, amis entre eux, Paul, vingt-deux ans et Pierre, trente, échangeaient leurs vues différentes dans un cabinet assez vaste, tout peuplé de vieux livres et de livres nouveaux. Deux ou trois statuettes, quelques bustes, une haute lampe de bronze faisaient le décor de la scène ; on la verra quand j'aurai dit que les personnages se tenaient debout près d'une porte battante, dont le rideau tremblait un peu.

Ils ne s'accordaient point sur le mérite d'Henri Heine.

— L'homme, dit Paul, me déplaît autant que possible. Mais je ne suis point sans amitié pour ses vers.

— Quant à l'homme, répliquait Pierre, il m'est assez indifférent, mais c'est du poète que j'ai horreur.

PAUL

J'aime sa raillerie sur le romantisme allemand.

PIERRE

Non. Je le souffrirais encore dans l'élégie. Quelques-unes de ses petites plaintes me charment. « Un jeune homme aime une jeune fille, laquelle en a choisi un autre ; cet homme en aime une autre et il s'est marié avec elle... » Simplicité un peu grêle, si vous voulez. Elle est moins déplaisante que le rire bas et le sot persiflage. D'ailleurs toutes les railleries de votre Heine sont à la base d'ironie.

---

[297] Le Céphise et l'Illissus sont deux fleuves de Grèce, en Attique. On trouverait plusieurs allusions littéraires pour chacun. Ainsi l'Illissus est le cadre du *Phèdre* de Platon. (Comme celle-ci les notes suivantes sont des notes des éditeurs.)
[298] La Neva passe à Saint-Petersbourg où Joseph de Maistre fut ambassadeur du roi de Sardaigne de 1803 à 1817.

Paul savait l'allemand autant qu'homme du monde. Il ne put s'empêcher de donner raison à Pierre :

— Rien de plus vrai. De sorte que Heine est peut-être le premier de nos ironistes.

PIERRE
Lord Byron serait à compter, et avant lui un certain nombre de poètes hébreux. Mais je ne saurais supporter l'ironie en vers, ni chez Heine, ni chez Byron, ni même chez notre Musset...

PAUL
Je n'aime que ça dans Musset...

PIERRE
Est-il possible ! Attendez que je vous régale :
Vous me demanderez si j'aime la sagesse :
Oui, j'aime fort aussi le tabac à fumer.[299]

PAUL
Vous y mettez l'accent. Mais plaisantez jusqu'à demain, je préfère toujours ces bagatelles aux « sanglots ».

PIERRE
Quoi ! aux *Nuits* ?

PAUL
Aux *Nuits* elles-mêmes.

PIERRE
Et au second chant de *Rolla* ?

PAUL
Plaît-il ?

PIERRE
Est-ce sur de la neige, ou sur une statue

---

[299] A. de Musset, *La Coupe et les Lèvres*.

Que cette lampe d'or dans l'ombre suspendue...[300]

PAUL
J'en conviens sans difficultés, j'aime mieux le tapis de Hassan « moëlleux comme une chatte et frais comme une rose »[301] et qui a l'avantage de ne pouvoir être imaginé sans sourire.

PIERRE
Mais les vers de l'aurore ?

PAUL
De quelle aurore parlez-vous ?

PIERRE
Quand le soleil se lève aux beaux jours de l'automne
Les neiges, sous ses pas, paraissent s'embraser.
Les épaules d'argent de la Nuit qui frissonne...[302]

PAUL
J'aime mieux *Namouna*, ô gué !

PIERRE
Les vers du cygne de l'amour ?

PAUL
Lesquels ?

PIERRE
S'il est vrai que l'amour, ce cygne passager,
N'ait besoin pour dorer son chant mélancolique
Que des contours divins de la réalité
Et de ce qui voltige auteur de la beauté,
S'il est vrai qu'ici bas on le trompe sans cesse
Et que lui qui le sait, de peur de se guérir,
Doive éternellement ne prendre à sa maîtresse
Que les illusions qu'il lui faut pour souffrir...[303]

---

[300] Ce sont les premiers vers du troisième chant de *Rolla*, de Musset.
[301] Musset, *Namouna*, premier chant.
[302] Musset, *Rolla*, cinquième chant.
[303] Musset, *Rolla*, cinquième chant.

PAUL
Namouna ! Namouna ! Namouna ! et, au besoin, *Mardoche !*[304] Ces frivolités me délassent, et vos sublimités m'ennuient. Mais franchement, j'admire qu'on puisse retenir tout d'un trait tant de belles choses.

PIERRE
J'admire, moi, qu'on les oublie quand on les a lues.

PAUL
Je n'oublie pas ceci :
*Ich steh' auf des Berges Spitze
Und ich werde sentimental !
« Wenn ich ein Vöglein wäre ! »
Seufz' ich viel tausendmal.*[305]

PIERRE
Mon cher Paul, sont-ce des insultes que vous me prodiguez ?

PAUL
Traduction : « Me voici sur le sommet de la montagne et je deviens sentimental. Ah ! si j'étais un oiseau ! soupirais-je, je ne sais combien de fois... Si j'étais un serin, aussitôt, ma mignonne, je volerais vers ton cœur, car, on me l'a dit, tu aimes les serins et tu consoles leurs souffrances. »

PIERRE
Trouvez-vous cela bien fameux ?

PAUL
Le trouveriez-vous médiocre ? Mais que direz-vous de ceci :
*Auf meiner Herzliebsten Äugelein
Mach ich die schönsten...*[306]

PIERRE
Par pitié, ami Paul ! Vous m'écorchez les deux oreilles.

PAUL

---

[304] Autre œuvre de Musset.
[305] H. Heine, *Herbstzyklus*, IX.
[306] H. Heine, *Winterzyklus*, XIV.

L'impatience est le mal français. Mais je traduis tout, tout de suite ! « Sur les yeux de ma bien-aimée j'ai fait les plus belles canzones ; sur la petite bouche de ma bien-aimée, j'ai fait les meilleures terzines ; sur les joues de rose de ma bien-aimée, j'ai fait les stances les plus magnifiques. Et si ma bien-aimée avait un cœur, je ferais sur son cœur un joli sonnet. » Avouez, Pierre, avouez-le : ceci ramène au roi Voltaire...

PIERRE

Non.

PAUL

Au meilleur tour, au plus leste et au plus galant du vieil esprit français...

PIERRE

Non.

PAUL

Avouez que, comme chez nous, et chez nos plus savants aiguiseurs d'épigrammes et chez nos plus hardis faiseurs de bouquets à Chloris, l'impertinence fait passer la poésie, comme la poésie sauve l'impertinence.

PIERRE

Non. Je trouve la poésie fade, le trait lourd, et l'ensemble aussi plat que grossier. Et, si l'on veut chercher dans le répertoire des poètes de tous les temps quelque chose qui soit plus fade, plus grossier et plus plat, c'est encore dans votre Henri Heine que je le trouve.

« Il s'agit d'enterrer » (je vous cite la traduction de M. Louis Ducros : un admirateur) « il s'agit d'enterrer les vieilles et méchantes chansons, les lourds et tristes rêves ; allez me chercher un grand cercueil... Il faut que le cercueil soit plus grand que la grosse tonne de Heidelberg. Allez me chercher aussi une bière de planches solides et épaisses. Il faut qu'elle soit plus longue que le pont de Mayence. Et amenez-moi aussi douze géants plus forts que le vigoureux saint Christophe du dôme de Cologne sur le Rhin. Il faut qu'ils transportent le cercueil et le jettent à la mer : à un aussi grand cercueil, il faut une grande fosse. Savez-vous pourquoi il faut que ce cercueil soit si grand et si lourd ? J'y déposerai, en même temps, mon amour et mes souffrances. »

Mon cher Paul, je vous le demande, pourquoi votre poète n'a-t-il pas mis dans son cercueil sa ration de choucroute et sa paire de gros souliers ?

PAUL

Ô profanateur ! Votre excuse est d'être un profane. J'aurai passé condamnation sur le cercueil démesuré et sur les croque-morts géants. Mais le finale est admirable :
Ich legt'auch meine Liebe
Und meinen Schmerz hinein...[307]
Vous ne savez pas l'allemand.

PIERRE
Et vous le savez trop, peut-être. Et peut-être avez-vous raison de le savoir, et ne suis-je qu'un sot de me précipiter, armé et bardé de mes goûts, contre les vôtres. À quoi cela nous avance-t-il l'un et l'autre ? Seulement il me semble que notre dispute de tout à l'heure touchait un point supérieur, qui ne dépend ni des langues que nous savons, ni des caractères que nous avons, et sur lequel un examen plus attentif pourrait nous conduire soit à un accord, soit du moins à la vue nette du différend dans sa cause génératrice.

PAUL
Vous dites bien. Car nous parlions tantôt de mélanges de l'ironie et de la poésie. Vous les détestez. Je les aime. Chez Heine, chez Byron, chez Musset, j'aime ces rapides changements de langage et de ton qui, dans l'éther irrespirable, me rendent le sentiment chéri et le contact délicieux du sol maternel.

PIERRE
Vous dissertez de l'ironie en vrai poète. Il ne me serait pas facile de parler de poésie en ironiste.

PAUL
Parlez donc en poète.
Avant toute chose pourtant, je vous ferai une question.

PIERRE
Dites.

PAUL
Je vous sais ennemi de tout romantisme.

PIERRE
Certes.

---

[307] H. Heine, *Winterzyklus*, XVII (*Sylvester-Abend*).

PAUL
L'ami du classique, par conséquent ?

PIERRE
Sans aucun doute.

PAUL
Cependant, vous détestez la muse pédestre et je viens de vous découvrir un goût fâcheux pour certains sommets.

PIERRE
Lesquels ?

PAUL
Musset, et Lamartine, et peut-être tels points culminants chez Hugo, les hauts lieux du grave bonhomme...

PIERRE
Mais si l'on définit le classique comme le plus pur de l'exquis et de l'excellent, et comme vous paraissez admettre que chez Alfred de Musset, chez Lamartine, autant que chez Hugo, le meilleur me semble admirable, en quoi donc, je vous prie...

PAUL
En quoi vous sortez du classique lorsque vous aimez ces gens-là ? Mais en ce que, précisément, vous avez exclu de Musset ces coteaux modérés, ces buttes d'esprit, de bon sens, ces pentes faciles qui, dans *Namouna*, dans *Mardoche*, ramènent aux autels d'Horace et de Boileau.

PIERRE
Tant que cela ?

PAUL
Mais il me semble !

PIERRE
Je crois qu'il vous semble fort mal. À mon avis, tout autre chose est la muse pédestre, autre chose la muse ironique chez laquelle Musset poussa quelquefois sa débauche. Interpréter, qualifier ces différences avec les tours brutaux d'une conversation, je suppose que vous n'allez pas l'exiger de moi.

J'appuierai seulement sur un trait, qui me semble le plus voyant. Vous me parliez d'Horace. Eh bien, c'est celui de nos poètes qui touche le mieux à Horace, c'est La Fontaine et son procédé familier que je vous prierai d'observer.

Personne n'a mieux su que La Fontaine avancer sur la terre sans la quitter, mais sans peser sur elle. Son vers, le plus chantant de tous les vers français, a l'aisance de notre prose, et le ton familier admet également tous les hauts et tous les bas d'une conversation poursuivie entre honnêtes gens qui ne redoutent pas de s'encanailler quelquefois. Ce ton a ses éclats et ses élévations. Il monte à l'épique, au lyrique, tantôt par une suite de nuances à peine sensibles et tantôt avec une brusquerie à laquelle la grâce, par une merveille unique au monde, n'a jamais fait défaut.

Je me garderai bien de vous accabler d'exemples. Ils sont trop. Et j'ai trop à dire. Mais ai-je dit vrai jusqu'ici ?

PAUL

Oui, quant à La Fontaine.

PIERRE

Eh bien, à votre tour, faites la réponse. Je vous laisse parler. Dites-moi si jamais, une fois élevé par ce poète jusqu'au sublime éther que vous trouvez irrespirable, il vous est arrivé de vous sentir lâché par lui, précipité et replongé sans ménagement au terrestre enfer ?

PAUL

En bon français, vous demandez si La Fontaine nous offre un exemple d'une chute directe, brutale, verticale, de la poésie dans la prose ?

PIERRE

Parfaitement. À tort ou à raison, que nous soyons d'accord ou non sur le sens précis des mots, ce que l'on entend, d'ordinaire, par l'ironie d'un Byron ou d'un Henri Heine, ce sont, n'est-il pas vrai ? ces chutes-là. En voyez-vous beaucoup de pareilles dans La Fontaine ?

PAUL

Point du tout. Ce procédé lui était probablement inconnu.

PIERRE

L'eût-il connu, il l'eût rejeté sur le champ... Rien n'est plus opposé au caractère de la poésie véritable. Il n'est pas dans Horace. Vous ne le trouveriez non plus dans aucun classique. Prenez garde que notre Alfred de Musset en put user dans les ouvrages de sa première jeunesse, avant que son goût fût définitif. Il n'avait pas vingt ans à l'heure de *Mardoche*, il en avait vingt-deux quand il fit *Namouna*. Mais lisez ses autres badinages, ceux d'après la grande époque des *Nuits* : la satire sur *la Paresse*, *Une soirée perdue*, *Dupont et Durana*. Ce système des chutes brusques s'y raréfie sans cesse. Dans la curieuse *Idylle de Rodolphe et d'Albert*, la progression classique est observée avec scrupule, et quand il a juché son lecteur au plus haut point de l'émotion que le poème comporte, Musset se garde bien de l'en rejeter tout d'un coup.

PAUL
Vos souvenirs sont bien précis !

PIERRE
Je m'en vais préciser les vôtres. Rodolphe est un épicurien aux amours publiques et joyeuses, Albert un platonicien qui aime en silence. Chacun vient de vanter l'idée qu'il se fait de l'amour et chacun s'est bien échauffé. Voilà nos interlocuteurs au zénith : de quelle molle courbe ils sont ramenés sur la terre !

PAUL
Je ne la vois pas bien.

PIERRE
Entendez-la, c'est le mystique Albert qui parle.
Une larme en dit plus que tu ne pourrais dire.
Rodolphe répond :
Une larme a son prix, c'est la sœur d'un sourire.
Avec deux yeux bavards, parfois, j'aime à jaser ;
Mais le seul vrai langage au monde est un baiser.
C'est le tour d'Albert, auquel Rodolphe donne aussitôt la réplique, et, jusqu'à la fin de la pièce, ils alternent :
Ainsi donc à ton gré dépense ta paresse.
Ô mon pauvre secret ! que nos chagrins sont doux !
— Ainsi donc à ton gré promène ta tristesse.
Ô mes pauvres soupers ! comme on médit de vous
— Prends garde seulement que ta belle étourdie
Dans quelque honnête ennui ne perde sa gaîté.
— Prends garde seulement que ta rose endormie
Ne trouve un papillon quelque beau soir d'été.

— *Des premiers feux du jour j'aperçois la lumière.*
— *Laissons notre dispute, et vidons notre verre.*
Nuits aimons, c'est assez, chacun à sa façon
J'en ai connu plus d'une et j'en sais la chanson.
Le droit est au plus fort, en amour comme en guerre,
Et la femme qu'on aime aura toujours raison.[308]

PAUL

Je vois assez bien que tel est le procédé de l'idylle antique, et l'art classique l'a suivi, et, si vous poursuivez dans cet ordre d'idées, vous me démontrerez peut-être que, pour l'épigramme normale, le trait le plus spirituel, même le plus inattendu, doit être aussi le plus naturel et, si j'ose ainsi dire, le plus continu ; car il doit prolonger directement le sens et l'esprit de la pièce.

PIERRE

Le trait satirique doit s'élever, en effet, du fond du sujet, en résulter et en sortir comme un vif aiguillon du corps de l'abeille : pas de rupture, pas de heurt, pas de discontinuité.

PAUL

Comme dans les divines épigrammes de Jean Racine !

PIERRE

N'en doutez pas un seul instant.
Créqui dit que Pyrrhus aime trop sa maîtresse ;
D'Olonne, qu'Andromaque aime trop son mari.[309]
Nul contraste. Nulle antithèse. Simple développement ou pure analyse !
Oui, voilà le comble de l'art.

PAUL

Pardon : de l'art classique. Pour moi, je me fais romantique, puisqu'il faut être romantique, dès lors qu'on ne peut se défendre d'aimer l'ironie d'un poète. L'ironie de Heine est sublime. Elle est, à sa manière, elle aussi, le comble d'un art : car enfin pourquoi l'art n'aurait-il pas deux combles comme le Parnasse a deux cimes ? En quoi la brusquerie et le heurt, l'antithèse et le contraste seraient-ils, quand ils sont parfaits, inférieurs au

---

[308] Ce sont les derniers vers d'*Idylle* dans les *Poésies Nouvelles* de Musset.
[309] Le duc de Créqui et le comte d'Olonne avaient dénigré *Andromaque*. Le premier était homosexuel, la femme du second était volage.

simple, au naturel, au fluide et au continu qui ne peuvent pas être au-delà du parfait ?

PIERRE
Eh ! quoi, vous demandez cela ?

PAUL
Est-ce que j'abuse ?

PIERRE
Il vous serait facile de répondre vous-même.
De quoi procède l'ironie ?

PAUL
D'un contraste.

PIERRE
Et ce contraste consiste... ?

PAUL
Assurément, dans l'extrême contradiction entre deux élans, deux efforts, deux amours en un même cœur.

PIERRE
Est-ce tout ? N'y a-t-il que les conflits du cœur d'où puissent naître les jeux sournois de l'ironie ?

PAUL
Je ne vous donnais qu'un exemple.
Il va sans dire que les divisions entre l'esprit et le cœur, la volonté et l'amour, la frénésie du bien et celle du mal sont aussi de vivantes sources de l'ironie. Si l'ironie de Heine atteint ce degré d'énergie cruelle, c'est qu'il n'y eut pas de créature plus déchirée. À propos de sa race et à propos de sa patrie, à propos de la France, de la Grèce, de la Judée, à propos de ses amis et de ses maîtresses, de l'amitié et de l'amour, il pouvait répéter le tragique mot de Catulle *odi et amo*, « j'aime et je hais en même temps » !

PIERRE
Odi et amo, quare id faciam fortasse requiris :

Nescio, sed fieri sentio et excrucior.[310]
« Je hais et j'aime. Vous demandez sans doute comment je fais ? Je n'en sais rien. Mais cela est, je le sens, et c'est ma torture... »
Y a-t-il trace d'ironie dans ce distique ?

PAUL

Aucune trace.

PIERRE

Cependant le poète nous confesse ses divisions.

PAUL

Soyez sérieux. Vous savez bien que ce n'est pas le poète, ni l'artiste, qui est divisé ici : c'est l'amant, c'est-à-dire, le sujet du chant du poète. Le poète et l'artiste montre, au contraire, par le tour hardi, le jet simple et fort du distique, une magnifique unité.

PIERRE

Donc, les divisions, les contrastes, les conflits naturels de nos passions et de tous nos autres éléments intellectuels et moraux peuvent s'exprimer sans qu'il y ait dans l'ouvrage la moindre trace de division ni d'ironie.

PAUL

Cela n'est pas seulement possible, car cela s'est réalisé, notamment dans ces deux grands vers de Catulle.

PIERRE

Mais, soyons plus précis, en quel cas la division, qui n'est ici que dans la matière du poème, pénètre-t-elle et descend-elle dans le procédé et jusque dans la main de son auteur ? Ne cherchez pas trop loin du nid. Dites-moi simplement si ce malheur n'arrive point, quand la division s'aggrave et devient plus profonde ?

PAUL

Peut-être.

PIERRE

Je ne saurais me contenter de vos peut-être.

---

[310] Catulle, LXXXV.

Un être est divisé entre une passion et une autre passion, entre son cœur, et sa raison entre sa raison, son cœur et ses sens. Cependant le langage dont il se sert pour s'exprimer et le rythme de ce langage témoignent encore d'un accord profond, latent, mystérieux entre les deux ou trois éléments intérieurs qui divergent. Ils sont à lui. Il est encore. La vive unité de cette âme peut n'être pas compromise. Elle traverse une crise assurément. Elle est blessée. Ce n'est pas à proprement dire une malade. Mais ce mal accidentel peut-il s'aggraver ?

PAUL
Certes, et dans la mesure où s'affaiblira ce qui lui reste d'unité profonde.

PIERRE
Si donc, aux divisions mentales et morales vient s'ajouter une division dans l'ordre du langage et de l'expression, le mal en sera aggravé ? Un point vital aura été intéressé.

PAUL
Je n'en saurais douter. Le schisme va descendre, en effet, aux derniers ressorts de l'activité. Les idées, les sentiments, les volontés sont susceptibles de diverger sans grand péril. Mais c'est ici l'axe de la vie mentale qui se trouve atteint : non les pensées, mais la manière de penser ; non les sentiments, mais la manière de sentir. L'être est meurtri dans ses habitudes constitutives. Son centre même est disloqué.

PIERRE
Cette division, poussée à l'extrême, s'appellera, il me semble, la mort, qui rend à tous les composants leur liberté.

Il y a de moindres degrés de division que je pourrais nommer de noms doctes et difficiles, tirés du livre de Nordau, sur *la Dégénérescence*. Ils désignent certains succédanés de l'ataxie. Mais, en deçà de l'ataxie, sur les pentes qui y conduisent, se notent des états d'incoordination, d'inharmonie, de simple arythmie, dans lesquels le poète vit rongé, dévoré, en quelque manière, par les maux qu'il se représente. Au lieu de dominer son sujet, ce sujet l'écrase, l'absorbe, l'assimile : au lieu donc de l'unifier par la force de sa pensée, il se laisse rompre et diviser comme lui.

Je ne prétends pas qu'on ne puisse trouver aux différents étages de la descente, à ces divers crans de la dégénérescence, un degré de santé et comme un ordre relatif. Les effets de heurt, de contraste et d'ironie ne sont pas dénués absolument de toute unité. Elle est inférieure. C'est une unité de plus en plus sous-jacente. L'ouvrier se sent atteint au plus vif de son art, mais, connaissant l'infirmité, il l'utilise. Il en tire un effet, il accentue cette division intérieure dont il ne peut plus se garder, ni se cacher. Comme un être moralement affaibli embrasse la profession de cynique pour former de l'orgueil avec ce qu'il a de plus vil, ainsi le poète grimace l'ironie, quand il se voit exclu du lyrisme supérieur. Les très jeunes gens peuvent alors prendre sa fanfaronnade et sa contorsion pour quelque signe d'énergie : c'est pour l'observateur le plus lourd aveu de faiblesse.

PAUL
Une seule question : aimez-vous l'ironie en prose ?

PIERRE
Il le faut bien, puisque je la déteste en vers. La prose est l'expression naturelle du monde, qui n'est probablement qu'une vaste ironie. Mais, en poésie, nous faisons (ou nous voyons faire) tout autre chose que le monde. Nous fixons le meilleur de nous-mêmes au-dessus de nous. Comment y aurait-il place, dans le poème, qui est l'acte par excellence, pour le signe évident et le constant souvenir de tous nos malheurs, œuvre naturelle, inhumaine et dans laquelle nous ne sommes pour rien ? Non, non, c'est l'ironie qu'il en faut bannir avant tout. Elle est la terre. Et la poésie, c'est le ciel. Aimez-vous le ciel, ami Paul ?
— Vous ne répondez ? Vous faites la moue indécise, ou réprobative peut-être ? Question d'âge. D'ici dix ans, vous n'aurez point tant de pudeur. Vos yeux m'interrogent ? Quoi ! vous me demandez si j'aime le ciel des poètes ? Non. Je ne l'aime pas. Car, en vérité, je l'adore.

La Statue de Rimbaud

1901

Article paru dans La Gazette de France *le 21 juillet 1901, repris en 1923 dans le recueil* Barbarie et Poésie.

Ce personnage fantastique aura donc sa statue ! Elle sera inaugurée demain, en grande pompes à Charleville, où Rimbaud était né, où sa famille réside encore.[311] Connaissiez-vous son nom ? Oui, par le sonnet des *Voyelles* peut-être :

> A noir, E blanc, I rouge, U vert, O bleu, Voyelles,
> Je dirai quelque jour vos naissances latentes...

et peut-être l'aurez-vous classé là-dessus parmi les mystificateurs symbolistes ou décadents. Un grand intérêt historique s'attache aux ouvrages d'Arthur Rimbaud, quelque jugement que l'on porte de leur sérieux ou de leur valeur poétique. Son influence fut très forte sur les pires et les meilleurs de nos écrivains.

Il était né le 20 octobre 1854 ou 1855.[312] Il fit au collège de sa ville natale des études brillantes. Sa supériorité en vers latins lui faisait pardonner (déjà) les excentricités. Ses premiers vers français nous le font voir révolutionnaire comme Hugo et libertin comme Musset. Du Parnasse, il ne recueillait que cette manie d'habiller des noms grecs à la barbare, mais que de souplesse et de passion dans ces balbutiements !

> Ô grande Ariadné qui jettes tes sanglots
> Sur la rive, en voyant fuir là-bas sur les flots,
> Blanche sous le soleil, la voile de Thésée,
> Ô douce vierge, enfant qu'une nuit a brisée,
> Tais-toi...
> La source pleure au loin dans une longue extase,
> C'est la nymphe qui rêve, un coude sur son vase,
> Au beau jeune homme blanc que son onde a pressé.[313]

---

[311] La statue en question est un buste, érigé dans les jardins de la gare de Charleville pour le dixième anniversaire de la mort du poète. À cette date, la mère de Rimbaud est toujours en vie ; elle décédera en 1907. (n.d.é.)

[312] On s'accorde aujourd'hui sur l'année 1854 ; resterait à savoir si Maurras hésite parce qu'il ne retrouve pas la bonne information au moment où il écrit son article, ou si, à l'époque, le doute était partagé par les spécialistes. (n.d.é.)

[313] *Soleil et Chair*, IV. (n.d.é.)

L'auteur de ces vers n'avait pas seize ans. Je ne puis m'empêcher de me les répéter, toutes les fois que, au Louvre, il m'arrive de m'arrêter devant l'Ariane du Vatican[314] ; n'en sont-ils pas tout à fait dignes ?

Peu après, un volume des *Fleurs du mal* tombait entre les mains de Rimbaud. Sur le champ, « il lâchait Hugo », ce Hugo qui devait l'appeler Shakespeare enfant, « adoptait Baudelaire », « le roi des poètes, un vrai Dieu », le Baudelaire de *La Charogne* et d'*Une martyre*, poète qui excelle à faire éclore de l'horreur « un nouvel ordre d'enchantement ».

Aux vacances de 1870, le gamin de génie rencontra Verlaine. L'auteur des *Fêtes galantes* rentrait à Paris. Rimbaud, dit-on, vendit ses prix et rejoignit son aîné le jour même du 4 septembre. Tombant en pleine émeute, l'adolescent se hâta de manifester des sentiments défavorables à la police et à Trochu. On le mit à Mazas.[315] Mais, réclamé par ses parents, il retourna à Charleville.

Après la capitulation, Rimbaud vendit sa montre et revint à Paris. Il alla trouver le dessinateur André Gill qu'il ne connaissait pas et lui tint à peu près ce langage : « Je suis un grand poète et je n'ai pas le sou, mais je veux être votre ami. » Gill ne refusa point, mais la misère ramena Rimbaud à Charleville.

La Commune le rappela ; la victoire des Versaillais lui fit reprendre, une troisième fois, la route des Ardennes. Ce fut seulement en septembre 1871 qu'il s'installa tout à fait à Paris. C'est de cette année et de la suivante, c'est-à-dire de sa dix-septième et de sa dix-huitième année, que datent ses poèmes les plus curieux, *Les Assis*, *Oraisons du soir*, *Les Chercheuses de poux*... Sur des thèmes vulgaires, ignobles ou méchants, il savait éveiller des musiques délicieuses.

Ainsi, dans *Les Chercheuses de poux*, ces vers ailés :

> ... deux grandes sœurs charmantes
> Avec de frêles doigts aux ongles argentins.
> Elles assoient l'enfant devant une croisée
> Grande ouverte où l'air bleu baigne un fouillis de fleurs,
> Et dans ses lourds cheveux où tombe la rosée
> Promènent leurs doigts fins, terribles et charmeurs.
> Il écoute chanter leurs haleines craintives
> Qui fleurent de longs miels végétaux et rosés...
> Il entend leurs cils noirs battant sous les silences

---

[314] L'*Ariane endormie* exposée au Louvre, comme celle du Vatican, sont des copies romaines d'une sculpture hellénistique disparue. (n.d.é.)

[315] Prison parisienne, proche de la Gare de Lyon, ouverte en 1841. Les bâtiments furent détruits en 1900. À l'époque de la publication de l'article dans *La Gazette de France*, cette référence ne présentait aucun mystère et tout le monde en connaissait l'endroit. Elle se trouvait dans le pentagone limité aujourd'hui par le boulevard Diderot, les rues de Lyon, Traversière, de l'avenue Daumesnil et de la rue Legraverend. (n.d.é.)

Parfumés ; et leurs doigts électriques et doux
Font crépiter, parmi ses grises indolences,
Sous leurs ongles royaux la mort des petits poux.

« Lamartinien ! Virgilien ! » s'écriait là-dessus Paul Verlaine. Il eût pu dire simplement : Baudelairien. C'est le procédé de Baudelaire, rajeuni, affiné et mis en mouvement par une imagination magnifique. Quoique de dix ans plus âgé qu'Arthur Rimbaud, Verlaine devint son disciple.

Verlaine alors était encore Parnassien. Mais Rimbaud qui, dans *Le Bateau ivre* et *Les Premières Communions*, était revenu au plus échevelé romantisme, Rimbaud sortait du romantisme et cherchait un art plus simple et plus souple, et qui fût neuf. Il cherchait des rythmes plus délicats et plus secrets que l'ordinaire de nos rythmes, une langue plus libre, plus chantante, voisine de la musique pure. Le cœur, l'accent du cœur, l'inflexion des choses du cœur, voilà ce que Rimbaud essayait de surprendre et de traduire en indications brèves, sourdes, inachevées. La théorie de la suggestion littéraire remonte à Arthur Rimbaud. Verlaine m'est témoin que ce qu'il y eut de plus particulièrement « verlainien » chez Verlaine lui est venu d'Arthur Rimbaud.

Je citais ici, à propos du roman religieux de M. Dimier[316] ces deux vers :

> Elle est retrouvée
> — Quoi ? L'éternité[317]

— Quel est ce cantique ? demanda un de mes lecteurs.
— Ce cantique est d'Arthur Rimbaud :

> Elle est retrouvée !
> — Quoi ? L'éternité.
> — C'est la mer allée
> Avec le soleil.

Et j'avoue que, par les simplifications, les brusqueries du tour, le quatrain ne ressemble point mal à un heureux couplet des *Cantiques des Missions*. Ressemblance cherchée. Rimbaud poursuivait, dit Verlaine, « le naïf », « le très et l'exprès trop

---

[316] *La Souricière*, Perrin éditeur.
[317] Les éditions de *L'Éternité* sont unanimes à déplacer le tiret :
  Elle est retrouvée.
  Quoi ? — L'Éternité.
  C'est la mer allée
  Avec le soleil. (n.d.é.)

simple » ; il n'usait plus « que d'assonances, de mots vagues, de phrases enfantines et populaires ». Bien peu de ses poèmes, et même bien peu de ses vers « délicieusement faux exprès » avaient été conduits à leur perfection. Je n'en retiendrai guère que l'admirable strophe de ce désespéré de dix-huit ans, digne, il est vrai d'être redite à jamais par tous les vaincus :

> Oisive jeunesse
> À tout asservie,
> Par délicatesse
> J'ai manqué ma vie ![318]

Les *Romances sans parole*, *Jadis et naguère*, *Sagesse*, tous les meilleurs vers de Verlaine et tous les bons vers de Laforgue étaient ainsi en germe dans la petite brochure que Rimbaud publia en 1873, à Bruxelles, *Une saison en Enfer*.

Les deux amis s'étaient rendus ensemble en Angleterre. Au retour, se trouvant en Belgique, ils se séparèrent. Rimbaud courut l'Allemagne du Sud. Chemin faisant, il s'efforçait de tout apprendre, les langues, les sciences, et composait ou remettait au net ses *Illuminations*.[319]

Les *Illuminations* sont un recueil de petits poèmes en prose étincelante et phosphorescente, vignettes d'une ardeur et d'une concision étranges. À les lire, on comprend pourquoi Rimbaud quitta les jeux de l'art et se précipita dans la vie active. Quels appétits il se sentait, quelle violence de passion, cette rude et belle page nous le dira :

> Ma journée est faite. Je quitte l'Europe. L'air marin brûlera mes poumons, les climats perdus me tanneront ; nager, broyer l'herbe, chasser, fumer surtout ; boire des liqueurs fortes comme du métal bouillant, comme faisaient ces chers ancêtres auprès du feu.
> Je reviendrai avec des membres de fer, la peau sombre, l'œil furieux ; sur mon masque, on me jugera d'une race forte. J'aurai de l'or ; je serai oisif et brutal. Les femmes soignent ces féroces infirmes retour des pays chauds. Je serai mêlé aux affaires politiques. Sauvé.

Rimbaud fit comme il dit. Oui, un jour, le poète s'aperçut que de transcrire ses désirs ne les apaisait point. Il était à Stuttgart. Laissant à un ami le manuscrit des *Illuminations*, il commença la série de ses grands voyages. En chemin de fer tout d'abord ; mais l'argent lui manqua. Il franchit à pied le Saint-Gothard, arriva à

---

[318] *Chanson de la plus haute tour*. (n.d.é.)
[319] Ce recueil ne sera publié qu'en 1886, sans que Rimbaud, qui était en Abyssinie, n'y soit pour rien. (n.d.é.)

Milan et se mit en route pour Brindisi, d'où il espéra s'embarquer pour une île de l'Archipel. Une insolation le frappa entre Vienne et Livourne. Il fut rapatrié par les soins du consul français.

Mon ami le poète Raoul Gineste[320] rencontra Rimbaud à Marseille. Il venait de souscrire un engagement dans une bande carliste.[321] Paris, l'Autriche, la Belgique le tentèrent et, si l'on en croit certains biographes, des courses plus lointaines, en des circonstances moins ordinaires, ne cessèrent de s'imposer à sa vie errante. Nous avons « une Vie d'Arthur Rimbaud » par M. Paterne Berrichon[322], beau-frère du poète ; mais la légende d'Arthur Rimbaud a survécu à ce morceau de biographie critique.

Se trouvant en Belgique, Rimbaud y aurait été rejoint par un racoleur[323] hollandais. Celui-ci l'aurait emmené au Helder[324] et, pour une somme de 1 200 francs, dont 800 payés sur le champ, l'aurait embarqué pour Sumatra. À Sumatra, la salle de police aurait désenchanté Rimbaud. Il aurait déserté, couru dans l'île un mois entier. Un navire anglais le reçut enfin à son bord et, malgré deux tempêtes en vue du Cap et du Sénégal, Rimbaud regagna paisiblement Charleville.

Il n'y resta point, retourna en Hollande, devint à son tour racoleur. Si les sujets du roi de Prusse souffrirent de son zèle, il fit presque fortune, mais alla dissiper cet argent à Hambourg. Stockholm le vit receveur du cirque Loiset[325] ; Chypre, chef de

---

[320] De son vrai nom Adolphe Augier, 1849-1914. Médecin, ami de Paul Arène, il publia divers poèmes, pour la plupart en langue d'Oc, sous ce pseudonyme. (n.d.é.)

[321] Maurras l'écrit, et on ne voit pas pourquoi il l'aurait inventé. Ce détail ne semble pas cependant être conforme aux biographies « modernement correctes » de Rimbaud qui préfèrent lourdement insister sur son « engagement » dans la Commune, à l'âge de seize ans et demi. (n.d.é.)

[322] De son vrai nom Pierre-Eugène Dufour, 1855-1922. Poète lui-même, grand admirateur de Rimbaud, il s'efforçait de présenter celui-ci comme un pêcheur repenti et de le faire rentrer dans les canons de la respectabilité bourgeoise. En 1897, il épousera Isabelle Rimbaud, qui partageait le même zèle, et deviendra donc *post mortem* le beau-frère du poète maudit. L'ouvrage auquel Maurras fait imprécisément allusion est *La Vie de Jean-Arthur Rimbaud*, Mercure de France, Paris, 1897. (n.d.é.)

[323] C'est à dire recruteur de mercenaires pour les milices coloniales des Indes néerlandaises, aujourd'hui l'Indonésie. (n.d.é.)

[324] Lieu mythique de Hollande, port des navires au long cours. Le 21 janvier 1795, alors que la flotte batave y était bloquée par les glaces, la cavalerie du général Pichegru se saisit sans coup férir des bâtiments immobilisés. C'est le seul cas dans l'histoire où des chevaux se révélèrent, sur l'eau, supérieurs aux bateaux. (n.d.é.)

[325] En fait Loisset. La dynastie des Loisset eut son nom attaché au cirque pendant plus d'un siècle. Mais elle connut sa fin peu de temps après le passage de Rimbaud à Stockholm, la mort du directeur François Loisset entraînant la faillite de l'entreprise. (n.d.é.)

chantier. Il était en France en 1879, mais il fit voile en 1880 pour le Harar et la côte d'Aden. On ne le revit plus.[326]

En revanche, on rêva de lui. Ses mélanges de prose et de poésie firent fermenter les jeunes cerveaux. Dans le mystère des cénacles, on se transmettait ses strophes de vive voix comme jadis l'œuvre d'Homère. Les habiles le copiaient et ne s'en vantaient point. Ce qu'il avait fait par gageure et libre jeu de sa forte imagination, Verlaine le recommançait avec plus de science, mais de très bonne foi. Rimbaud lui avait appris comment la sensibilité pouvait s'exprimer à peu près pure dans un poème, à condition de ramener la langue, le style, la versification à l'état de puérilité originelle. C'était fournir à Paul Verlaine un instrument prédestiné à son génie. Verlaine s'en saisit, mais, quoique poète, il ne fut pas un ingrat ; il n'oublia jamais l'esprit supérieur qui lui avait fait ce présent. La légende d'Arthur Rimbaud n'eut pas d'ouvrier plus actif. Dans *Les Hommes d'aujourd'hui*, dans *Les Poètes maudits*, dans les plus belles pièces de *Parallèlement*, Rimbaud nous fut montré dans une apothéose.

Le poète devenait donc une sorte de mythe, nos imaginations se le représentaient en traits violents et crus sur des fonds d'or vif et de nuit. Tous les jeunes poètes signaient d'Arthur Rimbaud leurs badinages les plus subtils et les plus féroces. Son nom signifiait un navigateur magnifique et l'aventurier de la mer, peut-être prisonnier comme Ulysse et comme Merlin dans les grottes de perles d'une fée d'Orient. On l'imaginait, autre Orphée, dévoré par de noires bacchantes. Et c'était le symbole même de la poésie d'aujourd'hui, vagabonde, exilée, loin des lois, des usages, des civilisations. Parfois un voyageur, venu de Taprobane[327] ou d'Ophir[328], semait des nouvelles fâcheuses. Alors Verlaine se levait de son lit d'hôpital et protestait passionnément :

> Je n'y veux rien croire. Mort, vous,
> Toi, dieu parmi les demi-dieux !
> Ceux qui le disent sont des fous.
> Mort, mon grand péché radieux !
> …
> Mort ! allons donc ! tu vis ma vie ![329]

---

[326] Les études rimbaldiennes ont depuis ces lignes précisé et parfois corrigé les points de biographie rapportés ici par Maurras. (n.d.é.)
[327] Nom antique de l'île de Ceylan. Par la suite, ce même nom aurait été attribué aux îles de la Sonde. Il est, sous la plume de Maurras, synonyme d'espace lointain et incertain. (n.d.é.)
[328] Lieu encore plus mythique que Taprobane. Ophir serait la ville pleine d'or d'où venait la reine de Saba, et dont les richesses auraient permis la construction du temple de Salomon. (n.d.é.)
[329] *Parallèlement*. (n.d.é.)

À l'automne de 1891, un voyageur de mes amis et poète comme Rimbaud, Jules Boissière[330], mort depuis, fit à Aden un arrêt de quelques journées et s'informa d'Arthur Rimbaud. Tous les renseignements qu'il recueillit furent concordants. Le poète, me dit Boissière, s'était mis au service d'un négociant, M. Barden, pour le compte de qui il commandait des caravanes sur la côte abyssine. Son « érudition » avait frappé les gens du pays. Mais l'on admirait davantage son activité, son courage, son infatigable énergie. Il transportait la poudre d'or, les pelleteries et l'encens. Ayant amassé une cinquantaine de mille francs, il s'était établi pour son compte. Mais une tumeur arthritique s'étant produite au genou droit, une opération délicate était devenue nécessaire ; il se rembarqua pour Marseille. Il y mourut le 11 ou le 12 novembre 1891.[331]

Ce retour couronna, de son filet d'ombre tragique, la légende déjà acceptée et en cours. Par une coïncidence qui semblera mystérieuse, les journaux se mettaient à parler de Rimbaud au moment de son retour. Deux éditeurs le réimprimaient. Ce bruit de presse qui l'accueillit dès Marseille ne le grisa point ; depuis longtemps il n'était plus homme de lettres. Était-il autre chose ? Il avait dû rêver au seuil de l'Orient les destinées de Bonaparte ou de Soliman pacha. Il ne fit pas grande fortune. Il ne vint pas goûter à Paris la douce et brutale retraite dont il s'était forgé une félicité. Ayant connu tant de passions, tant de pays, et vécu tant de vies diverses, ayant collaboré à toutes sortes d'œuvres, il n'a finalement rien fait que jeter Paul Verlaine dans la voie des dernières extrémités romantiques et précipiter les pratiques de décadence littéraire dont Hugo, Gautier, Baudelaire avaient donné la théorie. Au demeurant, le deuil d'un très beau génie avorté ! Il ne nous laisse rien de plus.

Il nous laissait, à la vérité, une manière de roman ou de conte arabe (un nouveau Simbad le Marin, l'Ulysse musulman), les récits oraux et écrits qui ont couru de sa vie. Mais la piété des siens a trouvé ces légendes fort scandaleuses. On les a poursuivies avec un zèle aussi ardent que méthodique. Dès le lendemain de la mort d'Arthur Rimbaud, Melle Isabelle Rimbaud[332] adressa au *Petit Ardennais* une lettre de rectification très rigoureuse. Rimbaud n'eut rien du vagabond ni du bohème, assure-t-elle. Sa participation à la Commune, sa saison à Mazas, sont des « contes

---

[330] Jules Boissière, 1863-1897, fut administrateur en Indochine. Il est surtout connu pour son ouvrage *Fumeurs d'opium*. Maurras l'a rencontré à Paris sans doute dès 1885, car Boissière, originaire de Clermont l'Hérault, était sympathisant du Félibrige. Après cinq années passées au Tonkin, il revient à Paris en 1891 ; il y épouse Thérèse Roumanille, avant de repartir avec elle pour l'Indochine. (n.d.é.)

[331] On admet aujourd'hui la date du 10 novembre. En fait Rimbaud fut d'abord amputé de la jambe dès son arrivée à Marseille ; il retourna ensuite à Charleville, veillé par sa sœur Isabelle. Au bout d'un mois, pensant être mieux soigné à Marseille, il refit le voyage en sens inverse, pour y mourir peu après, son cancer s'étant très vite généralisé. (n.d.é.)

[332] Isabelle était la plus jeune des trois sœurs cadettes de Rimbaud, et la seule survivante en 1891. (n.d.é.)

injurieux ». C'est en famille qu'il séjourna à Londres et à Paris. Dès 1874, « il ne s'occupait plus de Paul Verlaine ni de poésie ». Il n'alla point à Sumatra, mais à Java. Il ne fut jamais au service de la Hollande, ne fit jamais le métier de racoleur.

Les maisons de jeu de Hambourg ne le connurent point. « Jamais Arthur Rimbaud n'a fait le commerce des cotons et des peaux. Jamais il n'est parti avec aucune caravane. » Il trouva à Aden, dans une maison de commerce, « une position honorable ». Il devint dans la suite l'associé de son patron, courut les régions circonvoisines. « La Société de Géographie lui fit, à différentes reprises, des avances flatteuses pour l'engager à publier ses récits de voyages. » Enfin, il est mort dans les bras de sa mère, non d'une tumeur au genou, cette tumeur avait été guérie rapidement, mais d'une récidive qui s'était déclarée dans l'aine et la hanche.

Voilà le « poète maudit » bien réconcilié avec les convenances de la Société.

Mais que diront la Poésie et la Gloire de ce changement de figure ?

La Bataille de la Marne

1918

La Bataille de la Marne
Ode historique

DELUBRO VICTORIAE AQUENSI[333]
Inscription d'Aix
Sian Gau Rouman e gentilome.
Mistral.[334]

I

La Montagne de la Victoire[335]
Donne son souffle à nos drapeaux,
À sa voix deux mille ans d'histoire
Sortent en criant des tombeaux,
Comme un soleil sur la nuée
Toute la Gaule s'est ruée :
Mère des lois, mère des arts,
Notre Pallas est sœur d'Hercule[336],
Au double assaut déjà recule
Un germanique et faux César.

Ô toi, plus basse que les terres
D'où sont vomis tes combattants,
Ô dans ta paix et dans ta guerre
Singe inutile des Titans,
Race allemande qu'enfle et grise
L'impunité de la traîtrise
Et l'ignorance de l'honneur,
Aucun reproche ne te presse
Comme du manque de sagesse
Qui de tout temps souilla ton cœur.

Tu ne sais pas la loi des mondes
Qui pour renaître fait mourir

---

[333] « Mémorial de la victoire d'Aix. » (n.d.é.)
[334] Dans *Lis Isclo d'Or* (1875) : « Nous sommes Gallo-Romains et gentilshommes. » (n.d.é.)
[335] Il s'agit du massif calcaire provençal, qui s'étend entre les départements des Bouches-du-Rhône et du Var. (n.d.é.)
[336] Tous deux enfants de Zeus. (n.d.é.)

En des épreuves si fécondes
Que le plus lâche y veut courir :
Pour égaler sa haute somme
L'être de l'âme se consomme,
De tous ses maux naît quelque bien,
Seule une race abandonnée
Des justes dieux est condamnée
Au crime qui ne sert à rien.

Le long de tes annales sombres
Hurle la flamme, pleut le sang
Et ton marteau dans les décombres
Frappe des coups retentissants,
Ce qui te plaît, ce qui t'importe
Est le charnier des villes mortes
Ta seule gloire est de nourrir
Sans l'apaiser par les ravages
Qui te flétrissent d'âge en âge
L'unique faim d'anéantir.

II

Amis, nos cœurs se réjouissent
Non d'égaler des arrogants
Ni d'imiter cette avarice
Des assassins et des brigands ;
Un noble esprit ne s'enamoure
Que de la terre qu'il laboure,
Du flot amer qu'il a dompté,
De la maison qu'il a construite,
Marbres polis, argiles cuites
D'ardoise fine surmontés !

À modeler les ressemblances
De l'animal et de l'humain,
Une secrète véhémence
Bientôt réchauffe notre main,
De l'artisan la grâce innée
D'une industrie est raffinée
Qui le polit d'âme et de corps,
Ses idéales créatures

Dans leur reflet le transfigurent
Pour l'emporter dans leur essor.

Il a touché la grave lyre
Il y fait résonner les Vers
Qui permettront enfin d'élire
Sa destinée à l'univers :
En s'éveillant aux voix de l'Âme
Les rocs, les eaux, les vents, la flamme
S'étonneront de recevoir
Notre chaleur, notre semence ;
Notre mesure de l'Immense,
Notre cruel et gai savoir.

Quand l'art sublime se repose
L'Âme conçoit sa royauté
Et la consacre et la dépose
Au fondement de la Cité :
Né d'une haute forteresse,
De l'horizon dame et maîtresse,
J'ai tout reçu du sol natal
Et le langage de mes pères
Dit l'alliance qu'y frappèrent
Le licteur et le fécial.[337]

Ici, gardien du Caducée[338],
Brille le Glaive court et droit,
Dans notre enceinte policée
Germent les Mœurs et naît le Droit,
Ici revient, de cime en cime
Le vol des maîtres de l'abîme
Et son bonheur, enfant des cieux,
Remonte dire à l'empyrée :
— *La race humaine invente et crée,*
Image vive des Grands Dieux.

---

[337] Les deux mots se réfèrent à Rome : les licteurs accompagnaient un magistrat revêtu de l'*imperium* en portant les faisceaux symboles de son pouvoir. Les féciaux étaient un collège de prêtres chargés des prescriptions religieuses qui régissaient l'entrée en guerre et la conclusion des traités. (n.d.é.)

[338] Le caducée d'Hermès, devenu symbole d'éloquence, et non celui d'Asclépios, devenu le symbole médical bien connu. (n.d.é.)

III

Telle est la loi de tous les hommes
Hôtes des champs et des maisons
Qui sont régis comme nous sommes
Par les clartés de la raison ;
Mais toi, sans ville ni bourgade,
Coureur de bois, batteur d'estrade
Germain, pourquoi cesserais-tu,
Par les déserts de ta patrie,
De cultiver la pillerie
Comme héritage de vertu ?

Sombre climat, morne campagne
Que tes rhéteurs gonflent en vain,
Le triste sol des Allemagnes
Est pauvre et plat comme ses vins :
Du fade esprit dont tu te gorges,
Fleur de houblon, semence d'orge,
Ton jeune mâle est de sang-froid,
Sa Vénus lente est si rétive
Qu'une débauche maladive
Ronge tes peuples et tes rois.

Grand corps enflé d'aigre sanie,
Ta carapace l'étouffant,
Un dieu propice, ô Germanie,
Te délivra de tes enfants
Et, par justice ou pour épreuve,
Précipita sur notre fleuve
L'obscène flux de ces bâtards,
Qui nous déborde et nous submerge
Si le soldat ne veille aux berges
Ou s'il accourt un peu trop tard.

Ainsi s'épandent, chair trop blonde,
Où frise un poil décoloré,
Les torses gras où surabonde
Un intestin démesuré !
Fille du Nombre et de la Masse
Ainsi s'accroît la populace

Des demi-hommes aberrants :
Mais ni volume ni stature,
Nulle méprise de nature
Ne les asseoit sur notre rang.

Vulgaire enfant qui te fais gloire
De ton nom qui salit un mur,
Tu peux charger nos promontoires
Des tes vocables les moins durs,
Depuis Thulé jusqu'en Sicile
Ta longue course est si stérile
Que tu ne plantes nulle part
Les Thermes, l'Arc ou la Statue
Signés : — *La Main qui brûle et tue*
Aspire encore à d'autre arts !

Voilà pourquoi nos terres-mères
T'ont dévoré dans leurs tombeaux,
Nos chastes cieux dans leur lumière
T'ont vidé comme un verre d'eau :
Ou tu reviens l'oreille basse
À ton désert que Boniface[339]
Pénétra seul la hache en main,
Pour mettre en pièces tes idoles
Et t'enseigner une parole
Qui t'imposât le masque humain.

IV

— Non, la germaine multitude
Brute naquit et gardera
Le parler rauque et l'âme rude
Que nul baptême n'ondoiera :
Quelque bienfait que l'on t'inflige

---

[339] Il s'agit de Wynfrid de Wessex plus connu sous son nom épiscopal de saint Boniface de Mayence, né en Angleterre, dans le Wessex, à la fin du septième siècle, fondateur de plusieurs évêchés allemands, de nombreuses abbayes prestigieuses dont celle de Fulda, et évangélisateur des Frisons, tâche où il trouva le martyre. On le représente habituellement armé d'une hache près d'un chêne abattu pour figurer ses victoires sur le paganisme germain, victoires qui lui ont valu le titre d'évangélisateur de l'Allemagne. (n.d.é.)

Le dur orgueil à son vertige
De longs murmures te meurtrit
Tu te déchires à toi-même
Et détruisant tous ceux qui t'aiment
Tu te repais de leurs débris.

Chargeant l'habit du gentilhomme
Sur ta carcasse de vilain
Qui voulus être roi de Rome
Et mis à sac le Siège saint[340],
Tu fuis, pliant sous ta rapine
Les anathèmes que fulmine
Un vieil évêque frémissant
Et, cœur trop faible pour y croire
Ris de la bulle de Grégoire[341]
Ou du concile d'Innocent ![342]

Pères sacrés de notre Europe
Fondateurs de la Chrétienté,
Ô plus modestes que l'hysope[343]
Qui le grand chêne avez planté
Pâtres, Pêcheurs, Docteurs, ô Prêtres,
Toute raison sut reconnaître
L'ample pitié qui vint de vous
Qui, dans sa honte et sur sa fange,
Fîtes chanter le chœur des anges
Pour apprivoiser l'Homme-loup !

Enveloppant d'un jour tranquille
Les soubresauts de l'animal
Le Roi-Prophète et la Sibylle,

---

[340] Le 6 mai 1527 les troupes majoritairement allemandes de l'empereur Charles Quint envahissent Rome, en représailles de l'alliance du pape Clément VII avec François Ier. Pendant huit jours, la ville sera pillée et saccagée. (n.d.é.)

[341] Grégoire VII, saint Hildebrand, pape en 1073, mort à Salerne en 1085, principal promoteur de la réforme grégorienne, il s'opposa à l'empereur germanique Henri IV lors de la célèbre querelle des Investitures. (n.d.é.)

[342] Innocent IV, pape de 1243 à 1254, qui réunit le premier concile de Lyon contre l'empereur allemand Frédéric II. (n.d.é.)

[343] Arbrisseau méditerranéen, souvent opposé au cèdre dans la Bible comme la modestie humble à la grandeur majestueuse. Opposée ici au chêne du vers suivant. (n.d.é.)

Muse du seuil pontifical,
À la tunique sans couture
Ont annoncé la déchirure
Dès que ce fauve des forêts
Quittant l'armure pour l'étole
Et le carnage pour l'École
À son tour argumenterait.

De la bonté du Sacerdoce
Un peuple entier s'était nourri,
De la puissance de la Crosse
Épée et Sceptre avaient fleuri,
Jamais la horde moins grossière
N'a compté d'heure plus prospère,
L'aigle étreignant le globe d'or[344]
À la grand'voile se déploie
Et les vents que l'aurore envole
Bercent la Nef de port en port :

Un seul vaisseau fait mille épaves
Et, des mille navigateurs,
S'il en surnage un seul, esclave
De la houle et du vent moqueur,
À la dérive sous les astres
Le réchappé du grand désastre
Chevauchant un mât sans agrès
Boit en pleurant l'écume blanche
Et vocifère que sa planche
Est l'arche même du Progrès.

V

À la porte de la Chapelle
J'ai lu l'écrit, frère Martin[345],

---

[344] L'aigle tenant le globe du monde est le symbole du Saint-Empire romain germanique. (n.d.é.)
[345] Le 31 octobre 1517, le moine allemand Martin Luther afficha sur la porte de la chapelle du château de Wittemberg ses quatre-vingt-quinze thèses dénonçant les indulgences accordées par l'Église catholique romaine aux fidèles. L'événement passe pour marquer le début de la Réforme. (n.d.é.)

Qui, promulguant la foi nouvelle
Vous émancipe du Latin :
— *César, et Pierre, et leurs curies*[346]
Font une même idolâtrie !
Entre le feu du ciel et moi
Que nul esprit ne se propose !
Que nulle voix mortelle n'ose
D'un cœur d'homme régler la voix !

Plutôt mes bauges d'Hercynie[347]
Que de servir sous votre toit !
Que toute chaîne soit bénie
Qui m'affranchisse de vos lois !
C'est de mon Dieu que vient ma flamme
Incendiaire ! Cette lame
Parricide est de mon Seigneur
Qui veut l'essor de la nature
Et qui remmêle sans mesure
L'or et la vase de mon cœur !

Esprit, tu rampes et tu doutes ?
Tu volerais au Saint des Saints
Si tu brisais ces basses voûtes
De marbres faux, de panneaux peints,
Et, restituant à leur cendre
Où tout péché veut redescendre
Ton art profane et ses amants,
Tu repoussais la libertine
Et raisonneuse erreur latine
Des confins de l'Homme allemand.

Mon Dieu n'est pas un hypogée
Où l'homme enterre son trésor !

---

[346] La Curie antique, bâtiment où se réunissait le Sénat de Rome, et la curie moderne, désignant les institutions de gouvernement de l'Église catholique sous l'autorité du pape. (n.d.é.)

[347] La forêt Hercynie est la dénomination antique d'une région boisée d'Allemagne, région devenue emblématique de la Germanie toute entière pour le monde classique. On ne l'emploie plus guère qu'en son sens dérivé et adjectival pour parler, en géologie, d'un plissement *hercynien*. Maurras la cite ici car c'est un haut-lieu des confrontations antiques entre Romains et Germains, en particulier sous les Antonins. (n.d.é.)

Ta voix, mon Dieu, n'est point gagée
Pour nous absoudre de la Mort !
Que chacun pour soi-même expie !
Exterminons le rite impie
Qui se joua de tes courroux
Et trafiqua de la prière
Que notre sœur ou notre frère
Entreposait sur tes genoux !

Mon Dieu, condamne ou nous fait grâce :
Père du crime et du pardon,
Le Solitaire des Espaces,
De nos mérites nous fait don.
Au pur soleil de sa Justice
Que veut l'encens d'un sacrifice
Injurieux et superflu ?
Je dissiperai dans sa gloire
Ce flot d'amour où n'ont pu boire
Ni les damnés ni les élus.

Ainsi parlait l'Assemble-Nues.
— Ô corruptrices de l'azur,
Savez-vous ce qu'est devenue
La mystique rose au cœur pur
Qui, neige et feu, sous de longs voiles
Qu'auréolèrent sept étoiles,
Emparadisa Terre et Mer
Et, du péché libératrice,
De la douleur consolatrice
Eut pitié même de l'Enfer ?

Dites-nous : la Vierge Marie
Ne règne plus dans votre ciel
Et votre terre défleurie,
Désert de cendres et de sel,
Ne mène plus l'ogive en flamme
S'ouvrir aux pieds de Notre Dame,
Jurer l'amour entre ses mains
Et lui chanter : — Ô belle, ô claire,
Dans la maison d'un même Père
Abritez nos cœurs pèlerins !

Par quelque injure qu'il réponde
Le Barbare n'écoute rien
Quand il lui plaît de faire au monde
Quelqu'un des maux qu'il nomme biens :
Aux volontés des créatures
Un vent d'erreur et d'imposture
Persuadant de s'affranchir,
Des multitudes enhardies
Les folles armes sont brandies
Pour la Vengeance et le Désir.

Quand la martyre est sur la roue,
Toutes jointures se rompant,
Le pauvre corps n'est qu'une boue
Que l'âme quitte avec le sang :
Ainsi, royaume par royaume,
Au chant des cloches et des psaumes,
Cinquante peuples irrités
De leur Vistule à notre Sambre
Brûlent, tenaillent et démembrent
La moribonde Chrétienté.

VI

Victorieux au nom de flamme[348]
Par vous s'annonce le retour
Du châtiment que nous donnâmes
À ces forfaits des anciens jours !
Du tourbillon de votre épée
La Germanie enveloppée
Languit à votre tribunal
Et dans le maître qui s'avance
Elle connaît la forte France
Du Roi Juste et du Cardinal.[349]

---

[348] M. le Maréchal Foch.
[349] Louis XIII, dit le Juste, et son ministre le cardinal de Richelieu, qui intervinrent dans les affaires allemandes, faisant en particulier entrer la France dans la guerre de Trente Ans. (n.d.é.)

— *Père Joseph de la Tremblaye*[350]*,*
Rouvrez vos yeux sous le froc gris :
Père Joseph de la Tremblaye
Brisach est pris, Brisach est pris ![351]
L'Ombre de l'aile des Victoires
A réparti les territoires
De la Hollande au Seuil Romain...
Mais le vieux fleuve ami s'étonne
Du blanc pavois qui te couronne,
Atroce mère du Germain !
Elle a levé ses mains sanglantes,
Hâve d'horreur entre nos coups,
Elle a fait de nos deuils fumante
Plier sa tête à nos genoux.
Où descendra sa modestie ?
Mais ta prudence est avertie,
Sage et puissant glaive de feu !
Sous l'horizon que tu déchires
Prévois, préviens ce que conspire
Un génie artificieux :

Rappelle-toi, parmi ses larmes
Et son tumulte de sanglots
Toutes les fois qu'au choc des armes
Elle a roulé dans le champ clos,
À nous tromper quel soin fertile !
Elle affectait des airs tranquilles,
Un pas traînant, le col penché :
Telle, au couvert de la nuit lente,
Eût apparu, douce et dolente,
Une servante de Psyché.

---

[350] François Leclerc du Tremblay, dit le père Joseph, 1577–1638, prêtre capucin, éminence grise du cardinal de Richelieu qui lui confia diverses missions dont certaines en rapport avec la politique allemande de la France. (n.d.é.)

[351] Le 18 décembre 1638, alors qu'il se trouvait à Rueil, chez Richelieu, le père Joseph fut brutalement frappé d'une crise d'apoplexie que les médecins pronostiquèrent fatale. Soucieux d'adoucir les derniers instants du père Joseph, Richelieu, tenant à la main un papier censé figurer une dépêche, se pencha vers le mourant et lui dit : « Père Joseph ! Père Joseph ! Brisach est à nous ! » La plus puissante des forteresses du Rhin était tombée quelques heures plus tôt aux mains de Bernard de Weimar, avec lequel le père Joseph avait personnellement négocié l'alliance de la France, mais Richelieu l'ignorait encore... (n.d.é.)

Elle avait peint sa tête rousse
Des marguerites de nos bois
Et sans savoir la rendre douce
Elle avait déguisé sa voix,
Elle chantait nos pastorales,
Elle dansait nos provençales,
Mimait Beaux-Arts, Science, Droit,
Médecine, Théologie,
Et réservait pour l'Élégie[352]
L'ultime flèche du carquois !

Dans nos bontés grandit sa ruse :
Au simulacre de l'Esprit,
Quand la Gorgone fait la Muse
Le populaire est vite pris,
Mais au cœur sage qui l'écoute
Naît le soupçon, frémit le doute :
— Que nous voulait un art menteur ?
Une logique sans critique,
Une critique apodictique,
Petit esprit dénégateur ?[353]

Tu ne remplis de destinée
Qui soit sensible à la Raison
Que si ton âme nous est née
Pour apprêter quelque poison,
Pour, ô Locuste[354], ô Canidie[355],
Infecter de ta maladie
Un sang trop chaud, des cœurs trop vifs,
Hurler un son qui nous égare
Et nous changer en fous barbares
Énervés par ton cri plaintif,

En révoltés énergumènes

---

[352] Prise ici dans son sens étymologique grec : littéralement « chant de deuil ». (n.d.é.)
[353] Allusion probable au vers célèbre du *Faust* de Goethe où Méphistophélès se présente comme « l'esprit qui toujours nie ». (n.d.é.)
[354] Empoisonneuse romaine qui aurait fourni des poisons et à Agrippine et à Néron. (n.d.é.)
[355] Sorcière citée à plusieurs reprises par le poète Horace, devenue ensuite le type de la sorcière antique. (n.d.é.)

Brisant l'étai de notre toit,
En pauvre plèbe souveraine
Coupant la tête à notre roi,
En idolâtres de notre ombre,
En écolâtres d'erreurs sombres
Dites éclairs illuminants,
Puis, au chemin que prit Alcide[356]
Vers les haut lieux du Suicide[357],
En sacrifiés rayonnants !

Quand une main s'est désarmée
Qui broya l'Hydre et le Lion[358]
Bientôt dans Lerne et dans Némée
Éclate la rébellion :
De leurs souillures triomphales
Toutes les races du Stymphale[359],
Couvrent les champs de la cité,
À la lumière reconquise
Osant l'insulte qu'a permise

---

[356] Alcide est d'après la légende le premier nom d'Héraclès, le héros antique fils d'Alcmène et de Zeus, — dont il va être question dans les vers suivants où il est comparé à la France. Appelé ainsi parce que petit-fils d'Alcée, roi de Tirynthe, ses parents le renommèrent Héraclès en espérant se concilier la déesse Héra, qui poursuivait en Alcide le fruit d'une infidélité de Zeus : elle lui fera tuer ses propres enfants dans un épisode de folie, c'est en expiation de cette folie qu'il accomplira ses Travaux. (n.d.é.)

[357] Héraclès épousa Déjanire, fille d'Œnoé. Face au grand fleuve Événos en proie à une crue exceptionnelle, Héraclès vit que, s'il pouvait facilement le franchir, il ne pouvait le faire en portant Déjanire. Se présenta alors à eux un centaure nommé Nessos qui proposa d'aider Déjanire à franchir le fleuve, tandis qu'Héraclès nagerait de son côté.
Lorsqu'Héraclès arriva, il vit que Nessos tentait d'abuser de Déjanire. Il prit alors une flèche enduite du poison de l'Hydre de Lerne et en tua Nessos. À l'agonie, ce dernier tendit sa tunique à Déjanire et lui dit de la tremper dans son sang puis de l'offrir à Héraclès afin de s'assurer ainsi pour l'éternité de sa fidélité.
Bien plus tard Déjanire, craignant de perdre son époux qui s'était épris d'Iole la fille du roi Eurytos, remit la tunique à Lichas, compagnon d'Héraclès, qui insista pour qu'il la revêtît. Héraclès sentit que le vêtement le brûlait : le sang du centaure était souillé par le poison de l'Hydre de Lerne, qui avait tué Nessos et qui maintenant tuait le fils de Zeus. Faisant ériger un bûcher sur l'Œta il s'y jeta tandis que Déjanire se pendait. (n.d.é.)

[358] Tuer l'Hydre de Lerne et le Lion de Némée sont deux des mythiques douze travaux d'Héraclès. (n.d.é.)

[359] Tuer ou chasser les oiseaux mortels du lac Stymphale est le sixième des mêmes douze travaux d'Héraclès. (n.d.é.)

L'héroïque imbécillité.

Ainsi, du creux des basses grèves,
Cependant que l'Œta gémit,
Tu te gonflas, absurde rêve,
De l'héréditaire ennemi :
Le Dieu malade, à bout de forces,
Pour son bûcher taillant l'écorce
Et le sarment du boute-feu,
Ah ! criais-tu, *flammes futures,*
Quand tournoieront vos chevelures
Perdons Alcide au fond des cieux !

Mais toi qui sus, ô fils d'Alcmène
Victorieux de tous les sorts,
Traîner tes races par la chaîne
De tes saintes paroles d'or,
Âme et figure de la France
Au plus aigu de ta souffrance
Es-tu le maître de mourir ?
Hors de l'embûche teutonique
Envole-toi, cœur magnifique,
D'Alcide héros et martyr !

Et vous esclaves qu'il faut pendre
Au gai retour du maître absent,
Pour avoir trop rêvé d'étendre
Un bas empire évanescent,
Ce bout de corde vous mesure
La destinée à l'encolure :
Les Dieux cléments n'auront voulu
Que déclarer par votre signe
Entre cent peuples le moins digne
Du commandement qu'il n'a plus.

VII

Quand le dernier-né des Guillaumes[360]
A les dés de son sort jetés

---

[360] Guilaume II, empereur d'Allemagne durant la Première Guerre mondiale. (n.d.é.)

Ils tient unis trente Royaumes,
Républiques, Principautés,
Petits et grands Duchés, Empires,
Pair ou second chacun l'admire,
Au cri de guerre ils ont tous ri
Sans excepter une canaille
Qui de n'avoir ni sou ni maille
Rêve abondance dans Paris.

Mais aussitôt que la machine
Que montèrent ces insensés
Eut son carnage et sa ruine
Au bord de Meuse commencés,
Plainte et Pitié, Honte et Colère
Même Épouvante conjurèrent
Ce qui restait du genre humain,
Un million de beaux éphèbes
Voulut goûter sous notre glèbe
À la Nuit qui n'a plus d'hymen

Et, sans attendre leur venue
Toute la grâce et tout l'honneur
De notre race méconnue
Courut offrir au moissonneur
Une poitrine cuirassée
Du seul airain de la pensée,
Des seules fibres d'un bon cœur :
Les purs enfants de cette terre,
Six jours, six nuits la disputèrent[361]
Au Barbare à demi vainqueur.
Il avait mis toute son âme
Dans les chars et dans les chevaux
Qui déroulaient, ô fer ! ô flamme !
Ses fulgurants les plus nouveaux.
Mais du Limbourg à la Champagne
Et du tombeau de Charlemagne
À l'environ de Saint-Denis
Leur file hésite, flotte, gronde
Et se rebrousse comme l'onde

---

[361] La première bataille de la Marne se déroula du 5 au 12 septembre 1914. (n.d.é.)

Sur une barre de granit.

Oiseux témoin de tant de gloire,
Soldat-né qu'oublia le sort
Loin des travaux de la Victoire
Et des couronnes de la Mort,
J'ai, du fossé de nos murailles
Où le flot roule ses entrailles,
Fait au Germain calamiteux
Cette chanson que j'ai chantée
À la manière de Tyrtée[362],
Le maître d'école boiteux.

---

[362] Poète grec mal connu, le grand poète spartiate. D'après la tradition une délégation de Spartiates arriva à Athènes, qui venaient de consulter l'oracle de Delphes, car Sparte était dans une situation difficile : battues par les Messéniens, ses troupes étaient découragées et désespérées. La Pythie avait conseillé aux délégués de Sparte de demander aux Athéniens un homme qui pourrait les aider de ses conseils. Les Athéniens décidèrent par dérision de leur donner Tyrtée, maître d'école boiteux. Tyrtée n'avait aucun talent militaire mais sut, par ses chants de marche et ses élégies martiales, relever le courage des soldats lacédémoniens. Électrisés par ses vers, ils s'armèrent pour le combat, marchèrent au-devant de leurs ennemis Messéniens et Sparte resta finalement victorieuse. En témoignage de reconnaissance, Sparte lui aurait alors accordé, lors d'une ovation triomphale, le droit de cité et le titre de citoyen. (n.d.é.)

LE CONSEIL DE DANTE

1920

E però leva su ! Vinci l'ambascia
Con l'animo che vince ogni battaglia,
Se col suo grave corpo non s'accascia.
Più lunga scala convien che si saglia.

Inferno, XXIV, 52–55.[363]

---

[363] Ou, plus exactement et en citant jusqu'au vers 56 :
E però leva sù ; vinci l'ambascia
    Con l'animo che vince ogne battaglia,
    Se col suo grave corpo non s'accascia.
    Più lunga scala convien che si saglia ;
    non basta da costoro esser partito.
Soit : « Lève-toi donc, triomphe de l'angoisse avec l'esprit, qui vainc en tout combat s'il ne s'affole pas du fardeau de son corps. Il va falloir monter une échelle plus rude, car il ne suffit pas d'avoir fui les démons. » Il s'agit d'une exhortation que Virgile adresse à la lassitude passagère de Dante. (n.d.é.)

*L*a nuit du 13 au 14 septembre 1920 a commencé l'année qui accomplira le sixième centenaire de la mort de Dante. Le genre humain va le célébrer dignement.

Puisque un rendez-vous est donné, chacun doit y venir, apportant la palme ou la gerbe. Voici le peu que j'ai. Ces pages ont été écrites pour une traduction de l'Enfer qui est la plus belle de France. Épuisé avant la guerre, le précieux travail de Madame Espinasse-Mongenet n'a pu être réimprimé depuis. Il ne reparaîtra pas avant quelques semaines. Ma préface en est détachée. Elle part en avant comme le héraut et le messager. Je voudrais amener à l'édition prochaine un peuple nouveau de lecteurs.[364]

Le tour général de ces réflexions anciennes sur le plus passionné et le plus volontaire de tous les poètes ne tendait qu'à offrir aux lecteurs français l'esprit de son conseil et l'essence de sa leçon : mais, parue il y a huit ans déjà, conçue et mûrie dans l'attente et l'angoisse de ce que j'appelais alors « une épreuve que tout prépare », les mêmes réflexions rendront-elles le moindre service aujourd'hui ? Après l'échéance du grand carnage, ce conseil de Dante conserve-t-il une raison d'être ?

Il me semble qu'on peut le croire. Nous avons devant nous des tombeaux à entretenir, des vides à combler, des désastres à réparer. Ce n'est pas la besogne qui manque. Un poète créateur d'âmes, recteur d'intelligence, excitateur de courage et de volonté nous demeure excellent à comprendre, à sentir, à approfondir. On reste dans le vrai quand on le prie de consentir à rester l'hôte de notre ruine pour nous entraîner au travail ou nous aider à persévérer dans nos deuils. Nulle voix d'homme ne sonne comme la sienne entre les vivants et les morts. Brève et profonde, elle convient également à ce qui nous fuit dans le temps et nous classe dans l'éternel.

J'ai essayé de préparer et d'introduire le lecteur. De tels soins ne seront pas superflus tant qu'on s'accordera à juger Dante un auteur assez difficile.

Dans les heures déjà lointaines où se composait cette étude, un ami qui n'est plus là m'avait donné les éléments d'une courte note d'histoire littéraire que l'on trouvera note 42 et dont on verra l'importance.

Je veux graver ici le nom de cet ami : politique, orateur, historien érudit et sage. Octave de Barral aimait Dante d'une passion jalouse qui ne s'éteignit qu'avec lui. Quand il nous quitta pour la guerre en août 1914, il emportait les trois Cantiques[365]

---

[364] *Le Conseil de Dante* date de 1913, préface à la traduction de l'*Enfer* par Louise Espinasse-Mongenet. Ces deux premiers paragraphes, écrits pour l'édition de 1920, à l'occasion de l'anniversaire que signale Maurras, sont fort logiquement absents du *Conseil de Dante* tel qu'il est repris dans *Poésie et Vérité* en 1944. L'essentiel du deuxième d'entre eux y est cependant repris en note. En outre, toujours en 1944, Maurras ajoute cette mention en épigraphe : « À la mémoire d'Octave de Barral, tombé au champ d'honneur en 1915. » (n.d.é.)

[365] On ne rappellera que pour mémoire que la *Divine Comédie* de Dante est constituée de trois ensembles de 34, 33 et de nouveau 33 chants : l'*Enfer*, le *Purgatoire* et le *Paradis*. C'est à ces trois ensembles que se réfère Maurras quand il parle des *cantiques*. (n.d.é.)

avec son Racine diamant.[366] *Après la première blessure, au dernier soir de sa permission de convalescence, la causerie ayant longtemps flotté sur les tranchées et les cimetières du front à la mémoire de nos innombrables amis perdus, nous ne pûmes nous séparer sans faire des stations à différents paliers de l'*Enfer, du Purgatoire et du Paradis : *partout. Barral avait ses habitudes et ses dilections. C'est en causant de son poète que nous nous sommes dit au revoir pour toujours. Mais le grand nom et la grande gloire reparurent encore dans une lettre qu'il m'écrivait le 5 juillet 1915 ; il passait à Racine, ayant fini de relire Dante, me disait-il.*

Un mois plus tard, dans la nuit du 4 au 5 août, comme il venait de prendre sa faction volontaire dans un poste d'écoute en avant de Soissons, sa ville natale, Octave de Barral recevait en plein front cette balle qui l'a tué.

En souvenir du monde d'idées vigoureuses et douces qui vécurent dans l'orbe spacieux de ce noble front, le petit livre auquel il a contribué vient se déposer de lui-même aux pieds de Barral endormi. Nos paroles écrites ne sont que des signes fugaces et ne peuvent atteindre à la force du sang versé. Mais le mieux qu'elles aient à faire est de s'employer dans la suite et dans le sillage de ce beau sang. Puissent ainsi les miennes agir et militer pour le maintien de notre race et la renaissance de notre esprit !

15 septembre 1920.

En entreprenant de traduire les trois Cantiques, vers par vers et presque mot à mot, dans les justes limites de la correction et de l'élégance, sans craindre d'affronter le face-à-face du texte italien reproduit en regard, Mme Espinasse-Mongenet a rendu un service éminent aux lettres française et non aux lettres seules : quand, grâce à elle, nous saurons lire Dante dans son langage et l'interpréter selon notre esprit, l'œuvre d'art du poète et celle du traducteur donneront ensemble un enseignement qui ne peut s'arrêter à la poésie. Nous verrons mieux les ressemblances et les différences de notre génie national par rapport à Dante, à Florence et à l'Italie, et nous sentirons beaucoup plus à vif leur beauté et leur charme ; mais, par-delà cette lumière, qui produit déjà de la force, une autre vertu lumineuse pourra naître du commerce et de l'étude du grand poète, de l'amitié qu'inspireront ses étrangetés fraternelles : son poème fait une Somme de la vie, et riche en énergie vitale ; les imperfections mêmes en ont un caractère stimulant et éducateur.

---

[366] Une *édition diamant* est une édition de petit format, généralement sur papier très fin, à la fois soignée et facilement transportable. (n.d.é.)

— *C'est le roi des poètes*, disait un jour un de nos maîtres, et comme je restais muet en pensant à Homère et à ses homérides, il insista : — *du moins, des poètes modernes.*

Mais il dut voir que je pensai alors à Racine et à ses pareils.

Dante n'appartient pas à la race des pères directs de notre esprit et de notre goût, mais il est beaucoup moins éloigné de notre nature essentielle que tous les autres écrivains de l'Angleterre, de l'Allemagne, de l'Espagne et de l'Italie sur lesquels les Français ont abusé du droit sacré de perdre de la peine et du temps.

La position qu'il occupe tient le milieu entre notre art classique, indifférent à tout ce qui n'est pas de la perfection éternelle, patrimoine du genre humain, et l'art des siècles successifs et des nationalités séparées, qui recueille et transmet ce qu'il nomma *il grido*, le « cri », l'attention et l'entraînement d'un enthousiasme qui passe. Plus que n'avait osé aucune des *quatre ou cinq grandes ombres* qui composaient, à son avis, « le beau collège des princes du chant sublime » et le conseil suprême de toute poésie, l'âme de Dante se complut et s'attarda aux teintes fugitives de l'espace ou de l'heure qui n'ont d'avenir que la mort. Son esprit, qui était fier et difficile, aurait dédaigné les beautés du second ordre : elles ont été recueillies et sauvées par sa volonté, qui les incorpora bon gré mal gré à son vers. Celui-ci en reçoit une charge infiniment lourde. Mais tel quel, l'aliment est fort, l'influence en est salutaire ; l'exemple, presque surhumain.

I – L'HOMME

S'il n'est pas le roi des poètes, comme il faut bien en convenir, la mort dans l'âme, s'il ne préside pas toute la poésie moderne, car Paris, comme Athènes, y précède Florence, c'est peut-être le roi des hommes. On se fait une idée de cette royauté en considérant ses portraits. Le long masque aiguisé et creusé, dont la stylisation excessive peut aboutir à une véritable caricature, dégage, à l'examen, les signes d'une sorte de supériorité générique antérieure aux distributions du destin. Sans le bonnet pointu qui le classe déjà parmi les docteurs et les sages, la maigre effigie laurée d'or pourrait servir à désigner tout autre maître des hommes, guide politique ou chef militaire : volonté de Jules César[367] ou du grand Condé, idées d'Aristote ou de Richelieu. Une destinée différente changerait peu de chose à l'accent décisif de ce visage supérieurement calme et clos, mais dont les traits crispés disent tant de passion : impérieux bien plus qu'inspirés et méditatifs. Le front haut, les tempes serrées, les joues creuses, une amère bouche abaissée qui allonge encore la face, le grand œil reculé du profil aquilin, sous l'arcade

---

[367] On peut voir à la sculpture latine du Louvre un Antiochus III, longtemps nommé Jules César, dont le profil, avec son impression de haute tristesse, n'est pas sans rapport avec celui de Dante.

proéminente, font ressembler le dessin de ce caractère au type abstrait du maître en soi, du chef essentiel, *l'homme et non l'homme qui s'appelle Callias* (modèle qui n'a pas été inventé au quinzième siècle et que le douzième avait déjà reçu de l'antiquité). La poésie aura été l'organe de Dante, et son moyen de s'exprimer, mais sa fin primitive était de se porter en avant pour être suivi.

Peu d'hommes eurent une vie plus complète et plus riche. On ne saurait se contenter d'en élever aux nues, comme Marsile Ficin, l'excellence, « *Dante Alighieri, per patria celesie, per abitazione fiorentino, ai stirpe angelico, in professione filosofo poetico...* »[368] D'abord son existence ne se borne point à la philosophie ni à la poésie : soldat, chef de faction, magistrat, diplomate, dessinateur, médecin (à moins qu'il ne fut droguiste ou marchand d'épices), auteur d'opuscules de physique et d'une ample théorie de la *Monarchie*, philologue, organisateur d'une langue, créateur d'une littérature et d'une pensée qui n'est pas épuisée, il représente à peu près tout ce que l'homme a pu être de son temps et dans son pays. Sans imprimer sur tous les points les marques du même génie, il y laisse souvent l'empreinte de la griffe de feu. Le sentiment qu'il a des variétés de l'histoire, avec ses nuances et ses couleurs, est tellement vif que son art rassemble et résume le moyen âge entier, autant et plus encore qu'il n'annonce la Renaissance.

En même temps, cet art compose une véritable géographie poétique de l'Italie, sommaire assurément, mais complète et si éloquente que la terre ainsi embrassée a fini par porter un peuple qui a raison de l'appeler, par la voix d'Alfieri[369] : « *il gran padre Aligher* »[370]. Cela déborde un peu l'habitat florentin. Élève et bon élève des lecteurs et disputeurs de théologie, il n'ignore point que tout homme devrait vivre les yeux fixés sur la sphère immortelle et incorruptible de l'Être. Il se rit avec eux de tout ce qui confond l'être avec le changement : plongé, presque perdu dans l'universel de la poésie et de la pensée, il pourrait devenir le docteur angélique[371] du rythme s'il n'était infiniment trop attaché à la terre pour correspondre de tout point à la vaine hyperbole métaphysique de Ficin.

Quand il se vante d'avoir appris comment « *l'homme s'éternise* », l'éternité intellectuelle est déjà conçue à la manière humaine de Pétrarque, et cet humanisme

---

[368] C'est en 1476 que Marsile Ficin publie une traduction italienne du *De Monarchia*, *De la monarchie*, traité politique écrit par Dante en latin entre 1313 et 1318. Il l'agrémente d'une lettre sur le retour des cendres de Dante à Florence, où figure la formule : « Dante Alighieri, de patrie céleste, d'habitation florentine, d'extraction angélique, philosophe poétique de profession. » (n.d.é.)

[369] Vittorio Alfieri, 1749-1803, poète, dramaturge et philosophe, l'un des grands noms littéraires de l'Italie au XVIIIe siècle. Précurseur du romantisme et ardent républicain, il est ensuite effrayé par les excès révolutionnaires, quitte en 1792 la France où il s'était installé et finit très hostile aux transformations européennes issues de la Révolution. (n.d.é.)

[370] « Le grand père [Dante] Alighieri. » (n.d.é.)

[371] C'est la formule qui désigne habituellement saint Thomas d'Aquin. (n.d.é.)

amoureux de gloire apparaît incapable de se détacher de beaucoup d'affaires sublunaires.[372] Les biens de la vie, ses hochets, l'intéressent tous à la fois. Il entre dans sa gravité une multitude de distractions, sans excepter les plus légères et les plus imprévues.

Quelle variété ! Le même homme qui pleure sur « l'Italie esclave et hôtellerie de douleurs » se laisse très bien entraîner par l'amertume d'une défaite politique à simuler la plus allègre indifférence envers l'idée de la patrie. Il écrira tranquillement : « Nous dont la patrie est le monde... *Nos autem cui mundus est patria, velut piscibus aequor.* »[373] Si la perspective de ne jamais revoir Florence le fait frémir d'horreur, il ajoute, dans la fameuse lettre à Can Grande, les consolations sacrilèges : « *Non solis astrorumque specula ubique conspiciam ? Nonne dulcissimas veritates potero speculari ubique sub caelo ?* »[374] Oui, le soleil et les autres astres, les hautes vérités, dans leur douceur suprême, sont visibles sous tous les cieux ! Ce poète d'une cité a toujours soin de se marquer des abris et des refuges œcuméniques ; mais le souvenir de ses temples de sereine contemplation ne le sauve jamais des réveils de patriotisme pieux ou de civisme involontaire. Le frémissement de l'indignation désintéressée finira par devenir sa plus belle muse, et quand la défaite et l'exil auront achevé de le pousser à bout, nulle haute sagesse ne pourra empêcher qu'une satire frénétique d'un accent presque religieux ne tienne désormais le milieu de son chant.

Ne pouvant plus frapper le félon et le traître, ni de l'épée, ni de la loi, le poète vaincu leur infligera une place dans son enfer avec toutes les notes infamantes qu'il y faudra et en les désignant par leurs noms, leurs prénoms, leurs armoiries. Un des cachots du dernier cercle, le plus noir, le plus glacial, aménagé pour certaines âmes choisies, leur convient si exactement qu'elles y tombent avant même que leur vie ne soit terminée. C'est la geôle où s'expie toute trahison.[375] « L'âme n'a pas plus tôt *trahi* que son corps lui est enlevé par un démon qui la gouverne dans la suite jusqu'à ce que son temps soit entièrement révolu : pour elle, elle s'abat dans cette triste

---

[372] La cosmologie du temps de Dante, à la suite de l'aristotélisme, divisait le monde entre d'une part sa partie céleste – au-delà de la lune – où régnaient les astres incorruptibles et leur mouvement inaltérable, et d'autre part sa partie *sublunaire*, où existaient contingences et accidents. (n.d.é.)

[373] *De vulgari eloquio*, I, 6. [« Nous dont le monde est la patrie comme la mer l'est aux poissons. » (n.d.é.)]

[374] « Le soleil et les étoiles se voient par toute la terre, et par toute la terre on peut méditer les vérités du ciel. » (n.d.é.)

[375] Le chant XXXIII de l'*Enfer* termine l'examen des damnés enfermés dans l'Anténore, fosse réservée aux traîtres à leur cité, puis aborde la Ptolémaïe, réservée elle aux traîtres à leur hôtes, où se trouve Branca d'Oria qui tua par jalousie son beau-père alors qu'il l'avait invité à dîner. Suspendu à l'envers dans un endroit glacial, les larmes lui gèlent devant les yeux, lui causant d'insupportables douleurs. Le beau-père en question était Michel Zanche, qui se trouve lui-même damné au huitième cercle. Précisons enfin que la fosse suivante et dernière, au chant XXXIV est la Judaïe, réservée aux traîtres à leur bienfaiteur. (n.d.é.)

citerne. » Comme on nomme, au passage, l'un de ces privilégiés de l'élite infernale : « — Tu dois le reconnaître, c'est messire Branca d'Oria, et il y a plusieurs années déjà passées depuis qu'il est enfermé comme le voilà. — Je crois, est-il répliqué, que tu me trompes, car Branca d'Oria n'est point encore mort ; il mange et boit, et dort, et se revêt de ses habits. » Pure apparence, qui se dissipe en s'expliquant : le traître Branca, a bien laissé son corps à un diable, qui vaque sous son nom aux occupations de la vie et même continue la besogne de trahison dont le cadavre qu'il anime a pris l'habitude invincible et le pli machinal, mais la personne de Branca, annonce Dante, n'est plus sur notre terre : elle paie son dû chez les morts...

L'exquise atrocité de la peine correspond à tout ce que nous savons de la vigueur et de la logique de cet esprit. Il est éminemment raisonnable, sensible aux plus fines mesures du goût, mais ne recule en aucun cas devant les déductions tirées de la justice ou de la sagesse. Une conduite qu'il réprouve est brièvement qualifiée de *viltà*, épithète que notre « vilenie » traduit faiblement. Dans les discussions qu'il soutient, l'adversaire qui se laisse tomber au-dessous d'un certain niveau d'intelligence et d'honneur est plongé dans le cercle de la *bestialità* ; Dante lui témoigne que c'est proprement à coups de couteau, *col coltello*, qu'il devrait réfuter des sottises d'un ordre aussi matériel[376] : il juge qu'à des mots qui ne sont que des bruits, de simples déplacements de pure matière, d'autres mouvements de matière, le poing fermé, l'acier brillant, répondent parfaitement bien. Mais, de ce dur langage même, il ressort que l'aspect brutal et le geste grossier sont en horreur à Dante. Il ne rêve que d'une perfection intellectuelle d'équité et de courtoisie, de paix et d'amour ; ainsi l'exige la politesse de son esprit, mais son cœur, hérissé de nobles scrupules, ouvert aux belles voluptés, respire une âpre haine dès qu'on fait offense à ses dieux.

On ferait donc bien fausse route en interprétant toutes ces diversités, dont j'abrège le compte, comme les jeux d'un caractère heurté ou contrasté. Au contraire, cela se tient. La continuité magnifique d'une grande âme développe ses éléments complémentaires. Cette nature est assez ample pour occuper et pour combler, par exemple, les intervalles du patriotisme florentin le plus ombrageux au catholicisme universel le plus dégagé. Il n'y a pas contradiction, mais correction et complément dans ces alternances de la justice et de la pitié, des cris de colère et des larmes de miséricorde. Il est bon que le visiteur de la Cité dolente arrose la voie qu'il descend de pleurs de compassion sur tant d'infortunes sans termes[377] mais il est également bon que certains scélérats soient insultés par lui, ou même que les traîtres aient la

---

[376] *E se l'avversario volesse dire... risponder si vorrebbe non colle parole, ma col coltello a tant bestialità* (*Convivio*, Tradt. IV°, cap. XIV.) [Soit : « Et si l'adversaire voulait dire (...) ce n'est pas en paroles mais à coups de couteau qu'on voudrait répondre à une bestiauté aussi grande (...) » *Convivio*, IV, XIV, 11. Le terme traduit ici par *bestiauté* renvoie dans le langage du temps de Dante à la négation de l'âme immortelle de l'homme. (n.d.é.)]

[377] Une réparation qui ressemble à une excuse est offerte à l'âme de Pierre des Vignes pour le mal involontaire que lui a fait le poète en passant. (*Enfer*, ch. XIII.)

tête écrasée au passage de ses talons ; en ce cas, comme il le déclare, « ce fut courtoisie que de leur être vilain ! » Ces extrémités de l'âme dantesque ne veulent pas être opposées, mais classées et comprises comme les termes d'une seule et même série. Sa sensibilité tient l'immense entre-deux de penchants réputés contraires. Elle se définit par l'ampleur, la densité, la justesse et un don supérieur d'équilibre. Plein, concis et sonore comme le vers, ce mouvement ne peut s'arrêter qu'à son terme, mais il s'arrête toujours là, haletant et vibrant comme la flèche au but. Jamais propos si médité n'a donné un tel sentiment de la vie inquiète et du cœur en suspens. Jamais homme plus ébranlé, ni de plus d'éléments, n'a su se reposer dans le ciel lumineux d'une raison plus pure.

Voyons comment cela s'est fait.

II – BÉATRICE

Il était entré dans la vie par un amour si beau que le monde en subit encore le charme, et cependant si merveilleux que la critique hésite ou même refuse d'y ajouter foi.

La nuée des commentateurs, s'appliquant à résoudre une fausse difficulté, a fini par noyer le personnage de Béatrice dans les explications. La « dame bienheureuse et belle » que Dante avait aimée enfant et qu'il vit disparaître dans les lumières de la mort en a été réduite au triste état d'allégorie pure, de symbole idéologique, simple figuration tantôt de l'Église mystique, ou de la Foi, ou de la Grâce, et tantôt de la contre-église, Charbonnerie ou Maçonnerie gibeline. Il n'y a pas à se mettre en peine de chasser ces imaginations. Il faut plutôt retenir les plus vraisemblables, mais les mettre à leur place, qui n'est pas la première, puisque le poète la leur a interdite. Nous tenons de Dante que tout ouvrage de sa main peut compter jusqu'à quatre sens superposés ; en admettant tous les systèmes dont on fleurit la marge et le filigrane du texte, systèmes qu'il serait absurde de nier, et très dangereux d'oublier, ces divers sens « allégoriques », « anagogiques » et « moraux » sont des interprétations de seconde ligne ; c'est le sens historique et littéral qui se présente en premier lieu : on n'y comprendra rien si l'on ne commence par accepter le mot-à-mot vivant et sûr de la poésie. Ne disons pas, comme le plus sot des commentateurs, que les choses « n'ont de valeur pour Dante que par le secret des correspondances » car, justement, les choses ont tout d'abord pour lui toute leur valeur apparente. C'est seulement au-delà de cette apparence qu'elles valent par leur signification.[378] S'il

---

[378] « Dans le plus touchant des poèmes, écrit fort bien Maurice Barrès, dans la *Vita Nuova*, la Béatrice est-elle une amoureuse, l'Église ou la Théologie ? Dante... vivait dans une excitation nerveuse qu'il nommait, selon les heures, désir de savoir, désir d'aimer, désir sans nom – et qu'il rendit immortelle par des procédés heureux. » (Préface de *Sous l'œil des barbares*, éd. de 1888)

salue, chante et prie Madame Béatrice, c'est que Béatrice a été la reine de sa pensée. Il n'a pu se représenter comme une sèche entité de métaphysique l'être charmant à qui montait, du fond de ses pires détresses, cette évocation, la plus tendre et la plus caressante qui se soit envolée d'une âme de poète :

> *Lucevan gli occhi suoi più che la stella*
> *E comincianni a dir soave e piana*
> *Con angelica voce, in sua favella :*
> *... L'amico mio e non della ventura*
> *Nella diserta piaggia è impedito.*[379]

Plus tard la même dame idéale et réelle, passant de l'état naturel au surnaturel, aura pour fleurs de sa couronne toutes les idées générales qui conviennent non seulement à la beauté et à l'amour, mais à la vertu, à la science, à la sainteté. Mais premièrement le poète commença par l'aimer, par la perdre et par la pleurer. Heureux et bienheureux le lecteur, le critique d'assez de jugement pour avoir compris que voilà bien la chair et le sang du poème, sa matière et sa vie ardente, ce qui vibre de fort et de chaleureux dans sa voix. De là viennent l'élan inépuisable de son soupir et le sanglot lascif qui s'éteint dans la plainte rauque, tout ce qui donne enfin, âpre ou douce, au poète la fidèle note d'amour :

> *... Quando*
> *Amore spira, noto e a quel modo*
> *Che detta dentro vo significando.*

Boccace eut tout à fait raison de le dire : « toute » véritable « poésie » est » théologie », mais cela est vrai au moment où elle s'achève et s'accomplit au-dessus du monde : pour s'élever si haut, il lui faut les forces d'en bas, elle ne monte au ciel que formée de la terre, vêtue et colorée de tous les charmes de la vie. C'est pourquoi soyons sages et gardons-nous bien d'oublier la surface brillante, l'odorant et suave épiderme de la chanson. Ce doux appareil printanier, cette allure de *vita nuova*[380], printemps de l'année et de l'âme, démontrent une fois de plus comment les plus nobles pensées naissent bien de l'ébranlement de cet « esprit de vie qui réside dans la voûte la plus secrète du cœur »[381], cet esprit qu'éveilla la première vue de Béatrice

---

[379] « Ses yeux brillaient plus que l'étoile, et elle commença à me dire, suave et simple, avec une voix angélique en son expression... Celui que j'aime et que n'a point aimé la fortune sur la plage déserte est empêché... (*Enfer*, II.)
[380] La *Vita nova* – et non *nuova*, mais Maurras n'est pas le seul à faire l'erreur – est le premier recueil de poèmes de Dante, dont les vers les plus anciens datent sans doute de 1283 et la principale rédaction des années 1292-1295. (n.d.é.)
[381] *Vie nouvelle*, II.

et qui, dès cet instant, « commença à trembler avec tant de force que ce mouvement se fit sentir dans les plus petites veines »[382] Ces confessions naïves et transparentes sous leur docte appareil déterminent où est le point d'attache et le point de départ : dans la franche réalité, dans le premier frisson de l'âme sensitive. Quand le jeune poète aura grandi du côté du soleil et des autres étoiles, une sphère supérieure l'accueillera et, comme il dit, elle tournera pour résoudre l'agitation et le trouble où le sentiment l'a jeté : en attendant, voici un sincère cœur d'homme déchiré et flétri à cause d'une enfant dont l'image le suit.

Bientôt ce mal étrange aura fait son éducation. Son souci, sa souffrance, l'initieront à toute chose. Parce qu'un beau visage aura disparu de sa vie, cette image et son nom, demeurés le principe de tout battement de son cœur, seront également synonymes de tout émoi que lui donnera la sagesse ou le patriotisme, la conscience du bien, l'ivresse mystique du beau, la révélation de tout ce qui nous dépasse, comme la philosophie supérieure ou le pur amour. La voir, la contempler, équivaudra à savoir et à tout comprendre. « Béatrice regardait en haut, et moi je regardais en elle »,

Beatrice in suso ed'io en lei guardava;[383]

C'est ainsi qu'elle pourra l'initier à la « perle éternelle », qui est le premier cercle du ciel. Mais, là, sur les hauts lieux, il ne cessera de la proclamer « aussi gracieuse que belle », *si lieta come bella*, et de louer ses yeux d'enfant, *occhi giovinetti*, et les autres charmes mortels dont il a le cœur prisonnier.

Béatrice ainsi rendue à l'existence véritable, son serviteur n'apparaît plus un ascète d'amour transi, encadré dans un moyen âge de convention. Il faut se rendre compte que Dante aima la vie presque autant que son siècle, qui en était fou. La tendre et farouche obsession d'une dame du ciel maîtresse et souveraine n'a pas plus empêché le poète d'épouser Gemma Donati, qu'elle ne l'arrêta d'en avoir sept enfants en dix ans de mariage. Un texte cent fois cité de Boccace nous le montre, prenant un souverain plaisir aux chants et au jeu des instruments. « Séduit par ce plaisir, il composa un grand nombre de poèmes, auxquels il faisait ensuite ajouter des airs agréables. » Et Boccace en dit bien plus long. Il nous montre un Dante frère de La Fontaine :

> J'aime le jeu, l'amour, les livres, la musique,
> La ville et la campagne, enfin tout : il n'est rien
> Qui ne me soit souverain bien.[384]

---

[382] *Ibidem.*
[383] *Paradis*, II.
[384] La Fontaine, *Les Amours de Psyché et de Cupidon.* (n.d.é.)

Il ne s'était jamais caché de cet esprit voluptueux accessible à tous les plaisirs. Ses souverains biens successifs l'amusaient comme un véritable poète. Cependant il était encore plus sensible au remords de la Béatitude parfaite qu'il négligeait. Aussi, en arrivant sous l'œil sévère et douloureux de celle qui était son juge, étant demeurée son amour, la première parole qu'il se fait adresser par la vierge immortelle est une censure enflammée des égarements d'une vie arrêtée aux chansons de toutes les sirènes. Comme il veut s'excuser et allègue que les choses terrestres, avec leurs faux plaisirs, devaient perdre ses pas dès que cette forme angélique se fut obscurcie à ses yeux, elle répond avec vivacité et fermeté : « vers un but tout contraire, ma chair ensevelie aurait dû te mener ! Car jamais la nature ni l'art ne te présentèrent un plaisir comparable aux beaux membres où je fus enfermée, tels qu'ils sont épars sous la terre ! Si ce souverain plaisir, par ma mort, t'échappa, quelle chose mortelle pouvait encore t'entraîner à la désirer ? À la première flèche que te lancèrent des beautés fallacieuses, tu aurais dû élever les yeux au ciel en me suivant, moi qui n'avais plus rien de trompeur ! Non, tu ne devais pas appesantir tes ailes en bas pour y quérir de nouvelles plaies : quelque pauvre fillette ou autres vanités d'un usage aussi bref ! »[385]

Après l'épouse légitime, il avait eu, en effet, cette Gentucca la Lucquoise, *e non so che Gentucca*[386] qu'il avoue et salue, comme née et grandie pour lui, sans compter le cortège de celles que sa poésie se contente de designer par la fameuse figure de la panthère,

Una lonza leggiera e presta molto
Che di pel maculato era coperta[387]

symbole souple et chatoyant des formes successives, caressées au passage, auprès desquelles était ressenti ce qu'il nomme « l'heure du temps et le charme de la saison ».

Lorsque plus tard, dans une situation toute semblable, Pétrarque essaye de se disculper aux pieds de Laure des menues dévotions et suffrages d'honneur déposés en passant aux divers oratoires des petites madones du chemin montant de l'Amour, le poète des *Rime* ne réserve à la Dame de l'église supérieure qu'un sentiment superficiel assez effronté. Dante n'a pas autant d'esprit ni le cœur aussi libre ; il n'invoque pas l'excuse du jeu. Son âme noble ne s'est donnée qu'une fois. Délicat,

---

[385] *Purgatoire*, XXXI.
[386] *Purgatoire*, XXIV.
[387] *Enfer*, I. [« Une panthère légère et agile, qui de poil moucheté était toute revêtue. » La traduction *panthère* est habituelle en français, mais *lonza* désigne plutôt un guépard ou mieux, une once : félin de petite taille, réputé à tort ou à raison au temps de Dante facile à apprivoiser pour la chasse et de mœurs relativement douces. La plupart des commentateurs de Dante y voient une personnification de la luxure. (n.d.é.)]

fier et grave, il ne songe à ses fautes qu'avec un grand sérieux ; le triste sentiment de la faiblesse humaine ne lui cachera même point le grand tort qu'il s'est fait chaque fois qu'il a dérogé. Les premiers reproches commencent donc par l'épuiser d'aveux et de larmes. C'est la voix humblement brisée qu'il répondra à ces plaintes vibrantes de la beauté, de la vertu qu'il a trahie. Le pécheur de la chair a honte et pitié d'être infirme ; il comprend ce qu'on veut qu'il comprenne là-haut, et la sainte offensée finit par reconnaître qu'elle n'avait jamais cessé de disposer de sa joie et de sa torture, et de mener le rythme essentiel de son cœur. Mais, lui, dès qu'il sent le pardon, « l'ortie du repentir le presse si fort » qu'il tombe à la renverse, et, dit-il, « ce que je devins, celle-là le sut qui en était la cause ».[388] Dès lors, en sûreté au ciel où rien ne change et qui transfigure la vie, Béatrice a le pouvoir de soutenir et, en quelque mesure, de satisfaire l'ardeur inquiète de cette âme en perpétuel mouvement. Elle l'éclairera de sa flamme d'étoile fixe.[389] Elle l'assistera du sourire éternel. La mort fut presque heureuse si elle défendit la vierge impossédée des vicissitudes terrestres et sut lui conserver comme un cristal incorruptible toute l'intégrité des honneurs que l'amour n'est pas toujours le maître d'accorder à son vœu. L'enthousiasme du respect et du souvenir à ce degré de concentration et d'excitation devait aboutir à une sorte de culte ; cet amour sans terme vivant fondait presque une religion.[390] L'imagination et le cœur du poète n'avaient peut-être pas entière conscience du pieux artifice. Si les idées de Dante lui défendaient de concevoir honnêtement la disparue comme anéantie et dissoute, sa foi à l'immortalité de toutes les âmes ne s'opposait aucunement à ce qu'il composât en faveur de celle-ci un bonheur privilégié, doucement traversé d'une juste et tremblante sollicitude pour l'épreuve et pour l'aventure auxquelles restait exposé le terrestre ami pèlerin. Il n'y a pas de consolation plus touchante. Même dans la mesure de la raison sans foi, cette pensée est la plus belle de la terre. Le grand amour unique trompé, mais non flétri, et dont un seul soupir, parmi les oublis et les chutes, éveille une souffrance qui témoigne de sa vertu, cet amour relevé et orné de tous les trésors de l'art poétique et moral d'une civilisation chevaleresque et théologique porte les signes du travail ingénieux de l'âme humaine, mais il garde la fleur de sa sincérité et de sa bonne foi. Son sourire ressemble à celui de l'extase. Il ne se raille point. Comme tout le système, qui venait de Provence[391], il respire, au contraire, le sentiment profond de la gravité d'une vie qu'il sublime et qu'il dramatise à jamais. Au-dessus des fumées variables et fugitives,

---

[388] *Purgatoire*, XXX–XXXI.
[389] Le ciel des fixes, c'est-à-dire au-delà des planètes celui des astres qui ne semblent avoir aucun mouvement, même de simple révolution, est pour les cosmologies du temps de Dante l'image même de l'éternité divine et de l'incorruptibilité. (n.d.é.)
[390] Un lecteur attentif évoquera sans doute ici Auguste Comte, dont on sait l'importance dans la formation intellectuelle de Maurras, et Clotilde de Vaux. Évocation qui semble confirmée par la citation *infra*. (n.d.é.)
[391] Et qui y est retourné, comme le marque suffisamment le thème du *Calendal* de Mistral.

dans une zone où tout se tient, où rien ne périt, la passion, qui n'est cependant que le trouble, le sentiment, qui se compose de changement, aspirent, selon le grand mot du philosophe, à devenir *aussi réguliers que le ciel*[392], et ainsi les choses du cœur prennent-elles toute la durée et la consistance dont elles sont capables ; inversement, les choses immortelles et inaltérables subissent une transformation qui les adoucit et les rapproche de nous. Quand Béatrice paraît, l'étoile elle-même s'anime et lui rit de bonheur : — Que ne fis-je, à mon tour, ajoute le poète, moi qui ne sais que tressaillir, m'émouvoir et me transmuer en tous sens !

> *E se la Stella si cambiò e rise*
> *Qual me fec'io che pur, di mia natura*
> *Transmutabile son per tutte guise !*[393]

Les étoiles s'animent, les divinités s'attendrissent et s'humanisent afin de répondre à ce pauvre effort que fait le cœur de l'homme pour s'affirmer. Il faut se rendre compte du céleste encouragement ! Près de notre âme impressionnable et versatile, donc perfectible, le mythe hellène de la Muse avait déjà posé la règle et la mesure de l'art ; le mythe toscan de Béatrice dispose la mesure qui réglera la vie morale. Un bel être d'amour suit des yeux et surveille le mortel voyageur. Celui-ci ne peut plus consentir à descendre. De l'abîme de la douleur et de la faute il s'appliquera donc à gravir l'échelle splendide qui mène aux consolations, au soulagement, au pardon.

La sensibilité, sauvée d'elle-même et conduite dans l'ordre, est devenue un principe de perfection.

III – La Poésie et la Pensée

C'est ainsi éprouvé, animé, achevé par l'opération d'une intelligence sublime que le poète arrête les lignes de son art. Il ne le conçoit que parfait. Le « beau style » qui lui convient est celui qu'il qualifie aussi de « tragique », parce qu'« il unit et accorde la gravité de la pensée, l'éclat des vers, la noblesse des formes au choix exquis des mots ». Trois sujets, sans plus, seront dignes de ce style ; le salut éternel, l'amour et la vertu.[394]

La direction de l'entreprise sera déférée à l'esprit.

On n'a pas toujours bien entendu ce grand point, qui forme le titre de noblesse de Dante. Dans tous ses traités, il défend avec une passion jalouse les prérogatives de la réflexion poétique et de ses lois, envisagées comme les guides de son

---

[392] Auguste Comte.
[393] *Paradis*, V.
[394] *De vulgari eloquio*, II, 4.

inspiration, contre ceux qui, « ignorants et sans art, ne se confient qu'en leur propre génie ».[395] C'est au contraire avec une ardente docilité qu'il adopte la direction de ses maîtres et de ses pères. Il écoutera humblement Virgile, Aristote, Latini[396] et après eux quiconque lui enseigna quoi que ce fût. Son attitude de soumission recueillie et fervente mesure l'extrême avidité de savoir et le grand désir de bien faire qui tourmentent ce cœur altier.

Il n'est pas seulement curieux de la philosophie qu'il déclare avoir reconnue, dès l'enfance, pour une noble Dame et pour un objet souverain.[397] Il s'applique en même temps au relevé de tout ce que sait son siècle, de tout ce qu'on sut avant lui ; il le fait avec critique, discernement véritable et goût profond de l'exactitude. En plein essor mystique, il se souvient d'écrire comme au chant VIII du *Paradis* : « La belle Trinacrie[398] qui s'obscurcit entre Pachino et Pelore, sur le golfe que l'Eurus tourmente avec beaucoup de violence, *non à cause de Typhée, mais du soufre qui s'exhale de son sol.* » La fable illustre ne sert plus qu'à mettre le vrai en lumière ; ce n'est pas la théologie qu'il oppose à la mythologie, c'est la science. De même au radieux début du VIIIe chant du *Paradis* : « Le monde croyait jadis au péril de son âme que le fol amour rayonnait de la belle planète Cypris, qui tourne dans le troisième épicycle... » Au XXXIVe chant de l'*Enfer*, il n'oublie pas de marquer un vif dédain pour quiconque peut ignorer, à la façon du vulgaire, la rotondité de la terre, ou sa gravitation et les conséquences pratiques de ces deux lois, auxquelles il conforme scrupuleusement ses vues sur la structure de l'au-delà. Les heures du voyage infernal sont comptées d'après la position des astres, elle-même décrite en grand détail, fût-ce dans le récit d'un épisode fabuleux comme la mort d'un héros grec, au XXVIe chant ; nous sommes prévenus que la lumière de la lune ne s'éteint pas de mois en mois mais qu'elle passe derrière l'astre :

Lo lume era di sotto dalla luna.

Dante éprouve toujours un sensible plaisir à révéler dans leur enchaînement sublime ces points cachés du système de la nature. C'est à la façon d'un Lucrèce catholique, ou si l'on veut péripatéticien, qu'au XXIe chant du *Purgatoire* il ébauche en moins de deux tercets une ample théorie du devenir embryogénique ; les catégories de l'École l'aident à expliquer les métamorphoses et les progrès de la

---

[395] *Ibidem.*
[396] Brunetto Latini, *c.* 1220-1294, érudit humaniste, notaire et chancelier de la république florentine, il a joué un rôle de précurseur de Dante dans l'usage de l'italien plutôt que du latin, formant une théorie inspirée de Cicéron sur la nécessité d'instruire le peuple afin qu'il joue un rôle politique responsable au lieu d'être la proie des démagogues. (n.d.é.)
[397] *Convivio.*
[398] Trinacrie signifie *trois pointes* en grec. C'est la désignation antique de la Sicile, île à trois caps. (n.d.é.)

semence humaine à travers les trois règnes, quand elle commence par être animée de la vie végétale, puis acquiert l'organisation animale élémentaire du « *fungus marin* » :

> *Anima fatta la virtute attiva*
> *Qual d'una pianta intanto differente*
> *Che qu'est in via e quella è già a riva*
> *Tanto ovra poi che giù si muove e sente*
> *Comme fungo marino...*[399]

Les curiosités de cette grande âme se meuvent en mesure, et leur ordre se suit comme les syllabes d'un chant. Ni Goethe ni Léonard de Vinci ne feront mieux sentir que la loi passe avant les choses, que l'être se dissout quand il manque à sa loi et que la loi est rigoureuse à proportion de l'âme qu'elle est appelée à régir. À l'âme forte, loi plus forte, pour en accomplir le dessin. Le poème où devait se projeter un esprit de cette stature devait se soumettre à des cadences d'autant plus fermes qu'il devait exprimer un monde immense d'émotions puissamment diversifiées.

Un intelligent critique anglais, qui n'y a rien compris, croit pouvoir appeler au secours de son erreur le dogme des progrès de l'humanité, mais il n'a guère attesté que nos décadences.

« Nous nous sommes faits, dit Symonds[400], à l'école des siècles une conception différente de la destinée humaine. Nous trouvons quelque peu absurde que Dante enferme les gens dans des cellules, isolées et étiquetées pour l'éternité. Nous savons que tout ce qui vit est mobile, souple, changeant... » Ce changement irrationnel équivaut à l'inexistant, et c'est pour exister en toute plénitude qu'un grand poète

---

[399] Distinction admirablement nette entre la phase passagère et momentanée d'un être acheminé vers sa forme supérieure (*in via*) et le point d'arrivée (*a riva*) du type inférieur fixé. On aimerait à savoir sur quels motifs le bon M. Ginguené, critiquant cette « physique pleine d'erreurs », put condamner « une mauvaise philosophie » dans cet accord frappant du vieux langage d'Aristote avec les conceptions d'un évolutionnisme qui semble aujourd'hui en avance sur celui du siècle dernier.
[*Purgatoire*, XXV, 52–56. « Son active vertu devient une âme, comme celle des végétaux, mais diffère en ceci qu'elle est inachevée et celle-ci parfaite. Puis elle œuvre si bien qu'elle sent et se meut comme méduse en mer » donne une traduction moderne. Maurras est-il tributaire d'une mauvaise édition ou fait-il une erreur de mémoire avec son *fungo* ? le texte de Dante tel qu'habituellement édité parle lui de *spungo*, qui serait *spugna* en italien moderne : *une éponge marine*, donc. Dans tout ce passage Dante parle de la génération selon la théorie scolastique. (n.d.é.)]
[400] John Addington Symonds, 1840–1893, poète et critique anglais, surtout connu aujourd'hui pour sa défense de l'homosexualité – qui incluait pour lui une pédophilie magnifiée par la reconstruction d'une antiquité idéale – en particulier avec *A Problem in Greek Ethics*, 1883. (n.d.é.)

impose des définitions aussi certaines que possible, *certi fines*[401], à chacun des objets de son chant.

À ne chercher que l'expression du mouvement, il n'est point de théâtre plus actif et plus animé que les paliers circulaires du *Purgatoire*, le long des parois incrustées de sculptures morales, près desquelles résonnent, en stances alternées, sur les lèvres de feu, la plainte des péchés qu'on lave et l'hymne à la vertu que l'on veut acquérir. Médiatrice provisoire établie entre les gradins de la cité dolente et les saintes sphères du ciel, cette belle montagne donne le sentiment d'une vie qui s'accroît et s'éclaire au fur et à mesure qu'on approche de son sommet. Cette partie de l'œuvre, qui reflète notre pèlerinage terrestre, notre état de passants et de voyageurs, réunit tous les caractères d'indécision, de mobilité, de souplesse et de changement qui restent compatibles avec le sérieux de la pensée et les lois supérieures de l'art. Mais l'éternel est l'éternel, et il est trop absurde de reprocher à Dante d'avoir représenté comme fixe la fixité ! Les eaux du port sacré de la Béatitude ne peuvent trembler d'une ride, l'abîme infernal ne peut se rouvrir : le prodige de l'art est d'être parvenu à faire accepter la fiction d'une traversée de l'immobilité divine par les deux pèlerins privilégiés. La régularité scolastique dont on se taille développe et démontre, au point même que l'on discute, la liberté et la souplesse de sa raison.

Mais toute raison fixe. Quand il regrette que Dante n'ait pas éprouvé le « sentiment de l'infini », le critique a montré qu'il était lui-même étranger au sentiment de la perfection. Le poète s'est appliqué à bien définir, comme à bien dessiner, pour bien peindre. Il a considéré à part chaque catégorie, chaque classe et chaque essence d'humanité. Il a eu soin de la distinguer de toutes les autres par une forte enceinte empruntée au métal de sa volonté et de sa pensée, solide airain qui n'en réfléchira que mieux les couleurs et les flammes propres à sa passion. Cette fermeté lumineuse lui permet de tout voir et de tout montrer parce qu'elle range et ordonne tout. La nature, l'histoire et jusqu'à la fable feront leur partie dans ce chœur. L'antinomie du merveilleux chrétien et du merveilleux païen qui troublera Chateaubriand se règle ici sans peine. La synthèse sera complète. Il n'est rien qui n'y trouve place. Mais, à quelque degré d'effervescence, d'inquiétude douloureuse ou voluptueuse, que puissent s'élever des matériaux si généreusement accueillis, les puissances de sentiment devront borner tout leur office à proposer des idées justes et des images vives, capables de servir au dessin architectonique de la raison. Comprenons le chef-d'œuvre de la pensée de Dante : elle a toujours pris toutes les précautions salutaires contre les altières servantes de son art et de son génie : ces grandes créatures qui nous subjuguent par la douceur du charme ou par l'ascendant de la majesté n'échappent jamais à sa loi, elles ne le détourneront jamais de son

---

[401] « Des limites définies », ou, en jouant sur les sens de *finis* en latin, « un territoire délimité ». (n.d.é.)

objet. Une main énergique et sûre les pétrit, comme argile fraîche ou comme cire tiède, selon l'idée souveraine qu'il a délibérée.

Ainsi la réflexion, la volonté plastiques, plus puissantes que tout dans cet homme où tout est si fort, disposent pleinement des facultés qui, chez tout autre, à peine un peu épanouies, se disperseraient. Même elles le préservent de leurs propres excès qui le perdraient en des abstractions trop fluides. Il n'oublie donc pas la matière, nourrice de la vie, élément essentiel des caractéristiques individuelles. Ses têtes d'anges ont un corps. Elles ne flottent pas. Au *Paradis*, autant que dans la *Vie nouvelle*, une musique d'une harmonie ineffable réussit toujours à teinter de sa nuance humaine et tendre les abîmes du monde spirituel le plus pur. C'est encore ce que n'a pas senti, entre bien d'autres choses, le critique anglais. Quoi qu'il ait prétendu, armé de son faux « goût moderne » ou du « sens moral » qui est particulier à son pays, nulle part « l'abstraction » ne « tue » semblable « poésie » ; ce critique barbare, et d'ailleurs bienveillant, ne se plaindrait pas d'y trouver des « allégories glaciales » s'il avait la sagesse de s'en prendre plutôt à ses propres frimas. La géométrie de quelques figures ne les empêche pas de palpiter et de brûler comme de la chair. Pas une généralité que Dante ne colore d'un rayon de peine ou de joie.

Sans nul effort, du reste. C'est son mouvement naturel. Il incarne et vivifie les idées abstraites parce qu'il les aime ou les hait avec force. Parce qu'il les adore humblement ou les maudit avec frénésie, il en fait des dieux, des déesses, des héros et des héroïnes de chair et d'os. Le plus intellectuel de tous les poètes est ainsi le plus émouvant. Quelque ascension qu'il fasse, il emporte toujours dans ses bras, dans son cœur, d'amples souvenirs de la terre, parfumés et brûlants, pour en peupler son mystique ciel : « le Ciel qui est pure lumière, lumière intellectuelle pleine d'amour, amour du vrai bien plein de joie, joie qui passe toute douceur »,

> ... *Il Ciel ch'é pura luce,*
> *Luce inlellectual piena d'amore,*
> *Amor di vero ben pien di letizia,*
> *Letizia che trascende ogni dolzore.*[402]

Lorsque, isolé ainsi sur quelque sommet de vertige, il se trouve entraîné un peu hors de la vue par « la vertu de cette corde qui dirige tout ce qu'elle lance vers un but joyeux », son cri de joie est sauvé de toute fadeur parce qu'il est accompagné de la connaissance lucide, soutenue et nourrie d'une mâle tristesse car le poète emporte un vivant souvenir de tout ce qui subsiste à l'écart des îles heureuses. « Quand tu seras retourné dans le monde et reposé de ta longue route, ressouviens-toi de moi qui suis la Pia... » Cette prière d'une âme du Purgatoire, soupir d'une douleur sereine, résume la peine de Dante, sa *pietà*, calme, un peu amère. Elle le suit au fond

---

[402] *Paradis*, XXX.

de l'éther éclairé par la rose d'amour en flamme. Il y reste assiégé, et comme battu de réminiscences impures. Tout ce qui est humain apparaît vacillant et endolori pour l'homme complet, même heureux. Il connaît à quel prix onéreux tout se gagne et de quels abandons nous sommes déchirés pour le moindre pas en avant :

> *O voi ch'avete gl'intelletti sani...*[403]

Pathétique éternel connu par la philosophie et senti par la poésie. Une haute sagesse informée par la loi générale du sacrifice désabuse toujours le poète divin. S'il sait que son devoir sera d'entretenir la belle illusion nourricière, il est autorisé à n'en pas être dupe, et à voir que la vie facile est tout autre chose que les hautes beautés dont il a l'esprit plein, et vide le cœur. La perfection qu'on n'atteint guère est chose instable et fugitive. Sous le rythme moral, sous la sainte règle du beau qui les contient à peine et les refoule mal, grondent confusément les houles d'un chaos qui souffre. Ni l'effort des cadences ni la coupe dure des lois n'en écarteront le murmure de l'oreille avertie. Ce législateur-né, ce robuste maître de chant, cet artisan d'une harmonie qui rejoint le ciel à la terre, sentait ce qui échappe aux bienfaits de l'incantation, et sa mélancolie légendaire en témoigne. Quand l'homme malheureux, exilé, succombant à la lassitude au seuil de la mort, priait que, pour tout bien, on lui donnât « la paix », faisait-il autre chose que de demander grâce du poids de la plus lourde et de la plus humaine des âmes ?

IV – La vertu de Dante

S'il implora vraiment le repos, Dante fut trompé. La mort n'a pas voulu de lui ; il a légué au sol où ses os allaient se dissoudre une œuvre d'une telle vitalité que six cents ans ne l'épuisent pas, et que son action dure encore. Cette flamme posthume ne se réduit point à la gloire intellectuelle qui lui vaut, plutôt qu'une cour d'admirateurs, une église pieuse, fervente, fidèle. Son livre vit et crée. L'Italie contemporaine se souvient qu'elle doit à la parole de Dante à peu près tout ce qui ne lui est pas venu de la politique de la maison de Savoie. Il aura été l'ouvrier principal des hautes parties de l'âme de son pays, soit en lui apprenant une langue commune, soit en imposant, au moyen du toscan aulique et royal, les idées politiques dont ses efforts de grammairien patriote s'étaient inspirés. Son œuvre, en persistant, engendra un public qui fit une nation. Son autorité historique, son influence de poète, ravivée de nos jours par les innombrables *Sociétés Dante Alighieri*, tramèrent tant de liens mystérieux d'un bout à l'autre de la péninsule, que l'Unité réalisa l'héritage de son désir.

---

[403] « Ô vous qui avez l'intelligence saine, — admirez la doctrine qui se cache — sous le voile des vers étranges ! » (*Enfer* IX.)

Toutefois, le temps est venu, pour le poète des trois Cantiques, d'étendre son service au-delà des montagnes de son pays et de verser à nos Français, déjà durement éprouvés par les suites de l'unification italienne, une sorte d'indemnité philosophique riche de forces et de lumières qu'une saine jeunesse saura bien employer.

Je ne songe pas du tout à prier qu'on nous le révèle. Après Rivarol, Chateaubriand, Brizeux, Ozanam, Lamennais, Moréas et Gebhart, pour citer les morts[404] et, quant aux vivants, après Lucie Faure-Goyau, Pierre de Nolhac, Anatole France, Paul Bourget, Maurice Barrès, Camille Bellaigue, Rodin[405], Pierre Gauthiez, Riccioto Canudo[406] et tant d'autres qui l'ont traduit ou commenté ou dignement honoré au passage, il est permis de le trouver suffisamment connu en France. Toutes ces autorités réunies n'ont pourtant pas encore su faire utiliser d'une façon directe ce poète de l'énergie et de la douceur pour la haute éducation du pays.

Y parviendra-t-on cette fois ?

Des difficultés existantes, les plus sérieuses pourraient devenir des stimulants. Si, par exemple, le commerce de Dante exige une certaine connaissance du XIIIe siècle, il suffirait peut-être de le pratiquer avec goût pour s'initier de plain-pied à tous les principaux caractères de cette époque : la philosophie scolastique, l'héritage des cours d'amour, la chrétienté catholique, les maximes et les rêves de la monarchie universelle nous seraient exposés et surtout expliqués par lui, directement, en grand détail, de la voix distincte et profonde qu'on perçoit toujours dans ses vers. Au lieu des manuels d'écoles, qui n'en donnent que des aperçus décharnés, sa poésie ferait sentir le naturel et la vivacité d'une sublime histoire qu'il est criminel ou fou d'ignorer. Assurément, ces stances lues et relues ne dispenseraient pas le spécialiste de se plonger dans les deux *Sommes*[407], mais elles donneraient au plus grand nombre une idée vive de ce qu'on faisait rue du Fouarre, à ces cours de Sorbonne que Dante a peut-être écoutés. Rien ne remplacerait la lecture directe des poètes de langue d'oc,

---

[404] Je ne parle que des modernes. M. Octave de Barral a résumé pour la *Revue hebdomadaire* un intéressant article de M. Marco Besso dans la *Nuova Antologia*, étudiant, entre autres choses, la fortune et la réputation de Dante de ce côté des Alpes. Christine de Pisan préférait déjà la *Divine Comédie* au *Roman de la Rose*. Marguerite de Navarre, sœur de François Ier, louait Dante et le traduisait dans ses vers. Mais le roi son frère entrait en grand courroux lorsqu'il lisait le vers du Paradis où Hugues Capet se proclame « fils d'un boucher de Paris ». L'abbé Grangier, aumônier d'Henri IV, traduisit avec un vif succès les trois Cantiques. C'est dans cette traduction que Louis XVI, enfermé au Temple, goûta les consolations de la lecture du *Paradis*.

[405] Dans le livre merveilleux que M. Paul Gsell a tiré des entretiens de Rodin sur son art, certains mots échappés au grand sculpteur révèlent une intelligence profonde du génie de Dante et de ce qu'on peut appeler la plastique ou même la statuaire de la *Divine Comédie*. Voir en particulier page 76 (*L'Art*, par Paul Gsell, chez Bernard Grasset, 1912).

[406] Écrivain français de naissance italienne qui a fondé à Paris une « *lectura Dantis* ».

[407] De saint Thomas d'Aquin. (n.d.é.)

mais au lieu des gauches citations parcimonieuses de nos traités, quelques pages de *La Vie nouvelle* sauraient dire aux jeunes esprits ce que fut notre gai savoir, ce qu'il a annoncé et apporté au monde et comment la chanson qui venait de Provence[408] fut grande maîtresse d'amour et fit l'éducation du sentiment de l'Europe entière. Même pour entendre à la lutte du Sacerdoce et de l'Empire il n'y a rien de tel que de jeter les yeux sur les cercles où brûlent les hérésiarques et les simoniaques. Nulle part, l'essentiel de la religion médiévale ne s'exprime aussi clairement. On y goûte aussi la fureur naïve excitée par quelques abus pontificaux dans les jeunes âmes croyantes qui se rendaient mal compte de la nécessité d'un solide état temporel : ces chansons anti-papalines, dont il ne semble pas que l'Église se soit jamais offusquée, ajoutent à la vérité passionnée et vivace de l'ample « Comédie ».

Plus sérieux est l'obstacle qui vient de la langue étrangère. Mais c'est une raison de le surmonter : le beau désir de lire Dante peut être une occasion d'apprendre l'italien ; il est bon qu'un jeune Français, qu'une jeune Française, ignorants ou non du latin, sachent ou puissent déchiffrer une langue romane ; avec le texte original placé bien en vue du français, chacun se rendra vite compte du parallélisme du *si* et de l'*oui*, sans trop grande perte de temps : ce sera un nouveau service rendu à la formation générale si les bords de Seine et de Loire se trouvent une fois de plus aussi rapprochés que la Garonne et que le Rhône

Del bel paese là dove il si suona.[409]

Seule objection qui tienne : l'intelligence littérale est peu de chose, la vraie difficulté étant de pénétrer à la moelle du sens. Dante l'a entouré et chargé d'allusions historiques si particulières, quelquefois tellement incompréhensibles, qu'à moins d'un très vif amour de la poésie, tout public un peu jeune court le risque d'être facilement dérouté. Mais ce dernier barrage entre Dante et la France vient d'être supprimé et, une fois de plus, tourné en avantage grâce à l'intervention pour laquelle il faut demander au lecteur de bien vouloir unir sa reconnaissance à la nôtre.

V – TRADUCTION ET COMMENTAIRE

---

[408] *Purgatoire*, XXVI :
    ... *e lascia dir gli stolti*
    Che quel di Lemosi credon ch'avanzi.
[« Et laisse dire aux sots, qui croient plus grand l'homme du Limousin. » L'homme du Limousin, c'est Guiraud de Borneil, 1175-1220 environ, poète provençal d'origine limousine, défenseur d'une poésie accessible à tous. Dante lui préfère dans ces vers du *Purgatoire* l'art plus compliqué d'Arnaut Daniel, périgourdin. (n.d.é.)]
[409] « Le beau pays où résonne le *si*. » (*Enfer*, XXXIII.) (n.d.é.)

Venue de la Franche-Comté en ligne paternelle, Mme Espinasse-Mongenet est née en Savoie, où la famille de sa mère, après avoir longtemps servi la maison ducale, s'est divisée en branche italienne et branche française lorsque les derniers ducs nous ont abandonné le berceau et les tombeaux de leur dynastie. La Savoie a toujours été terre française. On parle à Chambéry, patrie de Vaugelas, un français d'une pureté délicieuse et qui fit autorité en Europe. Mais la langue toscane était aussi courante parmi ceux que leurs charges faisaient vivre à Turin. Mme Espinasse-Mongenet se trouvait donc si bien placée entre les deux versants de nos lettres latines qu'à dix-huit ans elle pouvait se demander si le livre qu'elle voulait écrire serait italien ou français.[410] Elle savait déjà par cœur les *Canzone* et la *Vita Nuova*, sans parler des cantiques, approfondissait le *Convivio* et lisait aussi bien *Del volgare eloquio* que *De vulgari eloquio*[411] car elle avait eu soin de compléter dans tous les sens sa culture naturelle, qui était la culture classique, sans oublier les lettres grecques, d'où tout descend. Mais c'est autour de Dante que ses préférences s'étaient fixées. Le désir de concevoir avec précision le mieux défini des poètes lui fit compulser une bibliothèque de commentateurs. Il faut donc appeler une bénédiction l'heureux penchant qui fit dériver vers la France, et, si je ne me trompe, jusqu'à la plaine de Toulouse, ce beau et riche *tesoretto*[412] de l'intelligence dantesque.

Aucun ami de Dante ne lira sans d'inexprimables plaisirs la version demi-explicative, demi-littérale, toujours fidèle, claire et vive, que Mme Espinasse-Mongenet a bien voulu se résoudre à écrire enfin. Mille problèmes de détail, jugés

---

[410] C'est heureusement en faveur de la langue française que Mme Espinasse Mongenet s'est prononcée. Elle a publié tout d'abord, sous le pseudonyme de Jean Maus, *À la louange de la Mer et de l'Amour*, puis s'est résolue à signer deux romans, la *Vie finissante* et la *Leçon des jours* ; ce dernier, par la vivacité de ses réticences, forme un contraste parfaitement significatif avec les manifestations courantes du romantisme féminin. Mme Espinasse-Mongenet est aussi l'auteur d'une traduction éloquente du *Mont Cervin* de Guido Rey (avant-propos d'Émile Pouvillon, préface d'E. de Amicis). Enfin nous lui devons l'émouvant récit de la mort subite d'Émile Pouvillon sur un petit chemin des Alpes de Savoie.

[411] Dante a écrit en italien et en latin, langue dans laquelle sont écrits le *De vulgari eloquentia*, le *De Monarchia*, les œuvres mineures rassemblées sous les titres traditionnels d'*Épîtres* et d'*Églogues*, la *Quaestio de aqua et terra*. Sur le titre de l'ouvrage cité par Maurras : il a parfois et depuis longtemps été cité comme *De vulgari eloquio* (« de la langue vulgaire ») mais on s'accorde maintenant plutôt sur le titre *De vulgari eloquentia* (« de l'éloquence en langue vulgaire »). Ce dernier titre correspond mieux au contenu puisqu'il s'agit d'un traité de rhétorique italienne. Profitons-en pour signaler que les manuscrits anciens portent tous le titre *Monarchia* ; *De Monarchia* est une invention arbitraire, mais elle est passée dans l'usage. (n.d.é.)

[412] « Petit trésor » : *tresor* a en italien les mêmes sens qu'en français, y compris celui de trésor de la langue, mais il faut y ajouter celui qui désigne une personne particulièrement érudite, un *puits de science* dirions-nous. (n.d.é.)

presque insolubles et qui avaient vaincu jusqu'ici nos traducteurs, ont été surmontés et tournés comme sans effort. L'inconvénient du décalque est complètement évité. Au moyen d'un très petit nombre d'inversions imperceptibles et très fluides, l'esprit rationnel de notre syntaxe se concilie avec les jeunes libertés d'un langage qui n'avait pas eu le temps de mûrir. À chaque vers italien, la ligne française répond en rivalisant avec lui de concision forte, de beau dessin, de couleur sobre et pure. Ce mot à mot, souvent littéral, n'arrête pas le cours naturel du langage, le vocabulaire français suffit à tout, exception faite pour les deux mots *bolge* et *duca* que l'on s'est énergiquement refusé à traduire autrement que *bolge* et *duc*, nos mots de guide, maître, chef, ne rendant pas mieux le second que fosse, bourse ou bouge le premier. *Mon duc*, on s'y habituera ; quand à *bolge*, on est prévenu.[413]

Dans cette version fière et fidèle de l'*Enfer*, en avant des deux autres cantiques (pour lesquels nous avons une ferme promesse[414], ce n'est pas louer que de faire observer comme l'enchantement provient d'une rencontre de la brièveté et de la transparence. Il suffira de lire pour saluer à leur passage, comme d'heureux joyaux, ce « feu qui triomphait d'un hémisphère de ténèbres »,

Un foco
ch'emisperio di tenebre vincia[415]

ou ces infernales forêts dont « les frondaisons n'étaient point vertes mais de couleur obscure, non de rameaux purs, mais noués et tordus »,

Non frondi verdi, ma di color fosco
Nonramischietti, ma nodoai e involti...[416]

Les bonheurs de détail vérifient la méthode heureuse. En deux langues aussi voisines, la forme française la plus rapprochée de l'italienne, le mot-doublet, ne contient pas toujours un équivalent juste. La fausse parenté des tours impose des erreurs. Il faut que l'esprit réagisse contre l'asservissement de l'oreille, et c'est ce que l'on fait quand on traduit *vince*[417] par *triomphe*, au lieu des dérivés de « vaincre », et *nodosi* par *noués*, plutôt que *noueux*, le participe étant ici plus voisin de l'expression du texte que l'adjectif français correspondant. Ailleurs, *a ben manifestar le cose*

---

[413] Albert Thibaudet a proposé *poche*, comme *poche* géologique. Cela est bien tentant. [Note de *Poésie et Vérité* en 1944 (n.d.é.)]
[414] Le deuxième a paru chez Didot, depuis, Le *Purgatoire* est aussi parfait que l'*Enfer*. [Note de *Poésie et Vérité* en 1944 (n.d.é.)])
[415] *Enfer*, IV. (n.d.é.)
[416] *Enfer*, XIII. (n.d.é.)
[417] On veut aussi que *vincia* signifie plutôt lier, envelopper, *vincire*. C'est à voir. [Note de *Poésie et Vérité* en 1944 (n.d.é.)]

nuove[418] est traduit : « pour bien dépeindre les choses inouïes » ; *qualunque trade in eterno è consunto*[419] devient, en français juste et pur : « quiconque a trahi brûle éternellement » ; *trovammo risonnar quell'acqua tinta*[420] se change en : « nous trouvâmes la chute retentissante de cette eau sombre », si conforme au génie abstrait de notre langue. Au rebours du traître classique, le véritable traducteur opère avec une générosité de héros et, servant passionne du texte qu'il médite, il ne peut le transcrire sans l'avoir repensé. Mais cet effort est peu de chose en comparaison du service qu'il me reste à faire connaître.

Lorsque Clément Marot fit l'édition des poèmes de Villon, les années avaient couru si rapidement que les hommes du commencement du XVIe siècle ne parvenaient déjà plus à se définir l'identité des légataires énumérés dans les *Testaments* ; à plus forte raison la signification des legs devenait-elle obscure, bien que choses et gens ne remontassent qu'à une cinquantaine d'années. Un peu dépité, mais fort sage, l'éditeur écrivait :

> Quant à l'industrie des legs qu'il fait dans ses deux *Testaments*, pour suffisamment la connaître et entendre, il faudrait avoir été de son temps à Paris et avoir connu les lieux, les choses et les hommes dont il parle : la mémoire desquels tant plus se passera, tant moins se connaîtra icelle industrie de ses legs dits. Le reste des œuvres de notre Villon, hors cela, est de tel artifice et tant plein de bonne doctrine et tellement peint de mille belles couleurs que le temps qui tout efface jusqu'ici ne l'a su effacer...

L'épave précieuse ne paraît d'ailleurs point consoler du naufrage le traducteur gascon. Marot sentait déjà ce beau souci de la durée pratique auquel se conforma bientôt tout poète français administrateur de sa gloire et soucieux d'être accompagné d'âge en âge. Dante n'a pas suivi ce principe fondamental de toute haute poésie ; c'est donc tant pis pour lui si l'obscurité de ses allusions le réduit quelquefois à la condition de grand poète de village ou de municipe.[421]

Mais nous espérons de la lecture de Dante des profits qui ne sont pas seulement relatifs, comme pour Villon, à son « artifice » d'éternelle beauté ni à sa « doctrine » d'impérissable sagesse, bien que ce soit là l'essentiel. Le moment de l'heure italienne

---

[418] *Enfer*, XIV. (n.d.é.)
[419] *Enfer*, XI. (n.d.é.)
[420] *Enfer*, XVI. (n.d.é.)
[421] Mistral a procédé moins elliptiquement. C'est qu'il devait révéler à lui-même un peuple qui s'ignore. À l'allusion en forme brève, il a substitué le récit direct et l'exposition. Ce détail de l'histoire provençale que tout Provençal bien appris devrait connaître et ne connaît point, mais que le poète de *Calendal*, par piété, pudeur et honneur, annonce être connu de tous, est raconté par lui de fil en aiguille. Ainsi les héros de nos chartes sont-ils tirés d'entre les morts et pleinement ressuscités.

qu'il a résumé est précieux. Pas plus que les hommes les époques de l'histoire ne connaissent l'égalité. Nous avons intérêt à courir avec Dante les bourgades et les châtelets de Toscane, à vivre la vie florentine, à connaître en journalistes et en chroniqueurs les lieux et les noms illustres dont il est plein. Le sujet de Villon est, au contraire, un pur fatras.[422] Marot avait parfaitement raison d'en prendre texte pour mettre en garde les poètes de son temps : « Qui voudra faire une œuvre de longue durée ne prenne son sujet de telles choses basses et particulières ». Particulière, mais point basse, la matière dantesque eût permis un sublime plus soutenu si le poète l'eût dépouillée davantage ; il est trop vrai qu'elle ralentit et appesantit l'attention ; son mystère touffu trompe toute recherche, quand on est dépourvu de fil conducteur. C'est à nous donner ce guide constant que Mme Espinasse-Mongenet a bien voulu se dévouer.

J'avoue que mes yeux ont été d'abord effrayés par la multitude et la luxuriance des notes à l'encre rouge qui couvraient l'ample manuscrit que l'on m'avait fait l'honneur de me confier, mais chacune d'elles, à peine parcourue, débrouillait de fortes difficultés, m'éclairait mieux ce que je croyais avoir compris tout à fait, ou encore la lumière neuve m'en renouvelait le bon sens. Il fut un jour question de faire disparaître ces notes de bon secours. Qu'il me soit permis de me prévaloir d'avoir fait entendre une protestation efficace. Le commentaire continu, ainsi conduit d'un bout à l'autre du poème, est une œuvre sans prix, et qui vaut par le résultat comme par le labeur qu'elle représente. Pour correspondre à tant d'énigmes rimées, pour suivre l'extraordinaire foison des anecdotes empruntées à la grande et à la petite chronique des vieux peuples établis au bord de l'Arno, voici enfin un nombre égal d'explications rapides et claires, ne laissant rien dans l'ombre et réduisant à peu de chose l'incertitude. Imitée, adaptée des éditions classiques de l'Italie moderne, substance de dix mille volumes de recherche et de docte querelle, cette annotation dispense désormais des opérations étrangères à la voluptueuse intelligence du vers. Le bizarre et puissant poète qui nous apporte au bout de son bras tendu à travers les âges tous les moindres cancans de son siècle et de sa cité, est pieusement soulagé d'une lourde part du fardeau. Nous continuerons à nous enchanter de la densité augurale, de la concision sibylline ; nous ne souffrirons plus de n'en point saisir tout le sens. Plus encore que la confrontation matérielle des deux langages et presque autant que la lucide beauté des transpositions, ces lignes charitables permettront à notre public de ne plus hésiter entre le charme de beautés accessibles à peine voilées et l'ignorance du thème historique. Debout sur les confins du mystère qu'il connaît bien, le gracieux traducteur se fait notre Virgile, et son flambeau unique illumine notre chemin.

---

[422] L'érudition a depuis heureusement progressé et Villon n'est plus aussi obscur. La précision des *Recherches sur le* Testament *de François Villon*, de Jean Dufournet, n'ont par exemple rien à envier aux commentaires sur Dante. (n.d.é.)

Le rayon promené sur les obscurités de l'histoire en ravive aussi les points éclairés. Il s'étend à la poésie. Ce que Dante a reçu de Virgile, de Stace, de Lucain, d'Horace, d'Ovide, ce qui lui vient d'Aristote et d'Homère, ce qu'il a tiré de la Bible[423] et des Pères latins et grecs est indiqué avec une érudition précise et solide, en termes généreux où se révèle une piété reconnaissante qui n'ignore pas que l'admiration véritable veut être exprimée de tout cœur. L'ancienne critique française ne craignait pas d'aimer et de faire aimer la fleur de son enseignement. Mme Espinasse-Mongenet a suivi cette méthode utile et charmante. Elle a pris en outre le soin d'attirer et de solliciter l'attention sur les beautés cachées, les intentions secrètes, les concordances mystérieuses qui se présentent à chaque pas et qui risquent d'échapper dans une lecture rapide. La symbolique de Dante n'est pas plus oubliée que poursuivie à l'excès ; presque toujours le latin diaphane de Benvenuto da Imola en donne un aperçu complété par de précieuses références aux passages du *Convivio*, du *De Monarchia* où Dante, qui excellait au commentaire de ses poèmes, s'explique sans détour, sinon sans subtilité.

---

[423] Nulle part, chez nous, les significations et les concordances chrétiennes de la *Divine Comédie* n'avaient encore été indiquées avec cette abondance et cette précision. L'œuvre d'Ozanam est ainsi rajeunie et complétée. Notre génération n'avait connu à ce point de vue que les leçons, il est vrai, magistrales, de M. l'abbé Couture à l'Institut catholique de Toulouse. On en trouvera la substance aux œuvres posthumes de ce professeur admirable, qui sut être historien et philosophe (*Enseignement*, p. 870–871).

VI – L'INTELLIGENCE DE L'*ENFER*

Les rares qualités de souplesse et de fermeté propres à la version nouvelle pourraient renouveler l'idée que nous nous sommes faite du premier cantique. Si Voltaire n'avait rien compris à l'*Enfer*, les hommes de 1830 le comprirent tout de travers, et le Dante perpétuellement « effaré » de Victor Hugo, réalise, je crois la plénitude du contre-sens. Ce commentaire romantique, écrit, ou dessiné, mis en musique ou mis envers, nous a longtemps gâté, par les pauvretés de son pittoresque vertigineux[424], ce poème écrit et conçu bien au contraire comme un système de pentes graduelles, ménagées sans vaine précipitation, vers des états fixes et clairs. Une harmonie savante, un profond sentiment des correspondances mystiques se dégage de l'économie du lieu douloureux. D'un cercle ou d'une fosse à l'autre, les clameurs, les aveux, les récits de supplices ne cessent pas de souligner les significations morales des enceintes dessinées en lignes de feu ou de sang sur les grisailles de la nuit. Ces fonds détachent toute silhouette souffrante avec une intense énergie, mais sans effet de couleurs brutales, grâce à la molle estompe d'une fumée de deuil qui enveloppe l'atmosphère et le paysage. Cependant le relief des terrains successifs apparaît avec une netteté si parfaite qu'avec l'aide de notre guide, on peut se promener comme en pays de connaissance à travers ce royaume imaginaire de la poésie. C'est mal imiter Farinata que « prendre l'Enfer en mépris ». C'est là que Dante a le mieux construit. Surtout grand musicien dans le *Paradis*, statuaire incomparable dans les bas-reliefs de la montagne du *Purgatoire*, on peut se rendre compte qu'il a été architecte supérieur dans la conception et l'exécution de l'*Enfer*. Sans blasphémer, sans préférer quoi que ce soit à la perle du *Purgatoire*, même en continuant à tenir en affection supérieure la lumière angélique du *Paradis*, il ne sera plus permis de laisser réduire les splendeurs de la tragédie souterraine aux épisodes d'Ugolin et de l'immortelle Françoise, ni au spectacle de quelques tortures ingénieusement raffinées. Mme Espinasse-Mongenet a rendu tout à fait sensibles un très grand nombre d'autres grandes beautés que nous avions eu le tort d'oublier. C'est dans sa version que, pour ma part, je me suis vraiment rendu compte de certaines énumérations d'une telle grâce qu'on en trouverait difficilement de plus douces dans Homère. Elle m'a fait comprendre les magnificences du chant XIII, où gémit l'homme suicidé dont la chair, en ressuscitant, viendra un jour se pendre « à l'arbre de son âme ennemie » ; l'allégorie de la Fortune au VIIIe chant et surtout le finale du XXVIe, cette poignante mort d'Ulysse, sur le vaisseau brisé qui entraîne un monde à l'abîme. J'ai pu aussi prendre une idée beaucoup plus nette du

---

[424] C'est à ce commentaire extravagant qu'il faut attribuer le jugement bizarre porté sur Dante par le solide esprit de Proudhon. (Voir Proudhon, Les *Femmelins. Les grandes figures romantiques*. Introduction d'Henri Lagrange, collection du Cercle Proudhon, et aussi *Revue d'Action française* du 15 février 1912.)

« grotesque » de Dante, et l'apparenter, d'une part, au ton grivois, solennel et fin de Boccace (qui n'est pas loin) et, d'autre part, à la première rusticité locale, celle de l'ancien Latium, qui a gardé, chez ce petit-fils des Romains émigrés jadis à Florence, une extraordinaire saveur d'âpre patois. – Et nulle traduction, jusqu'ici, n'avait été assez maîtresse des ensembles du poème pour en faire aussi bien valoir les hors-d'œuvre ou les ornements latéraux. Par exemple au chant XXIV, quand le poète veut graver dans les mémoires l'éternel recommencement d'un supplice qui consiste à incinérer sans cesse le même corps du même damné, qui se reforme pour retomber en cendre aussitôt, un sursaut de lyrisme fait bondir le récitatif, et le narrateur se met à chanter : « Ainsi, chez les grands sages, on assure – que le phénix meurt et puis renaît – quand de sa cinq centième année il approche. – Herbe ni grain pendant sa vie ne le nourrissent, – mais les seules larmes de l'encens et de l'ammome… »

> *Cosi per li gran savi si confessa*
> *Che la fenice muore e poi rinasce*
> *Quando al cinquecentesimo anno appressa.*
> *Erba ne biada in sua vita non pasce*
> *Ma sol d'incenso lagrima e d'amomo*
> *E nardo e mirra son l'ultime fasce.*

Quel chant vaut celui de ces mots ! Qu'ajouterait une lyre ! Voilà notre imagination élancée jusqu'aux cieux. Ces fusées, ces éclairs, il est vrai, ne se perdent pas inutilement dans la nue, et le mouvement qu'ils engendrent redescend aussitôt pour servir, comme chez tous les grands poètes, à accélérer l'action. Cette action graduelle et régulière attache et suspend de mieux en mieux notre cœur au mouvement glissant, et à la parole alternée des deux voyageurs, dont l'itinéraire ni la pensée ne peut dévier de leur commun objet, précis et immense. Comme leurs prédécesseurs de l'*Énéide*, ils vont sous l'arche des ténèbres

> *… obscuri, sola sub nocte, per umbram.*[425]

Mais le jour le plus clair jaillit de leurs paroles et inonde l'esprit, quand l'esprit se recueille, écoute et entend. Elles traitent sans défaillir de la dignité de la vie et du prix de notre âme selon notre rapport avec un arbitre éternel. La chair et ses terreurs et ses délicatesses sont intéressées durement à chaque sanction infernale, mais l'intelligence est conviée à les comprendre une par une, la volonté à les fuir au nom de l'amour. La géométrie morale et la passion logique de Blaise Pascal ou de Joseph de Maistre ne sauront pas mieux enseigner que la pitié et la justice, la bonté et le

---

[425] *Énéide*, VI, 268 : Énée et la Sibylle pénètrent aux enfers : « Ils s'avançaient seuls, dans l'ombre d'une nuit obscure. » (n.d.é.)

châtiment doivent être conçus comme membres et organes d'une seule même et éternelle Pensée. Les tercets se succèdent dans une pompe grave, avec une « grave douceur »[426] ; un poète questionne, l'autre poète explique, tous deux ont le cœur satisfait. La tristesse dantesque est intérieure au poète : son ouvrage rayonne la paix et la joie. L'homme est triste en raison de toutes les limites opposées aux violences des sens et du cœur par son intelligence, à la fois serve et libre d'une volonté passionnée. Mais parce que son œuvre est faite des trois forces maintenues en état et tendues dans une direction définie, les stances les plus sombres inspirent un amour raisonné de la vie, de ses lois, de leur ordre et de leur bienfait général. Cette œuvre est le témoin comme elle est le produit des combats d'une grande âme qui se surmonte. Sa réussite récompense l'idée juste obéie héroïquement.

La nature du beau poétique et moral, ainsi entendue et traduite, rend l'œuvre de Dante éminemment propice aux années d'apprentissage et de préparation ; ce ne serait donc pas en vain qu'elle serait bien comprise des générations qui s'élèvent. Dante peut guérir plusieurs des défauts de ce jeune siècle et en stimuler les vertus. De ce maître suave et dur, irritable et puissant, les âpretés s'imposeront par un charme fait de raison et d'éloquence, de musique et d'amour. Debout et resserré dans sa longue cape sans plis, tel que l'évoque une iconographie assez véridique, il ne fera point grâce à la mollesse, à la dispersion, au vain rêve, à la fausse sensiblerie : mais le sentiment fort, l'idée vraie, l'image ferme et cohérente, les passions ardemment tenues et menées ou utilisées, toutes les vertus, tous les biens qui le firent frissonner des pieds à la tête, sans faire osciller sa raison ni hésiter son cœur, contribueront à faire entendre qu'il y a des façons de sentir sans faiblir, et que l'excès, l'abus, sont de simples états de dégénérescence morale qui ramènent une âme fort au-dessous de son point de vigueur réelle et d'intensité véritable.

Quand les jeunes lecteurs auront vu ce poète de la volonté et de la raison fondre en larmes comme un enfant, pâmer comme une femme, retomber sur la terre comme un corps mort ou rire de bonheur au rayon des belles étoiles, il leur aura peut-être donné une idée juste des mystères du sentiment, sur lequel ils auront moins de chances d'être abusés par les charlatans de toute origine. À l'utile leçon de vérité anti-romantique, ce Florentin en deuil de son *bel San Giovanni*[427], cet énergique *cittadin della città partita*[428] ajoutera une sérieuse leçon de civisme. Son action posthume a triomphé dans son pays, des partages et des divisions. Puisqu'il

---

[426] « Dans la grave douceur de tes divines rimes... » Jean Moréas, Invocation à Dante, dans *Ériphyle*.
[427] Le baptistère San Giovanni de Florence. (n.d.é.)
[428] *Enfer*, VI : « li cittadin de la città partita » soit « les citoyens de la ville aux partis ». Florence était divisée non seulement entre guelfes et gibelins mais aussi, une fois les gibelins exilés, entre guelfes blancs et guelfes noirs. Dante était un guelfe blanc, il fut exilé après 1302 quand les noirs, soutenus par le pape, gagnèrent. Par réaction, les guelfes blancs, comme Dante, se firent gibelins, ou quasi. (n.d.é.)

s'achemine vers nous et, sans doute, s'assied parmi nous pour un temps durable, n'est-ce pas un bon conseiller que nous ménage le destin ? Il n'aurait plus sujet de gémir son *Ahi serva Italia, di dolore ostello* ![429] Mais des servitudes égales menaçant aujourd'hui de peser sur la Gaule[430], le vieil Italien peut contribuer à nous mettre au courant des cruautés du joug, des douceurs de l'indépendance, de l'affreuse fortune d'un pays démembré ou mal réuni, du pathétique déchirant et presque honteux propre aux aspirations d'une volonté nationale qui en est réduite à se délivrer par de simples chants d'élégie ou de satire. Les Français modernes, dont les pères ont été trop heureux et qui ont besoin d'être avertis de la gravité d'*une épreuve que tout prépare*, ne trouveront nulle part ailleurs d'avertissement plus complet ni aussi pressant. Cette leçon de Dante pourra suffire à leur inspirer de la vigilance. Par ce grand personnage de la plus haute élite humaine d'un beau temps et de tous les temps, ils pourront éprouver par le cœur et les yeux ce qu'est une terre conquise et ce que vaut un noble peuple s'il a eu le malheur de se laisser recouvrir par la barbarie.

---

[429] « Hélas, serve Italie, auberge de douleurs ! ». *Purgatoire*, VI. Citons les deux vers suivants : « Navire sans nocher dans la grande tempête, reine des nations, tu n'es plus qu'un bordel ! » (n.d.é.)

[430] Il sera permis à un Français de 1944 de rappeler que ces avertissements datent de trente ans. [Note de *Poésie et Vérité* en 1944 (n.d.é.)]

Hommage à Jean-Marc Bernard

1921

Ce texte est paru dans la Revue fédéraliste *d'avril 1921.*

HOMMAGE À JEAN-MARC BERNARD

LE POÈTE SAVANT

Sta... heroem vatemque...[431]

Non, cher poète Jacques Reynaud, cela ne peut pas être pour cette fois que je saurai apporter à notre Jean-Marc Bernard une partie, même très faible, de l'hommage que je lui dois. Mais, fût-il un peu vain, le témoignage ne vous manquera point et ce sera, si vous voulez, un simple avis au Passant. Nous le prierons de s'arrêter, de se souvenir et de méditer sur ce tombeau et sur la douleur qu'il recouvre.

Celui qui dort là-dessous a combattu comme les autres, et il a plus souffert. À ses maux, à ceux de la France, il ajouta le sentiment du poids de la destinée générale qui, avant l'heure, avant le fruit, termina son service et brisa sa fonction. Service privilégié d'une fonction hors ligne. Que de belles et justes choses auraient été par lui ! Que de biens impersonnels, bienfaits, bonheurs communs à tout esprit

---

[431] Voltaire raconte, au chapitre III du *Règne de Louis XIV*, que Condé, vainqueur des Impériaux à Nördlingen en 1645, dédia une épitaphe au baron de Mercy, général de ses adversaires qui avait perdu la vie dans les combats : « *Sta viator, heroem calcas.* » Soit : « Arrête-toi voyageur, tu foules les cendres d'un héros. » La formule est aussi connue par une mention de Rousseau qui la critique dans l'*Émile*. On pourrait donc traduire cette épigraphe-épitaphe qu'utilise Maurras par : « Arrête, [tu foules les cendres] d'un héros et d'un devin », *vates* pouvant aussi bien signifier *devin* que *prophète* ou même *maître* de poésie inspirée. Deux choses pourraient expliquer la réminiscence maurrassienne : d'abord, parce que le plus proche de Maurras dans le temps, l'épisode où Homais cherche, à la fin de *Madame Bovary*, à composer une épitaphe à Emma. Ses cogitations aboutissent à *« Sta viator, amabilem conjugem calcas !* », que l'on peut traduire : « Arrête-toi voyageur, tu foules les restes d'une épouse désirable. » La facétie flaubertienne, qui plus est à un point du roman où l'ironie féroce ne peut qu'être évidente au lecteur le moins doué, n'aurait cependant rien de bien pieux pour Jean-Marc Bernard. Mieux vaut rechercher un souvenir qui aura rappelé à Maurras, qui appréciait Voltaire, la citation et l'épitaphe, la lui faisant modifier. Quelle ? sans doute un souvenir, de Virgile, au livre VI de l'*Énéide*, vers 415 : « *virum vatemque* », où *virum* désigne bien un héros, Énée, tandis que *vatem* désigne la Sibylle qui lui sert de guide aux enfers. Le passage est très connu, il a inspiré à Dante le dispositif qui fait de Virgile le conducteur aux Enfers dans la *Comédie*. Maurras veut-il dire que Jean-Marc Bernard est héros et guide ? ou voit-il dans ce poète descendu aux « enfers » un guide pour les héros de la poésie ? les interprétations restent ouvertes.
Les notes sont imputables aux éditeurs.

d'homme vivant, ont été entraînés dans son sacrifice ! L'éclair de cette intelligence, le chant de cette poésie, il n'est pas jusqu'à la barbarie ennemie qui n'en eût profité. Et quel avantage pour notre France !

La France de 1921 a cessé d'être en danger spirituel. À ce qu'il me semble, sa renaissance est immanquable. Mais, avant 1914, couvait aussi un vaste renouveau, médité, voulu, organique, où le meilleur de la raison et de la sensibilité eût donné et régné. Comment dire le tort que s'est fait le monde en le laissant anéantir ! Et comment expliquer que le mouvement auquel nous assistons, plus vigoureux, en un sens, fort et comme nourri de tous les dévouements qui sauvèrent la France, court néanmoins le risque d'être moins sûr et de subir de-ci de-là des ralentissements, des retards, des phases incertaines et tâtonnantes, faute du guide élu et né qui lui eût particulièrement convenu. L'esprit, la réflexion, le beau travail cristallisé de Jean-Marc auraient été très aptes à épargner ces pertes de temps et de forces. Le génie de Jean-Marc avait l'abondance et la pureté. Il avait aussi la science et la lumière. Je plains le critique poète qui, dans une discussion récente, parlait avec légèreté de nos « divers Jean-Marc ». Car celui-ci était unique. Seul, je crois, il eût dignement frayé les voies de la mémoire, de l'expérience, du grand art, au frémissant troupeau qui ne sait que sentir.

Comment eût agi cette direction ? L'enseignement proprement dit regardait plutôt son inséparable compagnon de vie, de mort et de gloire, Raoul Monier.[432] Jean-Marc eût agi par l'exemple, le vivant et clair exemple de très beaux vers où l'âme du poète s'unit passionnément à l'âme de la langue, à l'esprit de la race, au sens de toutes les hautes parties du genre humain. C'est la qualité de la splendeur qui l'eût distingué. Au milieu de jeunes flammes, fort chaudes pour la plupart, mais, les unes tirant un peu trop sur le pâle, les autres tendant à la confusion et aux ténèbres, quel flambeau clair et net eût levé, assuré et nourri de forte substance le Dauphinois ronsardisant et romanisant,

> Comparable à ce feu puissamment soutenu
> Dont vous nous réchauffez, Sagesse et toi, Vertu !

L'induction de notre regret a ceci de sérieux qu'elle repose et fonde sur le caractère d'une œuvre qui, tout inachevée, a réuni déjà les qualités qui la définissent. Par exemple, des vers comme ceux que nous venons de lire présentent, indépendamment de leur éloquence propre, un sens secret pour le connaisseur, qui en salue l'antiquité et la nouveauté très vivaces.

---

[432] Raoul Monier (1879–1916), aîné de deux ans de Jean-Marc Bernard, figure comme lui parmi les 497 écrivains mort au front pendant la Grande Guerre dont les noms sont gravés au Panthéon.

Il faut beaucoup de niaiserie doublée d'autant d'incompétence pour échapper au sentiment de ce que ce distique *Sagesse et toi Vertu* nous montre de jailli, de profond et de frémissant. Il faudrait un parti-pris égal ou supérieur pour méconnaître dans ce même distique une suite naturelle donnée à la plus haute, à la plus longue et à la plus brillante des ondulations de notre poésie, celle qui s'étend de Ronsard à Moréas, par les points culminants, et les noms fameux de Malherbe, Corneille, Racine, La Fontaine et André Chénier.

À quelque endroit que l'on ouvre, d'ailleurs, les « reliques » de Jean-Marc (pourvu que la malignité n'essaye pas d'égarer l'attention sur les inévitables points faibles de la jeunesse et du début), le lecteur averti se rend compte que ce poète écrit et discourt en vers comme dans sa langue naturelle et familière. Il chante, mais son chant porte une parole, une belle parole enchaînée et suivie. C'est ce qui explique que l'extrême facilité et la fluidité puissent s'accorder si exactement avec la fermeté. Nul secret du beau jeu n'aura été inconnu de notre Jean-Marc. Pour le montrer, je ne me lasserai pas de citer comme une image chère, comme une idée qui fait sa preuve sans qu'il soit utile d'aller plus loin, la belle odelette aux fines mesures dont, pour mon compte, je crois bien que personne n'épuisera le charme ni la douceur :

> Tristan, verse dans mon vers
> La légère
> Mousse de ce vin doré...

avec le finale plus grave :

> L'amour brûle encor mon âme
> De sa flamme...

Oui, voilà qui nous tire un peu de ces cris étranglés, formés tant bien que mal en série de propositions grammaticales pauvres de sens, en lesquelles on fit longtemps consister l'essence du poème. Cela nous change aussi des systèmes plus spécieux où l'allusion et l'association règnent seules, couvertes et sauvées par la calligraphie et par l'euphonie, mais tenant lieu de logique et d'évocation. Ni faux parnasse mallarméen, ni bas-fond verlainien ; la véritable et double cime chantée de Sophocle, d'Horace et de Ronsard ! Pour faire rayonner les éclats ou marquer les chutes de l'émotion naturelle et vraie, le digne autel s'élève sur la sainte montagne où la raison et le goût communient dans le même temple. En veut-on une preuve, sinon plus convaincante que les anciennes, au moins nouvelle ? Jean-Marc nous la donnera.

En temps normal, avant la guerre, il passait pour le maître et parfois aussi pour le prêtre d'une fantaisie et d'une sensibilité mesurées par la sagesse et l'intelligence. Mais aussitôt que les circonstances furent exceptionnelles et que le sang, les pleurs, les coups, la mort parlèrent plus haut et plus dur que le commun langage des hommes, quand les freins se brisèrent et que les limites connues s'évanouirent pour nous lancer dans l'atroce, dans l'inouï, dans l'infini d'un charnier de quatre ans, Jean-Marc Bernard trouva intacte à sa portée cette « plus haute corde de la lyre » qui lui permit d'exhaler l'incomparable et sublime *De Profundis*, gémissement de la tranchée qui restera, qui durera comme le vrai sanglot d'une génération de sacrifiés. Il faut comprendre la leçon, telle que le fait nous la donne. Ce cri si naturel n'a pas été poussé par quelque ignorant ne sachant que son âme. La nature des choses a voulu que le mieux préparé au bien dire fut le seul prêt à dire vrai. Tous ont improvisé ; entre les improviseurs également sincères, le plus exercé, le plus noble et le plus savant a reçu le prix, et rien de plus juste :

> Du plus profond de la tranchée
> Nous élevons les mains vers vous,
> Seigneur ! ayez pitié de nous
> Et de notre âme desséchée !
>
> Car plus encor que notre chair,
> Notre âme est lasse et sans courage.
> Sur nous s'est abattu l'orage
> Des eaux, de la flamme et du fer.
>
> Vous nous voyez couverts de boue,
> Déchirés, hâves et rendus...
> Mais nos cœurs, les avez-vous vus ?
> Et faut-il, mon Dieu, qu'on l'avoue ?
>
> Nous sommes si privés d'espoir,
> La paix est toujours si lointaine,
> Que parfois nous savons à peine
> Où se trouve notre devoir.
>
> Éclairez-nous dans ce marasme,
> Réconfortez-nous et chassez
> L'angoisse des cœurs harassés ;
> Ah ! rendez-nous l'enthousiasme !
>
> Mais aux morts qui tous ont été
> Couchés dans la glaise et le sable,
> Donnez le repos ineffable,
> Seigneur ! ils l'ont bien mérité.

Il y a là un petit nombre de belles angoisses qu'André Chénier avait ignorées, la Démocratie révolutionnaire ne lui ayant pas permis le loisir d'y penser. La Révolution germanique (car c'est une révolution sociale qu'introduisaient en France les bandes de Guillaume II), cette autre barbarie mieux tenue en échec en 1914 qu'en 1793, a duré davantage et fait durer la peine de ses victimes qui ont eu tout le temps de souffrir et de réfléchir. Si elle a « eu » Jean-Marc Bernard le 4 juillet 1915[433], ce ne fut pas avant qu'il eût légué aux hommes héritiers la mémorable confidence du désespoir affreux qui le déchirait.

Si les *cinq cent mille jeunes Français alors déjà couchés froids et sanglants sur leur terre mal défendue*[434] ont jamais essayé d'exprimer ce que souffrent leurs mânes flagellés par le vent des nuits glaciales ou sous les purulentes ardeurs des jours d'été, Jean-Marc a arrêté et fixé en leur nom pour l'éternité de notre âme, cette grande voix de colère, de pitié, de réprobation.

Le « grand poème de la guerre », tant souhaité, il est peut-être dans ces quatrains, simples, nus, qui chantent si juste ! Il sied d'en être profondément désolé pour les faiseurs de phrases et les faiseurs de tours, comme pour les fabricants de poèmes palingénésiques, hugolesques ou lamartiniens ; mais, depuis l'échafaud de Thermidor, soit un espace de cinq quarts de siècle, on n'a rien découvert encore qui donnât la sensation, le frisson vrai, direct et fort des sanguinaires abattoirs de la Terreur au même degré que ces Iambes, en très petit nombre, d'un poète grammairien, humaniste, savant, réformateur et maître d'école qui jusque-là s'était contenté de s'ébattre entre Homère et Moschus. Tout Goncourt réuni ne donne pas de tranche de vie et de mort qui vaille à beaucoup près la malédiction :

> Quant au mouton bêlant la sombre boucherie
> Ouvre ses cavernes de mort...

Jean-Marc eut quelque chose de la méthode et du destin du magnanime et beau Chénier. Comme lui, il croyait à l'art, à la langue, à la connaissance des choses et à leur raison. Il jouait, il étudiait, enseignait, raillait et discourait en vers ; déjà ses petits poèmes, sans rien contenir qui annonçât quelque *Aveugle*[435], l'élevaient infiniment au-dessus de la catégorie des poètes mineurs où nos mauvais poètes le voudraient confiner. Il avait établi en lui ce qu'il devrait être permis d'appeler une sorte d'état de grâce intellectuel et esthétique, ce degré supérieur de réceptivité et d'entraînement qui le dévouait au choix de la foudre et au regard du dieu ; c'est

---

[433] D'autres sources indiquent le 5 juillet. Il s'agit peut-être d'une confusion avec Raoul Monier qui devait mourir un an plus tard, le 4 juillet 1916.
[434] Formule utilisée par Maurras avant la guerre, dans *Kiel et Tanger*, et souvent reprise par la suite.
[435] Poème d'André Chénier.

donc lui qui fut requis et désigné quand le besoin de l'âme humaine, les volontés du genre humain exigèrent un cri dans lequel incarner les affres de la planète, mais lancé, mesuré avec assez de force pour franchir les ondes du temps.

Le poète artisan, le poète ignorant, le poète hystérique sont de respectables personnes ; mais pour recevoir et pour rayonner l'émotion douloureuse d'un peuple et d'un continent, le poète savant, dépositaire d'une tradition trois fois millénaire, était aussi le seul qui réunît pour ce grand œuvre la Puissance et la Qualité, la Loi et le Goût.

Ce fut Jean-Marc Bernard. Ce ne fut aucun autre, cher poète Jacques Reynaud. Quel maître certain nous pleurons !

Les Forces latines

1922

I

Dans cette étude sur la fin de l'Empire espagnol d'Amérique[436], notre ami Marius André vient de faire une chose hardie et grande : il a substitué la vérité historique à l'entreprise de sophistication qui a été florissante durant près de cent ans ; il a rendu leur physionomie et leur caractère aux événements de cette vaste et longue révolution ; il a montré que cette révolution ne fut pas menée par l'absolutisme madrilène, mais éclata d'abord au nom du roi Bourbon, aux cris de « vive le roi », contre ce parlementarisme et ce libéralisme qui furent les causes authentiques de la désaffection et de la séparation. Cette révolution, en se prolongeant, devint une guerre civile entre Américains, dans des conditions morales et religieuses dont Marius André fait jaillir des effets de surprise, pour ne pas dire de stupéfaction, à nos yeux d'Européens mal renseignés ou informés tout de travers par la doctrine officielle de la démocratie internationale.

Est-ce une thèse opposée à d'autres thèses ? Non. C'est une rectification superposée à des fictions. Tous les Français lettrés ont entendu parler de ces publiques sommations que Marius André adressait, toutes ces années dernières, aux auteurs ou complices des erreurs en circulation sur le même sujet. Il les a défiés à domicile. Il les a défiés dans les journaux. Il les a défiés jusque chez leur ministre. Il ne s'agissait pas d'élèves, mais de « maîtres ». Marius André ne s'en prenait pas à des compilateurs modestes, mais à des historiens qualifiés. Le principal d'entre eux, accusé d'un nombre incalculable d'erreurs de fait dans un nombre infime de pages, n'a pas pu relever le gant. Le désordre de son esprit est, dit-on, égalé par celui de ses fiches. Il s'en tirera en faisant le gros dos, ou des plaisanteries, ou des appels électoraux, comme jadis M. Aulard sous les accusations de Cochin et de Laurentie. Mais la vérité sera rétablie.

Le vrai vaut par lui-même. Mais il y a des vérités amères et des vérités douces. Il y en a d'utiles, il y en a de dangereuses. Il y en a qu'il faut réserver pour les sages et d'autres qui conviennent à la nourriture de tous. Où donc allons-nous mettre les vérités restituées par Marius André ? Sont-elles pour la huche à pain ou pour l'armoire aux poisons ? Vérités favorables au catholicisme, vérités favorables à l'idée d'organisation, à l'idée de réaction politique, intellectuelle, morale. Quel en sera le retentissement sur les rapports des Latins d'Amérique et des Latins d'Europe ? Seront-elles ou non favorables à la bonne entente du monde latin ? Vont-elles unir

---

[436] Ce texte est la préface donnée par Charles Maurras à Marius André pour son ouvrage *La Fin de l'empire espagnol d'Amérique*, en 1922. Marius André (1868–1927) était proche de l'Action française, où il avait été introduit comme tant d'autres par le biais de Mistral et du Félibrige. Son intérêt pour les questions espagnoles et sud-américaines était bien documenté, puisqu'il fut diplomate à Madrid.
Les notes sont imputables aux éditeurs.

ou accentuer les séparations ? Pour juger de la portée de cette Histoire d'une Libération qui sera en elle-même libératrice de tant de préjugés reculons un peu, je vous prie. Le 12 juillet, les représentants des peuples latins ont érigé dans le jardin du Palais-Royal le monument du sculpteur Magron au Génie de leur race et de leur esprit foot-note Il existe en effet une statue au Génie latin par le sculpteur Jean Magron dans les jardins du Palais-Royal. Ce n'est pas la première des cérémonies de ce genre, d'autres sont en préparation et elles se multiplieront. Le voyage d'un général français victorieux à travers l'Amérique latine a resserré les liens, précisé et stimulé les affinités ; les résultats acquis par la mission Mangin en feront naître d'autres, il se fondera des sociétés et des groupes pour y veiller, des revues rédigées à Paris s'occuperont de gérer le profond intérêt commun.

Bientôt tous ceux qui parlent français, au Canada, en Belgique, en Suisse, dans nos colonies, se sentiront appelés et mobilisés pour cet effort général d'association à nos frères de langue et d'intelligence. Que cet effort soit puissant et qu'il dure, c'est le vœu de tous. Mais pour qu'il soit heureux, il faut lui souhaiter encore une direction conforme à cet ordre des choses où sont inscrites à l'avance les conditions de tout succès.

Le succès, qui a beaucoup tardé, est loin d'être obtenu. Bien des causes l'ont arrêté ou ralenti. Pour n'en citer que deux, l'énorme obstacle matériel de la puissance allemande, l'énorme préjugé intellectuel de la primauté germanique étaient faits pour briser beaucoup de bonnes volontés. La défaite allemande, la faillite morale de l'esprit germain diminuent cette difficulté. Sans la croire abolie, nous pouvons constater qu'elle est bien moindre qu'autrefois.

Soit pour nouer des alliances, soit pour s'accroître eux-mêmes, nos divers peuples doivent sentir que la voie est moins encombrée. Jamais peut-être la partie n'aura été plus belle pour ces antiques civilisations toujours jeunes et vivaces qui occupent la magnifique portion de la planète qu'un grand poète appelle « l'empire du soleil ».

Mais dans l'ode vibrante qu'il avait adressée à la race latine, ce noble Mistral[437] lui disait :

---

[437] Mistral, *À la raço latino, II* :
    Ton sang illustre, de toutes parts,
    A ruisselé pour la justice ;
    Au loin, tes navigateurs
    Sont allés découvrir un monde nouveau.
    Au battement de ta pensée
    Tu as brisé cent fois tes rois.
    Ah, si tu n'étais pas divisée,
    Qui pourrait, aujourd'hui, te dicter des lois ?
    Allumant ton flambeau

*Si tu n'étais pas divisée
Qui pourrait te faire la loi ?*

Oui, toutes nos faiblesses résultent de nos divisions, la vérité a été vue du poète sacré, et l'histoire récente confirme ses divinations. On peut les compléter et dire que nos divisions expliquent également ce qu'il y eut d'incomplet, de 1914 à 1919, dans notre guerre et dans notre paix. Si notre victoire a été digne du nom romain, on n'en peut dire autant des traités qui l'ont précédée et suivie. La guerre aurait dû faire l'union complète de la latinité, puisqu'elle avait été imposée par l'ambitieuse agression de la barbarie. France, Belgique, Italie, Roumanie, Portugal et beaucoup de leurs sœurs d'Amérique ont fait cause commune. Mais la liste comporte des lacunes. Ces lacunes sont douloureuses. Nous n'avons pas eu avec nous le grand peuple que Mistral appelait « l'Espagne magnanime ». Beaucoup de ses enfants, surtout catalans, sont venus librement s'enrôler sous le drapeau de Rome et de Paris, sa noble langue a été représentée auprès de nous par les États nés de son sang et de son cerveau ; mais, officiellement, elle est restée neutre, et beaucoup trop souvent son esprit et son cœur ont vibré d'accord avec l'ennemi. Ni je ne m'étonne, ni je ne m'irrite, ni je ne me plains, cela serait trois fois indigne d'une philosophie politique. Je constate un hiatus au sein d'une belle cadence. Cet hiatus aurait pu être évité.

Ne disons pas que les peuples suivent plutôt que le sentiment l'intérêt. Car, justement, pour débattre leurs intérêts, les peuples animés d'une certaine communauté d'esprit se comprennent plus facilement que les autres, et c'est un principe d'union. Que nos amis espagnols nous le pardonnent donc, comme à des frères de civilisation et d'éducation : nous aspirons à faire disparaître nos dissidences et à remplacer la défiance par l'amitié. Mais le problème pour être bien saisi doit être posé largement. Supposons qu'il soit résolu : ne parlons pas Espagne, ni Amérique, ni France. Parlons du monde latin comme d'un même corps à organiser. Pour les poètes, l'idée d'un tel monde évoque essentiellement la communauté du sang :

Oui, c'est au sang latin la couleur la plus belle.

À l'étincelle des étoiles,
Tu as, dans le marbre et sur la toile,
Incarné la suprême beauté.
Tu es la patrie de l'art divin,
Et toute grâce vient de toi :
Tu es la source de l'allégresse,
Tu es l'éternelle jeunesse !

Mais l'auteur de ce cri d'enthousiasme, Jean Moréas[438], était lui-même un Grec. Sa secrète pensée devait faire allusion à toute autre chose que l'héritage physiologique de la race, Moréas songeait à l'antique patrimoine spirituel hérité de Rome et par Rome d'Athènes. Ce beau souci n'est pas d'hier. Le moyen âge en fut pénétré. Dans toutes ses élites scientifiques, politiques, morales, la latinité était tellement consciente et prédominante, que le César germanique lui-même, revendiquait un titre de César romain. La réforme religieuse du XVIe siècle arrêta toute évolution en ce sens. Du moment que l'Europe était coupée en deux par Luther, il fallait renoncer au magnifique rêve de prolonger l'esprit romain aux frontières du genre humain.

Cependant, chez un certain nombre de peuples modernes, cette tendance à rétablir la paix romaine universelle ne cessa point. Elle se transforma, elle devint l'aspiration à la vie commune de ceux qui avaient un esprit commun. Cela s'accuse très clairement au XVIIe siècle et au XVIIIe siècle ; après des guerres longues et dures entre Espagnols et Français, le traité des Pyrénées et le traité d'Utrecht inclinent à la vieille fraternité unificatrice. Plus tard, quand un grand Français dont la mémoire est insuffisamment honorée, le comte de Choiseul, conçoit et réalise « un pacte de famille » entre les divers princes de la Maison de Bourbon qui régnaient en France, en Italie, en Espagne et sur l'Amérique, son œil pénétrant, son adroite main conspirent à fonder et à préparer un avenir qui eût été aussi raisonnable et bienfaisant qu'il apparaissait possible et réalisable. Cette amitié et cette parenté des trônes exprimait, favorisait, développait l'amitié et la ressemblance des peuples. La Révolution qu'on appelle française aura brisé cette espérance.

Malgré tout, l'idée survivait. Napoléon la recueillit et l'adopta, mais il passa comme un météore. Les moyens qu'il avait employés n'étaient pas sûrs et ne furent pas heureux : en 1809, l'Espagne repoussa l'amitié française qu'il offrait à coups de canon. Mais, en 1823, une autre intervention française ne fut pas repoussée ; c'est qu'elle était amie, le drapeau blanc de notre roi Louis XVIII apportait à l'Espagne un appui pour ses rois légitimes. Dans le même sens, quoique d'autre manière, les unions contractées entre la Maison d'Orléans et les Bourbons de Madrid auraient pu être fructueuses si nos révolutionnaires n'avaient pas renversé Louis-Philippe quelques mois après la célébration des « mariages espagnols ». Comme on le voit, ce n'est pas seulement pendant la dernière guerre que l'esprit révolutionnaire a desservi la cause de l'amitié franco-espagnole. Ne croyons pas que les germes en soient détruits. Le prétendant actuel à la succession légitime du trône de France, Philippe d'Orléans, est, comme Louis XIV, le fils d'une princesse espagnole, sa propre sœur a épousé un Infant d'Espagne, leurs relations, leurs intérêts, leurs cousinages sont nombreux entre Séville et Madrid. Cela pourrait servir un jour. Ceux qui croient que la restauration monarchique n'a aucune chance à Paris, jugent, tout

---

[438] Dans *Poèmes et Sylves*, 1907.

naturellement, ce point de vue négligeable. Je n'en discute pas ; je dis qu'entre la France et les pays de langue espagnole la Restauration monarchique, si elle se faisait, serait un trait d'union, ce qui ne peut pas se nier.

Du côté de l'Italie, la révolution et Bonaparte avaient offert leur amitié en termes plus courtois et plus conciliants, il en fut gardé un souvenir favorable et profond. Pendant tout le cours du dernier siècle, des influences très diverses jouèrent de l'autre côté des Alpes. Si, de 1860 à 1870, il y eut beaucoup de Français parmi les compagnons de Garibaldi, il y en eut plus encore dans les zouaves pontificaux. La Papauté était donc un lien, la Charbonnerie en était un autre, celle-ci jouant en faveur de l'unité de l'Italie, celle-là pour la défense du pouvoir temporel. Néanmoins, en 1914 et 1915, les deux tendances ennemies qui divisaient Italie et France autour du Quirinal et du Vatican se trouvèrent réunies autour de M. l'Ambassadeur Barrère[439] pour repousser l'envahisseur de la Belgique et de la France ; les quelques cléricaux et les quelques révolutionnaires qui se prononcèrent pour l'Allemagne furent noyés dans le prodigieux mouvement d'amitié franco-latine où la Maison royale de Savoie et le peuple italien renouvelaient leur ancien accord. D'où est venue la division ? Du programme démocratique international des Anglo-Saxons.

Ces graves dissidences n'effaceront pas l'essentiel de l'union durable. Mais, dès lors, l'union se resserrera dans la mesure où s'accentueront et se préciseront tant à Paris qu'à Rome les tendances réactionnaires et le mouvement patriotique. Au contraire, l'orientation anarchique et cosmopolite éloignerait les deux pays l'un de l'autre et Berlin les ferait se battre à son profit.

Ainsi l'avenir de l'Union latine dépendrait du progrès de l'ordre dans chacun des pays latins : l'ordre est un caractère de la patrie commune, puisqu'il est la patrie de nos intelligences qui ne peuvent concevoir de progrès désordonnés.

---

[439] Camille Barrère (1851–1940), ambassadeur de France près le Quirinal de 1897 à 1924. Il était un symbole de la volonté de la IIIe République de modifier son personnel diplomatique en l'ouvrant à d'autres qu'aristocrates ou très grands bourgeois. Communard, commençant sa carrière à gauche, il finira démis de ses fonctions, en 1924, par Herriot qui le trouve trop droitier et proche de Poincaré. Certaines de ses vues sont dans les années 30 singulièrement proches de celles de Maurras, y compris un certain mépris pour le régime qu'il estime incapable de produire des hommes d'État.

II

Cette affirmation devra étonner quelques personnes avancées en âge parce que dans le milieu du XIXe siècle, les promoteurs de l'union latine appartenaient plutôt aux partis révolutionnaires. Mazzini et Victor Hugo en sont des exemples certains. Mais c'est en cela, précisément, que réside le paradoxe. L'historien philosophe admirera un jour que tant d'orateurs et de poètes italiens, français, espagnols, wallons même aient pu confondre avec le génie de leur race ce qui y était le plus directement opposé : on ne comprendra pas sans peine que tant de Latins passionnés, quelques-uns éminents, aient pu renier, au nom du latinisme, l'essentiel du legs commun aux Latins.

Comment se fait-il, par exemple, que latinisme ou latinité aient été si longtemps donnés pour les synonymes d'anti-catholicisme, autrement dit d'admiration du protestantisme ? Peuples latins, peuples catholiques, dit l'histoire, exception faite pour la lointaine Roumanie. Qu'est-ce qui a opté pour Léon X contre Luther ? Est-ce la Saxe, est-ce le Brandebourg, est-ce l'Angleterre ? Non : les peuples latins. Comment la Belgique, en partie néerlandaise, s'est-elle séparée de la Hollande pour affirmer son âme, sa foi et sa nationalité ? Par sa fidélité au catholicisme. Où la Réforme a-t-elle réussi à fond dès le premier jour ? En des pays germaniques et anglo-saxons. Les peuples latins sont ceux où la Renaissance a réussi, où la Réforme a échoué. Le Danube et le Rhin sont fiers de montrer de nombreuses populations catholiques, mais Rome avait colonisé puissamment ces régions. L'âme de la Germanie est tournée autre part : le pape Pie X dut renoncer à publier son encyclique contre Luther parmi ses fidèles de langue et de nationalité allemandes. C'est un fait significatif.

C'est à ce point de vue de fait que je me place pour demander par quelle abstraction monstrueuse on peut dissocier l'histoire des Latins d'avec l'histoire de l'organisation religieuse née sous l'enseigne de Rome et qu'ils ont si fidèlement défendue contre les infiltrations et les assauts étrangers. La race n'est pas la religion, la religion n'est pas la race, mais ces deux termes sont souvent unis. Le fait est qu'en terre latine des dizaines de millions d'hommes et de femmes communient sous une seule espèce, se confessent, entendent la messe et chantent les vêpres dans une langue antique et savante dont toutes nos langues diverses sont petites-filles ou petites-nièces. Ces multitudes croient au Purgatoire, à la Communion des Saints, aux Indulgences, à la primauté du Pape de Rome, à la Vierge Marie. Et ce culte de la Madone, cette piété pour Notre-Dame est l'âme de leur âme et le cœur de leur cœur. Il n'est pas facile d'aller leur dire : « Nous vous aimons beaucoup, nous sommes vos frères de sang et de race, mais nous avons l'horreur de ce qu'il y a de plus délicat et de plus profond dans votre vie supérieure, vos croyances, vos rites, votre sensibilité, votre religion ! »

On a essayé de dire cela à l'Espagne, et on a échoué. Et, ma foi, si l'échec n'avait été trop malheureux dans ses conséquences immédiates, il faudrait pouvoir oser dire pour l'honneur de la logique et du bon sens que c'était bien fait.

Toute tentative d'unité latine qui comportera la haine ou le dédain de l'esprit catholique est condamnée au même insuccès naturel.

J'en parle avec d'autant plus de liberté que je n'ai ni l'honneur, ni le bonheur de compter parmi les croyants au catholicisme. Mais indépendamment de la foi, rien ne peut faire que nous ne soyons pas nés catholiques. Nos habitudes spirituelles et morales ont été contractées entre le baptistère, la Sainte Table et l'autel catholique. Cela peut varier d'homme à homme ou de village à village ; mais à prendre la grande moyenne de nos populations, nous sommes faits ainsi et pas autrement, cela ne dépend de personne, pas même de nous.

Cette structure nous rend inférieurs, dit-on. À quel point de vue ? Commercial, industriel ? Regardez l'Argentine, regardez la Belgique. Au point de vue militaire ? Regardez la France et ses généraux victorieux, la plupart élèves des Jésuites. Au point de vue artistique ? littéraire ? scientifique ? Laissons ces enfantillages, revenons au fait, le fait est que, en tenant compte de toutes les différences et de toutes les nuances, l'Occident religieux se distribue entre les peuples qui se sont séparés de Rome au XVIe siècle et ceux qui lui sont restés fidèles. La fidélité à cette tradition fut le partage des Latins. Qu'elle cesse, ils perdront l'un de leurs caractères, un caractère sur lequel peut être assise leur union.

Ce caractère peut constituer un grand avantage. Du moment que le catholicisme a gardé pour organe rituel notre commune langue-mère, il nous suffit de l'employer en l'accentuant de façon convenable pour nous reconnaître et nous pénétrer malgré les différences du dialecte de chacun. En outre, nos populations les plus diverses de langage et de mœurs suivent des chefs spirituels qui conservent l'emploi courant de ces signes de leur communauté première. Leurs évêques et leurs prêtres possèdent ainsi un moyen naturel de communication. Cela est grandement à apprécier quand il s'agit de confédérer ou de fédérer des nations ! L'on peut être plus ou moins fort latiniste en pays non catholique, c'est une question de savoir personnel, mais que dans la catholicité le latin soit resté la langue vivante, usuelle, des chants liturgiques, de la prière, d'une partie de l'enseignement, voilà pour nos pays un moyen permanent de compréhension réciproque ; leur *ito*, leur *espéranto*, n'est plus à créer.

Et cette vieille langue commune à des multitudes croyantes est mise au service des affinités de l'esprit : elle charrie naturellement la littérature, la philosophie, des idées et des doctrines dont les traits communs peuvent devenir apparents et aimés. Large patrimoine indivis sur lequel l'homme rejoignant l'homme, comme le chœur athénien dans Sophocle, le salue aisément par ses attributs les plus généraux.

Supprimez le catholicisme, comme le veulent de singuliers amateurs de latinité, vous désorganisez et vous décomposez cet agent de profonde et rapide intelligence. Au bout de quelques générations, ses semences d'union et de fraternité universelle auront fait place à un esprit de dissidence stimulé par des forces centrifuges que rien ne compenserait. Tranchons le mot : le catholicisme est idéalement et moralement organisé, la latinité ne l'est pas. Le catholicisme est formé, la latinité ne l'est pas encore ou elle ne l'est plus. Pour vivre ou revivre elle peut bénéficier de cette organisation, elle ne peut la suppléer. Ce que perd le catholicisme, elle le perd donc. Telle est la vérité pratique. Je convie tout esprit politique et toute âme vraiment humaine à y réfléchir. Ne nous détruisons pas nous-mêmes, ne détruisons pas le véhicule des forces qui nous rassemblent, c'est la première des conditions de notre progrès.

Je n'invente pas ce conseil. Il est implicitement contenu dans la doctrine du plus grand philosophe que le monde latin ait produit depuis Descartes. Issu du Languedoc français, aussi séparé que possible, par la pensée, de la métaphysique et de la théologie catholique, Auguste Comte avait recherché l'alliance des Jésuites de Rome. Il la voulait, certes, très chimériquement, pour sa doctrine. Mais il la voulait aussi contre une anarchie et une barbarie dont il pressentait les assauts sans en avoir prévu, ni la violence, ni l'étendue, ni la durée. Tout ce que ce grand agnostique a dit en ce sens de la nécessité de s'unir à la papauté contre le désordre universel est encore plus vrai aujourd'hui qu'au temps où il le disait. Mais ses contemporains étaient enfoncés dans le préjugé contraire ; l'amour et le respect de la Réforme luthérienne étaient considérés comme le premier signe de la liberté de l'esprit chez les philosophes latins.

III

Un autre signe de liberté était à la mode : c'était la passion des idées révolutionnaires. Mistral, si supérieur en politique à toute son époque, fait une concession à l'esprit du temps, dans son *Ode* fameuse[440] à l'endroit ou la race latine est complimentée d'avoir « cent fois renversé ses rois ». Cela peut s'entendre de rois étrangers, comme les Césars d'Allemagne. Mais cela peut s'appliquer aussi à des rois indigènes, à des rois nationaux, tels que nos rois de France qui n'eurent d'autre objet que le bonheur des peuples, la paix et l'indépendance des hommes, comme le montre l'exemple de l'un des derniers, le malheureux Louis XVI, qui s'endetta et se compromit pour émanciper l'Amérique du Nord.

Je ne viens pas prêcher la monarchie à l'Amérique... Monarchie, République, ne sont que des moyens, comme la liberté ou l'autorité. Chacun vaut ce qu'il vaut pour donner aux peuples l'ordre, le progrès, la justice, la prospérité et la paix. Il y a des pays où la république est une nécessité nationale. Il y en a d'autres où, comme l'a observé notre Renan, ce mot est synonyme « d'un certain développement

---

[440] Voir *supra* note 12.

démocratique malsain » et y signifie un encouragement, une excitation à l'anarchie. Dans ces derniers pays la monarchie est autochtone. Elle y a longtemps assuré la sécurité, la force, l'influence et l'honneur. C'est le cas de la France, où l'esprit de la Révolution dite française a été importé ; il vint de Suisse avec Rousseau, de Londres avec Montesquieu, de Prusse avec Mirabeau, il provint plus profondément de l'influence trouble développée depuis le XVIe siècle par l'esprit politique de la Réforme.

Ces remarques d'histoire recueillies ou bien suscitées par Auguste Comte, étaient assez ignorées en France il y a vingt ans. Depuis, elles ont fait du chemin et elles continuent : elles se répandent par l'effet naturel de la vérité qu'elles manifestent et aussi par leur vertu d'explication lumineuse ; ce qui était inintelligible est devenu clair, elles résolvent des questions qui restaient sans réponse tant que l'esprit révolutionnaire a tenu le haut du pavé.

Par exemple, quand on enseignait que les idées révolutionnaires sont essentiellement des idées françaises ou des idées « latines », toute l'histoire des Latins devenait un impénétrable mystère : comment les époques de la plus grande prospérité politique, intellectuelle et morale de la France, de l'Espagne, du Portugal, de l'Italie, n'ont-elles pas connu ces idées ou les ont-elles combattues avec vivacité ? Comment ne les trouve-t-on point dans l'héritage gréco-romain ? L'esprit politique des républiques de l'antiquité était profondément aristocratique, cela n'est plus discuté loyalement depuis Fustel de Coulanges. Outre son langage et sa religion, Rome nous a légué, avec sa logique et sa morale, l'idée de domination civilisatrice :

> *Tu regere imperio populos, Romane, memento.*
> *Hae tibi erunt artes, pacisque imponere morem ;*
> *Parcere subjectis, et debellare superbos.*[441]

---

[441] C'est la fin du discours d'Anchise aux enfers, au livre VI de l'*Énéide*. Vers très célèbres, ils sont généralement lus comme une opposition du génie grec et du génie romain :
> *Excudent alii spirantia mollius aera,*
> *credo equidem, uiuos ducent de marmore uoltus,*
> *orabunt causas melius, caelique*
> *meatus describent radio, et surgentia sidera dicent :*
> *tu regere imperio populos, Romane, memento ;*
> *hae tibi erunt artes ; pacisque imponere morem,*
> *parcere subiectis, et debellare superbos.*

Soit :
> D'autres façonneront des bronzes animés d'un souffle plus doux, ils tireront du marbre, je le crois du moins, des visages vivants, plaideront mieux dans les procès, décriront avec leur baguette les mouvements célestes, et prédiront l'apparition des astres ; toi, Romain, souviens-toi de gouverner les nations sous ta loi, — ce seront tes arts à toi —, et d'imposer des règles à la paix : de ménager les vaincus et de faire la guerre aux superbes.

Voilà le legs romain. Mais notre mère Rome ne nous a pas légué l'anarchisme, ni l'individualisme libéral, son « sosie ». Le moyen âge a exalté et pratiqué magnifiquement les idées de hiérarchie et de subordination. Même son amour courtois était fondé sur les principes de fidélité, d'hommage, de service.

La Renaissance et ses héros portèrent au comble le sentiment d'inégalité entre les vivants. Individualisme ? Si l'on veut, mais à la portée du plus petit nombre. Donc restreint à quelques-uns. Donc nullement général. Donc mal nommé : les finales *-isme*, *-iste* impliquent l'universel. La Renaissance dit : *souveraine liberté*, mais de quelques individus dans lequel est réputé vivre le genre humain ! *Humanum paucis vivit genus*[442], avait lui-même professé le stoïcisme latin, ce père putatif du Kantisme. L'idée contradictoire de la royauté de tout le monde, l'utopie mensongère qui dit à chaque homme : « tu es le Prince, autrement dit le premier de tous » et qui, dès lors, le met en lutte fatale avec tous ses semblables, ces rêves faux et sanguinaires sont étrangers à la Renaissance gréco-latine. Des seigneuries et des monarchies soutenues par de fortes libertés privées, des royautés dotées de *fueros*[443], créèrent, défendirent, enrichirent, élevèrent au-dessus des autres et d'eux-mêmes les peuples de l'Italie, de l'Espagne et de la France. Depuis, nulle assemblée élue, nul régime électif ne les a fait accéder à des hauteurs comparables. Leurs grands siècles sont ceux des grands papes et des grands rois : Léon X, Louis XIV. Leur décadence fut commencée ou précipitée dans la mesure où les idées révolutionnaires s'emparèrent de leur esprit public ou de leur gouvernement.

Pour des causes historiques et géographiques, l'Angleterre de Cromwell et du Covenant a trouvé le moyen de vivre et de durer en composant avec l'anarchie religieuse et le parlementarisme : quel est le peuple latin qui s'est bien trouvé du relativisme, de la révolution, du gouvernement des partis ? Deux grands règnes : Léopold Ier, Léopold II, ont organisé et fortifié la Belgique, l'initiative du roi Albert l'a sauvée.

L'Italie, le plus révolutionnaire en apparence des peuples latins (mais qui se montre violemment réactionnaire aujourd'hui), notre vieille mère italienne eut besoin d'une dynastie, fort ancienne en Europe, pour achever le grand œuvre de son unité.

Avant la Révolution, la France balançait l'Angleterre sur toutes les mers. Il y a cent trente ans qu'elle a dû lui céder le pas, en attendant de tomber au dernier rang

---

[442] « C'est grâce à peu d'hommes que l'humanité vit » ; aphorisme mis par Lucain dans la bouche de Jules César.

[443] En français le *for* — le mot est issu de *forum* —, primitivement tribunal nommé d'après le lieu où il siège, et, spécialement en Espagne, les coutumes et libertés qui président au droit rendu dans un pays. L'ensemble de ces coutumes issues de pactes anciens entre les communautés locales et le pouvoir royal a été officiellement abrogé au XVIIIe siècle. Politiquement, la récupération des coutumes forales dans le cadre des régions est liée au carlisme dont c'est une revendication importante.

des puissances maritimes. Sur le continent, les longues guerres déclarées par les Républicains de 1792 l'avaient épuisée au XIXe siècle. Une guerre moins longue, mais plus cruelle, lui a été imposée au XXe siècle par l'insuffisance de son organisation militaire, fille de la démocratie. La prospérité moderne de sa rivale allemande date de la Révolution et de l'Empire français, qui y ont contribué avec une cécité et une anarchie constantes. De nos jours, les partis radicaux et révolutionnaires français, responsables de l'impréparation politique, sont les mêmes qui, ayant failli faire perdre la guerre, ont pu faire avorter la paix.

Semblablement, la République de 1873 faillit mettre l'Espagne au tombeau : elle a été sauvée par des énergies qui n'ont pas reculé devant la restauration à main armée du trône d'Alphonse XII ; mais l'importation anglaise du régime parlementaire lui vaut-elle beaucoup de force et beaucoup de bonheur ? L'histoire des révolutions portugaises poserait la même question.

Nulle part les erreurs de la démocratie révolutionnaire n'ont plus complètement échoué que dans l'Europe latine. C'est peut-être qu'elles y sont un produit germanique, n'y représentant rien de naturel, de spontané, d'indigène. C'est peut-être aussi que nos populations sont trop sensibles à la parole des tribuns qui les agitent et les bouleversent : les institutions d'un peuple ne doivent pas correspondre uniquement à ses défauts, mais les équilibrer par la discipline de ses vertus.

Pour cette raison ou pour d'autres, il est certain que la démocratie plébiscitaire ou parlementaire, armée ou civile, n'a pas fait mieux chez nous qu'à l'époque où les légions romaines fabriquaient par leur vote des empereurs. Le fond intelligent, bon et fort, de nos races réagit naturellement tant qu'il peut contre ce vice de l'État. Mais les résultats demeurent inférieurs à l'effort. La majeure partie de cet effort est dilapidée et perdue pour balancer le déficit d'institutions étrangères et pour les corriger tant bien que mal. Voilà pourquoi, depuis vingt ans, tant de Français et aussi d'Italiens, de Belges, de Suisses romands, rêvent pour leur pays ce que rêvait Jules Lemaitre pour la France : des institutions qui, au, lieu de corrompre les individus, viennent au secours de leur faiblesse. Voilà pourquoi tant de Latins souhaitent, les uns une monarchie moins sujette des parlements, les autres la suppression du régime républicain. Voilà pourquoi, en 1889, le dernier grand sursaut populaire français gronda contre le parlementarisme, et pourquoi l'Italie de 1915, ambitieuse de son destin, s'est tournée vers son Roi pour le réaliser. Cela se comprendra peu à peu et de mieux en mieux, dès que cela sera bien expliqué. Par des études comme celles de Marius André, le sens critique et l'intelligence font leur œuvre de rectification, les vérités essentielles se dessinent dans les esprits. C'est quand elles seront claires pour tous, que le monde latin, rendu à lui-même, reprendra au milieu des peuples sa fonction.

Déjà sa décadence est arrêtée parce qu'il a pris conscience du piège et du péril : l'anti-catholicisme détruirait la matrice de son unité future, les idées révolutionnaires menaceraient de dissociation intérieure chacune des nations qui le composent. Il se demande : au profit de qui ? Et il le voit bien !

Vingt ans avant la guerre, les Français qui me faisaient l'honneur de me lire connaissaient l'axiome que « la révolution vient d'Allemagne ». En divisant la France par le régime des partis, en faisant échouer la Restauration monarchique entre 1871 et 1875, Bismarck nous avait voués à cinquante ans de piétinement, d'inertie et de querelles : en nous imposant la manie anticatholique, le même Bismarck nous séparait moralement de nos frères de race ou de culture, les Espagnols, les Canadiens, les Belges, et même de cousins brouillés avec qui nous aurions pu nous entendre, comme les Autrichiens, les Hongrois et certains Allemands du sud. Guillaume II suivit la politique de Bismarck : il restaura chez lui la paix religieuse et la concorde économique ; les agents de la révolution religieuse et sociale devinrent ses émissaires au dehors, il exporta le désordre des élèves de Marx et des disciples de Luther. Au congrès d'Amsterdam, en 1904, Bebel faisait l'apologie de la monarchie pour l'Allemagne ; en 1914, Muler, Legien, Sudekum étaient les messagers de l'unification impériale ; mais, comme Bebel, ils prêchaient aux autres peuples la lutte des classes, la désorganisation du travail, l'incoordination des âmes et de l'État...

Quelle leçon de choses ! Écoutons Marius André. Ses vérités sont bonnes autant que la fable allemande était nuisible. Écoutons-les. Instruisons-nous. Rentrons dans le pays de l'ordre comme un propriétaire rentre chez lui.

Les nouvelles générations de poètes

1923

Les nouvelles générations de poètes[444]

Qui saura faire le juste éloge de la jeunesse ! Quand elle les honore de sa chaude amitié, les hommes de mon âge ne peuvent se défendre de la tentation du vertige. Il leur faut bien se dire que les regards de la jeunesse composent le meilleur de ce qu'elle s'imagine voir en autrui. Ingénieuse, généreuse, ivre des sèves de son cœur, ce qu'elle a adopté se transfigure et reçoit ainsi tous les dons. Cependant il est vrai que l'esprit critique des adolescents est féroce ; rien ne résiste, rien ne tient quand il leur plaît de l'exercer. Il ne leur a pas plu en ce qui me concerne, c'est une insigne grâce et un magnifique bonheur. Tant mieux si j'ai fait quelque chose pour gagner à cette loterie glorieuse ! Et, pour l'heure, profitons-en.

Profitons-en pour nous rajeunir sans scrupule.[445] À la fin de la guerre, un camarade, mon cadet de quelques années, nous revint frais comme la rose, à peine un peu déplumé ; point de ride, l'œil vif, le pied bon. En lui faisant nos compliments, nous demandâmes la recette :

— C'est bien simple, dit-il, j'étais aviateur et j'ai fait toute la campagne avec des jeunes gens. Il n'y a rien de tel pour relever son homme.

Cette cure du temps de guerre ne s'appliquerait pas mal aux arts de la paix. Là aussi, la jeunesse est un charme contagieux. La jeunesse intellectuelle surtout. L'ardeur de sa curiosité et de son attention, cette hâte fébrile qui lui fait poser tous les problèmes à la fois, anticiper les solutions, exiger constamment qu'à la rectitude logique corresponde la méfiance critique, ce goût de composer tous les détails des choses par rapport à l'ensemble le plus étendu, il n'y a pas de plus fort stimulant ni d'avertisseur plus sérieux. Mes premières années ont fréquenté avec discrétion et respect quelques maîtres dont je garde le souvenir, mais voilà bien un quart de siècle que ma vie ne se passe plus guère qu'avec des hommes qui n'ont pas tout à fait mon âge ou avec des jeunes gens. N'est-ce pas à ceux-ci que je dois la plus grande part de la vitalité qui me reste ? Sans avoir jamais enseigné formellement, j'imagine que toute vie de professeur devrait confirmer l'expérience que j'en ai faite. On cherche la fontaine de jouvence. Elle est là.

Donc, causons avec la jeunesse. D'après votre livre, mes chers amis[446], où en est-elle ? Quels sont les résultats qu'elle suppose acquis ? Et quels sont ses espoirs nouveaux ? Car voilà, ce me semble, les deux questions qui importent ; il ne faut

---

[444] Réponse à l'*Enquête sur les Maîtres de la Jeune Littérature*, un volume, par Henri Rambaud et Pierre Varillon, Paris, éditions Bloud et Gay, 1923. Texte repris dans le recueil *Poètes* édité la même année par la revue *Le Divan*. (n.d.é.)

[445] Cette phrase ainsi que le paragraphe introductif qui précède ne figurent pas dans l'édition de *Poètes*. (n.d.é.)

[446] Maurras s'adresse à Henri Rambaud et à Pierre Varillon, tous deux responsables de rubrique à *L'Action française*. (n.d.é.)

pas qu'un mouvement s'épuise en velléités, il ne faut pas non plus que l'apparence de réalisations trop heureuses occupe les voies trop longtemps. Permettez-moi de ne parler avec certitude que d'un ordre et d'un plan déterminé, celui de tous les arts auquel je songe plus volontiers : la poétique. Le moment que traverse la jeune poésie me paraît réunir les deux conditions excellentes : elle se tient, elle se meut.

On en a fini avec les calques parnassiens et les sous-calques hugoliens qui répétèrent un poncif plus neutre, plus usé que celui des Campistron, des Delille ou de M. Viennet, et voilà un premier progrès. Second progrès : après avoir fait preuve de liberté d'esprit par rapport aux prédécesseurs immédiats, on a montré une lucidité supérieure en se reportant à des modèles plus sûrs ou plus parfaits, de meilleure veine française et humaine, tels que Ronsard (n'est-ce pas Thérive ?), tels que Villon (n'est-ce pas Fagus ?), tels que Malherbe (n'est-ce pas Pierre Camo ?), Racine, Chénier, Moréas, ont eu pareillement leurs lecteurs de fortune et leurs disciples d'élection (n'est-ce pas Dubech ?) et ce retour à des types très variés de haute poésie échelonnés sur quatre longs siècles, a châtié la langue, raffermi la technique, assuré et discipliné la pensée. L'admirable carrure, le suc, la forme simple de Raoul Ponchon ne représentent plus un phénomène isolé comme il y a quarante ans. Du moment qu'il avait lâché le gaufrier romantique, le poète s'était obligé au choix personnel qui devait exercer sa volonté, son goût. Il lui restait à faire un troisième progrès. Il eût été insupportable de s'en tenir à adopter, pour l'admiration ou l'imitation, une troupe de belles statuettes antiques à mouler dans le plâtre indéfiniment. Mais la « taille directe » prévaut heureusement. Le chant de Paul Valéry représente un progrès sur Mallarmé ; sa strophe perfectionne la grande et belle strophe lyrique de Jean-Baptiste Rousseau. Le chant de François-Paul Alibert représente un progrès sur La Tailhède qui avançait beaucoup sur Malherbe ; et l'on voit arriver notre Lucien Fabre chargé comme une abeille, et son poids le rend plus rapide : le *Vanikoro* nouveau-né contient une *Ode au Rugby*, une *Daphné* qui, le reliant aux anciens, le jettent au-devant de ses propres aînés.

Je ne mesure pas, je ne pèse pas les talents, il est trop tôt pour faire le commissaire-priseur. Je tiens à noter que voilà des directions adoptées, des espaces ouverts, des mouvements en train ; cela fera quinauds les fabricants de catégories pour lesquels l'ordre inclut forcément l'inertie. Comme si l'on mettait ses idées en ordre pour rien ! Un régiment se met en rangs afin d'aller plus loin et plus vite qu'une pagaille, pour faire mieux, à coup plus sûr, ce qu'il a à faire. L'action est la raison d'être de l'ordre ; et toutes les discussions préalables sur la place convenable et naturelle de chaque chose ne doivent pas faire illusion ; il ne s'agit pas de construire de frigides cristaux mais de découvrir la meilleure disposition des forces vivantes, le vol ou le troupeau, la tribu ou l'essaim.

Le travail préalable d'examen et de réflexion alourdirait-il la pensée, refroidirait-il le génie ? Quel vieux préjugé ! Mais il tombe. Bourget a démontré que le Boileau secret qui assista le pénible travail de Baudelaire est précisément ce qui sauve aujourd'hui *Les Fleurs du mal* ; pour cet unique recueil de poèmes, que de volumes de commentaires et d'analyses accumula le malheureux auteur de *La Chevelure* et de *L'Amour du mensonge !* On n'avait pas besoin de son expérience pour saisir une vérité aussi forte. L'esprit qui éclaire le cœur ou les yeux qui guident le corps ne sont pas des principes naturels de dessèchement. Ce malheur est bien arrivé, mais le bonheur contraire aussi. On observe chez un poète faible comme Sainte-Beuve, qui était né grand critique, certains torts que la réflexion a pu faire à la vivacité de la main. Mais rien de tel n'apparaît chez de grands poètes comme Horace, comme Ronsard, comme La Fontaine, comme Goethe, comme Chénier, comme Mistral. Ils étaient philosophes, naturalistes, linguistes, la science guidait l'instinct d'un beau génie. On cite des lumières froides, on avoue des ombres ardentes, mais quelle loi humaine ou divine peut empêcher la lumière d'envelopper et de rayonner aussi la chaleur ? Simple lubie de l'antithèse qui insulte au soleil !

Elle méconnaît par-dessus le marché des réalités immédiates, tangibles, puisqu'elles sont présentes. Ouvrez la collection du trimestre de telle jeune revue. Vous y verrez sous la signature du même auteur une ode pindarique, *Sous le bandeau d'acanthe*, et des réflexions critiques, Ce que nous devons à Moréas ; l'ode est bien des plus amples et des plus chaleureux poèmes qui aient été sonnés sur la lyre depuis vingt ans, et l'étude fera honneur à la réflexion et au goût de l'époque. Je ne discute pas, je ne raisonne pas, je vois, je dis : « Prenez, lisez, plaise à votre bon sens de mesurer ce qui subsiste de tant d'antinomies postiches dans l'enceinte desquelles de mauvais maîtres ont prétendu vous murer ! »[447]

Ne laissons pas intervertir ces rapports naturels des choses. On vous accuse d'étroitesse, d'aridité, de limitation volontaire, que sais-je, de discipulat. Ce sont de simples fables. L'esprit d'autorité chéri de la jeunesse l'a délivrée de l'esprit de routine ; ce n'est pas autrement qu'elle a su s'affranchir de la superstition de Victor Hugo.

Cela ne veut pas dire qu'elle lui dénie le nom de beau ou de grand poète, mais elle voit clairement que ce poète grand et gros souffre un peu aujourd'hui de ce que ses disciples, ou plutôt ses séides, les hommes mûrs du temps où nous étions jeunes nous-mêmes, n'ont pas compris, n'ont pas suivi les sages conseils que leur donnait Jules Tellier, il y a trente-cinq ans :

— Hâtons-nous, disait-il, et faisons vite, dressons une anthologie de notre grand homme. Sachons faire l'extrait, le choix judicieux qui l'éternisera. Faute de quoi il est menacé de la même mésaventure que Ronsard, et cela pourrait bien lui valoir un oubli, un dédain de deux ou trois siècles. Pour le sauver des conséquences naturelles de ses défauts qui sont énormes, comme le reste, rien n'est plus urgent que de le décanter et de le sublimer...

---

[447] « Murer » dans *Poètes*, « claquemurer » dans l'édition originale. (n.d.é.)

Ah ! *ouiche*, ni Mendès, ni Meurice, ni Vacquerie n'étaient hommes à saisir le prix de l'avertissement ; pas un n'eût fait le juste choix. Lequel d'entre eux eût remarqué ce qu'il y a d'exceptionnel et d'inouï en tels vers de Hugo qui ravissaient Tellier au septième ciel :

> Madeleine dira que c'est le jardinier...

Les véritables hugolâtres discernent le moins clairement les beautés de leur dieu. Faute d'avoir eu le moyen d'y séparer le beau du laid, ils l'ont laissé languir et décliner dans un pêle-mêle assez rebutant.

Les successeurs de Jules Tellier avaient autre chose à faire que de sauver Hugo ; il fallait sauver la poésie, l'intelligence, la raison, l'esprit public de la tyrannie de Hugo. On commença par là, c'était ce qui pressait. L'œuvre est faite, la mise en garde est répandue, avec la juste méfiance, selon tous les conseils de la déesse Hygie. Le « grand bonhomme » est devenu inoffensif, rien n'arrête plus de l'admirer où il est admirable, de le grandir encore par de justes louanges là où il se permet d'être grand, mais surtout rien n'empêche plus de s'amuser chez lui quand il est amusant ; c'est peut-être en ce dernier cas qu'il est le plus fort. L'absurdité de Victor Hugo, quel délice ! Le jeu clair des pesants grelots de ce fol étrange qui tient du géant et du nain ! Ailleurs, le goût et le bon sens sont exposés à de perpétuels embarras. Souvent, à la lecture de grands poèmes des *Contemplations*, de *La Légende des siècles*, de *La Fin de Satan*, jusque dans leurs plus beaux endroits, réserve ou grimace s'impose, le plaisir n'y est pas complet ni sans mélange. Même, à l'époque où il se « retenait » encore à la manière de Desportes et de Bertaut, les arrêts, les faux tons ne se comptent pas, j'en appelle à tout lecteur attentif et voluptueux de *La Tristesse d'Olympio*. Prenez, au contraire, les *Ballades* de 1825, les *Chansons* de 1865, la satisfaction est entière, l'esprit ni le bon sens n'ont rien à réclamer sur *Le Pas d'armes du roi Jean* :

> Notre-Dame
> Que c'est beau,

rien non plus à redire aux élégantes chansonnettes semées de ces vers ravissants :

> Je vous mets au défi de faire
> Une plus charmante chanson
> Que l'eau vive où Jeanne et Néère
> Lavent leurs pieds dans le cresson.[448]

---

[448] Hugo, *Junior et Senior*, dans les *Chansons des rues et des bois* ; le texte exact est « trempent » et non « lavent ». (n.d.é.)

C'est la perfection du genre parce que l'homme et le genre s'accordaient à la perfection. C'est quand il vise à l'importance, quand il joue au sublime que ce beau génie déçoit et attrape son monde. Il l'attrape en manquant le but, il ne l'attrape pas moins lorsque d'aventure il l'atteint. *Quel dommage ! Quel gaspillage !* dit-on le cœur serré dans le premier cas ; mais dans le second : *Pas possible !* D'inoubliables pages d'analyse de Léon Daudet[449] vous ont donné la clef de ces deux mouvements. Ils tiennent à une insincérité secrète et profonde, à une véritable hypocrisie de l'esprit. Son imagination, sa pensée se donnaient presque toujours la comédie à elles-mêmes ; les simulations de l'emphase accompagnaient ce qu'il nous raconte de plus sérieux. Il s'est fait là-dessus un accord général ; est-ce qu'un des fils d'Edmond Rostand n'a pas adressé à la statue de Hugo sa *Déclaration de l'indépendance*, enveloppée de compliments inattendus pour ce pauvre Musset ? Ses raisons ? Elles sont tirées d'exigences de sa « vie intérieure ». Il lui déplaît qu'Hugo en soit resté à la surface des choses. C'est un point de vue.

Il y en a bien d'autres. Il y en aurait de tout à fait opposés. Hugo est très extérieur, si l'on veut. Joubert, Maine de Biran, La Rochefoucauld n'en feraient pas leur société. Mais, je connais quelqu'un qui, dès sa plus tendre jeunesse, se prévalait en souriant de n'avoir pas de vie intérieure ; Hugo ne lui était pas moins insupportable. L'art extérieur de Hugo peut irriter autant que son défaut de vie profonde parce que son idée du monde physique opprime au lieu de réjouir. L'instinct et l'amour du réel y sont choqués. Ses vues sur l'âme sont arbitraires ou fantaisistes, et ce grand visuel n'eut sur les corps que des fractions de vérité. Ce sont des visions, soit. Il leur manque d'être accordées aux lois normales de la vie. Poésie pure, si l'on veut. Soit encore ! Hugo a fait un monde à lui à côté du vrai. Seulement, il faut avouer que ce monde idéal n'était pas très beau, ni de ligne, ni de couleur, ni d'expression d'élan profond. Construit sans pessimisme, sans dégoût très déterminé de l'être tel qu'il est, sans goût décidé d'autre chose, ce monde merveilleux devient très vite affreusement monotone parce qu'il est toujours formé de l'opposition de mêmes pièces ou de mêmes morceaux, de l'agitation des mêmes paillons, des mêmes splendeurs de clinquant, d'ailleurs prodiguées. Le jeu des antinomies enfantines, le contraste élémentaire des lumières et des ombres, après avoir saisi, étonné, arrêté, excède et abrutit un peu. Derrière toute cette peinture, qu'y a-t-il ? Ce pittoresque luxuriant fait-il du bonheur, et lequel ? C'est ce que l'on se demande au sortir de ce paradis. Balzac, qui composait lui aussi sa vision de l'univers, en savait, en suivait les lois : lois des choses, lois des idées. Dès lors, ni sa mauvaise langue, ni son mauvais style ne l'empêcheront de tenir, parce que c'est l'esprit qui tient. Victor Hugo ne tient que par le langage et l'éloquence. La féerie de Balzac tire de sa vérité latente un inépuisable renouvellement d'intérêt ; il nous pénètre de portions substantielles de cette réalité que nous avons avantage à approfondir jusqu'aux mesures du possible

---

[449] *Les Œuvres dans les Hommes :* Victor Hugo ou la Légende d'un Siècle.

dont elle est cernée. Hugo n'apprend rien, ne fait réfléchir sur rien, mais il enchante peu et ne console plus. D'autres féeries non moins irréelles que la sienne exercent sur les imaginations un prestige qui ne meurt pas. Pourquoi la féerie de Hugo est-elle moins satisfaisante que celle d'André Chénier par exemple ? Comparez seulement un de ses chefs-d'œuvre, *Le Satyre*, à *L'Aveugle*. Vous sentirez combien son fantastique se disperse facilement ; on en voit tout de suite toutes les ficelles, on entend la voix du montreur, on devine qu'il n'y croit guère, on sent que l'objet idéal n'est presque jamais là que pour le faire valoir, lui. L'excellent Renouvier, un panégyriste, mais sincère et lucide, se frottait les yeux devant ces beaux mythes verbaux et répétait : « On ne voit rien ». Rien du tout, en effet : des mots, Hugo lui-même le sentait. C'est alors qu'il prenait les airs et les tons du prophète et de l'aruspice afin d'essayer de se faire croire. Mais il n'était pas toujours cru. Hallucinant parfois, jamais persuasif. Il le sentait encore. C'est alors qu'il imaginait de chercher des appuis au-delà de son imagination défaillante et qu'il en appelait à la collaboration matérielle de l'avenir, truc ingénieux qui revenait à dire à peu près :

— Messieurs et mesdames, ceci n'est pas, puisque la réalité le dément ; ceci ne peut pas être, puisque la raison et l'esprit critique suffisent à en dénier même la possibilité. Et moi, votre poète, ne suis pas assez fort pour vous composer de ceci, avec mes idées et mes mots, une figuration cohérente et suivie, qui est d'ailleurs peut-être impossible par elle-même. Voilà donc quelque chose de deux fois irréel ? Mais je vais lui donner de la consistance[450] au moyen d'une double supposition. Supposons que la caducité de ce monde fasse disparaître le réel tel que nous le voyons, ensuite supposons que l'absurdité de ce même monde permette l'avènement de n'importe quoi. L'irréel que voici pourra donc exister un jour. Dès lors, disons : *ceci sera*. Ne répondez pas que ce sera fou. Ce qui finit par exister ne peut pas être fou. Or, ceci sera, car je le pressens ; ceci sera, car je le prédis ; ceci sera, car l'esprit du poète a qualité pour[451] décrire la courbe de l'avenir...

Les contemporains pouvaient ajouter foi à cette parade, il suffisait de le vouloir comme le poète lorsqu'il consolidait ainsi une image contradictoire en lui conférant une fausse existence réelle sous prétexte d'anticiper sur le futur. Que répondre en effet au fait absurde quand il vient ? Admis ou non, compris ou non, il a la supériorité d'être là ! Seulement, quand les temps attendus furent arrivés, le futur de Victor Hugo n'était pas à son poste. Il avait oublié le rendez-vous du poète ; les temps ont apporté tout le contraire de ce que le mythologue astucieux annonçait en faisant ses tours. Le stratagème est donc retourné contre l'inventeur, nos pères ayant pu gober, nous ne gobons plus. Nous disons tous avec Bainville, avec Pierre Benoît, que l'auteur des *Mages* n'en savait pas plus long que nous. Cela n'aurait aucune importance pour un autre poète. Mais celui-ci avait apporté ses talents de

---

[450] Dans le texte d'origine : « Eh ! bien, je lui donnerai de la consistance ». (n.d.é.)
[451] Dans le texte d'origine : « a droit majeur de ». (n.d.é.)

seconde vue en garantie de sa poésie, il en avait étoffé son art, sa pensée, son vocabulaire mystique. Tout ce qu'il y gagna de son vivant, il le perd, avec quelque chose de plus. La jeunesse contemporaine s'en aperçoit.

Il n'est pas très gentil de se fâcher contre elle et de répondre qu'elle ne sait plus admirer, ou qu'elle manque d'imagination et d'enthousiasme. Le plaisir que lui donnent tous nos poètes, et des poètes étrangers comme Dante, l'attention qu'elle accorde à la vaste philosophie de saint Thomas, montre bien que ce n'est ni la force ni la liberté des idées qui lui fait défaut. On la voit se prêter aux magnifiques divagations de l'esprit d'espérance naturel à quelqu'un comme Lamartine. Si elle est moins émue des mêmes sentiments chez Victor Hugo, la différence peut s'expliquer. L'auteur de *La Marseillaise de la Paix* tire de ses erreurs une simple matière. Ce fond peut être faux, ce qui est fâcheux même pour la pure beauté de l'œuvre ; néanmoins, pourvu que le poète y croie sincèrement et naturellement, l'ode vit, elle se développe par sa propre vertu et n'a besoin que d'elle-même pour épanouir une passion, une logique, une âme. Au lieu que, sans nous donner le sentiment d'une foi bien profonde, le Hugo de *Plein ciel* en appelle sans cesse au témoignage de faits futurs en termes si formels que leur désaveu d'aujourd'hui fait tort à la structure, à l'âme du poème, au prestige de la vision. *La Marseillaise de la Paix* est un cri, un vœu d'impiété ; quand on en a pris son parti, on se laisse ravir par l'ample beauté des images, la vitesse du mouvement. Chaque vers de *Plein ciel* amenant la comparaison de ce qui devait être avec ce qui est, fait une chute verticale ; la meilleure volonté du lecteur ne l'en sauve pas.

Que nos cadets ne soient pas trop scandalisés de me voir apporter des chouettes à Athènes.[452] Je leur sais bec et ongles, ils ont su donner leurs raisons, et plus fraîches que celles-ci. Mais chacun songe aux siens, aux hommes de son temps. Comment perdrais-je l'occasion de tirer le nez à des ridicules contemporains ? Il s'est constitué une critique officielle, une critique de défense républicaine (en liaison très naturelle avec le germanisme d'avant-guerre) pour opposer à la critique un dogmatisme organisé. L'orthodoxie en est si rigoureuse, en matière hugolienne, que les plus innocents en doivent souffrir. Je songe au malheureux M. Barthou. On ne lui reprochera pas de ne pas adorer Hugo ni Rostand. Eh ! bien, comme il venait de parler avec éloquence, avec discernement et finesse[453], du curieux amas de joyeusetés, absurdités, salacités et sublimités que Victor Hugo intitula *William Shakespeare*, M. Barthou reçut sur les doigts. C'est qu'il n'avait pas admiré « comme une brute ». Une sorte de garde-champêtre accourut et verbalisa :

---

[452] Expression recherchée pour dire quelque chose comme : « enfoncer les portes ouvertes », sachant que les chouettes étaient omniprésentes à Athènes, notamment sur les pièces de monnaie. (n.d.é.)

[453] « Autour de William Shakespeare de Victor Hugo », article paru dans la *Revue de Paris*, numéro du 1er août 1920, pages 449 à 486. (n.d.é.)

— M. Barthou admire Victor Hugo sans doute. Un peu et beaucoup ? Pas assez. Cet impie marque des nuances, cet impertinent fait des réserves. Or, William Shakespeare n'est pas seulement un beau livre amusant, c'est un livre sublime, c'est aussi un bon livre et un livre bien fait. M. Barthou l'oublie, il mériterait d'en perdre toutes les voix républicaines de sa circonscription...

Cela est presque textuel. L'appel au bras séculier de l'électeur, explicité ici, était sous-entendu. Beau détail à noter : cette censure, si roide dans ses exigences, évitait de donner une seule raison. Crois ou gare à toi ! C'est un genre... Je ne sais pas ce que M. Barthou en a pensé. En bon républicain, il aura plié la tête et fléchi les genoux ; la liberté d'esprit n'est pas facile à défendre en régime électif. Mais ce n'est pas ainsi qu'on se fait écouter d'un public jeune, intelligent et qui demande à réfléchir avant d'affirmer. On aura beau imprimer toutes les quinzaines à d'innombrables exemplaires que Hugo est, des quatre ou cinq plus grands poètes de tous les temps, le plus grand poète français, que même, seul des nôtres, et à l'exclusion de Racine et de La Fontaine, il a droit à la compagnie d'Homère, de Dante, de Shakespeare, et de je ne sais plus qui ; l'écrivain de vingt ans qui ne demande pas mieux que de croire, étendra la main vers ses livres pour vérifier, et tout ce battage sera perdu. S'il préfère Racine, « le pieu », au « chêne romantique », une publicité brutale n'y changera rien, au contraire ! Répéter sur un grand papier l'opinion orthodoxe sans y ajouter de raisons est un procédé aussi éloigné des voies de l'esprit que pourrait être une réfutation de l'hugolâtrie par la destruction des machines de M. Émile-Adrien Hébrard.[454]

Il y a, bien heureusement pour Hugo, des apologies qui portent davantage ; au lieu de vouloir rien imposer, elles savent gémir, elles savent plaindre et pleurer. Après deux siècles, elles nous rendent les doux accents irrités de Mme de Sévigné opposant le grand nom de son vieux Corneille aux cultes, aux piétés et aux impiétés d'ingrates jeunesses nouvelles. Là, le cœur parle et parle bien. Mme Séverine[455] ne traite de Hugo qu'avec une ardente tendresse, de son autel désert qu'avec frémissement. Avec cette extraordinaire sophistique du cœur presque toute-puissante dans la bouche des dames, elle en tire des conséquences émouvantes ; le Peuple est oublié et abandonné, la Pitié abjurée, l'Espérance perdue. Mme Séverine associe à ce déclin tous les déclins qui l'ennuient, les réactions qui lui déplaisent, et cela risquerait de tout gâter, si le lecteur n'était tenu dans un très subtil état d'émotion qui ne permet pas d'oublier qu'à l'origine de ces malédictions génériques scintille la mémoire de l'enchantement d'une première lecture des *Châtiments* et des *Misérables*. Si bien que ce poète défendant le poète a raison dans l'ample mesure où s'étend une douce voix. Le vieux Ronsard connut fort avant dans les ingratitudes du XVIIe siècle ces enthousiasmes

---

[454] Directeur du *Temps* jusqu'à sa mort en 1925, fonction où il succéda à son père Adrien Hébrard qui fut propriétaire du journal de 1870 à 1914. (n.d.é.)

[455] De son vrai nom Caroline Rémy (1855–1929), Séverine fut une militante féministe et anarchiste des plus virulentes. (n.d.é.)

fidèles de l'arrière-saison, rose d'automne de la gloire, plus exquise, comme toujours !

Ces sentiments vrais et ces goûts sincères sont plus que respectables ; ils sont instructifs et aimables, car ils peuvent aider à comprendre des vibrations qui ont cessé d'être perceptibles, des états d'esprits révolus. « Étonnants voyageurs ! », ils arrivent du fond du passé. La nouveauté des jugements, par sa verdeur et sa fraîcheur, a son mérite. Mais, chers amis, vos jeunes gens qui vieilliront ne me défendront pas de leur faire l'éloge de l'ancienneté, quand ses épaules florissantes nous apportent tout l'auguste poids de la tradition.

Ce n'est plus le cas de vous demander : qu'allez-vous faire de l'apport sacré ? Vous avez résolu le problème pratiquement. Peut-être y a-t-il lieu d'en dégager la tendance générale. Mais elle est bien simple ! Je ne vous conseillerai pas de briser les coffres et les urnes pour laisser fuir dans les sables le blé et le vin. Je ne vous dirai pas davantage ; prenez tout, tout est bon et transmettez, tel quel, ce qui vous a été transmis. Car dans ce tout, il y a des riens. Il y a les quantités négatives. Il y a les nuées des Droits de l'homme, l'aberration du *Dernier jour d'un condamné*, la stérilité contrôlée de la préface de *Cromwell*. Idée fausse, fausse beauté, l'héritage comporte un passif certain, peut-être nuisible. Pour commencer, déduisez-le, défalquez-le. Vous avez détruit la vaine association de mots qui identifiait Révolution et Intelligence. Il ne vaudrait pas mieux d'identifier Intelligence et Tradition brute. La méthode qui me sembla toujours la mieux accordée aux lois de la vie, l'empirisme organisateur, n'a jamais délivré un quitus général au « bloc » de ce que les Pères ont fait. En accordant à leurs personnes un respect pieux, l'esprit critique se réserve les œuvres et les idées. Mais l'esprit critique voit clair, l'esprit révolutionnaire ne sait pas regarder : « du passé faisons table rase », dit sa chanson. Je hais ce programme de l'amnésie sauvage. Non, point de table rase, mais la voie libre. Recevez, accueillez, acceptez le passé, sous condition de l'inventorier avec soin, et assurez ainsi toute liberté de bien faire. Vous serez plus forts pour mater la liberté du mal. Conservant ce qui est bien, vous pourrez entreprendre de faire mieux. N'écoutez pas les sots qui soutiennent que tout est dit ou fait. Car tant de belles choses sont possibles encore ! Dans quel ordre ? Dans tous. Sur quel plan ? Le plan de la pensée, le plan de l'action. On sent leurs différences, on n'en voit pas les oppositions.

Poésie, politique, par leurs racines éloignées, ont des règles communes. J'entends bien le frisson d'horreur que l'action politique inspire aux âmes fines. M. de Montherlant n'a pas tout à fait tort de blâmer une course trop prolongée, hors des temples sereins. Est-ce qu'il a pleinement raison ? Oui, les idées, les mots sont moins salissants et plus souples, et plus obéissants que ces intérêts, ces passions, et surtout ces erreurs des hommes si cruellement mélangées et comme dégouttantes de vérités mal vues. Cependant, ce chaos est toujours le père de tout. C'est de là que s'élèvent les réussites de la pensée et de l'art, c'est de la pacification, de la mise en ordre du trouble que sortent les plus belles mesures du poème. Nos délicats sont malheureux !

Je les avertis qu'ils seront plus malheureux encore s'ils laissent aux autres le soin de politiquer à leur place et à leurs dépens. La Barbarie est là, dehors, dedans, et partout.

Mais, comme la poésie, la politique veut être ordonnée. Vigoureuse, passionnée, violente même, mais ordonnée ! Procédant d'une idée certaine, s'appliquant au réel, en observant les lois. C'est l'emploi de facultés que chacun reconnaît à la jeunesse contemporaine. « Belle jeunesse », dit l'un de vous. Que c'est vrai ! Une génération qui compte les Drieu La Rochelle et les Pierre Benoît, les Azaïs et les Marsan, les Longnon et les Pize, les Dorgelès et les Cocteau, témoigne clairement qu'elle a de la vie, de la force à revendre, et ses premiers porte-paroles distinguent la nécessité de discipliner l'énergie pour assurer le rendement. La dispersion l'inquiète, la divagation l'horrifie, elle cherche un esprit. Pascal en conclurait qu'elle l'a trouvé. Je ne suis pas assez pascalien pour exprimer autre chose que mon sentiment très vif d'un augure très favorable, avec tous les souhaits d'un cœur reconnaissant que je vous prie, mes chers amis, de vouloir bien accepter comme les voilà, débordant de votre espérance.

Volume III – Poésies & Vérités

Les Nuits d'épreuve
et
la Mémoire de l'État

Chronique du bombardement de Paris

1923

Préface

Ceux qui aiment Paris l'auront aimé deux fois pendant les assauts de Gothas et de grosses Berthas[456] qui marquèrent les premiers mois de notre année de la victoire. Comme elles étaient destinées à ébranler dans le cœur de la ville le moral même de la Patrie, l'accueil qui leur fut fait aura précipité la libération.

Je ne fais aucune allusion à l'attitude exceptionnelle d'une minorité de curieux un peu bravaches ou coureurs d'émotions qui montaient chaque nuit sur la Butte sacrée pour mieux voir les ébats célestes de l'ami et de l'ennemi. Je songe à cette partie de la population qui était, comme vous ou moi, la sujette d'occupations absorbantes et régulatrices, à qui manquait le temps ou le goût de la fantaisie, même périlleuse. Plusieurs fois, pour ma part, je rêvai de grimper au balcon de guerre de Montmartre ; ce luxe des premières loges m'a toujours été refusé par les heures auxquelles il me fallait être à mon poste. C'est donc sans rien changer à mon existence et pour ainsi dire dans l'exercice de mes fonctions que j'ai reçu mes bombardements comme tout le monde.

J'étais assis à ma table de *L'Action française*, rue de Rome, lorsque j'ai entendu, oui, entendu tonner à quelques centaines de mètres le projectile qui décapita l'Évangéliste de la Madeleine. J'étais à la fenêtre de notre rédaction avec mon cher secrétaire et ami Bernard de Vaulx afin de consulter l'horloge de la gare (elle marquait exactement vingt et une heure moins un quart) à l'arrivée de cet obus qui écorna la cour du Havre et la rue Saint-Lazare, lieu encombré d'hôtels-restaurants, de cafés et de voyageurs, sans y égratigner un passant ni toucher un consommateur. Rue des Capucines, sur les sept heures du matin, je courais en auto porter une lettre à Bourget descendu rue Boissy d'Anglas, lorsque la vibration de la voiture, toujours très favorable aux sourds, m'avertit de l'engin qui venait de tomber dans les jardins du ministère de la Justice.

> J'étais couché mollement
> Et, selon mon ordinaire,
> Je dormais tranquillement[457],

---

[456] Divers canons de fort calibre ou à très longue portée furent utilisés par les Allemands. Le nom générique de *grosse Bertha* leur est resté, bien que les pièces d'artillerie appelées *Bertha* n'aient jamais tiré sur Paris : elles étaient destinées à détruire les fortifications du front. Le canon à très longue portée qui tira sur Paris avait pour nom officiel *Wilhelmgeschutze* (« l'arme de Guillaume ») : d'un calibre de 210 mm, avec une longueur de tube de 36 mètres, il avait une portée de plus de 120 km, lançant des obus de 105 kilos environ. (n.d.é.)

[457] Ce sont les trois premiers vers de *L'Amour mouillé*, imitation d'Anacréon, poème tiré du troisième volume des *Contes* de Jean de la Fontaine. (n.d.é.)

bien qu'il fût plein midi, quand le coup de canon qui devait dégrader un hôtel particulier rue de l'Université et ricocher sur la façade du Ministère de la Guerre vint me réveiller en sursaut ; ayant bondi jusqu'à la croisée, je ne pus apercevoir que les quatre badauds qui s'y étaient mis comme moi. C'est encore dans le chemin quotidien de mon cabinet de travail à ma table de restaurant que j'ai pu contempler la chute radieuse de la belle torpille du 11 mars.

Bref, comme c'est le cas de l'immense majorité, je n'ai jamais rien fait pour y être ou ne pas y être. Si la chose m'advint, cela fut aventure, sans nulle part de volonté.

Mais c'était à nos volontés que s'adressaient expressément ces coups frappés de toute part ; ils étaient combinés pour nous modifier, nous courber, nous changer de voie. Mais avons-nous jamais été frôlés de l'idée de nous laisser faire ? Il n'y a qu'à ouvrir l'album public des impressions qui suivaient le bombardement ; la réponse individuelle d'un journaliste patriote y reflète exactement celle de tous ses confrères et de n'importe quel homme de métier, boutiquier, ouvrier ou rentier de Paris.

Le 13 mars, surlendemain de l'incursion des soixante appareils qui nous firent une trentaine de victimes, « si, écrivais-je, comme on peut le souhaiter pour leur intelligence, les Allemands ne se sont pas flattés d'intimider Paris ; si, d'autre part, nul Européen de bon sens ne peut être dupe de leur fable de représailles, à quoi riment ces incursions aériennes pour faire *boum-boum* et tuer vingt-neuf personnes ?... » Auraient-ils voulu par hasard exciter quelque émeute parlementaire contre les chefs de l'armée ? Hé ! leur répondait-on, « je crois bien avoir l'approbation de tous les Français informés en disant que jamais, depuis le 2 août 1914, le commandement militaire n'a dû se sentir moins dépendant des fluctuations de la vie politique et civile... Le commandement partira, restera, agira, attendra ou n'attendra pas et fera tout ce qu'il voudra, Paris et la France seraient bien étonnés si, par impossible, les stupides attentats de la nuit d'hier avaient le moindre effet sur le libre déploiement de l'action militaire. »

Voilà pour la liberté des soldats et des chefs de la guerre proprement dite. Voici pour la politique de la guerre, d'après l'article de la veille rédigé sous le coup de la même alerte : « L'Allemagne en est réduite aux insultes nocturnes lancées du haut de l'air. Ce serait le moment de concevoir et de libeller des résolutions dignes de l'outrage et de jurer haine, vengeance, ou, si l'on préfère, justice, ou, si l'on aime mieux, paix, mais paix justicière, à notre ennemi mortel. C'est donc le moment de promettre à sa défaite inévitable le recul nécessaire de ses armées au-delà du Rhin, le morcellement de sa puissance politique, l'échéance de sanctions, de réparations et de garanties légitimes, autant dire proportionnées à la somme des maux soufferts depuis quarante-quatre mois. »

Cette politique générale, M. Clemenceau l'avait définie quatre jours auparavant : *la guerre, la guerre, la guerre*, et comme, la nuit venue, la troupe des Gothas était revenue sur Paris, avec son chargement de mort, nous avions reconnu qu'elle avait apposé à la vérité éclatante des paroles gouvernementales un paraphe de feu et de sang. Et c'est pourquoi, ajoutions-nous, on « s'explique, on doit s'expliquer qu'un vieux républicain parlementaire, auteur de cette parole (*la guerre*) rencontre au premier rang de ses approbateurs des nationalistes et des royalistes aussi opposés que nous au régime du Parlement ».

Conclusion : « J'en suis bien fâché pour le diagnostic que j'ai porté moi-même sur M. Clemenceau[458], mais si toute son action politique était aussi logique, aussi liée, aussi sensée que cette politique de guerre, eh ! bien, de correction en correction, de perfectionnement en perfectionnement il serait en train de ressembler beaucoup au portrait, partiellement vrai, qu'il a fait de lui-même aux interpellateurs : *Homme calme et prudent que le danger a rendu sage et attentif.* »

Que les Gothas aient ainsi contribué pour leur part à me rallier au Ministère Clemenceau, ces notes en feront foi, écrites *au-soir-le-soir* et publiées le matin qui suivait l'attaque.

Je les réimprime aujourd'hui telles quelles.

Je ne me suis permis de corriger l'expression pour la rendre plus claire qu'aux endroits où sont discutées des vues générales. La forme primitive a été respectée, si faible ou si lâchée fût-elle, à toutes les pages qui énoncent un fait ou rapportent un sentiment, car le langage du témoin ne doit pas être altéré quand on veut éviter tout danger de variation. Je conserve aussi telles quelles les impressions reçues et senties du grand cœur de la population parisienne. À distance, cet éloge public courra le risque de paraître avoir été écrit pour soutenir la patiente et encourager le martyre. Mais non ; je suis resté au-dessous de la vérité, le souvenir de tous et de toutes l'attestera.

En septembre 1914, quand se montrèrent les premiers oiseaux de l'avant-garde prussienne approchant à grandes journées, la ville avait frappé la médaille définitive de sa beauté la plus auguste. Il était cinq heures, peut-être six ; tout Paris fut sur pied, dans la rue, aux fenêtres. Le premier mouvement était d'essayer d'abattre l'ennemi à coups de fusil tirés du bord de nos gouttières mais il y fallut l'Ourcq, la Marne et la foudre de Joffre et de Galliéni.

Les quarante mois qui s'écoulèrent ensuite, chargés de plainte et de déception, d'impatience et surtout de deuil, n'avaient rien changé au fond naturel de Paris. Le Zeppelin de 1915, ceux de 1916 auraient dû le faire comprendre à Berlin ; l'événement de 1918 le montra. Dans cette journée du 23 mars où la grande offensive entr'ouvrit le front allié, le canon à longue portée commençant à cracher ses premiers obus on ne savait d'où, j'eus par deux fois à traverser Paris du septième au dix-septième arrondissement ; eh bien ! dans le grand nombre des passants amis

---

[458] En novembre précédent, lors de la formation du ministère Clemenceau, l'humeur de son chef m'avait fait craindre un dictateur anti-militaire, d'ailleurs annoncé par ses campagnes depuis août 1914.

rencontrés sur tout ce trajet, pas un n'oublia de me parler du double événement du jour : l'heureuse souscription au Million de *L'Action française* qui venait d'être couverte par nos lecteurs, la Part du combattant que nous avions lancée de nouveau le matin même. Telle était la préoccupation de chacun parmi les inquiétudes de cette journée de printemps.

Je ne puis m'empêcher de comparer à cette couleur vive et presque gaie de la réception de Bertha les ombres épaisses d'une certaine nuit, probablement la plus noire et la plus sinistre nuit qui ait couvert Paris par cette saison. Nuit de sang et de mort, où les avions ennemis, remontant le cours de la Seine, ensemencèrent de leurs bombes toute la pauvre rive gauche de la Chambre des députés à l'Odéon et purent se sauver dans la direction de l'aurore.

En suivant sur l'humble planète un chemin presque parallèle à leur route, quais des Tuileries et d'Orsay, je ne pouvais pas m'empêcher d'appeler et de convoquer sur mon théâtre intérieur l'immense multitude de ces Français, mes frères, qui, depuis mille jours et plus, du matin au soir et du soir au matin, cheminaient indéfiniment sous le même incendie et sous la même mort, comme je faisais cette fois, la première fois de ma vie. Misère d'une nuit ! Serrement de cœur d'un instant ! Cette figure du champ de bataille dont je n'avais jamais pu détacher ma méditation de non-combattant m'était rendue en partie sensible et présente ; je subissais du moins le poids supérieur de la dure coupole ainsi prête à vider sur le sol et les hommes une cargaison de foudre inconnue. En comparant mon sort ordinaire au sort et à la vie de ces milliers de malheureux, j'éprouvais plus à fond que je ne l'avais fait jusque-là l'inexprimable honte de celui qui ne porte point les armes quand tous ses frères et tous ses pairs font face au danger.

Cependant, ce soir-là, les ténèbres étaient si dures qu'après avoir fait de grands efforts d'imagination pour distinguer la rue Tronchet d'avec la rue Auber, il avait fallu suivre le pourtour de la Concorde à tâtons, sans autre indice de la route que le mur des terrasses ou le bord des trottoirs consultés du bout de la canne, car les voitures aux feux couverts ne laissaient pas que de rouler entre les réverbères noirs, dans cette brume opaque traînée à fleur de sol qui voilait à nos pauvres yeux une clarté stellaire sur laquelle pouvait se guider l'ennemi. Jamais je ne sentis une pitié plus forte ni une telle fraternité pour nos défenseurs. La torpille grondait, le sol vibrait. Que ces menaces étaient légères au prix de tout ce qui était enduré sans terme ni trêve là-bas !

Un bolide sonore éclatait derrière moi, comme je touchais à la maison où la table d'hôte m'était dressée. La porte était close. On l'ouvrit sans difficulté, l'on ne fut pas même surpris d'entendre demander le pain et le vin. À peine assis, une secousse fit vibrer l'immeuble. Les jeunes filles n'avaient pas voulu quitter le service, bien que priées, parfois sommées d'avoir à descendre à la cave. C'est à peine si elles allaient en prendre l'air pour remonter, prêter l'oreille, tressaillir aux détonations de la rue de Lille ou de la statue de Chappe, sans cesser d'apporter ce dont j'avais besoin... La simplicité de l'antique.

Mêmes scènes le même soir ou les soirs pareils, à l'Imprimerie. Nos autorités responsables se dépensaient et s'épuisaient à prier les ouvriers de ne pas former des groupes dans la rue, de ne pas flâner sous la voûte, de gagner tout droit les abris. Curiosité, insouciance, goût naturel de risquer et de braver, les vieilles manières d'être de ce pays l'emportaient naturellement, et nul ne les subordonnait au soin de sa peau.

D'une manière générale, ce n'est pas au danger que les Parisiens ont été sensibles. Le danger, au fond, leur a plu. Nous avons dû les supplier cent fois de le moins braver et ces objurgations leur paraissaient alors assez prudhommesques, telles qu'on les jugera sans doute aujourd'hui.

Les Parisiens ont supporté de moins bonne humeur le désordre imposé à leur existence et ce qu'ils appelaient le dérangement. Affaire de nerfs, réglée par quelque interjection que doublait un mouvement d'impatience. On pouvait encore aller au théâtre, on y allait pas mal. On ne dînait plus guère ensemble ; comment arranger des parties qui avaient trop de chances de finir à la cave ? J'ai sur la conscience une de ces soirées ratées. Un poète, qui heureusement n'était pas à jeun, était venu me prendre sur les vingt et une heures, la poche pleine de vers nouveaux dont je me promettais des minutes d'enchantement. Mais, rue des Tuileries, nous croisâmes le camion vermeil chargé des casques de cuivre jaune et répandant le cri alterné qui ressemble au gémissement aigu d'un essieu. L'alerte. Adieu poèmes, adieu poète ! Il fallait expédier le repas, grimper l'escalier quatre à quatre, réunir mes papiers et courir jusqu'à nos machines. Dans un frémissement de déconvenue presque puérile, je vois encore sur la nappe les pâleurs du dégoût et de l'horreur courir jusqu'au bout de mes doigts. La honte et la misère du pauvre dépit personnel me suivirent jusqu'à l'esplanade du Pont-Royal d'où s'apercevait le terrible bouquet de flammes que le vent déployait en le tordant vers l'est et le nord ; il mordait, embrasait une vaste pente du ciel comme si la gare de Lyon et l'Hôtel de Ville eussent été de la flambée, avec tout l'entre-deux ! Je sus bientôt que le désastre était limité à un grand magasin de meubles de la rue Saint-Antoine. Néanmoins cette nuit, quelques graves nouvelles qui fussent arrivées du front, je ne suis pas bien sûr d'avoir oublié tout à fait ni la hargne de la belle heure de poésie perdue, ni la juste humiliation attachée à mon sentiment. Comme je comprenais la plainte de ce pauvre Drumont mourant[459] : « quel embêteur que ce Guillaume II ! »

Tout compte fait, peut-être n'est-il pas trop mauvais que le plus superficiel et le plus chétif émoi personnel ait pris sa part obscure du ressentiment général. Pourquoi ces menues gênes causées par l'ennemi ne seraient-elles pas inscrites, à la place due, sur le memorandum où l'on a couché de plus sanglantes accusations ?

---

[459] Drumont mourut le 3 février 1917. (n.d.é.)

Même de cet élémentaire point de vue de la justice individuelle invoquée à tout bout de champ par les Lloyd George et les Wilson, nous étions sans reproche. N'ayant ni attaqué ni envahi personne, nous devions pouvoir dîner avec nos amis pour écouter en paix leurs vers et leurs proses ! Comme un marchand dans son magasin avait le droit de réunir, pour les revendre, des matières inflammables sans avoir à craindre le nouveau feu du ciel. Comme ces hommes et ces femmes qui furent brûlés vifs avaient le droit de prolonger une douce vie innocente. Si ces droits ne sont pas des riens, leur violation exige la réalité d'une expiation. Ou, si le mot est chimérique, s'il n'y a pas de Droit, s'il n'y a que des forces, notre force victorieuse a pu, dû fixer en proportion exacte le montant exemplaire des dommages à réparer.

Notre citoyen échaudé conçoit-il quelque fausse honte à la pensée d'exiger ces choses pour lui ? Il les exigera pour une entité dont sa personne n'est plus séparable : la France. Il a fait désormais la pleine expérience de la liaison de son sort au sort de la Patrie. Il a entendu la voix publique telle qu'on avait le droit de la faire parler, se plaindre, se souvenir en des réflexions qui portent leur date, 13 mai 1918 :

> — Nous n'y pensions pas ou nous ne voulions pas y penser, il y a dix ans. Nous traitions de fanatiques nationalistes ou de turbulents suppôts de l'Action française les gens qui prédisaient que, de la patrie mal soignée, mal veillée, mal administrée et mal défendue, pouvait découler un enchaînement de malheurs tel que chacun craindrait de voir s'écrouler quelque cheminée sur sa tête. Aujourd'hui nous y sommes, en pleine chute de cheminées ! Et chacun en vient à se dire qu'il eût mieux valu autrefois mettre la patrie à sa place, classer par rapport à elle nos préoccupations politiques, nous gêner, nous discipliner pour la défense de tous ; nous nous serions mis en mesure d'échapper aux tragiques effets de l'incurie et de la négligence que nous expions.

Il ne s'agit plus maintenant que de ne pas recommencer de semblables expiations. Mais on les recommencerait, si l'on en perdait la mémoire ; on serait exposé à les recommencer, si l'on n'en imposait le juste et plein tarif à la mémoire de l'ennemi.

Telle est l'utilité éventuelle de ce Mémorial.

Que d'abord il motive et rafraîchisse les orgueils ! Et qu'ainsi cet orgueil plein de deuil et de fier amour ravive notre juste haine, en sorte que la plus légère et la plus oublieuse Démocratie soit placée dans l'impossibilité éternelle d'omettre la défense et de perdre de vue les engins de conservation. Mais si l'injuste, l'indigne oubli venait à s'insinuer trop naturellement dans cette bête sans cerveau, et dans cette troupe sans chef, il faut que ces petits feuillets, la notant du signe de honte, aident à la faire mourir sous le coup d'une accusation sans merci.

Le zeppelin

22 mars 1915.

Ceux de nos confrères qui, à une heure vingt de la nuit passée, ont pu souhaiter le bonjour aux météores boches, sont bien heureux. Il faut féliciter notre secrétaire de la rédaction, André Feildel, qui eut la chance de pouvoir s'élancer hors de l'imprimerie au moment précis où arrivait au milieu des constellations, dans un éclairage magique, l'un des deux messagers volants de Guillaume II. Il nous le décrivit avec une précision si parfaite qu'il se fit traiter unanimement d'imposteur. Hélas ! entre une heure et deux du matin, l'important n'est pas de voir un ni deux zeppelins, mais d'assurer le départ du journal.

L'alerte et le couvre-feu durèrent bien jusqu'à trois heures. À deux, j'ai pu prendre l'air de la rue du Croissant. Un air noir comme un four, une rue presque retournée au chaos primitif ; rien ne s'en débrouillait, ni une tête de cheval, ni un carreau de vitre, ni la colonne d'un réverbère, toutes choses auxquelles le passant obscurci se heurtait copieusement. Je rentrai porteur d'une vérité sans nuance, car je n'avais rien vu.

Les « formes » descendues, il fallut boire avec l'équipe de nos opérateurs à la santé de notre année nouvelle[460], à la libération du sol national, aux absents, aux combattants, aux nouveau-nés[461], à la France, au roi. Vint le tour de la correspondance à expédier, ce qui n'est pas une petite affaire. Elle était, ce matin, fort longue et fort lourde. Cinq heures sonnaient donc quand je me mis en chemin vers la Seine en m'appliquant à comparer la visite des zeppelins aux mines et aux sous-marins de la Manche qui m'avaient surtout inspiré le mois dernier, de Dieppe à Folkestone, de Folkestone à Dieppe, un uniforme et profond besoin de sommeil.

L'air à Paris est autre. À peine avais-je fait dix pas que rugirent toutes les passions de la curiosité. Mille voix intérieures représentèrent que le plus court chemin de ma rue du Bac était certainement la gare Saint-Lazare et la rue Dulong. Le devoir professionnel du badaud fit valoir les paroles de la Fée au Poète, dans Mistral :

> Tout ce que ton œil contient
> en toute propriété t'appartient...

La rue Dulong et la rue des Dames, où, disait-on, venaient de tomber les engins, m'apparurent comme un domaine lâchement et éternellement aliéné si je refusais ma visite immédiate aux traces de la bombe et ma part des remous à l'agitation du

---

[460] L'année de l'Action française commence au 21 mars, date de la fondation du journal.
[461] François Daudet, qui venait de naître.

quartier. Un cocher rencontré voulut bien me conduire aux montagneuses Batignolles, que je trouvai, à leur coutume, bien endormies.

La nef de Notre-Dame de Paris, toute lumière éteinte, toute porte fermée, au milieu de la nuit, ne peut être ni plus tranquille ni plus solitaire que ces rues des Dames et Dulong que j'imaginais tout au moins barrées par la police pour contenir le flot humain. De gardiens, de passants, nulle ombre. Je dirais : pas un chat, s'il n'était vrai qu'un chat rôdait prudemment au jour gris. De toutes les maisons, identiquement closes, pas une qui montrât le plus petit indice visible d'un attentat, ou même du moindre accident. Cependant, tout au bout, rougeoyait une flamme.

— Fouette cocher ! criai-je, en rêvant d'y trouver des vestiges de l'incendie. C'est un débit de tabac qui ouvrait paresseusement. Autoritaire et majestueuse, la débitante promenait sur un comptoir haut et large comme un trône, son puissant profil bourbonien. J'osai parler des bombes en acquérant deux sous d'allumettes de cire. « Je les ai entendues, je ne les ai pas vues », répondit-elle avec un bâillement. Une pauvre fille à tignasse blonde, aux yeux frais, me tira de peine. « C'est au 78... — Loin d'ici ? — Eh ! non, là... »

Il n'y avait qu'à traverser la petite place, à remonter six numéros.

Personne sur la place, rien devant la maison. Peut-être, à regarder d'un peu près, eût-on discerné, près du trottoir, une fine poussière blanche, quelque chose comme des parcelles de craie au sortir du marteau-pilon. Mais quatre pas plus loin, des coquilles d'œufs plus sommairement concassés murmuraient au ruisseau leurs aventures ménagères.

Je remerciai mon cocher et redescendis d'un pied leste les nobles pentes de la ville qui s'éveillait.

« Paris ville du front »

Caractère éternel des images de la guerre

12 mars 1918.

C'était prévu. On s'y attendait. Tous et chacun ont eu le temps de réfléchir aux précautions prises, aux précautions à prendre. Les Allemands connaissent bien peu les Français s'ils les croient disposés à répondre à la provocation meurtrière par la faiblesse et par la capitulation. Les innombrables incursions aériennes sur Londres ont été l'épreuve de la ténacité britannique. Le retour offensif sur Paris donnera la mesure de la patience de notre fibre, de la fermeté de nos nerfs. Pendant cette sombre soirée d'hier, j'ai causé avec quelques Parisiens sur le pas des portes.

Ils m'ont dit : « Voici trois ans que l'on bombarde Arras, Nancy, Reims et toutes nos capitales de la lisière. C'est notre tour, nous tiendrons comme on a tenu. »

Il faut tenir, et, pour bien tenir, se conformer à la loi des choses, en suivant de façon scrupuleuse les prescriptions de l'autorité. Seuls parmi nous ont le droit de courir l'aventure ceux qui ont assumé moralement ou civilement une responsabilité générale. On a trouvé fort bon que M. le président de la République, M. le président du Conseil fussent, l'autre nuit, au premier rang sur tel ou tel lieu sinistrés. Ces magistrats étaient à leur poste. Chacun de nous doit être au sien ; les uns à fond de cave, les autres sur le pont du vaisseau de Paris, que rien n'engloutira.

Dans l'existence de ces villes héroïques en bordure ou à peine en arrière du front, offensées et frappées chaque jour de nouvelles dégradations, ces alertes régulières, devenues presque habituelles, ont fini par déterminer un état d'esprit où domine la curiosité désintéressée. De son hôpital d'Épinal, mon jeune frère comparait, l'an dernier, l'approche, l'arrivée, le fracas, puis l'éloignement progressif des visiteurs bochiques au dessin en losange du poème de *Djinns*, qui commence par un murmure :

> Mur, ville Et port...

et qui s'évanouit dans le silence du désert :

> L'espace
> Efface Le bruit

De telles sensations acoustiques me sont trop mesurées. Mais j'ai pu assister hier soir à l'explosion d'une énorme boule de feu, et, comme le point de la chute ni celui de l'observation ne peut être indiqué, on me pardonnera de traduire immédiatement la première sensation qui m'ait sauté du cœur à l'esprit. Je n'ai songé, je vous assure, ni aux merveilles de la science ni à l'infamie de quelques-unes de ses applications ni à la nouveauté du progrès des explosifs. Mais c'est l'ancienneté du monde qui m'a saisi, par le caractère, que j'appellerai historique, de la gerbe ignescente qui jaillit de la terre heurtée comme réponse à l'agresseur céleste en projetant sur l'horizon le plus traditionnel, et j'oserai dire le plus conventionnel, son bouquet de flammes. L'engin perfectionné bourré de la chimie de toutes les cultures donnait juste la forme et la couleur des incendies montrés dans les peintures religieuses de la Renaissance ou dans les tableaux de bataille du XVIIe siècle. La réalité frémissante et pleine d'angoisse apportait une image exactement superposable à toutes nos plus anciennes représentations d'un ciel fulgurant et dévastateur.[462]

Aussi, à cette vue, ne pouvais-je m'empêcher de me dire que, pour tout l'essentiel des choses, il n'est guère de vrai que leurs traits éternels. Comme les vieilles invasions glissaient aux pistes naturelles tracées suivant les déclivités des vallons, nos ennemis (c'était au Communiqué l'autre jour) ont suivi du haut des incertaines plaines du ciel les plissements visibles que leur développait l'antique forme de notre sol, la route même de von Kluck, la même route que lui avaient jalonnés, d'après la même leçon, les postes établis exactement sur les mêmes pentes de la nature pour les dix années d'espionnage boche qu'analyse si fortement l'Avant-Guerre ![463] Géologie, géographie, stratégie, tactique aérienne, ces arts antiques et nouveaux, ces sciences nées d'hier ou contemporaines de la naissance de l'homme ne sont point séparables, et tout demeure commandé par leurs éléments primitifs. Mais s'il en est ainsi, il n'y a point de politique sage qui s'en sépare.

L'art de bien veiller sur la sécurité des peuples rejoint les principes directeurs de tous les arts élémentaires ; la première vérité dont un philosophe ou un magistrat doive se pénétrer est que le monde se modifie avec une extrême lenteur, si toutefois il se modifie. Les parties variables sont les moins importantes. Ce qui importe apparaît constant. C'est sur les grands traits généraux de la constance humaine qu'il est urgent de nous régler toutes les fois que nous songeons à quelque arrangement d'avenir.

chapter*Pour une offensive aérienne vers l'Allemagne du sud
16 mars 1918.

---

[462] On sera d'autant plus frappé du caractère « traditionnel » de la gerbe-réponse que celle-ci procédait d'un mécanisme moderne, la rupture et l'explosion d'une canalisation de gaz d'éclairage frappée par la bombe ennemie.
[463] Essai de Léon Daudet, paru le 5 mars 1913, sous-titré *Études et Documents sur l'espionnage Juif-Allemand en France depuis l'affaire Dreyfus*. (n.d.é.)

Je suis absolument de l'avis de notre confrère Léon Bailby[464], la décision doit appartenir ici au gouvernement seul. Car lui seul a toutes les cartes sous les yeux. Lui seul peut discerner celle qu'il faut jouer. Et je n'en dirais pas plus long si tout le monde n'en parlait, si la tribune de la Chambre n'en avait retenti.

Je retiens, pour ma part, la démarche des quatre villes du Rhin, effrayées de bombardements, éventuels ou accomplis, et qui demandent à l'Empire de les sauver de ce fléau. L'Empire le peut-il ? Ne le peut-il pas ? La réponse dépend de nous.

Cela, c'est neuf. Et cette nouveauté est d'autant plus intéressante que, depuis des semaines, tout ce qui discute et palabre à la Chambre et dans les journaux affirme que l'arme du blocus nous est retirée du fait de l'invasion de la fertile Russie méridionale et qu'il va nous falloir trouver autre chose contre l'ennemi... Autre chose ! Et voilà que nous saute aux yeux dans les nouvelles d'Allemagne cet aveu de la terreur des bombardements. N'est-ce pas à saisir tel quel ? L'arme nouvelle, la voilà, la rejetterons-nous ?

L'aveu boche paraît sincère. La terreur s'explique. Songez que, depuis trois ans et demi de guerre, l'Allemagne entière n'est éprouvée qu'à la manière de nos provinces du sud-est ou du sud-ouest, par les pertes en combattants, jointes à un degré de gêne alimentaire que nulle province de France n'a ressenti. À part cette crise, qui a tenu de la disette, qui a ressemblé à la famine et dont on lui annonce la fin à brève échéance, l'Allemagne a connu cet orgueilleux privilège refusé à la France et à l'Angleterre de vivre libre, sûre, entre des frontières de terre et de mer absolument inviolées, sauf au début, du côté russe. L'Allemagne est donc une sybarite. Que, sur son lit de roses, une feuille se plisse, qu'elle reçoive quelques tonnes de marmites du haut des cieux, il est clair que la surprise sera d'autant plus dure. Et, le mauvais caractère boche aidant, la réaction ne manquera pas de vivacité. Elle criera que ce n'est pas de jeu et que l'empire et l'empereur devraient bien la garder de l'inadmissible fléau...

La réaction serait encore avivée par la qualité ou la position des parties de l'Allemagne ainsi offerte à nos coups. Ce n'est pas l'Allemagne du nord. Nous ne pouvons toucher que le Rhin, les royaumes du Sud. On dit : tant pis. Je dirais : tant mieux. Car là, le mécontentement public, déjà constaté, serait profitable. Là il pourrait germer en bons et sérieux murmures séparatistes. Là, il aurait pour allié et multiplicateur les vieilles forces permanentes... Ne me dites pas qu'on évacuerait, comme on l'a fait ailleurs, les villes du Palatinat, du grand-duché de Bade ou du royaume de Wurtemberg, car ce serait un autre (et combien précieux !) sujet de mécontentement. Pour la première fois, redis-je, les citoyens non armés de l'Empire se sentiraient gênés autrement que par le murmure de l'estomac, éprouvés

---

[464] Léon Bailby (1867-1954) est surtout connu aujourd'hui comme le fondateur du Bal des Petits Lits Blancs, dont la première édition se tiendra en 1921. En 1918, il a derrière lui une longue carrière de journaliste ; il a été directeur de *La Presse*, puis de *L'Intransigeant*. En 1927, il fondera *Paris-Match*. (n.d.é.)

autrement que par les deuils de famille et d'amitié. Aux transformations défavorables causées par la défaite orientale, nos incursions aériennes opposeraient donc des transformations inédites en notre faveur.

Nous aurions à en subir quelques contre-coups à Paris ? Sans doute. Mais Armentières, Arras, Soissons, Reims, Verdun, Bar-le-Duc, Nancy, Belfort sont là pour dire que l'on peut supporter la disgrâce et lui résister. Du côté français, l'épreuve est courue, la partie est tenue. Mais du côté allemand ? Les socialistes pensent que, les hommes étant égaux, tout se passera là-bas comme ici. Or ils n'en savent rien. Car il y a là-bas une possibilité de faiblesse, donc pour nous une chance de force heureuse, et le murmure des quatre villes du Rhin nous en est le témoin. Courir le risque de laisser se perdre une chance pareille me semble, quant à moi, une erreur.

C'est presque une folie de ne pas continuer une expérience qui a déjà partiellement réussi.

Cette position du problème n'aborde pas, comme on le voit, la question des *représailles proprement dites* et, à vrai dire, ce dernier thème m'est indifférent. Il est trop juridique et, du côté du code de l'honneur militaire, si l'on veut, il est inintelligible aux Boches. Le Droit ne donne pas de solution pratique. Ce qu'il faut savoir aujourd'hui, c'est où est le bon parti, celui de la bonne direction de la guerre, puisque avec M. Clemenceau c'est *la guerre* qu'on fait. Or, du point de vue de la guerre, en ce moment, une question se pose, pas deux ; il y avait le blocus, l'importance du blocus diminue, quel supplice allez-vous porter chez l'ennemi pour y tenir lieu du blocus ?

Les bombardements aériens de l'Allemagne du sud répondraient à cette question. Vous les supprimez, soit ! mais alors qu'est-ce que vous mettez à la place ?

Toutes les douloureuses anecdotes d'enfants aux chairs broyées, de jeunes filles et de malheureuses femmes carbonisées vivantes peuvent être mises bout à bout sans satisfaire le moins du monde le bon sens du politique chargé d'assurer la défense des trente-huit millions de Français vivants et du milliard de Français à naître.

Ceux qui ont connu la vie des villes du front savent que le génie civique des populations de notre race finit par prendre son parti de l'existence la plus dangereuse. Nos lecteurs de l'autre année n'ont pas oublié cette bonne petite fille de Reims qui n'avait pas peur d'aller jouer sous les obus, mais qui tremblait comme une feuille à la pensée d'être grondée par sa maman.

Telle est l'habitude tragique. On s'y fait. Nous nous y ferions, comme à tant d'autres maux. Un seul mal serait sans remède, et pour de longs siècles ; l'ignoble victoire de l'empire allemand, car elle représente une telle multitude de cruautés, d'abominations, d'oppressions, de douleurs morales et matérielles infligées à des centaines de milliers de personnes, que le lecteur tenté de me trouver stoïque et sec, s'il réalisait par l'imagination ce que contient d'affreux malheur, de malheur éventuel menaçant, l'hypothèse d'une Allemagne victorieuse, avouerait que la sensibilité véritable est de mon côté ; celle qui ne s'enferme pas dans l'heure présente, celle qui voit, mais qui prévoit et dont les calculs bienfaiteurs signifieront l'épargne d'un nouvel océan de larmes, d'une nouvelle mer de sang.

Nous sommes entre deux avenirs aussi différents que la nuit et le jour. Le choix dépend de nous. Sachons le faire dans l'éclair d'une pitié lucide, d'une raison plus tendre, plus humaine, plus charitable que ne serait l'ébranlement panique de nos pauvres nerfs égarés.

La vraie humanité n'est pas sotte, ni faible. La fermeté, la rudesse, la dureté même peuvent être inspirées des pressentiments d'un bon cœur. Lorsque M. Edmond Barthélemy nous donne, au *Mercure de France*, ce conseil ardent et pressant : « Ô France, toi qui as Rome dans ton héritage, recherche la positive leçon romaine et défais-toi des métaphysiciens politiques » (simples généralisateurs de sensations), des phraseurs qui, dans bien des cas, ne sont que des « Gaudissarts intrigants », M. Edmond Barthélemy ne songe nullement à épaissir la fibre française.

Le grand peuple dont nous avons hérité la forte leçon politique nous a laissé aussi tous les véritables modèles de la mâle tendresse dans le chant de ses élégiaques et la leçon de ses moralistes. Mais sa grave pensée voyait la loi du monde, elle acquiesçait aux sacrifices nécessaires en vue de sauver l'essentiel.

Qui ne consent pas ces concessions partielles à l'exigence du destin, perd le reste, perd tout. Telle est la loi, la loi trop claire. Il faut nous y conformer ou nous périrons, et la rhapsodie de nos Gaudissarts qui n'a même plus pour elle d'être sincère nous entraînera dans une agonie atroce qui serait sans excuse, dignité, ni beauté.

La grosse Bertha

24 mars 1918.

Ni Calais, ni Dunkerque, ni Reims ni aucune des nombreuses villes françaises canonnées par la grosse artillerie allemande n'ont été convaincues en trois années de guerre. En doublant la portée et, je suppose, le volume de la pièce, les Allemands ont-ils amélioré l'argument ? Ils continuent d'être bien fous s'ils nous rêvent sensibles à de telles grossièretés.

Paris hier faisait plaisir à voir. Deux alertes en moins de quinze heures, c'est beaucoup lorsque la première dure du matin au soir.

Éveillé au milieu du jour, je m'entendis annoncer que la sonnerie d'alerte avait eu lieu et je crus entendre ajouter que tout était fini depuis fort longtemps, ce qui eut l'effet naturel de me replonger pour quelques minutes au pays des songes. Cependant, à peine vêtu, fus-je détrompé, et l'on m'assura que les bombes continuaient à pleuvoir ; mais dans la rue, comment le croire ? À voir ainsi vaguer par groupes ou stationner par longues rangées tout ce que Paris pouvait compter de curieuses et de curieux, comment rêver que la berloque n'avait pas sonné dix fois plutôt qu'une ?

On m'avait dit qu'un engin était tombé ici et là. Mon chemin était d'y passer et j'y trouvai d'abord peu de chose en fait de dommages, mais beaucoup de gens pour s'en divertir. Une population entière, se connaissant, goûtait, semblait-il, le spectacle de son courage, de son entrain, de sa bonne humeur, de sa grâce.

À l'excès ?

À l'excès. Il n'en faut pas douter. On peut rire du canon de Mahomet II[465], mais mieux vaut ne pas s'y exposer inutilement. Je n'aurais pas distingué le Paris en alarme du Paris tranquillisé sans le carillon des clochers qui mirent, un moment, dans l'air, sur les visages, dans le mouvement des cœurs et des corps, une couleur de vieille France dont le charme de jeunesse est incomparable.

Ce fut bien autre chose, la nuit venue. L'alerte numéro deux ne m'ayant pas été annoncée du tout, je trouvai, à la vingt-deuxième heure, par la plus belle nuit de printemps, au léger poudroiement d'une pâle flamme lunaire étonnamment pure et limpide, le tableau d'un Paris presque provincial, ni éveillé, ni endormi, ni gai ni triste, ni occupé ni distrait, mais debout sur le pas des portes, attendant, regardant, supputant les différences du vol des avions gardiens et de la course indifférente des astres. Presque tous les flâneurs que j'ai vus arrêtés, le nez en l'air, paraissaient témoigner un intérêt particulier au plus subtil de ces chariots volants qui tournoyait à vitesse vertigineuse et qu'on ne perdait pas des yeux grâce aux deux magnifiques

---

[465] Le canon utilisé par Mehmet II durant le siège de Constantinople, pièce de 66 centimètres, calibre énorme et qui ne fut que de peu d'aide pratique aux troupes turques. (n.d.é.)

émeraudes liquides étincelant à chaque moyeu. Le canon ne tonnait pas, ou, me disait-on, pas encore alors pourquoi ne pas se laisser enchanter des merveilles du ciel ?

Cette tranquillité d'esprit doit être saluée, déplorée, puis enregistrée. Elle porte en elle sa gloire. Elle implique un danger qu'il est superflu et fâcheux de laisser courir aux non combattants. Elle signifie à l'ennemi la vanité de ses tentatives d'intimidation. De dix Parisiens interrogés sur leurs préoccupations véritables, plus de la moitié auraient répondu qu'ils étaient de cœur et d'esprit sur la Sensée, sur l'Oise, avec nos troupes, avec les nobles troupes alliées, car là-bas se jouait le destin du monde. Que nos soldats le sachent ; on a beau dire, envers et contre tout, il n'y en a que pour eux dans notre pensée.

Offensive sur la Somme et assaut de Paris

— Mais la riposte ?

25 mars 1918.

Bien que tous nos désirs et toutes nos angoisses se tournent aujourd'hui du côté du front, de ce front de la Somme qui renouvelle les garde-à-nous et les fiertés d'août-septembre 1914, il convient, ces jours-ci, de ne pas attacher d'importance excessive aux différentes phases d'avance et de recul mentionnées par les communications des armées. Il eût été inconcevable que le coup de bélier donné par une masse de 600 000 hommes n'ébranlât point la ligne anglaise et ne l'obligeât même à quelque recul. Des retours offensifs heureux auront lieu, ont eu lieu, ont lieu. C'est inévitable. L'inévitable aussi, c'est la fluctuation. N'embarquons pas le sort de la guerre sur l'un ou l'autre de ces mouvements. Nous ne serons pas victorieux, parce que, de tant de kilomètres perdus, on en aura regagné tant, ni parce qu'il aura fallu les laisser. N'en a-t-on pas cédé, et plus vite que cela, après Charleroi ? N'en a-t-on pas perdu de même à l'Yser ? N'en a-t-on pas perdu identiquement à Verdun ? Cependant Verdun n'a pas lâché, on a tenu l'Yser, et l'on a réagi après Charleroi, plus vite et mieux qu'on n'eût jamais osé l'espérer. Il n'y a donc rien de plus vrai que ces mots d'ordre répétés chaque jour de Français à Français :

— C'est un nouveau Verdun. On tiendra. Ils ne passeront pas.

Les citoyens là-dessus pensent comme les troupes, parmi lesquelles le courage des hommes correspond à la confiance des chefs.

Pauvres Parisiens ! Arrachés cette nuit même, dès une heure, à leur premier sommeil, la dernière matinée leur avait laissé très peu de répit. Mais qu'elle était belle !

Le dimanche de Pâques fleuries s'annonçait par des lumières si douces et si fines qu'à la sortie de l'imprimerie où je m'étais attardé, l'idée de prendre une voiture me fit l'effet d'une véritable profanation. De pareilles heures ne se goûtent qu'à pied, avec la faculté de stationner pour savourer un détail de l'éclairage, la corne délicate d'un monument ou les pâles nuées de verdure précoce étendues d'une branche à l'autre des massifs éclaircis.

Puisqu'il n'est pas possible de dire mon chemin, je dirai que c'était le chemin de l'école. Étais-je ou non curieux de savoir si au coup de sept heures un quart la danse d'avant-hier recommencerait ? C'est une idée qui ne m'avait pas traversé l'esprit d'une façon bien consciente ; toutefois, à un coin de rue, apercevant une silhouette familière arrêtée, l'oreille tendue, comme pour reconnaître, identifier le son d'une voix, l'avertissement ne me surprit pas. La passante reprit sa course rapide. Je l'attendis pour la saluer. C'est une de ces femmes courageuses qui sont nos collaboratrices de la dernière heure puisque, de leurs magasins de quartier, elles s'en vont distribuer de porte en porte, et parfois d'étage à étage, *L'Action française* et *Le Pays*, *Le Figaro* et *La Victoire*, *L'Écho de Paris* et *L'Humanité*. J'ai vu son mari en soldat. Il est employé de librairie. Ce sont nos liens.

— Eh bien ! lui dis-je, encore le canon ?

Elle me fit signe qu'il n'y avait pas doute et continua son chemin. « C'est la guerre », criai-je. Elle répondit : « C'est la guerre » et, sans hâter ni ralentir, poursuivit l'élan quotidien.

J'arrivais sur le pas de la porte connue. Une petite laitière en sortit, l'œil brillant, la bouche fleurie d'une nouvelle intéressante, et sans attendre de question, s'écria :

« J'étais là-haut... Ça a fait *Baada-booum, Baada...* » Et elle porta précipitamment la main à sa bouche pour feindre la terreur qu'elle n'éprouvait plus.

« Il y a longtemps ? demandai-je.

— Cinq ou six minutes, peut-être. »

Elle recommença lentement : *Baada...* Comme elle achevait : *...Aubooum*, la porte s'ouvrit, il en sortit une autre laitière d'à peu près le même âge, mais opposant au rond visage de sa petite amie ces traits aigus et fins, ce regard entendu des enfants de Paris. Et, à se revoir, toutes deux éclatèrent d'un grand rire, d'un rire fou, lancé la tête haute, la gorge renversée, peut-être en défi à la minute effrayée qu'elles venaient de vivre, peut-être simplement pour rien. Pour rien au monde quant à moi, je n'aurais demandé compte de cette joie, et elles s'éloignèrent sans cesser une de ces parties de rire dont on ne peut avoir souci que longtemps, très longtemps après avoir fini d'être jeune.

Plusieurs passantes matinales revenaient de l'église, un pieux rameau à la main ; quelque habileté que j'aie acquise à lire sur les visages le reflet de sons que je ne perçois pas, rien n'exprimait l'involontaire tressaillement de la canonnade ou des coups de bombe. Il était tard, j'avais sommeil et montai me coucher.

Pour la riposte et la contre-offensive de l'air

Ce tonus moral unanime est la perfection même. S'il m'était permis d'y faire une critique, ce serait pour lui reprocher peut-être de se reposer un peu trop dans sa perfection. Cette certitude de la résistance victorieuse gagnerait à être nuancée et comme relevée d'une goutte d'inquiétude sur l'avenir. Un nouveau Verdun, c'est très bien. On tiendra, c'est parfait. Oui, mais : et puis après ?

Croyez-vous que cette résistance ait le don de contraindre les Allemands à la paix ?

Vous figurez-vous qu'il leur suffise d'avoir fait massacrer inutilement quelques corps d'armée pour venir aussitôt à résipiscence et nous tendre un bienheureux rameau d'olivier chargé de « conditions acceptables » en guise de fruits confits ? Si vous croyez cela, je n'en croirai rien quant à moi. Et je suis convaincu que cette résistance, fait négatif, simple insuccès pour eux, simple manque à gagner, ne parviendra pas à élever le vague murmure allemand au point de lui donner un accent menaçant, une direction révolutionnaire efficace. Michel grognera ? Certes. Mais l'État impérial est accoutumé au grognement de Michel. Il apportera à Michel des blés de Russie avec de substantielles promesses, lourdes d'or, riches de beaux rêves orgueilleux sur la colonisation de l'Orient d'Europe et d'Asie, depuis le Niémen jusqu'au Gange, et la mauvaise humeur sera éludée une fois de plus. Entre temps, l'État boche soufflera, se reposera, reprendra des forces et recommencera à nous préparer autre chose. Je ne dis pas que cela le tirera d'affaire. Je dis que la guerre en sera allongée. Voilà, oui, voilà ce qui ne peut manquer d'arriver si, après le nouveau Verdun et le grand coup tenu, rendu et repoussé, notre politique de guerre se croise les bras.

Je ne suis pas dans le secret des dieux, il n'est pas dans nos habitudes de nous mêler de politique militaire, mais, à l'heure actuelle, comment ne pas nous demander si, le succès étant prévu et judicieusement escompté, des ripostes fructueuses sont également prévues et sont préparées de telle sorte qu'elles se succèdent avec toute la rapidité nécessaire ? Même devanceraient-elles ce succès qu'elles n'y nuiraient pas et l'exploiteraient par avance. L'imagination (car nous sommes ici dans la conception pure, mais sans sortir de la raison) l'imagination ne peut s'empêcher de caresser avec délices l'idée d'une offensive aérienne menée sur le Rhin et l'Allemagne du Sud, qui arroserait avec une prédilection particulière les capitales des États secondaires qui se sont agrégés à l'empire prussien. Bade, Wurtemberg, Bavière ont eu les profits de l'empire, il est moral que ces royaumes et le grand-duché en supportent aussi les désagréments. Nous avons insisté sur ce point de vue. Il nous est précieux de voir *Le Temps* s'y rallier, hier même :

> L'efficacité du moyen n'est pas douteuse, les plaintes des villes rhénanes et leurs alarmes, dont nous avons eu l'écho, sont là pour le prouver par avance. L'Allemagne, jusqu'ici, n'a point senti la guerre dans sa chair elle-même, comme nos malheureuses provinces envahies, pillées, rasées, incendiées. Elle a souffert, cela est certain, mais qu'on nous laisse employer l'expression, plutôt dans son appétit et dans son ventre. Si son moral n'éprouve point encore une dépression suffisante, c'est que l'image de la guerre n'est pas devant ses yeux. Le seul moyen de l'y placer, c'est la guerre aérienne. Une grand'mère allemande, d'après ce que nous racontent les journaux d'outre-Rhin, félicitait Hindenburg non point de ses victoires, mais de ce qu'il avait réussi à éloigner toujours les horreurs de la guerre du foyer allemand. Il est juste que ces horreurs soient connues de la nation qui

a déchaîné cette guerre horrible et qui, bien qu'elle soit garantie jusqu'ici elle-même contre toute invasion, la continue avec ténacité et avec férocité.

Cela est bien senti. Mais, pour que le plus grand journal de la République en arrivât à penser aussi bien qu'il sent, il importerait de considérer quel serait l'effet de notre offensive aérienne combinée avec l'échec des armées allemandes sur notre front. Le désespoir de jamais nous vaincre ajouté à la cuisante douleur directe venue des châtiments du ciel stimulerait, attiserait, irriterait toutes les vieilles déconvenues, toutes les vieilles plaies de la guerre ; cette pointe active, harcelante, du bombardement méthodique de Carlsruhe, de Stuttgart, de Munich et même (enfin !) de Nuremberg[466] jouerait le rôle déterminant, frapperait le coup décisif auquel l'échec éloigné d'une offensive en terre ennemie n'aurait pas suffi. Aux douleurs éprouvées par le sol de l'empire, l'Allemagne commencerait d'être tentée de tomber sur les genoux ; c'est alors que les mouvements séparatistes ou sociaux pourraient acquérir une graduelle importance.

Elle s'accentuerait peut-être encore si (je poursuis mon hypothèse) l'offensive aérienne que nous rêvons était doublée au nord d'une offensive maritime générale, conduite à fond par la puissante flotte de l'Angleterre vers Heligoland et en vue de forcer les fameux réduits de Cuxhaven ou d'opérer un débarquement sur la Mer du Nord.[467] Il est clair que l'empire, pressé des deux côtés par l'échec sanglant qui l'aurait partiellement désarmé, pourrait alors passer par des crises intérieures qui seraient l'auxiliaire naturel d'une diplomatie énergique animée de larges vues, décidée à réviser les abominables traités de Brest-Litovsk et capable de réorganiser une Europe.

Je ne dis pas que l'œuvre des diplomates en deviendrait facile. Elle serait possible ; ce serait beaucoup.

---

[466] On n'a pas oublié la fable officielle boche d'avions français qui auraient bombardé Nuremberg en juillet 1914 et qui a servi de prétexte à déclarer la guerre.
[467] Comme nous revendiquons nos idées propres, rendons à l'amiral Degouy ce qui lui appartient : cette idée de l'attaque du littoral allemand fut préconisée par lui durant toute la guerre.

Les figues de Caton
ou l'Allemagne du Sud

15 avril 1918.

À l'heure où j'écris, aucun communiqué n'est arrivé. On ignore le nombre des bombes reçues par Paris et leurs points de chute.[468] On ne sait que la rapidité de la manœuvre exécutée par tout ce que la ville comptait de passants, à 22 heures, le sang-froid remarquable des Parisiennes de tout âge, les amusantes scènes de kermesse auxquelles a donné lieu le passage de la berloque dans nos rues encore baignées d'ombre noire, déjà étoilées de points bleus, sans compter la pâle lueur de nos lampes de poche.

Mon avis n'a pas plus varié que celui du vieux Caton quand il laissait briller dans le pli de sa toge les merveilleux fruits de Libye. Je crois qu'il faut tâcher de nous mettre à même de bombarder l'Allemagne du Sud. Il me semble toujours que là serait le maximum du rendement. Nulle part figues de Libye ne seraient semées d'une façon plus utile. L'Allemagne sentirait la guerre comme nous la sentons. Elle en éprouverait les horreurs directes, immédiates, et la mauvaise humeur qu'en pourraient concevoir ces populations de son extrême périphérie pourrait aussi avoir des conséquences politiques pleines de suc. Les vieilles forces divergentes de la géographie et de l'histoire seraient mobilisées à notre profit contre le nouveau centre prussien.

On répond parfois que ce que nous disons est bien vrai, mais que l'objectif est lointain. Mais, lorsque nous parlons de l'Allemagne du Sud, il ne s'agit d'aller ni à Dresde ni même à Munich (330 kilomètres !). Nous parlons de précipiter les incommodités et les horreurs du bombardement sur les villes capitales qui sont à notre portée : la capitale du Grand-Duché de Bade, Carlsruhe, à 110 kilomètres de notre front, celle du royaume de Wurtemberg, Stuttgart, à 160 km. Pour des objectifs militaires ou économiques, dont je suis bien loin de nier la haute utilité, ni même le rôle supérieur, les aviateurs anglo-français vont quelquefois à Cologne, à Essen, à Elberfeld[469], ce qui comporte des parcours de 210, 240, 265 kilomètres, ainsi qu'en peuvent faire foi les flèches de telles cartes publiées ; les promenades aériennes que je conseille seraient beaucoup plus courtes, et j'ose penser qu'elles seraient d'autant plus fructueuses qu'elles tomberaient sur plusieurs des nœuds vitaux de l'empire fédératif allemand. Les Français, même instruits, même haut placés dans l'État, ont une tendance déplorable à réciter comme en classe : Allemagne, capitale Berlin... Berlin est à 620 kilomètres, et les prouesses que l'on

---

[468] Il y avait eu onze morts, cinquante blessés (communiqué de deux heures du matin).
[469] Aujourd'hui Wuppertal. (n.d.é.)

multiplierait pour l'atteindre 1 fois sur 10 seraient peut-être si coûteuses que le jeu n'en vaudrait pas la chandelle ; mais, sur les quinze ou vingt autres capitales de la confédération germanique, il y en a un certain nombre où nous pourrions répandre l'alarme et l'épouvante à notre volonté. Et peut-être en aurions-nous ensuite de très intéressantes répercussions... Je ne conseille évidemment pas un voyage. Le voyage on l'a fait ici ou là ; c'est un système de voyages qui aurait seul un sens, une suite, un profit.

Figues de Libye ! figues de Libye ! Les cueillera-t-on ?

La politique et les héros de l'air

Ce que nous voudrions, ce que veulent certainement tous les chefs civils et militaires de la France, c'est de réunir devant l'ennemi le maximum de l'épargne en hommes au maximum d'efficacité politique ; le politique ici égale et prime même le militaire. Or, si nous avons des soldats merveilleusement au fait de leur tâche, les politiques savent-ils aussi, bien leur affaire ? Et cependant leur champ d'action se trouve être le plus large, le plus général de tous, et ainsi le plus riche de conséquences.

Une bonne politique aérienne pourrait tirer un parti nouveau et fructueux de ces magnanimes aviateurs qui donnent une idée si exacte et complète de toutes les variétés de l'âme de la patrie. Ils se recrutent dans tous les milieux et à tous les paliers de la société. Des noms jadis obscurs comme celui de Guynemer se sont élancés du char de feu jusqu'au sublime ciel des étoiles. Et aussi de vieux noms se sont mis à briller d'une splendeur plus pure à ce firmament national. Le jeune duc de Chevreuse appartenait à nos légions aériennes. Aviateur aussi, le jeune héritier des premiers grands chefs d'industrie de la France moderne, Henri-Paul Schneider, tombé du ciel il y a deux mois ! Aviateur, ce prince de Tonnay-Charente, dont le deuil n'a été proclamé qu'hier, mais dont la perte était pressentie depuis de longs jours. Français d'un sang si vieux, si noble, si valeureux que les plus grands devoirs, comme il disait lui-même, lui incombaient. En vue de satisfaire à cette haute règle, il n'abattit pas moins de douze avions boches avant d'être saisi par les éléments de la flamme sur lesquels il avait dominé si longtemps !

Rêverie allemande

16 avril 1918.

... *Boum. Boum.* Il paraît que c'est le canon. Bien tranquillement, nos linotypistes composent le journal, nos imprimeurs apprêtent leurs machines. Pas un de nos amis qui ne soit à son poste. Et il en est ainsi chez tous nos confrères, comme dans toutes les entreprises parisiennes qui travaillent de nuit... *Boum... Boum...* L'heure presse. C'est ma dernière feuille de papier. Il faut y coller la risible histoire que notre ami Jules Véran a découverte dans une feuille archiboche et qu'il a publiée dans l'*Éclair de Montpellier* :

> *Dès 7 heures du matin, des obus tombent sur les quartiers les plus variés de la capitale française. La plupart des habitants se sont enfuis. Les rares Parisiens qui n'ont pu trouver de place dans les trains sont en proie à la panique et ils attendent en tremblant l'arrivée des conquérants allemands.*
>
> *L'opinion française réclame la paix immédiate. Pour résister au sentiment populaire, le gouvernement recourt à tous les moyens. Comme Paris pullule de déserteurs, on a chargé des Annamites, costumés en femmes, d'aborder les jeunes gens sur les boulevards et de livrer au Conseil de guerre ceux dont la situation militaire est répréhensible. Des Françaises ont également été enrôlées pour faire le même métier ; elles sont considérées comme appartenant au « service auxiliaire civil ».*
>
> *Le président de la République est gardé par des Annamites. Dans toutes les grandes villes de France, le maintien de l'ordre est assuré par des soldats noirs ou jaunes, car M. Clemenceau compte sur eux pour tirer sur le peuple quand la révolution éclatera très prochainement.*

Il paraît que la *Deutsche Tageszeitung* possède des « informateurs parisiens » qui lui expédient ces craques ! Il est gai de les recueillir à cette place pendant que l'engin boche est en train de s'époumoner dans la nuit.

Qu'est-ce que la paix ?

24 avril 1918.

Comme dans le sonnet baudelairien que Sainte-Beuve jugeait digne d'un poète anglais du temps de Shakespeare, *ce soir la lune rêve avec plus de paresse*[470] et les étoiles à leur poste, à demi-effacées par la clarté de l'astre, sont aussi quelque peu voilées de brume subtile. L'aspect du ciel et de la rue, sur les vingt-deux heures et demie, donnait déjà à croire qu'on avait sujet d'appréhender quelque chose du côté des routiers d'en haut. L'alerte qui devait être sonnée à minuit semblait écrite dans les airs ; pendant les heures d'attente, je ne pouvais m'empêcher de songer à la trompeuse paix de mes concitoyens, puis à la veille étincelante des milliers d'yeux, d'oreilles et d'esprits généreux qui, sur terre et au ciel, se tendaient et se déployaient pour prévoir, surprendre et déjouer l'ennemi.

Tandis que je m'attable tranquillement et, en quelque sorte afin qu'il me soit possible d'en user ainsi, la région qui s'étend de Paris au front est pleine de gardes terrestres, de croisières célestes, de combats en haut et en bas. Pour que l'agresseur soit ou repoussé, ou du moins tenu en échec, pour que subsiste l'équilibre favorable aux paisibles travaux de la plume et de l'outil, une tension terrible, un effort gigantesque, une activité qu'il faudrait appeler monstrueuse sont déployés sur tous les éléments, avec tous les moyens de la vie et de son industrie. Notre repos n'est que la résultante de cette action, ensanglantée souvent de sacrifices énormes ; notre paix relative n'existe que par cette guerre.

Et quand il arrive, comme cette nuit, que notre paix souffre quelque trouble, femmes, vieillards, enfants tirés de leur sommeil, descendant les escaliers sombres pour gagner leurs abris, nous en éprouvons une espèce de scandale, parfois d'indignation, comme si le cours de la nature était rebroussé et qu'on vît se produire, par un phénomène inouï, l'interruption ou la subversion radicale des lois de l'être !

En réalité, c'est tout le contraire qui est arrivé ; nous voyons, en effet, le retour à l'état normal. Ce qui a fléchi n'est pas la nature ; c'est le chef-d'œuvre sublime, le miracle demi-divin de nos arts guerriers de la paix. La seule cause de sécurité défaille et s'ébranle ; la nature a continué sa guerre éternelle. Un art surhumain a faibli ; le bouclier héroïque, fait de vaillance et de sagesse, de la puissance individuelle de nos soldats et du haut trésor de nos traditions et inventions militaires ou savantes, a été surmonté et percé sur un point, en sorte que nous retombons, à certain égard, dans la misère de la condition primitive qui nous laissait à la merci des forces et des éléments. Le merveilleux, pour qui réfléchit, ni le surprenant, n'est pas dans ce retour lié aux aventures de l'être ; il convient de réserver notre étonnement et notre

---

[470] Premier vers du sonnet *Tristesses de la Lune*, soixante-cinquième pièce des *Fleurs du mal* dans l'édition de 1861. (n.d.é.)

admiration à ce qui les mérite, à cet ingénieux et puissant réseau des moyens de la défense et des engins, de la protection.

On a parfois raillé, traité de cercle vicieux, la définition de la vie, par Bichat, comme l'ensemble des forces qui résistent à la mort. Ce prétendu cercle est une vue de profonde philosophie qui rend hommage à la qualité exceptionnelle et merveilleuse de la réaction de la vie au milieu des assauts acharnés qui lui sont livrés de toutes parts. Ainsi, la notion de la Paix, inspirée de son vrai amour et de sa juste estime, doit être conçue par rapport à la multitude infinie des éléments et des puissances qui conspirent tantôt à l'empêcher de naître, tantôt à la détruire à peine est-elle née.

Les pacifistes sont de pauvres esprits qui ignorent le prix de la paix ; ils supposent la paix toute faite, naturelle, simple, spontanée sur notre globe. Or, il faut qu'on la fasse. C'est le produit de la volonté et de l'art humain. Non, il n'est pas de qualité plus belle et plus noble que celle de pacifique. Mais elle convient uniquement au héros qui la fait. Il ne la trouve pas sous un chou. Pour la faire, il doit manier les outils qui s'appellent des armes. Avant la bombe et la grenade, c'était l'épée. Et avant l'épée, la massue et le bâton.

Pour venger le *Bonnet rouge*

16 mai 1918.

É tait-ce pour venger Duval, Marion, Landau ou Goldsky[471] que les avions boches se sont mis en chemin pour Paris hier soir et nous ont infligé une « alerte » assez longue ?

De toutes les nouvelles que j'ai recueillies, pas une qui contredise les observations personnelles que j'ai pu faire sur le sang-froid des Parisiens et des Parisiennes. À vrai dire, il y a excès d'insouciance et surtout d'illumination. À ce clair de lune un peu pâle, mais net, il n'était pas besoin de tant de lanternes et de falots fixes ou errants. Tout le long de mon chemin, principalement sur la rive droite de la Seine, on accédait à certaines caves par des vestibules somptueusement éclairés qui allongeaient sur la chaussée de longs cônes de flamme d'or.

En ajoutant les feux des voitures et ceux des abris aux feux bleus des réverbères, on peut dire que Paris nocturne était bien plus brillant hier qu'avant-hier. Nul esprit sage ne voudra approuver ces légèretés imprudentes. Les précautions sont ordonnées ou ne le sont pas ; celles qui le sont devraient avoir l'appui actif et insistant de tous les bons citoyens. Cela vaudrait mieux que de fumer en groupes à la margelle des trottoirs au risque inutile d'accidents qui pourraient avoir leur gravité.

À 23h55, berloque. Le téléphone nous annonce que Paris est indemne. Tout pour la grande banlieue ! On prononce le nom d'une pauvre, vieille et charmante ville, déjà cruellement meurtrie et ravagée, la belle Senlis ! Mais on n'en sait pas davantage à l'heure où je puis enfin me remettre au travail.

---

[471] Le procès de cette canaille s'ouvrait.

LES MŒURS NOUVELLES

23 mai 1918.

Deux ou trois alertes en deux jours[472], l'habitude achèvera bientôt d'être prise. La nuit limpide sous un beau clair de lune a déjà caractère de pronostic. Au coin de la rue du Croissant, j'avise hier un des ouvriers de l'imprimerie. Il regarde le ciel comme l'homme d'Ovide[473] :

« Rien ? lui dis-je... »
Mais il me répond :
« Rien encore... »
Et comme je plaisante son pessimisme :
« Dame, quand le temps est si beau... »

Quand le temps est si beau, les gens sont sur le pas des portes, les uns assis en rond, d'autres debout, et devisent comme au village. Ils n'attendent pas une goutte d'air. Une chambre entr'ouverte serait plus fraîche. Mais il leur déplaît d'aller « se coucher pour rien ». Il faut avouer cependant qu'avant-hier il n'était que 22 h 40 au premier signal ; à ce moment précis de mon départ pour l'imprimerie, j'eus, dans mon escalier couleur de crépuscule, le pittoresque défilé de mes voisins et voisines

---

[472] Elles avaient été sans résultat, nul appareil ennemi n'avait pu arriver sur Paris.
[473] Dans le premier chapitre des *Métamorphoses* (vers 78 à 88), Ovide décrit la création de l'homme, être qui se distingue de l'animal parce qu'il regarde le ciel au lieu de regarder le sol :
> *Natus homo est, sive hunc divino semine fecit*
> *Ille opifex rerum, mundi melioris origo,*
> *Sive recens tellus seductaque nuper ab alto*
> *Aethere cognati retinebat semina caeli.*
> *Quam satus Iapeto, mixtam pluvialibus undis,*
> *Finxit in effigiem moderantum cuncta deorum*
> *Pronaque cum spectent animalia cetera terram,*
> *Os homini sublime dedit caelumque videre*
> *Jussit et erectos ad sidera tollere vultus :*
> *Sic, modo quae fuerat rudis et sine imagine, tellus*
> *Induit ignotas hominum conversa figuras.*

En voici la traduction faite par Villenave en 1806 : « L'homme naquit ; et soit que l'architecte suprême l'eût animé d'un souffle divin, soit que la terre conservât encore, dans son sein, quelques-unes des plus pures parties de l'éther dont elle venait d'être séparée, et que le fils de Japet, détrempant cette semence féconde, en eût formé l'homme à l'image des dieux, arbitres de l'univers ; l'homme, distingué des autres animaux dont la tête est inclinée vers la terre, put contempler les astres et fixer ses regards sublimes dans les cieux. Ainsi la matière, auparavant informe et stérile, prit la figure de l'homme, jusqu'alors inconnue à l'univers. » (n.d.é.)

en costume hâtif, nattes battantes, bottines à demi-lacées. Cette descente aux caves a troublé des premiers sommeils.

Les mœurs des Parisiens sont devenues vraiment patriarcales depuis le début de la guerre. Soit légère pénurie de l'éclairage, instinct d'économie ou volonté résolue de faire honneur à la réforme de M. Honnorat[474], on dort plus tôt, comme on se lève. Ceux qui voient Paris au premier matin se rendent compte de l'animation extraordinaire des rues du centre. Jamais en 1914 il n'y eut tant de monde dehors entre six et sept heures, ni même une heure plus tard.

Que deviendront ces manières d'être à la paix ? Il n'est pas impossible que certaines habitudes d'épargne soient maintenues comme utiles si le législateur se montre vigilant. Toutefois, d'autres facteurs pourront aussi entrer enjeu, par exemple l'intérêt des théâtres, celui des réceptions du soir, toute cette vie nocturne qui est un des éléments normaux de Paris et qui sera sans nul doute activée par ce besoin général d'émotions collectives puissantes qui suit fatalement les grandes crises des sociétés.

---

[474] En 1918, André Honnorat a cinquante ans. Celui qui laissera son nom à la postérité comme fondateur de la Cité Universitaire n'était à l'époque qu'un député parmi d'autres, élu dans les Basses Alpes sous une étiquette de centre gauche. Le 19 mars 1917, l'Assemblée avait adopté son projet de création de l'heure d'été ; il s'agissait d'économiser l'énergie pour soutenir l'effort de guerre. (n.d.é.)

Le progrès de la défense

24 mai 1918.

Il n'appartient certainement pas aux particuliers de décerner des récompenses nationales, ni de décider que tel ou tel ont bien mérité de la patrie, mais il est bien permis d'exhaler cette vérité que notre défense aérienne est une belle chose, qu'il y a de nobles progrès de faits, que d'autres semblent en route et que, sous la pression souveraine de la guerre, les Français font figure d'achever leur conquête du ciel.

Rappelez-vous qu'il y a peu de saisons les moins pessimistes des nôtres sous la menace des gothas ou des zeppelins se bornaient à des conseils, d'ailleurs sages, de résignation. Le « c'est la guerre » était tout ce qu'ils pouvaient offrir aux appréhensions et aux plaintes, quittes à secouer les élégiaques les plus amers en demandant s'il n'y avait pas un peu plus de risques au front ? Pourtant, on a cherché, inventé, travaillé. Et l'on a trouvé. L'on a trouvé non le remède unique, la panacée, mais un ensemble de mesures dont le jeu concerté produit, en tout ou en partie, les résultats voulus. De ces résultats, quelques-uns sont merveilleux. Sembat ne veut pas qu'on abuse des canons antiaériens, et il en donne des raisons dont plusieurs sont solides et dont les autres brillent par la fluidité. Tout de même, quel rêve ! D'un mur de projectiles mouvant, intermittent et discontinu, parvenir à construire une défense de fait, un rempart réel, une digue vraie, entre la ville et l'ennemi, cet ennemi qui peut jouer à travers les trois dimensions de l'espace immense ! Les explications ne manquent certes pas. Des dispositifs très simples nous sont rapportés. Mais cette simplicité-là fait la plus grande gloire au génie de l'homme. Il fallait en avoir l'idée. Il fallait la pousser à l'acte. *Audax Iapeti genus !* et je suis bien content que le grand vers d'Horace[475] s'applique à des soldats et à des inventeurs français.

---

[475] Vingt-septième vers de la troisième *Ode* du premier livre d'Horace, *Au vaisseau de Virgile partant pour Athènes*. Dans ce célèbre passage (nous citons les vers 25 à 34), le poète évoque le défi lancé aux Dieux par Prométhée (qui était l'un des fils du Titan Iapetus – ou Japet) venu leur dérober le secret du Feu, et les conséquences funestes qui s'ensuivirent pour les humains :

> *Audax omnia perpeti*
> *Gens humana ruit per vetitum nefas ;*
> *Audax Iapeti genus*
> *Ignem fraude mala gentibus intulit ;*
> *Post ignem aethera domo*
> *Subductum macies et nova febrium*
> *Terris incubuit cohors*

Bref chant du cygne des Berthas

16 juillet 1918.

À Paris et au front la saint Henri d'hier a été fêtée comme une sainte Barbe. Mais la grosse Bertha, dont le retour n'avait jamais été douteux, n'a pas fait de dégâts proportionnés aux intentions. L'heureux sort m'ayant presque fait assister, pour ma part, à l'un de ses tours, j'ai principalement vu rouler des pavés, se fendre quelques vitres, et le courant des gaz déflagrants coucher au ras du sol une jeune passante.

On l'a relevée fraîche et rose, sans autre mal que celui de la commotion, un peu surprise de voir se ruer tant de monde. En effet, d'un demi-kilomètre à la ronde, tous les voisins couraient à toutes jambes, mais vers le point de chute, pour le voir les premiers.

On comprend bien que je ne puisse approuver ces mœurs d'imprudence, de bravade et de sans souci. Mais enfin, elles valent mieux que leur contraire. Elles sont dignes de la nation qui, avant-hier, se pressait en larges haies fleuries tout le long du passage des armées alliées et qui s'était arrangée pour souscrire, du matin au soir, plus de cent millions en l'honneur de son indépendance et de sa sécurité. Il faut travailler à rendre ce peuple sage et prudent, mais aussi avouer toute la juste gloire qu'il a méritée pour n'avoir montré, depuis ces quatre ans d'une guerre affreuse, que de beaux et nobles défauts.

Tandis que les civils de l'arrière n'ont qu'à « tenir », une armée généreuse, hardie et forte se bat sur le rempart de nos fleuves et de nos forêts. Il est trop tôt encore pour ajouter aucun détail aux communiqués officiels qui sont bons. Les nouvelles que j'ai, ne parlant que de l'état moral, datent de l'avant-veille de l'offensive ennemie. Les notes qu'on va lire ont été cueillies sur le vif, de haut, par un esprit de chef qui sait voir et prévoir.[476] Il me dit que les Boches étaient attendus pour les premiers jours de juillet. Ils ne sont pas venus. Cela a permis de reprendre des forces :

Semiotique prius tarda necessitas
Leti corripuit gradum.
Nous ne résistons pas au plaisir d'en citer la traduction pesante et médiocre de Lecomte de Lisle : « Audacieuse à tout braver, la race humaine se rue vers l'impiété défendue. L'audacieux fils de Iapétus, par une ruse mauvaise, donna le feu aux nations. Après que le feu eut été ravi à la demeure éthérée, la maigreur et la foule inconnue des maladies tomba sur la terre, et la nécessité autrefois tardive de la mort reculée hâta le pas. » (n.d.é.)
[476] Le lieutenant-colonel Bernard de Vesins.

— On se remet en haleine, les hommes se sont reposés et l'idée générale c'est qu'on « les » attend. Notez que cela ne comporte aucune vantardise ; c'est une conception solide, raisonnée qu'il faudra en découdre et qu'on aura un rude coup à tenir. Le coup, on fera tout ce qu'il faudra pour le tenir, parce que c'est le seul moyen d'en sortir. Et comme on est convaincu de la nécessité absolue de faire tout le possible, on est fermement résolu ; ni l'enthousiasme ni la joie, encore moins la rodomontade et pas du tout le découragement. Je ne vois même pas de place pour la résignation ; c'est plutôt de la décision, sans autre chose accessoire, toute nue.

L'esprit de guerre se modifie ainsi peu à peu. À mon sens, il s'améliore ; l'expérience a permis de raisonner solidement et, les têtes françaises ayant vu clair, les volontés ont suivi. Ceux qui parlaient du Français léger, inconstant et superficiel n'ont qu'à venir ici. Ils verront des gens tenaces, appliqués, travailleurs, souvent gais, parbleu ! Mais la gaîté dans le travail, c'est simplement le témoignage d'une profonde, intime et sérieuse satisfaction. Elle n'exclut rien, elle facilite tout.

Cette bonne vue, prise du champ de bataille, sur le moral profond de la France guerrière, fait un pendant assez exact au tourbillon de badauderie passionnée et de curiosité impavide dont Paris bombardé nous a rendus témoins dans la journée d'hier. C'est surtout par l'esprit que vit notre peuple des Gaules.[477]

---

[477] Deux jours après ce jour, à l'ouverture du procès Malvy, retentissait le canon de la victoire. Réplique décisive à l'incursion de gothas qui avait souligné l'ouverture du procès du *Bonnet rouge*.

Réflexions complémentaires

> Quels frissons, toute notre vie, passeront sur nous quand nous entendrons l'accent allemand !
> Capus, 31 janvier 1918.

I – Le grief français : son avenir

Nous voilà donc en désaccord avec nos meilleurs amis, avec les Français dont le cœur et l'esprit adhèrent spontanément à toutes nos haines ! On n'oubliera pas, disent-ils, après ce hideux massacre d'innocents[478], on ne pourra pas oublier !

Mais nous :

— Détrompez-vous. On oubliera. L'oubli est en train. Et non seulement il se fait déjà par l'opération naturelle des forces de la vie que rien n'immobilise, qui veulent oublier afin de se sentir être, mais voici que les fabriques d'oubli artificiel sont déjà à l'œuvre et qu'un peu partout se distille un sale Léthé.

Il suffit de se promener dans Paris pour prendre d'abord sur le fait la haute et légitime colère spontanée d'une fière et brave population dont le patriotisme n'a pas fléchi. Ensuite on se rend compte que, le premier moment d'émotion passé, il faut bien que chacun aille vivre sa vie. Les petits garçons et les petites filles, un moment effrayés par les Boches monstrueux, ont repris leurs amusements. Dans les cafés, dans les restaurants, dans les bureaux, ce qui était avant-hier l'unique thème des conversations n'en était plus hier que le sujet principal, et d'autres soucis élimineront peu à peu celui-là. C'est la force des choses, c'est le mouvement naturel qu'il serait chimérique de vouloir arrêter ; on peut seulement désirer de le régler avec sagesse ou de le ralentir tout au moins en partie, de manière à laisser subsister, de ce passé qui fuit, l'élément mémorable pour en édifier un avenir meilleur en nous rendant plus prévoyants, plus lucides et plus avisés. Tout ce qui appartient à l'ordre de l'intelligence, notamment la presse et les autres organes de l'opinion, devrait collaborer à ce grand service public.

Il suffit bien d'approcher d'un kiosque et d'acheter quelques feuilles aux noms trop connus pour voir et toucher qu'il n'en est pas ainsi. Une importante partie de la presse est, au contraire, consacrée à seconder l'œuvre de dissolution naturelle et de dispersion spontanée, comme pour mieux diminuer la durée et la constance du grief français !

---

[478] Dans la nuit du 30 janvier. Cette page avait paru dans l'Action française du 2 février 1918.

M. Jouhaux[479], que nous avons vu mieux inspiré en d'autres cas, écrit par exemple :

> Nous saluons les victimes innocentes de ces pratiques sauvages, mais il convient que ces victimes ne servent pas de prétextes à une recrudescence des campagnes violemment chauvines sous lesquelles se cachent les désirs impérialistes[480] de quelques-uns.
>
> Notre réprobation, nous devons la manifester énergiquement contre les empereurs et les chefs responsables, sans cependant nous laisser aller à la haine aveugle des peuples qui ferait disparaître à nos yeux la réalité et qui donnerait ainsi satisfaction au but poursuivi par les hobereaux prussiens.

La réalité, c'est ce qui disparaît « aux yeux » de M. Jouhaux. La réalité, c'est que l'un des deux aviateurs faits prisonniers à la suite de la chute de leur appareil, habitait Paris avant la guerre et y était employé dans une maison de la rue d'Uzès ; ce n'était ni un empereur, ni un hobereau, ni un chef, c'était un de ces Allemands que M. Boutroux[481], qui connaît l'Allemagne et qui ne s'est pas laissé rouler par elle comme les chefs socialistes, a vus et nommés par leurs noms d'éternels envahisseurs pillards, prétendant à tout dominer. En semant dans le peuple ces distinctions frivoles entre maîtres et sujets, on renouvelle l'étourderie des premières semaines de la guerre, où quelques racontars firent croire à la pauvre France que les Allemands se battaient à contre-cœur et traitaient cette guerre de guerre d'officiers. Monsieur Albert de Mun en fut dupe...

L'erreur nous coûta cher. Après trois ans et cinq mois de rudes épreuves, il coûterait plus cher encore, non seulement à nos combattants, mais à leurs fils et petits-fils, de circonscrire les responsabilités à des éléments clairsemés du peuple coupable... L'expérience séculaire est là pour montrer ce que de telles erreurs font couler de sang.

Mais un autre publiciste d'extrême-gauche nous arrêtera, tout pensif, à ce mot de coupable. Sommes-nous bien sûrs de la culpabilité allemande ? Et que pouvons-nous en savoir ? Il y a un coupable, « la Guerre », « la guerre, telle que l'ont comprise les civilisés du XXe siècle ». En dehors de cette certitude très générale, le *Journal du Peuple* refuse de rien concevoir et spécialement de départager les belligérants ! De

---

[479] En 1918, Léon Jouhaux a 39 ans. Il est secrétaire général de la CGT depuis 1909. (n.d.é.)
[480] M. Jouhaux devrait savoir qu'il n'y a pas d'impérialisme français.
[481] Émile Boutroux (1845–1921), académicien en 1912, fut un philosophe de grande renommée. L'oubli dans lequel il est tombé est peut-être dû à ses positions violemment anti-germanistes, que les biographes actuels passent sous silence. Après avoir étudié dans sa jeunesse à Heidelberg, il publia de nombreux ouvrages sur la philosophie allemande, notamment sur Leibnitz, Kant et Bluntschli, dont il espérait que le message prenne un jour le pas sur la barbarie née de Fichte et de Treitschke. (n.d.é.)

son point de vue qu'il juge philosophique, ils lui paraissent tous se valoir. Est-ce que les uns et les autres ne font pas les mêmes mouvements de pied et de main, autour des mêmes machines de mort ? Le penseur du *Journal du Peuple* en est à ce stade sommaire où l'on demande équitablement après la tête de l'assassin celle du bourreau et même, un peu, de quelques parents de la victime, dans le cas où ces misérables auraient cédé à l'instinct sanguinaire de porter plainte.

Je vous assure que c'est ce que l'on entend par la Justice aujourd'hui dans certaines têtes. S'il était moins « justiciard », le *Journal du Peuple* n'écrirait pas :

> Les hommes qui ont survolé Paris en accomplissant l'œuvre de mort, sont des bandits ici, des héros à Berlin. Nos camarades qui survoleront les vieilles villes allemandes seront des bandits là-bas et des héros pour nous. Ainsi en décide la sagesse des nations !

Je ne conseille pas de laisser passer ces insanités comme cela. S'il est des nigauds pour les dire, il en est un bien plus grand nombre d'autres pour les croire et d'autres pour les propager. Les thèmes de *la guerre du droit*, parfaitement oiseux en d'autres circonstances, doivent être employés ici dans toute leur rigueur. Héros pour héros, qui a commencé ? Quels sont les agresseurs et les envahisseurs ? On oublie trop, à l'heure où ils seraient utiles, les thèmes dont on abuse à d'autres moments.

Ce n'est pas la France qui offensa la première une ville ouverte. Les Allemands nous ont jeté leurs bombes en septembre, il y a quatre ans. Nous y étions. Nous les avons vues pleuvoir en plein jour sous la queue des oiseaux prussiens. Cette initiative qualifie désormais la suite de leur action. Mais elle ne date pas de 1914 ; nous tenons de nos devanciers quelle horreur ignominieuse avait été, par des méthodes autres et dans le même esprit, le bombardement de 1871.

Le funeste M. Ribot était ridicule de réduire la guerre à un, deux, trois « procès ». Mais pour définir du point de vue de la justice les rapports des peuples français et allemands, il faut pourtant se rappeler que l'agression ni la malfaisance n'ont jamais été de notre côté. Que l'on remonte à Charlemagne, à Jules César, au consul Marius, les leçons données aux Germains répondaient à des invasions dévastatrices ou réprimaient des procédés militaires honteux. L'incendie de quelques villages du Palatinat, si furieusement reprochés à Louvois, avait déjà pour objet de contraindre les peuples allemands à faire la guerre « avec plus d'honnêteté ».

Les guerres de Louis XIV, même celles, incomparablement plus dures, de la Révolution et de Napoléon Ier, n'allèrent pas sans apporter à ce centre européen (aujourd'hui en pleine régression morale, mais de tout temps retardataire) un surcroît de politesse et de civilisation auquel l'Allemagne a constamment répondu par de lâches violences et d'immenses pillages toutes les fois qu'on lui en a laissé les moyens. Cette priorité du bienfait français et du crime allemand ne saurait être attestée ni propagée avec trop d'éclat.

L'intérêt public de la France, la Vérité historique indépendante de tout sentiment national et la Justice dépendante de cette seule Vérité vivent en accord absolu ; voilà ce qu'il ne faut point cesser de redire à la face des imposteurs et des pêcheurs en eau trouble qui n'ont d'autre désir que les revenant-bons des agitations qu'ils escomptent. Le mensonge colore des illusions funestes. Sachons faire assez de lumière pour les poursuivre une par une et pour les disperser. Il faudra bien un jour invoquer contre de mauvais Français les rigueurs des lois, mais celles-ci seraient absolument inopérantes si l'on ne donnait pas à l'opinion publique les lumières préalables auxquelles elle a droit. Jamais la lutte intellectuelle ne fut plus nécessaire. Jamais, précisément parce que le monde entier brandit et manie des armes terribles, jamais l'influence du Spirituel n'a été plus capable d'empêcher ou de précipiter de lourdes misères. La conservation ou la perte du pays peuvent être liées à la mise en valeur de quelques idées capitales. Mais, pour les concevoir, il faut les fonder sur les réalités mémorables. Réapprenons l'histoire de nos pères. N'oublions pas l'histoire que nous avons vécue.

II – Le conservatoire des griefs

Bâtir sur le sentiment d'une foule est bâtir sur l'eau. Le seul conservatoire possible du grief national, c'est l'État. Nous avons assisté tout un jour à l'explosion de haine et de mépris provoquée par la visite des avions boches dans Paris, la plus meurtrière depuis le début de la guerre. Mais pour que chacun vive, il faudra que ces souvenirs, sans disparaître, rentrent dans l'ombre.

Ainsi va le monde, et son train se fait sans dommage chez les peuples bien constitués qui possèdent un État.

Les souvenirs, les haines, les rancunes que les simples particuliers ne peuvent entretenir de façon constante, un État les prend à son compte, il en tient registre, registre qu'il met à jour de manière à exercer tous les droits, à soutenir tous les intérêts, à poursuivre tous les devoirs qui y sont relevés. Dans un État normal, les émotions publiques ne sont pas de simples coups de sensibilité, balayés, remplacés au premier vent contraire ; elles deviennent la matière et la substance d'actes utiles, elles servent à recouvrer et à restaurer ce qui a été perdu pour la communauté.

L'État français est-il actuellement outillé pour jouer ce rôle ? On le souhaite et on l'espère. Cependant, on serait tenté d'en douter toutes les fois que l'État se met à trancher du stoïque et du magnanime, feint l'oubli, mime le pardon, se met à faire le généreux avec le dépôt que nous lui avons laissé de nos haines, de nos rancunes, de nos revendications. Cela revient à violer le cahier des charges et à tronquer son devoir d'organe national d'intérêt public. Un État qui abandonne l'idée d'indemnité ou qui appelle justice une charité ridicule envers l'ennemi, cet État politique signe sa déchéance, et les socialistes qui lui dictent faute sur faute proclament de la sorte leur inaptitude à comprendre et à pratiquer la première des obligations sociales, qui est de savoir subir et imposer les conditions de la vie.

Toute vie serait rapidement rendue impossible si la barbarie boche pouvait compter sur l'impunité. Nulle vie civilisée ne serait praticable si de fortes rançons n'étaient exigibles et exigées en échange de tant d'horreurs. Le droit est là, s'il y a un droit. Le métier des rhéteurs et des sophistes qui exploitent le peuple s'efforce d'opposer le droit à l'intérêt ; nous ne nous lasserons pas de répéter que la justice se compose de justes intérêts et que les réelles satisfactions réclamées constituent le Droit. Sans elles, il n'y aurait plus dans le monde qu'iniquité.

C'est la vérité pure. Il ne s'est pas trouvé un écrivain ou orateur socialiste et anarchiste pour établir le contraire, mais, sous notre plume de simples particuliers, la vérité évidente et éblouissante reste démunie de toute autorité pratique et, quand bien même nos formules incarneraient manifestement les conditions du salut public, il resterait à savoir ce qu'en pense l'État.

Oui, quelle est sa pensée ? Lorsque le funeste M. Alexandre Ribot incarnait l'État, il était de bon ton, il était de bon goût, de dire et d'écrire que les plus nobles conditions sociales pour un État quelconque étaient celles du martyr crucifié et déchiqueté pour le Droit sans compensation d'aucun genre. Tel un théoricien du mariage qui prendrait pour modèle type et canon suprême les maris aimants et trompés !

Successeur du funeste Alexandre Ribot, M. Paul-Prudent Painlevé n'a sans doute jamais bien su ce qu'il fallait choisir de cet idéalisme épineux (mais sublime) et radieux (mais défaitiste) ou d'un réalisme qui rappelle ces mauvais jours de la vieille monarchie où chaque guerre se soldait par l'acquisition d'au moins une province.[482] M. Painlevé en jugeait les profits tentants, mais il se demandait s'ils ne seraient avilissants et, comme la chatte de la comédie, le goût des confitures luttait dans son cher cœur avec la crainte de délustrer le bout de sa patte.

Il sera très intéressant de voir quelle position adoptera le Gouvernement de la France en dehors de ces deux mémorables et piteux précédents. On lui conseille des représailles rapides. On aime à croire qu'il ne manquera point de les ordonner. Mais ces décharges réflexes sont à la portée du premier venu. L'intéressant, je le répète, est de savoir comment les cruautés de l'autre nuit retentiront sur la conception officielle, sur la notion gouvernementale de la paix à poursuivre et à imposer. Comment l'État français inscrira-t-il sur ses tablettes au débit de l'Allemagne les 36 morts et les 190 blessés parisiens du 30 janvier 1918 ?

Une réponse dilatoire est sans doute probable. On nous dira qu'il s'agit d'abord de vaincre ; tant que nous n'avons pas la victoire, on ne peut voir ce qu'elle permettra d'exiger. Mais il faut sortir de ce cercle et dire hardiment qu'on hâte la victoire en faisant briller quelque bien dont elle nous fera jouir. La victoire ascétique,

---

[482] On en a l'aveu officiel du comité de Salut public.

dénuée de satisfactions matérielles et morales, dont les suppôts de Kant voudraient nous régaler, est certainement celle dont la pensée exerce la plus faible attraction sur les armées et sur les peuples. Un gouvernement intelligent s'arrange pour associer au désir et à la volonté de vaincre toutes les puissances de l'imagination, du sentiment, de l'intérêt et de l'appétit. Ainsi, du plus noble au plus vil, de la simplicité brutale de l'instinct au raffinement chevaleresque de l'honneur et du droit, tout est mobilisé, appelé et mis en action au service extraordinaire de la patrie.

« La victoire apporte la vengeance, la victoire apporte le dédommagement, la consolation, l'abondance. La victoire ramène la fierté, la prospérité... » Voilà ce que l'on devrait oser penser et oser dire si l'on était capable de clairvoyance et de raison. Cette raison et cette clairvoyance habitent-elles l'État français ? C'est la question. C'est presque toute la question.

Post-scriptum

La victoire a tardé, mais elle est venue. Il appartient aux Français de dire si elle leur apporté ce qu'elle devait, pour l'utilité et le droit. Ils diront si l'État qui a accepté cette victoire et signé l'acte du 29 juin 1919 a été un bon conservatoire de leurs griefs et de leurs créances.

On vient de voir quelle était la doctrine désintéressée des cabinets qui ont précédé celui de M. Clemenceau. Les Français diront si ce dernier a su définir la doctrine contraire et si ses successeurs y ont même pensé.

Pour nous qui ne saurions séparer la politique de la vie, et dont la doctrine, les idées, les conclusions les plus générales ne seraient que de frivoles considérations sans racines si nous ne les eussions puisées, d'un regard direct, dans les choses, il n'y a pas de doute à élever ni à garder. Ce tableau de Paris assailli, bombardé et calme, cette chronique de nos deuils, de nos ruines, de nos justes indignations motive et fortifie aussi clairement que possible l'amertume des déconvenues de la France depuis l'armistice et surtout depuis le traité.

Quelque chose a manqué, sans conteste possible, pendant cette guerre et depuis cette paix. Et cette chose, c'est l'État.

Nous nous sommes défendus. Dans la carence de l'État, nous n'avons su ni ce que nous voulions, ni ce qu'il nous fallait au terme de la défense victorieuse.

Maintenant nous exploitons juridiquement et péniblement ce mauvais traité. Cela se fait depuis quelques mois, depuis l'entrée dans la Ruhr, le moins mal possible ; une action tardive répare difficilement un ensemble d'omissions précipitées. La pression directe de nos nécessités financières a seule obtenu cet effort.

Nous n'avons eu ni politique de la guerre ni politique de la paix. Rien n'a été dirigé de haut, envisagé de loin, élevé de nos profondeurs. Tout le monde en convient. Il faudrait convenir de nous reconstruire un État.

C'est mon vœu final. Je le dédie aux Parisiennes et aux Parisiens, qui ne tiennent pas du tout à recommencer de dégringoler leurs escaliers avec des bottines ouvertes en de nouvelles nuits d'épreuve de 192...

Je le dédie aux amateurs de musique sacrée et aux catholiques pieux qui échappèrent par miracle au massacre du Vendredi-Saint dans l'église de Saint-Gervais.

Il y a des malheurs en suspension, il y a des obus, de grosses marmites qui planent, et ces menaces des nouvelles nuits d'épreuve s'adressent à notre intelligence. Soit pour les écarter, soit pour résister. Il n'y a rien de plus pressant que de rétablir notre appareil de défense contre l'oubli ; je veux dire un État français.

ALTERNATIVE

1924

Alternative[483]

> — Il le fallait.
> — Il faut, quoi !
> Comtesse de Noailles.

Des beaux corps et des belles âmes
Qui s'entr'appellent dans la nuit,
Regard intime, ô sourde flamme,
N'éclaire pas qui te poursuit !

N'éclaire pas qui tu désires,
Crains d'être vu mais crains de voir
Qu'Amarillys ou le Satyre
Agite ton nuage noir !

Laisse le cœur entre les voiles
Que lui tissèrent ses pudeurs
Si la lumière d'une étoile
Peut en glacer les profondeurs.

Ou bien courage, Amour ! éclaire
De la fureur de ton flambeau
Née au printemps des feux stellaires
Tout ce qu'attendent nos tombeaux.

Et, sur l'autel où tu t'enflammes,
Médiateur éblouissant,
À ces corps morts infuse une âme
Aux âmes mortes ce beau sang !

---

[483] Paru dans la revue *Le Divan*, 1924, p. 469–470.

Anatole France et Racine
Essai sur le poète savant

1925

Quel admirable et plaisant petit livre que celui de M. des Hons ![484] Il est tout en citations d'Anatole France et de Jean Racine, les plus beaux vers de notre langue, la prose la plus délicieuse et, de texte en texte, il nous conduit à découvrir que l'auteur de *Thaïs* et de *Leuconoé* parlait, pensait, sentait dans l'air spirituel de l'auteur d'*Athalie* et de *Bérénice*, qu'il se nourrissait de son souffle et qu'enfin, comme au texte sacré : *in eo vivebat*[485], tout son être empruntait ses vertus de vie, ses principes de mouvement à ce maître, à ce dieu de la poésie et de l'âme. M. des Hons fait voir et fait toucher comment quelques-unes des phrases les plus belles, les plus personnelles (mais oui, et les plus caractéristiques) de France ne cessent d'accuser ces vestiges étincelants de la possession racinienne.

Cependant, l'évidence ne sera pas avouée de sitôt ! Je ne crois pas qu'on laisse M. des Hons achever. Comme on l'interrompra ! Comme à la lecture des premiers rapprochements qu'il a faits, le Romantisme et le Mercantilisme de notre temps s'accorderont pour s'étonner de ces scandaleux *plagiats*. Eh ! quoi, prendre sans dire ! Emprunter sans payer ! Assurément, ceux qui ont l'habitude et le maniement de la pensée de France ne seront pas émus. Ils savent que le maître a écrit dans sa *Vie littéraire*[486] la plus paisible apologie du plagiat où tout le nécessaire est dit. Cela ne m'empêchera pas de conter à l'appui une historiette assez longue, telle qu'elle m'est arrivée et peut arriver à mille autres.

... Certain ancien ministre, humaniste et fort beau lettré, nous récita un soir, chez un ami[487] un morceau sublime du *Sermon* de Bossuet *sur l'ardeur de la Pénitence* :

> Mais (c'est le pécheur qui parle), mais laissez apaiser cette passion, après j'irai à Dieu d'un esprit plus calme. Voyez cet insensé sur le bord d'un fleuve qui, voulant passer à l'autre rive, attend que le fleuve se soit écoulé ; et il ne s'aperçoit pas qu'il coule sans cesse. Il faut passer par-dessus le fleuve ; il faut marcher contre le torrent, résister au cours de nos passions et non attendre de voir écoulé ce qui ne s'écoule jamais tout à fait.

À ces mots, chacun s'écria : — Quelle force, quel nombre, et quel magnifique pittoresque moral ! Pour dresser la statue brillante du pécheur insensé, assis devant son vice et le laissant couler au lieu de marcher contre lui, quel autre que Bossuet !...

---

[484] Édition du Divan, Paris, 1925.
[485] « Il vivait en lui ». Reprise libre de la parole de saint Paul, Ac., 17, 28 : *In ipso [Deo] enim vivimus et movemur et sumus sicut quidam vestrum poetarum dixerunt ipsius enim et genus sumus*. (n.d.é.)
[486] *La Vie littéraire*, publiée en deux séries en 1888 et 1892, est le recueil des articles de critiques littéraire publiés par Anatole France dans *Le Temps*. (n.d.é.)
[487] On peut bien le dire, puisque tout le monde le reconnaît : M. Léon Bérard. L'ami était Jacques Bainville.

Je faisais ma partie dans le chœur. Mais pour éclaircir une préoccupation peu distincte, j'osai prier le généreux citateur de répéter. Il le fit. Mon oreille attardée aux premières douceurs des beautés de détail put se saisir du nœud de la parabole, et, cette fois, l'arrêt fut mis au point où avait brillé l'éclair trop vif des réminiscences obscures.

Monsieur le Ministre, lui dis-je, l'image de Bossuet, c'est le vieux vers d'Horace ou le paysan attend que le fleuve ait coulé :

> *Rusticus expectat dum defluat amnis...*[488]

(Tant il est vrai que les idées de l'homme ressemblent aux autres beautés du monde, elles sont comptées ; de siècle en siècle, leur petit nombre fait courir les mêmes feux dans la nuit...)

— Mais, dit le lecteur de Bossuet, est-ce qu'Horace par delà l'image physique, énonce un sens moral, Bossuet le lui a-t-il aussi emprunté ?

... Je le croyais. Mais pour répondre à la question judicieuse, il eût fallu me rappeler ce qui précède et ce qui suit dans mon poète : je n'y arrivai point. Rentré pour rechercher le contexte, sa cadence de faux alexandrin me trompa, et c'est les *Odes* et les *Épodes* que je feuilletai inutilement. Alors, comme de juste, j'eus recours au poète et critique spécialiste d'Horace, maître et docteur de toute poésie latine. Notre admirable et cher Frédéric Plessis[489] me répondit en désignant l'*Épître* deuxième du premier livre, où je lus en effet :

> *...Vivendi qui recte prorogat horam*[490]*,*
> *Rusticus expectat dum defluat amnis : at ille*
> *Labitur et labetur in omne volubilis aevum.*[491]

Le maître latin fournit donc l'idée sensible et l'idée morale, l'attente absurde devant le cours du fleuve et l'inertie humaine qui remet à demain le temps de bien vivre, le moment de la conversion. Pendant six à sept lignes, Bossuet s'est montré parasite d'Horace, il a vécu d'Horace, et sans la moindre honte, rien n'est plus certain...

---

[488] *Épîtres*, I, 2, v. 43. Voir la traduction donnée en note *infra*. (n.d.é.)
[489] Frédéric Plessis, 1851–1942, latiniste, professeur en Sorbonne, fut proche de l'Action française. (n.d.é.)
[490] On lit aussi *profugat horam*.
[491] *Épîtres*, I, 2, v. 43–45. « Celui qui recule l'heure de vivre bien attend, comme le campagnard, que la rivière ait fini de couler : elle coule, elle coulera et roulera ses eaux jusqu'à la fin des temps. » (n.d.é.)

Avant de nous en étonner, il nous faudrait savoir aux dépens de qui Horace a vécu. Lui a-t-on assez reproché de ne donner que des échos du lyrisme grec ! Lui-même s'en est-il assez vanté ! Lisons toute l'*Épître*. Elle commence par évoquer en termes homériques la morale d'Homère ; plusieurs vers y sont traduits ou résumés d'Homère et je voudrais avoir su demander à un autre Bérard, celui des *Phéniciens*, M. Victor Bérard[492], si les poèmes homériques ne fourniraient point par hasard quelque prototype de ce paysan, ou, comme devait dire le jeune Musset, de ce « pâtre accroupi » qui « regarde l'eau couler ».

Nous aurions déjà Horace, Bossuet, Musset ; quelle bande de plagiaires ! Il y faudrait peut-être ajouter Homère en personne. Supposons, en effet, la racine homérique trouvée.

On ne pourrait s'y arrêter. Le premier germe est plus ancien. Au jugement même des commentateurs d'Horace, le poète fait allusion à quelque vieille fable. Mais, laquelle ? Il faut qu'elle soit née au bord de cours d'eau saisonniers, véritables torrents, comme en encastrent les ravins pierreux de l'Asie Mineure ou les Îles de la grande Grèce ou notre Provence. Homère en a dans son pays, Horace dans le sien, qui est la Pouille, et dans ces pays-là, si l'imbécile peut attendre que le torrent passe comme une pluie, l'absurdité est ramenée à la mesure humaine. Mais ni Horace, ni Homère n'auraient pris l'initiative d'appeler fleuve un torrent. Non plus qu'ils n'eussent installé le plus stupide des rustiques devant quelqu'un de ces vrais fleuves de Haute-Italie, de Thrace ou de la Gaule belge dont un été torride réduit si peu le volume d'eau ! Il semble bien que le poète, latin ou hellène, ait pris la phrase toute faite dans ce langage populaire où la force des mots étire toujours la pensée sans qu'il y ait de grand dommage parce que le mot s'y use de lui-même rapidement. Passée de bouche en bouche, l'innocente et moqueuse hyperbole produit juste ce qu'il faut d'étonnement pour éveiller le sourire, forcer la réflexion, tourner la dérision en moralité, allier à la liberté de la fantaisie les autorités du bon sens.

C'était donc là le point juste auquel l'image populaire apparaît parfaitement mûre pour le poète artiste qui saura la cueillir. Comme dans cette chanson des métamorphoses dont Mistral tire *Magali*, comme dans ces vieilles ballades qui servirent de point de départ au lyrisme de Goethe, l'image qui a cessé d'être brute, à gardé sa fraîcheur naturelle, mais elle tend à rejeter, des floraisons luxuriantes qui l'enveloppent, tout ce qui n'est pas l'utile ou le nécessaire. Ainsi simplifiée, elle circulera de poète en poète, de moraliste en orateur : le païen, le chrétien ou le libertin la rechercheront tour à tour pour l'exploiter en la pliant à leurs intérêts, séduits l'un après l'autre par son double rayon de paradoxe aigu, de tradition obtuse. Roulant ainsi d'un plan à l'autre, elle y durera en se transformant par le génie divers

---

[492] Victor Bérard, 1864–1931, helléniste, diplomate et homme politique français, connu pour sa traduction de l'*Odyssée*, ainsi que pour ses tentatives de reconstitution géographique des voyages d'Ulysse. (n.d.é.)

des langues et des esprits, *in omne volubilis aevum*, comme dit Horace qui ne dit pas assez. Usée ? fanée ? desséchée par tous ces contacts ? Peut-être pour des yeux grossiers, pour des cœurs superficiels. Mais non pour des esprits sensibles à tout ce que la haute humanité laisse de sa trace brillante aux idées, aux mots ou aux choses. Non pour ceux qui ressentent dans une image belle et polie par les siècles la phosphorescence voluptueuse et la marque splendide du doigt sacré des demi-dieux. Non, en un mot, pour les bons yeux et pour le cœur savant d'un futur Bossuet du XXXe siècle ou d'un jeune Musset du le. Ils y prendront le même plaisir et peut-être plus vif, qu'à la vue, qu'au parfum de la rose vivante que vingt générations de chanteurs ne se lassent pas de saluer pour l'incorporer à leur poésie.

Autant dire tout net qu'il n'y a point de véritable différence entre la rose des jardins et celle qui, fleurie dans l'imagination des hommes anciens, s'ouvre dans le silence et dans la solitude pulvérulente de quelque beau livre : le parterre idéal créé de main d'homme fait une suite très normale aux parterres de la nature qui ne sont pas exempts des communes épreuves de culture et de sélection. À quoi pensent ceux qui peuvent instituer une distinction radicale entre la fleur qu'on lit et la fleur qu'on respire ? Celle-ci vit. Celle de Ronsard ne vit-elle point ? Toutes les deux sont faites pour enchanter et pour inspirer les hommes nouveaux au fur et à mesure que leur race s'accroît et leur patrimoine s'étend. Si les Modernes obtiennent une avance sur les Anciens, c'est qu'ils ont derrière eux un plus grand nombre d'êtres dont le labeur a augmenté le royaume de leur usage, les espaces de leur plaisir. Les derniers venus seraient sots de limiter leur art ou leur génie en se privant de matériaux ennoblis et perfectionnés par tout ce qu'y ajoute le travail de l'esprit humain. Au contraire, tout leur conseille d'en tirer parti, pour des effets inespérés, par des mises en œuvres nouvelles. L'art et la nature sont des points de départ équivalents pour le poète nouveau-né qui crée de secondes natures.

Ce qui est arrivé d'une image est le sort d'une infinité d'autres. Ce qu'ont fait Bossuet et Musset d'une idée d'Horace, ce qu'Horace a pu faire d'une locution homérique ou d'un proverbe de l'Apulie a été fait semblablement par Virgile et Lucrèce.

Racine ne s'est pas plus gêné qu'eux avec eux, ni avec leurs maîtres. Tous ces grands hommes s'estimaient communs héritiers du génie humain et copropriétaires de la nature : aimant à travailler de belles matières déjà ouvrées, ils ne jugeaient pas qu'on pût leur contester la possession de ce bien de famille. Quand on les interroge on voit qu'ils jugent agréables et méritoires les emprunts qui les rapprochent de leurs pères sacrés. Ils font même un effort naturel pour leur ressembler. La ressemblance acquise ne les offusque pas. Elle leur semble précieuse, honorable et fort digne d'eux.

Cependant un critique attentif et curieux comme M. des Hons pourrait marquer, à peu de chose près, la ligne et le moment précis où les sentiments de cet ordre ont commencé d'être contestés. Il suffirait de se reporter à certaine préface de la deuxième ou troisième édition des *Odes et Ballades*.[493] Là apparaissent les mots discrets, mais nets, par lesquels l'auteur essaye d'imprimer à l'esprit public une direction singulière mais certainement aussi fausse que nouvelle. D'après lui, être grand ne demandera plus de s'unir aux grands. Ce sera de s'en éloigner. Dans le jugement critique comme dans la création poétique, on prodiguera la préférence et l'éloge aux signes sensibles des différences personnelles, adoptées pour les seules marques certaines du génie ou du talent.

Le talent était-il sacrifié jusque-là ? Ou le génie, persécuté ou méconnu ? C'est le reproche fait aux doctrines classiques. Elles ne l'ont jamais mérité. Même aux premiers vers de l'*Art poétique*, il est entendu, reconnu, proclamé que la secrète influence du ciel, et les prédispositions natives, sans suffire à rien, sont premières et nécessaires en tout. Un élan du fond naturel compose le matériel, donne le mouvement, ce sans quoi il n'y a rien, ni rien ne peut naître. Ces vérités allaient sans dire. Toutefois, après qu'elles étaient dites et admises, celui qui possédait en partage la vertu lyrique ou la fougue éloquente ne s'entendait pas recommander, à tout bout de champ, de prendre bien garde d'être d'abord lui-même, de ne se nourrir que de soi, de ne rien emprunter qui eût été rêvé avant lui, bref de travailler tout d'abord à *accuser son personnage*. Ces mauvais conseils, dont les vrais maîtres se détachaient dès l'époque de Baudelaire, ont, en revanche, pénétré l'Université et l'enseignement libre. On les distribue en abondance partout. Défense d'imiter ni de répéter ni de suivre aucun maître ! On prend une bouture, on lui refuse toute possibilité de racine, on lui dit : poussez maintenant... Quelle tyrannie ! Quel dessèchement ! Quelle servile limitation à soi-même ! Et à quel soi-même menteur ! La volonté de faire saillir et ressortir, pour les faire admirer, leur caractères propres, a gâté de belles natures. Comment ? En leur ôtant toute espèce de naturel, et, sous prétexte que l'essentiel est dit, en les exerçant à négliger l'essentiel. Beaucoup d'écrivains en sont venus à croire que l'essentiel n'est pas poétique. Il l'est beaucoup plus que n'importe quoi, à la condition d'être perçu et senti dans un cœur qui l'a mérité. On a mieux aimé courir l'aventure du rare et de l'incongru. On l'a payé. L'œuvre de Victor Hugo en sait quelque chose. Elle expie la fausse esthétique du Moi absolu. C'est près d'autrui que l'on se trouve. C'est dans le général et le simple qu'éclate le son personnel. L'imitation et la reprise des thèmes anciens n'aura jamais été, chez les maîtres, un esclavage. Mais le goût de se singulariser et de se réinventer sans cesse a fait peser un joug prodigieusement lourd sur des auteurs crus nouveaux et proclamés libres. Ils disent tous que l'art ne peut cependant pas se réduire à insérer des paragraphes de maîtres dans leurs élucubrations ?

---

[493] Le recueil de Victor Hugo, paru en 1827 dans sa forme définitive mais commencé dès 1822 ; on y trouve encore des traces nombreuses d'une inspiration catholique et monarchiste. Les préfaces successives sont de 1822, 1823, 1824, 1826, 1828 et 1853. (n.d.é.)

Insérer veut dire greffer. Ne greffe pas qui veut Horace ni Homère dans sa prose ou ses vers.

Tout lecteur qui voudra se rappeler l'*Épître à Huet* de Jean de La Fontaine ou l'*Épître* d'André Chénier *à Lebrun*, aura le moyen de se faire une idée claire de ce grand sujet. La première fois que je l'abordai, voilà quelque trente ans[494], il me suffit de ramener l'attention du lecteur à ces deux arches de lumière. On n'en sortira qu'ébloui. Anatole France fut pénétré plus que personne de leur clarté. Aussi ne s'est-il jamais fait le moindre scrupule de mêler l'art à la nature, le souvenir des livres au sentiment direct de la vie. Est-ce qu'un Molière, un Dante, un Shakespeare ont procédé autrement ? Qu'on ne m'impute pas de comparaisons inégales. Je ne veux en venir qu'à poser cette loi : plus un poète est fort, plus il est : capable (et tenté) d'assimiler ainsi à sa propre substance la fleur des aînés glorieux.

J'en ai fini et n'ai pas touché la difficulté que l'on peut croire maîtresse : c'est d'un seul auteur, presque d'un seul livre que M. des Hons nous montre Anatole France nourri et imprégné. Mais quoi ! Si le modèle est bon ? Il n'y en a pas de meilleur que le théâtre de Racine. Sur ce Racine fondamental, Anatole France construit : Sophocle construisait bien sur Homère. On ne saurait trop rappeler que la critique athénienne, quand elle voulait le louer pardessus tous les autres, ne trouvait rien de mieux que de l'appeler « le plus homérique des poètes ».

Au surplus, je propose aux derniers murmurants une expérience : qu'ils lisent Voltaire. Ils trouveront ses vers imbus et comme gorgés du suc de Racine au point que des hémistiches entiers passent de l'un à l'autre sans changement. Il est vrai que la preuve se retourne et joue contre nous : est-ce que les vers de Voltaire ne sont pas tous mauvais ? Possible. Non pas sûr. Mais enfin, s'ils sont mauvais, qu'on lise sa prose parfaite : le racinisme y est le même, un peu moins flagrant si l'on veut, mais constant. L'autre jour, étant tombé sur le chapitre du *Basilic*, je ne pus m'empêcher d'élever la voix pour me lire : « Alors, Astarté et Zadig se dirent tout ce que des sentiments longtemps retenus, tout ce que leur malheur et leurs amours pouvaient inspirer aux cœurs les plus nobles et les plus passionnés », et dans cette musique digne des meilleurs « poèmes en prose », il me sembla sentir sourdre le grand poète dont je disais le nom sans pouvoir préciser de référence exacte... Son *Bajazet* peut-être ?

> Enfin avec des yeux qui découvraient son âme...[495]

Non, ce n'est pas cela. Il faudrait conseiller à quelque jeune écrivain d'opérer sur des points choisis de l'œuvre immense de Voltaire un travail analogue à celui de M. des Hons sur Anatole France. La curiosité, la piété, une douce malice peuvent

---

[494] Voyez « le plagiat en littérature » dans mon livre *Barbarie et Poésie*.
[495] Acte III, scène 2. (n.d.é.)

prendre leur part d'une étude de cette sorte. Elle serait bien instructive ! Mais je ne la désire tant que parce qu'elle achèverait la défaite du plus vain et du plus dangereux préjugé. Le naturel ni la raison, ni l'art, ni le génie n'auront rien à gagner si les nouvelles générations restent les prisonnières des erreurs de Victor Hugo. Hugo lui-même dut oublier son hugolisme pour fabriquer du bon Hugo.

M. des Hons nous avait dit, à cette époque, qu'il se mettait au travail pour montrer combien Voltaire fut aussi nourri de Racine. On ne sait si sa mort survenue à l'automne 1942 lui a permis d'achever ce bon et fidèle labeur.[496]

---

[496] Note ajoutée par Ch. Maurras dans *Poésie et Vérité* en 1944. (n.d.é.)

L'Esprit de Maurice de Guérin

1925

Texte paru dans la Revue Universelle *le 15 janvier 1925, repris dans* Poésie et Vérité *en 1944.*

L'Esprit de Maurice de Guérin

À Maurice Pujo,
En souvenir du *Règne de la Grâce*.

Le temps qui passe éteint les fausses lumières. Il n'est, heureusement, plus possible de parler de Maurice de Guérin comme d'Hégésippe Moreau ou de Gilbert, ou de Malfilâtre, *ces jeunes malades à pas lents*, dont l'éloge comporte une sorte d'élégie mortuaire où l'attendrissement, le respect, le regret, tiennent plus de place que l'admiration, car en eux la défaite est plus considérable que le génie et surtout que l'heureux effort de l'œuvre terminée. Ni le désespoir d'une pieuse sœur, maternelle et charmante, ni le son frais et neuf des palpitations confiées au *Journal*, n'oppriment plus notre attention au point de la détourner de l'essentiel.

L'essentiel, c'est la réussite d'un travail qui fut difficile, nouveau et grand. C'est *Le Centaure*. C'est *La Bacchante*. Ouvrage où l'écrivain, en peu de mots, a livré et légué son âme.

Fauché trop tôt, ravi à l'art, à la pensée, aux lettres, à la langue, par un coup d'aveugle destin, Maurice de Guérin aurait certes des droits à la qualité de victime. Mais, en le déplorant, il convient toujours de se dire que son sacrifice fortuit n'a point tenu à des faiblesses de sa nature, ni à des tares de sa raison. La maladie qui l'emporta joua dans sa carrière le même rôle que l'instrument du docteur Guillotin dans la vie d'André Chénier. Il succomba, mais à la manière des forts, et la lutte inégale d'un jeune corps blessé laisse intacte la qualité maîtresse de l'esprit, qui fut la vigueur.

Il faut le concevoir tel qu'il fut : montagnard d'une vieille race un peu rude, enfant précoce et studieux, ardent jeune homme ambitieux de l'amour, de la vérité, de la puissance, et jetant pêle-mêle, comme plus tard Barrès, la triple invocation au maître, au maître quel qu'il soit : axiome, religion ou prince des hommes. Si l'esprit de son temps, qu'il respirait à pleins poumons, enflait et gouvernait sa voile, un souffle intérieur, plus fort, le ramenait et l'équilibrait. Sachons douter de la légende. De ce qu'il aimait, en beaucoup de choses, à se plaindre et à être plaint pour être consolé, gardons-nous de conclure qu'il y eût lieu de beaucoup le plaindre, ne lui apportons pas plus de consolations qu'il n'en souhaita véritablement.

Cœur troublé, passionné, peuplé d'ombres ferventes, mari discutable, amant tourmenté, ses erreurs, qu'elles fussent littéraires, philosophiques ou pratiques, ne tenaient qu'à des fibres très secondaires. Il se crut mennaisien au point d'être tenté du schisme. Il se crut mondain jusqu'à se demander s'il n'allait pas finir par oublier son âme. On le crut entraîné par une sorte de panthéisme à l'allemande, et l'on alla jusqu'à craindre qu'il ne s'y fût perdu. Profondément, et n'en déplaise aux grandes et nobles amitiés bretonnes qui ornèrent le printemps d'une courte vie, c'était un catholique du Midi, de l'espèce de nos « païens innocents », qu'une libre éducation à la campagne avait mis en communion avec toute la fleur brillante de l'univers physique. Personne n'était plus porté que lui à redire avec Pythagore : *Eh ! quoi, tout est sensible*. Il était bien trop réfléchi pour diviniser, même esthétiquement, la vaine et l'obscure populace de l'Être. Il se contentait de mêler à la religion de son enfance et aux convictions de sa maturité une manière de polythéisme qu'il ne raillait pas. Sans croire aux dieux de l'Olympe ni même aux dieux sans nom des lieux inférieurs, il recueillait avec ardeur ce que les hommes ont délégué de haute émotion liturgique à ces grandes forces conçues comme les Mères ou les sœurs aînées de notre faiblesse, défavorables ou propices, amies ou ennemies de nos félicités. Le sens secret du mythe antique n'aura jamais cessé d'éclairer, d'émouvoir, de troubler le cœur de Guérin.

Une telle habitude d'esprit n'est pas absolument neuve. Elle n'était pas étrangère aux hommes de la Renaissance et de l'art classique. L'émotion n'en est pas absente chez Ronsard, ni chez Malherbe. Si l'*Art poétique* imagine le conseil des grands dieux comme un simple assemblage d'allégories, il est des vers tremblants de Phèdre :

    Minos juge aux enfers tous les pâles humains,

qui tendraient à montrer que la piété antique, pour s'être affaiblie, ne s'était pas dissoute au temps de Descartes ou de Despréaux. André Chénier l'avait fait reparaître dans tout son lustre, et Guérin éprouva la vigueur de ce maître.

André Chénier d'abord un peu trop « philosophe », se contentait de parfumer sa prière païenne des faibles disponibilités de son sentiment religieux : Maurice de Guérin fait pénétrer dans le sanctuaire helléno-romain la sombre, la sourde rumeur des volontés d'un cœur chrétien. Chénier, s'il révérait les Forces, vivait de cet espoir (commun aux hommes de son siècle) qu'elles seraient captées, qu'elles seraient domptées, et que, la Nature subissant l'Homme jusqu'au bout, elles serviraient, en fin de compte, à couronner toutes nos puissances de prospérité, toutes nos capacités de bonheur : Guérin ne doute pas du savoir ni de la pensée, mais, là-dessus en progrès sur André Chénier, son esprit ne s'est pas ombré de ce rêve infini de l'humaine espérance. Il sait les conditions et il sait les mesures. Comme notre Aubanel, *il connaît les astres, il écoute les pâtres*.

Sous la loi des bons maîtres qu'il a intimement connus et fréquentés, il médite les âges et les saisons, il voit le frein du temps, les jalons de l'espace. Il y a une *vie aveugle et déchaînée*, mais elle est poursuivie par la Nuit, et cette Nuit *pleine du calme des dieux* la circonscrit. Ainsi la vie fougueuse est-elle tempérée. Chiron apporte à Macarée, Macarée à Mélampe[497], une Sagesse qui n'a rien de commun avec le roman

---

[497] Personnages mis en scène par Guérin dans son *Centaure*. (n.d.é.)

d'un philosophisme sans aveu et sans race : son lyrisme gnomique enveloppe une tradition aussi précise que la succession des années et les saisons de la vie humaine.

Si le chant demeure effleuré du « grand secret de mélancolie » que la lune, depuis René, confie à tous les rêveurs romantiques, si le poème juste et fort reste battu des puissantes angoisses et des riches ténèbres de l'Indéterminé, l'objet de son propos, le principe de sa parole ne tendent cependant qu'à définir ou appréhender : il invoque une connaissance, et d'étranges beautés jaillissent du contraste formé par le ton augural où résonne, en notes profondes, cet inconnaissable inconnu, et son discours délibéré qui se grave au diamant sur une table de cristal. Que cette pierre dure, abstraite, non aride, spacieuse sans démesure, élève un chant distinct si grave et si doux, telle est proprement la merveille ! Mais il suffirait d'en brouiller un peu la parole, d'y remplacer seulement l'immense par le vague, tout le charme serait perdu. La solidité, la clarté, la probité de la construction sont, au contraire, ce qui assure à cet enchantement vie longue et traversée tranquille sur les variations séculaires du goût.

À commencer par le vicomte de Chateaubriand, tous ses contemporains déclinent : Guérin monte. Il paraît le plus fort et le mieux doué de cette génération de 1810 dans laquelle a pourtant brillé un Alfred de Musset. D'où vient, disait quelqu'un, que la phrase de Chateaubriand sonne creux quand celle du *Centaure* accuse tant de plénitude et de sens ? Un Guérin doit compter entre les disciples certains du maître de Combourg. Il a bu à la même source. Il y a rebu grâce à Lamennais. Ne nous faisons pas d'illusions ; on trouverait dans les pages du *Journal* plus d'une parole et d'une pensée où le vide insubstantiel, l'esprit de mots, les contrastes de pure apparence tiennent à peu près les mêmes rôles que dans les *Mémoires d'Outre-tombe* et l'*Esquisse d'une philosophie*. Ce n'est pas pour rien qu'on a eu dix-neuf ans en 1830, qu'on est le frère d'Eugénie, le disciple de M. Féli, l'écho avide et volontaire de tout ce qui naît, languit et meurt à l'entour. Seulement, à chaque jour de ce temps de mauvaise fièvre, il a sonné quelque heure où Maurice de Guérin a quitté ses amis, oublié son siècle ; il est rentré chez lui et en lui ; il a rejoint la grave muse de son art et de son génie. Là, par la force naturelle d'une secrète poésie, par un retour victorieux de ses forces héréditaires et du savoir incorporé, une clairvoyance innée et acquise lui a fait distinguer, dans les imaginations de son âge ce qui est caduc ou mort de ce qu'il y avait avantage à continuer.

Pour suivre en sa genèse l'art (Sainte-Beuve a osé dire le « procédé ») qui règle une pudique et altière éloquence, il ne faut donc pas s'en tenir aux grands initiateurs romantiques du « poème en prose », aux *Paroles d'un croyant*, aux *Martyrs*, à *La Nouvelle Héloïse*, car il existe des modèles antérieurs qui ont pesé, plus fortement peut-être, sur le choix, la volonté et même la volupté de Guérin.

Le caractère de son vocabulaire le plus concret ne peut que reporter au vieux conseil de ne nommer les choses que par les termes les plus généraux, qui servait à conférer au style de la noblesse. Cette « recette » de Buffon est portée dans *Le Centaure* et dans *La Bacchante* à un tel degré de tension voulue que toute l'imagerie verbale du poème en semble élancée et comme reculée aux suprêmes limites de l'expression perceptible ; l'effet d'élargissement continu y est d'autant plus fort que nul vide intérieur ne saurait être senti ni soupçonné : maximum du dense et du grave poussé au plus haut ton ! Ainsi le plus discuté et d'ailleurs le plus mal compris des préceptes de la rhétorique classique est retrouvé à l'origine de modernes ambitions symbolistes dont Guérin a fourni plus que les semences. Chez lui, sans nul effort de néologisme, avec une fluidité parfaite, les termes les plus simples et les plus familiers du vocabulaire des hommes revêtent un sens de mystère qui l'apparente à ce que les Anciens ont paru appeler la langue des dieux. Ainsi quand il célèbre les vertus de la Nuit : « Couché sur le seuil de ma retraite, les flancs cachés dans l'antre et la tête sous le ciel, je suivais le spectacle des ombres », ou : « Le vieil Océan pire de toutes choses... les nymphes qui l'entourent décrivent en chantant un chœur éternel... »

Avouons que ce rythme tombe de plus haut que Buffon ! Tant de simplicité et de majesté fait souvenir de Bossuet. Le jeune Languedocien fut, comme le grand Bourguignon, imbu et nourri jusqu'aux moelles des plus purs sucs latins, au point qu'il usa et faillit abuser, même dans le parler courant, de ce retour au sens de l'étymologie qui est, si l'on peut dire, l'un des plus beaux artifices de l'éloquence de Bossuet. Il en retint aussi le nombre, il en posséda naturellement la familiarité magnifique, il en égala tour à tour la sévérité, la mesure, parfois la liberté. Si l'astre de Guérin brilla sur la nuit romantique, il faut le rendre à sa véritable constellation, baignée dans le jour renaissant. Les plus heureux progrès qu'il ait fait accomplir à la prose rythmée doivent beaucoup aux leçons de la bonne époque. Pour résister à la décadence et grandir pour son compte, Guérin utilisa une tradition.

Reste à savoir ce que vaut en elle-même la musique de la prose poétique. Il n'est pas un écrivain de notre âge qui n'avoue avoir dû ou devoir recourir à cet instrument. Renan l'a employé dans la *Prière sur l'Acropole*. Ce fut un coup de maître. Baudelaire, peu après Guérin, y est revenu, mais de tout autre manière, bien qu'il ne faille pas prendre au pied de la lettre son alibi inopiné d'Aloysius Bertrand. Les chefs-d'œuvre de Baudelaire ne sont point de ce côté-là. Beaucoup de lecteurs ont été attirés par le bel échantillon que Théophile Gautier en avait cité dans la préface du livre de vers : « Tu subiras éternellement l'influence de mon baiser. Tu seras belle à ma manière. Tu aimeras ce que j'aime et ce qui m'aime : l'eau, les nuages, le silence et la nuit ; la mer immense et verte, l'eau informe et multiforme, le lieu où tu ne seras pas ; l'amant que tu ne connaîtras pas ; les fleurs monstrueuses, les parfums qui font délirer, les chats qui se pâment sur les pianos, et qui gémissent comme les femmes, d'une voix rauque et douce ! » Mais l'échantillon est unique. En se reportant au volume, on est déçu par les tableautins secs et durs des *Petits poèmes en proses* : ceux du jeune Rimbaud manifestent une autre force de condensation !

Pour ceux de Mallarmé, ils accusent affaiblissement et dégradation. Ce que Guérin avait voulu faire est très clair : c'était un accord imprévu. Un accord difficile mais complet. Accord du sens, dans sa pure et profonde logique, avec les images et les mots, leurs signes sonores ; accord de la syntaxe et de son rythme propre avec l'émotion et ses tremblements. Un accord tel que le discours solennisé, chanté, lourd de hautes significations religieuses, riche de fortes contractions, semé de raccourcis qui ravivent sans cesse la *divine surprise*, produisît les mêmes effets de suite régulière et de plaisir nouveau que donnent les mesures de la vraie poésie. Ce qu'il a voulu, il l'a fait. Il a soustrait la flamme supérieure et il l'a domptée. Il a maîtrisé un genre et une matière. La puissance du rythme emporte une digne pensée ; les mots sublimes, un digne frisson. Toute page prise au hasard en témoignerait. Cette page lue, prenez la plus heureuse des « proses » de Mallarmé : « Depuis que Maria m'a quittée pour aller dans une autre étoile, laquelle, Orion, Altaïr et toi, verte Vénus ?... ».[498] Ce simple et joli jeu de mots vous fera presque honte auprès de l'élévation de Guérin. La serinette est agréable, mais elle ne dit rien ou elle dit des riens.

Cela ne peut décourager ni les imitateurs ni les inventeurs. Ils suivent une des voies où l'on marche. Dans les deux maîtresses études qu'il lui a consacrées, Maurice Pujo a pourtant raison de juger unique la réussite de Guérin. Elle est incomparable. On ne peut nommer après lui que Jules Tellier : « Je naquis, ô bien-aimé... Nous quittâmes Massilia... » Des textes de cette puissance doivent sauver un genre faux.

Mais, dit Montaigne, « la sentence pressée aux pieds nombreux de la poésie élance mon âme d'une plus vive secousse ». Voltaire ajoute que le plus beau morceau de prose « ne peut faire le même plaisir ni à l'oreille ni à l'âme ». Voltaire ne prévoyait pas qu'un style de prose poétique, dans le goût du *Télémaque*, « pût être bien reçu une seconde fois ». L'avenir de Rousseau, de Chateaubriand, et de leur école lui échappait complètement. C'est là, disait-il, « une espèce bâtarde qui n'est ni poésie ni prose et qui, étant sans contrainte, est aussi sans grande beauté... Le *Télémaque* est écrit dans le goût d'une traduction en prose d'Homère et avec plus de grâce que la prose de Mme Dacier[499], mais enfin c'est de la prose qui n'est qu'une lumière très faible devant les éclairs de la poésie... » Il est divertissant et instructif de confronter au sentiment de ce patriarche de l'arrière-garde classique l'avis conforme du cacique du Romantisme dans la pièce des *Quatre vents de l'esprit*[500] (I, XIV) dédiée « à un écrivain » et qui commence par ces mots : « Prends garde à Marchangy » ;

... la prose poétique

---

[498] *La Pluie d'automne*.
[499] Anne Dacier, 1647–1720, traductrice de nombreux auteurs antiques, son nom reste surtout attaché à sa traduction d'Homère. (n.d.é.)
[500] Recueil de poésies de Victor Hugo, commencé vers 1870, publié en 1881. (n.d.é.)

> Est une ornière où geint le vieux Pégase étique...
> Le vers s'envole au ciel tout naturellement ;
> Il monte, il est le vers...
> Quand même on la ferait danser jusqu'aux étoiles,
> La prose, c'est toujours le *sermo pedestris*.[501]
> Tu crois être Ariel et tu n'es que Vestris.

Métaphores à part, dont j'ai beaucoup ôté, la concordance de Victor Hugo avec Montaigne et Voltaire est parfaite. Leurs témoignages montrent que la hiérarchie des genres est à maintenir non pour gêner la justice ou l'admiration, mais pour éclairer l'une et l'autre.

Cependant, quel lecteur du *Centaure* et de *La Bacchante* voudrait prendre sur lui de regretter que ces deux poèmes libres n'aient pas été récrits en alexandrins réguliers ? La chose n'était pas impossible. Guérin y a pensé certainement, ses essais rimés rendent un son plein d'espérance. Ce n'était que de l'espérance. Il ne sentait encore en lui que le germe d'un grand artiste en vers. Le grand artiste en prose existait, florissait, donnait ses fruits. S'il préféra la perfection réalisée à des avenirs incertains, c'est que l'instinct l'avertissait : la mort qui était là n'eût pas permis d'attendre. Estimons-nous heureux de pouvoir nous redire ces grandes phrases qui font leur ordre vivant, vertébrées, musclées et articulées comme du Cicéron ou du Boccace ; mais qui ondoient et flottent comme l'écharpe de Julie ou de Virginie. Tenant debout, selon le mot de Rivarol sur Dante, *par la seule force du verbe et du substantif*, réglées comme le chant des sphères célestes, et si belles au départ, si graves et si pures quand se fait leur cadence dans les profondeurs de l'esprit, elles comportent également l'elliptique formule et le développement lumineux, l'explication et la synthèse, et l'on ne s'étonne pourtant pas qu'un tel poète ait pu fléchir jusqu'à se plaindre de l'instrument : « Un dieu, supplié de raconter sa vie, la mettrait en deux mots, ô Mélampe ! » Les deux mots auraient probablement formé le vrai vers.

Cette parole d'envie triste est un peu corrigée ailleurs par le fier mépris jeté en passant au commun archétype de l'homme. « Voilà tout au plus, me dit-il, la moitié de ton être... Sans doute, c'est un Centaure renversé par les dieux et qu'ils ont réduit à se traîner ainsi. » Mettons que le dieu soit le poète porteur de lyre, celui qui chante son vers, et qu'au simple mortel soit assimilable le prosateur. À l'éclat du Centaure, hybride du dieu et de l'homme, correspond le poète qui reste lié à la prose. Mais, chez celui-ci, le langage sentencieux, choisi et pur, requiert le même emploi de matières rares que la plus haute poésie rythmée et rimée. Le nôtre ne se raidit nulle

---

[501] *La parole qui va à pieds*. L'expression est chez Horace et a pris plusieurs sens, désignant souvent une esthétique du banal. Appliquée à la prose, elle est ici simplement opposée par Hugo au vers qui s'élève. (n.d.é.)

part, il garde souplesse et variété et contact direct de la vie. Relisons dans le portrait de cette bacchante Aélio qui avait *renfermé* le poète *dans son amitié* quelques lignes qui font rêver au grand mystère de son art : « Quoiqu'elle possédât encore la fierté d'une vie toute pleine, les bords, il fallait le reconnaître, commençaient à se dessécher... Sa chevelure, aussi nombreuse que celle de la nuit, demeurait étendue sur ses épaules, attestant la force et la richesse des dons qu'elle avait reçus des dieux ; mais soit qu'elle l'eût trop de fois déployée... soit qu'elle souffrît dans sa tête le travail de quelque destinée secrète... cette chevelure flétrie devançait l'injure des ans à peine commencée. » Ou l'on se trompe fort, ou voilà la silhouette d'une contemporaine. On imagine quelque femme de Balzac. Que fait-elle dans ce symbole cosmogonique, dans cette histoire ontologique de Psyché ? Comment s'y est-elle égarée ? Comment, sans y mêler le moindre disparate, joue-t-elle si bien sa partie dans le beau morceau ? L'allusion rapide est souvent plus puissante et plus voluptueuse que le portrait en pied : les tragédies de Racine ne sont-elles tissées des romans et des historiettes du siècle, reines de cour et de théâtre y glissant dans la demi-ombre légère des alexandrins qui volent le plus près du ciel empyrée ?

Il n'y a rien de plus mobile que la très haute poésie, elle monte et descend à son gré par des voies à elle. On peut lui confier tout ce qui s'agite dans l'esprit et le cœur humain, alors même qu'elle est réduite au pas de la prose, et qu'elle se figure y user d'un « rythme plus subtil que celui des vers ».[502] La Poésie, comme l'Amour dans la leçon d'Antistius à la Carmenta, du *Prêtre de Némi*[503], est déesse myrionyme : sous l'un quelconque des mille noms qui la qualifient, ce qu'elle a réussi, même contre Minerve, garde quelque chose d'irrésistible ; toute la sagesse désarme dans la sainte évidence du délice de ses douceurs.

---

[502] Jules Tellier.
[503] L'histoire du prêtre de Nemi est surtout connue pour avoir donné à Frazer le point de départ de son *Rameau d'Or*, mais Maurras fait ici allusion à l'ouvrage de Renan, antérieur à celui de Frazer, qui porte le titre *Le Prêtre de Némi*, paru en 1885. (n.d.é.)

À LA TRADUCTRICE DE L'ALTISSIME POÈTE

1926

En 1926, Louise Espinasse-Mongenet, pour qui Maurras avait déjà fait avant-guerre Le Conseil de Dante, *fait paraître une* Guirlande de neuf leçons sur douze sonnets de Dante. *Maurras lui donne alors le « sonnet liminaire » que nous reproduisons ci-après.*

À LA TRADUCTRICE DE L'ALTISSIME POÈTE, MADAME ESPINASSE-MONGENET

> ... La bella Ciprignia, il folle amore[504]
> Dante, Paradis.

Haute messagère
D'un ciel enchanté
Par qui l'Aligère[505]
Nous a visités,

Sa fable étrangère,
Son vers contracté,
Sa grave et légère
Inhumanité,

ANGE ! à votre école
Sont vite surpris
De l'âpre symbole

La Lettre et l'Esprit
Que règle une folle
Planète Cypris.

---

[504] *Paradis*, VIII :
   Solea creder lo mondo in suo periclo
   che la bella Ciprigna il folle amore
   raggiasse, volta nel terzo epiciclo ;
Soit : « Jadis, à leur péril, les gens s'imaginaient que la belle Cypris dardait le fol amour, en circulant au troisième épicycle. » Rappelons que Cypris est un des noms d'Aphrodite, donc de Vénus. L'épicycle est une particularité du système géocentrique ptoléméen qui avait imaginé cela pour expliquer les mouvement apparemment rétrogrades de certaines planètes. (n.d.é.)

[505] Dante, de son nom patronymique Alighieri, transcrit ici en français par *Aligère* (n.d.é.)

[Manuscrit autographe, lecture approximative]

à madame
Lucienne Morguet
traductrice de l'Alighieri
poète

Haute mellifère
D'un ciel enchanté
Par qui l'Alighière
Nous a visité,
La fable étrangère,
Le vers contracté,

L'emphase légère
In cursant nucléé',
Mais à votre école
Sont vite compris
Les âpres symboles
La lettre à l'esprit
Que reçût une folle
Planète Cypris.

CM

À Martigues

1926

Le clair pinceau et les couleurs brillantes de M. Louis Montagné[506] se rient de l'encre grise et du langage abstrait dont il faut bien qu'un simple écrivain se contente. N'essayant pas de rivaliser avec l'aquarelle, je lui laisse le soin de louer les beautés visibles de ma petite ville natale. L'invisible me reste. Je tenterai de l'indiquer.

Cette église, cathédrale ou plutôt primatiale, vous plaît ? Vous êtes sensible aux lueurs changeantes de ce petit port ? Vous riez de plaisir devant ce quai oblique où les barques légères attendent tristement ? Le rythme de la lumière et de la vie vous a obscurément intéressé et même conquis ? Les plus minutieuses descriptions littéraires ne pourraient rien ajouter à ce sentiment. Mais peut-être la curiosité qui est née vous fait-elle songer à vous demander quel est le peuple qui travaille dans cet air doré et sous ce ciel en fleur, ce qu'il a dans le cœur, ce qu'il a dans la tête, d'où il vient, ce qu'il fait, en un mot comment ce petit monde a vécu depuis qu'il est là.

Il est là depuis très longtemps. C'est un peuple pauvre de gloire, mais non d'ancienneté. Son origine a donné lieu à quelques disputes entre amateurs de chartes et producteurs de diplômes. Il paraît que les plus anciens certificats de vie de la ville de Martigues ne remontent guère au-delà du treizième siècle et d'un certain papier qui a été signé et scellé par un archevêque d'Arles entre 1200 et 1300. C'est possible. Ce n'est pas sûr. Et qu'est-ce que cela prouve ? Tout ce qui est écrit a été, du moins *grosso modo*. Mais tout ce qui a été n'a pas été écrit.

---

[506] Louis Agricol Montagné (1879–1960), peintre et aquarelliste français. Jeune, il collabore au décor du Train Bleu, Gare de Lyon, puis suit une brillante carrière qui le voit membre du Groupe des Treize et directeur de l'École des Beaux-Arts d'Avignon de 1920 à 1928. Il dirige plusieurs organisations comme le Comité pour la préservation des sites et monuments de Vaucluse, l'Association des paysagistes français et l'Association des aquarellistes français, et fonde le Salon du dessin et de la peinture à l'eau. Cet article a paru avec des reproductions des aquarelles de Montagné dans *L'Illustration*, numéro 4361 daté du 12 octobre 1926. *Les notes sont imputables aux éditeurs.*

La pointe des Brescons, effet du matin.

Par exemple, l'Ordre religieux et militaire des Chevaliers de Saint-Jean de Jérusalem fait remonter son origine à Gérard de Martigues[507], qui a été béatifié, s'il vous plaît. Ce bienheureux Gérard Tenque, né vers 1040 et que la première croisade a trouvé établi à Jérusalem, a-t-il eu l'originale fantaisie de placer son berceau dans une localité qui lui serait postérieure de deux bons siècles ? Naturellement la critique peut dire que Gérard, simple mythe solaire, n'a jamais existé ou qu'il ne s'appelait point Tenque, un chroniqueur disant *Gerardus tunc*, « Gérard alors » qui aura été

---

[507] Le lieu de la naissance du fondateur des Hospitaliers de Saint-Jean de Jérusalem, vers 1047, est disputé entre Martigues et Amalfi, en Italie. Aucune preuve décisive n'a pu être apportée dans un sens ni dans l'autre. Maurras, bien sûr, tient par patriotisme local pour Martigues ; c'était d'ailleurs, de son temps, l'opinion traditionnelle et la plus répandue. Il faut également souligner que d'après les travaux d'Alain Beltjens (« Trois questions à propos de l'hospitalier Gérard : les reliques, qui ont reposé pendant plusieurs siècles dans la chapelle du château de Manosque, appartenaient-elles au premier chef de l'ordre de Saint-Jean de Jérusalem ? Dans la négative, de qui étaient-elles et sommes-nous encore en droit de décerner à l'hospitalier Gérard le titre de bienheureux ? », *Revue de la société de l'histoire et du patrimoine de l'ordre de Malte*, n°19 et 20, 2008 et 2009) une confusion aurait attribué les reliques manosquiennes de saint Géraud d'Aurillac à Frère Gérard, dont la canonisation par la *vox populi* serait alors douteuse. Le sujet n'est pas si mince puisque Gérard serait le premier saint médiéval historiquement connu à n'être ni martyr ni religieux (il était simple oblat).

traduit Gérard Tunc, ou Thunc, ou Tonc, ou Tenque, ce qui est bien dans l'ordre des choses mortelles.[508]

Le quartier des pêcheurs.

---

[508] Friedrich von Hellwald (1842–1892), érudit autrichien, a le premier remarqué une erreur de traduction de son prédécesseur français Pierre-Joseph de Haitze (1656–1737), erreur qui a consisté à prendre l'adverbe latin *tunc* pour un nom ou un surnom et à traduire de manière fautive depuis une source latine, dans son *Histoire de la vie et du culte du bienheureux Gérard Tenque, fondateur de l'ordre de Saint-Jean de Jérusalem*.

Mais, si le nom de son Gérard fut sujet de telles transformations, le nom de Martigues et de son étang, *Marticum stagnum*, reste tout de même l'un des plus vieux de notre Provence. Il se réfère au cycle de Marius. Quand ce général démagogue passa en Gaule pour y barrer la route à la première grande invasion germanique, cent quatre ans avant Jésus-Christ, il menait dans ses camps, au dire de Plutarque, une prophétesse syrienne du nom de Marthe, revêtue d'un manteau de pourpre et mitrée à l'orientale, qui inspira une confiance invincible à ses soldats et à leur chef. Le nom de Marius remplit la contrée. La montagne de sa Victoire, que les pêcheurs appellent Dalubre (*delubrum*, le Temple), est la reine de l'étang de Marthe (ou de Berre). Les collines qui bordent l'étang de Caronte (*stagnum currens*, l'étang qui court) abritent des vallons où les débris gréco-romains affleurent sans cesse.[509]

L'Étang de Berre.

En août 1925, un jeune artiste voyageur, errant par l'île de Martigues, qui est notre quartier central, aperçut, au fond d'une remise où jouait le soleil, un chapiteau de marbre d'une rare beauté. Il supposa d'abord que cela provenait de quelque chapelle bâtie au dix-septième ou au dix-huitième siècle. En regardant mieux, il dut se rendre à l'évidence. Le chapiteau corinthien était un pur antique. On a eu la bonté de m'en faire présent. Peut-être, en le voyant de près, les critiques aboutiront-

---

[509] Ces lieux et noms d'origine antique seront plus longuement évoqués par Maurras en 1929 dans *Les Secrets du Soleil*.

ils avec moi à cette conclusion, provisoirement énorme, qu'après tout c'est peut-être dans ces parages qu'abordèrent les premiers fugitifs phocéens.

Évidemment, la première Marseille que nous imaginons riveraine du Coenus[510] et de l'étang de Marthe aura vite et souvent changé de place. Mais tout a changé de place ici, et il faut comprendre pourquoi.

Le rivage méditerranéen est un territoire essentiellement envahi. Les premiers colonisateurs s'en doutèrent. Furent-ils Ligures ou Ibères, avant d'être Grecs ? En ce cas, ils craignaient les Phéniciens, qui craignirent les Grecs, qui craignirent les Carthaginois, qui craignirent les Romains, qui finirent par craindre les Goths, qui craignirent eux-mêmes les Normands, qui craignirent les Maures, que l'on n'a pas cessé de craindre jusque vers notre année 1830, date de la prise d'Alger par la flotte de Charles X. Mais l'Islam se réveille, et il n'est pas dit que ces craintes millénaires ne recommencent pas d'ici peu, sans avoir à changer d'objet. Dès lors, tout aussitôt, ce qui a été recommence. L'éternel exode reprend dans toutes les agglomérations où l'on ne se sent pas en nombre suffisant pour résister et pour tenir. Les habitants des petits bourgs quittent leurs maisons, ils se réfugient sur les collines où ils se fortifient et s'arrangent pour vivre tant que subsiste le péril. Dès qu'il s'éloigne, le pêcheur accourt repeupler les cabanes ou les bâtiments du rivage jugés les plus propices aux travaux de son industrie. Bref, les chartes du treizième ou quatorzième siècle, dont nos archivistes font si grand état, ne les induisent pas absolument en erreur, mais leur font appeler naissance une renaissance. Ils prennent pour la ville fondée ce qui n'est que la ville rebâtie et restituée.

Où ? Au même endroit ? Peut-être bien, à cinq ou six cents mètres près. Il n'y avait d'ailleurs pas une ville, mais trois. Elles fusionnèrent par un acte d'union que dicta le roi Charles IX et que symbolisa une bannière tricolore, où le blanc de l'Île, le rouge de Jonquières et le bleu de Ferrières se retrouvaient par parties égales. Les quartiers réunis eurent du mal à vivre en paix, l'antagonisme antique ne s'est pas éteint : « Monsieur, disait au dix-neuvième siècle un marguillier[511] de l'Île, comme un étranger le félicitait de l'érection du clocher de Jonquières, j'aimerais mieux voir mon clocher de l'Île par terre que le clocher de Jonquières debout. »

---

[510] Le Coenus est le nom ancien de la Touloubre, petit fleuve côtier long de 59 kilomètres qui prend sa source entre le massif de la Trévaresse et la montagne Sainte-Victoire et se jette dans l'étang de Berre — le *Marthicum Stagnum* donc —, à Saint-Chamas. Phocée est en Asie Mineure, aurait été peuplée de Phocidiens et d'Athéniens. Ce sont des colons de Phocée qui fondèrent Marseille. Notre source antique principale sur les débuts de la colonisation phocéenne à Marseille est Justin, qui recueille au troisième siècle des sources plus anciennes, mais ne parle pas d'une première fondation ensuite déplacée comme l'imagine ici Maurras.

[511] Rappelons que le marguillier était, dans chaque paroisse, la personne chargée de tenir à jour le registre des nécessiteux auxquels l'Église venait en aide.

L'église de la Madeleine, à Martigues.

Telle est la stabilité de ces fureurs locales, dans le plus instable pays du monde et dont les aspects familiers n'ont cessé de changer à vue d'œil, bien avant que les « travaux » dont on se plaint tant aujourd'hui puissent être accusés de le déshonorer.

Chacune de nos générations aime à dire que *Martigues n'est plus Martigues,* pour l'avoir ouï dire à ses anciens qui l'ont toujours dit, et leurs pères, et les pères de leurs pères, dans tous les siècles. La cité provençale, que l'on baptisait un peu ridiculeusement de Petite Venise, n'aura bientôt plus que deux îlots et trois ponts. J'ai connu trois îlots, quatre ponts. Ceux qui m'ont précédé parlaient de quatre ou cinq îlots et de je ne sais plus combien de ponts fixes et de ponts-levis. Ce qu'on appelle le pittoresque a donc perdu, mais l'essentiel a-t-il bougé ? Un certain jeu de l'eau et de la lumière, une certaine dégradation du soleil dans une atmosphère de subtiles vapeurs, la courbe des rivages, le profil des hauteurs, les mouvements du sol, son harmonieuse composition ne dépendent en rien de ce que le pic et la pelle de l'homme, sa drague même si l'on veut, peuvent déplacer de sable ou de boue, et les rapports qui règlent la beauté de la terre ne sont guère liés à ce que change la vertu de notre effort.

Rassuré quant au paysage, faut-il l'être un peu moins sur la population ? Elle est sans doute composée d'alluvions très variés. Le territoire de Provence est ouvert du côté des montagnes, béant vers l'Italie et l'Espagne, l'Afrique et l'Orient. Il me souvient bien que, dans mon enfance, vers 1875, certaine famille dite des Mansourah, venue d'Égypte, paraît-il avec Bonaparte, n'était pas tout à fait assimilée. On n'en parle plus aujourd'hui. L'œuvre est faite ; les sangs sont réunis.

Voici plus singulier : vers la même époque, dans une maison qui n'avait pas changé de propriétaire depuis 1550, mon quai natal portait certains débris très nets des bandes scandinaves de Robert Guiscard, que l'on eût beaucoup étonné en leur disant leurs origines, car ils parlaient provençal, sentaient français, jugeaient à la romaine ; néanmoins, les fortes carrures, le teint blond transparent, les yeux vert glauque en disaient long sur l'antécédent séculaire. Sur le quai voisin, l'apport punique et Tyrien se manifestait par d'autres silhouettes géantes de brachycéphales très bruns. À la génération suivante, ces derniers ont perdu de leur taille et leur teint s'est éclairci, tandis que les premiers ont bruni à fond. Dans tous ces cas et beaucoup d'autres, on voit les survivances d'invasions lointaines résorbées, pour un temps, par les forces unies d'un noyau plus ancien encore, dont les caractères changent très peu. Il semblait fait pour résister en proportion du nombre des assauts endurés.[512]

---

[512] Toutes ces considérations pourraient passer pour de la biologie très datée, pour ne pas dire pis. Pourtant le peuplement grec a été confirmé par une analyse génétique sur trois ans des dons du sang. Cette étude génétique montre que 4% des hommes dans la région marseillaise et 4,6% de ceux de la région d'Aléria en Corse, autre destination des navigateurs phocéens, sont des descendants directs de ceux-ci, 26 siècles après la colonisation grecque. Voir "The coming of the Greeks to Provence and Corsica : Y-chromosome models of archaic Greek colonization of the western Mediterranean", *BMC Evolutionary Biology* 11 (2011).

Tombée du soir à Martigues.

L'élément principal de ce fonds primitif, celui qui tient solidement au pays, est formé des pêcheurs. Ils sont là deux mille environ, actifs et paresseux, rieurs et graves, anarchistes et traditionnels, dépensiers et âpres gagneurs.

Autrefois, leur corporation comprenait un grand Art et un petit Art. Le premier montait des tartanes pontées et allait travailler en Méditerranée. On raconte qu'il y a un quart de siècle environ, les pêcheurs du grand Art gagnèrent beaucoup d'argent. La mer avait été propice, le thon, le mulet et le loup avaient bien donné. Ils crurent que cela continuerait toujours. La confiance orgueilleuse les égara. Se pliant à la vieille passion séculaire qui leur fit inventer la martingale, les patrons de tartanes se mirent à jouer comme on n'avait jamais joué jusque-là. En un hiver, ils eurent tout perdu et, comme on dit là-bas, ils furent « rôtis » (les Italiens, en pareil cas, ne sont que « frits »). Bateaux, agrès, tout fut perdu, vendu, bientôt dilapidé. Cet hiver vit la fin du grand Art de la pêche, qui n'est plus représenté à Martigues que par quelques couples de chalutiers appartenant à des Compagnies.

Le petit Art subsiste. Ceux qui l'exercent sur des barques non pontées, appelées en général des *bettes*, ne laissent pas de constituer encore la plus importante de nos pêcheries sur ce front maritime, soit que l'on considère le produit du travail, le nombre des marins que la flotte enrôle annuellement, la connaissance du métier, les coutumes anciennes. Il serait difficile de sous-estimer ce trésor.

Quelles belles prières étaient récitées avant de jeter les filets : *Notre Père, donnez-nous du poisson, assez pour en donner, en manger, en vendre et nous en laisser dérober !* Le matin, lorsque le soleil se levait, le mousse enlevait son bonnet et disait gravement sur un rythme de psaume : *Saint Soleil, bon lever ! Et nous autres bon jour, santé, liberté, longue vie !* Lorsque le soleil se couchait, le même mousse officiait : *Bonsoir, patron et mariniers, toute la compagnie ! Que le bon Dieu conserve la barque et les gens ! Et celui qui ne dit pas « Ainsi soit-il », le cul de la bouteille lui échappe !* Dure malédiction ! Chacun, se hâtant de la détourner, criait : *Amen !* Cette vieille population était donc religieuse, tous les témoignages concordent, et c'est ce qui explique son reliquat d'extrême bonhomie et tout ce qu'il comporte de loyauté, de générosité, d'amitié sociale profonde.

L'ancien régime du mariage peut le faire comprendre. S'il a un peu évolué, il n'a pas disparu. Les fiançailles se célèbrent habituellement à l'époque dite de la seconde communion. Le fiancé a treize ans et la fiancée douze ; les accords ont lieu dans les familles avec une solennité qui rappelle un peu le distique d'Aubanel[513] :

> *Alor, fier e sage, li paire,*
> *An pacheja coume de rei.*
> Alors, fiers et sages, les pères
> Ont pactisé comme des rois.

Le pacte dûment conclu, les enfants peuvent se parler. Ils se parlent longtemps. Cela tenait bien une douzaine d'années, car, vers dix-huit ans, le garçon partait pour le service, qui durait quelque quarante-quatre mois ; il avait donc vingt-deux ou vingt-trois ans à l'heure des justes noces !

La ville pose sur les eaux, elle est née du produit des eaux, mais l'ancienne marine de commerce, disparue, ne renaîtra pas. Le canal de Marseille au Rhône ne peut pas la faire renaître. Ce point du trajet est trop proche de Marseille et de Saint-Louis du Rhône pour qu'un arrêt utile y soit indiqué. Les gens sensés dans le pays s'en sont bien aperçus ! Ils disent : Nous verrons passer des bateaux. Oui, tant qu'il y aura des yeux ouverts pour ce spectacle. Bientôt ces yeux se fermeront. Des cités ouvrières fondées de-ci, delà, abriteront les fourmilières appelées par les nouvelles industries du rivage, mais auront leurs comptoirs, leurs économats, leurs coopératives, tout ce que l'industrie moderne veut et doit créer à son ombre. L'organisme original qui fit le centre de l'ancienne principauté de Martigues, sans lien vivant avec les nouvelles bourgades voisines, se desséchera et mourra.

Il n'y aura plus de Martigues parce qu'on aura négligé d'y sauver, comme cela serait encore possible, une belle et antique corporation de travailleurs de la mer qui ne demandent qu'à perpétuer la force et la vie.

---

[513] *La Chato dóu Barrous*, dans *Li Fiho d'Avignoun*.

Le canal de Saint-Sébastien.

JOSEPH D'ARBAUD
POÈTE DE CAMARGUE

1926

Les gens du Midi passent pour insensibles et durs envers les animaux. Cependant, exception faite pour la Bourguignonne Colette, reine et maîtresse incomparable, et pour Henry de Montherlant qui est d'ailleurs une sorte de Méridional adoptif, tous les bons animaliers qui honorent aujourd'hui les Lettres françaises sont nés au sud de la Loire. Rachilde nous venait de Gascogne. Joseph de Pesquidoux porte haut dans le ciel les couleurs d'Armagnac. Charles Derennes, si savant, pénétrant et divinateur, venait aussi de Gascogne. L'admirable auteur de *Sangar Taureau*, Jean Samat est de Provence, comme le fut, par son tombeau, Joseph Fabre, né Rouergat. Ou bien ces écrivains font figure de prodiges et de monstres dans leur propre pays, ou leur œuvre établit que nos provinces du Midi n'ont pas rompu la communion avec les frères inférieurs.

Depuis *La Bête du Vaccarès*, le nom d'un autre Provençal, Joseph d'Arbaud, est venu allonger cette liste. Mais Joseph d'Arbaud est-il à ranger dans la même série que Pesquidoux ou que Samat ? Coupons court au demi contre-sens. On lirait mal cette *Bête du Vaccarès*, on la comprendrait de travers si l'heureux et brillant prétexte que l'auteur a tiré du Bestiaire provençal en faisait oublier le caractère fabuleux. Son héros est un animal de poésie et de légende, il est sorti du même tome d'Histoire naturelle que la Tarasque[514] et son frère le Drac[515], sans parler du Faune, du Satyre et de l'Aegipan.[516]

Et, s'il ne me fait pas songer au sublime taureau qui enleva Europe, c'est que ma première pensée a été donnée tout d'abord à mon vénérable et non moins mythique voisin le Taureau ou le Bœuf de Notre-Dame de Caderot.[517] Une nuit d'hiver, il y a des siècles, cet animal quitta brusquement les rives de Marignane ou, selon d'autres, de Martigues, traversa le vaste Étang à la nage et, abordant non loin de Berre, se mit à fouiller de toutes les forces de son pied fourchu les racines d'un de ces petits genévriers que l'on appelle en provençal cade et caderot. Les gens du pays l'aperçurent, ils accoururent, on fit cercle, et qu'est-ce que l'on vit ? À force de peiner du mufle et de la corne, l'animal déterrait une cassette de jolie forme et de bon poids qui, ouverte avec soin, commença par exhaler des parfums délicieux et finit par livrer de précieuses reliques de la Vierge Marie : quelques boucles de ses cheveux et quelques gouttes de son lait, placées sous verre et enfouies, assure-t-on, durant la

---

[514] Animal fabuleux. Jacques de Voragine la décrit dans sa *Légende dorée* :
    Il y avait, à cette époque, sur les rives du Rhône, dans un bois entre Arles et Avignon, un dragon, moitié animal, moitié poisson, plus épais qu'un bœuf, plus long qu'un cheval, avec des dents semblables à des épées et grosses comme des cornes, qui était armé de chaque côté de deux boucliers ; il se cachait dans le fleuve d'où il ôtait la vie à tous les passants et submergeait les navires. (n.d.é.)

[515] *Dragon*, en occitan. (n.d.é.)
[516] Divinité champêtre comparable au faune. (n.d.é.)
[517] La chapelle de Notre-Dame de Caderot est sur le territoire de la commune de Berre l'Étang, dans les Bouches-du-Rhône. (n.d.é.)

persécution de Dioclétien. Je ne me porte pas garant de tous les détails de l'histoire. D'autant plus qu'on en donne plusieurs versions. Celle qu'on m'a dite à Berre prétend que le Taureau ou le Bœuf ne mit point à jour des reliques, mais une statue de la Vierge, la même que nous pouvons voir aujourd'hui placée dans la niche au-dessus de la porte de la chapelle. Niche, statue, chapelle existent, je les aies vues à l'ombre de vastes cyprès séculaires. On ne m'a pas montré le Bœuf, mais nos Anciens furent témoins qu'il fendait les flots de l'étang.

Plus avancé que moi, Joseph d'Arbaud a certainement rencontré, au moins en songe, sa Grande Bête, et s'il lui a laissé quelque sombre auréole empruntée à la nuit des temps, c'est, je crois, pour produire en nous le plus bel effet de recul, car j'ai rarement lu un poème où l'imaginaire et le réel, le sens de la nature et le rêve de Pan, aient donné lieu à de si curieux entrelacs.

Voulez-vous connaître un peu son poète ?

Pour classer dignement un écrivain de la stature de Joseph d'Arbaud, il faudrait avoir mesuré toutes les grandeurs comparables de nos deux littératures françaises, ce qui supposerait déjà bien connue l'histoire de la Renaissance provençale au XIXe siècle.

On écrit cette histoire, elle n'est pas tout à fait au point. Ceux qui l'écrivent ont souvent le grave tort de présenter le mouvement provençal comme terminé ou suspendu. Je le crois encore à sa fleur. Certes le grand maître d'amour Aubanel est mort en 1886 ; Roumanille, le bon conteur, le doux poète, le journaliste inégalable, l'a suivi de près en 1891 ; et la vieillesse étincelante de Mistral, prolongée dans une espèce de solitude, s'arrêta au printemps de cette sanglante année 1914, seuil réel du siècle nouveau. Mais Mistral ne s'est pas éteint sans transmettre la flamme. Derrière lui, duraient et, comme il aimait à dire, *tenaient* un Marius André, un Folco de Baroncelli, un Joseph d'Arbaud, celui-ci le dernier par l'âge, non par le génie. En laissant flotter sur leurs fronts le rayon confiant, le tendre regard de l'adieu, le Maître a désiré, certainement, pour eux plus que le talent, plus que l'art, il a voulu leur léguer une parcelle de sa volonté de héros. Sa tâche surhumaine comporta un effort immense. Celle des successeurs ne sera pas moins rude.

Favorisée, comme la sienne, par les tendances du pays et les vieilles pentes du sang, elle est combattue et un peu trahie par les conditions politiques et mentales d'une société centralisée jusqu'à la folie : ce n'est qu'à bras tendu, à grand'peine et effort, que nos poètes porteront la langue et l'esprit de Provence, aussi longtemps qu'un ensemble d'institutions religieuses, politiques, scolaires et mondaines ne sera pas venu soutenir du dehors le génie et l'art des chanteurs.

Un beau et brave peuple continue à parler gaiement une belle langue sonore et, d'année en année, émergent de son sein les petits groupes d'hommes qu'unit le lien flottant des fraternités du félibrige. Ces hommes, ces poètes furent, à ce moment, assez clairsemés. Ils se multiplient depuis une décade d'années, leurs fêtes périodiques sont suivies, leurs bulletins sont lus et commentés comme cet *Almanach provençal*, toujours florissant, qui reste une force. Pourtant, sauf en des points privilégiés, on ne saurait nier que ce cercle de société provençale soit encore limité : l'apport des classes différentes n'y est pas encore très égal. L'élément cultivé est surtout représenté par des instituteurs et des prêtres ; si l'enseignement secondaire et supérieur y adhère, c'est lentement.[518] La bourgeoisie fut longtemps revêche, elle s'apprivoise, elle a cessé d'interdire à ses enfants la langue du pays comme triviale ou grossière : le temps n'est plus où Aubanel apprenait le provençal quasiment en cachette, ainsi que je l'appris pour ma part. Devant cette bourgeoisie qui s'améliore, marchent, et marchent fort droit certains éléments traditionnels et fidèles de l'ancienne aristocratie. Mais celle-ci n'est pas unanime. Ni du vivant de Mistral, ni de nos jours, on ne peut encore observer qu'en Provence, ni en Languedoc, ni en Gascogne, ni en Limousin, un véritable monde, un monde complet se rallie à la culture littéraire, à l'usage courant, et constant du provençal. Cela, qui se fera ou se fait, est loin d'être fait, et l'on peut considérer comme rare et merveilleux le cas d'un jeune homme de la classe aisée et lettrée qui ait trouvé dans son berceau la langue de *Mireille*[519] et la connaisse, et la manie comme une langue « maternelle ».

Tel est le cas de Joseph d'Arbaud. C'est d'une mistralienne, la « félibresse du Cauloun », qu'en 1874, à Meyrargues, avec le souffle de la vie, avec le sentiment de la poésie éternelle, il reçut le sens et le goût de ces vieux mots qui marquent, sous l'accent du pays, les choses du pays. À ce bonheur insigne s'associaient les dons naturels de premier ordre que la discipline de Mistral fortifia et qu'enrichit bientôt l'étude approfondie des littératures connexes. Ses classes finies, Joseph d'Arbaud vint à Aix, fit son droit comme tout le monde et fréquenta les cénacles déjà florissants que Joachim Gasquet, Émile Sicard, Xavier de Magallon, Louis Le Cardonnel, Louis Bertrand y avaient fondés. Là, bien des sollicitations ne manquèrent pas d'assaillir sa foi provençale : — *Écris en français ! Écris en français !*... De belles muses tentatrices le harcelèrent. Ceux qui ont vu Joseph d'Arbaud savent ce qu'il y a d'un peu rude et sévère, de tenace et d'obstiné sur ce front, dans ces yeux, par tout ce visage tendu. On disait sous l'ancien régime : têtu comme un Provençal. Le terme n'est pas juste. L'entêtement c'est la faiblesse. Mais l'opiniâtreté d'une force fidèle à elle-même apparaît sur beaucoup de points du caractère de la race. Combinez-la au goût raisonné d'une certaine forme de l'aventureux et de l'extrême, et vous comprendrez comment, un beau jour, ce jeune homme quitta brusquement les fontaines de Sextius, les platanes du Cours, les conférences platoniciennes du Tholonet, pour aller se terrer au fond de la Camargue et mener, entre les étangs, le ciel et la mer, la vie des gardiens de taureaux.

---

[518] Un doyen de la faculté d'Aix publiant, il y a quelques années, un livre sur Massilia écrivait encore un terme provençal dans l'orthographe de Victor Gélu, 1840, comme si Mistral ne fût jamais né, ni *Mireille* !

[519] *Mireille* est l'une des œuvres principales, sinon la principale, de Frédéric Mistral. (n.d.é.)

Pourquoi ? Comment ? Je ne crois pas fausser, en esprit, ce cœur de poète si je réponds que, Provençal avant tout, il aura voulu respirer bien à son aise ce qu'il y a de plus strictement, de plus parfaitement provençal, entre toutes les terres de la patrie. Que la Camargue ne soit pas toute la Provence, on l'accorde aux critiques, et il le faut bien ! Mais il faut l'ajouter, l'âpre vie camarguaise a ceci de particulier qu'il n'y a rien en elle qui ne tienne à l'essence du goût provençal. Ni au temps de la Reine Jeanne, ni sous les Raymond Bérenger, il n'était nécessaire d'aller se retremper dans ces claires fontaines de nos traditions, quand l'esprit du pays était alors à peu près également actif du Rhône aux Alpes et à la mer. De nos jours, cette retraite rigoureuse fut peut-être indispensable à Joseph d'Arbaud. Que n'en a-t-il pas rapporté ! Je crois bien que, pour comble, il s'y est retrouvé et comme recréé lui-même. Les choses et les hommes qu'il y a rencontrés étaient tous d'une espèce qui allait au-devant de son langage intérieur. Ils lui chantaient, d'eux-mêmes, sa secrète chanson.

De très beaux vers, encore à peu près cachés, car il a dédaigné de les rassembler en volume, manifestèrent l'harmonie de lieux et de l'âme, la *coumparitudo* de la race et du séjour[520] longuement et voluptueusement savourée. Les années de Camargue commandent et, je crois bien, commanderont toute la vie du directeur du *Feu aixois* ; ses *Chants palustres*, l'exprimeront peut-être en entier... Oh ! je connais de lui de belles et puissantes élégies de passion moderne, de hautes strophes d'une mélancolie personnelle sombre et sûre, dont la psychologie, l'inquiétude de l'Immense, la vibrante espérance et aussi le désespoir maîtrisé seront éternellement dignes d'émouvoir une âme sensible à la poésie, qu'elle soit de France ou d'ailleurs : lorsque Joseph d'Arbaud entre dans ce domaine de l'Universel senti et rêvé, il y est maître, et tous les maîtres du beau chœur lui font leur accueil souriant. Il n'est pas un seul de nos poètes de langue d'oïl qui puisse équitablement refuser l'hommage du respect et de l'admiration aux poèmes de son *Pèlerinage d'amour*. Mais ce n'est pas l'errant pèlerin qui nous intéresse le plus ici, car c'est le Provençal fixé : puisqu'il s'agit de le définir et de le qualifier pour un public à demi étranger à sa langue, rien ne le fera mieux connaître qu'un aperçu de quelques-uns des poèmes qu'il a rapportés du désert, quand *libre, passionné par la mer et les astres — amoureux de la garde et maître des plaines salées — guidant ses troupeaux le bâton à la main*, il laissait écouler une pensée pleine d'histoire, un cœur vibrant de mille vies, sur la plane étendue solitaire, inerte et fourmillante comme *le tourbillon des eaux et des étoiles*. Les génies de la vie et de la mort, leur signification profonde, il les a vus là : il ne les a vus nulle part aussi bien que là.

Ainsi ces vers sont de grand prix. Mais on confessera qu'ils sont assez souvent taillés dans un diamant assez dur. Le poète tient à la claire définition de son chant. N'y tiendrait-il pas, les objets qu'il a devant lui, s'ils l'émeuvent et s'ils l'enchantent,

---

[520] Mistral.

sont de ceux qui se dessinent dans la lumière. Ce qu'ils évoquent tend à une forme pure ou fait corps avec elle. Il ne l'en séparera point. C'est pourquoi il ne craindra point de les aborder par la méthode descriptive, il s'y complaira même au point de nous détailler, en trente vers minutieux, qui s'élargissent par degrés, cette Barque des Saintes-Maries, aperçue dans quelque cabane de pêcheur ou de pâtre et qui dévoile, vers à vers, toutes les étoiles de l'âme :

> La petite barque de plâtre que tu vois là-haut
> près des lampes brillantes, au-dessus du foyer,
> voilà notre trésor. Elle est un peu brunie
> par la poussière qui tombe et l'épaisse fumée,
> les mouches, tout l'été, y bourdonnent autour.
> En venant de là-bas, mon aïeul l'apporta un jour
> où l'eau du saint puits l'avait guéri ;
> elle a touché les charrues, le pétrin, les futailles,
> les auges, dans l'étable et le berceau des enfants.
> Nous l'honorons sans cesse et, pour Noël, chaque année,
> en bénissant la fouace et les escargots,
> la barque de l'aïeul, je la mets sur la table
> Nul que moi ne la touche. S'il lui arrivait malheur,
> peut-être la maladie entrerait-elle dans la maison.
> Le pauvre ancien disait : « les Saintes glorieuses
> protègent le maître, le bétail, la maisonnée,
> préservent de la fièvre comme du mauvais temps. »
> Voilà pourquoi tu peux voir ici toujours
> les Saintes, comme là-bas, dans leur chapelle antique
> dressées au beau milieu de notre cheminée :
> voilà pourquoi, devant leur petite barque, selon
> le travail des journées et le sens des saisons,
> éclosent sans cesse dans une jolie tasse
> des bouquets de « saladelles » et des fleurs de tamaris ;
> et vois : nos fillettes au beau jour des Rameaux
> y ont cloué au-dessus, pour préserver la maison
> de la foudre, des grandes eaux et de la sécheresse,
> la branche d'olivier rapportée de la messe.

Voilà le profil de l'objet. En voilà l'ambiance. Et en voilà surtout le contenu spirituel et moral. L'admirable magie de l'art y fait tenir la prière d'un peuple. Ne croyez pas que le poète qui aime tant à se perdre dans son peuple s'y puisse jamais oublier. Sinon, lisez l'appel du « Gardien » philosophe à quelque « Gardienne » idéale :

Viens dans ma maison, vierge provençale
qui as rêvé l'amour et ne le connais pas.
De mon seuil toujours ouvert comme un nid tu verras
passer les oiseaux des pays lointains, à grands coups d'ailes.

Viens, la maison est blanche comme un lys de mer ;
tout t'appartiendra : voici les clefs de la panetière,
la table de noyer, le pétrin, les chaises,
la grande armoire a le parfum du romarin.

Si la maison est petite, je suis roi d'un grand royaume :
(fais-moi un baiser d'amour, donne-moi ton anneau)
je veux te conquérir des royaumes si beaux
qu'on ne parle plus des rois d'Arles ou de Dom Jaime.

Je suis roi. J'ai des juments là-bas vers le golfe,
maître d'un troupeau de taureaux avec ses bœufs conducteurs,
et j'ai des brebis, les pâtres nourrisseurs
me gardent mille agneaux au milieu de la Crau.

Les vagues de la mer, qui baignent mes rivages
chantent comme une voix de l'aube au crépuscule ;
le grand soleil de mon pays fait éclore
en l'air, de bleus étangs et des sources de mirage.

Viens, je te donnerai mon plus beau cheval,
il est blanc comme la neige, doux comme un enfant,
tu le pousseras, tu verras au choc de ses sabots
l'eau des marais rejaillir comme une flamme.

La nuit, en écoutant l'écho des clarines,
la voix des gardeurs et le cri de mes taureaux,
nous irons au clair de lune vers la maison
et je t'apprendrai le nom des bêtes et des étoiles.

Hors des lois et des villes, Dieu m'a fait roi ;
si je suis agenouillé aux pieds d'une fillette,
c'est que sa volonté pour te plaire me donne
la beauté des jeunes gens et la sagesse des vieillards.

Le dernier mot, « sagesse » ne traduit pas très bien le beau terme d'*ideio*, trouvé par le génie du poète à qui le génie de la langue le désignait. Mot à mot : « la beauté des jeunes gens et *l'idée* des vieillards. » Le verbe et l'esprit.

Il n'est pas nécessaire de connaître à fond le mécanisme des langues latines pour se sentir ému de la splendeur et de la mélodie des vers originaux :

> *Lis erso de la mal' que bagnon mi parage*
> *Canton comme uno voues de l'aubo a jour fali.*

La beauté physique du son des dernières syllabes ressemble à quelque rime éloignée du *né ora kali*[521] dont s'émerveillait Gérard de Nerval en Grèce. On imagine bien que ce sculpteur, ce graveur, ce peintre est aussi, est peut-être surtout, un musicien : sa pierre, disons mieux, son disque de phosphore igné excelle à prolonger et à perpétuer une réponse mélodique au chant mystérieux de la lumière que l'on voit et de celle que l'on ne voit pas. C'est dans ce sentiment qu'il faut lire la page que le poète intitule fort simplement : *Les Eaux*. Je la citerai tout entière :

> Marche des peuples, génie vivant, beauté des femmes,
> esprit musical qui donne le chant,
> quand sur mer je m'en allai, au premier coup de rames,
> autour du bateau je vous vis monter.
>
> De l'éternelle pensée qui tient le cœur des races,
> de la mélancolie, tu m'as empli le cœur,
> en me menant loin du soleil, dans tes brumes,
> mère de l'aube, des étoiles et de la mort.
>
> Je t'ai vue reflétant la mêlée des étoiles
> au milieu des marais salants et des étangs,
> sur ton Rhône impétueux, les rayons de midi
> m'ont fait tourner la tête et baisser les paupières.
>
> Eau qui abreuve l'homme et engendre le sel,
> toi qui as porté les vieux dieux sur tes vagues latines,

---

[521] Nerval, *Ni bonjour, ni bonsoir*, in *Petits Châteaux en Bohème* :
Ν καλι ερα, ν ωρα καλ.
Le matin n'est plus ! le soir pas encore !
Pourtant de nos yeux l'éclair a pâli.
Ν καλι ερα, ν ωρα καλ.
Mais le soir vermeil ressemble à l'aurore,
Et la nuit plus tard amène l'oubli ! (n.d.é.)

toi qui, baignant les pieds du Christ de Palestine,
chantais son beau nom aux golfes provençaux.

Voilà pourquoi, si parfois, j'ai entendu dans l'espace
le chant attristé des Vierges d'Hellas,
je prie le Dieu chrétien et suis, homme de mas,
le frère pensif des pêcheurs et des pâtres.

De ton élan puissant, de ta sérénité,
je garderai le reflet dans mon âme pieuse ;
eau du Rhône vivant, mer d'été, onde heureuse
prête à mes chants ta force et ton jaillissement.

Cette poésie sainte est pleine de l'âme des choses mais de choses qu'il faut savoir. En beaucoup d'autres lieux du monde, l'onde fertilisante est plus ou moins la mère de la ville et de la campagne. Ici, partout, le Rhône a tout fait. Il est le père Rhône. Il a fait la Camargue et, tous les cent ans, il l'allonge d'un quart de lieue, dit-on. La vieille tour Saint-Louis baignait son pied dans la Méditerranée, il y a six siècles, lorsque le saint roi y passa. Ce port de la croisade reste à six kilomètres en amont de l'embouchure d'aujourd'hui. Pour augmenter ainsi le royaume, il peut suffire au fleuve Rhône d'une barque échouée, d'une perche ou d'une corbeille enfoncée dans la vase ; ce dépôt ou, comme dit le Grec de Provence, ce *thès*, crée rapidement un îlot qui, au bout de quelques années, se recouvre de grasses salicornes rampantes et de tamaris frémissants... Comment le premier cri humain de la terre nouvelle n'irait-il pas au génie des eaux bienfaisantes ? Ainsi l'émotion du poète est riche d'allusions au réel. C'est ce qui en apparente la poésie à l'essence des vers religieux de Mistral. Insigne honneur commun à beaucoup de poèmes de Joseph d'Arbaud ! Lui-même en avertit. Le grand Maillanais ayant ciselé sa coupe pour y boire et chanter, le jeune Meyrarguais, qui cisela la sienne pour boire et pour chanter aussi, se retourne avec une grâce pleine de charme vers son maître et lui dit : « Je l'ai façonnée à mon idée — selon l'art que tu m'as donné. » L'art impersonnel se transmet, comme les trésors de l'esprit humain ; l'idée est personnelle comme le génie.

Voudra-t-on chercher maintenant quels sentiments, quelles pensées enflamment la matière de cet art et la courbent selon le plaisir du chanteur ? Tout comme dans Mistral, il faut compter l'enthousiasme du pays, la foi à la langue des pères, la piété militante qui transforme la moindre pièce du costume local en une sorte de « saint signal ». Cela est indiqué dans la belle apostrophe qui termine et couronne la belle chanson des Tridents :

Si un mélange abominable
et le désordre universel

n'emportaient pas notre Race
avec les races d'ailleurs ;
si la barbarie qui, à la porte
heurte, voilà plus de sept cents ans,
passait enfin au large
et respectait nos enfants,

À la fête de notre foi,
nous te conduirions, fer à taureaux,
toi que maniaient nos ancêtres
de la Provence au pays cévenol ;
toi qui, en Arles, aux jours de fêtes
fais retourner toutes les têtes
et palpiter les rubans
signal de la bagarre
et des battements de mains.

TRIDENT, ARME DE PROVENCE,
ARME DES CHEFS ET DES VACHERS,
JE TE HAUSSE AU NOM DES CROYANCES,
SUR TA HAMPE DE CHÂTAIGNIER.

Plus fier dans ma selle « gardiane »
qu'un jouteur sur le palier de la barque,
que souffle sur les salicornes
libyen, vent du large ou des monts,
je t'abreuverai du sang des taureaux.

Le fier poète ! Le noble amoureux de sa race ! Il faudrait ici raconter son action pour les libertés de Provence, tauromachiques et autres. Il faudrait dire, si le temps ou l'espace le permettait, ce que le pays d'Aix en particulier doit à sa revue. « Je ne fais pas de politique, je ne veux pas en faire », dit-il à ses amis. Jugez un peu s'il en faisait ! C'est, soyons nets, une politique de prince menée avec un goût d'artiste, d'un accent de héros, c'est la politique de la Patrie. Il semble que cela ait été compris en Provence. Bien que ses poèmes, tirés à un trop petit nombre d'exemplaires, aient peu circulé et qu'il n'ait guère été lu que dans les périodiques, ses admirateurs sont nombreux, ils font un petit peuple qui a pris de lui « l'idée » qui convenait. À propos de je ne sais quel triomphe littéraire et civique, les plus ardents et les plus sages voulurent lui offrir un signe de la haute confiance qu'ils avaient mise dans sa pensée et, quand ils furent réunis pour lui choisir le joyau symbolique et commémoratif, couronne d'or, livre d'or ou cigale d'or :

— Non, dit quelqu'un, offrons à Joseph d'Arbaud un cheval ! Un beau cheval blanc de Camargue, avec la selle et les éperons de gardien.

Ce qui fut adopté par acclamation. Que d'autres, cher poète Joseph d'Arbaud, assemblent la rime et le rythme sous les oliviers de Pallas ! Nous saluerons en vous le souffle emporté du génie équestre. Nous vous acclamerons sur le quadrupède écumant que, jumeau de l'arbre sacré, fit jaillir, d'un sillon d'Attique ou de Camargue, le trident du dieu de la Mer.

Lorsque Hugo eut les cent ans

1926

Le texte original paraît en trois livraisons, dans la Gazette de France, *au moment des festivités du centenaire de Hugo, de novembre 1901 à février 1902 sous les titres :*
— Protozoaire ou vertébré : à propos de Victor Hugo ;
— Hugo ;
— Nouvelle réplique, ou la journée de Victor Hugo.

Les trois articles rebaptisés Avant la fête, Pendant la fête *et* Après la fête *ne seront réunis et publiés qu'en juillet 1926, dans une petite brochure qui prend le titre* Lorsque Hugo eut les cent ans. *Maurras y adjoint un épilogue, curieusement daté du milieu du vingtième siècle.*

Le premier tirage est confidentiel ; il porte la mention d'éditeur « chez Madame Lesage, à Paris ». Un second tirage, cette fois de 1 500 exemplaires, paraît en janvier 1927, avec la mention « Chez Marcelle Lesage ».

En 1932, le Dictionnaire politique et critique *en reprendra quelques extraits. Enfin, une partie du texte est reprise dans le tome 3 des* Œuvres capitales *dans le chapitre* Bons et mauvais Maîtres. *Maurras y a entièrement supprimé le second article, fait quelques coupes dans le premier, procédé ailleurs à des retouches de détail et ajouté de nouvelles notes.*

Notre texte est celui de 1926 ; sur la partie publiée dans les Œuvres capitales, *c'est la version de 1954. Quelques corrections mineures ont été nécessaires pour rendre le tout homogène.*

I. Avant la fête

17 novembre 1901

Victor Hugo est mort depuis dix-sept ans, et sa renommée a subi des variations et des discussions inouïes. Déjà, à la date de 1887, deux esprits de la même génération, par conséquent soumis aux mêmes influences, Jules Tellier[522] et Charles Morice[523], rendaient sur Victor Hugo des jugements aussi contraires que possible. Morice l'appelait le second dans tous les genres, Tellier le préférait à tous les poètes du siècle. On se dira : comment M. Charles Morice pouvait-il se refuser à toute l'évidence et traiter comme négligeable le plus vaste fleuve de mots qui ait passé jamais sur le monde ? Comment peut-il lui refuser ce qu'on ne peut lui contester, la supériorité de la masse et du poids, la majesté physique de l'énergie ? Mais, d'autre part, comment un esprit de la force et de la finesse de Jules Tellier pouvait-il se complaire exagérément chez Victor Hugo ?

Nous avons assez étudié Jules Tellier pour avoir reconnu dans ce génie précoce, étouffé à vingt-six ans, la survivance d'un de ces nobles rhéteurs de la décadence latine qui, naissant d'ordinaire en pays espagnol ou gaulois, venaient mourir à Rome sans avoir tout à fait franchi le seuil du mystère de l'atticisme. Grande affinité de cette nature avec la nature de Hugo, frère intellectuel des Sénèque et des Lucain. Quant à M. Charles Morice, le goût qu'il a de dénaturer le réel lui défend d'oser dire devant le soleil qu'il fait jour ; plutôt que de l'avouer, il fera la nuit en lui-même. Il s'est efforcé de parler de Hugo sans songer du tout à Hugo. Mais un fait reste sûr : la poésie de Hugo choque l'essentiel de la conception qu'il se fait de la poésie.

M. Charles Morice, et je veux entendre par là toute une catégorie de vives intelligences, souffre du vide hugolien et de l'étrange disparate qui éclate, à chaque instant, entre l'intonation prophétique du poète et l'insignifiance de la prophétie, une fois exprimée, entendue, pénétrée. Celui qui se rend compte de cette inharmonie secrète se trouve disposé à en découvrir de plus apparentes, et les crevasses, les lacunes, les discontinuités de la rhétorique hugolienne, même aux endroits qui paraissent les mieux liés, font une espèce de malaise et d'inquiétude. Quoi donc ! N'est-ce donc que cela ? Il n'y a pas de Français, d'âge mûr, de goût réfléchi, qui n'ait connu à quelque degré l'étonnement de cette découverte et le vertige qu'elle donne.

---

[522] Écrivain et journaliste français né au Havre le 13 février 1863 et mort à Paris le 29 mai 1889. (n.d.é.)
[523] Auteur de *La Littérature de tout à l'heure* qui, parue en 1890, fut le « livre manifeste » de l'École symboliste. (Note de Charles Maurras dans les *Œuvres capitales*.)

Cela est arrivé aux hugoliens les plus déterminés. Je ne parle point des esprits fanatisés qui suivent un nom de poète comme on tient un serment ou une gageure. Ces fous religieux exceptés, et les sots, j'ose assurer que cette déception ne peut s'éviter. En tout cas, Tellier qui fut l'hugolisme en personne, Tellier qui supporta d'interminables conversations, non point seulement avec Paul Meurice, mais avec le redoutable Vacquerie, Tellier ne dut pas s'y soustraire. Il vit, il ressentit l'humiliant secret des faiblesses du dieu. Ce n'est pas M. Charles Morice, ce n'est pas un ennemi de Victor Hugo, c'est Tellier lui-même qui adjurait les amis de Hugo de faire un choix dans leur poète. *Hâtez-vous*, disait-il, *composez son anthologie. Le vaste édifice est en ruines, mais des pans solides restent debout. Vous les voyez. Vos neveux ne les verront plus. Ne les laissez pas relever par des amateurs moins pieux, moins bien informés que vous n'êtes. Ou bien, changeant de ton et suivant d'autres métaphores, ce sera un naufrage. Ce sera un plus grand naufrage que celui de* Ronsard. *Sauvez donc ce qui est encore susceptible d'être sauvé.*

Telle est la force des grandes vérités. Elles groupent les esprits les plus différents. De nos jours, dans un article tout littéraire, heureusement délivré de toute allusion à la politique de Hugo, un jeune poète, M. Saint-Georges de Bouhélier3 vient de rendre ses jugements. Eh bien ! j'y démêle plus d'une remarque sur lesquelles il me serait commode de m'accorder avec lui aussi pleinement que je m'accorde avec Jules Tellier ! Hugo « était démesuré », « il avait quelque chose de primitif ». Et quand M. de Bouhélier écrit « inégal », « rude », mais toujours « extraordinaire », je contresignerais volontiers chacune de ces épithètes, dans le sens que veut bien leur accorder le jeune auteur et aussi dans un autre sens. Où je diffère absolument d'avec lui, c'est quand il s'emporte jusqu'à écrire : « Hugo est le plus grand poète que compte la France ».

Un pays comme la France pourrait compter pour son plus grand poète un écrivain « inégal » et « rude » : il lui est impossible de décerner un titre aussi honorable à un écrivain que ses plus chauds partisans sont contraints d'appeler démesuré (le génie de la France est la mesure même), primitif (ce génie est le fruit d'une longue tradition d'humanité civilisée), enfin extraordinaire (le génie de la France est un ordre vivant).

Mais je veux tout d'abord qu'on m'approuve de discuter sur un sujet de préséance. M. de Bouhélier en fait honneur à Hugo, en quoi, selon moi il se trompe ; mais il a pleinement raison de discuter l'ordre des distances et de croire qu'il est des poètes plus ou moins « grands » les uns que les autres et qu'il peut y en avoir un de plus grand que tous. Le seul emploi de telles expressions nous témoigne d'une renaissance du goût. Le sens de la hiérarchie revient : il s'applique aussi bien aux ouvrages de l'art qu'aux œuvres naturelles. Il faut donc nous en réjouir.

Une critique nonchalante s'interdit de donner des rangs. Elle refuse de comparer entre ses plaisirs. Pour elle, les joies esthétiques ne peuvent pas être soumises à une commune mesure. Et pour elle, il est vrai, cela n'est point douteux. Son goût n'est pas *un*. Si la sensibilité est le signe nécessaire de la personne, cette personne elle-même est fort divisée. Les romantiques (j'appelle ainsi les impressionnistes de 1882, les prétendus naturalistes de 1875 et les idéalistes de 1848), tous les romantiques sont des animaux détraqués. À la base de leur sentiment et de leur pensée se place un phénomène de déchirement et de contradiction, un véritable fait d'anarchie intime. Qui s'est résigné à cette anarchie a signé l'acte de l'abdication mentale. Il ne finira point sans tomber dans la honte de grandes confusions.

Les jeunes gens du naturisme, tels que les a groupés M. Saint-Georges de Bouhélier dans une revue, ne me paraissent pas être des décadents. Ce sont des renaissants, comme le montre l'œuvre postérieure d'Eugène Montfort, qui était du naturisme. Je n'approuve pas leurs doctrines. Mais leur méthode est bonne, j'ai confiance qu'elle les sauvera quelque jour.

Ils cherchent donc le plus grand poète français. Ils croient même l'avoir trouvé. Mais une autre question préalable se pose. Y a-t-il un « plus grand » poète français ?

Si l'on veut toute ma pensée, je dirai que je crains bien qu'il n'existe pas. *Il nous manque*, a souvent soutenu, d'une plume hypocrite, cette critique romantique dont la tendance est de trahir le génie national. *Il nous manque*, dit-elle, en laissant pendre sa crinière en signe d'affliction. Ce que la critique romantique a pris pour un manque, pour un défaut, résulte, au contraire, de la surabondance des grands poètes sur notre sol. L'Italie du moyen âge possède un Dante, en qui se résume ce qu'elle est, ce qu'elle a été, ce qu'elle doit être. L'Angleterre a condensé son essentiel dans Shakespeare, et le meilleur de l'Allemagne siège dans « la tête olympienne » de Goethe. Ma chère patrie provençale offre aussi son Mistral, unique et pur exemplaire d'un type éternel. Il est certain que la littérature française, celle qui a son centre à Paris et la langue d'*oui* pour organe, n'offre aucun exemple d'un pareil abrégé. Elle ne montre ni un Mistral, ni un Goethe, ni un Shakespeare, ni un Dante. Mais c'est qu'elle en montre plusieurs. Sans parler d'un Bossuet ou d'un Voltaire, et en nous tenant aux poètes seuls, Racine, La Fontaine, Corneille et Molière lui-même, mais avant tous, l'auteur des *Fables* et l'auteur de *Britannicus*, montrent les mêmes titres au premier rang. Une égale source de poésie, un art divers, mais identique dans ses principes profonds, une philosophie des passions analogue, une pareille vue du monde, de l'âme, de la société, assimilent si parfaitement ces deux grands poètes qu'il est tout à fait impossible de trouver entre eux une raison de différence et de classement. Il faut leur accorder à tous deux le laurier cueilli sur la plus haute branche et tel qu'il n'est atteint que par les demi-dieux :

> *Et vitula tu dignus et hic...*[524]

---

[524] Virgile, *Églogues*, III, 109. (n.d.é.)

Si (mais avec quelle inquiétude, avec quel tremblement !) si nous établissons Corneille et Molière un peu au-dessous de ces brillants Gémeaux, *lucida sidera* de la langue et de l'art français, si nous rangeons à leur suite un Ronsard, un Malherbe, un Villon, un Chénier, la question qui se pose, quant à Victor Hugo, doit être de savoir s'il égale ou surpasse quelqu'un de ces grands écrivains.

Mais faut-il remonter aussi haut ?

Une autre question préalable se présente en effet. On peut se dire :

— Et Lamartine ?

Il ne paraît pas évident du tout que Lamartine soit à ranger d'emblée au-dessous de Victor Hugo. S'il a été un moindre assembleur de mots, s'il n'a point concédé à la rhétorique toutes les libertés de Victor Hugo, s'il a traité moins de sujets avec moins de variété, s'il a fait moins de vers et s'il en a écrit un petit nombre de meilleurs, si les bons vers de Lamartine sont imbibés d'une grâce et d'une lumière que son rival n'a point connues, s'ils ont le grand vol naturel, la puissance aisée et divine, ce n'est pas un motif de les sacrifier ou de les oublier.

M. Saint-Georges de Bouhélier me voudra-t-il faire le plaisir d'entrouvrir avec moi le volume des Méditations ? Je ne lui lirai que le Lac, et quand ce beau poème, réglé comme une ode d'Horace, nous aura conduits à la strophe immortelle :

> Ô lac ! rochers muets[525], grottes, forêt obscure,
> Vous que le temps épargne ou qu'il peut rajeunir,
> Gardez de cette nuit, gardez, belle nature,
> Au moins le souvenir ![526]

Quand nous en serons là, je demanderai au jeune poète critique de Naturisme de me dire quelle peinture est plus magnifique, quel sentiment plus tendre, quelle passion plus pathétique, et quel équivalent il pourrait trouver de tout cela chez Hugo. La fameuse *Tristesse* que l'on compare au *Lac* n'est que le chef d'œuvre de la volonté d'un artiste : un lourd effort s'y fait sentir comme dans toutes les dures créations du Cyclope. L'aisance apollonienne, je veux dire le don de la haute poésie naturelle, forme le premier caractère du poète supérieur. M. de Bouhélier ne le voit-il pas dans *Le Lac* ?

Je veux, cependant, supposer qu'il soit aveugle. Un volume des *Recueillements*, à défaut des *Méditations*, pourra bien lui ouvrir les yeux. Je mets en fait que l'on saura ce qu'est, ce que vaut Lamartine quand on se sera rendu compte de la beauté de certains vers de la *Réponse à Némésis*. Il y a mieux peut-être : *La Vigne et la Maison*, mais ici l'éloquence française a fait son chef-d'œuvre.

---

[525] Qu'on me pardonne cette note : « Rochers muets ! » : c'est l'épithète de génie. (Note de Charles Maurras, dans l'édition originale.)
[526] Alphonse de Lamartine, *Méditations poétiques*, Le Lac. (n.d.é.)

On se rappelle qu'un pauvre homme avait insulté le poète, un « pâle pamphlétaire », « tout grelottant d'envie et d'impuissance », comme dit Musset. Du grand cœur, comme d'un beau ciel, jaillit la fulgurante justification de la Muse :

> Non, non : je l'ai conduite au fond des solitudes,
> Comme un amant jaloux d'une chaste beauté ;
> J'ai gardé ses beaux pieds des atteintes trop rudes
> Dont la terre eût blessé leur tendre nudité !
> J'ai couronné son front d'étoiles immortelles,
> J'ai parfumé mon cœur pour lui faire un séjour
> Et je n'ai rien laissé s'abriter sous ses ailes
> Que la prière et que l'amour !
>
> Un jour, de nobles pleurs laveront ce délire,
> Et ta main, étouffant le son qu'elle a tiré,
> Plus juste, arrachera des cordes de ta lyre,
> La corde injurieuse où la haine a vibré !
> Mais moi j'aurai vidé la coupe d'amertume
> Sans que ma lèvre même en garde un souvenir,
> Car mon âme est un feu qui brûle et qui parfume
> Ce qu'on jette pour la ternir.[527]

Ah ! Saint-Georges de Bouhélier, est-il possible que vous mettiez quelque chose au-dessus de ces vers sublimes ? Relisez-les pour n'avoir plus à les relire et de façon à les savoir par cœur du premier au dernier. Vous persisterez à nommer Victor Hugo grand poète, car c'en est un, mais vous rendrez la première place au meilleur.

Pour ma part, je me contenterai d'établir ici pour quelle raison la naissance de votre grand poète devrait être fêtée de tous les Français conscients par un repas funèbre.

Sa naissance nous marque une journée mortelle : sa vie, son action et son influence, une vaste diminution.

J'ai promis là-dessus de laisser toute politique. Il me faut donc laisser aussi la question de morale et de philosophie, étroitement liée à la question politique. C'est d'art français que nous parlons. C'est une décadence de l'art poétique français que Victor Hugo représente.

Il la *représente* assurément beaucoup plus qu'il ne la *réalise*. Un certain degré de la force et du talent préserve de l'effet de certaines erreurs. L'esprit de médiocrité ou l'esprit de système sont tantôt annulés, tantôt contenus ou emportés par l'imagination et par le sentiment d'un homme de génie. Ainsi Hugo vaut mieux que

---

[527] Alphonse de Lamartine, *Odes Politiques*, *À Nemesis*. (n.d.é.)

l'hugolisme. Car il y a de l'hugolisme dans la manière froide et triste des parnassiens comme il y en a dans le désordre des décadents et dans la chinoiserie mallarmiste. Les parnassiens tenaient de Victor Hugo la plupart de leurs procédés. Les décadents renouvelaient avec plus de méthode et moins de naturel la doctrine de liberté absolue de l'art. Enfin, si un homme a compris le sens du poème hugolien, *Nomen Numen*, qui se traduit : *le mot est Dieu*, ce fut sans aucune conteste Mallarmé.

L'office littéraire de Victor Hugo peut se résumer en fort peu de lignes. Héritier de Chateaubriand, il a procédé à l'affranchissement de la phrase et surtout du mot. En demandant qu'on abolisse toute tradition ; en écrivant que le caprice du moindre poète (*vates*) doit l'emporter toujours sur le génie des langues et sur l'ordre des styles ; en substituant à l'idée de la beauté l'idée de caractère, à la notion de perfection celle d'originalité, Victor Hugo n'est pas seulement arrivé à se priver de certains concours magnifiques que le passé d'une nation et l'histoire de la civilisation elle-même apportent à leurs derniers-nés ; il ne s'est pas seulement contraint à beaucoup renier de ses prédécesseurs et à mimer l'œuvre brutale des ignorants et des primitifs : son malheur est plus grand. Il dresse contre lui et contre tout poète égaré par sa théorie et par son exemple, une armée d'ennemis profonds et redoutables. Victor Hugo, par son esthétique, suscite contre l'écrivain français la coalition de tous les éléments du langage : ce qui n'était qu'une matière obéissante ou tout au moins domptée, ou qu'on était convenu d'avoir à dompter, les mots déliés de leurs attaches traditionnelles, de leurs chaînes logiques, et ainsi des rapports qu'ils soutiennent avec leurs sens, les mots se soulèvent pour s'imposer à l'imagination de l'écrivain. Ce n'est plus lui qui écrit sous la dictée de sa conception ou de son amour : c'est la tourbe confuse des outils révoltés qui se combine en lui par le jeu machinal, de leur rencontre physique et de leur agglutination spontanée. Sa volonté de fer, au lieu de les réduire, appuiera ces insurrections.

Plus que sensible chez Hugo, et révélée par des aveux aussi éloquents que formels, cette tyrannie des mots, principalement des mots placés à la rime, constitue un indice de dégénérescence qui est fréquent non seulement chez les poètes, mais chez les prosateurs de la seconde moitié du siècle passé. L'école de Jean-Jacques, dont relève Mme de Staël, et aussi ce grand et malheureux Lamartine, tendait à libérer la sensibilité des lumières de la raison. L'école de Chateaubriand et de Hugo étendait et approfondissait le désordre, puisqu'elle l'imposait à de simples éléments verbaux qui devraient être les organes et les ministres du discours, lui-même expression de notre vie mentale, au lieu de gouverner ceci et cela.

Quand je considère la ruine, quand je vois l'état de démence qui en résulte, la décadence intellectuelle et morale qu'elle a déterminée, il m'est difficile d'imaginer comment de bons Français peuvent conserver à Victor Hugo et à Chateaubriand, je ne dis pas l'admiration et l'amitié, sentiments que rien ne commande, mais cette estime, ce respect qui naissent d'un examen fait de sang-froid... Chateaubriand, Hugo ont révélé le Moyen Age ! Chateaubriand, Hugo nous ont restitué le sens du gothique ! Chateaubriand, Hugo ont nationalisé notre littérature ! Mais, outre que cette dernière formule est impropre (ce sont les *sujets* de notre littérature, ce sont les *thèmes* de nos compositions que Chateaubriand et Hugo ont nationalisés en dénaturant notre goût), ces services secondaires valent-ils en comparaison du désastre moral infligé à la pensée et à l'art ? Je ne saurais mieux expliquer ce désastre que par une image tirée des sciences de la nature : avant Hugo et Chateaubriand, la Poésie française était comparable à l'un des vertébrés supérieurs qui joignent au plus haut degré de la vie physique une parfaite discipline des éléments et des fonctions, superbes animaux, qui doivent le plus clair de leur puissance à leur ordre ; après Chateaubriand et Hugo, ce rare composé se dissout, les fonctions se relâchent, les canaux s'engorgent et les éléments s'éparpillent : il ne subsistera bientôt qu'un annelé livré au caprice ou à la routine de ganglions divers, pâte amorphe et diffuse qu'on ne peut comparer qu'aux premiers balbutiements de la vie.

La liberté du romantisme, la contrainte tout extérieure et mécanique des Parnassiens, la licence des verlainiens, l'artifice des mallarmistes (déjà reconnu et annoncé par Théodore de Banville dans son *Petit Traité*), voilà les quatre moments successifs de la maladie hugolienne.

Assurément, nul de ces cas particuliers ne peut nous empêcher, si nous ouvrons Victor Hugo, de goûter la strophe éloquente, d'admirer la pièce sublime. Il y en a ! Il y en a surtout, non pas dans la dernière manière de Hugo, de la faiblesse de laquelle tout le monde tombe d'accord, même les auteurs des plus ingénieux plaidoyers, non plus dans l'avant-dernière (des *Contemplations* à la première *Légende* et aux *Châtiments*) dont on fait, à tort, selon moi, l'apogée du poète, ni davantage (la passion politique ne m'aveuglera point !) dans la période légitimiste de 1820 à 1830. Je chercherai le bon et le meilleur Hugo, celui dont la nature donne les plus beaux fruits qu'un système n'a point gâtés, entre 1830 et 1840, dans les *Feuilles d'Automne* et autour des *Feuilles d'Automne*. Ailleurs il lui arrive d'être plus grand poète : mais le gros, l'ampoulé, le boursouflé y font du tort à la grandeur.

On peut ne ressentir, au surplus, qu'un enthousiasme mêlé pour ce moment de la perfection de Victor Hugo. Pour ma part, je puis dire :

— C'est là qu'il déplaira le moins.

Mais il déplaît toujours un peu. Il choque par on ne sait quelle hâblerie de l'accent. Je me défie d'esprits qu'il émerveille sans réserve et qui se laissent transporter et ravir sans inquiétude ni réaction. Ou ce sont des personnes un peu naïves (comme il était dans sa grosse finesse : est-ce Renan, est-ce Jules Lemaître qui le déclarait *bête comme l'Himalaya* ?[528]) ou ce sont des personnes de foi douteuse et de caractère un peu charlatan. La limpidité, la candeur, la simplicité manquent à cette poésie. On peut passer sur le défaut, je m'empresse d'en convenir ; affaire de sentiment à peu près incommunicable. Mais justement la délicatesse du goût croîtra

---

[528] Le mot est généralement attribué à Leconte de Lisle. (n.d.é.)

ou décroîtra selon que les futures générations se développeront suivant l'esthétique de Victor Hugo ou en réaction contre ses malheurs.

La question d'esthétique reste donc la plus générale, et c'est celle que j'ai posée dans cet examen : la question de l'esthétique du romantisme.

Serons-nous classiques ? Serons-nous romantiques ? Depuis cette double invasion de barbares que manifestent la Révolution dite française et les idées de Chateaubriand et de Victor Hugo, le sort de la civilisation nationale dépend de la réponse qui sera faite à la double question. Tout progrès des idées classiques compose, ordonne et remet en marche vers les types supérieurs de notre nation et de notre espèce. Tout progrès des idées romantiques nous ramène au type enfantin.

Lors donc que l'école naturiste s'est fondée, je l'ai saluée parce qu'elle reprenait une vue de Denis Diderot qui pouvait être très féconde. Quand elle a dévié du côté de Jean-Jacques, puis de Bernardin de Saint-Pierre, j'ai averti ces jeunes hommes des risques intellectuels auxquels ils étaient exposés. Ils ont rejoint Zola, qui a cessé depuis longtemps son semblant d'opposition au romantisme, et par lui ils viennent de rallier Victor Hugo. Ils disent toujours : naturisme. Mais il n'y a pas une seule Nature. Entre la nature humaine et la nature des animaux primitifs, entre le vertébré et le protozoaire, les naturistes ont choisi et mal choisi : comment les en féliciter ?

II. Pendant la fête

20 février 1902

Royalistes, bonapartistes, socialistes, républicains, courons, venons en troupe. Ayons des fleurs en mains pour traiter de Victor Hugo. Il n'est pas d'opinion que le poète n'ait fêtée, et toutes peuvent lui sourire.

Pour ma part, je ne vois aucun inconvénient à la récitation des *Vierges de Verdun* et du *Louis XVII*. Je connais d'ardents royalistes et d'excellents esprits, notre confrère Oscar Havard entre autres, qui conservent un coin de piété dans leur cœur pour les gloires du romantisme.

Ils aiment à les associer au souvenir de Louis XVIII et de Charles X, à cette époque unique de la Restauration que M. Maurice Le Blond, dans la *Revue Universelle* a bien tort d'appeler un régime de politique terne et médiocre, car on n'a pas eu mieux d'un bout à l'autre de ce siècle qui vient de finir. Quand nos amis rendent hommage à ces quinze années de gloire solide et de prospérité véritable, je n'aurai pas l'impiété de leur en faire de reproche. Mais nous ne cherchons pas dans le passé des souvenirs, nous cherchons des éléments dignes d'être admirés et étudiés comme des modèles. La Restauration n'est pas un modèle.

Hugo non plus d'ailleurs, ni le Hugo de 1825, ni le Hugo de 1850 ou de 1870. Est-ce à dire qu'il n'ait pas été un poète considérable, et que sa poésie n'ait jamais été de la grande poésie ? Je voudrais rencontrer un de ces soirs, dans quelque cénacle, un de ces écrivains qui mènent le plus de tapage autour de la fête prochaine. Il serait curieux de savoir ce que vaut précisément cet enthousiasme et si les plus bruyants sont les meilleurs amis de Hugo. J'aimerais à vérifier combien de vers de Hugo ils ont dans la mémoire, et si l'idée de le placer au-dessus de tous les poètes de son siècle, de sa patrie, de l'ère moderne et du monde ne leur a pas fourni un bon prétexte pour le perdre de vue tout à fait.

Ceux qui le mettent le plus haut ne sont peut-être pas ceux qui l'aiment le plus. Et, réciproquement, ceux qui font le plus d'objections à des louanges sans nuance comme sans accent sont peut-être les mêmes qui goûtent le mieux ce poète dans les endroits où il touche à la vraie grandeur. Si vos faux dithyrambes nous sont insupportables, c'est qu'ils font sentir clairement combien Hugo, et, d'une façon générale, la poésie vous sont choses indifférentes. Vous le chantez comme vous chanteriez Michelet, ou Quinet, ou Ledru, et presque avec les mêmes mots ; comme vous loueriez indifféremment le Commerce, l'Agriculture, l'Industrie ou même l'Instruction publique dans un discours officiel.

— Amis, vous serez députés !

Pour nous, qui, tout en éprouvant avec vivacité tous les plaisirs que peut donner Victor Hugo, ne croyons pas devoir le préférer, par exemple à un Lamartine et qui l'estimons de beaucoup inférieur à Jean Racine, à La Fontaine, à Corneille, à

Ronsard, à Chénier, la nécessité où nous sommes de classer nos plaisirs ne nous oblige en nulle manière à sacrifier durement les plaisirs moins purs à ceux qui sont les plus parfaits.

Chaque heure de la vie a ses humeurs qui la colorent et l'homme sage ne craint pas d'observer les mouvements de l'esprit public, qu'il y cède ou qu'il y résiste. On parle de Hugo, nous retournerons chez Hugo, mais nous aurons bien soin de lui demander ses beaux vers. Ils nous paraîtront plus agréables encore si nous pouvons en déterminer clairement la valeur et la qualité. N'est-ce pas Léonard qui dit, dans son magique formulaire, que « l'amour est le fils de la connaissance » et qu'il est « d'autant plus ardent que la connaissance est plus certaine » ? Ainsi du plaisir des poètes. Je ne l'aime que lumineux.

Aurons-nous à parler des mauvais vers de Hugo ? Peut-être. Ces vers ont une immense importance historique. D'abord ils signifient un certain état de quelques esprits français de l'âge et du temps de Hugo. Ensuite, ils ont déterminé et ils déterminent encore, de plus en plus faiblement à la vérité, d'autres états d'esprit de la foule française. Platon assure dans sa *République* que l'on ne peut toucher aux règles de la musique (c'est à dire de la poésie et du goût) sans ébranler les lois fondamentales du gouvernement. Hugo a introduit des modifications profondes dans l'économie de notre art et ces nouveautés ont de plus coïncidé avec de profonds changements politiques. Son esprit court était violent, et sa violence fut multipliée par une occasion favorable : le public des lettres françaises s'était brusquement étendu. De tous les écrivains de son temps, Hugo est celui dont les moyens un peu voyants correspondaient le mieux à la rusticité des nouveaux lecteurs. Notre littérature, si simple, si claire, si saine, a toutefois un caractère d'aristocratie manifeste. Son sens commun n'a absolument rien d'un sens vulgaire. Par quelques-uns de ses procédés, Hugo pensa l'encanailler.

C'est un fait que la tentative a complètement échoué. C'est un autre fait que le romantisme, cent fois repris depuis Hugo, échoue semblablement. Il sera curieux de voir la concordance de ses échecs avec les changements de l'État, des idées et même des mœurs... Mais le loisir de mettre en ordre tant de sujets sera-t-il jamais accordé ?

Il serait plus facile d'entasser les apothéoses :

« Victor Hugo a été l'homme des commémorations et des prophéties » ;

« Un écho, oui ; un prophète, oui encore » ;

« Un écho, un prophète, c'est bien Victor Hugo... » ;

« Ce rôle dont sourient les pygmées politiques et littéraires... » ;

« Est-ce tout ? Non ! Un témoin aussi, un témoin de toutes nos oscillations, de tous nos orages, de toutes nos batailles » ;

« Et un acteur encore... » Plus loin : « Un athlète... »

Ce n'est pas que l'article de *La Revue* n'abonde en remarques précieuses :

Les académiciens effarés, Arnaud, Viennet, ne s'y trompent pas : ils l'appellent (Hugo) « anarchiste », « bandit » ; ils vont supplier le Roi qu'on interdise le scandale de *Ruy Blas*. Ils ont raison. Cette apologie du valet, de la prostituée, du nain, c'est déjà la prise de possession du théâtre par la démocratie.

Le valet, la prostituée, le nain, ou la démocratie, nous ne le faisons pas dire au rédacteur de *La Revue*. J'aurais quatre ou cinq bonnes nuées à extraire de son article : le passage où il nous peint Hugo en « savant », et celui où il donne la raison pour laquelle Victor Hugo apparut (mais à qui ?) « plus grand que Dante » et « plus grand que Goethe »... Mais laissons *La Revue* tout court. J'aime mieux vous donner quelques lignes curieuses et pleines de sens du docteur Philippe Poirrier à la *Revue universelle*.

La Revue universelle (c'est l'ancien *Texte encyclopédique Larousse*, que dirigeait M. Georges Moreau) a consacré au centenaire de Victor Hugo un de ces magnifiques fascicules spéciaux qui contiennent parfois le meilleur résumé d'un sujet. M. Le Blond, M. Louis Coquelin, M. Bonneau, M. Lejeal, M. Gustave Geffroy ont collaboré très utilement à celui-ci. Mais c'est l'étude du docteur Poirrier qui retiendra sans doute l'attention de tous les lecteurs. Elle traite de Victor Hugo au point de vue anthropologique : elle résume un *Essai d'étude anthropologique sur Victor Hugo* du docteur Papillault paru dans la *Revue de psychiatrie* de février 1898 et que je n'ai point sous les yeux.

Je ne pense pas que personne nous reproche de nous être monté la tête sur les jeunes mystères de l'anthropologie. C'est une science qui sans doute, promet, mais qui, plus encore, déçoit. Ni l'indice frontal, ni la misère des *brachy*, ni la gloire des *dolicho*[529] n'ont été invoqués par nous dans nos discussions. Quand il nous arrive de parler de science en matière de politique, c'est de science politique que nous parlons. Il paraît que cela n'est pas clair pour beaucoup de gens ! Ils s'entêtent à appeler biologie nos prudentes recherches de sociologie. Quoi qu'il en soit de cette inestimable équivoque, ce n'est pas l'anthropologie que je veux attester ici, mais bien plus simplement, le docteur Poirrier et le docteur Papillault.

L'enquête de cet anthropologiste est « significative » en ce qu'elle confirme quelques-unes des plus dures critiques qui aient été formulées, ces dernières années, contre « le monstre » ou contre « le dieu ». Il n'y a pas à la tenir pour décisive, ayant été faite sur des éléments de seconde main. L'autopsie de Victor Hugo n'a pas eu lieu. On n'a donc mesuré directement ni son crâne, ni son cerveau. Tous les calculs sont faits d'après un moulage, d'ailleurs précis, mais incomplet. Le docteur

---

[529] Termes introduits par le professeur d'anatomie suédois Anders Retzius (1796–1860) qui distinguait les individus au crâne allongé (*dolichocéphales*) et les individus au crâne court (*brachycéphales*). (n.d.é.)

Papillault arrive néanmoins à une conclusion qu'il tient pour valable dans la formule biologique suivante :

> Cerveau à peu près moyen, chez lequel les représentations organiques et appétitives sont prépondérantes, servies par un tempérament extrêmement vigoureux.

Le docteur s'exprime en termes plus humains :

> On peut résumer les faits de la manière suivante : le cerveau de Victor Hugo était du volume moyen ou très peu au-dessous de la moyenne ; son développement comparé à celui de la face paraît au-dessous de la moyenne.

Ici l'explication d'une supercherie. Théophile Gautier raconte que les jeunes romantiques avaient coutume de se faire raser le haut du front pour atteindre à quelque ressemblance avec le front de l'Olympien. Or celui-ci était une œuvre assez complexe, la nature et l'art y ayant collaboré :

> Les parties latérales du front sont renflées et complètement découvertes, la calvitie ayant été précoce en cette région. La région frontale paraissait ainsi d'autant plus développée qu'elle empiétait sur les régions voisines. On s'expliquera encore mieux la légende du « front génial » si l'on songe que, dans toutes les photographies qui sont répandues dans le public, le poète inclinait la tête en avant ; cette pose plaçait le front en pleine lumière aux dépens de la face et de plus donnait à l'ensemble un aspect « songeur » qui devait particulièrement plaire à Victor Hugo... La partie du *substratum* central qui varie avec le développement de l'organisme, devait être chez Hugo supérieure à la moyenne et cela aux dépens de la substance cérébrale indépendante de la fonction organique.

Ce qui signifie que, si Hugo vivait largement, imaginait avec force, les organes de l'intelligence proprement dite, ceux qui président à la perception des rapports, paraissent avoir été moins bien développés chez lui. Il répétait le monde, n'avons-nous cessé de redire : il ne le pensait pas. Le délicat et le sublime de la vie intellectuelle lui échappaient. Ce fut une grande imagination verbaliste.

Nos anthropologistes traduisent leurs observations par des textes empruntés aux critiques qui leur ont été signalées parmi les plus favorables à Victor Hugo :

> Dans son étude sur Victor Hugo, Renouvier[530] consacre un chapitre « aux absurdités » qu'on peut glaner dans ses œuvres, et ce chapitre se transformerait aisément en un gros volume. Dans l'ordre des sciences physiques, où Victor Hugo avait des prétentions, on trouve des phrases dans le genre de celle-ci : « La canalisation de l'air par le vent est incontestable »... La métaphysique du grand écrivain se borne à l'abus des termes vagues d'infini, d'absolu, de Dieu, et ni M. Mabilleau, un admirateur pourtant, ni M. Renouvier, ne font grand cas de l'érudition du poète. M. Renouvier trouve même que, dans le théâtre de Victor Hugo, l'intérêt dramatique est détruit chez le spectateur par le sentiment du faux.

Il serait peut-être fatigant de suivre le détail d'une analyse ainsi conduite par le dedans et par le dehors, par la critique littéraire et par la critique scientifique. Il me suffit de citer la conclusion du docteur Poirrier :

> Il n'y a plus lieu de s'étonner, après de telles constatations, que le cerveau de Victor Hugo ait été de volume très ordinaire, puisque, à côté des centres auditifs et des régions correspondant à la mémoire verbale qui devaient avoir un développement très grand, les autres centres où s'élabore la pensée, où s'éveillent les associations d'idées à l'occasion des images sensibles, ce que l'on appelle les fibres d'association, devaient être moins développés que chez beaucoup d'intellectuels. Les admirateurs de Victor Hugo ne nous en voudront point d'avoir analysé cette étude scientifique (du docteur Papillault) en ce jour de glorification, car ce n'est point attenter à la gloire que d'en rechercher les ressorts. La mémoire de Gambetta a-t-elle été amoindrie lorsqu'on a reconnu que le cerveau de l'orateur politique n'avait de remarquable que la circonvolution de Broca, considérée comme le centre du langage articulé ?

Ces paroles semblent empreintes d'un grand sens.

---

[530] Charles Renouvier est un philosophe français, né le 1er janvier 1815 à Montpellier, mort le 1er septembre 1903 à Prades. (n.d.é.)

III. Après la fête

27 février 1902

Le jour de gloire est arrivé, quelques amis ont la bonté de nous rappeler que nous avons pris, l'autre soir, de terribles engagements. Est-ce qu'il faudra les tenir ? Tirons-nous en par des lectures. J'ai là *Les Contemplations*, et j'ai la *Légende*, j'ai *Les Orientales*.

D'ailleurs il suffirait de laisser s'entre-bâiller une écluse de souvenirs pour entendre monter la rumeur puissante et pesante des sonorités familières :

> Ainsi, quand Mazeppa qui rugit et qui pleure
> A vu ses bras, ses pieds, ses flancs qu'un sabre effleure,
> Tous ses membres liés
> Sur un fougueux cheval nourri d'herbes marines
> Qui fume et fait jaillir le feu de ses narines
> Et le feu de ses pieds...[531]

Ou :

> Adieu, lougres difformes,
> Galéasses énormes,
> Vaisseaux de toutes formes,
> Vaisseaux de tous climats,
> L'yole aux triples flammes,
> Les malhonnes, les prames,
> La felouque à six rames,
> La polacre à deux mâts !
>
> Chaloupes canonnières
> Et lanches marinières
> Où flottaient les bannières
> Du pacha souverain !
> Bombardes que la houle
>
> Sur son front qui s'écroule
> Soulève, emporte et roule
> Avec un bruit d'airain.

---

[531] Victor Hugo, *Les Orientales*, *Mazeppa*. (n.d.é.)

> Adieu ces nefs bizarres
> Caraques et gabarres...[532]

Ou :

> Hélas ! que j'en ai vu mourir de jeunes filles !
> C'est le destin, il faut une proie au trépas,
> Il faut que l'herbe tombe au tranchant des faucilles,
> Il faut que dans le bal, les folâtres quadrilles...[533]

Ou :

> Qu'a donc l'ombre d'Allah ?[534] (Supérieurement parodié, comme *Sarah la baigneuse*, par Théodore de Banville.)

Ou cet horizon d'une ville, au bas d'un ciel d'automne et que l'on voit

> Brumeuse, denteler l'horizon violet...[535]

Il suffit de vouloir un peu (et j'avoue que cette volonté-là m'est faite de plus en plus rare, et, si j'osais dire, rétive), il suffirait de le vouloir, et la suite des plaintes de *Villequier* m'entraînerait sur leurs volutes de deuil, comme la pompe funéraire d'un dieu de la mer :

> Maintenant que Paris, ses pavés et ses marbres
> Et sa brume et ses toits sont bien loin de mes yeux,
> Maintenant que je suis sous les branches des arbres
> Et que je puis songer à la beauté des cieux,
>
> Maintenant que du deuil qui m'a fait l'âme obscure,
> Je sors pâle et vainqueur
> Et que je sens la paix de la grande nature
> Qui m'entre dans le cœur...[536]

---

[532] Victor Hugo, *Les Orientales*, Navarin. (n.d.é.)
[533] *Ibid.*, Fantômes. (n.d.é.)
[534] *Ibid.*, La Douleur du Pacha. (n.d.é.)
[535] *Ibid.*, Rêverie. (n.d.é.)
[536] Victor Hugo, *Les Contemplations*, À Villequier. (n.d.é.)

Et je pourrais aussi évoquer, comme aux temps de l'ancienne jeunesse, ce mystère fleuri d'un nocturne ciel de printemps, ce fin croissant de lune dessiné par Hugo dans *Booz endormi*[537] :

> Quel Dieu, quel moissonneur de l'éternel été
> Avait, en s'en allant, négligemment jeté
> Cette faucille d'or dans le champ des étoiles ?

Si vous le vouliez, nous pourrions donner en passant un salut d'indulgence, d'amitié, qui sait ? de regret, au beau temps où ces jolis vers n'évoquaient point en nous l'image d'un petit croquis japonais. Hélas ! le mauvais goût serait le meilleur des compagnons de la vie (car il permet d'admirer comme une brute quantité de choses contraires), s'il ne défendait pas, en même temps, de se donner tout entier aux très belles choses. Lorsque j'aimais Hugo en brute, il me souvient que j'entendais mal le divin Racine, et depuis que j'entends Racine, il me semble que, désormais forcé de n'aimer plus Hugo qu'avec mesure, j'en viens à l'aimer beaucoup mieux. Jules Lemaître ne nous a-t-il pas dit que Veuillot fut, en somme, des grands admirateurs de Victor Hugo ?

Nous aimons un peu moins les vers de la jolie faucille lunaire. Mais peut-être, en revanche, sommes-nous plus sensibles à certaines cadences solennelles et graves qui sont dans le même *Booz :*

> Le vieillard qui revient vers la source première
> Entre aux jours éternels et sort des jours changeants
> Et l'on voit de la flamme aux yeux des jeunes gens,
> Mais dans l'œil des vieillards on voit de la lumière !
>
> ... Voici longtemps que celle avec qui j'ai dormi,
> Seigneur ! a quitté ma couche pour la vôtre,
> Et nous sommes encor tout mêlés l'un à l'autre,
> Elle à demi vivante et moi mort à demi.

Pourtant, que de vers à sauter ! Les plus charmants, les vers de Galgala, les vers des Asphodèles, nous poursuivent, vivant remords de nos anciennes fautes de jugement : était-il possible de renverser si bien les valeurs, que ces accessoires, parfois agréables, de la beauté, nous en eussent fait oublier le meilleur et l'essentiel ! J'ai

---

[537] Dans *La Légende des Siècles*. (n.d.é.)

essayé de me redire un autre poème des *Légendes, Le Sacre de la femme*[538], depuis l'interminable récitatif :

> L'aurore apparaissait. Quelle aurore ? Un abîme
> D'éblouissement vaste, insondable, sublime,
> Une ardente lueur de paix et de bonté.

jusqu'à la fameuse apostrophe chère à tout cœur de rhétoricien bien appris :

> Chair de la femme, argile idéale, ô merveille !
> O pénétration sublime de l'esprit
> Dans le limon que l'Être ineffable pétrit !
> Matière où l'âme brille à travers le suaire,
> Boue où l'on voit les doigts du divin statuaire,
> Fange auguste...

Ces froides énumérations, appositions et antithèses, ouvrage d'un stoïque dénué de pudeur ou d'un épicurien ennemi de la volupté, me laissent l'impression d'un assez médiocre exercice de gammes, où la présence du génie oublie de se faire sentir.

Le morceau est du reste l'un des plus admirés de l'Œuvre complète. Et c'est certainement l'un des plus caractéristiques. Le génie de la confusion éclate à chaque vers. Comme l'a dit Barrès dans *Le Figaro*, nulle part Hugo n'est plus Hugo que dans les pièces de ce genre : « Pan ! Pan ! Pan ! » Mais ce n'était pas sans raison que les sages anciens avaient donné à ce dieu Pan une face ignoble. Le grand effort de la civilisation ne consiste qu'à sortir de la confusion : distinguer, analyser, classer pour organiser ! Par la rage puérile avec laquelle il nous a redit, quarante ans, que un était deux, que deux étaient tout, et que tout était un, Hugo, qui croyait faire de grandes découvertes et nous ouvrir des horizons, a tout simplement ramené ses admirateurs à la communion du chaos, au trouble état du pur sauvage ou de l'enfant. Je ne peux admirer cette régression, je ne peux m'empêcher de déplorer le concert de circonstances politiques et littéraires qui affranchit Hugo, comme on peut affranchir un esclave. Sans doute, livré à lui-même, il se ressemblait davantage ; mais, tenus en bride (il faut revoir dans Sainte-Beuve ce qui tenait en bride avant 1830. Je l'ai exposé en détail dans *L'Avenir de l'intelligence*), ses vers étaient plus beaux et leur chant plus juste et plus pur.

Je n'ai sous la main, aujourd'hui, ni *Les Feuilles d'automne*, ni *Les Chants du crépuscule*, ni *Les Voix intérieures*, ni *Les Rayons et les Ombres*, et la crainte de citer aucun vers que je ne puisse vérifier en le rapportant à son texte va m'empêcher de vous mettre à même de vérifier sans retard à quel point Hugo libre doit le céder à

---

[538] Victor Hugo, *La Légende des Siècles, D'Ève à Jésus, Le Sacre de la femme.* (n.d.é.)

ce même Hugo, captif, au Hugo entravé par d'excellentes habitudes d'esprit et de goût. Je ne parle pas de versification, ni même de langue, étant persuadé qu'il n'a cessé d'aller en se perfectionnant à ce double égard. Je parle expressément du cours donné à la verve, du choix des sujets, du bonheur des images, de tout ce qu'on peut entendre par le naturel, par la beauté, par la réussite de l'art.

Ouvrez vous-mêmes ces petits livres qui sont partout. Il vous sera aisé de vous rendre compte de ces différences extrêmes. Il y a dans les œuvres du milieu et de la fin de sa vie une obsession religieuse très manifeste ; y verra-t-on le sentiment, et, née du sentiment, l'éloquente émotion religieuse du début de son *Église* dans *Les Chants du crépuscule* ?

> C'était une humble église au cintre surbaissé
> L'église où nous entrâmes,
> Où depuis trois cents ans avaient déjà passé
> Et pleuré bien des âmes.
>
> Elle était triste et calme à la chute du jour
> L'église où nous entrâmes.
> L'autel sans serviteurs, comme un cœur sans amour
> Avait éteint ses flammes...
>
> À peine on entendait flotter quelque soupir,
> Quelque basse parole,
> Comme en une forêt qui vient de s'assoupir
> Un dernier oiseau vole...
>
> Hélas ! et l'on sentait, de moment en moment,
> Sous cette voûte sombre
> Quelque chose de grand, de saint et de charmant
> S'évanouir dans l'ombre.

Même dans l'ordre du magisme et du prophétisme a-t-il rien donné de supérieur aux strophes de ce puissant et d'ailleurs absurde prélude :

> Ce siècle est grand et fort, un noble instinct le mène,
> Partout on voit marcher l'idée en mission,
> Et le bruit du travail plein de parole humaine
> Se mêle au bruit divin de la création.
>
> Partout, dans les cités et dans les solitudes,
> L'homme est fidèle au lait dont nous le nourrissions,

Et dans l'informe bloc des sombres multitudes
La pensée en rêvant sculpte des nations.

L'échafaud vieilli croule et la grève se lave,
L'émeute se rendort, de meilleurs jours sont prêts,
Le peuple a sa colère et le volcan sa lave
Qui dévaste d'abord et qui féconde après...[539]

Ceci ne peut être postérieur à 1840. Le poète est déjà, comme on voit, à peu près aussi optimiste et « dreyfusien » qu'il a pu l'être vers 1880.[540] Mais la fermeté et la concision n'avaient pas cessé d'être attachées à sa force.

Je crois que l'on pourrait opposer courageusement au *Hugo caractéristique*, un Hugo assez étranger aux manières propres de Hugo, meilleur qu'elles et, par là, supérieur à lui-même. Mais, si aucun de nous n'a le courage de se plonger dans l'étude directe de ces deux poètes si mal accordés en un seul, il ne faudrait pas croire que les éléments de cette étude n'existent pas.

Émile Montégut[541], dont il faudrait sauver le nom et l'œuvre, a souvent indiqué, tout au moins par approximation, cet ordre d'idées.

On peut aussi consulter, avec quelque profit, les deux volumes de Charles Renouvier : *Victor Hugo le poète, Victor Hugo le philosophe* (chez Colin), bien que l'intelligence de Victor Hugo y soit surfaite assez plaisamment. On ne peut dire en effet qu'au détail de ses analyses Renouvier se montre tout à fait aveugle sur les lacunes de son auteur favori. Il convient des absurdités, et des enfantillages, et du manque constant de sérieux chez Victor Hugo. Il écrit volontiers, à propos de *La Fin de Satan*, par exemple, que « l'infini et même le gigantesque sont dans les mots seulement » (c'est le verbalisme souligné par tous les critiques) et que l'obscurité « plane sur la chose qu'on ne sait absolument où voir et où placer ». Renouvier nomme tel mythe hugolien du nom que mérite cette pauvre affabulation, et, de tels rapprochements opérés (en prose s'il vous plaît) par le grand poète, avoue qu'ils forment une « simple offense au bon sens ». C'est Renouvier qui accorde que son prétendu philosophe n'a peut-être ni compris, ni même connu l'acception scientifique du mot de loi : « Quand il appelle l'univers un procès, c'est *lis* et non *processus* ou *evolutio* qu'il veut dire ». Pour le chapitre des bons points et des éloges particuliers, Renouvier ne s'y montre ni très prodigue ni très heureux. Il ne fera croire à personne que l'idée de définir la liberté humaine comme le lieu de rencontre

---

[539] Victor Hugo, *Les Voix intérieures*. (n.d.é.)

[540] Je n'ai pas le courage de remplacer ce mot qui est l'un des signes du temps où ces lignes furent écrites. La mystique *dreyfusienne*, synthèse de romantisme et de révolution, marque l'un des moments de l'histoire des idées en France. (Note de Ch. Maurras dans l'édition originale.)

[541] Essayiste et critique littéraire (1825–1895). (n.d.é.)

du bien et du mal soit une « pensée philosophique aussi profonde que jamais grand philosophe ait pu concevoir » : elle est tout à fait populaire chez les fidèles du catholicisme ; pour la concevoir, il ne faut pas être un grand philosophe, mais avoir lu son catéchisme. Hugo était né catholique et Renouvier, qui n'a de vue que sur Genève, l'a oublié.

Excellent dans la contestation et la critique, Renouvier nous a toujours paru être un constructeur, un affirmateur médiocre.

À preuve, sa construction de Victor Hugo. Il a accumulé contre son héros des témoignages accablants. S'il a écrit de lui-même ces longs et curieux articles dont se souviennent les lecteurs de sa *Critique philosophique*, s'ils ne lui ont pas été commandés ni conseillés par quelque Sanhédrin politico-religieux, voici ce qui a dû se passer : le philosophe (c'est de Renouvier que je parle) s'est aperçu que, dans les derniers ouvrages, son poète est un homme de foi vive, et que cette foi, tout « rudimentaire »[542] qu'en ait été le fondement intellectuel, ressemblait à la foi de Renouvier lui-même, de son collaborateur et ami Pillon et de tous les révolutionnaires du siècle. C'est une foi néo-chrétienne, à la manière protestante et tolstoïenne. C'est la foi kantienne (en dépit des grosses plaisanteries de l'Âne sur Kant) et, ce qui revient à dire, critique et criticiste. « Victor Hugo est aussi criticiste quand il y pense », écrit expressément Renouvier. « Cette croyance était bien la sienne », insiste-t-il, en s'efforçant, avec raison, de la dégager d'autres croyances parasites qui contredisaient celle-ci. « De plus en plus hostile au catholicisme », observe Renouvier, « il ne prenait pas la peine de distinguer entre le papisme et les croyances chrétiennes des deux premiers siècles de l'Église ou des temps qui ont suivi la Réforme, croyance qu'il pouvait partager ».

Il pouvait être protestant ! Il devait être criticiste ! Ayant les opinions de Renouvier et Renouvier étant un philosophe, Victor Hugo doit être reçu docteur en philosophie. Voilà la filière.

Oui, voilà toute l'explication de cette curieuse et considérable analyse de Victor Hugo. Elle eût pu être faite tout aussi bien sur le chansonnier du Dieu des bonnes gens et avec le même succès : le lecteur aurait admiré, non sans un grain de bonne humeur, la bienveillance du départ, l'enthousiasme des conclusions, et, dans tout le détail du livre, d'inexorables sévérités. L'œuvre née du même principe aurait eu le même destin, à cette différence près que Victor Hugo fut, de toute façon, poète des premières zones et qu'il est difficile d'élever Béranger au-dessus du quinzième rang.

Du reste Renouvier, recommençant l'aventure de Balaam a dit tout l'essentiel de ce que nous aurions à dire pour l'appréciation historique et politique de la fête que l'on a célébrée aujourd'hui :

---

[542] D'après Jules Lemaître. (Note de Ch. Maurras dans l'édition originale.)

En attendant, l'emploi du symbolisme dans toutes les parties de *La Fin de Satan* nous laisse dans la conviction fortifiée que le grand poète de la France est un homme qui appartient par l'esprit au cycle de Sanchoniathon[543] et des mythographes de la Grèce antique, beaucoup plus qu'à la race des Boileau, des Racine et des Voltaire dans laquelle le sort l'a fait naître.

On ne sait trop ce que viennent faire à côté de Sanchoniathon, les mythographes de la Grèce antique, dont le rêve polythéiste était beaucoup plus près que ne peut l'imaginer Renouvier de l'imagination analytique d'un Voltaire, d'un Racine ou d'un Boileau. Mais enfin l'on avoue que celui qu'on veut nommer le grand poète de la France manquait d'à peu près toutes les qualités maîtresses de l'esprit, du génie et du goût français. Disons-nous autre chose ?

Protestantisme, criticisme, romantisme, démocratie, hugocratie, toutes ces étrangetés se tiennent et s'enchaînent pendant le dix-neuvième siècle. Le Bouteiller de Maurice Barrès[544] ne fût peut-être point né sans Victor Hugo. Est-il donc national, est-il conforme à notre passion pour la renaissance française, aux espoirs que nous avons mis dans le vingtième siècle, de répéter avec Bouteiller que Hugo est un Dieu ? Une fête était admissible, mais pas ce culte de latrie. Plus j'y songe, moins il me semble que nous puissions nous faire hugolâtres. L'histoire, la sagesse, la politique, le culte de nos pénates intellectuels nous en font défense absolue. Il y a une « France éternelle », une culture proprement française à défendre contre le charme, si charme il y a, des particularités de Victor Hugo. Celles-ci vous font grand plaisir ? Je n'en suis pas certain et, s'il est vrai, corrigez-vous. Il y a, quoi qu'on dise, une hiérarchie des plaisirs, une noblesse et une plèbe des sentiments. Convoquez les plus beaux de tous à vous saturer l'âme. Ils vous la laisseront plus pure. Quand vous aurez relu Racine et que les jolis vers d'*Aymerillot* vous tintinnabuleront à l'oreille :

> Deux liards couvriraient fort bien toutes mes terres
> Mais tout le grand ciel bleu n'emplirait pas mon cœur

une céleste voix aura vite couvert cette rumeur qui ne manque pas d'agrément, et vous entendrez les monosyllabes incomparables :

---

[543] Sanchoniathon, que l'on appelle plus volontiers Sankuniathon aujourd'hui, est un auteur phénicien, peut-être à demi mythique, qui nous est connu par les mentions de seconde main qu'en fait Eusèbe de Césarée dans sa *Préparation évangélique*, citant la traduction de ses poèmes mythologiques et héroïques faite par Philon de Byblos. (n.d.é.)
[544] *Cf. Le Roman de l'énergie nationale.* (Note de Ch. Maurras dans les *Œuvres capitales.*)

Le jour n'est pas plus pur que le fond de mon cœur[545]
et vous sentirez la différence de ces deux arts. Et vous comprendrez qu'il n'y en a qu'un.

ÉPILOGUE

Du milieu du vingtième siècle.

Lorsqu'il y a quatre ans, j'eus à relire les dernières des pages que l'on vient de voir, je ne pus m'empêcher de songer aux paroles que Moréas léguait en 1910 à nos méditations, et je me demandai si ce testament du poète enfermait un sens différent de notre conclusion de 1902.

« Classique, romantique, c'est des bêtises » disait le poète mourant. Autant dire, comme plus haut : la comparaison des deux arts établit clairement qu'il n'y en a qu'un.

Mais si l'art est un, si le Romantisme représente une erreur, si l'erreur a dévoyé ses poètes, est-ce qu'ils n'ont jamais retrouvé cette voie directe et heureuse ? Est-ce qu'ils n'en ont jamais utilisé des tronçons ? On m'a dit :

— Vous maudissez les romantiques et vous aimez ceci de Lamartine, et vous admirez cela de Hugo.

Mais suis-je obligé de penser que l'erreur de jugement commise par de grands écrivains a toujours été plus efficace que leur génie ? L'instinct naturel a dû imposer au système ses corrections intermittentes, ses délivrances partielles : elles auraient été plus nombreuses peut-être si tant de mauvais chemins parcourus n'avaient été cause de fatigue ou de sécheresse.

D'ailleurs, un poète égaré peut éprouver autre chose que la fatigue. Il peut ressentir cette excitation qui jaillit de la poursuite vaine et de l'espoir trompé. L'erreur soufferte et reconnue induit, par son crochet, aux vérités utiles. Une expérience manquée éclaire et oriente. Un échec ressenti et compris instruit, perfectionne. Vingt fois l'application malheureuse de ses dons naturels a ramené Victor Hugo aux genres où il se sentait maître : la chanson, l'invective, un certain réalisme épique. Comment son erreur centrale elle-même n'aurait-elle pas agi de manière à lui faire rattraper, compenser quelques-uns des mauvais effets de principes faux ? La manie de l'antithèse et de l'apposition, la fureur de l'effet et de la redite est probablement ce qui lui a suggéré, « çà et là » comme dit Tellier, le désir et le goût de l'expression divinement sobre et simple. Le point d'honneur qu'il s'était fait de tendre au gigantesque a pu et dû le rejeter dans les compositions mesurées.

Ne lui fallait-il pas jouer avec la critique ? Il lui importait de l'étonner et de la tromper en feignant des docilités imprévues. Il y a bien des intentions en filigrane

---

[545] Jean Racine, *Phèdre*, acte IV, scène 2. (n.d.é.)

dans beaucoup de ces œuvres d'un art composite et divisé ! On se tromperait peu sur la ruse de Hugo en disant qu'entre toutes ses arrière-pensées l'une des plus fréquentes aura été d'imprimer à la coloration, à la fanfare et à la surcharge infinies un ordre et même un joug tellement forts qu'il fût possible de répondre à tel censeur étroit :

— Je suis plus classique que vous. Sur une autre matière, c'est le même art, et bien enrichi, voyez donc !

On voit ce que l'on voit ! L'art est le même ou il n'est pas le même. Cela dépend des cas, des poèmes, des pages, mais partout il subsiste dans le faire quelque chose d'un peu trop gros. Par rapport aux modèles antérieurs, même par rapport au seul Lamartine, l'expression du sentiment s'est alourdie et épaissie. Enrichissement ? Ces richesses-là ont moins rapporté qu'elles n'auront coûté, car c'est l'intelligence, l'esprit, l'affinement de la conscience, l'art de penser les sentiments, l'exquise propriété du langage qui ont été sacrifiés. Oui, la perte l'emporte. Pourtant elle enveloppe des éléments très neufs qui auraient pu être des gains s'ils s'étaient ajoutés au trésor acquis au lieu de prétendre à le remplacer. Les couleurs de Chénier avivèrent une pensée, un rythme, un style déjà conduits à la plus belle cime de l'art intellectuel. En se proclamant indépendantes de la belle abstraction de la ligne, les couleurs de Hugo tentèrent de se suffire. Les yeux devinrent très sensibles : ils s'affranchirent de l'esprit. C'est donc l'humain qui a fléchi et l'animal qui s'est accru. On ne comprendra rien à l'histoire du romantisme si l'on ne tient pas compte de cette baisse des hautes valeurs.

Ainsi, du point de vue historique auquel il importe de se placer en passant, mais dont trop d'esprits sont captifs, il reste clair que la secousse imprimée aux sens et aux âmes par la révolution littéraire n'a pas été uniquement pernicieuse, et a rendu quelques services relatifs : elle a mis le poète en état d'aligner plus de mots, de manier plus d'images, d'utiliser des rythmes plus variés, plus souples et plus nombreux ; mais ces acquisitions appartiennent toutes à l'ordre des possibilités et des matériaux. Qu'est-ce que tout cela si l'on ne sait plus s'en servir ? si l'on se montre en fait, moins bien équipé pour conter, pour montrer, pour chanter et pour peindre (hormis de petits croquis) ? si l'âme et l'esprit s'affaiblissent ? si tous ces moyens réunis raréfient le chef-d'œuvre ? ou le dégradent et le gâtent ? « Vingt noms immortels, pas un livre » gémissait Maurice Barrès. C'est le même Barrès qui disait de Péladan qu'il *avait du bagage*. Le romantisme aussi : que d'*impedimenta* !

L'impédiment peut devenir un adjuvant : là encore, il faut se garder d'en nier le prix. C'est un bien qui sortit du mal, comme un mal est sorti du bien à un autre moment des Lettres françaises, lorsqu'un art qui ne convenait qu'aux Forts et aux Puissants, l'art du XVIIe siècle séduisit tout d'abord, puis défia, désespéra, ensuite desséchait la faible veine poétique du siècle suivant. Ce mal accidentel sortait de ce bien essentiel : mais, à l'état dégénéré, le bien restait le bien. Le goût du vrai pur et du beau sublime qui avait épuisé et stérilisé les pâles fils de Jean Racine n'avait rien perdu de sa force et, quand il rencontra la grande âme d'André Chénier, il la nourrit, l'éclaira et la sublima. Il aurait pu nourrir de même, éclairer, sublimer Lamartine et Hugo. C'est eux qui le méconnurent ; ils prirent le laid pour le beau, ils crurent exprimer le beau dans la mesure où ils s'exprimaient, eux. Cette erreur fut payée aussi souvent qu'ils lui cédèrent tout. Quand ils la modérèrent, elle leur valut quelques avantages. Mais ces petits profits n'étaient-ils pas indignes d'eux ? Car là où leur génie donne le plein de sa valeur, l'erreur romantique s'évanouit, elle tombe à l'oubli total.

Reste à savoir ce que signifient ces tentations et ces défaites si fréquentes. L'erreur dégrade. Les victimes de l'erreur ont perdu par leur faute plus d'un degré et plus d'un siège qui leur fussent revenus. L'admirateur lucide est contraint de les classer en ce point des voûtes de gloire qui commence à descendre et à retomber. Le clairvoyant et pénétrant Moréas qui admirait beaucoup Hugo, mais en le critiquant, aimait à répéter : « Il était fort. Très fort ! Mais s'il avait été encore un peu plus fort ? Si quelque chose n'eût manqué à sa force ? » Une force réelle résiste au mal et l'utilise. Une force supérieure le brave et l'ignore. La santé florissante se passe du concours des excitations maladives.

Goncourt voulait que son talent et celui de son frère fussent au confluent de deux ou trois maladies qui leur affligeaient le cœur ou le foie. Il ne devait pas se tromper. Les chapitres de *L'Hérédo* et du *Monde des images* où sont décrits les ravages et les bienfaits du tréponème, victorieux et puis vaincu, sont dignes de la profonde méditation des psychologues et des critiques littéraires autant que des moralistes et des théologiens. L'attention pourrait se porter avec un semblable intérêt sur les maux et les biens que peut distribuer le bacille de Koch. On n'a pas encore isolé les animalcules qui infectent spécialement le cerveau et le siège du langage, si le langage y a son siège. Mais le mécanisme saisi par Léon Daudet doit valoir pour tous les cas où sévit quelque fléau de même ordre,

> Qui dévaste d'abord et qui féconde après.[546]

Il y a de ces maux puissants qui, dosés ou domptés, parviennent à accélérer le jeu de la vie. Néanmoins une vie plus haute est celle qui est pure. Son excellence échappe naturellement à la faute, même à la faute heureuse. Sa clairvoyante et magnifique énergie ne se laisse point égarer. Car le plus noble esprit paraît trop mêlé de la terre quand l'erreur et la chute sont chez lui si normales qu'il leur doive non seulement ce qui l'absout, ce qui l'excuse, mais ce qui le fait progresser.

Classiques ? Romantiques ? Que le Parnasse ait deux sommets, l'art est un, mais il comprend des beautés mineures, comme le distique d'*Aymerillot* et des beautés

---

[546] Victor Hugo, *Les Voix intérieures*, Ce siècle est grand et fort... (n.d.é.)

majeures comme celle que fait briller le vers de *Phèdre*. Entre les véritables grands poètes, il n'est d'autres catégories que celles du parfait et de l'imparfait.

Les mieux doués de ces hommes divins élèvent naturellement la vie du poème à son degré supérieur. Ils sont presque à l'abri des faiblesses que procurent les temps, les lieux, les mirages du faux goût et des idées fausses ; ils sont si sûrs d'eux-mêmes que, ne rencontrant point les circonstances intellectuelles et sociales qui seraient favorables, ils les créent, comme fit Mistral.

D'autres sont moins gardés du péril de la mer, et l'on peut dire qu'ils y sont exposés de naissance. Qu'ils le surmontent ou le subissent, ils dépendent de ce péril, sont inconcevables sans lui, et le regret de Moréas n'aboutit qu'à la confusion de rêveries inextricables dès que l'on cherche à supputer ce qu'ils eussent produit de meilleur, de pire ou de moindre s'ils n'eussent pas souffert l'instable destinée du sable et de l'eau. Un risque fait partie de leur vocation ou de leur génie, et le fait est qu'ils ont réuni et accumulé puissamment, de leurs propres mains, quelques-unes des causes qui les ont vaincus et brisés.

Dans l'ordre spirituel où nous nous tenons, de quelque beau trophée qu'ils aient semé leur mer d'épaves, personne ne saurait honorer le naufrage pour le naufrage, ni reconnaître un faux départ de leur pensée pour le signe d'aucune supériorité naturelle, car leur œuvre l'expie pour eux.

Cette œuvre signifie la lutte du Génie et de l'Erreur. L'erreur était certainement plus grande que le génie. Mais, souvent, celui-ci a été plus fort qu'elle.

ANDRÉ CHÉNIER

1939

André Chénier[547] naquit, vécut et mourut dans le dernier tiers du dix-huitième siècle. Son art et son génie y furent presque entièrement ignorés.[548]

Les révélations de la gloire commencèrent pour lui après 1800. Chateaubriand, Millevoye, Chênedollé, Latouche, Sainte-Beuve, Gabriel de Chénier, Becq de Fouquières, Egger, Anatole France s'employèrent à la produire dans une lumière que chacun d'âge en âge s'efforça d'épurer et de rectifier. L'attention et la foi de tous les lettrés ont soutenu cette application d'une élite. Le XXe siècle a pu continuer le même travail par les belles publications de José-Maria de Heredia, d'Abel Lefranc, de Paul Glachant, d'André Bellessort, d'Henri Clouard, d'Émile Faguet et de Paul Maury.[549] Les plus étendues et les plus utiles peut-être, ont été les dernières, celles de M. Paul Dimoff[550], qui s'est fait éditeur, commentateur et biographe.

Tout cela a, naturellement, comporté quelques nouveautés dont les principales sont au nombre de deux, et relatives à la personne du poète.

I. Race et naissance

On sait par cœur les vers :

> Salut Thrace, ma mère, et la mère d'Orphée,
> Galata que mes yeux désiraient dès longtemps !
> Car c'est là qu'une Grecque en son jeune printemps,
> Belle, au lit d'un époux nourrisson de la France
> Me fit naître Français dans le sein de Byzance.[551]

André se croyait fils d'une Grecque. Il paraît que non. Il est établi que le consul Louis de Chénier, son père, en épousant la cousine des parents du futur M. Thiers,

---

[547] Ce texte est paru dans la *Revue de Paris*, 15 mars 1939, p. 241–267 et 1er avril 1939, p. 494–518. Il a été repris en 1944 dans *Poésie et Vérité*. (n.d.é.)

[548] Des œuvres de Chénier ne sont parues de son vivant qu'un long poème sur le serment du Jeu de paume, dédié au peintre David, et un hymne. (n.d.é.)

[549] Le caractère parcellaire de bien des manuscrits de Chénier et la complication que représentent variantes, classements et regroupements possibles a en effet mobilisé un nombre important d'érudits tout au long des XIXe et XXe siècle, dont Maurras cite ici les principaux. (n.d.é.)

[550] Paul Dimoff publia en plusieurs volumes chez Delagrave, à partir de 1919, une édition critique des œuvres complètes de Chénier, avec l'ambition affichée de revenir aux manuscrits. Elle reparut ensuite plusieurs fois jusqu'après-guerre. (n.d.é.)

[551] *Élégies*, « Salut, Dieux de l'Euxin... » (n.d.é.)

Melle Élisabeth (ou Santi) Lomacka, avait tout simplement donné son nom à une fille de la colonie franque de Constantinople, son administrée et sa protégée. Non seulement elle n'était pas Grecque, étant Latine, mais, quelque mal qu'on se soit donné, les recherches sont restées vaines, les archives n'ont rien produit qui lui attribuât une goutte du sang d'Hélène. Cela a pu chagriner d'excellents esprits. D'autres, moins bons, peuvent sourire, en jugeant à par eux, qu'il fallait qu'il y eût à Galata[552] de bien hautes murailles chinoises pour défendre de l'imprégnation romaïque tous les aïeux et toutes les aïeules, sans exception, de Mme Louis de Chénier.

Sans doute les religions à rites tranchés font une barrière sérieuse. Mais c'est pourquoi l'on a peine à penser qu'à Byzance, sinon à Paris, il ait été si facile à la mère du poète de se donner pour ce qu'elle n'était pas. Et puis, les documents sont des témoins fantasques ! Est-ce que, dans un mémoire authentique, le bibliothécaire Oberlin[553] de Strasbourg, n'impute pas à cette dame « un véritable profit grec » dont il se dit très frappé ? Lui aussi, ce nez grec est un document.

Seconde nouveauté, mais qui concerne la branche masculine : nos Français du Midi étaient fiers de revendiquer l'ascendance paternelle d'André. Le consul Louis de Chénier était enfant de Carcassonne. Son fils avait tenu les campagnes du Minervois pour une seconde patrie : il pouvait donc nous apparaître comme le premier grand poète de langue française né de sang méridional ; ni le Bartas, d'Auch, ni Clément Marot, de Cahors, ni Théophile Gautier, de Tarbes, ni même pour ses seigneuries gasconnes, Agrippa d'Aubigné, d'ailleurs natif de la lisière saintongeoise, aucun des plus fameux enfants des provinces du Sud n'était, jusque-là, réputé avoir atteint le sublime de l'art des vers dans le langage de Paris ; aucun n'y est classé des plus grands ni des très grands. Leur talent qui fut beau et rare aura fredonné plus que chanté, tâtonné sur la branche plutôt que franchement cueilli le rameau d'or, le rameau de Villon, de Ronsard, de Malherbe, de Corneille, de Racine, de La Fontaine. Jusqu'à Chénier, pas un nom méridional ne vaut ces grands noms, pas un n'est cité auprès d'eux. Chénier nous apportait enfin cette gloire ! Du moins on l'a cru. Sans être faux, cela n'est plus tout à fait vrai. On sait, à n'en pas douter, que les Chénier, installés depuis deux générations en pays d'Oc, n'y étaient pas aborigènes. Un bisaïeul, Pierre Chénier, était venu de Chalandray, du bocage du Poitou. Bien qu'au sud de la Loire, le Poitou n'a jamais été pays de troubadours, les vers provençaux de Guillaume de Poitiers lui sont personnels, comme à beaucoup de grands seigneurs qui rimèrent alors en Angleterre, en Allemagne ou en Italie. Le

---

[552] L'une des étymologies du nom de Galata, quartier de Constantinople puis d'Istamboul, est bien sûr formée sur les Galates, dont on sait l'abondante historiographie qui a prétendu les relier de diverses manières aux Gaulois. (n.d.é.)
[553] Jérémie-Jacques Oberlin, 1735–1806, philologue, archéologue et érudit, connu également pour ses cours de bibliographie. (n.d.é.)

peuple du Poitou est tout entier de langue d'oïl. Le sang des Chénier ne charrie donc plus une gloire qui appartienne exclusivement au Midi.

Cependant, nos climats n'ont pu manquer d'agir sur ces hôtes septentrionaux, les globules venus de la Vienne et du Clain ont dû se modifier chez les nouveaux colons de l'Aude et de l'Orbieu. Certains croisements locaux sont indéniables. La mère du migrateur Pierre Chénier semble avoir déjà apporté à Chalandray-du-Poitou un sang languedocien, elle était une Pelletier, de Carcassonne, ce qui expliquerait l'exode du fils. Quand ce Pierre fut rendu au pays de sa mère, il épousa une fille de la contrée. Son fils, Guillaume, fit de même. Notre petit André né à Byzance, mais qui fit à dix ans un séjour de vacances dans le pays de Carcassonne, y était donc acclimaté depuis deux générations. Il n'eut pas de peine à reconnaître cette terre légère, le vent violent, l'air rude et la généreuse lumière que l'Orient hellène avait incorporés à son goût et à son esprit. De bizarres transpositions du souvenir purent même se faire en lui. La procession des pèlerins au bord d'un ruisseau dérivé d'une grotte miraculeuse ne lui avait-elle pas suggéré l'idée d'un antre, voué, écrit-il quelque part, aux Nymphes de l'endroit ?[554] Deux tiers de siècle après notre Chénier, Hippolyte Babou[555] dans un volume de prose, a repris, sur les mêmes lieux, certain thème de *Païens innocents* qui n'est pas sans rapport avec les rêveries du poète.

Celles-ci étaient les justes filles de son désir.

Il dut en être de la Grèce comme du Languedoc. À supposer que la latinité byzantine de Mme de Chénier ne lui eût rien laissé de physiquement hellène, il n'était pas moins convaincu d'être un demi-Grec : « *Je le suis, je veux l'être...* » Sa foi l'hellénisait ; la volonté, l'étude ajoutèrent à la profonde persuasion ingénue. Quelle tête ou quel corps humain eût résisté à l'intime effort de pensée plastique déterminé par cette option et cette adoption profondes ? Ce qu'il se jugeait être, il le fut par toutes les faces de son génie.

II. L'heure

Ce rêve actif d'André Chénier fut heureusement secondé par son heure historique. Sa naissance coïncide avec un renouveau général de l'Antiquité par toute l'Europe lettrée. Il ne faut pas se figurer qu'il faille établir l'apogée de cette renaissance ni au style républicain ni aux modes du Consulat, ni à la vogue de David et de ses peintures ; une incubation longue et curieuse avait précédé ; le fruit mûr avait même été déjà cueilli.

---

[554] *L'antre des nymphes* est déjà chanté par Homère dans un passage sans cesse commenté par toute l'érudition antique. (n.d.é.)

[555] Hippolyte Babou, 1823–1878, écrivain et critique, reste surtout connu pour avoir suggéré à Baudelaire le titre des *Fleurs du mal*. Ses *Payens innocents* sont de 1858. (n.d.é.)

Quiconque voudra regarder les fines cannelures d'un meuble Louis XVI, prendra conscience d'une assimilation très française de l'Antique : naturelle à toute la génération des Chénier, elle valait cent fois le toc, le faux et le plaqué des années qui suivirent.

Winckelmann, qui ne s'était converti au catholicisme que pour l'amour du grec et du latin, n'avait pas eu le temps d'imposer ni de propager ses généralités rigoureuses, mais Herculanum, mais Pompéi étaient sorties de terre, et ces vastes curiosités de musées, ces énormes bibelots pour archéologues, avaient reçu la plus vivante des annotations et le plus fort des commentaires, par un livre impatiemment attendu : un livre qui portait des milliers de petits poèmes grecs, les uns érotiques et nuptiaux, les autres dévots et funéraires, reparaissait au jour, presque en même temps qu'André Chénier y venait, dans ces feuilles toutes fraîches de la nouvelle *Anthologie*.

La première *Anthologie*, celle de Planude, dont les éditions successives sont de 1499, 1503, 1591, avait excité au plus haut point l'enthousiasme et la curiosité. Ronsard et ses amis en furent enivrés et, bien pis, saturés. On peut même sourire de la soumission disciplinaire que ces très grands poètes, en des vers immortels, appliquèrent à la lecture et à la traduction de véritables poéteraux. Ainsi le voulait le bienheureux prestige des maîtres anciens, quels qu'ils fussent. Parmi ceux de l'*Anthologie*, on compte de vrais et grands esprits, le plus faible y est toujours gracieux et savant ; mais c'était le troupeau, avec toutes ses confusions, que l'on suivait sans défiance, par révérence et pur amour.

Une deuxième *Anthologie*, celle de Constantin Céphalas, découverte au XVIIe siècle, était restée inédite pendant de longues années. Mais la date à laquelle Reiske en publia la première édition n'est pas indifférente : 1754 – et Chénier devait naître en 1762. Le poète eut ses dix ans, en 1772, quand il parut une autre édition, celle de ce Brunck 10, qui devait être un familier du salon de sa mère. Les *Analecta* de Brunck ont joué un grand rôle dans la vie intellectuelle d'André. En recherchant les sources des fragments antiques de Chénier, en Suivant ligne à ligne les renvois des manuscrits, Sainte-Beuve imaginait que le petit volume de Brunck était là, ouvert sur la table ou, demi-clos, mais à portée de la main, comme une réserve d'images, d'expressions, de tours et de symboles ; le poète y vivait, il en vivait, comme auprès d'un conseiller de tous les instants.

Troisième et suprême coïncidence. Une autre édition de la seconde *Anthologie*, celle de Jacobs, est de 1794, l'année de ce septième jour de thermidor qui trancha la tête d'André.

Ces différentes publications de l'*Anthologie* ont ainsi semé, jalonné de flambeaux toute la longueur de la courte vie du poète ; heure natale, heure fatale, un peu en avant du berceau, et la ligne de l'échafaud menant à la fosse commune... Pareille aux mânes évoqués autour de la fosse d'Ulysse, l'innombrable population des petits chanteurs grecs rassemblés par Jacobs, Brunck, Reiske, Céphalas et Planude n'arrête de répandre sur l'œuvre de Chénier l'esprit d'Alexandrie, les parfums de Byzance et quelques souvenirs des maîtres de l'Attique : bible du bas-empire et peut-être de l'empire colonial athénien. L'homme de génie, de science et de goût qui la feuilletait était fort capable d'y retrouver l'essentiel de son aliment, j'entends bien Sophocle et Homère, le discernement du détail parfait, les aspirations à une synthèse sublime.

III. L'IMITATION ET L'INVENTION

On a longtemps voulu établir une exacte chronologie des poèmes d'André Chénier. Les plus savants et les mieux placés avouent leur échec. Les résultats sérieux obtenus par M. Dimoff ne pouvaient être que partiels. M. de Heredia a conclu sans ambage qu'il valait mieux y renoncer. Le poète ne paraît s'en être soucié, ni pour lui ni pour nous.

10 Richard François Philippe Brunck, 1729–1803. Commissaire des guerres pendant la guerre de Sept Ans c'est à son retour à Strasbourg, âgé de trente ans, qu'il reprend ses études de grec. Entre 1772 et 1776, il publie une édition de l'*Anthologie grecque* (*Analecta veterum Poetarum Graecorum*). Il est élu membre associé de l'Académie royale des inscriptions et belles-lettres en 1777 mais participe activement à la Révolution, ce qui lui vaut d'être emprisonné pendant quelque temps à Besançon et de perdre sa pension. Celle-ci ne lui est restituée qu'en 1802, alors qu'il a été obligé de vendre la plus grande partie de sa bibliothèque. (n.d.é.)

Il avait classé ses vers non par rapport au temps où il lui était arrivé de les faire, mais dans l'ordre de leur perfection. Les pièces étaient réparties en trois portefeuilles. L'un conservait ce qui était « fini », les morceaux achevés. Le second retenait les ébauches « à finir ». Le troisième recueillait des esquisses, des projets, idées ou images, à employer quelque part ou nulle part.

Le recueil du « fini » compte des ouvrages qui appartiennent à tous les genres : élégies, épîtres, « quadri » néo-grecs, poèmes comme *L'Aveugle* ou Myrto.[556] Cela conduit à supposer que, dans l'esprit d'André Chénier, telle Élégie et telle Épître, fort différentes de ton et de style, telle Bucolique, plus différente encore, pouvaient faire partie du même corps de publication. Et cela ne peut manquer de nous faire au moins redouter la disparate, y était-il donc insensible ?

Nous nous figurons volontiers qu'André Chénier ayant d'abord écrit dans le goût de son temps, ne découvrit qu'ensuite la vertu de sa veine propre et son royaume original, pour s'y installer de façon exclusive et unique. Rien n'autorise cette hypothèse trop conforme à nos pires habitudes d'esprit. Il n'est point sûr du tout que ce génie si vaste ait pris le parti de se confiner dans une manière qu'il voulût appeler la sienne. Son entreprise était aussi variée qu'étendue. Sous les contrastes, l'unité peut devenir sensible à qui se résigne à la bien concevoir.

---

[556] C'est bien sûr le nom de *La Jeune Tarentine*. (n.d.é.)

Une lettre à François de Pange datée de 1791 montre à quoi l'inclinaient de libres humeurs.

> ... Tu sais combien mes Muses sont vagabondes... Elles ne peuvent achever promptement un seul projet ; elles en font marcher cent à la fois. Elles font un pied à ce poème et une épaule à celui-là ; ils boitent tous et ils seront sur pied tous ensemble. Elles les couvent tous à la fois, ils s'envoleront à la fois. Souvent tu me crois occupé à faire des découvertes en *Amérique*, et tu me vois arriver une flûte pastorale sur les lèvres. Tu attends un morceau d'Hermès et c'est quelque folle élégie... C'est ainsi que je suis maîtrisé par mon imagination. Elle est capricieuse et je cède à ses caprices...

Les mêmes idées ont été reprises, en vers rapides, ardents, familiers, qu'il dédiait à un autre de ses amis. On les trouve dans tous les recueils.

Ainsi partagée, tiraillée entre vingt ouvrages, la veine du poète si indifféremment répandue, se connaît pour quelque chose d'indivisible : elle se croit, se voit, unique, elle se sent égale à elle-même dans chacun des instants dont se composèrent ses douze ou quinze ans de travail, de sa dix-huitième année à la trente-deuxième, disons de 1780 à 1794.

Il ne reste donc plus qu'à nous mettre en présence de ces variétés simultanées pour saisir ce qu'elles ont, à première vue, de commun.

Deux grandes divisions s'y imposent néanmoins. L'une, au premier aspect, fait une somme de la poésie classique, telle qu'elle s'était exprimée avant Chénier : elle réfléchissait, tour à tour ou ensemble, chacun de ses plus grands maîtres.

N'hésitons pas à constater ici ce qui est : Chénier se met à l'école.

Et même à quatre écoles. Tout d'abord, celle du grand Corneille. C'est un lieu commun d'admirer le ton cornélien de certaines des Odes contrerévolutionnaires d'André Chénier. Mais on peut le relever en des écrits évidemment antérieurs. Exemple, l'évocation du voyage de 1783 :

> J'aurais, jeune Romain, au sénat, aux combats,
> Usé pour la patrie et ma voix et mon bras...
> J'aurais su, finissant comme j'avais vécu.
> Sur les bords africains, défait et non vaincu.
> Fils de la liberté, parmi ses funérailles,
> D'un poignard vertueux déchirer mes entrailles.[557]

---

[557] Rétablissons le texte de l'élégie « Je suis en Italie... » où la coupe de Maurras n'est peut-être pas complètement innocente :
J'aurais, jeune Romain, au sénat, aux combats, Usé pour la patrie et ma voix et mon bras ;
Et si du grand César l'invincible génie

Tel est déjà le ton. Cela est écrit dix années avant la magnifique apparition de l'exécutrice de Marat, Marie-Anne-Charlotte Corday. La petite-fille charnelle de Corneille, de qui André Chénier était le petit-fils spirituel, est saluée par lui de l'ode justicière :

> La Grèce, ô fille illustre ! admirant ton courage,
> Épuiserait Paros pour placer ton image
> Auprès d'Harmodius, auprès de son ami ;
> Et des chœurs sur ta tombe, en une sainte ivresse,
> Chanteraient Némésis, la tardive déesse,
> Qui frappe le méchant sur son trône endormi.
>
> ----
>
> La vertu seule est libre. Honneur de notre histoire,
> Notre immortel opprobre y vit avec ta gloire ;
> Seule, tu fus un homme, et vengeas les humains !
> Et nous, eunuques vils, troupeau lâche et sans âme,
> Nous savons répéter quelques plaintes de femme ;
> Mais le fer pèserait à nos débiles mains.
>
> ----
>
> Ô vertu, le poignard, seul espoir de la terre,
> Est ton arme sacrée, alors que le tonnerre
> Laisse régner le crime et te vend à ses lois.[558]

C'est le rythme, moral autant que poétique, de *Cinna* et d'*Horace*, de la belle Rome stoïque dont le ton et l'esprit étaient venus d'Espagne avec les Sénèque et les Lucain.

Dans un seul vers, on l'a vu, étrange et charmant, mélancolique et doux,

> Auprès d'Harmodius, auprès de son ami,

s'adoucit et s'apaise, se *racinise* le fracas des clairons d'airain et ce heurt régulier des alexandrins de pierre ou de métal, le rude froissement d'anneaux et de médailles sur des bras de guerriers et des poitrines de héros.

Certes Chénier avait bien dû s'appliquer à apprendre les beaux secrets de ce grand art chez Corneille, ou à l'école antérieure tenue par Malherbe, mais, là, sur ces objets, maniant ces fortes matières, plus que disciple ou apprenti, il faut bien l'appeler un fils.

À Pharsale eût fait vaincre enfin la tyrannie, J'aurais su, finissant comme j'avais vécu.
Sur les bords africains, défait et non vaincu. Fils de la liberté, parmi ses funérailles,
D'un poignard vertueux déchirer mes entrailles. (n.d.é.)

[558] *À Charlotte Corday*. Il s'agit des strophes 6 et 11 et des trois derniers vers de la strophe 12, qui terminent la pièce. (n.d.é.)

Deuxième école. Le maigre succès des ambitions que put élever Chénier vers la scène comique, ne donne aucune idée des résultats que, par la suite, il eût visés. Ses essais sont, en général, d'une extrême faiblesse. Cependant, il faut retenir l'idée admirablement juste qu'il s'était fait de l'art de Molière, dans son rapport avec la tradition et avec la vie. Une de ses notes dit :

> Il n'y a guère eu que Molière... qui ait vu la comédie en grand. Plusieurs autres ont fait une ou deux excellentes pièces. Mais lui seul était né poète comique, il faut refaire des comédies à la manière antique. Plusieurs personnes s'imagineraient que je veux dire par là qu'il faut peindre les mœurs antiques. Je veux dire précisément le contraire.

Ces paroles avaient frappé les premiers prospecteurs des manuscrits d'André Chénier au XIXe siècle. Elles sont citées avec honneur dans la trente et unième leçon sur l'*Hellénisme français*, d'Émile Egger.[559]

Nul critique de profession n'aura mieux qualifié que ce poète la grandeur d'Harpagon, de Tartuffe et d'Alceste, mais il y a lieu de prendre garde que Chénier avait en outre ressenti la qualité du vers de Molière, dont Fénelon et les romantiques ont pensé tant de mal ! Est-ce donc que l'on rêve quand on croit reconnaître quelque trace d'un ton simple, aisé, prompt, familier, souverainement libre et direct qui n'appartenait qu'à Molière, dans certains fragments peu cités de Chénier ?

Au « Retour d'Ulysse », par exemple, avant d'en venir à l'éclat des grands vers tragiques,

> Ulysse, sur eux tous roulant avec fureur
> Un regard enflammé d'une sanglante joie,

avant que d'élever cette flamme suprême, Chénier fait tenir au héros un discours tout à fait dégagé, pareil à son action, dans l'allure d'une comédie héroïque ou d'un drame bourgeois :

> Il se dépouille alors ...
> S'élance sur le seuil, l'arc en main ; à ses pieds,
> Verse au carquois fatal tous les traits confiés ;
> Et là : « *Nous achevons un jeu lent et pénible,*
> *Princes : tentons un but plus neuf, plus accessible,*
> *Et si les Dieux encor me gardent leur faveur.* »

---

[559] Émile Egger, 1813–1885, philologue et historien de la philologie, professeur de littérature grecque. Il joua un rôle aux côtés, principalement, de Sainte-Beuve et de Latouche, pour retrouver certains vers de Chénier. (n.d.é.)

Et la flèche aussitôt, docile à l'arc vengeur,
Va sur Antinoüs se fixer d'elle-même.[560]

Nulle mollesse euphoniste, ni concession au vain scrupule des petits heurts de sons : le simple soin de l'esprit des choses et de leur sens, qui peut être un peu rude, sans rien perdre de la véritable beauté. N'est-ce pas ainsi que Molière devait traduire son cher Lucrèce ?[561] Et ce n'est pas d'un autre train que va le poète de l'*Odyssée* ?

Troisième école et la quatrième. Des deux maîtres que Chénier a continués avec plus de complaisance que Molière, peut-être même que Corneille, l'un a été suivi pas à pas : La Fontaine, celui des discours et des méditations philosophiques (en tête de certains livres des *Fables*, ou en certaines épîtres) ; l'autre fut aspiré, senti, compris, dans un mode qui tendait secrètement à le parfaire et peut-être à le corriger, Jean Racine, le Racine des plaintes d'amour.

Il faudrait le chapitre d'un gros livre pour marquer ces ressemblances de l'élégiaque Chénier et de l'élégiaque Racine. Mais quiconque aura dans l'oreille les chants définitifs d'*Andromaque*, de *Bérénice*, de *Bajazet* et de *Phèdre*, saura leur reconnaître des descendants directs, ambitieux de les rajeunir, dans *Camille* ou *Fanny*.

Sans doute et délibérément Chénier a voulu céder de la pompe oratoire de Racine ; il consent à sacrifier au goût de son propre siècle cette pudeur divine, ce drapé, ce voilé de l'art racinien où l'âme seule est entendue pour accuser les tremblements, les gémissements, les « hennissements » de la chair. Avec Chénier on voit les corps. Là même où il s'est interdit, plus ou moins expressément, tout libertinage à la Laclos, on ne peut éviter de noter des précisions que Racine ne donnait pas. André est brun, sa *Lampe* nous apprend que son rival est blond. Il ne

---

[560] Le texte complet des neuf premiers vers de ce fragment d'un *Retour d'Ulysse*, souvent classé dans les « Idylles et fragments d'idylles » est le suivant :
    Il se dépouille alors, prêt à parler en maître,
    De ses lambeaux trompeurs qui l'ont fait méconnaître,
    S'élance sur le seuil, l'arc en main ; à ses pieds,
    Verse au carquois fatal tous les traits confiés ;
    Et là : « Nous achevons un jeu lent et pénible,
    Princes : tentons un but plus neuf, plus accessible,
    Et si les Dieux encor me gardent leur faveur. »
    Et la flèche aussitôt, docile à l'arc vengeur,
    Va sur Antinoüs se fixer d'elle-même. (n.d.é.)

[561] Dans son grand poème en plusieurs chants mais inachevé, intitulé *Hermès*, Chénier avait semble-t-il l'intention de transposer certains passages de Lucrèce. D'où peut-être cette notation de Maurras. (n.d.é.)

peut refuser de montrer ce que le ciel éclaire de beau et de doux dans le corps féminin :

> ... Une bouche où la rose, où le baiser respire,
> ... Lis, ébène, corail, roses, veines d'azur...[562]

Tout ce que le circuit naturel des choses, la ceinture du monde sensible ajoute de couleurs brillantes et brode de douces figures sur le trône de la Beauté, au centre adoré de l'amour, est également appelé à former le décor de l'Élégie nouvelle :

> Je pense : Elle était là ; tous disaient : « Qu'elle est belle ! »
> Tels furent ses regards, sa démarche fut telle,
> Et tels ses vêtements, sa voix et ses discours.
> Sur ce gazon assise, et dominant la plaine,
> Des méandres de Seine,
> Rêveuse, elle suivait les obliques détours.[563]

Mais que les différences ne trompent pas ! Un accent racinien demeure, il reste bien posé sur toute voix passionnée de l'âme. On ne peut méconnaître le disciple, l'enfant, lorsque André renouvelle l'amère, l'éternelle question du *Pourquoi suis-je moi ?*

> Pourquoi cette âme faible et si molle aux blessures
> De ces regards féconds en douces impostures ?[564]

Voix de douceur et d'amertume que, de tous nos poètes, trois ou quatre à peine surent tirer de l'âme pour les imposer au rythme des mots !

Quelles hauteurs aurait atteintes celui-ci, s'il eût été aux prises avec le grand sujet de quelque tragédie d'amour et de mort !

Il n'apportait pas seulement une poésie. Son esprit mâle et raisonneur méditait aussi une Poétique, et là il a suivi non plus ce divin Racine, mais un chanteur plus extraordinaire encore : le plus intelligent, le plus doué, le plus flexible et le plus charmant, qu'un peu plus d'application à son art eût naturellement conduit à des réussites dix fois plus nombreuses et plus complètes que celles dont il réjouit nos mémoires, enchante nos pensées, embellit, conduit et reflète nos vies, notre cher Jean de La Fontaine.

---

[562] Deux vers de deux pièces différentes : le premier vient de l'*Épître aux frères Trudaine*, le deuxième de *La Lampe*. (n.d.é.)
[563] *À Fanny*, « Fanny l'heureux mortel... ». (n.d.é.)
[564] « Hier, en te quittant... ». (n.d.é.)

Personne, autant que La Fontaine, n'aura su ni vu ce qui manquait encore à l'art d'écrire en vers, tel qu'il était le mieux pratiqué de son temps. Le sentiment qu'il eut de la nature des choses et de la force des idées pouvait seul ajouter à tant de perfection réunie : le Moderne hardi et l'Antique pieux de l'*Épître à Huet* mêle à la rêverie, à la sagesse, à la connaissance approfondie de l'âme une conscience très claire des intimes secrets de l'âme. Eh bien ! ce La Fontaine, on le retrouve, à peu près textuel, à certaines feuilles d'André. C'est la même grâce, aux deux sens du mot, pour la facilité de la courbe verbale, pour l'élection libre et divine des vérités senties. Tout surprise, il est aussi tout raison. Si bien que le sens vaut le chant. Il n'y a rien à mettre au-dessus de cette confidence des plaisirs du génie et des travaux de l'art dans l'*Épître à Lebrun*, qui finit ainsi :

> Le critique imprudent, qui se croit bien habile,
> Donnera sur ma joue un soufflet à Virgile.
> Et ceci (tu peux voir si j'observe ma loi),
> Montaigne, il t'en souvient, l'avait dit avant moi.

Le jeune homme du XVIIIe siècle qui parlait ainsi le langage de Montaigne et de La Fontaine, délice et honneur du plus noble héritage humain, avait écrit pourtant en épigraphe de son poème de l'Invention les deux petites syllabes révolutionnaires : « osons ».

Il avait sur le métier : un poème de la nature, *Hermès*, une *Découverte de l'Amérique*, une *Chaste Suzanne*, un *Art d'aimer*, une *République des Lettres* : satire, épopée, poème didactique, sans compter les *Odes* et les *Hymnes* de circonstance. Chacun de ces ouvrages devait, selon lui, porter quelque reflet de la splendeur des maîtres antérieurs, pour joindre à l'invention l'esprit de tradition fidèle et docile dont Chénier se montrait possédé.

Or, n'allons pas imaginer qu'un *esprit de suite*, à ce point conscient, soit commun aux Poètes ni même très répandu parmi eux : cette docilité aux modèles prédécesseurs, qui s'enorgueillit d'elle-même, est, au contraire, assez étrangère à la succession des écoles ; les plus redevables au passé ont peu craint de le renier. Face à notre André composant tout un traité respectueux sur la poésie de Malherbe, ou invoquant l'âme de Racine, ou louant le charme de La Fontaine, viennent s'opposer assez clairement Clément Marot, qui, rééditant Villon, en désavoua la forte moitié, – Pierre de Ronsard, qui rompit avec l'art de Marot, – François de Malherbe qui rompit avec Ronsard, et, – de quelque respect qu'il entoure Malherbe, un maître de 1660, celui des *Fables* et de *Psyché*, l'accusant d'avoir « pensé le gâter » lui-même.

Ainsi, ce que chacun veut faire lui donne des raisons de contester ce que les autres ont déjà fait. Ces hostilités séculaires servent, certes, beaucoup à la réforme et aux progrès du goût, comme à l'introduction de nouveautés propices. Eh ! bien, Chénier ne fut pas tenté de cet utile et étrange démon subversif. Était-ce qu'il n'eût rien de nouveau à dire ? C'est le contraire. Il avait sa gerbe propre, sans que l'iconoclastie littéraire y dût servir d'épice et d'ornement. Son robuste génie exigeait vraisemblablement l'intégrité d'un capital auquel il allait ajouter le surcroît.

Nous arrivons à cette moitié de Chénier qui ne ressemble plus à Corneille, à Racine, à Molière, ni à personne, ni à rien.

Quand il propose[565] le fameux conseil :

> Sur des pensers nouveaux faisons des vers antiques,

il ne voulait pas dire seulement que le moule de Corneille, de Molière, de Racine et de La Fontaine devait servir à illustrer les idées de Jean-Jacques et de Condorcet. Cela exprimait une découverte et une initiative beaucoup plus personnelles. Des vers proprement antiques, il en recherchait surtout le secret dans ce que Rome et la Grèce avaient laissé d'inaccessible encore à la Muse française : l'ingénu, le naturel, le frais... Tout autrement que le jeune Racine, lecteur de Sophocle dès Port-Royal, et qui en tira, mieux qu'une *Iphiginie*, une *Athalie* ; tout autrement aussi que nos pindariques et anacréontiques du XVIe siècle, Chénier entendait nous rapporter un murmure vivant des premières ondes sacrées.

Exactement comme Lucrèce, il découvrait, il frayait la route inconnue :

> *Avia Pieridum peragro loca, nullius ante*
> *Trita solo : juvat integros accedere fontes*
> *Atque haurire ; juvatque novos decerpere flores*
> *Insignemque meo capiti petere inde coronam*
> *Unde prius nulli velarint tempora musae ;*[566]

Personne mieux qu'André n'aura voilé la tempe des Muses de couronnes de fraîches fleurs, cueillies dans un jardin que nul pas ne souillait, ni aucun regard sacrilège. Non, Racine n'était pas entré là ! Ni Ronsard !

Personne n'avait ordonné le délice des vers de Myrto, de *Néère* :

> Elle a vécu, Myrto, la jeune Tarentine,
> Un vaisseau la portait au bord de Camarine,
> Là, l'hymen, les chansons, les flûtes lentement...[567]

---

[565] Dans *L'Invention*. (n.d.é.)
[566] Lucrèce, *De natura rerum*, I, 926–930 : « je parcours les régions non frayées du domaine des Piérides, que nul encore n'a foulées du pied. J'aime aller puiser aux sources vierges ; j'aime cueillir des fleurs inconnues, afin d'en tresser pour ma tête une couronne merveilleuse, dont jamais encore les Muses n'ont ombragé le front d'un mortel. » (n.d.é.)
[567] *La Jeune Tarentine*. (n.d.é.)

C'est une couleur, c'est une lumière amoureuse nouvelle. Non moins nouveau ce chant des morts le plus ancien et le plus vénérable de l'occident.

> Mon âme vagabonde à travers le feuillage
> Frémira...[568]

Ici, certes, les renchéris voudront-ils dire que peut-être, il y a trop de fleurs capiteuses, tressées en guirlandes un peu molles ? Mais les étoiles de Myrto brillent d'une splendeur fixe et font étinceler un printemps d'amour et de mort. Le deuil immortel de Néère redresse ce que sa plainte présente d'un peu trop tendrement sinueux. Dans sa longue suite d'idylles, *Pannychis*, *La Cigale*, *Les Colombes*, le poète qui avait fait la somme de la poésie française et entreprenait celle des deux antiquités, devait vouloir faire le tour des grands et des petits genres ; les plus faciles avaient naturellement obtenu sa première faveur.

Néanmoins, c'est une passion toute nue qui crie et chante, dans l'apostrophe à *Pasiphaé* :

Tu gémis sur l'Ida, mourante, échevelée
Ô reine, ô de Minos l'épouse désolée...

Et l'art le plus sévèrement dépouillé illustre les quatorze vers du bûcher d'*Hercule* :

> Œta, mont ennobli par cette nuit ardente...

Quel que soit le destin de la langue française et de l'esprit humain, ces vers n'en sont plus séparables.

Mais de si courts poèmes ne donnent à considérer qu'un champ de débris concassés, ou de stèles fort exiguës. Leur beauté, soit-elle divine, compose une suite de brefs éclairs. On n'en pourrait induire avec certitude la valeur ni fixer le juste rang de l'auteur si une œuvre plus ample ne formait quelque tout complet et lié, où rien d'essentiel ne fît défaut.

C'est ce que justement et bien heureusement nous apportent les hautes merveilles de *L'Aveugle*.[569]

Le chef-d'œuvre y est annoncé, rayonnant, splendide et heureux, dès l'invocation du vieillard aux Dieux protecteurs, quand il bénit les beaux enfants qui l'accueillent :

---

[568] *Néère*. (n.d.é.)
[569] L'aveugle en question dans le poème de Chénier n'est autre qu'Homère. (n.d.é.)

« Quel est ce vieillard blanc, aveugle et sans appui ?

Et alors se déclare la grande voie inentendue :

> Car en de longs détours de chansons vagabondes
> Il enchaînait de tout les semences fécondes,
> Les principes du feu, les eaux, la terre et l'air,
> Les fleuves descendus du sein de Jupiter,
> Les oracles, les arts, les cités fraternelles,
> Et depuis le chaos les amours immortelles...

Encore un coup, personne n'avait dit chez nous pareille chanson, ni ceux de la Pléiade au XVIe siècle, ni les plus grands du XVIIe. S'ils avaient fait d'ailleurs quelque chose de mieux, ce n'était rien de tel.

Suivent les cinquante grands vers qui ne sont qu'une seule phrase, presque trop courte, et sublime de bout en bout. Elle redit tout ce qui fut conté d'Homère à Ovide, sculpté de Phidias au dernier tailleur de pierre de Saint-Rémy, dans un jet continu d'évocations héroïques et douces. Un moment, l'on suppose que le poète va s'arrêter, respirer : sa nouvelle gerbe de flammes nous renvoie en plein ciel, le banquet des Centaures et des Lapithes, l'extraordinaire combat final, émaillé de ces alexandrins :

> L'héréditaire éclat des nuages dorés...
> Un long arbre de fer hérissé de flambeaux...

L'auteur de ces jeunes merveilles s'égale ici, on peut le dire, au grand vieillard aveugle,

> en images hardies
> Déployant le tissu des saintes mélodies...

Encore y mêle-t-il, avec un malicieux naturel, cet accent pathétique et tendre, dont on fait ordinairement honneur à l'homéride mantouan[570] :

> ... les demi-dieux et les champs d'asphodèle,
> Et la foule des morts : vieillards seuls et souffrants,
> Jeunes gens emportés aux yeux de leurs parents...
> La fière Niobé, cette mère thébaine...

---

[570] Virgile. (n.d.é.)

> ... en accents de douleur
> De la triste Aédon l'imprudence et les pleurs,
> Qui d'un fils méconnu marâtre involontaire,
> Vola, doux rossignol, sous le bois solitaire !

Ah ! c'est là que l'incertitude historique et biographique nous blesse ! Comme on voudrait savoir si cet enfant de Virgile et d'Homère, l'artiste de ce haut et rare alliage, avait passé (et de combien ?) la vingt-cinquième année, s'il avait atteint ou non la trentaine... !

Nous en sommes réduits au silence d'une admiration ignorante.

IV. LE SIÈCLE ET L'HOMME

Sur cette seconde partie de l'œuvre, qui est jugée la plus personnelle, il faut relever un point de son art par lequel Chénier se distingue légèrement des grands maîtres français et de tous les grands maîtres en ce qu'il a subi l'action des petits poètes de cette *Anthologie* grecque, qui encadra sa vie et marqua le cours de ses heures.

Il est naturel au langage de la poésie comme à tous les langages articulés, de s'écouler dans le temps. Le poète laisse au plastique et à l'orchestrique le soin de tenir et d'occuper l'espace. C'est par simple métaphore qu'il peut être parlé de l'harmonie de ses mots : ils ne sont pas simultanés, mais successifs. Sans violer dans son essence cette règle de l'art, Chénier la tourne. Il introduit volontiers dans le cours de sa mélodie des stations, des arrêts, où s'attardent les complaisances d'une espèce de pinceau.

Les classiques n'ont, certes, jamais dissimulé ni contesté la ressemblance du peintre et du poète : *ut pictura*...[571] Mais les peintres s'assoient pour peindre ; les grands poètes ont la propriété et même l'obligation de peindre en courant. Chez le plus libre, et qui se soustrait le plus volontiers à toutes les charges, chez La Fontaine, l'imagerie figurée, colorée, est constante mais son image est tout mouvement. Je ne parle pas ici des descriptions du *Songe de Vaulx*, ni de *Psyché*, mais des *Fables*. Entre toutes, la cinquième du premier livre, si belle, permet de bien saisir ce point capital :

> Un loup n'avait que les os et la peau,
> Tant les chiens faisaient bonne garde.
> Ce loup rencontre un dogue aussi puissant que beau,
> Gras, poli, qui s'était fourvoyé par mégarde.
> L'attaquer, le mettre en quartiers,

---

[571] « *Ut pictura poesis erit* » : Horace, *Art poétique*, v. 361 ; « qu'il en soit de la poésie comme de la peinture ». (n.d.é.)

> Sire Loup l'eût fait volontiers ;
> Mais il fallait livrer bataille,
> Et le Mâtin était de taille
> À se défendre hardiment...[572]

Une fois que les silhouettes sont fixées et achevées, telles qu'on les voie pour toujours, le poète ne s'occupe plus que du heurt des deux âmes, le discours, l'action, les sentiments, la vie de l'idée.

Pour toutes les réussites parfaites, tel a été le commun usage antérieur à Chénier. Il est donc presque seul à caresser, non sans une paresseuse lenteur, aspects, couleurs, formes, costume. Il s'installe sur le pliant des peintres et, dans la fuite verticale du Temps, pratique les fines coupes horizontales destinées à former ces tableaux de chevalet qu'il appelait lui-même des « *quadri* ».

« *Faire de cela un* quadro », est-il redit dans ses notes. On ne peut donc nier ici une volonté consciente, ni le choix subtil des moyens, encore moins l'éclat paradoxal du bonheur.

Mais André Chénier n'a jamais succombé à l'erreur de disciples moins versés dans son art, et de moins de génie. La scène et le paysage les plus appuyés ne lui font pas négliger l'élément nécessaire, essentiel à la poésie : le mouvement, l'élan vers les hauteurs, *le ton*. Anatole France observe que les coroplastes de Myrina[573] donnaient « un mouvement sublime à des formes voluptueuses ». C'est ce sublime ou ce départ pour le sublime qui n'est jamais absent de Chénier, mais y fait centre, et dans les plus petites choses imprime fortement son degré de puissance et de dignité.

Le poème peut oublier de courir à son terme, s'il continue d'en manifester avec énergie la tendance. En des pièces ou le détail est trop doucement caressé, une émotion généreuse, ou la grave profondeur du gémissement, ou le tourbillon de vie énergique enveloppe et emporte tout.

Et là, l'usage de la mythologie, tant reproché, sert plus qu'il ne gêne en ce qu'il ennoblit, allège et rehausse les images qui toutes seules pèseraient ou tiendraient au sol. Le sens supérieur du mystère des mondes, ou leur horreur sacrée, le mélange de l'esprit religieux ou du symbolisme philosophique, la rencontre d'une incrédulité passionnée, la conscience claire des fables contées à plaisir, avec la foi secrète à leur magie intime, tels sont les caractères de haute humanité, qui, mêlés à la vie, ajoutés à l'histoire réaliste des êtres, y fera fermenter une ivresse demi-divine.

André Chénier a su recueillir toutes les fleurs du corps de la Grèce, parce qu'il ne s'est privé nulle part du fruit de son esprit.

---

[572] La Fontaine, *Fables*, I, 5 : *Le Loup et le Chien*. (n.d.é.)
[573] Myrina est une ancienne cité grecque de Mysie, en Asie mineure, non loin de Pergame, et connue entre autres pour ses statuettes. Un coroplaste est un modeleur de statuettes. C'est dans l'article « La Mort et les Petits Dieux » recueilli dans *La Vie littéraire* qu'Anatole France parle des coroplastes de Myrina. (n.d.é.)

On n'a donc pas complètement tort quand on doute que ce grand animiste ait été absent de son siècle ou qu'il y ait vécu comme un étranger contemporain des Ronsard et des Lucrèce. Il le surpassait, il le survolait, cela est bien vrai. Il avait des qualités fort supérieures au court rationalisme de l'*Encyclopédie*, ivre de ses connaissances nouvelles. N'empêche qu'il exprimait fort bien le genre de poésie que ce siècle-là désirait ! Sensibilité plus juste, plus vraie, plus nue que celle de Jean-Jacques, mais comme celle-ci, vive et impérieuse. Curiosité universelle, collant aux entreprises de la philosophie. Esprit critique à la Voltaire. Méthode. Clarté. Volonté. Labeur.

C'est pourquoi, sur un plan voisin de celui de la poésie, la partie novatrice de son œuvre, courte, mais violente, est significative. Prisonnier des idées à la mode, et leur dévot presque dément, on le voit passionné pour « la Liberté » à l'antique et les Assemblées constitutionnelles. Avec ses incohérences et de grandes beautés de détail, l'*Ode au Jeu de paume* est un produit mal proportionné à l'effort, mais cet effort vaincu est sincère. Un ridicule (qui approchera celui de Hugo) ne lui fait pas peur, il affronte intrépidement le rire quand il se permet d'adjurer les « vierges citoyennes » d'entourer « les bons » d'une « douce chaleur d'amour ». L'idéale démocratie dogmatique lui ayant été révélée par les États-Unis d'Amérique, il veut les célébrer.

« Parler », dit une note, « parler prophétiquement des treize États-Unis... treize femmes... vêtues de telle nuance... dansantes et se tenant par la main... »

Une autre note de son *Amérique* porte : « M. de Chatelux écrit avoir vu chez Mme Beech, la fille de M. Franklin, deux mille deux cents chemises faites par ces dames et demoiselles d'Amérique pour les soldats américains. Chacune avait mis son nom... Ce lin qui sera trempé de sueurs [de sang] qui couleront pour la liberté... » Seulement le poète libéral se montre fâché que ces hommes libres aient introduit l'esclavage dans leur cité : « Ô postérité... tu ne croiras pas ce que tu lis... Tu lis avec effroi que des hommes blancs vont acheter des hommes noirs et les plongent vivants dans les mines d'Amérique. » « C'est vrai, rien n'est plus vrai. C'est la vérité même... Ô barbares Européens... Ô bons, ô respectables Quakers... »

De pareilles méditations devaient finir par tirer le poète de ses Nuées, et le ramener sur la terre ferme.

Pour le moment, Chénier n'est pas homme à faire la moindre différence entre le sort de ces esclaves d'Amérique et le servage d'Europe, qui n'existait plus en France. Des transports injurieux le soulèvent contre tout « privilégié », Il conçoit une comédie à la mode d'Aristophane qui ne sera plus dirigée contre le bonhomme Démos : les nobles et les prêtres, les collecteurs du roi de France en feront les frais.

L'un de ces méchants devra dire :

> La belle enfant née en mon vasselage
> J'ai, s'il te plaît, sur toi droit de jambage.

Parce que tout arrive, ces deux vers sont bien de Chénier.

Le dégoût vint vite. La raison qui habitait Chénier n'était pas uniquement celle que Voltaire avait mise en alphabet pour ses contemporains. C'était la juste mesure de tous les temps. Les folies, les sottises, les crimes furent sentis et jugés par le poète, à peine apparus ou subis. La réaction fut plénière : sa noble vie tourna en effort de modération, puis de résistance. André Chénier s'y est donné corps et bien.

Du fond de l'égarement révolutionnaire émergeait un patriotisme puissant. Amoureux de la France, de son terroir – et de son langage.

> Doux, rapide, abondant, énergique, nerveux[574],

ce n'est pas Chénier qui eût confondu sous le nom de patriotes tous ces étrangers qui d'Anvers, à Berlin ou à Copenhague, se prononçaient pour les fausses déesses Liberté et Égalité.

Sans méconnaître le mérite assez périlleux que l'on pouvait avoir à faire « une grande expérience » pour toute « la race humaine », il avait d'abord souci de ses compatriotes et s'efforçait déjà de les convaincre que l'intérêt et le sentiment national devaient passer avant tout. Comme il le faisait en poète, c'est lui qui inventa cette *déesse France* :

> Salut, déesse France, idole de mon âme
> Verse ta sainte flamme...
> ---
> Sur ton front radieux
> Luit ton noble avenir de gloire et d'espérance
> Salut, déesse France...[575]

Il arrêtait donc de croire au Dieu Démos, mais il n'avait pas à rétablir en lui le culte de la patrie, que le sens du péril public aiguisa.

Puis, la bêtise des factions le mit en colère, et sa colère tourna vite à l'invective – comme son Ode, à la Satire et à l'Iambe, – devant l'ignoble apothéose de la révolte des Suisses de Châteauvieux. Laissons à celui qui restera notre guide en tout ceci, à l'impartial Sainte-Beuve[576], le soin de la conter :

---

[574] « Doux, rapide, abondant, *magnifique*, nerveux, » est le vers 326 de *L'Invention*. (n.d.é.)
[575] Ces vers figurent dans les ébauches de théâtre de Chénier, sous le titre *La Liberté*. (n.d.é.)
[576] Les passages qui suivent sont tirés de l'*Étude sur André Chénier* publiée par Sainte-Beuve en 1832 et souvent reprise ensuite dans les éditions des œuvres du poète. Rappelons que Sainte-Beuve avait joué un rôle important dans l'établissement des textes et de la liste des œuvres de Chénier, et dans son édition. Le texte de Chénier cité *infra* par Sainte-Beuve provient lui du *Journal de Paris* du 4 avril 1792. Le 15 du même mois paraissait dans le même

... ces soldats, après s'être révoltés à Nancy deux années auparavant et avoir pillé la caisse du régiment, avaient été, au nombre de quarante ou cinquante, condamnés aux galères d'après les lois de la justice fédérale en vigueur parmi les troupes suisses. Non content de les amnistier en mars 1792, on voulut encore les célébrer, et Collot d'Herbois fit la motion factieuse de leur décerner un honneur public.

André Chénier intervient et, là, dit Sainte-Beuve,

> c'est le militaire qui prend feu contre Collot d'Herbois, c'est le gentilhomme qui a porté l'épée et qui sait ce que c'est que la religion du drapeau. Lui, qui eût été un digne soldat de Xénophon, il sent toute sa conscience héroïque se soulever à l'idée de cette violation de la discipline et de l'honneur érigée en exploit. Il faut l'entendre qualifier cette scandaleuse bacchanale, cette bambochade ignominieuse, que favorisaient la lâcheté des Corps constitués et l'immortelle badauderie parisienne, et s'écrier, par un mouvement digne d'un Ancien :
>
> *On dit que, dans toutes les places publiques où passera cette pompe, les statues seront voilées. Et, sans m'arrêter à demander de quel droit des particuliers qui donnent une fête à leurs amis s'avisent de voiler les monuments publics, je dirai que si, en effet, cette misérable orgie a lieu, ce ne sont point les images des despotes qui doivent être couvertes d'un crêpe funèbre, c'est le visage de tous les hommes de bien, de tous les Français soumis aux lois, insultés par les succès de soldats qui s'arment contre les décrets et pillent leur caisse militaire. C'est à toute la jeunesse du royaume, à toutes les gardes nationales, de prendre les couleurs du deuil, lorsque l'assassinat de leurs frères est parmi nous un titre de gloire pour des étrangers. C'est l'armée dont il faut voiler les yeux pour qu'elle ne voie point quel prix obtiennent l'indiscipline et la révolte. C'est à l'Assemblée nationale, c'est au Roi, c'est à tous les administrateurs, c'est à la Patrie entière à s'envelopper la tête pour n'être pas de complaisants ou de silencieux témoins d'un outrage fait à toutes les autorités et à la Patrie entière. C'est le livre de la Loi qu'il faut couvrir, lorsque ceux qui en ont déchiré les pages à coups de fusil reçoivent des honneurs civiques.*
>
> Et se retournant contre le maire Pétion qui, dans une Lettre à ses concitoyens, avait répondu avec une astuce niaise et une bénignité captieuse que cette fête, si on n'y avait vu que ce qui était, n'avait qu'un caractère privé, innocent et fraternel, et que l'esprit public s'élève et se fortifie au milieu des amusements civiques, André Chénier l'enferme dans ce dilemme : « Dans un pays qui est témoin d'une telle fête, de deux choses l'une : ou c'est

---

journal l'hymne de Chénier *Sur l'entrée triomphale des Suisses révoltés du régiment de Châteauvieux*. (n.d.é.)

l'autorité qui la donne, ou il n'y a point d'autorité dans ce pays-là. »

C'est ici que le poète s'intitule Mastigophore ; il ne lâchera plus le fouet mémorable dont il se met à flageller

> Ces héros que jadis sur les bancs des galères
> Assit un arrêt outrageant,
> Et qui n'ont égorgé que très peu de nos frères
> Et volé que très peu d'argent ![577]

Une flamme d'ironie sainte animera désormais ses vers et sa prose.

> Il est bon, dit-il, il est honorable, il est doux, de se présenter, par des vérités sereines, à la haine des despotes insolents qui tyrannisent la liberté au nom de la liberté même.
> Démasquer sans aucun ménagement des factieux avides et injustes est un plaisir qui n'est pas indigne d'un honnête homme.[578]

Chénier rédige alors son terrible réquisitoire des *Autels de la peur*, où est dénoncée « la confrérie usurpatrice des jacobins » qui forme « un État dans l'État pire que les Jésuites ». Il écrit l'*Ode à Charlotte Corday* et, morceau moins connu, la belle page intitulée : *Projet de discours du Roi à l'Assemblée nationale*, expression, disait-il, d'une respectueuse estime « de la part d'un homme sans intérêt comme sans désir ».

Même au temps de ses plus folles ferveurs constitutionnelles, il était demeuré royaliste parce qu'il se doutait de la nature historique de sa patrie. Le composé français, né de la Monarchie, tient à la Monarchie : il tend à se dissoudre sans la Monarchie. Les idées anglaises ont pu mordre sur Chénier, il a pu croire, il a cru longtemps à la possibilité de faire collaborer une assemblée souveraine à plusieurs centaines de têtes, avec un souverain personnel qui, heur ou malheur pour lui, ne peut en avoir qu'une. Ce qu'il gardait de chimères ne lui cachait point que de toute manière, le roi devait être le centre vivant de l'État. C'est pourquoi le Poète prend la défense de ce « magistrat » qui en avait tant besoin !

Nous sommes en août 1792. Le roi va être chassé des Tuileries. Il y est encore. Mais peut-être sommes-nous au petit matin du jour de l'émeute définitive. Se bat-on autour du Château ? Chénier écrit ce qu'il voudrait que pût dire Louis XVI pour

---

[577] *Hymne sur l'entrée triomphale des Suisses révoltés du régiment de Châteauvieux.* (n.d.é.)
[578] *Journal de Paris* du 29 mars 1792, où, dans la controverse autour des Suisses de Châteauvieux, Chénier répond à une objection imaginaire : « à quoi bon s'attaquer à des partis aussi puissants ? » (n.d.é.)

se faire respecter car « une nation dont le premier magistrat, le chef suprême du pouvoir exécutif, le représentant héréditaire, celui qu'elle a nommé son roi, peut rester en butte à de pareils outrages, est une nation qui n'a évidemment point de gouvernement et par conséquent point de libertés... »

Il faut voir quelques traits de ce *Discours* de roi, rêvé par le Poète :

> Messieurs, je supplie tous les Français de ne consulter et de ne croire que leur conscience sur ce que je vais leur dire ; je défie tout citoyen qui attache quelque sens aux mots qu'il emploie d'oser me dire qu'il se sent libre ; d'oser me dire qu'il pense au lendemain sans effroi ; d'oser me dire qu'il s'endort et se réveille dans la sécurité entière ; qu'avant de se réveiller, ou de s'endormir une seconde fois, sa réputation n'aura pas été déchirée, sa femme, sa sœur, sa fille insultées, sa maison incendiée, sa fortune envahie, sa poitrine percée, son visage frappé impunément.

Ce beau style nu et vibrant a été déjà caractérisé par le plus précieux des éloges négatifs de Sainte-Beuve : « La métaphore s'y inscrit rarement. » C'est que la vérité commande à la vaine image.

Chénier poursuit, toujours au nom du roi :

> ... Messieurs, je vous en conjure mille et mille fois, marchons ensemble et sauvons la patrie. Je viens de vous en présenter les meilleurs moyens *(qui sont d'opérer une merveilleuse réconciliation des deux pouvoirs, l'héréditaire et l'électif)*.
>
> Si mon mauvais destin et celui de la France veulent que vous ne les adoptiez pas, et si malgré les dangers qui environnent ma tête je vis assez pour être le témoin des malheurs que je prévois, au moins ce ne sera point moi dont les douleurs seront encore plus aiguës par le remords et les reproches intérieurs, et quand le chagrin m'aura ouvert la tombe, ce ne sera point moi dont nos neveux, victimes de notre démence, maudiront la cendre et détesteront la mémoire.

Le noble langage ! Quelle hauteur de l'âme ! Quelle libre lucidité ! Sur un point Chénier se trompait : la tombe de Louis XVI ne devait pas être ouverte par le chagrin... Quand le poète vit les jours du roi menacés d'un autre supplice, il demanda à le défendre devant la Convention. S'il ne put obtenir cet honneur, il s'en montra digne. Même poursuivi et réduit à se cacher, il servait ses amis, couvrait la fuite des uns, secourait le secret des autres, et, sans faire le fanfaron, ne refusait pas un devoir.

Le 18 ventôse an II, ou 8 mars 1794, il est arrêté. On le soumet à l'ignoble interrogatoire qui demeure l'un des plus parfaits ridicules de la Terreur. La pièce est bien connue, « singulière et hideuse ».[579] Les questionneurs, ses juges sont incapables de comprendre même ce qu'il répond :

> *A lui demandé s'il y a longtemps qu'il connaît le citoyen où nous l'avons arrêté :*
> *... comment il les avait connu*
> *A répondu qu'il croit les avoir connu pour la première fois chez les citoyennes Trudenne*
> *A lui demandé quel rue elle habitait alors*
> *A répondu sur la place de la Révolution la maison à Cotté*
> *A lui demandé comment il connoit la maison à Cottée et les citoyens quil demeuroit alors*
> *A répondu quil est leur amie de l'enfance*
> *A lui répondu quil n'est pas juste dans sa réponse attendue que placede la Révolution il nya pas de maison qui se nomme la maison à Cottée donc il vient de nous déclarés*
> *A repondu qu'il entendait la maison voisine du citoyen Letems A lui representes qu'il nous fait des frases, attandue quil nous*
> *a repettes deux fois la maison à Cottée*
> *A repondue quil a dit la vérité.*

Sainte-Beuve note et admire le quiproquo, « le commissaire interrogateur prenant la maison *à côté* pour la maison d'un certain propriétaire appelé *Côté*, et raisonnant, et se fâchant en vertu de cette ânerie ; car ils étaient de cette force-là, pour la plupart, ces pourvoyeurs de l'échafaud ! »

Avant d'introduire ce lot de sanglantes sottises, Sainte-Beuve n'a pas oublié d'en noter les « turpitudes de sens et d'orthographe », « les signes de bêtise et de barbarie », propres à des « bêtes brutes » à des « sans-culottes ignares ».

Tout lettré aurait le devoir d'apprendre par cœur cette page immortelle, il y découvrira l'esprit de la Révolution.

Écroué à Saint-Lazare, André y trouva Mme de Coigny, lui dédia *La Jeune Captive*, sans avoir l'heur de la sauver, de la servir, ni même de lui plaire... Et lui, qui avait tant concouru par l'écrit et l'exemple à cette forte réaction de l'esprit public qui devait s'appeler le Neuf thermidor, voilà que, l'avant-veille, le 7, il doit monter sur la charrette qui va place du Trône, où il sera exécuté.

On ne sait trop pourquoi l'Hypercritique moderne tient à contester le dialogue de Chénier avec Roucher, le poétereau des *Saisons*, sur cette funèbre charrette. Les deux hommes étaient prisonniers ensemble ? Mais rien ne leur certifiait qu'ils

---

[579] L'expression est de Sainte-Beuve. Elle figure comme les passages qui suivent dans *André Chénier homme politique*, en date du lundi 18 mai 1851, texte repris dans les *Causeries du lundi*. (n.d.é.)

feraient partie du même convoi, ils auraient pu être séparés. Rien de plus naturel, dès lors, que l'étonnement de la rencontre et le magnanime échange des vers d'*Andromaque* :

> — Oui, puisque je retrouve un ami si fidèle,
> Ma fortune va prendre une face nouvelle ;
> Et déjà son courroux semble s'être adouci
> Depuis qu'elle a pris soin de nous rejoindre ici.
> — Qui l'eût dit, qu'un rivage à mes vœux si funeste
> Présenterait d'abord Pylade aux yeux d'Oreste...[580]

Autre parole rapportée et non moins contestée : fût-ce de la prison à l'échafaud, fût-ce du pied de la machine que le poète ayant mis la main sur son front, laissa tomber ces mots : « Et pourtant j'avais quelque chose là ? »

S'il ne le dit, il dût le dire. Tout ce qu'il laissait le disait pour lui. Ses restes furent inhumés dans la fosse commune.

On les vénère au cimetière de Picpus où la comtesse de Kapnitz, en 1897, fit élever une plaque de marbre qu'elle avait tirée des carrières de Paros : avec Mme Moreno, Anatole France, Marcel Schwob, quelques écrivains de mon âge, nous assistâmes à l'inauguration. Un peu plus tard, lorsque l'état-major américain vint dans le même lieu saluer les cendres de La Fayette, celles d'André Chénier furent cordialement oubliées. Mais cela ne fait rien. Il était entré dans son éternité. Suivons-l'y.

V. LA VIE POSTHUME

En décapitant Lavoisier, la Révolution savait qu'elle se sacrifiait un très grand savant. Elle ne savait pas qu'André Chénier fût un très grand poète. Mais l'instinct, le flair bestial l'aura peut-être instruite et guidée. Ce jeune homme qui répondait avec une ironie presque gaie aux insanités des sans-culottes interrogants avait dû apparaître le bénéficiaire d'une inégalité monstrueuse. Et combien c'était vrai.

— Eh quoi ! de cette tourbe à lui, pareille différence ! Cette marge inouïe dans l'ordre des statures et des valeurs !

Il y avait un certain mérite à démêler cela, dès lors qu'André Chénier n'appartenait qu'aux temps futurs.

Vivant, il n'avait publié en tout que deux poèmes : *Le Jeu de paume*, alpha et oméga de sa foi révolutionnaire, et l'*Hymne aux Suisses de Châteauvieux*, premier

---

[580] Ce sont les premiers vers de l'*Andromaque* de Racine, où ils sont dits par Oreste. Les tirets marquent le dialogue supposé de Chénier avec Roucher. (n.d.é.)

éclat du retour au bon sens. Ses articles de journaux, il est vrai, l'avaient désigné, mais non pour le génie sublime dont il est auréolé à jamais.

Peu après sa mort, le 20 nivôse an III, parut *La Jeune Captive*. Bien plus tard, 1er germinal an IX, *La Jeune Tarentine*.

Chateaubriand lui fit une note dans son *Génie du christianisme*, Millevoye dans ses *Élégies*. Des extraits du *Mendiant* parurent aussi. Ce fut seulement en 1819, juste un quart de siècle après le deuil sanglant de 1794, que M. de Latouche donna le premier recueil des poèmes d'André Chénier. Son édition était amendée, corrigée, adoucie, dans l'intérêt de l'auteur, paraît-il : on refusait de l'exposer à quelque désaccord avec le pauvre goût de l'époque.

Ce n'en fut pas moins une commotion dans toutes les têtes. Elle a duré plus de cent ans. Elle dure encore.

Commotion si forte que, depuis ce moment, tout ce qui a tenu le rang de poète s'est ressenti de la secousse et s'est plus ou moins imprégné de l'esprit, de l'art, du décor, des images et des rythmes d'André Chénier : son idée de la beauté grecque a marqué de son sceau même les plus grands.

Le premier volume du premier romantique, Alfred de Vigny, en porte l'aveu criant dans *Symétha*, dans *Le Bain d'une dame romaine*. L'auteur a bien protesté qu'il avait trouvé ces néo-hellénismes et néo-latinismes tout seul : pauvres dénégations du plus coquet des auteurs ! Elles n'y font absolument rien. À supposer que les manuscrits de Chénier dont les copies couraient partout ne lui eussent pas été montrés, il avait suffi de *La Jeune Captive* et de *La Jeune Tarentine* pour lui révéler un style dont l'auteur d'*Éloa* s'est certainement souvenu, ce dont on lui fait compliment :

> Car la vierge enfantine, auprès des matelots,
> Admirait et la rame, et l'écume des flots ;
> Puis, sur la haute poupe accourue et couchée,
> Saluait, dans la mer, son image penchée...[581]

Vigny a eu soin de mettre au bas du poème : « écrit en 1815 ». Je vous crois ! Myrto était imprimée depuis 1801.

Il suffit d'ouvrir *Stello* pour se rendre compte de l'attrait fascinant qu'exerça Chénier sur Vigny. Les très belles pages racontant l'assassinat du 7 thermidor en font foi. Bien qu'une fantaisie bizarre ait transféré place de la Concorde un supplice subi à la place du Trône, on y sent à toute ligne les *tu duca, tu signore*[582] flagrants.

---

[581] Alfred de Vigny, *Symétha*. (n.d.é.)
[582] « *Tu duca, tu signore e tu maestro* » : « Tu es mon guide, mon seigneur et mon maître », parole de Dante à Virgile, *Enfer*, II, v. 140. (n.d.é.)

Lamartine était fait pour ne rien devoir à Chénier, il lui doit quelque chose dans *La Mort de Socrate*. Peut-être le poème eût-il été laissé sans costume, si le grand Byzantin ne l'eût obsédé :

> C'est le vaisseau sacré, l'heureuse Théorie...
> ... Et le dos appuyé sur la porte de bronze
> Les bras entrelacés, le serviteur des Onze
> De doute et de pitié tour à tour combattu...[583]

Lamartine avait dû subir, outre la mode de 1823, le puissant pathétique intellectuel qui s'élevait des poèmes de la prison.

Chez Musset, on a coutume de relever le joli jeu d'esprit habilement conduit autour de deux vers de Chénier, dans *Une soirée perdue* :

> Sous votre aimable tête, un cou blanc, délicat
> Se plie et de la neige effacerait l'éclat

Mais Musset montre bien d'autres souvenirs de Chénier ! Le chœur des jeunes filles aux noces de Frank et de Deidamia :

> L'écho n'entendra plus ta chanson dans la plaine,
> Tu ne jetteras plus la toison des béliers
> Sous les lions d'airain, pères de la fontaine,
> Et la neige oubliera la forme de tes pieds...[584]

Et surtout ces appels de la Muse dans la *Nuit de Mai* : Argos, et Ptéléon, ville des hécatombes,

> Et Messa la divine, agréable aux colombes ;
> Et le front chevelu du Pélion changeant ;
> Et le bleu Titarèse, et le golfe d'argent
> Qui montre dans ses eaux, où le cygne se mire,
> La blanche Oloossone à la blanche Camyre.

Dût-on avouer que cette Grèce est un peu pacotille, l'héritage est direct du *Mendiant*, de *L'Aveugle*, de l'inflétrissable Myrto.

Le volume des *Poèmes antiques* de Leconte de Lisle est un tributaire littéral, il faudrait ici le transcrire intégralement. Théodore de Banville dérive de la même

---

[583] Alphonse de Lamartine, *La Mort de Socrate*. (n.d.é.)
[584] Alfred de Musset, *La Coupe et les Lèvres*. (n.d.é.)

source : toutes les chansons admirables des *Exilés* tiennent de Chénier leur cadre, fond de paysage, ligne, rythme, vocabulaire. La moitié ou le quart de Gautier, de Louis Bouilhet, de Heredia répètent ou murmurent le même bel écho d'André, partout résonnant. On en surprend même de vagues souvenirs jusque dans les jolis vers que le savant André-Marie Ampère dédiait à sa jeune femme. Il n'est pas absent de Béranger, qui l'eut en horreur, et ses réminiscences abondent dans la *Psyché* de Victor de Laprade. Faut-il nommer Barbier, avec ses *Iambes* ?

Si moral et chrétien que soit Baudelaire, il doit passer sous la grande toise :

Lesbos, terre des nuits chaudes et langoureuses...[585]

C'est aussi, beaucoup plus naturellement, le cas de Louis Ménard. Ce que les Ménard et les Baudelaire ajoutent à Chénier de profondeur originale n'ôte rien à leur sort commun, d'avoir été d'abord déniaisé par lui...

— Toutes portant l'amphore, une main sur la hanche,
Théano, Callidore, Amymone, Agavé...

Ces *Danaïdes* ne sont certes pas le seul emprunt de Sully Prudhomme au répertoire de Chénier.

Arthur Rimbaud fait cette invocation :

Ô grande Ariadné, qui jettes tes sanglots
Sur la rive, en voyant fuir là-bas sur les flots
Blanche sous le soleil, la voile de Thésée,
Ô douce vierge enfant qu'une nuit a brisée
Tais-toi !...
La Source pleure au loin dans une longue extase
C'est la Nymphe qui rêve un coude sur son vase
Au beau jeune homme blanc que son onde a pressé.[586]

C'est peut-être Verlaine qui, de tous les poètes du XIXe siècle, aura le moins subi Chénier. Cependant sur quelque coin obscur de *Parallèlement* où s'allume

La pâle Séléné qui venge les amies

et sur le gazon des *Fêtes Galantes*, flotte un pâle reflet du même règne universel.

---

[585] Charles Baudelaire, *Lesbos*. (n.d.é.)
[586] Arthur Rimbaud, *Soleil et Chair*. (n.d.é.)

Pareil courant d'imitation, et parfois de décalque, devait engendrer naturellement un poncif, et donner lieu aux mystifications amusantes.

On lit dans une des plus savantes éditions de Chénier :

> Proserpine incertaine...
> Sur sa victime encor suspendait ses ciseaux.
> Et le fer, respectant ses longues tresses blondes.
> Ne l'avait pas vouée aux infernales ondes.
> Iris, du haut des cieux, sur ses ailes de feu.
> Descend vers Proserpine : « Oui, qu'à l'infernal dieu
> Didon soit immolée ; emporte enfin ta proie »...
> Elle dit ; sous le fer soudain le crin mortel
> Tombe ; son œil se ferme au sommeil éternel,
> Et son souffle s'envole à travers les nuages.

M. Becq de Fouquières n'a jamais voulu douter de l'authenticité de ces alexandrins. Ils n'en ont pas moins été forgés par un jeune fumiste qui devait s'appeler Anatole France.[587]

Heureusement le culte de Chénier inspira des vers moins affectés, au poète de *Leuconoé* et de ces *Noces corinthiennes*, dont le prologue chanta, si juste et si bien,

> Hellas, ô jeune fille, ô joueuse de lyre !

Dans le très beau poème où Frédéric Plessis raconte comment son aîné lui ouvrit les grandes avenues du rêve et du chant, Anatole France est remercié de l'avoir introduit

> ... au chœur des formes blanches,
> Honneur du vieux Ronsard et du jeune Chénier.[588]

---

[587] C. Seth (dir.), *André Chénier – Le miracle du siècle*, Presses de l'Université de Paris Sorbonne, 2005, p. 325 :
> André Chénier a vivement intéressé Anatole France [...] Il a envoyé à l'*Intermédiaire des chercheurs et curieux* un fragment « Proserpine incertaine... » en demandant, avec une naïveté feinte, s'il s'agissait bien de vers d'André Chénier. Becq de Fouquières n'hésita pas à l'inclure dans son édition en 1864, Paul Lacroix le jugea authentique et la supercherie alla son chemin...

On trouvera page 305 du même ouvrage un court texte de Ch. Maurras sur Chénier, extrait d'une lettre à Raymond de La Tailhède elle-même partie d'un texte que Maurras évoquera dans la note finale au présent *André Chénier*, et dans les pages précédentes un extrait d'un texte sur Chénier de Jean Moréas, texte que Ch. Maurras ne pouvait que connaître. (n.d.é.)

[588] Frédéric Plessis, « Ô poète, c'est toi... » (n.d.é.)

Ceux de nos contemporains qui n'ont pas perdu le goût de la poésie savent par cœur les principales épigrammes de *La Couronne aganippide*, dans *La Lampe d'argile*. Ils ne manquent donc pas de placer dans la filiation légitime et naturelle des Idylles et des Bucoliques un quatrain comme celui-ci :

> N'accuse pas la mer de ton sort misérable
> Naufragé, mais plutôt les vents injurieux,
> Car ils t'ont fait périr, et le flot secourable
> T'a roulé doucement au tombeau des aïeux.

Ce qui se dit de Frédéric Plessis se redit de son contemporain et compagnon d'études Pierre de Nolhac.

Ce jugement est applicable à tout ce qui fut écrit en vers, de *L'Après-midi d'un faune* de Mallarmé à *La Jeune Parque* de Valéry, sans parler de l'*Aréthuse* d'Henri de Régnier.

Moréas s'est prévalu avec amitié

> De ce charmant Chénier dont deux fois je m'honore[589]

non sans un blâme secret, qui tient à la haute et juste préférence que « l'Athénien, honneur des Gaules », donne à Racine et à la manière dont il a compris Sophocle, et l'a traduit sur notre scène. Raymond de la Tailhède semble marquer la concordance des deux états d'esprits. D'une part, il égale et avive certains coloris de Chénier. De l'autre, il leur impose une amplitude lyrique dont Chénier, surtout élégiaque, épique et bucolique, ne put avoir l'idée.

Avons-nous fait le tour des poètes à qui s'imposa le grand mort ignoré de ses contemporains ? Celui qui est parfois tenu pour leur maître à tous a été mis à part. Je n'ai pas prononcé le nom de Hugo. Mais Hugo, lui-même l'avoue, doit beaucoup à Chénier. Toute l'idée qu'il s'est faite de Virgile, est débitrice de Chénier : le poète romain n'est guère vu qu'à travers ce prisme. Du seul Chénier dérive l'art hugolien des évocations de l'Antique. Mais, comme s'il eût senti une opposition de natures, Hugo s'est retourné contre cette influence. Elle lui était pénible au fond. André Chénier est un polythéiste, j'entends un païen orthodoxe, en qui subsiste et flambe, comme une pensée directrice, la notion hautement confessée des hiérarchies naturelles. Hugo est un panthéiste égalitaire, pour qui, le Tout étant d'abord identique, tout se vaudra toujours, à ce détail près que ce qui semble *moindre* doit, en raison de l'infirmité apparente, mériter une revaluation idéale et morale *supérieure*. Non seulement, comme dit Veuillot, c'est *Dieu savetier, assis sur Dieu borne, raccommodant Dieu vieux soulier*, mais il faut que la borne l'emporte sur le

---

[589] Jean Moréas, *À Maurice du Plessis* dans les *Sylves nouvelles*. (n.d.é.)

soulier, qui l'emporte sur le savetier. Plus l'être est bas, plus il mérite qu'on le prise et qu'on le hausse. Moins il est, plus il mérite d'être :

> J'aime l'araignée et j'aime l'ortie
> Parce qu'on les hait.[590]

Pour compenser les caprices de la nature des choses, l'épine doit primer la rose, la fétidité le parfum. Ainsi la vierge doit respecter la catin, et le bon bourgeois saluer très bas le forçat. Ainsi faut-il que les demi-dieux inférieurs et leurs forces obscures l'emportent sur les glorieux et les lumineux, les beaux et les purs, qui se sont contentés de se donner la peine de naître ce qu'ils sont. L'effort ascensionnel des misères et des vices exprime une vertu qui tôt ou tard mettra en fuite l'Olympe et ses béatitudes imméritées. Telle est la gloire de l'être d'en bas, tel est son avenir. Tel est l'esprit qui a fait écrire à Hugo, son épopée de l'ennemi de Jupiter : *Le Satyre*. Le sens éthique en est d'autant plus net que certains passages y semblent un décalque des hautes fresques de *L'Aveugle*. Mais au lieu de dire l'ordre du monde et la puissance de ses ordonnateurs, le tableau mouvant du *Satyre* glorifie un vague *nisus*, un *impetus*, enfin un obscur *devenir* qu'on présume pouvoir et devoir être le meilleur. Mais pourquoi s'il vous plaît ? Parce que rien ne le détermine ? Mais rien ne le qualifie non plus. Ce *nisus* est sans forme, il est sans nom. Le rouleau niveleur de la Démocratie de Hugo pénètre sa théologie et sa mythologie elle-même. Et l'Être en sera saccagé ! Rien n'est moins conforme aux idées de Chénier ; mais « l'antithèse » du *Satyre* est née de la « thèse » de *L'Aveugle*, elle en procède directement. Réagir de la sorte contre Chénier c'est le subir encore. Hugo aura fait comme tous les autres. À sa manière, il manifeste l'étonnante influence du poète décapité et sa prodigieuse vertu de se prolonger en autrui, durant ce laps de plus d'un siècle.

Cette action si puissante et si longue, d'un poète mort doit poser la question :
— Qu'aurait-il fait vivant ?

Sans le coup de guillotine qui le tronqua, qu'eût été, ou que n'eût pas été l'œuvre douée de cette invincible vertu posthume ?

Telle qu'elle a duré et agi, cette œuvre n'était guère faite, on l'a vu, que de morceaux épars. Les projets, les ébauches y tiennent une place immense. Voilà donc, la première fois que des esprits humains, en aussi grand nombre, ont été à ce point remués par une collection de débris descendus d'une seule tête et jaillie d'un seul cœur.

Des œuvres formées, achevées, dans leur splendeur pure, n'ont pas exercé une influence de cette portée. Racine mort, Ronsard mort, ont eu leur postérité, leur école, mais non cette survivance séculaire, commune à l'unanimité des poètes d'un

---

[590] Ce sont les deux premiers vers du poème, qui figure dans *Les Contemplations*. (n.d.é.)

temps et tellement distincte pour chacun d'eux, qu'elle rappelle le courant de ces fleuves qui traversent un lac sans y mêler leur eau.

Dès lors, que fût-il arrivé, si, ayant vécu pour finir ce qu'il avait commencé, Chénier avait pu entreprendre d'autres ouvrages ? Qu'eussent donné en lui les progrès de l'âge et de la réflexion, du génie et de l'art ?

L'accident qui le surprit place du Trône le supprimait à trente-deux ans : de quelle succession de chefs-d'œuvre nous a-t-il privés ?

Devant cette question, l'évidence n'a pu créer d'accord : il existe une opinion professée par un groupe de critiques qualifiés et d'après laquelle, de la veille ou du jour de sa mort tragique, André Chénier n'avait plus grand'chose à dire ni à chanter. À leur avis, s'il se frappait le front, c'était une illusion. S'il pensait qu'on allait détruire autre chose que lui, il se trompait : il ne pouvait plus rien ajouter de valable ni aux nobles réussites de sa jeunesse ni à celles d'une maturité à peine commencée. On ne voit pas bien ce qu'il aurait pu faire de supérieur à sa gloire. Il était fini, et c'en était fini.

Ainsi parlent-ils. Et ce ne sont pas quelques ennemis politiques, désireux d'exonérer la Machine révolutionnaire du grief d'avoir fait avorter ces merveilles ; les critiques auxquels je songe sont pour la plupart des experts impartiaux, attentifs à la seule matière littéraire et poétique. Leur avis est si surprenant que je ne le comprends pas.

Car enfin les quatre volumes de l'édition Dimoff continuent à montrer quelque chose qui ressemblait à l'atelier d'un marbrier, comme Chénier nous en a prévenus. Ici un bras, ou une jambe, là des épaules ou des torses, à l'état disjoint :

Rien n'est fait aujourd'hui, tout sera fait demain.[591]

C'était donc, si l'on peut dire, du pain sur la planche pour les loisirs éventuels du poète. Mais demande-t-on, un tel flâneur était-il capable de rien finir ? L'objection n'est pas très sérieuse. D'abord, *L'Aveugle* et d'autres poèmes étaient finis. Puis, l'âge en mûrissant peut corriger la flânerie. Tel à trente ans hésite et baguenaude avant de serrer sa gerbe, se dépêche s'il voit monter le soleil de la quarantaine. Trente-deux ans ne font déclin ni apogée. La volonté sensible aux distractions et aux diversions peut s'affermir et s'endurcir, pour apprendre à s'imposer le travail.

En outre, un fait, ici, domine tout, qui devrait tout régler.

J'ai parlé du beau style que Chénier avait juxtaposé à celui des modèles français, et je n'ai pas encore touché à ses plus belles nouveautés, celles de la Prison Ces poèmes sont préférés à tous les autres, du jugement unanime des connaisseurs. On

---

[591] *Épître à Le Brun*, « Amis, chez nos Français... » (n.d.é.)

y remarque un grand progrès. Comment d'autres progrès n'auraient-ils pas été possibles si le poète eût survécu ?

La Jeune Captive atteste une luxuriance d'imagination, qui s'enrichit de strophe en strophe. C'est *l'épi et la faux, le pampre et le pressoir, la coupe en ses mains encore pleine*[592], c'est l'aube du *printemps* qui veut voir la *moisson*... Nulle part ces frais et brillants lieux communs de la muse éternelle n'avaient été accordés avec un art aussi savant, ni d'un tour aussi simple. Mais songez aux circonstances. Dites-vous que ce libre chant s'élevait du poète au moment où le noir recruteur des ombres, escorté d'infâmes soldats[593], pouvait d'un moment à l'autre ébranler de son nom les *longs corridors sombres ;* la réunion des *deux moitiés* du même vers était loin d'être sûre ; la découverte d'une rime, douteuse aussi ! Cependant, le poète n'était pas abandonné de l'artiste, Ce grand cœur, anxieux et ivre de la vie, était conduit, réglé, rythmé par une fière et forte tête, à laquelle il arriva parfois de tirer de son instrument tous les jeux des rhéteurs et des virtuoses, comme dans le morceau qui commence ainsi :

> J'ai lu qu'un batelier, entrant dans sa nacelle
> Jetait à l'eau son aviron.
> J'ai lu qu'un écuyer, noble et fier sur sa selle
> Bien armé d'un double éperon
> D'abord ôtait la bride à son coursier farouche.
> J'ai lu qu'un sage renommé,
> Avant de s'endormir, dans le fond de sa couche
> Plaçait un tison allumé...

Vous avez reconnu l'ingénieuse dérivation du thème antithétique de la première *Églogue*[594] : « Avant que ne s'effacent les gratitudes de mon cœur, dit Tityre à Mélibée, les cerfs s'en iront nager dans la mer, les poissons s'ébattre à sec sur l'arène... »

Ou, comme dit encore à Ourrias la jeune Mireille[595] : « Vous aurez mon amour, jeune homme, quand le fer de ce trident portera des fleurs, quand les collines seront molles comme de la cire, et qu'on ira par mer à la ville des Baux. »

Ou comme le Cyclope dans la *Galatée* de Moréas :

> Que, badin, le cerf aux abois frappe
> L'herbe, d'un pas alterné,

---

[592] Ces formules sont des allusions aux premiers vers de *La Jeune Captive*. (n.d.é.)
[593] Cette formule et les suivantes sont tirées cette fois des divers autres vers de prison. (n.d.é.)
[594] De Virgile. (n.d.é.)
[595] Dans les derniers vers du quatrième chant, à la version française de la *Mireille* de Mistral. (n.d.é.)

> Ou que, surpris, le chien du Ménale
> Par le lièvre soit mené ;
> Que l'homme amputé de sa dextre
> Tire l'épée à-deux-mains,
> Que le perclus vainque à la course
> Atalante aux pieds soudains...

Moréas, Mistral, Virgile s'amusent ainsi. C'est avec la même liberté supérieure de l'esprit et du goût que Chénier s'amuse comme eux ; mais au lieu de promener tranquillement ce jeu magnifique dans les rues de Paris ou dans les jardins de Maillane et de Mantoue, il le menait et le prolongeait au pied de l'échafaud, en attendant *son tour*.

Quelques récréations sont inscrites à l'eau-forte :

> Ici, même, en ces parcs où la mort nous fait paître,
> Où la hache nous tire au sort
> Beaux poulets sont écrits ; maris, amants, sont dupes ;
> Caquetage, intrigue de sots.
> On y chante ; on y joue ; on y lève des jupes ;
> On y fait chansons et bons mots ;
> L'un pousse et fait bondir sur les toits, sur les vitres,
> Un ballon tout gonflé de vent,
> Comme sont les discours des sept cents plats bélîtres,
> Dont Barère est le plus savant.[596]

Car toujours le beau chant redevient grave pour manifester la plénitude de sa vigueur et de sa santé. Et ce nouveau génie satirique des *Iambes* va montrer quelque chose que les vers de jeunesse ne faisaient pas espérer.

Nous avons dit qu'une certaine disparate était à craindre pour le volume futur. L'a-t-il senti ? J'en doute un peu, Cependant tout au moins à un endroit, le plus beau de son testament lyrique, le poète a-t-il voulu tenter une fusion d'éléments beaucoup plus éloignés et infiniment plus contrastés que ceux d'autrefois : oui, il a voulu mettre ensemble tout ce que l'immortelle beauté antique avait accumulé de gloire pour éblouir les esprits humains et tout ce que la Justice et la Vengeance de l'heure devait comporter de dur, de fort, de rigoureusement cru, pour les *bourreaux* qu'il voulait rejoindre et fouailler,

> Je les vois, j'accours, je les tiens.[597]

---

[596] *Iambes*, « On vit ; on vit infâme... ». (n.d.é.)
[597] *Iambes*, « Ils vivent cependant et de tant de victimes... » (n.d.é.)

Aux infâmes *actions*, aux lâches *abstentions* de ceux auxquels il imputait de *lécher le cul du bon Marat*[598], à tous ces thèmes de la satire lyrique il voulait marier les enchantements de *L'Aveugle* et de *Myrto*... Comment s'y prit-il ?

Les invectives de Chénier n'ont rien d'académique, elles auraient pu paraître dans *L'Action française* entre des articles de Léon Daudet et de Pellisson, pour en faire pâlir toutes les violences et jeter aux vils scélérats la malédiction de cet Être suprême que Robespierre venait de fêter le 20 prairial an II :

> *Ton œil de leurs pensers sonde les noirs abîmes,*
> *Ces lacs de soufre et de poisons,*
> *Ces océans bourbeux où fermentent les crimes,*
> *Que, de ses plus ardents tisons,*
> « dévore » (prose intercalée) « la plus lâche Euménide ».
> « Toi, Dieu qui connais Collot d'Herbois au naturel et qui vois »
> *Bouillir dans sa poitrine un fétide mélange*
> *De bitume, de rage, de haine pour la vertu*
> *De vol, de calomnie, et de merde et de fange...*[599]

Le noble alexandrin excrémentiel[600], dont les syllabes crient leur sens et frappent leurs coups, ce vers est le plus propre de ceux que pouvaient inspirer les abjections sanieuses et sanglantes de la Terreur.

Jamais la majesté du vrai n'aura grêlé plus durement ni plus directement sur de plus sales coquins couronnés, avec les épithètes qui leur ont convenu de toute éternité.

Or, comment tout cela est-il introduit ? Comment cette boue est-elle pétrie et ouvrée, cette m***, polie, affinée, sublimée ? Vous allez voir d'où elle monte : de quelle élévation esthétique digne du bûcher d'*Hercule*.

Car ces apostrophes où le réalisme est à vif, sont posées sur le socle idéal que voici :

> *Diamant ceint d'azur, Paros, œil de la Grèce,*
> *De l'onde Égée astre éclatant,*
> *Dans tes flancs où Nature est sans cesse à l'ouvrage,*
> *Pour le ciseaux laborieux*

---

[598] *Iambes*, « Voûtes du Panthéon... » (n.d.é.)
[599] *Iambes*. (n.d.é.)
[600] Sur cette formule de Maurras et ce qu'elle peut vouloir dire de différence entre néoclassicisme et conception maurrassienne du classicisme, voir James Mills, *Irony in the life and works of André Chénier : The Iambic Period 1793–1794*, dans *Irony and Satire in French Literature*, French Literature Series, vol. XIV, The University of South Carolina, 1987, p. 59–60. (n.d.é.)

> Vit et blanchit le marbre illustre de l'image
> Et des grands hommes et des Dieux.
> Mais pour graver aussi la honte ineffaçable,
> Paros de l'ïambe acéré
> Aiguisa le burin brûlant, impérissable.
> Fils d'Archiloque, fier André,
> Ne détends point ton arc, fléau de l'imposture.
> Que des passants pleins de tes vers,
> Les siècles, l'avenir, que toute la nature
> Crie à l'aspect de ces pervers :
> Hou, les vils scélérats ! les monstres, les infâmes ![601]

M. José-Maria de Heredia n'avait pas tort d'élever au-dessus des plus beaux vers du « divin André », cette ouverture magnifique :

> Diamant ceint d'azur, Paros, œil de la Grèce,
> De l'onde Égée astre éclatant,

Mais le sens n'est pas moins admirable. Il faut bien voir que le poète y veut utiliser pour l'iambe « mastigophore »[602] le même marbre immaculé qui convient à la statue humaine et divine : une incomparable matière ne déroge en rien, elle ne contracte aucune mésalliance quand elle sert à flétrir ce qui déshonore l'humanité. Le service rendu à la juste satire vaut tous les autres ministères que Paros aura pu prêter à la religion et à la patrie.

Combien cela était difficile à dire, à bien dire ! Le sujet comportait déjà des changements de tons inouïs. Avec ses *hou !* et, ses gros mots, et les menaces d'un juste poing tendu, il y raillait, en plus de brusqueries forcées, les dégradations les plus fines. Qui relira attentivement cette page y sera émerveillé des acquisitions neuves qu'y fait admirer l'art d'André.

L'heure cruelle l'a rendu de plus en plus maître de ses moyens. Les mêmes progrès éclatent dans toutes les pages voisines :

> Quand au mouton bêlant la sombre boucherie
> Ouvre ses cavernes de mort,
> Pâtre, chiens et moutons, toute la bergerie
> Ne s'informe plus de son sort.
> Les enfants qui suivaient ses ébats dans la plaine,

---

[601] *Iambes*, « Ils croyaient se cacher dans leur bassesse obscure... » (n.d.é.)
[602] Ce mot déjà employé par Maurras plus haut où il était question de fouet, signifie en grec *porte-verges*. (n.d.é.)

> Les vierges aux belles couleurs
> Qui le baisaient en foule, et sur sa blanche laine
> Entrelaçaient rubans et fleurs,
> Sans plus penser à lui, le mangent s'il est tendre.[603]

Ainsi persiste à sinuer, en se perfectionnant, la plus noble veine de virgilienne idylle, incorporée au sort de ce bétail sous le couteau.

> Souffre, ô cœur gros de haine, affamé de justice.
> Toi, Vertu, pleure si je meurs.[604]

Et c'est alors qu'il interpelle la Justice, la Vérité :

> Sauvez-moi. Conservez un bras
> Qui lance votre foudre, un amant qui vous venge.
> Mourir sans vider mon carquois !
> Sans percer, sans fouler, sans pétrir dans leur fange
> Ces bourreaux barbouilleurs de lois !
> Ces vers cadavéreux de la France asservie,
> Égorgée ! ô mon cher trésor,
> Ô ma plume, fiel, bile, horreur, dieux de ma vie !
> Par vous seuls je respire encor
> Comme la poix brûlante agitée en ses veines
> Ressuscite un flambeau mourant.
> Je souffre ; mais je vis...[605]

Le beau cri ! Le beau vœu de haute détresse !

Eh ! bien, supposons-le exaucé. André Chénier a été délivré : il survit. Le sursis de quarante-huit heures qui eût sauvé le poète des *Bucoliques* et des *Élégies*, lui a été accordé en fait : rêvons-le.

J'avoue trembler d'émotion à cette pensée. Que de choses eussent été sauvées avec lui ! Je ne songe pas seulement à des biens politiques, sociaux, moraux, que ce puissant journaliste, ce grand citoyen eût détendus, qu'il eût peut-être imposés dans les incohérences de la réaction thermidorienne et les glissements du Directoire. Je songe encore à ce que cette tête et ce cœur, tout génie, sensibilité, tradition, invention, eût pu, en même temps, conserver de culture, de raison et d'art. Les beaux chants ! Et la grande voix claire et forte !

---

[603] « Comme un dernier rayon, comme un dernier zéphyre... » (n.d.é.)
[604] *Idem.* (n.d.é.)
[605] *Id.* (n.d.é.)

Les perspectives du siècle qui suivit en auraient été profondément modifiées. Bouleversées peut-être.

Regardons bien cette âme de poète et de citoyen.

Il disposait des hautes perfections du langage, il avait abordé et égalé les Maîtres. Il avait touché aux sommets de leur poésie, il tenait à leur école, mais il brûlait de flammes nouvelles. Il avait le génie critique, le sens du poème amoureux, la sagesse enjouée et rêveuse, la pure raison, l'éloquence. Cette force de poésie directrice et gouvernante était donc dirigée elle-même, son esprit et son goût réglaient son génie.

Dès lors n'est-il loisible d'opposer cet art complet et son influence à la grimace d'idées et d'art qui se déploya durant toute la première moitié du « stupide XIXe siècle » ?[606]

Né en 1762, six ans avant Chateaubriand, pourquoi Chénier n'aurait-il pas vécu autant que lui ? Octogénaire comme lui, il n'eût, alors, quitté le monde qu'en 1842.

Qu'eût-il servi, senti, jugé de 1794 à 1842 ? Bornons notre plaisir à suivre les principales pauses de la courbe du temps.

En 1802, apparition du *Génie du christianisme*, Chénier a juste quarante ans. Les cachots de la Terreur ont pu et dû changer quelque chose à sa philosophie. On le peignait « athée avec délices ».

Mais les *Iambes* laissent filtrer une invocation du *pauvre poète* au *grand Dieu des armées*. Quelque ironie douloureuse qu'on y découvre, cela n'a plus rien d'athée. Il ne faudrait pas croire non plus que les délices de l'athéisme eussent fermé les yeux de Chénier aux sombres abrutissements de la libre pensée. Son *Épître* sur la superstition avait déjà donné une bonne charge de l'esprit fort :

> Il plaisante le pape et siffle avec dédain
> Tous ces rêves sacrés qu'enfanta le Jourdain,
> Et puis d'un ton d'apôtre empesé, fanatique,
> Il prêche les vertus du baquet magnétique...
> C'est que son jugement n'est rien que sa mémoire.
> S'il croit même le vrai c'est qu'il est né pour croire.
> Ce n'est point que le vrai saisisse son esprit,
> C'est que Bayle ou Voltaire ou Jean-Jacques l'a dit.
> ... et le pauvre hébété
> N'est incrédule enfin que par crédulité.

Donc, ni les affinités ni les points de concordances n'auraient manqué entre Chateaubriand et ce contemporain qui se fût rapproché, comme lui, de la religion catholique.

---

[606] La formule est un titre de Léon Daudet. (n.d.é.)

Seulement, la forme d'esprit d'André Chénier l'eût, à coup sûr, défendu de l'extrême tendance à l'irrationnel fidéiste. Peut-être aurait-il ainsi concouru à introduire des tempéraments ou des améliorations dans la religiosité sentimentale et imaginative mise à la mode par *René*. Une raison sérieuse, ferme, nette, a manqué à la réaction morale du Premier Empire et de la Restauration. Peut-être aussi à leur réaction politique. De quel regard de mépris Chénier eût accueilli (comme plus tard, les menteries de Thiers) certaines platitudes d'émigré auxquelles s'est abandonné Chateaubriand, quand le fantôme de la guillotine et de la planche à assignats le mettait en transe :

> Les Jacobins qui ont donné à la France des armées nombreuses, braves et disciplinées ; que ce sont eux qui ont trouvé moyen de les payer, d'approvisionner un grand pays sans ressource (!) et entouré d'ennemis ; que ce furent eux qui créèrent une marine comme par miracle (?), et conservèrent par intrigue et argent la neutralité de quelques puissances ; que c'est sous leur règne que les grandes découvertes en histoire naturelle se sont faites, et les grands généraux se sont formés ; qu'enfin, ils avaient donné de la vigueur à un corps épuisé, et organisé pour ainsi dire l'anarchie : il faut nécessairement convenir que ces *monstres, échappés de l'enfer*, en avaient apporté tous les talents.[607]

Voilà précisément ce que, bien d'accord avec la critique future, André Chénier n'eût jamais concédé à René. Il pensait en 1792 et 1793 ce que vers 1889, Renan devait penser, des hommes de la Révolution : des monstres, peut-être ; certainement des idiots. D'abord l'ancien régime avait formé la plupart des bons généraux du jacobinisme qui n'avait été pour rien dans les découvertes de la science. Sa finance, une banqueroute. La vigueur, le talent s'étaient surtout manifestés dans l'extrême sottise. Sainte-Beuve remarque combien le poète fut sensible à cette sottise de ses bourreaux comme à l'idée de leur confusion d'esprit ; le mot de « brouillon » revient souvent sous sa plume : « C'est le stigmate imprimé par un esprit juste, ferme, au genre de défaut qui lui est le plus antipathique et qui le fait le plus souffrir. » Or, qui s'en est souvenu peu après le Neuf thermidor ? On garda le sentiment de l'horreur du régime, non de son imbécillité majeure. Le burin d'un Chénier aurait été fidèle à son grand esprit pour sauver cette vérité.

Poursuivons cette rétrospective dont j'amusai un jour Jacques Bainville déjà mourant. En 1810, Chénier était à deux ans de la cinquantaine. Il aurait lu comme tout le monde le livre *De l'Allemagne* : l'auteur, Mme de Staël, née en 1766, était sa cadette de quatre ans. Là aussi d'utiles conseils fussent intervenus, et de plus utiles

---

[607] François-René de Chateaubriand, *Essai sur les Révolutions*. (n.d.é.)

critiques. Le goût de Chénier ne s'était limité ni au seuil romain, ni à la frontière helléno-latine. Il disait comme La Fontaine :

J'en lis qui sont du Nord et qui sont du Midi.[608]

Dupe autant que le fut Bonaparte de la mystification de Mac-Pherson, il aimait et citait Ossian.[609] On le voit louer *des Anglais la muse inculte et brave* : ce qui semble le montrer sensible à leur poésie, comme à la haute supériorité de notre art, même sur celui du grand Will, qu'il se gardait bien de surfaire. Il sentait les beautés bibliques autant que l'auteur d'Athalie. Sa chaste *Suzanne* l'atteste. Il allait chercher en Extrême-Orient un poète chinois pour le comparer à Horace. La *Germanie* de Mme de Staël l'eût donc intéressé. Il eût pourtant pris garde au fond haïssable de ce message prétentieux adressé au monde civilisé de la part de la Barbarie. Cela offensa plus d'un Français. Mais en 1810, ceux qui protestèrent manquaient également de la lumière et de la flamme indispensables à une critique efficace. Chénier possédait l'une et l'autre. Son intervention eût formé un correctif utile, l'esprit public y eût gagné.

Mais voici en 1818, 1820, 1822, la grande éclosion romantique. Un Chénier sexagénaire ira donc saluer Vigny, Hugo, Lamartine, les autres : ils sont tous nés à la vie de la poésie avec la découverte de ses poèmes, ils se croient, ils se disent parfois ses disciples, et les représentants de la muse classique sont en général si bornés, leur esprit, parfois bon, est si faible, que Chénier ne pouvait pas être rangé de leur côté. Mort, il est « jeune France ». L'eût-il été vivant ? Vivant, il eût pris garde que ses prétendus continuateurs, osant dire qu'ils le reflétaient ne pouvaient nier qu'ils bousculaient tous ses principes, démontaient tous ses freins, injuriaient tous les guides qui avaient, jusque-là, fait l'honneur de la poésie et de la pensée. Un certain désordre commence et une extrême négligence, chacun se faisant gloire d'une complaisance très vive pour tous ses défauts personnels. De très grands artistes, de magnifiques poètes concourent ainsi, pour la décadence de la poésie et la perte de l'art, au sac de leur propre génie. Lequel d'entre eux s'en fût sauvé ? Le faux principe courant de la liberté en littérature était né (ou réné) du faux principe de la liberté politique. Qui eût utilement contesté l'un ou l'autre ? Tous ceux qui le faisaient étaient des imbéciles ou des gens de pauvre talent. Sur le tard, Chateaubriand, en

---

[608] Jean de La Fontaine, *Épîtres*, XXII. (n.d.é.)
[609] Ossian, supposé barde écossais du iiie siècle, fils de Fingal, serait l'auteur d'une série de poèmes dits « gaéliques » traduits et publiés en anglais entre 1760 et 1763 par le poète James Macpherson, qui eurent un énorme retentissement dans toute l'Europe. Leur authenticité fut contestée, certains y voyant une supercherie littéraire de Macpherson. Il est aujourd'hui à peu près prouvé que Macpherson en a inventé une grande partie, et qu'une autre partie, sans pouvoir être attribuée scientifiquement à quiconque ni remonter à une si lointaine époque, préexistait à Macpherson. (n.d.é.)

de belles pages trop ignorées de son *Essai sur la littérature anglaise*, protesta avec une noble vigueur et de merveilleuses clartés. Mais quoi ! il avait tant erré lui-même et tant péché, il avait sur la conscience, conscience littéraire, conscience politique, tant de petites et de grosses folies que ses coquins de neveux pouvaient lui adresser un certain nombre de pieds de nez légitimes.

Qui eût protesté après Chateaubriand ? Un grand, un très grand esprit critique existait alors : pris un moment pour maître et chef, Sainte-Beuve voyait bien le mal que faisait la génération romantique et celui qu'elle se faisait. Mais, là, il manquait de génie. L'oncle Beuve ne pouvait rien contre le père Hugo. Les idées du temps contestaient l'autorité d'un simple critique : les auditeurs dociles d'un Aubignac ou d'un Boileau dormaient depuis un siècle du même sommeil que Corneille et Racine. Il aurait fallu un Malherbe, un Ronsard, un grand esprit également doué pour formuler de bons jugements et composer de beaux modèles : il y fallait donc un Chénier. Le cerveau directeur et l'âme créatrice qui eût multiplié, à la marge de ses conseils, les odes, les pastorales, les chants marins, les poèmes philosophiques, ce grand homme dont la vieillesse digne d'Homère, de Sophocle et de Mistral eût mûri tous ses fruits et doré toutes ses chansons, un tel poète eût pu agir, enseigner et régner, il aurait été notre Goethe, et même quelque chose de plus et de mieux.

En ce très beau cas, idéal, hélas ! le XIXe siècle aurait pu prendre un autre tour, l'aspect des choses et des idées ayant changé aussi facilement que leur fond.

Rien ne coûte d'imaginer que la colère des *Iambes* eût engendré un grand théâtre politique et civique ; André Chénier eût porté le service de l'ordre, de la vérité et de la patrie sur les mêmes planches qui ont dû subir tant de fables profanatrices de notre Histoire et leur carnaval d'anarchie.

Comme il disait lui-même : « Osons ! » Osons, nous, prendre conscience des promesses contenues dans le poème de la Nature qu'André Chénier appelait *Hermès*, et ne nous laissons pas esbrouffer par le rappel de quelques fausses élégances, qui peuvent dater, ni éberluer par des objections tirées de la tendance aux descriptions rimées. Les *Iambes* dépassent déjà les petites erreurs du temps. On y voit, en particulier, la périphrase, sans s'effacer, tourner à l'image vivante, pleine de couleur, de force et de sens comme celle de l'*Heure en cercle promenée* : le petit père Faguet avait pris garde à la nouveauté. La discipline de ce progrès devait naturellement prévaloir dans un artiste aussi conscient que Chénier. Cela nous autorise à méditer sur l'objet d'*Hermès*. Il faut le penser, tel que Chénier l'eût repensé. Il n'est pas interdit d'en élargir encore les vastes mesures : le thème poétique n'eût peut-être plus été celui de la seule nature physique, à peine humanisée. L'Homme y pouvait être saisi et chanté dans son vaste rapport direct avec ce qui le rend très humain : la société. Ainsi peut-on imaginer quelque rare et beau composé de Lucrèce, d'Horace et de Virgile ; comme les deux derniers, pourquoi notre Chénier de rêve ne fût-il pas devenu le grand poète de l'État ?

Aime-t-on mieux concevoir une trilogie dantesque mais classique et française, où les poches de bitume et de soufre de l'*Enfer* auraient été assignées au mal social, au crime politique ; les rampes du *Purgatoire* à tout ce qui le rachète ; les cercles du *Paradis*, aux institutions, aux idées, aux âmes héroïques et saintes sur lesquelles, d'en bas, il faut se régler ? Aux Capétiens vus d'Italie, que Dante diffame, Chénier eût opposé, pour les glorifier, les nôtres et les siens. Quelle *Divine Comédie* de l'âme moderne apportée en modèle aux esprits renaissants ! L'Altissime nous intéresse aux menues querelles d'une petite ville toscane : un chanteur de même génie eût accordé toute leur mesure aux querelles immenses qui divisaient la France, l'Europe, le Monde, à la vérité de salut capable de les apaiser !

Enchanteur de son siècle, il en eût été le sauveur. Les événements, leur leçon, leur expérience l'eussent naturellement établi comme le grand prêtre d'un art que renouvelaient les inspirations d'un civisme ordonné et pur.

On me dit : — C'est une théorie, c'est une thèse ou une hypothèse...

Est-ce que la théorie inverse de l'épuisement d'André Chénier – après les *Iambes !* – n'est pas aussi une hypothèse, laquelle ne pose sur rien ?[610]

Conclusion

Encore une fois, quand elle a dévoré Chénier, la Bête révolutionnaire a eu, si l'on peut dire, la main, la patte, la gueule heureuse.

En le supprimant, elle a fait disparaître le seul des êtres alors en vie, qui aurait pu efficacement s'opposer au règne et au progrès d'un principe essentiel de Bestialité dans les arts de l'Humanité.

---

[610] C'est aux Iambes que s'attendrissent et s'amendent les plus sévères critiques de Chénier. Ainsi fit Pierre Lasserre. M. Dimoff l'imitera-t-il dans la suite de son grand ouvrage ? Après s'être dévoué à cette œuvre savante et généreuse, et s'y être un peu fatigué, M. Dimoff s'est payé et même vengé de ses peines en prenant son auteur en grippe et en versant sur lui tout ce qu'une critique teintée de romantisme et de germanisme a pu inventer de cocasseries. On croirait à certains endroits lire feu Antoine Albalat. Un lecteur que la gratitude a disposé à la bienveillance ose espérer que, arrivé enfin aux Poèmes de la prison, M. Dimoff en reconnaîtra les hautes promesses pour nous avouer que Chénier n'était pas vidé. Ou M. Dimoff voudra-t-il jouer à opposer les deux arts du même poète, sa science et sa spontanéité ? Quelle erreur ce serait ! C'est au poète savant que revient, en général, la tâche d'improviser la grande et brusque chanson de circonstance, le cri réglé et pur que l'avenir se complaît à éterniser. C'est parce que Jean-Marc Bernard était le plus docte et le plus subtil de son temps que lui fut assigné l'honneur d'écrire le *De profundis de la tranchée* ou se plaint toute la génération des crucifiés de la guerre. Les *Iambes* de Chénier sont nés au point où l'art consommé multiplie par les vertus de l'heure la force du génie, les mouvements de la passion.

Cette forte tête coupée a assuré la victoire du romantisme. Le déchaînement des Ménades amorçait un empire de la plus absurde anarchie. Les Ménades eussent manqué de quelque liberté sans la mort et la mise en morceaux d'un Orphée.

Depuis que, séparé, le beau chef du poète roule ainsi au fleuve sanglant, les Nécessités se sont déroulées. L'intelligence française épaissie, asservie aux choses, et privée de ses plus hautes lumières, celles de la raison, a été moins subtile et moins sage qu'autrefois. Elle a été si peu subtile et si peu sage, qu'il lui faut avouer avoir été inférieure en puissance et en perspicacité au bas instinct révolutionnaire. Elle n'a même pas pris garde au symbole terrible mais éminemment instructif, que leur proposaient la vie, la mort, la longue survivance poétique d'André Chénier. La tentative de Vigny dans *Stello* est ridicule ; Vigny croyait que la Terreur avait voulu frapper le poète en tant que différent du prosateur et du bourgeois. Non la Terreur l'avait frappé en tant qu'Homme – l'Homme classique, l'Humain, le Français.

Sauf en ces tout derniers temps, nos concitoyens n'ont pas vu quelle leçon directe apporte la sublime histoire de ce grand esprit vigoureux et beau, et quel signe d'animalité, satisfaite et victorieuse, dessine la consommation de son sacrifice.

Pour abrutir les âmes et les rendre semblables à elle, pour empêcher notre patrie de guérir de longtemps, se relever et redevenir française, c'est un coup de maître qui a été frappé par la Bête au sept thermidor.

La glorification et l'intelligence de cette Passion historique d'André Chénier auront tardé cent cinquante ans.

Sans méconnaître la valeur de nobles cultes privés rendus dans le secret des âmes méditatives à ce martyr de l'Esprit, un effort organique et collectif de la pensée publique devient exigible aujourd'hui.

Les sociétés Dante Alighieri ont servi puissamment à la renaissance de l'Italie. Il en serait de même si des sociétés d'Amis d'André Chénier se fondaient un peu partout comme cela est sensible depuis quelques années ; naturellement anti-révolutionnaires et anti-romantiques, elles grouperaient ceux qui, ne voulant plus d'une méprise mortifère, désirant travailler à l'ordre dans les esprits et à l'ordre dans la cité, régénéreront les deux biens qui manquent le plus.

Si nous réussissons à rapprocher de nous tous, sans acception de classe ni de parti, la conscience et le désir de ces deux biens majeurs, nous aurons à peu près gagné la bataille de notre vie. Car l'âme de Chénier commencerait à dévoiler et à rayonner le double bienfait qui la qualifie : le sens de l'héritage qui civilise et l'horreur des révolutions qui ramènent aux barbaries.

Quelques-unes des idées de ce chapitre, entre celles qui ont trait à la vie posthume d'André Chénier, se retrouveraient sous une forme beaucoup plus rapide aux pages 101–106 d'un débat sur le Romantisme publié en collaboration avec le poète Raymond de la Tailhède en 1928. Ici, l'analyse poussée au détail a permis de conduire une hypothèse littéraire jusqu'au degré de preuve qu'elle comporte.

Dante et Mistral

1941

C omment ne pas trembler devant les deux grands noms écrits en tête de la page ? On va croire à un parallèle. Ce n'est qu'une rencontre de deux « Princes du beau collège... »

Si j'avais voulu comparer ces égaux immenses, j'arriverais trop tard, cela est fait ; le livre, assez ancien, de notre ami Jules Véran, *De Dante à Mistral*, dit l'essentiel, on n'y contesterait que du détail fort accessoire. Je n'irai pas sur ses brisées. Et j'aurai même soin de ne pas faire communiquer dans mon commentaire ces deux grands vaisseaux de la poésie : le Toscan, le Provençal, chacun se suffit, quoique personne ne suffise, sacristain ni prêtre, à les desservir.

Mme Gasquet[611], née Marie Girard, vient de nous donner avec son *Gai Savoir*, un mémorial de vie et de rêve où le Maître de Maillane apparaît presque à toute page, tantôt dans son être réel, tantôt dans cette vérité supérieure née de la conjonction du souvenir filial le plus tendre et des ébullitions d'une tête de feu. Qui n'aimerait ce merveilleux portrait aux deux aspects !

Une école sévère interdit d'apporter à l'étude des œuvres des anecdotes allusives à la vie du poète. Et puis après ? La vie est la plus forte. Paul Bourget, intraitable sur ce sujet, n'a pu s'empêcher de lui faire de-ci, de-là, des concessions. La gageure ne peut tenir. Elle serait plus difficile encore quand il s'agit de ces poètes initiateurs, pour qui l'invention d'un « beau style nouveau » fut donc une action : œuvre d'artistes, de grammairiens et de lexicologues, œuvre de moralistes et de citoyens, comme c'est le cas de Mistral.

Son étendue, sa profondeur, sa majestueuse complexité auraient fait les délices du critique des Lundis[612] s'il avait pu vraiment connaître le mélange inouï de nature, d'histoire, d'esthétique, de civisme que Mistral incarne et personnifie comme un Louis XIV avait personnifié son royaume. Quiconque l'approcha en fut éclairé ou brûlé, quelquefois l'un et l'autre.

Bienheureuse Marie Girard ! Elle était née, elle vivait avec ses parents, à une lieue et demie du poète. J'avais toujours entendu dire qu'elle était sa filleule. Pas officiellement, paraît-il. Mais il l'avait bel et bien baptisée *Girardette*, en conformité à nos vieux usages de Provence qui veulent que, du nom de son père et seigneur, Melle Ponchin, soit dénommée *Ponchine*, Melle Mistral, *Mistrale*, et ainsi de suite. Si l'usage s'était un peu perdu, Mistral l'aura rétabli dans sa gloire, pour l'amour de Melle Marie, qui n'en dissimule pas un légitime orgueil.

Quand vit-elle le Maître pour la première fois ?

---

[611] Marie Gasquet, 1872–1960, écrivain, réputée pour sa culture et sa beauté, filleule de Frédéric Mistral, elle fut, en 1892, désignée reine du Félibrige. Romancière, directrice de collection chez Flammarion, elle a écrit une dizaine de livres dont le plus connu est le roman *Une enfance provençale*, publié en 1926. Elle était la fille du poète provençal Marius Girard et l'épouse de Joachim Gasquet, lui aussi poète et ami de Paul Cézanne. (n.d.é.)
[612] Sainte-Beuve. (n.d.é.)

Autant demander quel premier brin de cour lui fit le lutin ou le sylphe qu'elle a dénommé *Gai-Savoir*. Elle voyait, de son berceau, onduler et flotter autour d'elle deux ou trois cimes barbues de bons géants ; entre ces Provençaux de haute stature, dont Marius Girard n'était pas le moindre, l'Altissime était certainement celui qui se détachait en premier : *incessu patuit Deus*[613], et peut-être se marquait-il aussi par les accents demi-divins d'une large et sereine bonté. À la pompe de l'aspect physique, il associait une étonnante simplicité. Colère, comme les vrais Olympiens peuvent l'être seuls, il avait toujours un sourire en réserve pour les jeunes filles et pour les jeunes gens ; pour eux, sa poésie fut toujours de la fête. Comment montrer cela ? Eh ! bien, en constatant que nous sommes beaucoup avancés dans sa connaissance et même son intimité depuis que Mme Marie Gasquet nous a dit comment, la première des Provençales de son temps, elle a entendu réciter les adieux de la jeune Nerte aux anneaux dorés de sa chevelure, tombant devant la grille ou l'on va la cloîtrer. Et c'est Mme Frédéric Mistral qui, à la prière de son mari, a bien voulu faire sonner les beaux vers que l'enfant devait emporter dans son cœur. Le monde entier connaît la suave lamentation de la jeune nonne amoureuse :

— *Oh ! ma calebaduro bello !*
Elo cridè, dins la capello
Pendoulas-la ! Pendoulas-la !
Subre l'autar immacula...
Adiéu, printèms ! Adiéu, courouno
Que iéu trenave en foulejant,
Adiéu, ourguei de mi sege an ![614]

— Oh ! ma chevelure belle !
s'écria-t-elle. Dans la chapelle
Suspendez-la ! suspendez-la
sur l'autel immaculé...
Adieu printemps ! Adieu couronne
Que je tressais en folâtrant,
Adieu, orgueil de mes seize ans !

Et ces vers nous seront peut-être plus doux encore si nous nous répétons les mots par lesquels Mistral les avait annoncés à Marie : « la page est écrite, ma chère femme la sait, elle va vous la dire », et la petite qui, « bouche bée » ll, les a entendus couler

---

[613] « *Vera incessu patuit dea* » ; Virgile, *Énéide*, I, 403 : « Sa démarche révèle une déesse ». (n.d.é.)
[614] Mistral, *Nerto*, V. (n.d.é.)

« de cette voix un peu voilée, si fluide, si émue », s'avoue « pétrifiée » par l'admiration... Mais, elle en est tirée par le bon appel :

— Il est temps de venir goûter...

À cet égard, Marie Gasquet nous comble, il lui aura suffi d'ouvrir ses jeunes yeux, et de faire un peu attention, pour recueillir bien autre chose que ces prémices de poèmes, elle a reçu l'enseignement direct du poète sur le connu et l'inconnu des choses humaines et même leur inconnaissable.

Toute une journée on a discuté devant elle de l'éducation et de l'instruction des garçons et des filles, de l'abus de la mémoire, de la folie des Manuels... Le père Girard, qui n'est pas poète à moitié, ne veut pas entendre parler de l'histoire, mais Mistral se récrie :

— L'histoire, « la mâle histoire », « franche et forte » avec sa vérité ! avec son amertume !

Il l'égale presque à la poésie, cette source et fontaine de tous les biens :

— *Girard, donne, ce soir, l'*Histoire de Provence *à ta fille, et ajoutes-y l'*Odyssée.

Puis se tournant vers celle qui aura été un peu son Eckermann, notre Goethe prononce :

— En voilà du pain sur la planche, ma belle Girardette ! pioche l'*Histoire de Provence*, fais des confitures et pénètre-toi de l'*Odyssée*, sans préjudice, bien entendu, de la lessive et du piano !

Ainsi l'homme inspiré allait riant, pensant, chantant, mais non sans tristesse secrète... : « *Ô, dins li draio engermenido*[615] — Ô, dans les sentiers pleins de semences, — laissez-moi me perdre pensif... »

Le morne tête-à-tête de la vie quotidienne lui était rarement adouci du dehors. S'il s'était choisi cette solitude par honneur provençal, par fidélité au génie de sa Terre et il l'esprit de ses Morts, il pressentait que les concours utiles ne lui arriveraient que très tard. Trop tard, peut-être... Lorsque, à quelques années de sa mort, il reçut la bénédiction solennelle du pape Pie X, sa joie fut sans mesure, mais il se murmurait : — Comme cela m'aurait servi il y a quarante ans !

Beau comme un dieu, habile et adroit comme un ange à tous les travaux de sa science et de son art, il était résigné au long labeur ingrat. Et, pour ne pas montrer sa peine, il se laissait aller, sans résistance aucune, à ces légers plaisirs qui, selon un autre poète, nous font aimer la vie. Du matin qui naissait à la nuit descendante, il recueillait avec la même étude faite du même amour, libre de tout détachement et pure de tout désintéressement stoïcien, les rayons élargis de cette sagesse supérieure qui voyait, savait, sentait tout, assignait à chaque chose et à chaque personne son rang.

---

[615] Mistral, *Lis Isclo d'Or* II, *Grevanço*. (n.d.é.)

L'étonnant classificateur ! Le bon juge ! Mme Marie Gasquet nous le fait voir au naturel, entre Péladan, Paul Arène, l'entomologiste Fabre, le poète paysan Charloun Rieu.

Ce Joséphin Péladan, natif de Nîmes, est l'extravagant auteur d'une « éthopée »[616] bien oubliée « de la décadence latine ». Le malheureux garçon ne s'était pas méfié des démentis qui étaient donnés ou allaient l'être à son mauvais rêve, car ces prétendus décadents de Latins étaient en train de « couver » la « croissance d'une renaissance », à dater de Mistral, et d'Aubanel, à continuer par Carducci, Canovas del Castillo, Garibaldi, Mazzini, les princes savoyards, Gabriel d'Annunzio, les poètes catalans et roumains, et à finir (si c'est une fin !) par Mussolini, Franco, Salazar ! Le bon Péladan était bien le plus intempestif des auteurs.

Mais Mistral ne se vengeait de ces sottises qu'en regardant avec un sourire le curieux animal de l'Apocalypse qui les proférait. Quant à Paul Arène, il l'aimait : parfait prosateur français dans *Jean des Figues* et poète un peu frais, pour ne pas dire froid, dans ses vers de langue d'oïl, l'enfant de Sisteron avait pris une éclatante revanche en langue d'oc : c'est là que Paul Arène remontait haut, très haut, au plus haut, dans le cœur de Mistral, pour ce qu'il apportait de poésie puissante au commun autel provençal, *Ploù e souléu*, le *Brinde à la Luno*, la moitié du *Pont du Gard* composé avec Théodore Aubanel, sont des chefs-d'œuvre de qualité pure, fine et profonde. On ne peut y reprendre que la rareté. D'où lui venait cette mesure, voisine de la parcimonie ? Melle Gasquet ne veut pas nous le cacher : une longue désespérance latente, née du désordre de la vie, de la mauvaise humeur, peut-être aussi de déceptions auxquelles nous a fait penser Léon Daudet.

Quand à Charles Rieu[617] poète paysan du Paradou Mme Gasquet lui dédie une page qui semble nous le tirer tout vif de quelque légende dorée :

---

[616] Une *éthopée* est une description qui a pour objet le portrait moral et psychologique d'un personnage ou d'un milieu. Le mot, qui paraît calqué de manière presque comique sur *épopée*, n'a jamais eu un grand succès. (n.d.é.)

[617] C'est ce merveilleux paysan poète qui se fit un jour adjudicataire des travaux du cimetière de son village.

— Es-tu maçon ? lui dit Mistral.

— Non, mais j'ai loué la main-d'œuvre à mon compte et, avec mon mulet, Roubin, nous charrierons les pierres, le sable et tout ce qu'il faut...

Mistral se demandait ce que cela voulait dire. Tout s'éclaircit lorsque l'enclos sacré fut bien fini, avec une belle croix au milieu. Charloun eut alors la fierté de pouvoir graver sur la pierre son quatrain provençal :

> Aqui lou viage se termino
> Vuei es pèr ièu, deman pèr tu.
> Urous aquéu que ié camino
> Dins lou draiòu de la vertu !

Il s'agit de Charloun.

De Charloun, le dernier survivant des poètes qui enchantèrent mon enfance... De Charloun qui mit un dernier baiser sur le front glacé de mon père, dont il voulut fermer lui-même le cercueil... De Charloun qui, quelques années après, murmura à Mistral étendu dans sa bière l'ultime adieu des humbles et le sanglot de la Provence en deuil... Le pays tout entier a gardé ses chansons. Pas un mas de la plaine d'Arles où son génie ne soit vivant. Mais son cœur...

Son cœur, il l'a emporté merveilleusement intact dans sa tombe, car lui, que la nature avait fait pauvre et laid, il connut la radieuse plénitude et l'absolu du don total. Il aima. Pardonne-moi, Charloun, de l'avoir su et du fond de ta paix amoureuse qui dure, permets-moi de ne pas le cacher.

Il y avait une fois, au pays des Baux, une fille belle à miracle. L'amour l'emporta loin de ses Alpilles natales et, pour célébrer ses vingt ans, le prince de Galles (le futur Édouard VII), la fit à moitié reine sous les palmiers de la Côte d'Azur. Mais Fortunette, car c'est ainsi qu'on la nommait, fidèle à son costume d'Arles et au parler de son village, vint se poser, un temps, en Avignon.

Un soir d'automne, son landau s'arrête au coin du champ que labourait Charloun. Il était pareil à lui-même, Charloun, dans ses guenilles et sa haute laideur. Vêtue de satin rouge, les bras ouverts, marchant légère, à fleur de chaume, Fortunette respectueuse, s'arrêta : *Se me vos, Charloun, siéu à tu* (Si tu me veux, Charloun, je suis à toi).

Charloun contempla jusqu'à l'âme le visage transfiguré, et, levant la main comme pour bénir la magnifique créature inclinée devant sa misère répondit avec son éternité de douceur :

— *Aro, pos parti, garde moun pantai* (maintenant tu peux partir, je garde mon rêve).

Les bras toujours levés, Fortunette s'éloigna à reculons. Au bout du champ, elle attendit que Charloun eût repris son sillon et s'en alla du trot égal de ses chevaux.

Une histoire à peu près pareille est rapportée de saint Thomas d'Aquin, plus haute, mais non pas plus pure. Le rustique poète, derrière sa charrue, voulut garder

---

(Là se termine le voyage — aujourd'hui pour moi, demain pour toi. — Heureux celui qui y chemine — dans le sentier de la vertu.)
— Et ainsi, disait-il, dans cent ans, dans cinq cents ans, dans mille ans peut-être, ceux qui liront la pierre écrite sauront qu'au Paradou nous parlions provençal !...
Décidément, le Félibrige a eu deux « saints » : Arnavielle et Charles Rieu.

son rêve, comme l'apprenti théologien avait défendu sa libre pensée, entre ses murs couverts de livres et de saintes images.

Ceux qui voudront écrire la chronique complète et vraie de l'âge d'or du Félibrige trouveront peut-être à glaner sur la trace légère et sûre de Mme Gasquet. Mais quelle moisson que la sienne ! Nous lui chanterions, à peu près comme dans *Mireille* :

> *Escouten, escouten-l'encaro*
> *Passariéu ma vihado et ma vido à l'ausi !*[618]
> Écoutons-la, écoutons-la encore,
> on passerait sa veillée et sa vie à l'ouïr.

Le doux, le gentil livre ! À part çà et là, quelques affabulations superflues, la noble gerbe d'épis d'or ! Il a été conçu aux flottantes lisières de la vérité et de la poésie. Il est œuvre de mémoire, écrit sans notes, pour écouter chanter les cigales de l'âme avec les rossignols du cœur ; c'est pourquoi, à mon humble avis, la page la plus belle est, malgré tout, la plus naturellement tendre, fraîche, mystérieuse, celle où l'on voit l'enfant de quinze ans, inaugurer sa robe longue, ses longs gants noirs (à la mode d'Yvette Guilbert) dans la voiture qui l'emmène, avec ses parents, vers le grand parrain de Maillane. Assise sur le strapontin devant eux elle se sent couvée par quatre yeux avides « yeux gris, yeux bruns », dit-elle, qui plongent « au fond de moi ».

> Ils ont une expression un peu triste... Finie l'enfance ! C'est Marie, cette demoiselle correcte... Maman vient de prendre la main de papa, je l'entends qui demande avec une voix que je n'ose pas appeler timide : « Est-elle un peu comme tu la voulais ? Trouves-tu qu'elle ressemble à cette Diane de Gabies que tu as mise près de moi le soir où je t'ai dit : *Ce sera peut-être une fille...* »
> Papa baise la main qui a serré la sienne et, timide à son tour – timide, papa ! – murmure : « N'as-tu pas quelque mélancolie qu'elle me ressemble plus qu'à toi ? »
> C'est vers moi que maman se penche pour lui répondre :
> — Je t'aime tant !
> Ah ! que nous sommes un ; nous trois ! Un à crier !
> À n'en plus supporter le charme !

Papa, qui n'est pas né provençal pour rien, s'en tire par quelque brocard. Mais l'émotion subsiste et c'est à ce passage que l'on se remet à rêver, en refermant un

---

[618] Ce sont les deux derniers vers du premier chant de la *Mirèio* de Frédéric Mistral. (n.d.é.)

livre ou la dernière essence des vérités de la vie peut acquérir ce relief et prendre cet accent.

Sur un palier si haut, nulle chicane de détails ne compte plus. Cependant, la loi du Mistralisme va m'obliger à une rectification. On en a essayé, je le sais, j'en ai vu et lu de tout à fait absurdes. Quand Mme Gasquet donne la liste de ses sœurs, les autres reines du Félibrige, une ligne tombée a fait disparaître un nom, celui de l'exquise Melle Vinas : sait-on que pareille infortune, la même, était arrivée, pour un même dénombrement, dans notre *Action française ?* Une autre coquille a fait de notre belle et vive reine toulonnaise, Mme Fontan, une certaine « Mme Ferrand ». Personne ne s'y sera trompé. Dans le rappel de l'acte de réunion de la Provence à la France, il est écrit *vassal* pour *accessoire*. Non comme un accessoire à un principal, dit le texte sacré. Et puis après ? *Parpello d'agasso*, paupières de pie ! aurait jugé Mistral, ces tristes minuties l'auraient peut-être impatienté.

Il eût néanmoins demandé, je crois, un petit erratum pour le récit de sa naissance :

> Il est né à Maillane, au mas du Juge, le 8 septembre 1830, jour de la Nativité, fête votive du village... La jeune et jolie maman avait eu un moment l'idée de l'appeler Nostradamus – parfaitement ! Non pas en l'honneur du célèbre astrologue, mais en souvenir du petit pâtre qui avait été le messager de ses fiançailles.

Non, non, le petit pâtre s'appelait Frédéric, et c'est en son honneur que Mistral finit par recevoir le prénom germanique qu'il devait latiniser à fond. Quant à Nostradamus, si la mère de Mistral avait voulu donner ce nom à son fils, c'est que, à l'exemple de toutes nos bonnes mères d'autrefois, elle avait demandé, au moment de sa délivrance, quel était le saint du jour : on lui avait répondu : *Notre-Dame de septembre*, Notre-Dame est un nom de fille : Nostradamus devait en être le masculin ! Cette bonne raison faillit valoir à Mistral ce nom « mystique et mirifique », il le dit en propres termes dans ses *Mémoires* ; seulement, ajoute-t-il, « on ne voulut le recevoir ni à la mairie, ni au presbytère », le pauvre !

Le livre de Mme Gasquet nous traite, mes amis et moi, ceux que l'on appelait alors les jeunes félibres fédéralistes, avec une faveur voisine de la magnificence. Et c'est ici pourtant que la justice et l'amitié, m'obligent à une autre chicane. Le vieil et grand ami dont je garde le deuil, Frédéric Amouretti (1863–1903) me vaut, dans *Gai-Savoir* une mention imméritée.

Marie Gasquet fait un récit que je connais bien.

Je l'ai souvent entendu, tel quel, à un mot près, de la bouche qui s'est éteinte, voilà plus de quarante ans, et ce n'est certes pas une histoire ordinaire. Elle se rattache aux premiers débuts de notre campagne politique. Rouvrons *Gai-Savoir* :

... Un soir d'automne, par un orage comme seuls en connaissent les pays d'*estrambord*[619], mes parents et moi, devisant sous la lampe, entendîmes, entre deux coups de tonnerre, un léger tintement de sonnette. À cette heure ? Par un temps pareil ? Qui ce pouvait-il être ? Mais déjà, Maria entrait, une carte de visite à la main : « C'est un monsieur qui arrive de Maillane. *Il coule l'eau.*

— *Frédéric Amouretti ?* ! lit mon père qui se précipite au-devant du visiteur.

Amouretti entra, ruisselant, transi, dut subir deux présentations, répondre aux questions, avaler un verre de chartreuse.

— Vous voilà un peu réchauffé, dit mon père avec sa bonté souriante. Nous allons pouvoir causer à plein cœur. Je vous avoue que je ne serais pas fâché de voir de près ce qui bout dans votre cervelle. Que vous soyez une bande de fous ne vous empêche pas d'être... Mais qu'avez-vous ? C'est à peine si vous êtes assis et vous ne tenez plus en place.

— Monsieur, réplique Amouretti, dont nous n'avions pas encore entendu la voix, je ne suis pas venu vous faire une visite, mais seulement vous demander un long rendez-vous pour demain. Ma mère m'attend au portail...

Mon père a bondi. En moins de temps qu'il n'en faut pour l'écrire, il amène, plus ruisselante encore que son fils, la chère Mme Amouretti à laquelle maman dut prêter une robe pour permettre à la sienne de sécher devant une ample régalide (*flambée*). Dûment réchauffée, Mme Amouretti remerciait avec une grâce amusée, pendant que mon père, heureux comme un roi, appelait Amouretti « jeune homme », et s'informait :

— Alors ces projets ?

— Nous voulons « mistraliser » le monde !

— Je sais... je sais nous aussi, du reste... Mais nous différons de méthode Vous êtes des révolutionnaires, des têtes vertes... de sympathiques *estraio-braso* (*disperse-braise*)... mais des *estraio-braso* tout de mêmes !... Nos cendres chaudes...

— Nous voulons en faire un brasier ! Nous y réchaufferons les enthousiasmes, nous attirerons près de lui des valeurs qui s'étiolent. Paris sera décongestionné, un sang vif – le sang de toujours ! – battra au pouls des

---

[619] L'estran est la partie de la côte que la marée couvre et découvre tour à tour. En Provence, en l'absence presque complète de marées, cela correspond aux endroits inondables par la mer quand le vent tourne, quand il pleut abondamment, quand la mer est démontée, etc. L'estrambord c'est la partie du littoral proche de ces endroits, donc la plus exposée aux intempéries venues de la mer, et par extension tout le pays dont la côte forme un estran. Au sens moral, l'estrambord peut désigner aussi l'emportement, ou la capacité d'une personne à être transportée, bouleversée, et à le laisser paraître ouvertement. (n.d.é.)

provinces françaises... Un vaste mouvement se dessine.

— Vous êtes jeunes...

— Dieu merci ! nous avons nos vies à offrir... Maurras est plus ardent que tous.

Maurras ! Oh ! non ! Misère ! Il lui faut faire ici, pour l'amour de l'exactitude, des réserves très motivées.

La visite qui a marqué dans l'esprit de la jeune Marie Gasquet, s'était inscrite en mêmes lettres d'azur et d'or, dans la mémoire de Frédéric Amouretti. Mais la date en est plus ancienne que ne le croit l'auteur de *Gai-Savoir*. Elle doit remonter environ 1885 ou 86 à 87 au plus tard. Mon ami n'avait pas encore obtenu, de la protection de Fustel de Coulanges, sa bourse à la Faculté de Lyon, il venait étudier à Aix juste au moment où je venais de quitter Aix pour Paris. Nous nous étions manqués, Frédéric et moi, de quatre ans ! Nous ne pouvions donc nous connaître encore, le soir du bel orage de Saint-Rémy. Il eût d'ailleurs été bien extraordinaire qu'au temps de mes dix-sept, dix-huit et dix-neuf ans, mon nom eût dit la moindre chose au père de Girardette, ni à elle, ni à un félibre quelconque. Ce monde m'ignorait totalement, je n'y ai guère pénétré que pour mes vingt ans, au bel an de Dieu 1888, au printemps duquel Mistral avait bien voulu m'adresser un billet de félicitation pour un article sur le *Malandran* d'Aubanel : à l'août suivant, devant la Fontaine de Vaucluse, j'eus l'honneur d'être présenté au maître, et il prit la peine de me convertir à « l'idée de sa vie ».

Plus tard, beaucoup plus tard, Amouretti dut parler de moi à Girard devant Girardette, ou à Gasquet, devant Mme Joachim Gasquet-Girard. Il parlait de moi aussi volontiers que moi de lui... Ces deux ou trois conversations, distinctes en fait, se sont amalgamées dans la brume solaire où vivent dans nos cœurs les êtres que nous prenons pour des morts.

Plus tard, sept ans plus tard, au moment où nous eûmes la protection, l'aveu, le sourire doré de la jeune nouvelle reine Marie Gasquet, – quand tout le pays retentit, de Paris aux Baux, des Baux à Sisteron, de notre campagne de rénovation mistralienne, – j'étais en effet devenu un peu moins obscur, – en 1892, après qu'eut été lancé de Paris notre *Manifeste des jeunes félibres* et quand, lauréat des jeux floraux septenaires, le poète Marius André nous fit un écho solennel aux fêtes des Baux, les quelques articles qu'il m'était arrivé de publier alors purent donner lieu à tels propos, de beaucoup postérieurs à la station diluvienne d'Amouretti et de sa bonne mère, dans l'hospitalière maison des Girard.

En revanche, mon ami, mon aîné dont les vingt-deux ans allaient sonner en 1885, jouissait dès alors d'une réputation de mistralien radical, dévoué à la politique de *Calendal*, et Marius Girard devait le classer avec Jules Boissière, Auguste Marin, Valère Bernard, et quelques autres de la même génération, dont j'étais le cadet.

Ce que je dis ne prétend pas rectifier, mais préciser le contenu exact d'un souvenir qui touche aux points sacrés des amitiés de ma vieille vie.

Pour le surplus, si quelqu'un veut savoir les détails de la longue querelle entre jeunes et vieux félibres, et comment Mistral se porta à l'avant-garde de la jeunesse, ce dont Marie Gasquet témoigne éloquemment, tout un chapitre de mon livre *L'Étang de Berre* en est rempli. On peut s'y reporter.

Mais *Gai-Savoir* et *L'Étang de Berre* pourraient être complétés par un étonnant témoignage nouveau.

À cette félibrée des Baux de 1892, où brilla Fortunette, où parla Marius André, Mistral avait été mis en retard par la faute d'un véhicule qui n'arrivait point et, qu'il attendait au seuil de sa maison. Et voilà qu'un jeune officier de l'armée active, passant en voiture devant sa porte, proposa au maître de le conduire aux Baux où il allait lui-même. Mistral accepta. En chemin, il demanda qui donc lui rendait ce service. Le capitaine se nomma : Pétain...

Le futur Maréchal de France fit son premier acte de rénovateur des provinces aux Baux, ce jour-là ! Le monde est bien petit. Ce qu'il contient de présages, de préfigurations, d'intersignes sera-t-il jamais recensé ?

Ayant tant dit de *Gai-Savoir*, que réserver à Dante, à ce bon et beau livre de M. Louis Gillet[620] le très diligent serviteur du merveilleux poète dont il nous propose l'amour ?

En lui disant la bienvenue, je voudrais ne pas manquer au rite de l'essentiel, qui est de donner mes raisons.

À quoi se reconnaît la bonne critique de quelque noble chant ?

Le critère en est simple. Voyez de près ce qu'elle en cite, ce qu'elle en retient.

On dit beaucoup que Sainte-Beuve n'a rien compris à Baudelaire. Je souhaiterais à beaucoup de baudelairiens fieffés, à M. Gide par exemple, à son André Walter[621] et à leur jeune amie, Emmanuelle, d'être allés droit, parmi les trois cents pages des *Fleurs du Mal* au sonnet de la *Tristesse de la lune* comme fit, Sainte-Beuve, à la réception du volume.

Dans le choix apparaît le maître. Au même choix, quant à son Dante, M. Gillet nous apparaît initié et affilié au conseil, à la troupe des vrais amis du Florentin, de ceux qui l'ont, si j'ose dire, « dans le sang » et qui se reconnaissent entre eux au cabalistique murmure des grands vers circulant dans les ivresses de l'admiration, de l'amitié et de la piété.

M. Gillet n'en manque pas un seul. Non certes que le tercet souhaité vienne toujours au point où nos impatiences l'attendent, l'appellent et l'aspirent ; là ou ailleurs, il finit toujours par arriver : Marque, preuve évidente que, si variées ou

---

[620] Louis Gillet vient de nous quitter pour le grand malheur des lettres françaises. [Note de 1944. Louis Gillet est mort en juillet 1943. (n.d.é.)]

[621] *Les Cahiers d'André Walter* sont une œuvre d'André Gide parue en 1891, présentées comme les écrits posthumes d'André Walter. (n.d.é.)

opposées que puissent être çà et là les humeurs ou les natures, quelque chose les met d'accord pour imposer les mêmes préférences dans un maître chéri.

Quelle délectation de les retrouver ainsi, dans un livre nouveau, les plus connues, les moins connues, toutes amies et nous versant le charme céleste et l'enchantement favori !

C'est le chant du maître d'amour,

> *I' mi son un che quando*
> *Amor mi spira noto...*[622]

où le poète est défini « quelqu'un qui note et qui inscrit ce que lui souffle et lui dicte en secret l'Amour... »

C'est la plainte exhalée de la fille de Sienne, et victime de la Maremme : Souvenez-vous de moi qui suis la Pia.[623]

C'est la plus suave de toutes les chutes du jour qu'ait jamais chantées un poète :

> *Era già l'ora che volge il disio...*
> *E che lo novo peregrin d'amore*
> *Punge, se ode squilla di lontano,*[624]

---

[622] *Purgatoire*, XXIV, 52–53. (n.d.é.)

[623] *Purgatoire*, V, 133–136 :
> *ricorditi di me, che son la Pia ;*
> *Siena mi fé, disfecemi Maremma :*
> *salsi colui che 'nnanellata pria*
> *disposando m'avea con la sua gemma.*

Soit : « Je suis Pia, de moi qu'il te souvienne ! Sienne m'a faite et la Maremme m'a défaite : il sait comment, celui qui m'épousa et qui m'avait passé l'anneau des fiançailles. » Henri Longon explique ainsi l'anecdote sous-jacente dans sa traduction de la *Divine Comédie*, en note :

> Cette âme mélancolique, timide et pudique, est celle de Pia de' Tolomei, première femme de Paganello de' Pannochieschi, seigneur du château de la Pietra, en Maremme. [...] Peut-être par jalousie, mais bien plutôt, semble-t-il, poussé par le désir d'épouser certaine riche veuve, Paganello emmena Pia au château de la Pietra et l'y fit secrètement mourir. (n.d.é.)

[624] *Purgatoire*, premiers vers du chant VIII :
> *Era già l'ora che volge il disio*
> *ai navicanti e 'ntenerisce il core*
> *lo dì c'han detto ai dolci amici addio ;*
> *e che lo novo peregrin d'amore*
> *punge, se ode squilla di lontano*
> *che paia il giorno pianger che si more ;*

« C'était déjà l'heure qui tourne et retourne ses regrets au cœur des matelots, et qui les remplit de tendresse... l'heure qui blesse et qui déchire le nouveau pèlerin d'amour, s'il entend la cloche lointaine qui lui semble pleurer le jour qui va mourir. »

Et c'est aussi la grande prière où chante toute l'âme du Moyen Âge :

Vergine Madre, figlia del tuo figlio[625]

« Vierge mère, fille de ton fils ». Et l'appel au *Sommo Giove*, au Souverain Jupiter,

Che fosti in terra per noi crucifisso ![626]

« qui fut en terre crucifié pour nous ». (Mais M. Louis Gillet le traduit bien timidement.)

C'est le délicieux pressentiment de Gentucca, la petite Lucquoise qui ne porte pas encore de bandeau et qui fera un jour le bonheur du poète. C'est le grave avertissement :

O voi ch'avete gli intelletti sani
Mirate la dotrina che s'asconde
Salto il velame du versi strani.[627]

Et puis l'appel supérieur que le ciel fait pleuvoir sur les activités hiérarchisées de l'esprit et de l'âme :

Soit : « *Il était déjà l'heure où s'émeut de regret* et s'attendrit le cœur de ceux qui sont en mer, le jour qu'aux doux amis il fallut dire adieu ; *l'heure qui point d'amour le nouveau pèlerin, si dans l'espace il entend une cloche* qui semble, par son glas, pleurer le jour qui meurt. » (n.d.é.)

[625] *Paradis*, XXIII, 1. (n.d.é.)

[626] *Purgatoire*, IV, 120. (n.d.é.)

[627] Rétablissons le texte dantesque (*Enfer*, IX, 62–64), cité ici de manière particulièrement imprécise par Maurras, à moins qu'il ne s'agisse banalement d'erreurs de composition typographique :

O voi ch'avete li 'ntelletti sani,
mirate la dottrina che s'asconde
sotto 'l velame de li versi strani.

Soit : « Vous qui avez l'intelligence saine, sondez l'enseignement qui se dérobe ici sous le voile tissé de vers merveilleux. » C'est le passage où Dante et Virgile, impuissants à entrer dans les murs de Dité, la cité infernale dans laquelle les plus coupables des damnés sont reclus, vont recevoir le secours d'un envoyé céleste qui leur en fait ouvrir les portes. (n.d.é.)

Il ciel ch'è pure luce...[628]

Et tout ce qu'il nous faut bien retrouver, reconnaître et saluer encore :

Beatrice in suso, ed io en lei guardava.[629]

Et l'aveu que fait ce poète, si ferme et si dur, d'une sensibilité trop humaine avec la belle excuse tirée du tressaillement des étoiles :

Se la stella si cambiò e rise...[630]

Sans compter l'autre étoile qui rayonne des yeux divins :

Lucevan gli occhi suoi più che la stella.[631]

Nous n'en finirions pas de confrontations entre l'antique choix de notre vieille jeunesse et celui que vient de faire M. Louis Gillet pour les jeunes gens d'aujourd'hui : la prophétie du vieux Cacciaguida et ses retours sur l'âge d'or de Florence[632] « quand Sardanaple n'était pas encore venu enseigner tout ce que l'on peut faire dans une chambre » ; la malédiction magnifique contre la *mala pianta* d'Hugues Capet[633] ; la première version du fameux vers goethien : « l'éternel féminin nous conduit vers les cieux ».

E quella donna ch'a Dio mi menava.[634]

---

[628] *Paradis*, XXX, 38–39 :
    ... *Noi siamo usciti fore*
    del maggior corpo al ciel ch'è pura luce :
« Nous voici donc montés du plus grand corps au ciel tout de pure lumière. » (n.d.é.)

[629] *Paradis*, II, 22 : « Béatrice vers la hauteur, moi sur elle je suspends mon regard. » C'est sans doute l'un des vers de Dante les plus volontiers cité par Maurras. (n.d.é.)

[630] *Paradis*, V, 97 : « si cette étoile en rit et fut changée » ; pénétrant avec Béatrice dans le deuxième ciel, celui de Mercure, Dante remarque que la joie grandissante de Béatrice fait rayonner plus fort la planète – improprement qualifiée d'étoile – et demande donc rhétoriquement ce qui a changé en lui si même une étoile a été influencée par la joie de son guide. (n.d.é.)

[631] *Enfer*, II, 55 : « ses yeux brillaient plus que ne fait l'étoile ». (n.d.é.)
[632] Cf. *Paradis*, XV, 106–108. (n.d.é.)
[633] Cf. *Purgatoire*, XX, 43. (n.d.é.)
[634] *Paradis*, XVIII, 4. (n.d.é.)

Cette dame qui le menait à Dieu ! Toutes les plus belles formes, toutes les belles couleurs du monde créé avaient coutume de lui souffler le même appel des cieux :

Dolce color d'oriental zaffiro...[635]

« Douce couleur de saphir oriental »... M. Louis Gillet donne une agréable traduction verlainienne d'un autre passage de Dante. Connaît-il l'adaptation qu'a faite Moréas de la *Dolce color* ? Voici ces admirables vers[636] libres, dérimés :

Je naquis au bord d'une mer dont la couleur passe
En douceur le saphir oriental. Des lys
Y poussent dans le sable, ah ! n'est-ce ta face
Triste les pâles lys de la mer natale ?

Deux vers plus loin dans le même poème chante le tremblement de la mer natale, calqué d'*il tremolar della marina*[637] au même seuil du second cantique.
On n'épuise jamais le plaisir de réciter son poète.
Mais, de ces *disjecti membra poetae*[638], plus nous avons recueilli, et plus nous avons partagé, Louis Gillet et moi, et plus la vertu de cette copieuse distribution a été d'augmenter le trésor qui nous est commun. Dante a bien dit pourquoi : les biens matériels diminuent quand on les divise, mais les biens spirituels ne font que se multiplier par la joie sublime dont nous comble leur symposie[639], que l'on peut savourer à fond.
Est-ce donc que je sois en accord parfait avec l'auteur de *Dante* ? Ce serait trop beau. J'ai des points d'arrêt. En voici :

---

[635] *Purgatoire*, I, 13. (n.d.é.)
[636] Jean Moréas, *Le Pèlerin passionné*, *Je naquis au bord d'une mer...* Les vers qui suivent sont sans doute les plus connus et les plus cités de Jean Moréas. (n.d.é.)
[637] *Purgatoire*, I, 117. (n.d.é.)
[638] Horace, *Satires*, I, IV, 61. « Prenez les vers de mes satires, ou ceux du vieux Lucilius, déplacez les mots, ôtez le rythme et la mesure, et vous trouverez de la prose toute pure, et vous ne reconnaîtrez pas *les membres dispersés du poète.* » On utilise la locution pour parler de vers épars recueillis ou cités. (n.d.é.)
[639] Nom rare : Littré ne donne que l'adjectif *symposiaque*. La *symposie*, forgée sur le nom antique du *Banquet* de Platon, *Symposium*, est la réunion de savants ou d'érudits. Ici, métonymiquement, le mot est appliqué aux biens spirituels qu'ils échangent dans de telles réunions. Rappelons que Dante a écrit un *Convivio*, un *Banquet*. De là sans doute ce terme précieux qu'utilise Maurras. (n.d.é.)

M. Gillet me paraît réduire à l'excès l'importance de la théologie chez celui que Marsile Ficin appelait : *in professione filosofo poetico*.[640]

Dante a bien été un philosophe-poète. Sa pensée n'est pas seulement configurée, rythmée, scandée par son thomisme essentiel : elle est matériellement pétrie de cette scolastique ou la chair du poète baignait. Elle seule le fait comprendre. Si, pour ma part, sans explicateur et sans maître je pus mener à bien ma première lecture du Purgatoire, dans le précieux volume où Ozanam en juxtaposa le texte et la traduction, je l'ai dû uniquement aux quelques notions de thomisme élémentaire que je me trouvais posséder.

Autre question. Dante est-il vraiment avec Calderón le seul poète qu'il soit possible d'appeler catholique ? M. Gillet allègue l'autorité du critique allemand Ernst Curtius.[641] En admettant que les auteurs d'*Athalie*, de *Polyeucte*, du *Crucifix*, ne soient, comme nos Rois, que « très chrétiens », il reste encore, en plus de Verlaine, le très catholique Mistral. Ne faisons pas bon marché de toutes ces gloires.

J'ai lu comme M. Gillet la belle étude ou André Bellessort[642] a montré, d'après l'érudition espagnole, les apports nombreux de l'Islam et de l'Orient à la grande matière dantesque. Il ne faudrait pourtant pas oublier que la notion du purgatoire avant d'être dans Mahomet se trouve dans Platon.

Est-il possible de parler de la politique comme d'un *péché de la poésie ?* Pour un Keats ou un Baudelaire peut-être. Mais M. Gillet nomme Shakespeare : a-t-il oublié les éléments de Politique contenus dans *Troïlus et Cressida ?* Il nomme Poe sans se souvenir qu'on lui doit la plus tranchante des satires de la démocratie. Homère, Virgile, Horace, Ronsard, Malherbe, Corneille, La Fontaine, Mistral, tous les grands poètes ont fait de la politique et ont dû détourner la sentence qu'Aristote a rendue en faveur de la philosophie : « s'il faut politiquer, il faut politiquer. Et s'il ne faut pas politiquer, il faut politiquer encore. »

Ainsi en ont jugé les maîtres. M. Louis Gillet s'en est aussi laissé conter sur d'autres affaires par l'abbé Bremond. Très bon régent de rhétorique, Bremond n'entendait rien à la poésie : en dépit de toutes ses « transes », absolument rien. Pas plus à celle de Dante qu'à aucune autre. Un propos de Rodin que cite Louis Gillet, va autrement loin que tous les obscurcissements bremondiens. D'accord avec Rodin sur l'immense unité de la « Comédie », M. Louis Gillet avoue que Dante construit sans cesse. Comment dès lors peut-il se laisser aller à concéder qu'en cette

---

[640] C'est en 1476 que Marsile Ficin publie une traduction italienne du *De Monarchia*, *De la monarchie*, traité politique écrit par Dante en latin entre 1313 et 1318. Il l'agrémente d'une lettre sur le retour des cendres de Dante à Florence où figure cette formule. (n.d.é.)

[641] Ernst Robert Curtius, 1886–1956, philologue allemand, spécialiste des littératures romanes, qu'il ne faut pas confondre avec son grand père, historien et archéologue, Ernst Curtius. (n.d.é.)

[642] André Bellessort, 1866–1942, journaliste, poète et romancier. Il fut proche de l'Action française. Élu à l'Académie française en 1935. (n.d.é.)

construction géante les fragments seuls ou presque seuls aient de la valeur, et comment peut-il les juger « plus grands que le tout » ? Assurément, si dessiné soit-il, l'édifice de Dante n'est point à comparer à ces tragédies de Sophocle ou de Racine dont chacune compose un monde indépendant et qui se suffit, soutenu sans contrefort ni appareil extérieur, ne traînant aucun bagage parasite d'allusions historiques, – un monde dont les profondeurs, à vrai dire, infinies, sont néanmoins toutes retenues dans le pourtour vivant d'une forme suprême. Le relief excessif du détail n'est pas niable chez Dante, ni l'importance démesurée donnée aux épisodes ; mais la poésie vigoureuse de leur enchaînement n'est pas contestable non plus, il ne faut pas le sous-estimer. Les beaux fragments n'existent qu'en fonction de leur « tout ». Et le large murmure ambiant qui le cerne est comparable aux gémissements d'une grande mer que l'on ne voit pas toujours mais qui fait sentir sa présence : elle vibre partout où peuvent surgir les ondes sacrées. N'imaginons rien qui ressemble à une suite de vains morceaux d'anthologie plus ou moins sommairement reliés. Le « tout » dantesque peut être encore imaginé comme le socle inséparable de la statue ou du monument qu'il isole et qu'il surélève, pour y faire affluer les yeux du ciel et de la terre avec l'admiration des hommes et des dieux.

Moins sévère ou moins dédaigneux de cette puissante force totale, M. Louis Gillet eût peut-être accordé plus de considération à l'action et à l'attitude historique de Dante. Comment ne voit-il pas l'importance des combats secrets de ce poète-citoyen dont les crises ont quelque chose d'éternel. M. Gillet suppose que réduit à une « scène secondaire » un « théâtre municipal », l'orgueil de Dante a souffert d'un milieu dont l'humilité le déçoit. Hé ! ce milieu fit son élément naturel. S'il est petit pour nous, il ne l'est pas pour lui, qui le tient pour son univers, et auquel même il se limite, le sachant illimité du côté des cieux : ô baptistère de Florence, ô mon beau, *San Giovanni*, ô bifides remparts de la cité esclave ! En raison du tournoiement des partis qui s'emmêlent, le Guelfe-né a senti le besoin du Protecteur, du Podestat, bientôt de l'Empereur, parce qu'il s'est posé le plus aigu des problèmes, celui des libertés sans l'ordre et de l'ordre qui peut tuer les libertés. Hier, aujourd'hui, demain, la question se repose. Le Capétien éloigné distribuait ses fleurs de lys d'or aux communes, avec un patronage si lointain que l'on en espérait de la liberté, et les César d'Allemagne délivrent l'aigle noir aux villes qui rêvaient d'appuis plus efficaces, eussent-ils la forme d'un joug. Comment M. Gillet n'a-t-il pas été pris au cœur par la constance ou la perpétuelle reviviscence de ce cas historique ? Ne le voit-il pas ? Nous y sommes en plein. Ou nous allons y être demain.

Mais trêve de questions ! C'est en l'honneur de leur solution la plus heureuse que je relis. Ces chapitres substantiels et magistraux écrits à la gloire de notre France et de ses rois, qui, dès lors, se déclaraient « empereurs dans leur royaume » : quelles belles pages de Gillet sur la position de saint Louis dans la Chrétienté ! Sur tout le Moyen Âge français !

> *C'était une grande chose que la France de ce temps-là. C'était la Chrétienté elle-même ou du moins ce qu'il y avait de plus grand dans la Chrétienté : sa puissance d'expansion, son rayonnement étaient immenses. Les grandes routes du monde étaient des routes françaises... Sur toutes ces routes s'avançaient nos Chansons de Geste et nos trouvères... Dans toutes les langues d'Europe le nom de roman, de romanesque, dérive d'un mot qui veut dire chose écrite en langue romane, c'est-à-dire en français...*

Et quant à notre Provence, cette patrie maternelle de saint François reçoit de M. Louis Gillet un hommage qui fera également chaud au cœur :

> Par la grandeur des souvenirs
> Toi qui nous salives l'espérance,

comme chante le Maillanais, avec qui le livre de M. Gillet va décidément tout à fait d'accord.

Entre Bainville et Baudelaire

1941

Texte paru dans Le Journal *du 17 avril 1941, repris dans* Poésie et Vérité *en 1944.*

ENTRE BAINVILLE ET BAUDELAIRE

On me dit que la fleur de la jeunesse cultivée d'une belle ville française se divise en deux camps : camp Bainville, camp Baudelaire. Les journaux périgourdins ont fait écho à ces débats de l'intelligence, du patriotisme et du goût. Personne ne croira à quelque schisme des esprits. Il doit être question d'une simple variété de tendances, et cela n'est point si mauvais !

Il ne faut pas souhaiter aux jeunes esprits de sortir de leur école ou de leur collège tout faits, ou comme disaient nos pères, tout cuits et découpés sur quelque beau « patron » magistral. Ce sont les atomes des corps sans âme qui peuvent se répéter ainsi les uns les autres. Il serait bien absurde de cultiver des oppositions mais il serait plus que stupide de souhaiter à la jeunesse une morne conformité. Que les natures se révèlent ! Que leur vie soit libre, pour être forte, et sans concordances artificielles, – réserve faite du petit nombre des principes très généraux qui ne peuvent pas varier.

L'ingénieuse et spirituelle dispute est donc la bienvenue. Si elle n'est pas éteinte, qu'elle dure ! Ou qu'elle se ranime ! Qu'il soit cherché et qu'il soit trouvé pour l'alimenter des raisons belles et nombreuses et surtout neuves, sur les aversions et les préférences, sur les goûts et sur les dégoûts.

Après quoi, quelque vétéran chevronné pourra s'approcher des combattants pour leur dire :

— Tout beau, Messieurs, les deux grands noms que vous brandissez comme des drapeaux ennemis, sont-ils tellement différents ? Ces deux maîtres ont-ils même été des étrangers l'un pour l'autre ? Nés en des temps divers, ils n'ont pas pu se fréquenter que diriez-vous pourtant s'il existait entre eux un rapport de filiation ?

Les interlocuteurs pourraient répondre :

— Mais Bainville, c'est la Politique, l'Économie, la Finance ; Baudelaire, l'Esthétique, la Morale, la Poésie. Et leur art, leur action se développaient sur des rives distantes, seulement réunies çà et là par de petites levées de la terre commune. Nous savons que Bainville a fait de beaux vers, dont le mystère est plein de sens, ils sont en très petit nombre. Mais Baudelaire n'a guère politiqué. Quelle part aurait-il pu avoir à la formation de Bainville ?

Or, c'est là ce qui trompe, Baudelaire est pour quelque chose dans la genèse des idées politiques de Jacques Bainville.

Sur le seuil du XXe siècle, des hommes qui allaient de la vingtième à la trentième année étaient devenus très attentifs aux écrivains que l'on qualifiait *maîtres de la contre-révolution*, et dont l'auteur du *Pape*[643] était le type et le chef. Or, Baudelaire

---

[643] L'œuvre de Joseph de Maistre, en 1819, qui inspira pour une grande part l'ultramontanisme du XIXe siècle. (n.d.é.)

avait, en son temps, beaucoup lu et admiré Joseph de Maistre. Tout l'y menait, l'y inclinait : surtout son humeur de poète et d'artiste, hostile à ce profane vulgaire qu'il dénommait le « petit public ».

Dans la faible mesure de l'attention donnée à la vie civique, son parti était pris contre tout ce qui ressemblait à la voix du peuple et au suffrage universel. Chrétien bizarre, tourmenté, dissident, il n'en professait pas moins les dogmes les plus opposés à ceux du Vicaire savoyard, tels que la bonté naturelle de l'homme ou l'utilité publique d'une volonté générale. Esprit très ouvert, homme de haute intelligence, il savait aimer un chansonnier révolutionnaire comme Pierre Dupont[644], un prophète de la démocratie comme Hugo, sans se complaire à leurs triviales chimères.

Baudelaire tient de plus près encore à la famille d'esprits où s'est placé Jacques Bainville. Baudelaire a contribué personnellement à la renaissance des vérités de principe que notre ami devait adopter. C'est de Baudelaire que nous tenons la plus importante des traductions d'Edgar Poe, c'est grâce à Baudelaire que furent lus en français, – Bainville n'apprit l'anglais que beaucoup plus tard, – les aphorismes politiques du maître américain, tels qu'on les voit dans la fable des *Chiens de prairie*, dirigée contre le régime électif, et dans l'admirable *Colloque entre Monos et Una*, critique de l'égalité.

Une phrase lapidaire de ce *Colloque* est inscrite sur la pierre angulaire et fondamentale des premiers travaux de Bainville et de ses amis.[645] Elle est ainsi conçue : « *En dépit de la voix haute et salutaire des lois de gradation qui pénètrent si vivement toutes choses sur la terre et dans le ciel, des efforts insensés furent faits pour établir une démocratie universelle.* » Hautes paroles, pures, claires, riches de foi tranquille et d'espoir certain, auxquelles Baudelaire avait imprimé le sceau magique de sa langue. Bainville et ses compagnons aimaient à les redire et à les écrire. Ils se les récitaient comme une formule d'incantation.

Les idées de Poe ne se bornent donc pas à frapper d'une censure à l'eau de rose ce que l'on appelle « démagogie », l'excès ou l'abus de la démocratie ! Poe vise la démocratie elle-même. L'aristocrate virginien proclame la contradiction radicale et complète entre toute démocratie et les archétypes supérieurs auxquels le monde doit sa vie, sa durée, son progrès, sa beauté. La loi du Bon et du Meilleur tient à ces gradations, à ces hiérarchies de la vie publique et privée. On présente parfois l'inégalité comme un mal inhérent à la vie. Pas du tout. C'est la condition de tout bien. Les parents peuvent nourrir l'enfant parce qu'ils sont plus grands et plus forts que lui. Le maître peut enseigner parce qu'il en sait plus long que l'élève. Le guide

---

[644] Baudelaire a en effet consacré une notice au poète et chansonnier Pierre Dupont, 1821–1870. (n.d.é.)

[645] La première des brochures strictement imputables à l'Action française naissante, *Trois idées politiques, Chateaubriand, Michelet, Sainte-Beuve*, porte en épigraphe cette phrase de Poe.

peut conduire, le chef commander, le riche entreprendre et payer, pour les mêmes raisons. L'égalité n'est mère que de luttes, d'incertitudes ou de stérilité.

Cette idée de hiérarchie, salutaire et nourricière, a été reprise, longtemps plus tard, par les Italiens du fascisme, – *Gerarchia*[646], – selon les purs échos de Baudelaire et de Poe, déjà sensible dans la belle préface de *La Vierge aux rochers* de Gabriel d'Annunzio.[647]

Dante ou Platon[648] auraient certes suffi à leur enseigner cette vérité toute vive : elle est née, elle a été professée sur tout le pourtour de la mer helléno-latine, c'est la doctrine naturelle du monde classique, mais nos peuples l'avaient un peu désapprise à la fin du *Stupide XIXe siècle*, comme disait hier Daudet. Il a fallu qu'elle leur revint d'Amérique, dans la belle prose de son traducteur parisien, et telle que Poe l'avait recueillie, déjà presque telle quelle, dans le *Troilus et Cressida* de Shakespeare, telle que Shakespeare l'avait tirée de ce beau chant de l'Iliade où Homère montre son cher Ulysse argumentant à coups de bâton sur l'échine d'un anarcho-démocrate, le nommé Thersite, ennemi des peuples et des rois.

Baudelaire et Poe ayant donc rétabli cette chaîne sacrée, Bainville s'est inséré dans leur dynastie ; le jeune homme de 1900 a trouvé dans l'œuvre de son aîné de 1860 ce qu'avoue, ce qu'ordonne, dans ses grandes lignes, l'expérience du genre humain. Peu de rencontres ont le sens et la vertu de celles qui se font ainsi sur les sommets : tout le domaine inférieur en est affecté, les menues différences ne comptant presque plus en comparaison des beaux traits d'une parenté générale.

Ici, quelque objecteur ingénieux, comme il doit y en avoir dans la jeunesse cultivée du Périgord, peut très bien nous répondre :

— Soit ! les esprits de Baudelaire et de Bainville ont bien été engendrés dans la même pourpre, et le premier avait contribué à perfectionner le second. Mais leurs goûts se trouvaient-ils établis dans le même accord ? Bainville a-t-il participé au goût baudelairien ?

On n'a guère connu d'intelligence variée, souple, étendue comme celle de Jacques Bainville.

Un de ses amis nous disait :

---

[646] *Hiérarchie :* la capitale semble indiquer que Maurras vise ici explicitement le titre de la revue officielle du parti fasciste italien, fondée par Mussolini en 1922. (n.d.é.)

[647] En novembre 1894, j'adressai à Gabriel d'Annunzio mon livre du *Chemin de paradis*. En janvier suivant, il m'envoya, dans une revue romaine *Il Convito*, cette belle préface conçue, elle aussi, m'écrivait-il, « pour la défense des pénates intellectuelles de l'esprit latin ». [Le titre exact de l'œuvre de Gabriele d'Annunzio est *Les Vierges aux rochers*, œuvre parue seulement en 1899. La revue *Il Convito* (*Le Banquet*) a été co-fondée par Gabriele d'Annunzio en janvier 1895. À l'époque dont parle Maurras, d'Annunzio ne s'est pas encore exilé provisoirement en France, ce qu'il fera de 1910 à la guerre. (n.d.é.)]

[648] Qui ont chacun écrit un *Banquet*, la double référence vient donc naturellement sous la plume de Maurras après l'évocation de la revue, en note au paragraphe précédent. (n.d.é.)

— Donnez-lui un journal, il l'écrira en entier, il en fera tout seul tous les articles, chaque matin, de bout en bout : la Politique intérieure, la Politique extérieure, les Chambres, la Bourse, le Marché, la Mode, le Théâtre, les Mots Croisés, sans oublier la Chronique locale et les Nouvelles à la main...

Et ce journal au complet ne l'eût certes pas empêché d'écrire des livres aussi divers que l'*Histoire de deux peuples*, le *Napoléon*, le *Bismarck et la France*, l'*Histoire de France*, et ces admirables contes moraux, dont *Jaco et Lori* est le plus important, mais qui gonflent de leur sève chaude et limpide deux ou trois petits livres, tels que *Filiations*, et qui portent fort loin. Les vers d'*Apax* nous ont proposé des arcanes dignes de Gérard de Nerval et de Stéphane Mallarmé. Et l'éloge rimé de la poutargue[649] de Martigues faisait venir l'eau à la bouche à Léon Daudet :

> Pierre Varillon[650], je me targue
> D'être assez gourmand de poutargue...
> ... Gloire à qui sur ma table met
> Ce mets digne de Mahomet,
> Essence marine et féconde.
> Sa pulpe de Vénus est blonde,
> Deux œufs, rien que deux, eut Léda
> La poutargue, mille, oui da !
> Les héros doivent leur naissance
> À cet élixir de laitance.
> Sorti des flots mélodieux
> Il rend l'homme semblable aux Dieux...

Et la poutargue éveille un paysage de songe, les oliviers lunaires les lagunes en damiers.

> Ô temps ! Ô jours ! Ô pures nuits !
> Vous revoir chasse mes ennuis.
> Il n'est sur la terre importune
> Qu'une douce et rare fortune.
> Si mon vers était immortel
> Je graverais sur un autel :
> À la déesse qui mesure
> Ce qui s'écoule et ce qui dure ;
> À la stable fidélité

---

[649] La poutargue est une préparation à base d'œufs séchés et salés du mulet, poisson autrement appelé le muge. La poutargue de Martigues était fort renommée. (n.d.é.)
[650] Pierre Varillon, 1897-1960, écrivain, journaliste et militant royaliste. (n.d.é.)

De l'homme, unique éternité !

Étant comme Voltaire, attentif à tout ce qui se faisait ou se pensait de son temps, Bainville n'en oubliait rien, il savait apposer partout la vive signature de son esprit, avec une égalité de force et de lumière à laquelle le démon de Voltaire, dans une vie, hélas ! plus longue, n'a sans doute jamais atteint.

Quel était donc sur Baudelaire, l'avis de ce puissant esprit ? Il serait difficile de le définir en deux mots. Mais on peut le décrire.

Jacques Bainville n'était pas né comme Villon « à Paris, près de Pontoise », mais, tout près de Paris, dans cette ville de Vincennes, qui a eu, de son vivant, une avenue Jacques Bainville. Quiconque voudra le comprendre aura soin de placer son berceau dans cette ville de saint Louis, celui de ses parents ou grands-parents étant au Valois et au Parisis, centre et cœur de la terre et de la langue de France : c'est un Français de langue d'oïl, et qui portait le goût des plus subtiles beautés de l'Île royale et de l'art tout racinien, si loin, si haut et si profond que l'art d'écrire chez Anatole France lui paraissait un peu trop appuyé – et comme trop oriental – dans l'expression du plaisir, ou de l'ironie, ou de l'éloquence : il y préférait le dépouillé, la vitesse, l'élégante et sèche maigreur de Jules Lemaître.

Rappelons-nous ce que pour l'amour du babil des deux dames françaises Bainville faisait dire à ses perroquets sur le Marché aux oiseaux brésilien :

> « ... Nous eûmes la surprise d'entendre des sons qui n'avaient jamais frappé nos oreilles. Au cours de notre voyage, nous avions rencontré des hommes de divers pays. Ils parlaient des idiomes différents par le vocabulaire, semblables par une sorte de chant dû à l'accentuation de certaines syllabes, semblables aussi par des aspirations qui appelaient des efforts de gorge et des grimaces de la bouche. *Les paroles coulaient des lèvres de ces femmes sans altérer leurs traits.* Leur phrase était *vive, harmonieuse et nette*. La musique en était comme intérieure et spirituelle et ne tenait pas à la gamme montante et descendante, mais à une intonation donnée *par le sens des mots*. Bref, ce langage aussi différent des autres que peut l'être des grognements d'animaux la voix des oiseaux parleurs. Nous ne tardâmes pas à savoir que c'était celui des Français et nous eûmes aussitôt le désir de nous exprimer comme eux. »

Voilà qui dit assez jusqu'à quel point Jacques Bainville a senti la douceur du langage aux douceurs souveraines, qu'était le verbe de sa patrie, ce qu'il a de vif, d'harmonieux, de net. Or, par un paradoxe qui atteste une très large liberté d'esprit, un attrait non moins vif l'inclina au chant mistralien. Bien avant l'autre guerre, il avait appris la langue d'oc, pour lire dans le texte le poète divin. Quand il apporta à la future Mme Bainville sa bague de fiançailles, il lui fit le présent du *Poème du*

Rhône... Si la jeunesse intellectuelle de Périgueux l'avait consulté, Jacques Bainville n'eût pas manqué de l'orienter vers l'Attique de Maillane, de préférence à un Parisien dévoyé comme Baudelaire.

Car Baudelaire est un poète très composite.

Il restera toujours beaucoup à dire sur ses *Fleurs du Mal*, tant elles imposent de réserves, et ces réserves de nuances ! Les plus grands et les plus petits, les meilleurs et les pires l'ont béni et maudit.

Jules Lemaître l'avait en horreur. Paul Bourget assurait qu'il serait sauvé par sa langue. Un sénateur républicain qui eut sa réputation d'homme d'esprit, nommé Alcide Dussolier, n'avait pas raté la bonne épigramme, il nommait Baudelaire un *Boileau hystérique* : ce qui n'est pas si mal trouvé ! Sainte-Beuve faisait à ce chanteur essentiellement oblique et nocturne le reproche bizarre qui a sa vérité secrète, de ne pas nager « au soleil » et « en plein courant ». Cependant Victor Hugo lui avait écrit qu'il avait doté le ciel de l'art d'un frisson nouveau. Que d'opinions ! Qu'en reste-t-il ?

À bien des écrivains de ma génération qui surent Baudelaire par cœur, il a toujours paru inexact de parler du « frisson nouveau ». Le frisson baudelairien se décompose en deux frissons connus et qui avaient déjà beaucoup servi...

L'un venu de Lamartine et l'autre de Hugo ; le pittoresque de celui-ci, affiné, serré, précisé, rapproché des maîtres classiques, Boileau, Régnier, Villon ; l'émotion du premier, son rythme, son large chant. Mais toutes les peintures de Baudelaire ne chantent pas. Ses plus beaux chants ne portent pas tous des images définies et colorées. Entre ces deux veines sensiblement distinctes, il n'en est pas une troisième, dont on puisse dire qu'elle n'est que de lui.

Ce qu'il introduit de neuf est tout différent, et n'est pas un frisson, mais une matière, un ensemble de thèmes spéciaux qu'il a choisis seul : le thème des parfums : *il est des parfums frais comme des chairs d'enfants...* – *Comme d'autres esprits voguent sur la musique, – le mien, ô mon amour, nage sur ton parfum* ; le thème des *Femmes damnées*, à peine moins neuf, renouvelé de la grande Sapho, et dont l'inflexion suave et violente rejoint, fort au-delà de Lamartine, la force d'impression dont le seul Racine avait su charger les mots de la langue : *à la pâle clarté des lampes languissantes – sur les profonds coussins...* Et encore, et enfin, le thème de l'angélisme de notre corps (*dans la brute assoupie...*) et du débordement démoniaque de l'esprit et de l'âme (*chez Satan, le rusé doyen...*)

Il n'existe en français que fort peu d'exemples d'un si grand nombre de choses nouvelles, et si rares, venues toutes ensemble d'un seul recueil, et dans un si faible nombre de poèmes. Cela suppose une nature exceptionnelle, et prodigieusement douée. Mais, faute d'équilibre ou plutôt de santé, ses plus belles pages sont contradictoires, elles font rayonner les enthousiasmes de la lumière et de la vie, les salubres ravissements de l'ordre et de l'amour, en même temps qu'elles déposent dans les mémoires les matières souillées du *Vampire* ou de *La Martyre*, savamment apprêtées par ce cuisinier aux appétits funèbres – qui fait bouillir et qui mange son cœur.

Une beauté formelle peut être tirée de tout et pétrie de tout : marbre et fange, or ou excrément. Mais Baudelaire et la lignée des poètes qui tiennent de lui ont uniformément tendu à demander la fleur du beau aux fruits du mal. C'est de toutes leurs singularités exceptionnelles, et même contre-nature, c'est de la honte, du trouble ou de l'horreur, qu'ils aimaient à faire jaillir leurs nouvelles « sources d'enchantements »...

Ils en avaient le droit. Nous avons le droit opposé, et c'est assurément à cette manie obsédante que répliquait Bainville, c'est contre elle qu'il réagissait quand il se prononçait pour Mistral et qu'il y préférait tout ce que comporte ce grand nom : quelque chose d'aussi beau que n'importe quoi, plus beau même que tout, égal aux cimes les plus hautes de l'éternelle poésie, mais emportant une matière qui égalât la plus parfaite des formes, en naturel, fraîcheur, dignité, hauteur, pureté ; bref, alliant au Beau tout le meilleur du Bien, de sorte que le jeune cœur qui en est gonflé et ému, le jeune sang qui en est fouetté, les jeunes yeux qui en sont baignés y retrouvent sans cesse une transposition des plus nobles éléments de la vie.

— La seule vie heureuse, alors ?

— Pas précisément. Mistral n'en est pas à de fades et de vulgaires édulcorations. Saintement, dignement, à la manière d'un Sophocle, il sait toucher aux dures souffrances, exprimer l'amère douleur. Le fond de son âme, comme de sa poésie, était sombre. Son optimisme ne valait qu'en raison du Bien suprême, dont le reflet seul le rassurait, le consolait et lui permettait de se reposer dans la réalité normale et saine, il osait dire : « *ouneste* », « honnête ». Le classicisme mistralien illustre en perfection le grand mot de Goethe : *j'appelle classique ce qui est sain, et romantique ce qui est maladif*.

Supérieur par le génie et l'art, Mistral a constamment ouvré les matières prises au sublime du Bien.

Oui, notre génération baudelairisa avec une passion presque folle, au point de ne s'en être jamais déprise tout à fait, mais elle a dû formuler de bonne heure l'aveu d'une vieille déception, non morale, et tout esthétique : presque aux premiers contacts avec ce maître dangereux, il a fallu douter de sa perfection. Par ses beautés, il nous avait rendus difficiles. Par ses faiblesses, par d'inimaginables chutes, il devait nous désespérer.

Pourquoi nous entraînait-il au septième ciel avec des vers[651] comme ceux-ci :

> La gloire du soleil sur la mer violette,
> La gloire des cités dans le soleil couchant...

---

[651] *Le Voyage*, IV. (n.d.é.)

et terminait-il son quatrain par ces bouts rimés :

> allumaient dans nos cœurs une ardeur inquiète
> de plonger dans un ciel au reflet alléchant,

qui ne feraient même pas de la bonne prose ?
Est-il bien possible d'avoir chanté[652] :

> Mais les bijoux perdus de l'antique Palmyre,
> Les métaux inconnus, les perles de la mer,

pour gribouiller à la suite :

> par votre main montés ne pouvaient pas suffire
> à ce beau diadème éblouissant et clair ?

Et, quand on a sonné cette douce chanson d'amour[653] :

> Tes beaux yeux sont las, pauvre amante !
> Reste longtemps sans les rouvrir...

avec la divine reprise :

> Ô toi que la nuit rend si belle...

est-il possible de récrire par trois fois l'inepte refrain superflu, sur le bassin du *Jet d'eau* où les grosses joues de *Phœbé réjouie* viennent se réfléchir, et mettre leurs « *couleurs* », encore !

Cela est douloureux. Le renchéri des renchéris, Fénelon reprochait à Corneille d'avoir fait succéder au « qu'il mourût » de son Horace, un vers estimé inégal et faible « ou qu'un beau désespoir alors le secourût ». Et, faible ou non (je crois que non), cette suite n'en est pas moins digne, pour le rythme, le style, le ton, du mot sublime qui précède. Quand on monte au sublime, il faut en redescendre, cela est dans l'ordre. Ce qu'on note chez Baudelaire est tout autre chose : c'est une chute verticale du sens, du ton, du choix des mots. Cette baisse soudaine, ridicule, est d'autant plus sensible que l'auteur, s'étant déclaré dégoûté des développements et des relâchements oratoires familiers aux poètes du romantisme, s'est appliqué à

---

[652] *Bénédiction*. (n.d.é.)
[653] *Le Jet d'eau*. (n.d.é.)

condenser et à concentrer son lyrisme ; il a voulu produire de véritables « comprimés » de poésie.

Or, ce qui vaut ou prétend valoir par l'intensité, ne supporte pas l'imperfection, ni moins encore des boiteries scandaleuses. Là, toujours, Mistral est maître et modèle. Qu'il se resserre ou se relâche, il reste simple, libre et aisé, à toutes les hauteurs du récit ou de la tragédie, à tous les paliers du lyrisme ou du conte : les vers sublimes sont suivis, comme il le faut, de vers qui ne le sont pas, jamais de vers plats, ni de vers nuls, ni, comme ici, burlesques.

On aurait vite fait de compter chez Baudelaire les pièces dont le souffle et la voix se soutiennent jusqu'à la fin. Il n'a pu achever la jolie odelette[654], qui monte si droit dans le ciel : « à la très-chère, à la très-belle, » sans mêler à l'expression de sa joie des nouvelles de sa « santé ». Le magnifique début des *Femmes damnées* aboutit à une insupportable déclamation. La splendide et pénétrante invocation de *L'Amour du mensonge* s'éteint au vers final qui la caricature. La torrentielle *Chevelure* de la négresse est peut-être le seul morceau que l'on puisse achever sans encombre : ajoutez quelques autres poèmes d'un moindre sens, cela n'ôte rien à l'aveu de débilité que cette poésie fait à toute page, peut-être en conséquence de sa morbidité.

Qu'en retirer pour la nourriture de la jeunesse ? Le cas de conscience est assez épineux. Mieux eût valu peut-être qu'il ne se posât, ni pour les nôtres, ni pour nous, dans cette poésie de malheur et de péché !

— *Ô jeunes gens et jeunes filles*, comme chantait le vieil évêque, entre Baudelaire et Bainville, entre Baudelaire et Mistral, il ne faut plus que vous hésitiez.

Sans vous rien ravir de l'honneur de la décision, que, du moins l'expérience de vos anciens vous éclaire ! Elle vous montrera qu'il y a deux chemins, celui qui pend et mène aux lieux inférieurs, chez de *lamentables victimes*[655], et celui qui monte, celui des hommes, des citoyens, des pères et des mères de la patrie, tous et toutes fort bons lettrés, mais non décadents : renaissants.

Jeunes gens, jeunes filles, choisissez entre les Maîtres et les Idées, et plus encore entre les Goûts, en tant qu'ils expriment la qualité de vos natures et qu'ils peuvent la corriger et la perfectionner.

Bainville avait élu de bonne heure les cercles éloignés de la perfection et il n'a cessé d'y marcher, d'y monter... Vous reconnaîtrez cette ascension régulière à un signe très beau. Le rare adolescent dont on disait avec un sourire : « Jacques Bainville est un impie », a tenu à laisser tomber, au testament de sa suprême pensée publique, l'éloge de « la foi », l'hommage à « la fidélité ». Car il pensait à vous, *jeunes filles et jeunes gens* !

---

[654] *Hymne* (n.d.é.)
[655] *Femmes damnées* (n.d.é.)

Volume III – Poésies & Vérités

Avant-propos à Poésie et Vérité

1943

*P*oésie et Vérité[656], non, ce titre n'est pas de moi, mais il n'est pas non plus de Goethe, il appartient aux premiers traducteurs français de ses Mémoires.[657] Ceux qui, plus tard, ont essayé d'une version plus littérale ont cru devoir inscrire en tête de l'ouvrage : *Fiction et Réalité*, ce qui ne veut rien dire pour moi.[658] Mais *Poésie et Vérité* me va comme un gant, et je le prends comme il me vient.

Le sens en est limpide. La soumission à l'objet n'est que la première opération de l'intelligence, elle sert à obtenir une idée exacte, un reflet conforme à l'image. Comme on dit pour les travaux manuels, c'est un produit déjà parfait, fini et poli en soi. Il n'est pas question d'en réduire l'importance, ni de refuser leur mérite aux minutes de l'analyse et de l'érudition qui contribuèrent à le créer. L'intelligence est très active dans l'accomplissement de ces grands et petits devoirs préalables, comme l'âme est active dans le sentiment, la sensation, l'impression pure. Mais, une fois que le Vrai est acquis et fixé, elle redouble d'activité, car elle travaille à le dominer pour le posséder, pour en jouir et pour le transformer en quelque chose de plus vrai encore.

---

[656] *Poésie et Vérité*, publié en 1944, est un recueil. Il comprend : *Jean-Jacques faux prophète, André Chénier, L'Esprit de Maurice de Guérin, Anatole France et Racine, Raoul Ponchon, Entre Bainville et Baudelaire, Joseph d'Arbaud poète de Camargue, Le Conseil de Dante, Dante et Mistral, La Bénédiction de Musset* et le discours de réception de Charles Maurras à l'Académie française. *Comme celle-ci les notes suivantes sont des notes des éditeurs.*

[657] On traduit habituellement le titre des mémoires de Goethe, *Dichtung und Wahrheit*, par *Poésie et Vérité*. C'est ne pas mettre en évidence les sens qu'a le mot *Dichtung* en allemand, et masquer que ce mot n'a pas d'équivalent satisfaisant en français. Il faudrait traduire à la fois par invention, création, imagination tout en gardant à l'esprit que les sens négatifs, du côté de la tromperie, de la forgerie, sont aussi présents. Et souligner qu'avec ces sens, *Dichtung*, qui désigne par excellence la création poétique mais pas exclusivement, est compris comme étant typiquement allemand et souvent lié au romantisme. C'est un topos de la pensée allemande d'opposer *französische Literatur* et *deutsche Dichtung*. D'où sans doute l'attribution du titre français aux traducteurs plus qu'à Goethe lui-même. Enfin, il est peu probable que Maurras ressente ici le besoin de s'expliquer pour lever toute ambiguïté entre son recueil et celui de Paul Éluard qui porte le même titre et qui était paru en 1942 : sans être vraiment clandestine, la parution du recueil de poèmes d'Éluard n'avait rencontré sur le moment que peu d'échos.

[658] Le rapport entre fiction et réalité est au cœur même du mot *Dichtung*, et ce rapport est associé par Goethe à la vérité, ce que le titre transformé en *Fiction et Réalité* rend effectivement très mal. Le paragraphe suivant illustre d'ailleurs l'exacte compréhension par Maurras du mot de Goethe rapporté par Eckermann :

> C'est là tout ce qui résulte de ma vie et chacun des faits ici narrés ne sert qu'à appuyer une observation générale, une vérité plus haute [*eine höhere Wahrheit*]. (Johann Peter Eckermann, *Gespräche mit Goethe*, 30 mars 1831.)

Alors, doit commencer ce qui peut être comparé soit à une danse supérieure, qui foule et refoule tout ce qui s'étend à nos pieds,

> *Nunc pede libero*
> *Pulsanda tellus*[659],

soit encore à un vol sublime, soit, si l'on veut, à l'ascension rapide de « *la plus haute tour* »[660] d'où peuvent être embrassées toutes les grandes lignes du plat pays. La vue d'ensemble ne supprime ni un détail, ni un accessoire, mais elle n'en est plus encombrée. Elle nous donne à contempler l'essentiel et le général : de loin et de haut, nous voyons à quoi servent et à quoi tendent tous les accidents secondaires, et cela s'appelle comprendre... Comprendre ! Donc, tenir la cause et la raison. Donc, savoir et sentir, dans toutes leurs délices, la loi, la fin, le mouvement, la vie de ce qu'on vient d'explorer et de définir.

Il est alors possible de repenser tous ces matériaux lumineux, pour proposer à leur sens et à leur type définitif une vie nouvelle. Véritable béatitude terrestre qui doit préfigurer celle qui se goûte dans d'autres cieux ! J'appelle poésie l'élan heureux qui nous conduit, presque sans effort, jusqu'au seuil de cette espèce de paradis. Je ne peux lui donner d'autre nom.

Est-ce Jacques Bainville, est-ce Lucien Dubech[661] qui, répondant à l'enquête d'un journal sur la nature de la poésie disait : « c'est ce qui est en vers. » Ainsi parlait la raison même. Mais, en dehors de la poésie conduite jusqu'au vers, il existe une matière de poésie, qui, déjà apte au rythme, l'attend et quelquefois l'appelle. Le rythme vient ou ne vient pas. Il est rare qu'il s'aventure dans des ouvrages de critique ou de philosophie. Mais, sans rythme, ceux-ci peuvent parvenir à un certain degré d'unité organique assez voisine de la vie pour émouvoir plus que la peine ou le plaisir : l'enthousiasme ou la colère, l'amitié ou l'inimitié, et ainsi confiner aux créatures de la haute poésie.

---

[659] Horace, *Odes*, I, 37 :
> *Nunc est bibendum, nunc pede libero*
> *pulsanda tellus, nunc Saliaribus*
> *ornare pulvinar deorum*
> *tempus erat dapibus, sodales.*

Soit : « Maintenant il faut boire, maintenant il faut, d'un pied léger frapper la terre, maintenant, pour un banquet digne des Saliens, il était temps, camarades, de disposer les coussins des dieux. »

[660] L'expression, entre guillemets et en italique, est-elle une allusion au poème bien connu d'Arthur Rimbaud ? elle serait alors bien obscure même si l'on remarque que Rimbaud a en tête, quand il l'écrit, *Notre-Dame de Paris* de Victor Hugo.

[661] Lucien Dubech, 1881-1940, écrivain, critique et journaliste. Proche de Jacques Bainville, il s'est surtout intéressé au classicisme et plus particulièrement à Racine.

Tel peut être le cas de certains des sujets dont il est traité dans ce petit livre. Leur matière a passionné et passionnera. La valeur personnelle de Jean-Jacques, la glorieuse et merveilleuse vie posthume d'André Chénier sont toujours pathétiquement agitées et le seront, je crois, longtemps. Ce qu'il convient de sentir ou de penser des vers de Mistral et de Dante – ou des magnifiques vers carrés de Ponchon, – ou de la prose rythmée de Maurice de Guérin tient toujours les goûts en suspens, les esprits en haleine. On sera confondu, irrité, – édifié peut-être – de la prise extraordinaire qu'eut le langage de Jean Racine sur une tête faite comme celle d'Anatole France et de l'étonnante piété dont fit preuve l'auteur des *Dieux ont soif* pour recevoir et pour subir le vocabulaire et la syntaxe de l'auteur de *Phèdre*. L'histoire des amours de Mme Sand et d'Alfred de Musset est une chose : tout autre chose est le sens gnomique et moral qui s'en élève comme un chant. Tout cela remue plus et mieux que des cendres tièdes ou chaudes. C'est le feu qui jaillit du mouvement perpétuel de l'esprit humain, dont l'office n'est pas seulement d'animer des corps. Tout autant que d'êtres de chair, le combustible qui l'alimente peut fort bien provenir de ce qui paraît dormir et languir dans les galeries des musées et des bibliothèques, mais qui n'attend qu'un souffle pour reflamber, ressusciter. Là aussi, tout peut devenir passion. Tout mène au combat des idées, promet ou permet leurs engagements et, victoire ou défaite, aboutit à leur paix divine.

Écrits à des moments divers, qui furent souvent fort éloignés l'un de l'autre, les onze chapitres de *Poésie et Vérité* expriment une certaine identité de pensée. Ces trois cents pages, accusant la même vérité, récusent les mêmes erreurs. Les figures qu'elles évoquent sont néanmoins assez différentes pour exclure la monotonie. Et puis, pourquoi la craindre ? L'homme s'ennuie des mêmes choses, bâille après les nouvelles, et n'a joie ni repos qu'à retrouver partout son être essentiel, unité et variété : les déjà vus de la raison, éternelle et universelle, les jamais vus du cœur, théâtre des surprises et des métamorphoses. Ces faux contraires n'arrêteront jamais de s'affronter pour se combattre, ni de se reconnaître pour se sourire, même de loin. Il faut les prendre comme ils sont. Du moins ai-je pensé que, tels quels, ils pouvaient convenir à un public que la vie de l'esprit intéresse encore, malgré cet atroce malheur des temps, qui, je peux le dire, demeure le souci majeur de l'auteur et même du livre, car enfin c'est dans un constant rapport à « l'heur ou au malheur » des hommes de France que tout est présenté, classé, jugé, blâmé ou glorifié par ici !

Novembre 1943.

Antigone, Vierge-Mère de l'Ordre

1948

I

Ismène parle à sa sœur, de la porte du tombeau, avant de l'y suivre :

Antigone, ma sœur, écoute-moi... Redoute
L'éloge empoisonné qu'on sème sur ta route.

Les rhéteurs ont menti, tu n'as point résisté
Ni manqué d'obéir aux lois de la Cité.

Ô pure, ô méconnue entre toutes les femmes
Tu n'es point seulement la figure de l'Âme

Vide et vaine, accablant du verbe de ta foi
Le faux maître affublé des oripeaux du droit !

Fierté de notre sang, gloire de notre terre,
Ta colonne n'est pas un Cippe solitaire.

Tu tiens, Cariatide, entre tes belles mains
Le présent, l'avenir et le passé thébains.

Partout où des aïeux se lisent les empreintes,
Des arrières-neveux les espérances saintes ;

Sous les replis neigeux, sous les pans liliaux,
Des tombeaux, des berceaux[662] et des lits nuptiaux,

Les autels des Foyers, les termes des Provinces,
La table des serments que jurèrent nos Princes,

Tout s'arme, tout combat[663] pour ce que nous aimons.
N'as-tu pas entendu le généreux Hémon[664],

Quand la paix de l'État, le bien de ce royaume
Dans la voie du tyran traînaient leurs vains fantômes,

---

[662] Dans les *Œuvres capitales* : « Des berceaux, des tombeaux ».
Les notes sont imputables aux éditeurs.
[663] Dans les *Œuvres capitales* : « Tout s'arme et tout combat ».
[664] Dans les *Œuvres capitales* : « N'entends-tu pas le jeune et généreux Hémon ».

Comme il fit résonner l'accord demi-divin
Des murmures du peuple des chants du devin,

Telle une haute mer, assaut de la falaise,
S'accorde à la vertu de l'astre qui l'apaise ![665]

Créon peut désarmer tous les hommes de cœur,
Regarde ce vieillard qui trembla dans le chœur,

Il suffit qu'un instant la crainte l'abandonne
Ses yeux ont débordé des larmes d'Antigone

Et son bras languissant, n'était le poids du fer,
Aurait pour toi saisi le premier glaive offert...

L'interprète des Dieux, de leur part, vient redire
Que l'Olympe a frémi : si leur pouvoir expire

On recule au décret[666] de la table d'airain,
Tous veulent t'arracher de l'Orque souterrain !

Pour immortaliser le souffle qui nous reste,
Ma sœur, vois se rouvrir une route céleste !

Dans l'Éther pluvieux erre le chaud rayon
Qui mûrit tes vengeurs[667] au creux de nos sillons ;

Printemps sacré qui bous aux fentes de l'écorce,
Gonfle, ô sang purpurin, les muscles de la Force

Et qu'Elle assure enfin, sœur du Puissant Esprit,
Les ordres éternels qui ne sont pas écrits.

---

[665] En 1948 : « de l'astre qui la baise ».
[666] Dans les *Œuvres capitales* : « On cède à la rigueur ».
[667] Dans les *Œuvres capitales :* « des vengeurs ».

II

Revenant sur le seuil de la tombe, Ismène chante :

Antigone, ma sœur, ne donnons plus à croire,
Reines de la Cité, ses premiers citoyens,
Qu'aux chants insidieux des Filles de Mémoire,
Nous laissions[668] démembrer la gerbe de nos biens.

Antigone, ma sœur, ne laissons plus remordre
Le Scythe ou le Teuton sur la chaste unité
Que forment dans nos cieux, diadèmes de l'Ordre,
La Justice et l'Amour, l'Honneur et la Beauté !

Antigone, ma sœur, touffe de lys en flamme,
Quand s'émeuvent de toi les mystiques ardeurs,
Les larmes de la chair ont les vertus de l'âme,
Faisceaux telluriens d'arômes et d'odeurs.[669]

Antigone, ma sœur, qui ne fut que tendresse,
Ô Haine de la Haine ! Amour, ô rassemblant[670]
Frères, sœur, père, peuple, et Ville et Forteresse
Au refuge adoré qu'enfermaient[671] tes bras blancs !

Antigone, ma sœur, toi qui n'est pas une Ombre,
Toi qui n'as pas émis de vains souffles de voix,
L'énergique flambeau que tu haussas dénombre
Nos Dieux délibérant sur le trône des Lois :

Le conseil des Grands Dieux, le cercle des vrais hommes,
(Si d'eux-mêmes en leur Styx ils ne sont pas noyés)
Antigone, ma sœur, énonce que nous sommes[672]
L'universel Hymen à la Terre envoyé.

---

[668] Dans les *Œuvres capitales* : « Nous laissons ».
[669] Dans les *Œuvres capitales*, les vers 2 et 4 de cette strophe sont inversés.
[670] Dans les *Œuvres capitales* : « Ô Amour assemblant ».
[671] Dans les *Œuvres capitales* : « que fermaient ».
[672] Dans les *Œuvres capitales* : « crions-leur que nous sommes ».

> Opposons donc la joie[673] à tout symbole triste
> Rendons un esprit pur aux mots mal écoutés
> Et recevons enfin des lèvres de nos mystes,
> Antigone, ma sœur, une postérité.

Riom, 1946.

Une nouvelle adaptation d'*Antigone* remet à l'ordre du jour[674] le drame de conscience posé par l'acte de désobéissance pieuse de la fille d'Œdipe à la tyrannie de Créon. Celui-ci, dernier roi de Thèbes, s'est permis d'interdire la sépulture de Polynice, frère d'Antigone, coupable d'avoir pris les armes contre la Cité. Mais la vierge thébaine méprise cette loi, affronte le tyran, ensevelit son frère, est condamnée à mort, bien qu'elle ait invoqué contre le délit d'un jour, les lois sûres, les lois inécrites des dieux.

On s'accorde généralement à comprendre cette révolte comme la voix de la conscience humaine, universelle et éternelle, élevée au nom d'un impératif stoïcien et kantien. C'est la protestation moderne de l'Un contre toutes les formes de la Communauté. C'est l'énonciation du droit de la Personne contre la Cité, c'est le conflit de la politique et de la morale : on va même jusqu'à dire l'hostilité de l'Âme au corps de la Société, la sédition de l'Individu contre l'Espèce. Ainsi fait-on d'Antigone une Ennemie de la loi Sociale et comme l'incarnation sublime de l'Anarchie. Je n'ose compter tous les bons humanistes et tous les hommes d'ordre qui ont adopté et recommandé cette interprétation.

C'est un contresens complet.

J'en ai toujours eu l'impression. Elle me semblait déjà claire dès ma lointaine première lecture, lorsque, voilà près de soixante-dix ans, sous la direction de mon cher monseigneur Penon, j'essayais de déchiffrer le texte et de le comprendre, en osant même transporter un ou deux chœurs[675] dans le pauvre bégaiement de mes rythmes français. Je viens de relire *Antigone*.

Il n'y a pas de doute : l'anarchiste de la pièce n'est pas elle, c'est Créon. Créon a contre lui les dieux de la Religion, les lois fondamentales de la Cité, les sentiments

---

[673] Dans les *Œuvres capitales* : « Opposons notre joie ».

[674] Il s'agit de la pièce de Jean Anouilh, présentée pour la première fois à Paris en février 1944. Cet article de 1944 a été réuni aux poèmes dans *Antigone, Vierge-Mère de l'Ordre*, une plaquette aux Éditions des Trois Anneaux, à Genève, en 1948. Les poèmes eux-mêmes sont repris dans *La Balance intérieure* (1952) et dans les *Œuvres capitales*.

[675] Ici Maurras prend quelque liberté avec la chronologie. Dans sa lettre à Maurice Barrès de décembre 1905, il situait sa découverte émerveillée des chœurs d'*Antigone* à l'âge de quinze ans, c'est-à-dire en 1883. Si sa rédaction date de 1944, nous sommes 61 ans après ; et s'il en a retouché le texte pour parution en 1948, cela en fait 65, et non 70. Quant à l'abbé Penon, il ne deviendra *Monseigneur* qu'en 1931...

de la Cité vivante. C'est l'esprit même de la pièce. C'est la leçon qui en ressort : Sophocle n'a pas voulu nous peindre seulement le sursaut de l'amour fraternel ni même, dans le personnage de Hémon, fiancé d'Antigone, celui de l'amour tout court. Ce qu'il veut montrer aussi c'est le châtiment du tyran qui a voulu s'affranchir des lois divines et humaines.

Antigone en a bien le sentiment. Dès le début, parlant de son dessein à sa sœur, en se prévalant de la beauté de l'acte, elle déclare refuser de manquer à la Loi souveraine que respectent les dieux. Lorsque le tyran lui reproche de préférer ce qu'elle aime à la patrie, c'est lui qui parle, c'est lui qui nous est montré prenant sa folie pour de la sagesse, et qui veut identifier son jugement particulier aux nécessités du salut public : toute la suite du drame va démontrer le contraire par la conséquence même de la mauvaise action de Créon qui détruira la Cité au lieu de la maintenir, ruinera l'Autorité et la Royauté au lieu de les sauver.

Que Polynice fut coupable d'avoir combattu contre sa patrie, rien de plus assuré. Mais il y a injustice, car démesure et disproportion entre la faute et la peine : pourquoi ? Parce que ce châtiment, la privation de sépulture, était le plus sévère, le plus violent qui pût être infligé dans la cité thébaine. Imaginez dans la cité chrétienne un criminel que le pouvoir temporel voudrait punir par la privation du salut éternel, par la précipitation dans l'enfer éternel... C'est ainsi que Créon a condamné le mâne de Polynice à errer mille ans le long du Styx, faute de recevoir ces rites sacrés de la sépulture qui confèrent aussi aux survivants, à la famille antique, le droit de continuer dignement les ancêtres morts.

Créon aurait pu exaucer sa puissance en outrageant le cadavre, en le couvrant d'opprobre, en multipliant contre lui les mémoriaux de l'exécration. Mais il passe son droit quand il prétend livrer la chair de son neveu coupable aux chiens et aux vautours. Il commet là un acte aussi inconstitutionnel que serait celui d'un roi de France s'avisant de désigner son successeur au détriment de son fils aîné, ou léguant sa couronne à une fille ! L'usurpation du droit ainsi commise par le souverain est si formelle qu'elle est d'abord sentie par les craintifs vieillards du Chœur quand ils lui concèdent, mais en tremblant, la faculté de se servir de toutes les lois à sa guise envers les morts et les vivants : il se doutent de l'illégalité monstrueuse ! Sous la menace, ils lui promettent de lui obéir, mais, disent-ils, de peur d'être mis à mort... Et quand la mauvaise nouvelle arrive, quand le garde vient dire que les rites interdits ont été mystérieusement décernés au corps de Polynice, les premiers mots du même Chœur sont pour demander au roi si cela ne vient pas des dieux, ainsi que les vieillards ne pouvaient s'empêcher de le penser d'abord en silence. Cela met Créon en fureur. Cet énergumène prétend qu'il est inadmissible de vouloir supposer que les dieux se soient mis en peine de Polynice. Il traite le Chœur de vieux et de fol, il l'accuse de rébellion contre son pouvoir, de jalousie, de perfidie... Ce n'est pas un Chef que fait parler Sophocle, ce n'est pas un homme d'État, c'est le tyran au sens moderne, le despote, égaré par le vertige du pouvoir. Sur quoi, le Chœur, demeuré seul, se plaint que l'homme soit sujet à toujours confondre les lois issues de frêles mains humaines avec les lois des dieux qui sont inébranlables. Il va jusqu'à conclure que le gouvernement d'un homme ainsi fait n'est pas bienfaisant pour la Ville, pour la Patrie. Ainsi ce personnage impersonnel manifeste l'esprit de l'ouvrage, et nous n'en sommes qu'au début.

Que répond Antigone au premier interrogatoire ? Que l'arrêt de Créon n'était pas légal. Il n'avait pas été promulgué par Zeus, ni enregistré par Dité. Un simple édit, même royal, n'est pas assez fort pour infirmer les principes inécrits, ces données synthétiques de l'Ordre, ces hautes traditions des Autels, des Foyers, des Tombeaux, dont nul ne connaît l'origine et auxquels la simple décision d'un homme ne peut se comparer. S'il la prend pour une folle, il se trompe : c'est lui qui est fou. Elle lui dit. Ce qui l'enrage encore. Le Chœur a peur, Antigone affirme cependant devant lui que tous, ici, l'approuveraient si la crainte ne fermait les bouches devant un arbitraire puissant. Créon veut invoquer l'opinion publique de ses Thébains :

« Ils voient comme moi, répond-elle, ils ne parlent que pour te plaire... » Sophocle fait parler ses personnages selon leur caractère. Aussi Créon allègue-t-il le bien, le mal, les bons, les méchants, les amis, les ennemis. Cela ne peut toucher Antigone qui repousse de haut toutes ces excuses et plaidoiries personnelles. Survient Ismène, sa sœur ; elle revendique immédiatement une part dans l'acte dont elle reconnaît plus que la gloire : la légitimité. Elle regrette de n'avoir pas, elle aussi, honoré son frère mort. Là, le caractère tyrannique du rôle de Créon s'accuse et s'accentue encore. Le poète lui fait dire des paroles impies : d'un chef, il faut exécuter tous les ordres, petits ou grands, justes ou non ! Après s'être déchaîné contre l'indiscipline et l'anarchie, ce possédé se retourne et s'insurge, en fait, contre la justice, qui est l'un des principes et l'une des fins de son autorité. Or cet argument de l'Autorité et de l'État n'est déjà point admis comme décisif par Sophocle, tel que Créon le fait valoir.

Prenons aussi bien garde, lorsque son propre fils déchiré d'amour, le malheureux Hémon, veut fléchir son père, que fait-il ? Il évoque aussi l'intérêt du règne, celui de l'Autorité, de l'Ordre, de l'État. Il rapporte que toute la Cité murmure. Thèbes juge Antigone la moins coupable des femmes, elle qui va mourir pour un acte si beau, quand on lui devrait plutôt une couronne d'or ! Voilà le cri public. Hémon demande à son père de s'en rendre compte, de ne pas s'en tenir à sa propre pensée, sa pensée isolée, ni à son sentiment unique (celui que la critique moderne prête à Antigone). Hémon veut que son père écoute les gens qui pensent bien.

« Telle est la voix du peuple entier de Thèbes, insiste Hémon.

— Alors, reprend le père, c'est le peuple qui va commander ?... »

Sur quoi, le jeune homme ose se tourner vers le Chœur et le prend à témoin que son père parle comme un enfant ! Le tyran argue de son droit sur la Cité. Le jeune homme répond qu'on ne peut pas régner sur un pays désert.

« Tu discutes ton père !

— Tu manques à la piété.
— Je maintiens mon pouvoir.
— Tu bafoues les dieux.
— Tu es asservi par une femme.
— Je ne suis pas, du moins, asservi par le Mal... »

Et, Créon accusant son fils de folie, peu s'en faut qu'il ne s'entende traiter de fou lui-même... Ce serait la seconde fois qu'il serait ainsi souffleté ! Donc, Thèbes, Hémon, Antigone pratiquent la même religion, ils suivent la même loi qui fait l'ambiance morale de la pièce, la pensée de Sophocle et de toute la Grèce. Loin de tenir à la solitude stoïque, Antigone est une légitimiste héroïque et farouche ; elle s'apparente à tous les rôles sympathiques de l'*Odyssée* et d'*Athalie*. Sophocle, Racine et Homère ont le cœur politique du même côté. C'est pourquoi, de tout temps, entre 1898 et 1944, l'Action française n'eut jamais cesse de rectifier[676], en ce sens, la définition d'Antigone.

Mais Antigone marche à la mort : *Ô tombeau ! Ô lit nuptial !* Ses dernières paroles ont été pour protester qu'elle n'a violé aucune loi :

« On l'accuse d'impiété, elle, la Piété même ! »

C'est alors que surgit un personnage qui, s'il restait le moindre doute sur la question, en tranchera les derniers nœuds. Figurons-nous, un quart d'heure après le supplice de Jeanne d'Arc, quelqu'un comme le pape de Rome venant dire aux Anglais :

« Oui, c'est bien cela, vous avez brûlé une sainte ! »

Le divin Tirésias remplit ici ce rôle théologique : il vient affirmer à Créon, conformément au cri de la Ville, que le Ciel est contre lui, qu'il court à de nouveaux désastres, que les augures et les présages le condamnent, lui ! Si les membres déchirés du corps sans sépulture ont soufflé leur peste sur ses autels, la faute en est au seul Créon :

« Cède au mort, ne l'irrite plus, écoute une bonne parole... »

Ce qui ne manque pas de déchaîner, pour la dernière fois, les cris de fureur de Créon. Tirésias, qui fut son bon conseiller et son pontife dévoué, est traité de vendu, bravé, défié, bafoué, ce qui amène une sorte d'excommunication solennelle, dans laquelle le pouvoir religieux fait connaître au pouvoir civil, sorti de son cadre, tiré de son échelon, que l'expiation directe va commencer : un homme de la propre chair de Créon va périr parce qu'il a privé le mort des funérailles dues, parce que son impiété a violé les dieux d'en bas sur lesquels n'ont de pouvoir ni les hommes, ni même les dieux d'en haut : les Érinyes déchaînées feront entendre des cris d'horreur et de fureur jusque dans le foyer de Créon.

---

[676] Nous ne savons pas, à ce jour, à quel texte pense Maurras en évoquant l'année 1898, d'autant que le premier numéro de la revue d'Action française ne paraîtra que le 10 juillet 1899.

Menaces effrayantes ! Elles ébranlent Créon, elles le retournent, il est trop tard. Antigone s'est tuée dans son tombeau, Hémon manque de tuer son père, et se tue lui-même. Le messager qui fait le récit conclut que pareil manque de sagesse est pour les hommes le pire des maux. Rien de plus exact. Contre la religion, contre les dieux, contre les lois fondamentales de la Cité et de la race et, je répète, contre son propre pouvoir, contre la mesure de la raison ou le bien de l'État, Créon est le type accompli de l'insurrection. Il s'accuse lui-même de son égarement, de l'isolement qu'il s'est infligé, et quand sa femme s'est immolée à son tour, il se confesse encore le seul coupable. Alors que le Chœur, désormais revenu à son mouvement spontané de la première scène, déclare le Bonheur fils de l'unique Sagesse et du Respect des dieux, tandis que l'orgueil du Moi humain est conduit à payer l'excès de ses prétentions. S'il y avait à célébrer quelque part les funérailles de quelque fameux Anarchiste couronné, je me demande quel autre thrène pourraient jouer les grandes orgues à cette occasion.

Non, l'image courante d'Antigone est à réviser. C'est elle qui incarne les lois très concordantes de l'Homme, des Dieux, de la Cité. Qui les viole et les défie toutes ? Créon. L'anarchiste, c'est lui. Ce n'est que lui.

Le Squelette de Ronsard

1952

À Madame la marquise de Maillé
par qui fut rejeté le faux squelette de Ronsard

Depuis qu'au tournoiement de son glaive de flamme
Le prince des héros qui sauvèrent la Loi,
Ulysse, de la fosse où s'abreuvent les Rois,
Écarta pour jamais le vulgaire des âmes,

La cendre du bûcher, la poudre de la lame
Connurent qu'en glissant vers les royaumes froids
Sont les rangs conservés, sauvegardés les droits,
Juste inégalité de l'éloge et du blâme.

Ô fossoyeur d'Hamlet qui nommais au hasard
Tes crânes sans honneur, tes squelettes sans gloire,
Les premiers os venus ne sont pas de Ronsard !

Mais, Madame, par vous, au rivage de Loire
La science, l'amour, les mesures de l'art
Vengent l'éternité, le Poète et l'Histoire.

Août 1933.

À Madame la marquise de Maillé
par qui se retrouvèrent les vrais os de Ronsard[677]

— Venez ; notre Ronsard est sorti du tombeau,
Disent d'Amboise à Tours par les prés et les vignes,
Les belles au long cou, blanches comme des cygnes,
De royales amours authentiques flambeaux.

Henri, Charles, François furent jeunes et beaux
Qui surent, du baiser de leur bouche maligne,
Cette grâce couler en des formes insignes :
— Ils t'auraient tous aimé, ô princesse de Baux !

Car le rouleau brumeux de la mer des Atlantes
Ni la pâle désert Catalaunique n'ont
Refroidi le soleil dans ta veine brûlante,

L'étoile aux seize dards enfle tes gonfanons
Et dore en flamboyant sur la rivière lente
Du poète endormi le sépulcre et le nom.

Juillet 1934.

---

[677] Ce second sonnet a été repris dans les *Œuvres capitales* sous le titre *Ronsard sorti du tombeau*. (n.d.é.)

Le 27 septembre 1932, on découvrait dans le déambulatoire de l'ancienne église du prieuré Saint-Côme, du côté de l'Évangile, des ossements humains que la première émotion avait fait prendre pour ceux de Ronsard. Un examen attentif détruisait bientôt cette erreur. Mais le 10 mai de l'année suivante, des recherches bien conduites par le Dr Robert Ranjard mettaient à jour le vrai squelette du poète qui pouvait être identifié par des concordances, des indices et enfin des preuves irréfutables.

C'est grâce à Madame la marquise de Maillé, vice-présidente et animatrice de la *Sauvegarde de l'art français* que ces recherches précieuses ont été entreprises et menées à bien.

Auteur des *Abbayes cisterciennes*, et, avec M. Marcel Aubert, de *L'Architecture cistercienne en France*, Madame de Maillé est l'apôtre pieux et ardent, enthousiaste et savant, de nos antiquités médiévales. Mais les médiévistes sont, en général, exclusifs et jaloux. La marquise de Maillé ne l'a jamais été. Les devoirs qu'elle a rendus à la cendre du premier grand maître de la Renaissance classique me donnaient le droit d'invoquer les ascendances provençales lointaines, mais directes, de la marquise de Maillé. Ainsi ont cru pouvoir en disposer les deux sonnets lus plus haut.

En tête de sa savante étude sur *La Stèle du danseur d'Antibes et son décor végétal*, notre éminent confrère très regretté M. Franz Cumont, membre de l'Institut, a rendu grâce à « l'érudition toujours libérale de Madame de Maillé », ajoutant : « En toute justice, le nom de cette collaboratrice bénévole aurait dû figurer à côté du nôtre sur la page du titre. » C'est du musée provençal d'Antibes que Madame de Maillé avait rapporté quelques-unes des observations qui ont permis d'identifier la feuille du lierre qui orne l'épitaphe du petit danseur Septentrion, comme aussi de fixer le vrai sens du fameux *Biduo saltavit et placuit.*[678] Que la roche des Baux et le sang de ses princes en tirent des gloires nouvelles !

---

[678] Maurras fait ici allusion à une inscription antique d'Antibes (*Corp. inscr. lat.* VI, 8519), laquelle parle d'un petit danseur appelé Septentrion qui charma les habitants d'Antibes lors d'intermèdes théâtraux : « *Diis Manibus pueri Septentrionis annorum xii qui Antipoli in theatro biduo saltavit, et placuit.* » L'inscription fut au centre de quelques controverses érudites qui la mirent à la mode : Anatole France en parle dans *La Vie en fleur* et elle inspira à Mistral un poème : *Septentrioun*. C'est sans doute ce dernier point qui lui a valu un souvenir si précis dans la mémoire de Maurras à plus de quarante ans de distance. Voir la *Revue des langues romanes*, t. XXXV, avril-juin 1891, p. 23. (n.d.é.)

Préface à La Balance intérieure

1952

FRONTISPICE

Une antique terreur a fait trop de victimes.
Notre mort, ce soleil regardé fixement,
S'il allume son feu sur les hauts de l'abîme,
Dissipe le nuage autour du monument.

Le peuple en son erreur estime qu'une tombe
Est la trappe couverte où basculent nos corps
Dès que le poids léger de nos regards y tombe
En tremblant d'irriter les silences du sort.

Celui qui s'affranchit des craintes du vulgaire
Dit : — *L'aspect de la mort ne nous fait pas mourir.*
Comme la douce paix tue autant que la guerre,
Un jour ou l'autre jour, elle dit de partir.

Soit ! Du pied des bûchers aux langues de leur flamme,
Tout ce qui se consume est par le Dieu connu ;
Imitons-le ! Haussant les paupières de l'âme,
Offrons à la clarté son miroir lisse et nu

Et la Fête et le Deuil, la Tristesse et la Joie,
Bacchanale asservie aux dieux inférieurs,
Cesseront d'enchaîner leur ronde qui flamboie
Dans la mâle poitrine où commande ce cœur.

Lyon, mars 1944.

Un livre, un titre, un auteur peuvent avoir également besoin de s'expliquer pour le plaisir d'être compris.

Donc, les caprices de la vie, ses nécessités, fantaisies, tours, détours ont fait qu'un septuagénaire (il court sur son seizième lustre) est encore mêlé au mouvement des choses mortelles, à leur activité, resté actif lui-même dans leur temporel. Il travaille. Peut-être sert-il. On le lui dit. Il n'aime que trop à le croire. Pour continuer sa besogne, il n'a, jusqu'ici, rien changé aux idées et aux rêves qui firent l'aliment de son esprit ou le combustible de sa machine. Loin de se croire immortel, il ne cesse de cultiver la certitude du contraire ; il trouve même, dans cette vue de la fin, l'appui qui l'affermit, la diversion qui le console sur les vicissitudes du labeur quotidien.

Délectation « morose » au sens exact du mot, qui ne signifie rien de triste ; ce regard prolongé, appuyé, sur le terme commun ne ressemble en rien à ce que Pascal et Barrès ont entendu par la préparation à la Mort. Ni défi stoïcien, ni aspiration religieuse. Pur mouvement de la retraite, imaginé, un peu anticipé, comme la complaisance avec laquelle on suit les couleurs et les formes d'un horizon-frontière, pour essayer d'en concevoir les « au-delà » selon les rumeurs vagues qui s'en dégagent plus ou moins.

De l'autre côté de la ligne, comme sur des limites d'attraction interplanétaire idéales, nous avons vu passer et s'éloigner nos véritables contemporains, ceux qui avaient à peu près notre âge, et leur départ est même cause que nous vivons de plus en plus avec eux. Ainsi résorbons-nous un peu de leur ancienne avidité de vivre, celle que rien n'a étanchée : encore ! Encore ! et jamais assez ! L'ardeur de leur Passé vivant recolore aussi bien les figures du lourd présent que celles du maigre avenir qui peut encore nous échoir. Alors, comme dit Philadelphe de Gerde[679], la grande poétesse gasconne, il se compose de ces plaisantes soirées

Ont se parlaba tot a cop
De Diu, ded Diable e deras Hadas.

« où l'on se parlait tout à coup de Dieu, du Diable et des Fées. »

Un tel état d'esprit est-il jugé paradoxal ? Mais aucun paradoxe n'est comparable à la vie, sinon la mort. Je ne comprends ni l'une ni l'autre.

---

[679] Claude Duclos, alias Philadelphe de Gerde (1871–1952). D'une grande beauté, elle inspira de nombreux jeunes Félibres, dont Marius André qui lui consacra son livre majeur *Glori d'Esclarmoundo*. Amie de Maurras, elle se rallia à l'Action française en 1911. (n.d.é.)

Lucrèce a beau railler, nous ne pouvons nous empêcher de nous tenir debout, près du bûcher où se consument nos dépouilles ; nous leur prêtons le sentiment qu'elles seraient le plus incapables d'éprouver.[680]

Virgile feint de se consoler, le grand Mage connaît qu'il n'est point de ver de la tombe pour anéantir nos soucis ; nous ne les déposons pas dans la mort.[681]

Quant aux esprits forts, ils perdent leur temps à nous sommer d'apporter des preuves ; pressés d'on ne sait quel aiguillon, nous ne pouvons pas nous priver de construire dans le Surhumain et dans le Divin, et d'y calculer, sous le bandeau, par des tâtons mystérieux, une solide architecture de concepts plus ou moins analogues au dogme simple et net de la résurrection de la Chair et de la communion des Saints. Éloigné du dogme natal, Lamartine a émis le vœu qui concorde avec notre songe

---

[680] Référence au livre III du *De natura rerum*, vers 904 et suivants :
« *Tu quidem ut es leto sopitus, sic eris aevi*
Quod super est cunctis privatus doloribus aegris ;
At nos horrifico cinefactum te prope busto
Insatiabiliter deflevimus, aeternumque
Nulla dies nobis maerorem et pectore demet. »
Illud ab hoc igitur quaerendum est, quid sit amari
Tanto opere, ad somnum si res redit atque quietem,
Cur quisquam aeterno possit tabescere luctu.
C'est à dire : « "Toi, tel que tu t'es endormi dans la mort, tel tu demeureras pour la nuit des temps, libéré de toutes douleurs ; mais nous, au pied de l'horrible bûcher où tu achèves de te consumer, nous n'avons cessé de te pleurer, et nous garderons éternellement ce chagrin dans nos cœurs." Qu'il lui soit donc demandé, à celui qui s'exprime ainsi, pourquoi faut-il se morfondre dans un tel deuil éternel, alors que toute chose en revient au sommeil et au repos ? » (n.d.é.)

[681] Référence au livre VI de l'*Énéide*, à propos de la mort de Didon, aux vers 442-444 et 472-476 :
Hic, quos durus amor crudeli tabe peredit,
Secreti celant calles et myrtea circum
Silva tegit ; curae non ipsa in morte reliquunt.
C'est à dire : « Là, ceux des morts qui ont été cruellement rongés par un amour intraitable sont cachés par des chemins secrets et protégés par une forêt de myrtes ; même dans la mort, leurs peines ne les quittent pas. »
Et plus loin :
Tandem corripuit sese, atque inimica refugit
In nemus umbriferum, conjux ubi pristinus illi
Respondet curis aequatque Sychaeus amorem.
Nec minus Aeneas, casu concussus iniquo,
Prosequitur lacrimis longue, et miseratur euntem.
C'est à dire : « Enfin elle s'échappe vivement et, courroucée, trouve refuge dans une sombre forêt où elle retrouve Sychée, son premier époux, qui la console de ses peines. Cependant Énée, frappé par cet injuste coup du sort, la suit des yeux en pleurant, plaignant son infortune. » (n.d.é.)

dans son mémorable poème de *La Vigne et la Maison*[682], souffle d'espérance et d'amour qui pourrait bien faire époque dans l'histoire du sentiment religieux, car c'est là que tout nous ramène, en dépit du va-et-vient des autres pensées que peut éveiller la rumeur de ce grand départ.

Il reste bien vrai que le nom de notre fin est le plus puissant et le plus vénérable qu'on puisse prononcer, en ces jours de 1944, car le voilà présent à toutes nos minutes, suspendu sur nous et les nôtres, comme une hache verticale, ou comme le couteau sous lequel André Chénier dit ses derniers mots :

> Avant que de ses deux moitiés
> Le vers que je commence ait atteint la dernière...[683]

Ainsi, toute proportion gardée, rimons-nous sous le coup de quelque énorme bombe d'avion venue de Londres ou de Boston. La plupart des hommes en sentent la menace. Et d'autres, la hantise. Il en est qui s'y habituent. Car, après tout, cela ne fait qu'un comprimé de notre destin. Nos jours les plus tragiques n'en sont que l'abréviation passagère, nos plus heureux moments de paix étant à la merci de l'obstruction d'une artériole, ou d'un mauvais spasme du cœur. Verlaine chantonnait[684] :

> Qu'on vive, ô quelle délicate merveille
> Tant notre appareil est une fleur qui plie !

Il plie, se déploie, puis il rompt. Tels sont les dialogues de l'Ordre et de l'Accident. La Mort, la grande Mort, en impose un croissant et magique respect. On n'y manque d'aucune manière, quand on salue, de sang-froid, l'Éventuelle ou la Fatale. Mais on lui rend un autre hommage quand on vient à se placer, comme entre des courants agités et rapides, au milieu des questions qu'elle soulève, des solutions qu'elle propose, des rêveries qu'elle conseille obscurément.

On peut avoir idée de leur variété, extrême, par ce petit livre dans lequel le « sonnet cartésien » voisine, sans les contredire, avec des dogmes venus de Platon, de saint Thomas et de Lamartine. États d'esprit successifs, et qui se défendent à peine. Hauts et bas d'une vie qui mue, et flotte ; son chant la suit. Ne parlons plus de pensées. Ce sont plutôt des Heures, bonne et male heure, entre lesquelles chacune vient choisir une part qui soit sienne, dans le jeu naturel des faiblesses et des vertus.

---

[682] Œuvre tardive de Lamartine (1857). C'est un court poème sous-titré : Psalmodies de l'âme – Dialogue entre mon âme et moi. (n.d.é.)
[683] Vers 10 et 11 de la dernière pièce des *Iambes*, composés à la prison Saint-Lazare, dans les derniers jours de la vie du poète : *Comme un dernier rayon, comme un dernier zéphyr...* (n.d.é.)
[684] *Jadis et Naguère* (1884), *Vers pour être calomnié*, début du second quatrain. (n.d.é.)

Au temps de ma jeunesse folle, Anatole France avait approuvé, et même aimé un peu, que j'eusse défini sa Thaïs une figuration des « différents rêves de vivre ». Que l'on pardonne ce jargon de 1890. Si barbare soit-il, je n'hésite pas trop à présenter la suite de ces poèmes comme une figuration de différents rêves de mourir.

— Mais, me dit-on, nous vous croyions des principes fermes.

Ces principes existent, et je leur ai donné ma vie, plus que ma vie. Seulement, ils sont d'un autre ordre que mes rêves et leur chansons. La considération des « ordres » prime tout. Le rigide Pascal en a dû convenir. Faute de quoi l'on mêle tout : idées, choses, on ne voit plus rien.

Bienheureux sans doute l'esprit qui trouva force, temps, moyens pour réduire tous ces ordres divers à quelque unité rationnelle. Je n'ai pas encore ce pouvoir. Je n'ai pas de Philosophie. Autrement dit je ne fais point cet exercice de rhétorique supérieure, à la Schelling, à la Spencer, à la Blondel, à la Bergson, ce discours continu qui fut cher aux monistes de tous les temps et dans lequel on s'évertue à faire converger toutes les radicelles, tigelles et folioles de l'Être plus ou moins artificiellement détournées ou retournées. Ne serait-ce que par respect de la vérité des choses, je n'ai pas de système. Et c'est ce qui peut bien ne pas manquer de philosophie. Cette disposition profonde est exprimée par ma parabole d'une Balance où s'équilibreraient des imaginations, des spéculations et des conjectures très différentes, qui ne divergent pas beaucoup plus que ne le font les traits distincts du caractère d'une même personne.

Ces traits sont éclairés d'une lumière assez sereine, qui n'est pas le soleil de la foi, mais peut-être son clair de lune. J'appelle ainsi le sentiment de confiance et d'abandon à une Bonté supérieure dont les signes ne sont pas équivoques, tels qu'on les trouve inscrits au départ et au terme de toute vie, mais qui, dans l'entre-deux, me semblent devenir plus rares et moins nets. Il en résulte que la phosphorescence sonore, le rythme, le fredon, appelé Poésie, resté grandement tributaire de nos humeurs, reflète aussi les sautes de l'esprit, délices ou misères, heurs ou malheurs, venus des bonaces ou des orages que la course des temps nous fait rencontrer tour à tour. Cela donne matière à des songes divers, quelques-uns peu consistants, jamais inanes ; ainsi s'explique à quel innocent badinage pouvait s'abandonner à son lit de mort un homme fort sérieux, bon administrateur et brave soldat, comme l'empereur Hadrien, quand il fit son adieu à ces portioncules de l'âme :

Nec tamen dabis jocos, « Tu ne feras plus de plaisanteries ! »

Nous avons, tous, d'honnêtes éléments subalternes que rien n'oblige à faire taire, à moins de posséder une raison majeure de nous renoncer et de nous retrancher absolument tout. Ce dernier cas bien mis à part, le même que celui du Philosophe scythe[685] et du Janséniste, il semble qu'on se fasse une idée étriquée de notre nature en se forçant à épurer le ciel intérieur des menus divertissements.

Les lecteurs, s'il en reste, d'un recueil de poèmes intitulé *La Musique intérieure*, paru voilà vingt-cinq ans[686], voudront bien m'excuser d'avoir replacé en tête de celui-ci un *Colloque des Morts* qu'ils ont lu en 1925, car le second *Colloque*, qui vint ensuite, serait inintelligible sans lui.[687] Je l'accompagnerai de l'explication en prose que donnait ma Préface d'alors. Ce sont des pages de souvenirs qui se réfèrent à la dernière année de l'autre guerre[688] :

> Le premier trimestre, si cruel, si sanglant, de 1918, allait s'achever. Nous marchions, littéralement, dans le sang, et nous n'y pouvions rien. Nous voyions tomber, chaque jour, la plus chère fleur de nos amitiés, et de nouveaux malheurs pareils étaient assurés pour le lendemain. Il ne me semblait pas que la ration d'amertume pût s'aggraver, ni augmenter celle de l'horreur ; j'en étais à me croire presque blasé sur tous les deuils, lorsque, à la mi-mars, une dépêche d'Algérie m'annonça la fin subite de mon ami d'enfance, l'initiateur à la poésie de Musset et de *Calendal*, le familier de ma jeunesse que tous mes premiers compagnons parisiens ont connu, René de Saint-Pons. La sortie du collège nous avait séparés deux ou trois ans à peine, il m'eût bientôt rejoint au Quartier Latin, puis dans les journaux. Nous avions fini par écrire dans la même feuille et la vieille intimité se continuait

---

[685] La Fontaine, *Fables*, XII, 20 : un philosophe scythe, voyant un sage grec tailler ses arbres, détruit les siens à force de tailles excessives et hors de saison. La morale :
...Ce Scythe exprime bien
Un indiscret Stoïcien :
Celui-ci retranche de l'âme
Désirs et passions, le bon et le mauvais,
Jusqu'aux plus innocents souhaits.
Contre de telles gens, quant à moi, je réclame.
Ils ôtent à nos cœurs le principal ressort ;
Ils font cesser de vivre avant que l'on soit mort. (n.d.é.)

[686] Ceci nous amène en 1950, alors que le premier jet de cette préface, comme l'indique l'exergue, date de mars 1944. (n.d.é.)

[687] Je dois ici remercier mon premier éditeur, M. Bernard Grasset, d'avoir bien voulu autoriser cette reproduction.

[688] Le texte repris de *La Musique intérieure* n'aura subi dans la *Balance* que des modifications mineures ; par exemple, des rectifications de ponctuation, et certains mots importants passant en italique, ou se voyant attribuer une majuscule. Nous reprenons la graphie de la *Balance*, sans signaler les changements lorsque le sens ne le nécessite pas, et nous invitons par ailleurs le lecteur à se reporter aux notes de notre édition de la préface de *La Musique intérieure*. (n.d.é.)

de la sorte une bonne dizaine d'années. Malgré son droit d'aînesse[689], j'avais dû intervertir les rôles, car cet être charmant, comblé et orné sans mesure, s'était obstiné à ne rien tirer du présent des fées. Lui qui pouvait tout, même l'étude, même l'effort et le travail, je ne sais quel goût voluptueux de contemplation paresseuse l'empêchait de tendre sa volonté au-delà du strict nécessaire. Il avait l'enjouement, l'esprit, une drôlerie naturelle, avec cette facilité que Lamartine appelle la grâce du génie. Comment n'a-t-il même pas essayé de faire sa percée ? La chronique parisienne, le théâtre s'ouvraient à tous ses dons. Même par le livre, sa fantaisie, son esprit d'observation, le parfait équilibre des autres moyens auraient pu lui recruter rapidement un public. Mais la maladie s'en était mêlée.

Avant trente-cinq ans, il avait dû chercher son premier refuge au soleil. Je l'y suivis par la pensée. Plus de quinze ans d'éloignement ne réussirent pas à arrêter notre vie commune. Nous ne nous écrivions pas. Nous correspondions sans plume ni encre. De chaudes affections fraternelles interposées ne laissaient ignorer ni à l'un ni à l'autre la mémoire de notre cœur. Je crois bien lui avoir été aussi présent qu'il l'était resté à moi-même. Et voilà qu'il perdait, seul, sans moi, les biens et les maux de la vie ! Il était mort. Il laissait une petite enfant, parée d'un prénom de dame de cour d'amour qui suffirait à rappeler aux amis de son père l'un des vers de Mistral qu'il leur récitait volontiers :

O Princesso di Baus ! Ugueto
Sibilo, Blanco-Flour, Bausseto...

La première nouvelle qu'il eût cessé de vivre ressemblait à la communication d'un non-sens. Il me fallut du temps pour m'y accoutumer. Lorsque l'idée en devint claire, je fus saisi d'un tel bourdonnement d'images de deuil que je n'y saurais comparer le choc d'aucun autre fléau.

Depuis quatre ans, les figures des morts qui m'avaient peu quitté me pressaient et me poursuivaient, et, comme je marchais un peu devant elles, c'était elles qui me rejoignaient et qui s'imposaient. Cette fois, au contraire, comme mis en chemin par le fantôme florissant de ce témoin de lointaine jeunesse, c'était moi qui courais au-devant de nos poursuivantes funèbres, leur parlais, les priais et les questionnais sur leur sort, sur le mien, ou plutôt sur le lien que la mort n'avait pu rompre entre elles et moi. Je mentirais en présentant cet interrogatoire des Ombres comme dérivé ou de la curiosité ou de l'angoisse du problème philosophique et religieux. Il ne s'agissait pas d'éclaircir[690] quelle navigation lointaine entreprend le principe secret, l'impalpable souffle de vie (personnel ? ou impersonnel ?) qui ne me semble

---

[689] De vingt-quatre heures. Il était né du 19 avril 1868, et moi du 20.

[690] Ici Maurras abrège de quelques mots son texte de 1925. (n.d.é.)

pas pouvoir ne pas survivre à notre cendre. Dans ces pensées nouvelles, ma spéculation roula uniquement sur le rapport matériel ou moral, sentiment ou idée, qui nous avait unis, cet ami disparu et moi. D'où venait, où allait, qu'était, en elle-même, cette chose tranchée, que je sentais survivre, saigner, et pleurer ? Mais de René aux autres, le passage était simple : celui-ci, celui-là et puis celle-là entre toutes, et ceux-là et ceux-ci qui m'avaient été arrachés, et moi à eux, à elle, et dont aucun ne me donnait la sensation d'un être indépendant et libre qui eût fait un mouvement naturel en s'en allant de son côté quand je restais du mien. Tous partaient et fuyaient comme si quelque chose du meilleur de moi s'arrachait. J'avais le sentiment de mourir avec eux et ensuite de recevoir, à travers la brûlure du mal de cette mort, un reste de leur vie qui fût comme l'échange du lambeau de mon être enfui. L'expérience ne laissait aucun doute sur ce que j'oserai appeler l'indivision naturelle ou la mise en société des plus larges espaces de la vie de nos cœurs. Ce cœur nommé le mien, dont je m'étais cru maître, d'autres tenaient à lui, autant que j'avais dû usurper pour ma part dans le cœur et la vie d'autrui. La mort ne séparait pas, elle écartelait. Si donc il existait des félicités consolantes, elles ne pouvaient tendre d'abord qu'à réunir, comme membres disjoints, ces âmes qui se fussent regrettées éternellement.

Pendant de longues heures, le premier plan de ma pensée fut ainsi occupé d'un même retour uniforme sur le grave mystère des sympathies. Dans la voix de mes morts, dans la voix de ceux que je savais en danger de mort, dans la voix de ces survivants éloignés qui, de gré ou de force, avaient cessé de se tenir dans mon voisinage moral, je distinguais de mieux en mieux la voix de la curiosité, de l'étonnement et aussi de mes découvertes.

Ai-je découvert plusieurs choses ? Je ne suis sûr que d'une, mais de conséquence assez grave car, de ce long *Colloque* avec tous les esprits du regret, du désir et de l'espérance qui forment le chœur de nos Morts, il ressortait avec clarté que l'humaine aventure ramenait indéfiniment sous mes yeux la même vérité sous les formes les plus diverses. Comment n'était-elle pas vue et dite plus couramment ? Nos maîtres platoniciens définissaient la vie par les métamorphoses de l'amitié et de l'amour ; cependant ont-ils explicitement relevé que nous courons à l'amour parce que nous en venons et que ceux qui se sont aimés pour nous faire naître ne peuvent nous lancer vers un autre but que le leur ? Origine et fin se recherchent, se poursuivent pour se confondre, cela est clair pour qui l'a senti une fois. L'autel de sang, le lit de feu ne fait pas naître, mais renaître ; notre battement d'ailes tend à le retrouver pour nous y consumer et pour en repartir. Le cercle est douloureux parce qu'il est successif, parcouru point par point, et qu'il intercale les espaces du temps, les divisions du lieu entre le départ et le but : le paradis consiste à contracter la courbe au point perpétuel où deux êtres distincts parviendront à goûter dans sa perfection l'unité. Nous ne rêverions pas cet étrange bonheur si nous n'étions pas faits de lui. Nous voulons recouvrer, nous voulons recréer ce qu'ont découvert et perdu ceux qui nous procréèrent. L'expérience a été dite monotone : c'est qu'elle est manquée et déçue par la vie d'en bas. Mais l'imagination amoureuse n'est point à court ! La fumée de l'esprit n'inscrit sa spirale légère que pour tenter de plus heureuses fortunes là-haut. L'âme y porte la certitude qu'elle doit parvenir, de façon ou d'autre, au terme étincelant qui la complétera : je me sens trop pétri du rêve et de l'être d'autrui, ce qui n'est que de moi reste trop en deçà de ma réalité, et la pire des peines serait d'être réduit à me replier sur mon moi étroit pour n'en plus sortir ! La joie est l'état qui déborde. Elle extravase, elle transmigre. Large ou bornée, brève ou durable, elle ne tient jamais dans son enceinte pure ; elle rayonne à proportion des puissances de son foyer. L'être y jaillit de soi, pour être mieux lui-même : ce n'est pas autrement que, retenu et précipité, emporté et fixé, il accède à sa plénitude. Allumée au bûcher natal, nourrie du feu qui l'engendra, Psyché prétend sans honte à la couche des dieux parce qu'elle peut dire à ses père et mère s'ils s'en étonnent :

— Fîtes-vous autre chose que de m'élancer d'où vous retombiez ? Comment, je le répète, ce thème naturel de *l'amour fils et père éternel de l'amour* n'est-il pas un lieu commun de la poésie dans toutes les langues ? La pudeur du Genre humain s'est contrainte sans doute à le murmurer sous des voiles. Perçant ces voiles, je n'étais pas moins étonné et confus de croire reconnaître un rudiment d'idée nouvelle dans ce que m'apportaient ces méditations effrénées. Tout ébloui de ma lumière, je ne cessais d'y être ému de ma solitude.

Non moins isolé et désert, non moins clair et splendide, apparut l'autre versant de la même chaîne d'idées lorsque j'eus découvert que la faim et la soif de la vie d'autrui ne s'arrêtent pas à l'amour ni même à l'amitié proprement dite. Cette faim, cette soif composent le plus clair de la vie courante de l'homme, quel que soit cet homme. Solitaire, égoïste, misanthrope, prétendu insensible, il n'est pas un cœur d'homme qui soit indifférent à la nécessaire présence, à la substance indispensable de son reflet vivant ; il y est attiré par un appétit moral indomptable. Si ce n'est pas pour le traiter avec douceur, ce sera pour l'offenser ou le tourmenter, mais l'être humain veut l'être humain, et il le lui faut. La haine même rend un secret témoignage au très haut prix du frère qu'elle poursuit. Le frapper, le blesser, le tuer sont autant de manières de lui démontrer qu'il importe au-delà de tout et qu'on est incapable de se passer de lui. Les semblables s'attirent, même s'ils se repoussent ; ô complémentaire éternel !

Ce théorème fondamental de la vie du cœur est encore corroboré par notre vie physique élémentaire. Notre faible corps se nourrit, se défend, se guérit par les mêmes voies que notre âme. Son plus grand ennemi serait la solitude. Pour résister à l'intempérie par les abris et le vêtement, pour tenir tête aux fauves, pour boire et pour manger, le primitif de la forêt, s'il est homme, doit commencer par satisfaire à l'obligation de recourir au ministère de l'homme, de se servir de l'homme, de consommer le fruit vivant des peines et des sueurs de l'homme.[691] Le muscle et l'épiderme ont les mêmes exigences que le cerveau et le cœur. Quadruple anthropophage, l'homme a besoin de se repaître d'œuvres pétries de chair humaine et de sang humain ! Car il a besoin d'humaniser la nature, de la remplir de lui et de la former selon lui, faute d'avoir trouvé en elle ni le pain ni le vin, ni les tissus ni les murailles, ni le toit auxquels aspirait son désir. Le sort de notre individu requiert un tel degré d'industrie, de préparation et d'accommodation des premiers produits bruts de cette planète, que chacun de nous est réduit à souhaiter implicitement le concours, le labeur, le zèle et l'amitié d'autrui. Qu'il faille tuer, dépecer ou cuire un gibier, coudre des peaux, tailler des toiles, telle est l'économie corporelle de l'animal humain ; elle ne se présenterait pas autrement qu'elle ne fait si elle résultait d'une providence désireuse de préparer un premier terrain à l'Amour, de lui aménager, comme un premier substrat physique, les harmonies matérielles préludant aux affinités de l'esprit.[692] Vivre, s'associer, aimer, finissent par apparaître de mêmes choses couvertes de noms variés par l'analyse qu'en ont faite nos esprits et nos sens. Elles expriment des inquiétudes et des mouvements de même source. Flammes nées de deux flammes, nous accourons à l'aimant de chaude lumière sur un champ électrique déjà formé de la substance de notre feu.

S'il ne peut dépendre de nous d'obtenir l'heureuse issue de cette poursuite, car la vie, et toute la vie, la mort, une mort inflexible, nous contrarient et nous traversent, il ne dépend ni de la vie ni de la mort de changer cette direction des fidélités naturelles : le rêve et le désir, le vœu et l'espérance seront de prolonger la course interrompue et de refaire, par un artifice ou par un autre, une présence et une existence aliénées. Nous connaissons les objections du tyrannique esprit critique, et nous les avons éprouvées de toute manière. Nous n'en contestons pas la haute poésie. Quel problème que la seule existence de la Haine ! Et quel mystère que ce *fait* palpable de l'obscure et radicale méchanceté d'un être qui ne peut absolument rien que par une forme ou une autre de la bonté ! Cela est

---

[691] De l'exploiter, mais oui, ma pauvre dupe de Karl Marx ! Seulement l'exploitation est réciproque, et c'est charité. *Damus petimusque vicissim*, chacun reçoit et chacun donne... (1950) [La citation est d'Horace dans l'*Épître aux Pison*. (n.d.é.)]

[692] Le Christ ne disait-il pas à Sainte Catherine de Sienne : « J'ai voulu qu'ils aient besoin les uns des autres » ? (1950)

presque aussi accablant pour l'esprit que ce problème du Mal des choses au sein d'un univers dont les spectacles généraux paraissent attester certains partis pris bienveillants ou même complaisants pour le pauvre peuple des hommes. La dialectique de l'amour passe outre aux résistances, aux réticences mêmes de l'esprit d'examen. Elle nous emporte et nous traîne par tous les cieux. Elle y cherche, elle y redemande une éternité intellectuelle qui lui fasse revivre, comme le voulait Lamartine, *non plus grands, non plus beaux, mais pareils, mais les mêmes* ces jours pleins, ces instants parfaits où la fibre a tenu, où le lien a duré, où ce qui était fait pour s'unir ne subissait amputation, rétraction ni déchirement.

Tandis que ces pensées, et bientôt les vers et les strophes qui les élevaient à la dignité de la poésie, roulaient comme des astres sur les parties liantes de mon esprit, il était impossible de ne pas reconnaître qu'elles me ramenaient dans les voies royales de l'antique espérance au terme desquelles souriait la bienveillance et la bienfaisance d'un Dieu. Quelle synthèse subjective pourrait aboutir autre part ? Mais, parallèlement à ce chemin montant que suivait la méditation comme une prière, se développait, sans la contredire, autre forme du même effort, le grave cantique viril, circonspect, examinateur, mais nullement timide, jamais découragé, des entreprises de l'action et de l'invention, de l'art audacieux et de la science victorieuse. Lorsque j'étais enfant, du même esprit dont je suivais la céleste ascension des âmes et des anges, il m'était arrivé d'imaginer un type de navire volant qui tournât le dos à la Nuit pour suivre, à vitesse d'étoile, le flot de pourpre et d'or de ces couchants vermeils qui font briller aux yeux, et par là même au cœur, un autre rêve d'immortalité de joie et d'amour ; entre cet ancien rêve personnel ainsi ranimé[693] et celui, plus ancien, de tous les esprits de ma race,

---

[693] *[Texte publié dans* La Balance intérieure *sous forme d'appendice.]*
L'Heure éternelle
J'ai rimé mon périple aérien du *Colloque des Morts* vers 1922 ou 1923. J'ai eu le plaisir de lire vers 1946, dans la collection « Que sais-je ? » cette page de l'*Histoire de la vitesse* par M. Pierre Rousseau :
> ... En admettant que la machine (de l'avion) puisse soutenir ce dernier train (les 800, même les 900, peut-être les 1 000 kilomètres), cela fait 24 000 kilomètres par jour, le tour de la terre à la latitude de Paris. En s'élançant de notre capitale dans la direction de l'Ouest, le pilote la retrouvera sous ses ailes exactement 24 heures plus tard, et pendant ce temps-là, le soleil ne lui aura pas semblé bouger dans le ciel, car il aura fui devant Phébus avec la rapidité à laquelle notre globe tourne sur lui-même ; l'avion quittant Paris à midi, l'astre du jour ne cessera pas de marquer midi pendant tout le voyage et, à l'atterrissage au Bourget, ce sera encore midi du même jour ; alors que le Parisien aura vu le soleil se coucher, se lever, puis revenir au méridien, alors qu'il aura vieilli d'un jour, l'aviateur aura l'impression d'avoir stoppé le cours du

la composition n'avait pas à choisir. Comme une barque prise entre deux mouvements trouve de la douceur à les suivre l'un après l'autre, je me confiais *à ce double cours balancé*, avec une espèce de foi obscure, quelque chose assurant qu'à défaut de mon âme le Poème saurait aborder quelque part.

Où allait, où s'en va l'étrange chanson ? Pour dire vrai, tant que dura la possession, l'obsession morale et rythmique et encore aujourd'hui quand elle me revient, il n'est rien qui me soit plus étranger que de désirer prendre des mesures et tirer des plans. Néanmoins, je ne sais jamais mieux à quoi je tends, et par quelles voies. Il serait seulement très difficile de l'exprimer, fût-ce en simple prose, car si je le pouvais, tout serait fini et fixé. Je ne m'applique donc qu'à suivre sans désobéir je ne sais quel commandement émané des sauvages profondeurs naturelles où les Anciens plaçaient la genèse d'un songe, l'avertissement d'un démon. L'ordre une fois reçu, le thème donné, et le ton, le travail et l'art qui incombent à ma pensée expresse ressemblent moins à un effort qu'à la libre expansion de l'esprit par la voix. J'écrirais le mot de plaisir s'il ne s'agissait point de traduire un tragique et durable tremblement d'esprit et de cœur. N'avez-vous point nagé dans une eau diaphane ? N'avez-vous pas rêvé du vol sur les ondes de l'air ? Tels, des flots cristallins me portent, me soulèvent, répondent au degré de l'élan volontaire qui surgit de mon souci pour l'égaler à ces dialogues du ciel.

— *Beatrice in suso ed' io en lei gardava*,

disait le plus tendre et le plus conscient des poètes pour se rendre compte d'une de ces dictées, d'une de ces copies où le plus haut degré d'activité mentale ne se comprend que sous une forme de dialogue et de dédoublement.

Lorsque, au chant III du *Paradis*, Dante demande à la bienheureuse Piccarda si elle n'ambitionne pas d'être promue à une sphère de plus grande félicité, ses yeux riants la montrent satisfaite de ce qu'elle a. Elle tient sa mesure, et elle a comblé son amour. Les plus avides d'entre nous entreverront-ils dans le sens de la parabole : *un tel état de grâce qu'il puisse lasser le désir ?* Vers une Chartreuse idéale parée et ordonnée pour la seule vie de l'esprit, quelle main me guidait ou quelle conscience délicate et vibrante de quel autre moi-même ? Quelle porte s'ouvrait au doigt mystérieux ? Quelle lampe fidèle, douce comme les yeux de Piccarda et de Béatrice, brillait sur des minutes où il n'importait guère que de ne rien fausser ni forcer, tant la masse puissante des sonorités décisives savait me réunir au jeu de ma pensée, parce qu'elle venait de beaucoup plus loin que mon être ? Je

---

temps et, tel Josué, arrêté l'astre du jour dans sa course. Nous disons : l'impression, car, hélas ! la fatigue, la faim, le sommeil... (page 102)

n'étais plus rien que le rassemblement d'une énergie sans nom dans un effort d'attention pure, une simple et grave docilité. Voir, écouter, redire ; le commun champ d'asile, avec les fosses découvertes et recouvertes qui nous attendent jusqu'au dernier, l'aire immense des séparations que rien ne console, puis l'arcade plus vaste, l'ouverture multipliée des Possibles, et toutes ses rencontres, toutes ses réunions, dans la Maison du réveil des Morts élargie aux mesures de l'universelle respiration, le libre, le pieux essor offert à la fraternité de l'Être et des divers membres de l'Être, tout ce langage du Colloque où la Mort parle moins que la Vie, la Vie moins que l'Amour son père, ne m'appartient plus qu'à un titre de scribe consciencieux ; la vie de mon esprit n'aura servi qu'à l'ajuster aux sens supérieurs pleuvant comme une manne sur les faims muettes du cœur.

Rien qui soit mien ne m'est allé plus loin dans l'âme que ce poème, et rien n'est plus distinct de mon être réel. Comme au moment où j'ai commencé de le suivre, s'il plaisait de nouveau à l'esprit qui souffle et qui passe de m'en rapporter le rythme sacré, pour me faire entreprendre un nouveau développement de ses harmonies, j'écouterais, je redirais, je me garderais de paraître de ma personne pour rien ajouter de mon fond à ces lamentations génériques de l'Homme sur les cercles décrits, d'une aile infatigable, dans l'unique poursuite de l'Ami, du Pareil et du Frère éternel.

Poésie est Théologie, affirme Boccace dans son commentaire de la Divine Comédie. Ontologie serait peut-être le vrai nom, car la Poésie porte surtout vers les racines de la connaissance de l'Être. Le savent bien tous ceux qui, sans boire la coupe, en ont reconnu le parfum !

De tous ces propos long-voilés qui menaient à l'intelligence du premier *Colloque des Morts*, il faut retenir pour bien lire le second – avec tout ce qui se rapporte, dans la suite du livre, au même songe de la Mort, les deux idées maîtresses auxquelles adhère ma pensée. L'une est celle d'un « double cours balancé », où me renvoyait une sorte de confiance obscure ; l'autre, celle du doute émis sur un « état de grâce qui puisse lasser le désir ». Je n'ai pu me dégager de l'une ni de l'autre de ces idées. Je n'en suis pas sorti encore. On les verra souvent exprimées toutes deux ensemble, comme malgré moi.

Il n'aurait pas été humain de livrer tout un volume aux cris de la noire Déesse. Pour l'aérer et même l'égayer un peu, j'ai fait succéder au premier livre des deux *Colloques* un second, formé de quantité de *Vers de Jeunesse*.

Ces vers retrouvés se subdivisent d'eux-mêmes en deux cycles, « Faust et Psyché » et « Faust et Hélène ». Leurs suites pourraient esquisser chacune son petit roman. Le premier finit mal ; l'autre, mieux. Plusieurs de ces anciens poèmes ont couru plus ou moins récemment les Revues et les Anthologies. Beaucoup sont inédits, parfois retouchés, certains un peu refaits, comme la *Damnation de Faust* qui a subi une révision sérieuse. On aurait tort de chicaner sur un passe-temps où le jeune âge apporta sa trouble matière, et l'expérience, son art.

Dans un troisième Livre, j'ai cru devoir dessiner mon *Parvis* d'hommages à la gloire de quelques grands poètes qui, de Mistral à Homère et à Dante, de Térence à Ronsard, à Musset, à Aubanel et à Moréas, m'ont conduit, ou bercé, nourri, abreuvé, soutenu ; d'aussi nobles médiateurs puissent-ils obtenir l'audience attentive de ma pensée, sinon, lui accorder d'honorables excuses !

On me fera observer que Malherbe, Corneille, Molière, La Fontaine, ni Chénier ne sont particulièrement honorés en ce parvis. Cela doit avoir une raison. Elle existe, devinez-la.

— Si, me réplique-t-on, cela veut dire qu'ils sont au-dessus des hommages, défient tous les honneurs et s'en passent bien, comment Mistral ne s'en passe-t-il pas ? — Mistral écrivit dans une langue française qui n'est pas le français classique, il faut le révéler à qui peut l'ignorer encore. — Et Moréas ?

— Moréas n'était pas de chez nous. Son autorité et sa gloire en sont contrariées. Il faut les soutenir dans l'intérêt public.

À la suite du *Parvis* vient mon quatrième Livre, *Trahison de Clercs*, il a son histoire. Dans la troupe honteuse des faux intellectuels qui poussèrent à la décomposition mentale et morale de la patrie, figure un mauvais petit Juif, nommé Benda, Julien Benda[694], qui s'est fabriqué une espèce de gloire, digne de grand mépris ; il accabla d'aigres sarcasmes les esprits français qui, ayant vu la vérité, s'astreignirent à la servir et à lui rapporter toute la vie de leur amour. La grande *Trahison des Clercs* ! criait-il avec des gambades. Pierre Lasserre, Jacques Bainville, Léon Daudet étaient de traîtres clercs. Et moi-même bien entendu ! C'était un contresens. Ceux qu'il nommait (après nous et d'après nous) des « clercs » n'auraient commis de trahison que s'ils s'étaient abstenus du service actif et affranchis du témoignage personnel, s'ils avaient négligé de distribuer à leurs frères tout ce qu'ils tenaient de lumière sur le Mensonge et sur l'Erreur qui nous faisaient tant de mal ! comme l'a dit un des Pères de la Patrie. La calomnie de ce Benda n'arrêta point notre travail, et nous continuâmes à le conduire de notre mieux.

Mais le mieux n'était pas le bien. Les heures de relâchement ne sont pas épargnées au faible cœur humain. Il nous est arrivé de muser ou de somnoler. Ainsi les hommes d'armes, dans l'encoignure du rempart, échangent des propos frivoles, ils jouent aux osselets ou fredonnent quelque chanson. Nos vraies *Trahisons de clercs*, peut-être que les voilà. Du moins nous le sommes-nous demandé. À présent le mot semble dur et exprime un scrupule bien rigoureux. Moréas s'excusa un jour de n'être qu'un « lâche poète ». Mais, s'il reste vrai que nous ayons fait ce que nous pouvions pour aiguiser la vigilance des citoyens et dégourdir nos facultés de combattants sur

---

[694] Né en 1857, onze ans avant Maurras, Julien Benda est mort en 1956, et était donc toujours en vie lors de la publication de cette préface. *La Trahison des Clercs* date de 1927. (n.d.é.)

l'échine de l'adversaire, je n'ai pas grand remords des minutes perdues à m'être réjoui de la couleur d'un ciel ou de la senteur d'une rose.

Trahisons mortelles ou vénielles étant confessées en toute candeur, j'ai rangé à leur suite au cinquième Livre un certain nombre de poèmes qui, sous le titre de *Floralies décentes*, sont dédiées à quelques fleurs dont j'ai le culte. Puissé-je les avoir nommées sans les froisser d'aucun déshonneur !

Viennent alors, en sixième lieu, les poèmes exemplairement dirigés vers les *Pics* illustres de la *Sagesse*. Leur sens gnomique tient aux plus sérieuses façons de considérer tel ou tel mystère de notre sort.

Arrivent pour finir, en septième Livre, les *Mortuaires* qui rejoignent le thème initial de la *Balance* avec l'incertitude de ses oscillations, le jeu stable ou instable qui, somme toute, la tient à peu près droite sous le faible poids des lumières, fantasques, dialectiques ou divinatoires, que laissent transparaître mes rêveries de l'Au-delà.

Sur l'art, mon point de vue n'est pas changé, depuis la préface de *La Musique intérieure*, où j'en ai traité en long et en large. Cela se résume en quelques mots :

Maintenir ce qui est transmis. Le conserver vivant. En ébrancher les parties mortes. Le délivrer de ses excroissances arides. En défalquer ce que l'on peut considérer comme son passif et par exemple, non sans soigner la rime, rimer pour l'oreille seule. Cependant accorder la plus grande attention aux présences de l'e muet, le prononcer ou l'élider avec un souci religieux, parce que c'est notre seule muette ; sur elle seule, notre langue s'élance et s'appuie pour chanter.

Un fort beau poète, journaliste et critique, M Jean Renouard, a trouvé une image qui s'appliquerait ici en toute justesse : même là où l'e muet ne se fait presque plus sentir, il y a, il doit y avoir comme « la perception d'un demi-ton ». Voilà ce qu'il faut maintenir à tout prix. Par exemple, je ne peux suivre M. Jean Renouard, quand il requiert, en faveur de l's pluriel final, le même demi-ton car c'est, chez lui, imagination toute pure. *Je trompe, tu trompes, ils trompent* se prononcent comme le substantif *la trompe* qui ne se prononce pas autrement que *les trompes*. Si l'on voulait raffiner le débit là-dessus il faudrait en venir à dire que trompe d'éléphant ne se prononce pas tout à fait comme trompe de musicien ou trompes de Fallope ou d'Eustache, sous le beau prétexte de la diversité de leurs sens !

Littré disait dans la préface du grand *Dictionnaire* : « L'ancien usage allongeait les pluriels des noms terminés par une consonne, *le chat, les châ, le sot, les sô*, etc. Cela s'efface beaucoup et la prononciation confond de plus en plus le singulier et le pluriel, c'est une nuance qui se perd. » Littré écrivait en 1863.[695] La perte de cette

---

[695] *[Texte publié dans* La Balance intérieure *sous forme d'appendice.]*
Autour de Littré
Sur cette affaire de Littré, le livre charmant de verve, de grâce et de jeune amitié que René Benjamin a bien voulu écrire, *Charles Maurras, ce fils de la mer*, rapporte avec exactitude les propos que j'ai tenus devant lui pendant une course en voiture :

— J'ai eu un adversaire... non : un ennemi (ancien ami comme il convient) qui s'était fait une réputation de dialecticien et... comment dites-vous ?... de *debater*, à très bon compte ; la belle affaire, si l'on fraude ! Le Code ne s'en mêlant pas ! Ce n'est même plus la peine d'avoir du talent !... Le malheureux garçon vient de mourir... Vous souvient-il, Jean-Louis, de ce livre de moi que vous avez acheté à sa vente ?

— Il m'en souvient si bien, dit l'autre, que je l'ai apporté. Il est avec ma chemise de nuit. J'en ferai présent, ce soir, à vos archives.

— Merci cent et mille fois, cher et généreux Jean-Louis-Paul-Ferdinand ! Cet exemplaire de *La Musique intérieure* annoté par un ennemi politique et littéraire m'est très précieux. Le chauffeur s'était à demi-tourné. À travers la vitre, il essayait de suivre les paroles échangées.

— À propos de la rime, dit Maurras, j'avais écrit quelque chose comme ceci : le signe du pluriel, l'*s* terminal... est resté longtemps assez sensible au bout de certains mots, mais de moins en moins ; le son mourant a fini par s'éteindre...

Y a-t-il quelque chose de plus certain ? Or, en marge de ces évidences, le critique ennemi crayonna le nom de « Littré ». Au fil de la lecture, il avait dû se rappeler que Littré, dans la préface du Dictionnaire, avait parlé de l'*s*. C'est exact. Mais Littré dit que l'*s* se faisait encore sentir par un très léger allongement de la syllabe au pluriel : *le chat, les châ...* et il ajoute que la nuance a déjà vieilli de son temps : en 1863 ! Ancien usage, et qui s'efface. Vieille nuance, et qui se perd. Vous lirez cela, page xv, de la Grande Préface...

— Je vous donnerai toutes les références quand nous serons rentrés, dit Maurras. Bref, Littré conclut comme moi. L'*s* est en train de disparaître ! L'*s* a déjà disparu !... Eh, bien je ne reproche pas à l'ancien propriétaire de mon bouquin une incertitude de mémoire, à quoi nous sommes tous sujets ; je lui reproche de s'être levé de sa table à écrire, d'avoir repris « Littré », vérifié le texte, vu que Littré lui donnait tort, et publié que Littré lui donnait raison. Car cela est publié, cela reste écrit à certaine première page du plus grand journal de la République, un beau soir du printemps de 1925.

— C'est insensé, dit l'enfant du Nord, qui croisa les bras.

— Et ainsi, dit Maurras, ce qui vérifie mes dires est présenté comme les infirmant ; la confirmation de Littré est retournée en objection à mes remarques ! Qu'est-ce que vous pensez de ce genre de finesses ? Leur auteur avait une cour ; il prospéra ; on lui fit une gloire. C'est malin ! Avec de faux poids ! On en riait ; mais la ruine de l'esprit critique, la fin de la connaissance, et en somme la suppression de toute vie de l'esprit sont au bout de ces belles mœurs.

— Alors, dit Jean-Louis, avec un air innocent, tout dépend du moral ?

— Non, dit Maurras, tout pose dessus. Comme nous aimions à le dire en nos folles jeunesses, Lucien Moreau et moi, l'affaire de moralité doit se régler une fois pour toutes. Les Kantiens et les Stoïques veulent tout fourrer là-dedans et tout y réduire. Ils n'en sortiront plus ! Il n'en est pas moins vrai que la chanson a raison : « Faut être honnête ».

Force m'est de confirmer que ce manquement exprès aux règles de la probité littéraire a paru en effet dans *Le Temps* sous les initiales P. S. et n'est imputable à aucun autre que feu Paul

nuance est complète aujourd'hui. Non seulement rien ne peut la sauver, mais elle ne vaut pas la peine d'un effort. Avec l'*e* muet se perdrait « la plus grande beauté de la langue française » (Moréas) ; l'allongement ou l'accourcissement des pluriels ne lui donne ni ne lui ôte rien. En désespoir de cause, on peut toujours réclamer en faveur de l'œil ! Seulement c'est l'absurdité même. L'écriture a déjà fait assez de tort au langage des Français ! Ce n'est pas la peine d'en gâter leur poésie, par exemple en faisant rimer travail avec *Montmirel*, pour ce que le mot s'écrit Montmirail. C'est le vieux Sibilet[696] qui a raison : l'oreille est le principal collège de la rime, tandis que l'orthographe n'est que le ministre du son.

 Ces hautes questions de l'art d'écrire en vers ne sont point de la bagatelle. Elles tiennent à l'être de la Poésie. Celui qui les obscurcit ou les brouille la défigure et la dénature elle-même. Là-dessus, je n'arrête point mes protestations contre ceux qui ratatinent l'aire du « Poétique », sous couleur de l'approfondir, de l'épurer, de la libérer.[697] Trois prétextes, trois vanités.

Souday. Mais ses anciens collaborateurs, M. Goedorp, M. Pierre Mille, ont rapporté bien d'autres *soudayana* autrement salées.
[696] Thomas Sebillet, ou Sibilet, écrivain du XVIe siècle, auteur d'un *Art poétique* paru en 1648. (*n.d.é.*)
[697] *[Texte publié dans* La Balance intérieure *sous forme d'appendice.]*

La poésie pure

Ceux qui me trouveront sévère pour la dépouille mortelle d'Henri Bremond sont priés de me dire ce qu'il ne se fût point permis à mon égard s'il eût été le survivant. Je ne parle pas des allusions empoisonnées de son discours de réception à l'Académie française qui touchent à l'époque de nos divergences. Mais au temps où il m'accablait d'effusions d'amitié, alors que chacune de ses lettres commençait par un « carissime » bien senti, il éprouvait le besoin d'écrire à notre commun maître, le bon évêque de Moulins, pour lui demander si mon « agnosticisme » était « tout à fait désintéressé » ! J'ai la pièce. C'est probablement en souvenir de la réponse de Mgr Penon, dont il avait été trois et quatre fois l'obligé dans ses démêlés avec Rome, que Bremond refusa de souscrire un seul centime à son monument.

 Nous avions d'autres amis communs. Sur la fin de sa vie, il fut sollicité par l'un d'eux d'expliquer pourquoi il m'avait témoigné pendant quelque vingt ans une hostilité chargée d'une hargne si singulière ! « Voyez-vous, lui répondit-il, durant toute notre vie de jeunes écoliers, Maurras et moi avons été en compétition, à égalité, comme on dit en langue de course, tantôt l'un premier, tantôt l'autre, et plus souvent ex-aequo. Que cet ex-aequo explique de choses ! » Je transcris la lettre du témoignage écrit, dont j'ai aussi la pièce. De vive voix, le témoin auriculaire était plus formel encore : — Nous étions, disait Bremond, dans la même classe, nous nous disputions les mêmes prix et cela avait continué à Paris où nos succès jumeaux n'avaient cessé de nous faire briguer les mêmes couronnes...

 Il n'y a pas un mot de vrai, sinon que nous avons fait nos études au même collège catholique d'Aix. Bremond y était élève de Quatrième quand j'étais en Huitième. Comment nous serions-nous disputé aucune place de « premier » ? Il était de la division des Grands, j'étais aux Petits ; nous ne pouvions même pas être candidats au même prix de sagesse décerné par le vote de chaque « division ».

Leurs conséquences les jugent : cela revient à sacrifier toute la Comédie, la Tragédie presque entière sauf de rares couplets lyriques, tout ce qui n'est pas émotionnel ou morbide dans les expressions de la philosophie, des arts, des métiers, soit les neuf dixièmes de ce qui fait la substance du didactique et encyclopédique *Hermès* de Chénier. Ajoutez à ces pertes, à ces ruines, tout ce qui est Satire,

---

À Paris ? J'ai commencé, hélas, à écrire à dix-sept ans et demi, deux ou trois lustres avant lui. J'avais à mon actif quantité de brochures, un livre ou deux, un petit commencement de notoriété, à l'heure de ses premiers débuts : comment nous eût-on opposés ? Longtemps novice chez les Jésuites à Cantorbéry, il s'était souvent arrêté à Paris pour me questionner sur la jeune littérature. Le ton profane des questions m'étonnait un peu. — Est-ce, lui demandai-je avec naïveté, pour de la propagande religieuse ? Ou pour vous amuser ?

— Pour m'amuser, répondit-il, cette fois sans hypocrisie. Il était tout nouveau collaborateur des *Études* quand j'eus l'occasion de le citer avec éloge dans le *Figaro* en 1901. Lorsque, la même année, ou la suivante, il aborda Barrès sur un échafaudage de l'Acropole d'Athènes, ce fut en se prévalant de mon amitié. Il est vrai que plus tard il se donnait, devant le même témoin que je cite, pour une espèce de collaborateur de Barrès et de directeur occulte de l'Académie française. C'est à la même époque qu'il adressait à l'abbé Loisy des lettres indignes d'un clerc qui n'avait pas dépouillé le froc.

Ses offices passaient pour bâclés. Et cependant je lis dans les épisodes de la vie littéraire d'Henry Bordeaux un témoignage tout contraire : « J'assistais à la messe qu'il (Bremond) célébra à Pau où nous commémorions le souvenir de Maurice Barrès. Il y avait là, pourtant, un auditoire d'un grand recueillement ; Léon Bérard ne s'en souvient-il pas ? Le visage de l'abbé Bremond, quand il se retournait vers l'auditoire pour le bénir, son attitude devant l'hostie que ses mains élevaient en l'air nous transmirent le rayonnement de la foi et de l'amour ». Bremond était capable de tout. Une dame ne disait pas moins en sortant de l'église de Cauterets ou il venait d'officier : — Je n'avais jamais vu messe aussi vite dite.

Après la mort de Barrès (1923) il figura au premier rang des écrivains qui prêcheront parmi nous une « littérature de fuite », selon le mot vengeur de M. Daniel Halévy, et qui entraînèrent la jeunesse française à se désintéresser du destin national. Avec Paul Souday qu'il détestait et qui le lui rendait, il travailla à son mieux à empierrer les mauvaises voies qui menèrent à notre ruine. Sa *Poésie pure*, épurée, évidée de tout, du mental comme du moral, mousse fumeuse, vapeur vague, étrangère à la pensée et à la vie, fit tout le tort possible au bon sens public. Par ses soins diligents, la *Fille de Minos et de Pasiphaé* était distinguée et séparée de *Phèdre*, dont ce vers est l'âme. Le carillon d'*Orléans, Beaugency, Notre-Dame de Cléry, Vendôme, Vendôme*, cessait d'avoir rapport au gentil Dauphin pour qui il avait était sonné. L'*Ibant obscuri* de Virgile perdait jusqu'au sens infernal. Sous le double couvert de la « Transe » et de la « Prière », cette prétendue pureté de la poésie se dissolvait au creux du Rien.

L'abbé Bremond n'était pas sans excuse sur ce dernier sujet. Excellent maître de Rhétorique, il n'avait jamais rien compris de sa vie à la Poétique ni à la Poésie. M'ayant lu de travers, comme il l'avait fait, sauf respect, de Racine et de Virgile, il aurait dû s'abstenir d'ajouter indécemment au travesti de mes idées un décri personnel, touchant à la diffamation. Je ne crois pas au plagiat, tout le monde a le droit de prendre son bien où il le trouve, mais il n'est pas d'un très bon ton que le parasite dénigre une table à laquelle il s'est restauré.

Épigramme, Fable, ce qui était la Poésie légère ! À moins de l'épicer d'une certaine sauce métaphysico-psychiatre, voilà ce que l'on ôte du royaume de poésie et ce que l'on refoule aux plats pays du vers prosaïque. Un personnage du *Sicilien ou l'Amour peintre* fait-il, sans penser à mal, en pleine prose, ce vers blanc :

> Le ciel s'est habillé ce soir en Scaramouche,

c'est de la poésie, bien que Molière ne s'en soit pas douté. Mais le merveilleux *Dépit amoureux* offre-t-il à son tour son paysage céleste :

> Le soleil semble s'être oublié dans les cieux,

ce n'est plus de la poésie. À plus forte raison, Madame Pernelle ouvre-t-elle *Tartufe* par ce coup de tonnerre :

> Allons, Flipote, allons, que d'eux je me délivre,

elle ne se tirera point de la prose, et de la plus basse ! Si l'on consent à se souvenir de l'harmonieux distique de *Don Garcie* :

> Semblables à ces eaux si pures et si belles
> Qui coulent sans effort des sources naturelles,

on donnera un demi-point ou un quart de point de poète à Molière, mais on se taira sur la tirade qui précède ce joyau, chef d'œuvre de tendre psychologie féminine où il est divinement inséré ; ce n'est pas de la poésie ! Et dans *L'École des femmes*, les révérences d'Agnès sur le balcon n'en sont pas non plus ! Les horreurs, les folies, les sinistres absences du goût moderne font trembler si l'on pense, comme tout être sain, que Molière n'est pas simplement le Roi du théâtre, l'Empereur du discours en prose et en vers, le Prince même de la rime (très bien vu par Boileau), si l'on se dit, comme il le faut, que ce que Molière a créé, modelé et pétri, de son art magique et de sa raison bien humaine, a formé ensuite l'esprit, la mesure, le sens commun de la France, de l'Europe et de toute une civilisation privilégiée ! Le refus qui lui est fait à peu près universellement du don de poésie devrait suffire à attester et condamner les révoltes insanes de fantaisies despotes et de sensibilités asservies, contre les harmonies de vérité et de beauté dont le « Saint Langage » est témoin : poésie, création, usurpation pieuse des puissances du Dieu. Nos renchéris obstinés à ne plus vouloir voir dans la Poésie que leur « Poétique » sous-animale oublient ou renient l'âme humaine, tout en perdant de vue ce que c'est que la coque même du Vers.

Un maître de haute valeur, à qui l'on disait que Ponchon était un grand poète, répondit devant moi : — Non, un grand versificateur. Ce maître ami ne s'était pas défait du romantisme séculaire qui institue une fausse distinction, de plus en plus forte, presque une opposition, entre des complémentaires inséparables. Qu'aurait-il dit pourtant des prodigieux quatrains que Mistral s'amusait à rimer dans son journal *L'Aïoli* en guise de réclame pour un savonnier marseillais ! On y trouvait, unies à des majestés homériques, toutes les plus saines libertés ponchonniques. N'omettons pas de consulter l'expérience des grands prosateurs ; tous ceux qui se sont classés, à tort ou à raison, parmi les lyriques de l'âme ont reconnu confusément qu'il leur avait néanmoins manqué quelque chose pour la splendeur et la consistance de leurs discours. Bossuet a tenté le vers, sans dire pourquoi, mais on l'imagine. Chateaubriand, aussi : l'auteur d'*Atala* n'a pas dissimulé combien il eût aimé de pouvoir donner aux grands plis de sa robe de phrases le mouvement d'une cadence plus sensible et plus régulière ! Louis Veuillot, qui a si bien parlé du *mâle outil* de la prose, ne l'aura dit qu'en vers. Voici mieux. Et plus neuf : Barrès, oui, Barrès. Les jeunes gens de sa génération, mes aînés immédiats, Moréas, Tellier, Paul Guigou, m'ont rapporté en chœur qu'ils avaient vu, ce qui s'appelle vu, non des poèmes, mais un seul, du jeune futur auteur du *Jardin de Bérénice*. Et que disait ce poème barrésien demeuré introuvable, sans doute détruit ? Qu'exprimait-il ? Il portait le regret, peut-être le dépit de ne point savoir manier ce qui aurait dû être l'instrument de sa poésie ; esprit d'une rare finesse, il explicitait le sentiment que tout ce qui doit s'entendre par la poésie est déjà présent, à quelque degré, très humble si l'on veut, mais certain, dans l'alexandrin ou l'octosyllabe de la pure mnémotechnie.

Que le Vers soit si grand ami de la mémoire, cela doit avoir un sens, et cette vertu sa raison. Pourquoi le nombre oratoire, qui existe aussi, se grave-t-il moins vite et moins profond que le nombre du Vers ? C'est, dira-t-on, l'effet de la répétition. Mais la répétition est déjà réputée la plus forte figure de la Rhétorique. En Poétique, c'est autre chose ; la répétition y est devenue régulière, et son système de retours fait comme un retour de retours. Ce retour fixe définit la nature du Vers ; il nous porte à songer à ce que le Vers contient en soi d'émouvant.

Un poème existe par là ; ses refrains et ses rimes, césures et cadences, allitérations, assonances et consonances, ses pauses, ses accents sont tous des retours dont la qualité varie, ceux-ci légers ou ceux-là graves, d'esprit aérien, de pesante matière ; le refrain et la rime se lient au corps des mots ; le rythme, qui en est l'âme, ne tient qu'aux battements de l'aile, succession, alternance de mouvements désincarnés. De ces retours variés, ou de l'un, ou de l'autre, ou de tous ensemble, le divin souffle, en quête de l'unité physique du vers, organise le corps qu'il se cherche, anime la chair qu'il se veut.

Le peintre, le sculpteur, l'architecte, empruntent cette chair aux substances diverses situées dans l'Espace : pierre ou toile, glaise ou papier ; leur trait en s'inscrivant distingue, sépare, retranche, ainsi retient et définit cette portion du monde qu'ils se sont réservée pour y mettre le sceau. Leur matière ne bouge plus. Mais la matière du poète, quoique instable et mobile, garde le privilège de ne pas se dissiper en courant. La voix humaine s'élançant sur des ondes irréversibles, celles du Temps, sa fuite devrait la répandre en vaines liqueurs, mais le jeu de l'art la rattrape. Quel art ? Celui des retours. Ou, si l'on veut, de leur semblant. Ce qui s'écoule sans merci est représenté, figuré, loué et chanté dans une apparence de retour à sa forme identique. Et celle-ci au moment même où elle se proclame ainsi renaissante et renée, surgit sous l'aspect de nouveauté sacrée, dont la fonction est de produire la *divine surprise* que disait Moréas. Le fleuve roule ainsi et n'est jamais le même, il mérite toujours de bruire et sonner sous le même nom ; seulement les arts du poète font ressortir très haut ce dialogue des contestations de l'Un et de l'Autre ; la *voix connue et chère* est elle et n'est pas elle, ce qu'elle a de plus ancien est frais et vient de naître mais l'Inouï, le Surprenant n'y laissent pas d'être pénétrés des revenez-y de la Nymphe Écho.

Le phénomène une fois connu abstraitement, on peut juger qu'il fait corps avec tout ce qui se chante et se danse depuis que l'homme est homme, parce qu'il combine le désir au rejet, la tristesse à la joie, et peut-être aussi parce qu'il trahit un mystère de nos contextures, car l'être n'est fidèle à soi qu'en s'épuisant, il ne sort bien de soi qu'en s'approfondissant. Les Grecs qui ont soupçonné, sinon senti, tous les mystères, ont décoré un certain cycle de poèmes du nom mélancolique et charmant de NOETOY ![698] Ces retours-là ne voulurent désigner que ceux de la Guerre de Troie. Peut-être qu'ils pensaient en outre au faisceau d'émotions éveillées par l'image d'Ithaque, la chanson des Sirènes, les charmes de Circé et de Calypso, pur esprit des départs que l'on feint pour se fuir et du sort invincible qui fait qu'on se retrouve plus semblable et plus différent. Peut-être enfin que nos vieux maîtres refusaient de tant compliquer et d'y entendre malice. Mais nous ! trop de siècles nous ont pesé, trop de maux et d'abîmes ont été survolés, l'affectation serait de n'y pas prendre garde ! NOETOY ! NOETOY ! Rien ne nous cache plus ce qu'enveloppe de nostalgies transparentes le simple son d'un bout rimé, la consonance du premier venu des proverbes populaires. Ces accouplements de syllabes n'attestent pas la seule mémoire du genre humain et sa plus vulgaire sagesse. Ils confessent aussi son cœur.

Lors donc qu'en un sonnet quatre fois les quatrains, et deux ou trois fois les tercets, ont caressé l'esprit du même retour de voyelles, ou que pour une ballade ces retours plus fréquents n'ont pas été moins réguliers, l'artifice de l'écriture les a figés sur l'espace immobile, cela ne fait qu'illustrer et que stimuler la vivante merveille qui note et qui confirme le sentiment de nos constantes sur les cristaux du fluide, du fuyant, de l'enfui et de l'en allé. Les vrais amis de la Poésie sont ceux qui se la

---

[698] Littéralement : *les retours*. Ce pluriel générique désigne les poèmes épiques consacrés au retour des héros grecs après la prise de Troie. (n.d.é.)

chantent pour se mieux figurer le charme alternatif qui oppose et compose, meut et retient, part et revient. Si l'ordonnance des poèmes à forme fixe rend ce témoignage plus pertinent, la complexe nature du même plaisir se retrouve aux autres types de retours que font les laisses monorimes du roman épique, les rimes plates de la tragédie, l'entrecroisement de la strophe lyrique, l'apparente absence de loi propre aux fables de notre Fablier ; toujours la succession crée l'attente et la suspend, la contente pour l'irriter, et c'est toujours comme une évocation aérienne de biens perdus, de biens repris, disparus, reparus, arrachés et rendus, selon des destinées d'éternelle reviviscence auxquelles l'Eurydice oubliée ne se fiera point. Le mystère de l'art côtoie le mystère du monde par la vertu du Vers en soi, par l'incarnation de la fabuleuse gageure hors laquelle il n'y a que la Prose et le Malheur, la Prose et le Deuil, *sans retour*.

Entre les genres de retours, nul n'impose de préférence indépendante. De très beaux vers se passent de rime ; il peut leur suffire d'accents bien posés ; les grands poètes raffinés qui ont usé le mieux des retours les plus « solubles dans l'air » se sont aussi montrés les plus fidèles à de vigoureuses scansions. Le prince du vers libre, Jean de La Fontaine, n'est jamais si égal à lui-même qu'aux endroits qui reprennent l'alexandrin de Malherbe :

Tu murmures, vieillard, vois ces jeunes courir...

Moréas ayant fait, en maître, le tour des innovations singulières et « décadentes » disait en fin de compte : « Ce n'est pas la peine », car, au soir de sa vie, ses *Stances* étaient rentrées dans le moule de Lamartine. Un grand inventeur de rythmes, aussi grand que put l'être en son temps Ronsard, Mistral, s'est libéré, quand il lui a plu, d'usages tels que le croisement des rimes féminines et masculines et (le long de son avant-dernier chef-d'œuvre) de toute espèce de rime, ce qui ne l'a jamais détourné de tirer un usage splendide du rustique refrain, comme le prouve son *Coucher de lunes* dans ce recueil suprême où il fait un large honneur à tout ce que lui avait fourni l'expérience personnelle ou celle des prédécesseurs d'oc et d'oui. Était-ce routine de la tradition ? Survivante docilité au passé ? Ou superstition de la règle ? Oh que non !

On me dit : surtout ne dénigrez pas la règle. On dit bien. Dieu m'en préserve ! Mais il ne faudrait pas se tromper sur la nature de la règle. Gardons de nous figurer une contrainte qui soit de l'ordre des coercitions. N'appelons pas mal ce qui est une force et un secours, ni pure dépendance ce qui est source de pouvoir. Mistral et les Autres ont bien vu, dans toute règle qu'ils ont choisi d'employer, un moyen d'action. La *Chanson des aïeux*, l'*Ode à la Race latine* agissent par le volume et le poids des retours marqués par de très sonores refrains ; le *Poème du Rhône*, par le vol léger des césures et des accents à travers un discours onduleux et souple où l'oreille exercée retrouve ses blandices, qui s'évanouiraient si l'on commettait la folie de prétendre chiffrer ici ou là telle pesée de l'Esprit pur. Pourtant cet esprit passe par où ? On ne l'ignore pas tout à fait, on aime mieux céder au charme.

Le Poète est placé au carrefour des choix entre les types de retours. La nature de son dessein décide quelle règle il prendra ou il laissera. L'architecte, suivant qu'il veut tracer une droite rigide ou la courbe d'un arc, se sert de l'instrument de bois qu'on appelle précisément la règle, ou du compas de cuivre et d'acier qui ne manque pas de rigueur. Ces justes et utiles auxiliaires de l'art n'ont rien de commun avec le croquemitaine imaginé d'après l'usage romantique.

« Poème 1940 » ou 1944 ou 45, nous dit-on, comme si l'on était condamné à un millésime. On sait quelle épigramme Goethe adressait aux maniaques d'originalité : « Un quidam dit, je n'appartiens à aucune école, il n'est point de maîtres vivants que je recherche ; quant aux morts, il s'en faut que j'aie jamais rien appris d'eux ! Ce qui signifie si je m'y entends : *je suis un sot de mon propre fait.* » Goethe était dur. Ceux qu'il rudoie me semblent plutôt à plaindre. Les pauvres gens se privent de médiateurs qui leur enseigneraient un meilleur usage de leurs émotions précieuses, de leurs images, de leurs mots. Ils se plairaient mieux à eux-mêmes. Et peut-être à autrui, s'ils avaient souci. Ils disent volontiers : *langage* ou *rythme individuel.* Comme si cela existait ! Quand on ne parle qu'à soi-même, on use encore d'un truchement qui vient de la communauté. La syntaxe reçue peut être renoncée. Mais son vocabulaire ? Et son sens ? Fût-il dissous dans la musique, on n'échappe toujours pas à autrui.

Il s'est d'ailleurs produit un fait nouveau et singulier qui peut être heureux. Sous l'épreuve nationale tragique, sous son feu et dans sa fumée, devant les corps brisés, les vies fauchées, les charniers et les pestilences, quelques-uns, et les mieux doués de nos beaux ténébreux ont été tentés d'élever un chant pathétique, humain, national. Par là, le sens, la syntaxe, le discours propice sont rentrés dans le jeu. Seulement neuf fois sur dix, le chant n'a pas passé, le chanteur n'a pas été entendu, faute d'avoir consenti aux moyens naturels qui l'auraient fait courir de bouche en bouche et voler d'âme en âme ; peut-être fort capables de rassembler des multitudes et de les émouvoir, ils se sont laissé réduire à des auditoires de cénacle et de convention.

Ce double démon passera, il cédera à des influences plus fortes. La nature et la poésie, son histoire, l'expérience de ses déclins comme de ses réveils multiplient les sollicitations dans le sens positif. La frénésie du jeûne et de l'inanition, qui se comprendrait de fakirs, s'entend moins de sociables enfants de la France, et surtout aux dates cruelles où l'excès d'oppression suggère un maximum d'effort expansif. Ces Robinson qui se privent de Vendredi et se claquemurent dans l'île pour le seul profit de suivre une mode finiront bien par céder au chant intérieur, qui les invite à reconstruire les justes passerelles du langage et du sentiment. Cela mettra fin aux derniers vestiges de l'irritant et scandaleux échec de Mallarmé. Déjà, par l'évidence de cet échec, le règne de Paul Valéry s'était développé jusqu'au triomphe de Racine. Sous Valéry, et contre lui, s'étaient cependant produites de petites rébellions dont le cachet mallarméen n'était pas douteux. Le grand rhétoriqueur[699], s'il avait complètement sacrifié l'ordre logique des mots, en avait préservé la musique. Celle-ci joue à se donner, puis à se refuser, dans le cryptogramme confus d'extrêmes disciples, dont la vocation paraît n'être que de s'évanouir.

Avant que Jean Moréas vint, comme était venu Malherbe, la fin du XIXe siècle vit un très grand poète si plein de déficiences, accablé de tant de tares et de malheurs que son œuvre fut regardée comme un naufrage et sa vie comme un suicide. Cependant, et par sa musique avant toute chose, Verlaine s'est sauvé. Verlaine vit et chante dans la crypte des cœurs comme n'y chante point Baudelaire lui-même. Il a échappé à tous les pronostics rigoureux que son anarchie permettait de porter sur lui. Quelle leçon ! Elle veut dire[700] que plus on tient, comme Verlaine, au prestige d'être bien soi, à ce que l'on a de personnellement unique et secret, plus même on aventure l'ambitieux désir de combiner un occulte murmure semi-divin à la voix étouffée des demi-consciences humaines, plus le savant et subtil dessein aura chance de réussir dans la mesure où l'on sera fidèle aux conditions majeures du rythme, à la préséance des lois du chant. Par là peut se fixer ce qui s'envole, consister ce qui s'évapore. L'énigmatique Gérard de Nerval est l'auteur d'odelettes qui tournent à la

---

[699] *[Texte publié dans* La Balance intérieure *sous forme d'appendice.]*
L'associationnisme anglais et Mallarmé
Il faut lire dans *Le Règne de la Grâce*, le premier livre de Maurice Pujo, la profonde analyse qu'il a faite en 1893 de l'erreur de Mallarmé, entre autres cette page :
> Chez M. Mallarmé nous avons vu les mots établir d'eux-mêmes des rapports rythmiques entre eux et s'appeler pour ainsi dire selon leurs sonorités ; il en sera de même des idées dont les sonorités ne sont que l'expression. Les idées d'où M. Mallarmé a cru pouvoir faire sortir une puissance de mouvement, une activité (par le même paralogisme par lequel Siegel en avait déduit le devenir) s'unissent d'elles-mêmes et sans l'intervention d'aucun esprit directeur...
> ... Ces rapports... ne s'établissent pas sous l'inspiration intérieure d'une idée ou d'une émotion, mais par association spontanée...
> ... Je sais combien va paraître paradoxale cette opinion que M. Mallarmé est beaucoup moins un disciple de Platon et de Hegel qu'un disciple de Stuart Mill. Elle le paraîtra peut-être moins si l'on remarque... que le Parnassisme auquel son procédé formiste rattache M. Mallarmé est bien, avec le Naturalisme, la seconde face esthétique de ce temps dont Taine et Mill exprimèrent la méthode à la fois et l'essence : ... l'application à l'art, par l'association des mots, de la doctrine de l'association des idées. De l'une on voulut faire jaillir la Beauté, comme de l'autre on avait voulu faire sortir la Vérité.

Ce critique de vingt et un ans avait approfondi et réglé toute la question. La carrière de professeur d'anglais de Mallarmé explique ses habitudes d'esprit. Pujo l'avait bien vu.
[700] Un critique et poète belge de grand talent, M. Paul Dresse, m'a lui-même surpris en flagrant délit d'obsession verlainienne, et je ne peux que lui donner mon aveu sur ce point (*Revue Universelle* du 1er août 1936). Verlaine est un des cas où l'amitié inconsciente peut inspirer une sévérité voisine du délire.

romance ou au cantique. Ces délicieux petits ouvrages sont marqués de fortes cadences. Il a usé plus fortement encore de la rime et du rythme quand il s'est attaché à faire briller ses grands soleils souterrains :

> Je suis le ténébreux, le veuf, l'inconsolé...[701]

au point d'avoir eu recours, pour chacun d'eux, aux sortilèges stricts du Sonnet. Qu'on ne parle donc plus de nous soumettre ou de nous soustraire à des contraintes extérieures ! Il ne faut que choisir le plus beau, le meilleur, dans le riche trésor des truchements extérieurs qui traduisent notre âme au monde et qui la révèlent à lui.[702]

---

[701] Dans *Les Chimères* (1854), premier vers d'*El Desdichado*. (n.d.é.)
[702] *[Texte publié dans* La Balance intérieure *sous forme d'appendice.]*

Encore Mallarmé : émotion et poésie

Ces réflexions seront peut-être utilement paraphrasées par les lambeaux d'une conversation tenue à Genève avec notre jeune ami le poète Hilaire Theurillat. Elles ont paru dans *La Suisse* au commencement de l'année 1942.

... Je ne fus nullement un négateur de Mallarmé et ne le deviendrai pas sur mes vieux jours. Mais j'ai le devoir de dire que l'inflation mallarméenne n'est pas non plus mon fort et j'aime mieux ne pas me ronger les pattes à déchiffrer des sens difficiles. La musique des mots y est toujours d'une extrême euphonie. Est-il nécessaire de la gonfler d'une philosophie qui en est trop absente ? Parlons de Gérard de Nerval ; il y a chez lui deux groupes de poèmes, ceux qui ont le jet fluide du plus délicieux mirliton et ceux, profondément abscons, qui nous jouent d'une espèce d'orgue magique. J'aime mieux le clair, ô gué ! j'aime mieux le clair ! Soyez sûr que je suis à mille lieues de rejeter les autres, les *Chimères*, le Prince d'Aquitaine à la tour abolie ou la *Romance de Daphné*...

Les jeunes poètes seront très sages de ne pas imiter le vieux maître qui inventa de donner « l'initiative au mot. » Maurice Pujo écrivait en 1893, dans *Le Règne de la Grâce :* « Le tort du poète fut de remonter de cette forme au fond pressenti, au lieu de descendre selon la loi qui dans la nature, régit la beauté de la fleur comme celle de l'homme et de ses œuvres, du fond à la tonne, de l'âme au corps. » Le sens plus pur donné au mot de la tribu finit par devenir impur si l'on n'y trouve plus ensemble le son et l'esprit, si les deux ne font pas bon ménage et ne vont d'accord. Autrement, on se met la tête dans le licou et de fort belles têtes d'ânes ne sont pas toujours caressées par Titania.

... Cela ne fait absolument rien au fond des choses. Un chant grave et fort, un chant fort et léger sauront emporter comme de l'écume les matagrabolisations du maniérisme et de la sottise. On sera délivré, soit par le sentiment, soit par la chanson, soit par la vraie et gaie science qu'enseigneront les bons modèles, ou des modèles moins bons en ce qu'ils ont de meilleur. De bonnes gens me reprochent d'avoir dit pis que pendre de Victor Hugo. Elles ne savent pas combien j'admire ses *Rues et ses Bois*, son *Pas d'arme du Roi Jean*, la *Guitare* de son *Gasti Belza*, la moitié des *Châtiments*.

L'abbé Bremond voulait une poésie pure ; mais la poésie est pure quand elle réunit toutes les flammes du prisme humain.

Leur caractère est d'être des retours. Comme on l'a vu, ils tendent tous à contracter l'éternité dans l'instant.

Mais l'instant retourne au cendrier. Aucun éphémère n'ignore qu'il est habité par la mort, à laquelle il ne consent pas. Aussi de fortes parts de vie supérieure sont-elles dépensées à fabriquer des simulacres et des fantômes pour lui jouer leur comédie ; les cristaux du Fluide, les stations du Fuyant et du Dissolu. La demi-illusion qu'il y goûte ne peut éteindre sa conscience des fatalités de la fin ; cette sincérité rend raison du grave accent tragique de ses secrets débats ou combats avec l'Élément ; elle en précise le sens et en multiplie la valeur.

Ayant pesé dans ses plateaux quelques puissantes objections faites au pire mal humain, *La Balance intérieure* les a notées pour les inscrire dans le jeu consubstantiel de la Poésie et du Vers.

C'est, je crois bien, M. de Lacretelle qui, en 1926, répondait aux ablations et oppositions bremondiennes par cette nécessité de tout composer. C'était aussi l'avis de Mistral. Il préférait tout. C'est dans le même sens que je m'étais permis de dire à M. René Lalou qui voulait bien m'interroger, pour un numéro spécial de *La Muse Française* réservé à mes vers (10 juin 1927), que les premiers alexandrins de l'*Art Poétique* de Boileau consacraient largement le domaine du don mystérieux, de l'influx astral et secret, secousse, tremblement, émotion du poète et, bref, accordait au divin tout ce qui est du divin. En évitant de disserter à tort et à travers de cet ineffable, il lui manifestait le plus intelligent des respects.

— Le Poète, disais-je à M. Lalou, est ému par un dogme ou par une jupe, par une loi du monde ou par un ingénieux calembour. Ne faisons pas servir des similitudes de mots à confondre des choses aussi différentes que prière et poésie. Ontologie ? sans doute. Théologie ? peut-être ; pour être un bois sacré, le Parnasse n'est toujours pas baptistère ni sacristie.

Et pour en revenir au mystère du vers, j'ajoutais, comme l'a parfaitement noté mon interlocuteur :

— Cette émotion qui donne la matière et le mouvement du poème ne contient pas, sinon en faible germe, l'acte essentiel propre au poète en tant que tel. Le poète existe parce qu'il ne s'en tient pas à ce qui l'ébranle, lui, mais bien parce qu'il en émeut les autres et en en tirant quelque chose qui le manifeste au dehors. *Quando aurore spira noto...* Après tout, un coucher de soleil, une douce parole, un beau visage pathétique, une page sublime peuvent émouvoir, à peu près de même, Raymond de La Tailhède et, tout autant que lui, cinquante mille de ses contemporains. L'intéressant du phénomène ne tient donc point à l'émotion. Ce qui fait que Raymond de La Tailhède est lui-même, ce qui le distingue des autres, commencera au point précis où jouera son magique pouvoir de communiquer ce qu'il éprouve et où l'émotion sortira de lui sous la forme du vers divin. Le poète est poète en ce qu'il ne peut pas garder pour lui les biens et les maux secrets que son frémissement lui découvre. Il en fait quelque chose qui aura la propriété d'éveiller des correspondances dans les autres cœurs. Il est incapable de les laisser à l'état d'indicible muet. L'élan qu'il subit et mesure vaut à la condition d'être dit. Son dieu n'est pas la simple aura de la gutturale Sibylle, il est un Verbe articulé aspirant à des formes qui le définissent, à des sonorités qui le revêtent d'une Chair.

CONÇU DE L'ONDE DE MA JOIE,
MAIS DU FEU DE MA PEINE À GRAND MAL ENFANTÉ,
VA, PETIT LIVRE OÙ TE RENVOIE
L'ARCANE DU DESTIN LONGUEMENT DISPUTÉ.

VA-T'EN DIRE OÙ CACHER LEUR ÂME AUX PAUVRES HOMMES,
COMPLIMENTER LA DAME AU RIRE DE SES YEUX
ET FAIRE AINSI SONNER D'UN CHANT QUI NOUS RENOMME CE
QUE TAIT LA DÉESSE ET MURMURE LE DIEU !

Déjà parus

Ce peuple d'élite prit plaisir à imaginer les relations stables, permanentes, essentielles

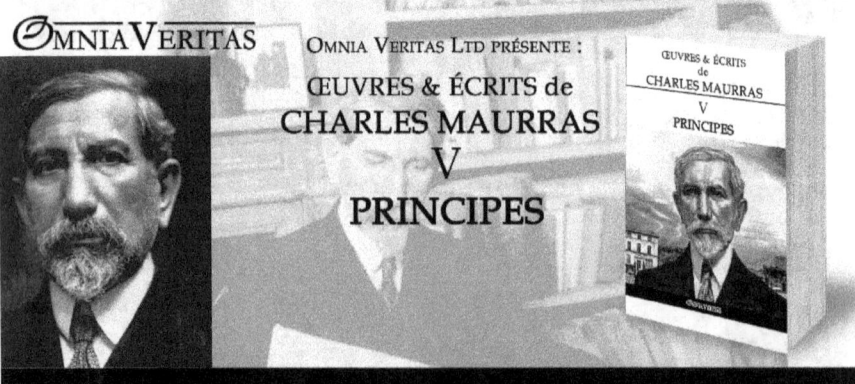

Une conscience française se réveille dans les moments de colère et de deuil

Deux ou trois idées directrices aujourd'hui dans l'air du temps...

www.ingramcontent.com/pod-product-compliance
Lightning Source LLC
Chambersburg PA
CBHW071358230426
43669CB00010B/1385